Theodor Mommsen
Die unteritalischen Dialekte

Verlag
der
Wissenschaften

Theodor Mommsen

Die unteritalischen Dialekte

ISBN/EAN: 9783957008152

Auflage: 1

Erscheinungsjahr: 2016

Erscheinungsort: Norderstedt, Deutschland

Hergestellt in Europa, USA, Kanada, Australien, Japan
Verlag der Wissenschaften in Hansebooks GmbH, Norderstedt

Verlag
der
Wissenschaften

DIE
UNTERITALISCHEN DIALEKTE

VON

THEODOR MOMMSEN.

MIT SIEBZEHN TAFELN UND ZWEI KARTEN.

LEIPZIG, 1850.

GEORG WIGAND'S VERLAG.

DEM ARCHÄOLOGISCHEN INSTITUT

IN ROM

GEWIDMET.

Vorwort.

Die Arbeit, die jetzt als ein Ganzes dem Publicum vorgelegt wird, ist grossentheils schon früher in einzelnen Aufsätzen*) bekannt gemacht worden, welche hier überarbeitet, zusammengefasst und ergänzt erscheinen. Man wird es wohl nicht missbilligen, dass ich jene zerstreuten und zum Theil schwer zu erlangenden Hefte durch ein Buch zu ersetzen bemüht war, welches das gesammte bis jetzt aufgefundene Material zur Kunde der süd- und mittelitalischen Dialekte bis zu den Lateinern, Etruskern und Umbrern hinauf übersichtlich vereinigt. Wenn man mit dem vorliegenden Werke die gleichzeitig erscheinende Abhandlung meines Freundes Jul. Friedländer über die oskischen Münzen verbindet, die aus

---

*) Oskische Studien (Zeitschrift für geschichtliche Rechtswissenschaft Bd. XIII. S. 67—180.). Nachträge dazu (ebendaselbst S. 361—474.). *Iscrizioni marse* (Annali dell' Instituto 1846. vol. XVIII. p. 82—119.). *Iscrizioni messapiche* (Annali dell' Instituto 1848. vol. XX. p. 59—156.). *Lettera sul bronzo di Agnone* (ivi p. 414—429.). Hiezu kommen kleinere Artikel im Bullettino dell' Instituto und in Avellino's Bullettino archeologico napoletano.

einem gemeinschaftlichen Plan hervorgegangen und als selbstständige Schrift die meinige zu ergänzen bestimmt ist, so wird man hoffentlich in Hinsicht der Vollständigkeit des Materials nichts Wesentliches vermissen. Die günstige Gelegenheit, welche ein mehrjähriger Aufenthalt in Italien (1845 — 1847) und namentlich Reisen in den Provinzen des Königreichs Neapel gewährten, habe ich nach Kräften benutzt um auch diese Nebenarbeit zu fördern; in oder um die Zeit meines italienischen Aufenthalts fielen die Entdeckung der Bronze von Rapino, der messapischen Inschriften, der Weihinschrift von Agnone, der merkwürdigen Bustrophedon-Inschriften von Crecchio und Cupra und machten mir denselben auch in dieser Hinsicht zu einer reichen Epoche. Theils in diesen neuen Entdeckungen, die in Deutschland noch wenig oder gar nicht bekannt sind, theils in der Verpflichtung die Irrthümer und Mängel meiner Vorgänger zu berichtigen, liegt die Veranlassung dieses Werkes und zugleich meine Berechtigung mit demselben hervorzutreten; nicht meine freie Wahl hat mich bewogen über einen meinem Fache so fernstehenden wissenschaftlichen Gegenstand statt eines Aufsatzes jetzt ein Buch zu schreiben. Ich hätte gewünscht mich beschränken zu können auf eine wohlgeordnete Materialiensammlung und hätte gern das verwegene und undankbare Geschäft der Deutung Andern überlassen; allein eine vollständige und geordnete Darlegung der italischen Sprachtrümmer kann nicht durchaus auf Erklärungsversuche verzichten. Selbst wenn es möglich gewesen wäre sich Jahr aus Jahr ein mit dieser Sphinx zu beschäftigen ohne es zu versuchen ihre Räthsel zu lösen, war doch die Sonderung der Dialekte, die übersichtliche Darstellung des von jedem Vorhandenen nicht ausführbar ohne den Versuch eigener Erforschung; desshalb sind die Interpretationsversuche wohl beschränkt aber nicht unterdrückt worden. Es bleibt zwar immer eine Anmassung das Unmögliche zu erstreben; in diesem Falle aber war vielleicht auch das Erreichbare nicht zu erlangen, wenn man es nicht darauf ankommen liess um das Unerreichbare vergeblich sich zu bemühen. — Weniger hypothetisch sind die historischen Untersuchungen über italische Ethnographie und Kulturgeschichte, deren Resultate die zweite Karte anschaulich darlegt; selbst unverständliche Inschriften, ja die blossen Alphabete können in dieser Hinsicht von grossem Interesse sein und es vermindert die Wichtigkeit der hieraus sich ergebenden Daten keineswegs, dass dieselben vielfältig die niebuhrschen Annahmen über italische Ethnographie lediglich bestätigen.

Ich kann dies Buch nicht schliessen ohne ein Wort des Dankes für die vielfache Unterstützung, die von den italienischen Gelehrten, sowohl von den fleissigen Sammlern in den Provinzen wie de Tomasi in Lecce, Carabba in Montenero, de Minicis in Fermo, als von den neapolitanischen Forschern, namentlich von dem verdienten und verehrten Avellino mir zu Theil geworden ist. Es wird auch auf dieser Seite der Alpen nicht verkannt, dass die Grundlage aller Forschung, die Sammlung des Materials nur durch ihre Hülfe zu erlangen ist; am wenigsten verkenne ich es, dass meine Schrift ohne ihre bereitwillige und neidlose Unterstützung nicht hätte geschrieben werden können. — Vor allem aber ist es das archäologische Institut in Rom, dessen Verbindungen mir in Italien die Wege geebnet haben und dem ich auf jedem Schritt die wesentlichste Förderung verdanke; ich gebe nur das Empfangene zurück, wenn ich demselben dieses Buch zuschreibe.

Und hiermit möchte ich schliesslich eine Bitte verbinden. Die vorliegende Sammlung der unteritalischen Sprachreste, wie sie nun einmal ist, wird voraussichtlich fürs erste durch keine andere ersetzt werden, während es doch wünschenswerth ist, dass das deutsche Publicum die Berichtigung der factischen Irrthümer dieser Schrift und die zu erwartenden späteren Entdeckungen nicht erst von meinem Nachfolger erfahre. Die Publication in Italien ist ungenügend; noch immer macht die Alpenscheide auch in wissenschaftlichen Dingen sich geltend. Mögen die deutschen Gelehrten auf der capitolinischen Warte, deren Beruf es ist den deutschen Fleiss mit der italienischen Fülle zu verbinden, sich auch in dieser Beziehung der Vermittlung unterziehen und uns Tramontanen die schleunige Kunde solcher Entdeckungen zuführen! Eine Form, wie solche fortlaufende Supplemente dem Publicum vorgelegt werden können, wird sich ohne Schwierigkeit finden. Ich werde mich freuen, wenn ihnen diese Schrift hiezu eine Anregung sein wird und zugleich eine Erinnerung an den Verfasser, der das Andenken an jene schönen Winter auf dem Capitol mit verstärkter Liebe im deutschen Lande bewahrt.

Leipzig im December 1849.

Der Verfasser.

DIE ITALISCHEN ALPHABETE.

Die italischen Alphabete.

Die Geltung der verschiedenen Lautzeichen der italischen Alphabete[1]) kann jetzt im Allgemeinen als gesichert betrachtet werden, seitdem zuerst Bourguet (1728) durch die Entdeckung, dass die iguvinischen[2]) Tafeln einige Partien sowohl in umbrischer als auch in lateinischer Schrift enthalten, für diese Untersuchung einen festen Grund gewann, alsdann Lanzi (1789) den Werth des M als s, nicht m, neben ⌐ = f feststellte, zuletzt Lepsius das ⌐Ⲭ der etruskischen und umbrischen (jetzt auch der oskischen) Inschriften als z, nicht x nachwies und in dem umbrischen b eine Art s (dies nach Bourguet und Müller), in dem umbrischen P ein Zeichen für rs neben D = r, endlich in dem oskischen D das Zeichen für r, in dem oskischen R das für d erkannte[3])⸴ So hat denn die Entdeckung des etruskischen Alphabets auf dem Gefäss von Bomarzo die bisher angenommene Bedeutung der Zeichen im Wesentlichen bestätigt. Dagegen lässt sich aus diesem Funde wie aus dem des altgriechischen Alphabets auf einer cäretanischen vom General Galassi entdeckten Vase wohl noch Einiges für die Geschichte des altitalischen und altgriechischen Alphabets gewinnen, wie wir dies nun versuchen wollen.

1. Das etruskische Alphabet von Bomarzo.

In Bomarzo im Distrikt von Viterbo fand sich im Jahre 1845 bei den dort vom Fürsten Borghese veranstalteten Ausgrabungen ein kleines, schmuckloses

---

1) Das messapische schliessen wir von dieser Untersuchung aus, weil es, obgleich vielleicht seiner Reception nach uralt und auf die phönicischen Zeichen ausschliesslich sich beschränkend, doch in der Form der Zeichen ziemlich jung und jedenfalls dem System der italischen Alphabete fremd erscheint.

2) Da die Stadt Gubbio umbrisch Ikuvi — oder Iovi —, römisch Iguvium heisst, so sollte man doch aufhören diese Tafeln die eugubinischen zu nennen. Vgl. ausser andern Belegen, die die Lexika nachweisen, Donat. 324, 1: Ortus ab Iguvio medicus fora multa seculus etc.

3) Besonders de tab. Eugub. p. 47 sq. p. 58. 59; über Ⲭ am genauesten Annali dell' Inst. T. VIII p. 164 — 170. Anderer Meinung ist in dieser Beziehung Secchi Annali T. VIII p. 70, Bullettino dell' Inst. 1846, p. 8, und Steub, die Urbewohner Rhätiens, S. 100, allein beide aus nichtigen Gründen.

1*

und wenig zierliches Thongefäss von offenbar italischem Ursprung, um dessen obern Theil herum eine Inschrift läuft, welche das etruskische Alphabet darstellt. (Taf. I. 13[4]). — Dasselbe bestätigt in allen Stücken die bisher angenommene Geltung der einzelnen Lautzeichen, nur dass es die Zeichen Φ und 8, die man bis dahin für denselben Buchstaben φ zu nehmen pflegte[5]), als zwei verschiedene uns kennen lehrt, von denen Φ den Platz und den Werth des griechischen φῖ hat, dagegen 8 als ein dem griechischen Alphabet fremder und in Italien erfundener Buchstab am Schlusse des ganzen Alphabets erscheint. Dessen Geltung ist übrigens hinreichend durch die iguvinischen Tafeln gesichert, wo das 8 der umbrischen Schrift in der lateinischen durch F ausgedrückt wird. Während die Griechen ausser der Aspirata φ und dem Vocal υ nur den einen Consonanten F besassen und auch diesen späterhin noch einbüssten, hatten die italischen Sprachen sämmtlich noch einen ähnlichen consonantischen Laut mehr, für den das ihnen überlieferte Alphabet kein entsprechendes Zeichen darbot: den des römischen *f*; wogegen ihnen freilich wieder (mit Ausnahme der Römer) die Unterscheidung der Vocale *v* und *o* abging, weshalb die Etrusker und sämmtliche sabellische Stämme das *o*, die Messapier das *v* nicht kennen. Diesen Laut zu bezeichnen, wählte man nun verschiedene Auswege. Der Römer nahm das Zeichen des Digamma mit verändertem Werthe dazu, und sah sich desshalb genöthigt für den Halbvocal F und den Vocal *v* dasselbe Zeichen in verschiedener Geltung zu gebrauchen. Verständiger verfuhren die Etrusker; was Kaiser Claudius später einzuführen versuchte und die Philologen des XVI. Jahrhunderts wirklich eingeführt haben, das erreichten sie in sehr früher Zeit, indem sie den griechischen Zeichen F υ φ ihre griechische Geltung liessen und für den nichtgriechischen Laut ein neues Zeichen 8 erfanden, wahrscheinlich durch Differenziren eines der beiden für φ überlieferten Lautzeichen Φ oder Ϙ [6]). — Ferner wird durch dies Alphabet die schwierige Frage, ob und wie die vier griechischen Sibi-

---

[4]) Nach einer Abschrift, die ich Canina verdanke. Secchi's Copie im Bullettino dell' Inst. 1846, p. 7, stimmt im Wesentlichen damit, nur dass das ζ, zu welchem Buchstaben Herr Secchi ein ganz eigenthümliches Verhältniss hat, darin zu ʞ verunstaltet ist, welche wunderliche Figur sich denn zu noch grösserer Verwunderung auf dem campanaschen Goldschmuck wiederfinden muss.

[5]) Auf dem Wege den Unterschied zu finden war Lepsius, indem er bemerkte (Annali T. VIII, p. 197), dass in allen aus dem Griechischen herübergenommenen Wörtern im Etruskischen nicht 8, sondern nur Φ erscheint. So viel ich sehe, kommt es nur in solchen eigentlich griechischen Wörtern vor und wird also im etruskischen Alphabet etwa gestanden haben, wie im unsrigen Y. — Dagegen hüte man sich vor der Verwechslung von Φ mit dem horizontal oder schräg durchschnittenen Kreise Θ, die noch Müller Etr. 2, p. 297 nicht vermieden hat. Dies Zeichen scheint im Etruskischen immer ϑ zu sein, wogegen *h* hier wohl nur quadratisch vorkommt; im Umbrischen, wo ϑ fehlt, wird Θ = *h*.

[6]) Vgl. Anm. 19. Ich bezeichne 8 = *f*, F ⊏ = *v*, Φ = φ.

lanten ζῆτα ξῖ σίγμα σάν den vier phönicischen Dsain Samech Zade Schin entsprechen, wo nicht vollständig gelöst, doch einer sicheren Lösung entgegengeführt. Die Meinungen hierüber differiren so sehr, dass Gesenius (mon. Phoen. p. 66) das Dsain im Z, das Samech im ⧖ σίγμα, das Schin im M σάν wiedererkennt, während er das Zade als verloren ansieht; dagegen Lepsius (de tab. Eugub. p. 73) das Dsain in ⌇, das Samech in M ⧖ (welche Zeichen er für ursprünglich identisch hält), das Zade in Z, Franz (elem. epigr. gr. p. 16), das Dsain in ⌇, das Samech in ⧖, das Zade in Z, das Schin in M wiederfindet. Ja wenn man auch aus dem etruskischen Alphabet die beiden Zeichen M und ⌇ als ursprünglich verschiedene Lautzeichen schon kannte (Müller Etr. 2, p. 307) und darauf mit Recht die Verschiedenheit von σίγμα und σάν bezog, so konnte man doch bisher nicht mit Bestimmtheit angeben, welches dieser beiden Zeichen ursprünglich dem σίγμα und welches dem σάν eigen sei, und ebenso wenig den verschiedenen Laut der etruskischen Buchstaben M und ⌇ näher bestimmen. Jetzt dagegen zeigt sich zunächst, dass Gesenius mon. Phoen. p. 67 vollkommen Recht hatte aus dem Dsain das ζῆτα abzuleiten, das ihm durch Figur, Stellung und Geltung vollständig entspricht; während die Analogie der Namen ζῆτα und Zade, auf die Franz sich stützt, theils eine sehr oberflächliche ist (denn nach Analogie von Chet ἦτα, Tet θῆτα, müsste ζῆτα auf Zet, nicht auf Zade zurückgehen), theils darum nicht zugegeben werden kann, weil wie μῦ nach νῦ so ζῆτα nach seinen Nachbaren ἦτα θῆτα umgelautet ist. — An der Stelle des Schin finden wir ⧖, das auch in seiner Form von der phönicischen W nur durch die Lage sich unterscheidet. Das Zeichen ⧖ oder ⌇, wie dessen jüngere Gestalt ist[7]), ist also die eigentliche Figur des Schin oder σάν im Gegensatz des σίγμα M; wozu es sehr gut stimmt, dass dies San als ein dorischer Buchstabe bezeichnet wird (Herodot 1, 139) und alle dorischen Alphabete nur die Figur S, den πλόκαμος, nicht M kennen. Es war das phönicische Schin, das σάν der Dorer (Herod. 1, 139. Athen. XI, p. 467. τὸ δὲ σὰν ἀντὶ τοῦ σίγμα Δωρικῶς εἰρήκασιν. Franz elem. p. 16. 49) wohl eine Art *sch*, ein breiterer und bäurischerer

---

7) Die Identität von ⧖ und ⌇ hätte Lepsius nicht bezweifeln sollen; die etruskische Schrift beweist sie augenscheinlich, indem sie neben dem M den zweiten Sibilanten bald ⧖ (wie auf unserm Alphabet), bald und zwar häufiger ⌇ schreibt. Es ist auch nichts gewöhnlicher in der Bildung der Schrift, als die Abwerfung einzelner Linien, wenn sie nicht mehr zur Unterscheidung nothwendig sind, wie es der Fall war, so lange man das Jota I schrieb. So hat das *m* eine vierstrichige Form erhalten statt der ursprünglichen fünfstrichigen, seit das M=*s* abkam. — Dass auf attischen Inschriften bis Ol. 86 ⌇, nachher ⧖ sich findet, kann gegen den Augenschein und den durch das phönicische und so viele andere Alphabete geführten Beweis für die Priorität des ⧖ nichts austragen; man führte eben damals eine ältere Form wieder ein. Gerade so ist R eigentlich jünger als P, entstanden durch Hinzufügung eines diakritischen Striches zur Unterscheidung von P π; dennoch ist auf attischen Inschriften, je älter sie sind, das R desto häufiger.

Laut, dessen Verwandlung in *s* wir uns zu denken haben werden wie das Umwandeln des *sch* in *s* im Munde des Norddeutschen und des Engländers (schlagen, slagen, *to slay*). Vermuthlich fiel bei den Doriern eher das Zeichen weg als der Laut, woher auf nicht wenigen dorischen und einigen attischen Inschriften, welche nach dem Verlust des doppelten Zeichens für *s* und *sch* doch den letzteren Laut zu unterscheiden das Bedürfniss fühlten, für *sch* σσ geschrieben ist (Curtius Tempora und Modi, p. 101). Es wird demnach im Etruskischen das gewöhnliche **M** als *s*, das seltnere **S** wie *sch* zu sprechen sein, also z. B. auf der Inschrift von Perugia *schlel*, *teschne*, *leschkul* etc. (s. Beispiele bei Müller 2, 307), und es stimmt dies wohl dazu, dass **S** mehr vor Consonanten als Vokalen vorkommt und nicht leicht am Schluss (aus *Rexuscha* wird *Rexus*). Es wird sich auch später noch ein Beweis finden, dass die Etrusker das σάν **S** zu den Consonanten, das σίγμα **M** dagegen zu den Halbvokalen gezählt haben. — Ueber letzteres, das unser Alphabet an dem Platz des Zade hat, so wie über das in unserm Alphabet fehlende Samech wird später ausführlicher gesprochen werden. — Mit dem Alphabet von Bomarzo sind noch zwei Alphabete von sogenannten nolanischen Pateren des Museo Borbonico zu vergleichen, von denen das eine (Taf. 1, 14) von Lepsius tab. XXVI. n. 33 publicirt ist, das zweite (Taf. 1, 15) von Gerhard (Neapels Antiken Taf. 2, Zimmer 4, 5, 2, p. 301) und von Lepsius a. a. O. n. 34. Die Alphabete sind eingekratzt, nicht gemalt. Sehr auffallend aber ist es, dass, obwohl die Gefässe in Campanien heimisch, und allem Anschein nach nicht eingeführt sind, doch die Alphabete nicht oskisch, sondern entschieden etruskisch sind[8]) — ein Factum, das ich zwar durchaus nicht zu erklären vermag, das aber um so weniger in Frage gestellt werden kann, als auch alle übrigen eingekratzten Inschriften der sogenannten nolanischen Pateren, die übrigens nicht bloss in Nola, sondern auch z. B. in S. Agata de' Goti vorkommen, ferner die campanischen Kupfermünzen mit der Aufschrift **IDNO** — **IDN⊕** — **IDNOIꟻ** ebenfalls aus der Gegend von Nola[9]), in Schrift und Sprache wesentlich vom Oskischen sich entfernen und dasselbe Alphabet zeigen wie diese beiden Pateren. Die Alphabete lauten in Umschrift so:

Alphabet von Bomarzo. *a c e v z h ϑ i — l m n p s r f t u φ χ f*
Alphabet von n. 14. *a c e v z h ϑ i c l m n p s r f t u φ χ f*
Alphabet von n. 15. *a c e v z — ϑ i — l m n p z — f — u v χ f*

Die Formen der Buchstaben haben wenig Eigenthümliches; *s* = **M** hat die

---

8) Mixtas ibi vides litteras oscas etruscas graecas et alias prorsus ignotas, sagt Lepsius von diesen Alphabeten p. 83. Nachlässige Schrift sehe ich wohl, aber keine gemischten Alphabete.

9) Eckhel 1, p. 118. Campanisch sind die Münzen entschieden, wahrscheinlich in der Stadt geschlagen, die früher Silber mit der osk. oder griech. Aufschrift 'urina' oder dergl. prägte, nachher Kupfer mit dieser tuskischen. Nach Stil und Provenienz ist es erwiesen, dass jene Silbermünzen im engsten Zusammenhang mit den nolanischen stehen.

Form ⋈ in dem ersten Alphabet, was vielleicht eine Nebenform ist, da sie auf der nolanischen Patera Leps. XXVI, 31 wiederkehrt. Zwischen *s* und *r* steht ein Zeichen, das ein verzogenes *r* scheint und durch den kleinen Strich oben wohl getilgt werden sollte. Die Buchstaben des zweiten Alphabets sind sehr nachlässig geschrieben und *h r t* wohl nur durch Nachlässigkeit des Schreibers ganz ausgefallen. — Dagegen sehr merkwürdig ist das doppelte Vorkommen des *c* im ersten Alphabet an der Stelle von *γ* und von *ϰ*, welches darauf schliessen lässt, dass das ältere tuskische Alphabet *γ* und *ϰ* neben einander kannte und, als die beiden Zeichen lautlich und graphisch zusammen gefallen waren, gleichsam zum Andenken an den frühern Zustand das von den Doppelzeichen übriggebliebene zweimal gesetzt ward. — Etwas Aehnliches findet sich im zweiten Alphabet, nur dass dies nicht wie das erste eine ältere Stufe bezeichnet als das von Bomarzo, sondern eine bedeutend jüngere. Es sind hier die beiden Buchstaben *s* und *φ*, von denen letzterer schon im Etruskischen fast nur in Fremdwörtern erscheint, ersterer, so häufig er auch im Etruskischen ist, doch auch auf den übrigen nolanischen Pateren fast ganz fehlt, verschwunden und an ihren Stellen *z* und *v* wiederholt, ohne dass diese darum an ihren eigentlichen Plätzen fehlten. Für die Affinität der Buchstaben *f* und *z* und *φ* und *v* ist dies ungemein belehrend.

    Die Entdeckung dieser Alphabete ist aber nicht bloss folgenreich für die sichere und schärfere Feststellung der einzelnen Lautzeichen, sondern indem sie uns zeigt, dass das Alphabet in derselben Ordnung, wie es in Griechenland galt, auch in Etrurien recipirt ward, und uns überhaupt ein sicheres und geschlossenes etruskisches Alphabet darbietet, giebt sie für die Versuche das griechische Alphabet, welches dem etruskischen zum Muster gedient hat, auszumitteln eine feste Grundlage. Das etruskische Alphabet zählt 20 Buchstaben, von denen einer, der letzte, in Etrurien selbst entstanden ist, die übrigen 19 aber griechischen Ursprungs, und zwar 16 altphönicische, drei in Griechenland erfundene Lautzeichen sind. Das griechische Musteralphabet muss indess eine Anzahl Buchstaben mehr gehabt haben, namentlich *o* und *β δ ϰ*; denn theils sind dies altphönicische und aus keinem griechischen Alphabet je ausgefallene Buchstaben, theils finden sich noch die Spuren von allen oder fast allen entweder in dem etruskischen Alphabet selbst oder in den daraus abgeleiteten. So behauptete sich *b* im umbrischen und oskischen Alphabet an dem Platze und mit der Geltung des griechischen *β* und kann daher auch dem ältesten tuskischen, aus dem jenes unmittelbar, dieses mittelbar geflossen ist, nicht gefehlt haben. Dasselbe gilt noch sicherer von dem *ϰ*; wir finden in den älteren tuskischen Inschriften und im Umbrischen ausschliesslich *k*, in den jüngeren tuskischen Inschriften und im Alphabet von Bomarzo ausschliesslich *c* als tenuis, im oskischen Alphabet dagegen *c* als media, *k* als tenuis wie im Griechischen. Die einfachste und durch das erste nolanische Alphabet bestätigte Annahme ist daher, dass das ältere tuskische und umbrische Alphabet wie *b* neben *p*, so auch *c* neben *k* unterschieden habe und zwar das tuskische wenigstens bis zur Ableitung des umbrischen daraus, das umbrische bis zur Derivation des oskischen aus diesem. Später beim Verfall des Etruskischen und Umbrischen, die wir beide nur in einem sehr zerrütteten Zustand kennen, riss mit dem Ueberhandnehmen der Contractionen und Aspirationen auch das Wegfallen der mediae ein, wobei noch überdiess das tuskische Alphabet wunderlicher Weise das Zeichen der media für die tenuis beibehielt und das Zeichen der tenuis wegwarf. Dass c schon im 3. Jahrhundert der Stadt im tuskischen Alphabet als tenuis fungirte, wird in §. 7 sich zeigen. — Dagegen finden wir weder im tuskischen Alphabet noch in den daraus derivirten irgend einen Beweis dafür, dass die Tyrrhener d neben t gekannt hätten; vielmehr muss die nothwendige Umlautung von d in t (wie 'Οδυσσεύς in Utuze, Πολυδεύκης in Pultuke, Egedia in Aecetia) uralt gewesen sein, da, als das oskische Alphabet entstand und der diesem Volke bekannte Laut d bezeichnet werden sollte, man im Musteralphabet der norditalischen Völker kein Zeichen dafür fand, sondern ein neues nicht griechisches dazu erfinden musste. Graphisch ist D mit P zusammengeflossen, so wie O, welcher Vokal von den Tuskern ebenfalls von Haus aus beseitigt zu sein scheint, mit ʘ ϑ. — Hieraus ergiebt sich einmal, dass das tuskische Alphabet nicht immer bloss 20 Buchstaben gekannt haben wird, sondern früher wahrscheinlich 22 Buchstaben hatte; zweitens dass das griechische Musteralphabet wenigstens 23 Buchstaben gehabt haben muss. Es kann dasselbe aber gar wohl noch andere Buchstaben enthalten haben, welche in Etrurien nicht recipirt worden sind. Vollständig hierüber ins Reine kommen wir nur, wenn uns ein glücklicher Zufall das griechische Musteralphabet, wie es nach Etrurien gekommen ist, selber in die Hand führt. Dieser Glücksfall nun ist eingetreten und gehen wir demnach über zu der Untersuchung über das nach Etrurien gebrachte griechische Musteralphabet.

2. Das griechische Alphabet von Cäre.

An zwei verschiedenen Punkten in Etrurien, auf einem kleinen Gefässe, das der General Galassi in einem Grabe von Cäre neben Vasen mit etruskischen Inschriften entdeckte und das sich jetzt im gregorianischen Museum in Rom befindet[10]) und auf der Wand eines bei Colle, 7 Miglien von Siena, geöffneten etruskischen Grabes unter zahlreichen etruskischen Inschriften[11]) hat sich ein Alphabet in

---

10) Publicirt von Lepsius Annali dell' Inst., T. VIII, p. 186 fg.; der Nachstich bei Franz elem. p. 22 ist nicht ganz genau, es fehlt z. B. im Alphabet das ƻ. Auch der Stich Mus. Greg. vol. II, tav. 103, ist mangelhaft.

11) Zuerst bei Dempster Etr. II, tab. 92 und Bellori ant. pitture in der appendix Causei tab. XI, nach diesem bei Lepsius und Franz a. a. O. — Das dritte Alphabet von dem Deckel eines Gefässes von Adria am Po (zuerst bei Bocchi saggi dell' Acc. di Cortona, T. II, danach a. a. O.)

Verbindung mit einem Syllabarium gefunden (Taf. 1, 12)[12]), welches auf den ersten Blick sich als griechisch ausweist, aber auch sofort manches sehr Eigenthümliche darbietet, welches, so weit die Vergleichung möglich ist (denn das sienesische bricht ab mit dem Buchstaben O), auf beiden Alphabeten völlig sich gleich bleibt. Diese Erscheinungen, das altgriechische Alphabet neben etruskischen Inschriften, die Seltsamkeit und Gleichförmigkeit einzelner Zeichen, namentlich des sonst unerhörten ⊞, fordern zu einer näheren Untersuchung auf und lassen uns von vorn herein weniger befürchten, unsere Mühe an ein zufälliges Gekritzel zu verschwenden.

Die Buchstaben des Alphabets sind im Ganzen die gewöhnlichen des ältesten dorischen Alphabets; abweichend, obwohl sicherer Geltung, ist erstlich das C für υ auf dem sieneser Alphabet, worin ich aber nicht mit Franz p. 23 die rein phönicische Form des Vav ꟻ, sondern nur eine aus der gewöhnlichen ᴄ abgerundete erkennen kann; wogegen das gewöhnlich abgerundete γ hier die eckige Form ᴄ hat. — Ferner die seltsamen Formen von m und n, wovon jenes sechsstrichig, dieses vierstrichig ist, während sie sonst fünf- und dreistrichig sind. — Wichtiger sind die Zeichen zweifelhafter Geltung; und zwar ⊞ zwischen ν und ο, И zwischen π und ϱ und Χ Φ Ψ am Schlusse. Wir beginnen mit dem zweiten. Im phönicischen Alphabet stehen zwischen Phe und Resch Zade und Koph; einem dieser beiden Zeichen muss das И entsprechen. Lepsius und Franz nehmen es für Koppa, wovon ich den Grund nicht einsehe; in allen übrigen, selbst schon auf dem theräischen Alphabet hat das Koppa den runden Kopf, der dasselbe so scharf charakterisirt, und diese Form wäre, wie Franz selber sagt, „sane mira". Auch fehlt das Koppa dem etruskischen Alphabet, und sind wir durch nichts veranlasst auf dem griechischen des Gefässes von Cäre, das doch jedenfalls mit dem etruskischen einige Verwandtschaft zeigt, dasselbe anzunehmen. Viel wahrscheinlicher wird man in dem И eine Nebenform des Sigma M erkennen, da einmal das Gefäss von Bomarzo zwischen π und ϱ eben das M hat, anderntheils die Figur И dem M viel näher verwandt ist als dem Q, endlich aber das Zeichen M auf unserm Gefäss die Geltung von ν hat, so dass es schlechterdings nothwendig war, dem σίγμα eine etwas veränderte Gestalt zu geben[13]). — Schwie-

---

A B Γ Δ E E(sic) H Ι(sic) Θ I K Λ N M(sic) — das Uebrige fehlt, weil kein Platz mehr war — zeigt keine bestimmte Verwandtschaft mit den obigen, sondern ganz gemeine griechische Buchstaben; es dürfte mit den beiden in Etrurien gefundenen ebenso wenig in Zusammenhang stehen als das griechische Alphabet, das ich in Pompeji auf die Wand gekritzelt fand, oder dasjenige, welches Ross in Griechenland auf einem Stein 24mal hinter einander eingehauen sah, inscr. Gr. ined. 2, n. 127.

12) Die abweichenden Buchstaben des sienesischen Alphabets sind in runde Klammern eingeschlossen, die aus dem Syllabarium entnommenen in eckige.

13) И findet sich wieder in der melischen in dem seltsamen jüngeren Alphabet dieser Insel abgefassten Inschrift, Ross inscr. Gr. ined. 3, n. 227:

riger ist es über die drei letzten Zeichen Χ Φ Ψ aufs Reine zu kommen. Das zweite ist jedenfalls φ; das erste und dritte nimmt Lepsius als eine doppelte Bezeichnung des χ, Franz das erste für χ, das dritte für ψ. Keine dieser beiden Hypothesen erscheint genügend. Lepsius Annahme zerhaut den Knoten, ohne ihn zu lösen, und ist darum völlig unmöglich, weil in keinem archaischen Alphabet die Zeichen Χ und Ψ für χ alterniren, sondern immer nur das eine oder das andere angewendet wird. Ebenso wenig, vielleicht noch weniger zulässig ist es den Buchstaben ψ, der allem Anschein nach wirklich äusserst jung und schwerlich älter als η ω ist, und der noch in keinem archaischen Alphabet sich gefunden hat, nun auf einmal in einem Alphabete zu statuiren, das einzig unter allen griechischen Denkmälern das Sigma neben dem San kennt und dem fernsten Alterthum angehören muss. Wenn nun gar, um dies zu erreichen, die solenne Folge der Buchstaben verlassen und für φ χ die unerhörte Ordnung χ φ eingeführt werden soll, die auch mit dem Alphabet von Bomarzo im Widerspruch steht, so wird man nicht umhin können, diese Annahme ebenso wie die von Lepsius zu beseitigen. — Lassen wir einmal alle vorschnellen Annahmen und vorgefassten Meinungen bei Seite und bemühen uns einfach den Werth der einzelnen Zeichen zu bestimmen, wie die Figur und die Stellung derselben ihn erweist, so finden wir, dass in allen dem unseren einigermassen verwandten archaischen Alphabeten Italiens und Siciliens, in dem der dorischen und chalkidischen, wie in dem davon so verschiedenen der achäischen Kolonien in Sicilien und Grossgriechenland, dem römischen, dem etruskischen, auf allen archaischen Vasen, die in Italien vorkommen (mit einziger Ausnahme der der dodwellschen analogen, deren Alphabet überhaupt ausser aller Connexion mit den italischen steht), kurz in allen den Alphabeten, die örtlich und der Form nach dem unsrigen sich anschliessen, Χ oder + und Ψ oder Ψ als correlate Zeichen für ξ und χ auftreten. Wir werden darum uns veranlasst sehen, sie hier in denselben Werthen gelten zu lassen, so dass also die vier letzten Buchstaben unsers Alphabets υ ξ φ χ sind. Was die Figuren ergeben, das bestätigt die Ordnung; da das vorletzte Zeichen jedenfalls φ ist, so muss das letzte χ sein. Die Stellung des ξ ist allerdings sehr auffallend; indess schliesst es sich hier vortrefflich an seine mit gleichförmiger

TYXA
PETA
ΜPCΥ
ΚΙΟΝ
CM

was Ross, gestüzt auf die Deutung des Μ als Ϙ in dem Gefäss von Agylla, liest: Τυχαρέτα Κρουκίωνος; ohne indess zu verkennen, dass der Name Κρουκίων unerträglich ist. Was Μ hier bedeutet — wenn es richtig gelesen ist — weiss ich nicht, wohl aber, dass man aus unserm altdorischen Alphabet nicht berechtigt ist, auf ein jüngeres ionisches Schlüsse zu machen und umgekehrt.

Endung versehenen ursprünglichen Nachbarn φῖ und χῖ an. Es setzt auch das Χ des lateinischen Alphabets, dessen ursprüngliche Geltung als ξ, nicht χ, unten erwiesen werden soll, durch seine Stellung hinter dem V genau dieselbe ursprüngliche Ordnung voraus. Wie und warum das ξῖ seinen ältesten Platz verlor und anderswohin gerieth, davon wird sogleich die Rede sein; hier wollen wir nur noch bemerken, dass durch die Auffindung eines Alphabets, welches ausser den 22 phönicischen 4 in ältester Zeit in Griechenland erfundene Buchstaben zeigt, wovon zuerst und bedeutend früher v, alsdann und wahrscheinlich gleichzeitig ξῖ φῖ χῖ entstanden sind, auch die alten Sagen wieder einigermassen zu Ehren kommen, welche die Erfindung von vier, zuweilen auch von drei Buchstaben berichten (s. die Stellen bei Franz elem. p. 12, 13); welchen Sagen dadurch ihre Aechtheit und Ursprünglichkeit nicht zerstört wird, dass die Grammatiker, die sie berichten, dabei in der verschiedensten Weise nach dem Erfinder des Alphabets und nach den zugefügten Buchstaben herum und stets verkehrt gerathen haben[14]). Die vier Buchstaben sind v ξ φ χ, um welche das altgriechische Alphabet reicher ist als das phönicische, die drei sind ξ φ χ, die irgend einmal zu gleicher Zeit hinzugekommen sind[15]).

So bleibt uns nur noch das Zeichen ⊞ zwischen v und o, an dem Platze des phönicischen Samech, des griechischen ξῖ. Wenn Lepsius und Franz dasselbe mit den griechischen Zeichen des Buchstabens ξ Ξ oder ⋈ zusammengestellt haben, so hat dies die allergrösste Probabilität; offenbar sind beide aus dem Zeichen des cäretanischen Alphabets vereinfacht wie H aus ⊟. Es entspricht diese Figur des ξῖ aber auch ohne Zweifel der des phönicischen Buchstabens, dessen Platz ξῖ im griechischen Alphabete einnimmt, des Samech; man vergleiche nur ≡ mit Ξ und ⋎ mit ⋈ und der Minuskel ξ; die Zeichen sind dieselben, nur dass die Linien des griechischen mehr in einander verschränkt sind und die Figur überhaupt mehr geformt erscheint. Wenn es hieraus mit Nothwendigkeit folgt, dass das Ξ schon im allerältesten griechischen Alphabet seinen jetzigen Platz zwischen

---

14) Am richtigsten noch Plinius Gewährsmann H. N. VII, 56, wonach Palamedes zuerst zur Zeit des troianischen Kriegs ϑ ξ φ χ, späterhin Simonides ζ η ψ ω erfunden haben soll. Hierin liegt so ziemlich das Wahre, nur dass auch dieser Archäolog sich nicht von der vorgefassten Meinung losmachen konnte, dass v ursprünglich, ϑ und ζ als aspirirter und resp. Doppelbuchstab später erfunden seien. Um ganz das Richtige zu geben, hätte er sagen müssen: in alter Zeit seien v ξ φ χ, in neuer η ψ ω hinzugefügt.

15) Mit Aristoteles XVIII priscae litterae bei Plinius a. a. O. hat es seine völlige Richtigkeit, was die Zahl betrifft: es sind die 22 phönicischen nach Abzug der aus der gewöhnlichen Schrift zu Aristoteles Zeit verschwundenen 4: Vav Samech Koph Schin. — Das angebliche älteste Alphabet von 16 Buchstaben ist dagegen, wie Franz elem. p. 14 richtig gezeigt hat, eine reine Erfindung der Grammatiker, deren archäologisches Princip darin bestand, ihre Vorfahren für recht einfältig und erfindungsarm zu halten, und die daher auszufinden versuchten, mit wie wenigen Zeichen man zur höchsten Noth auskommen könne.

ν und ο gehabt haben muss, so bestätigt sich dies dadurch aufs Vollständigste, dass dieses Zeichen sich auf archaischen Inschriften des kerkyräischen und des ionischen, das ihm analoge liegende auf archaischen Inschriften von Argos findet (s. Taf. I, 10), so dass also dasselbe im Alphabet gestanden haben muss, ehe das kerkyräische und das ionische Alphabet sich von einander schieden, was uns unmittelbar an die Zeit der Entstehung des griechischen Alphabets selbst hinaufführt. — Scheint es nun sonach nothwendig, dem Ξ einen Platz unter den altphönicischen Buchstaben einzuräumen, so erheben sich hiegegen doch andererseits wieder nicht geringe Bedenken. Einmal ist es sehr befremdend, dass dem Ξ wohl die phönicische Figur geblieben, der phönicische Name aber auf das σίγμα M übergegangen; denn dass σίγμα die gräcisirte Form von Samech ist, hat Gesenius mon. Phoen. p. 66 gezeigt. Der Name ξῖ ist dagegen nicht phönicisch. Ferner ist es eine vollkommen beglaubigte Thatsache, dass das ξ ein nicht phönicischer, in Griechenland erfundener Buchstabe ist. Will man auch von der Annahme, dass dasselbe auf unserem Alphabet unter den vier neuen Buchstaben υ ξ φ χ erscheine, hier absehen, obwohl dieselbe nicht auf Hypothesen, sondern auf Beweisen beruht, so ist es doch nicht bloss eine constante Tradition, sondern auch durch das theräische und melische Alphabet vollständig bewiesen, dass das urälteste griechische Alphabet, welches φ und χ durch πh und κh ausdrückt, auch κσ für ξ schreibt. Dies wird nun dadurch erklärt und völlig bestätigt, dass dem phönicischen Alphabet ein eigenes Zeichen für κσ fremd ist, dasselbe also nothwendig in Griechenland erfunden sein muss.

Es bleibt hier nun wohl kein anderer Ausweg, als die beiden für ξ üblichen Zeichen Ξ und X, die auch so grundverschieden sind, wie kaum zwei andere Doppelzeichen im Alphabet, für ursprünglich verschiedene Lautzeichen zu erklären. Dem Laute κσ gehört von Haus aus der Name ξῖ, die Figur + oder X und der Platz zwischen υ und φ; wogegen der Name σίγμα, die Figur Ξ und der Platz zwischen ν und ο ursprünglich einem Laut zugekommen sein müssen, welcher dem des phönicischen Samech gleichkommt, also keinen Guttural in sich schliesst, sondern nur ein hartes s oder ss war [16]). Die Annahme, dass die Figur Ξ den Laut gewechselt und anfangs σσ, später κσ vertreten habe, macht insofern keine Schwierigkeit, als Jeder, der die ursprüngliche Identität dieses Zeichens und des phönicischen Samech zugiebt — und diese wird doch Niemand bestreiten —, sich zu der Annahme genöthigt sieht, dass man das phönicische Zeichen, welches entschieden nicht κσ gesprochen ward, zur Bezeichnung eines ihm nicht adäquaten Lautes verwendet habe. Diese Irregularität schon bei der ersten Reception des Alphabets zu statuiren oder sie erst im Laufe der Entwickelung des

---

16) Die Aussprache des Samech erkennt man am deutlichsten daraus, dass die Phönicier, Syrer und Chaldäer, die das aus Schin differenzirte Sin der Hebräer nicht haben, dasselbe meistens durch Samech ersetzen. (Gesenius mon. Phoen. p. 47.)

griechischen Alphabets eintreten zu lassen, hat mindestens gleiche Schwierigkeit, und es dürfte daher unsere Annahme, dass Ξ ursprünglich denselben Laut wie Samech σσ bezeichnet habe, dann vorzuziehen sein, wenn sie sonst die Schwierigkeiten löst. Dies ist aber vollständig der Fall. Als das phönicische Zeichen Ξ noch σίγμα hiess und σσ bezeichnete, war es sehr natürlich, einen neuen Buchstaben für κσ zu erfinden, das +. Nun aber scheint der scharfe Doppelsibilant allmählig ganz aus der griechischen Sprache verschwunden und in verschiedenen Gegenden in verschiedene Laute übergegangen zu sein, und zwar in einigen wenigen in ξ, in den meisten dagegen in σ. Dass σσ und κσ lautlich zusammengefallen sei, ist allerdings befremdend; allein wenn man sich erinnert, dass das dorische Futur regelmässig auf ξω statt auf σω ausgeht, und einzelne ähnliche Formen auch andern Dialekten nicht fremd sind, ohne dass es möglich wäre, in den allermeisten dieser Fälle einen auf einen Gutturalbuchstaben auslautenden Stamm anzunehmen (die Beispiele bei Matthiä gr. Gr. I, S. 319, 322, vergl. S. 61, 62); wenn man ferner Bildungen wie διξός, τριξός ionisch statt δισσός, τρισσός; Οὐλίξης sikelisch (Plut. Marcell. 20), Ulixes römisch aus Ὀδυσσεύς; nixus neben nisus vom Stamme nit—, proximus vom Stamme πρός [17]) und ähnliches vergleicht, wo entweder gar nicht oder nur mit der grössten Gewaltsamkeit der Guttural für wurzelhaft erklärt werden kann, so wird man den Umlaut von σσ in κσ oder γσ anzuerkennen nicht umhin können. Wo dieser stattfand, wurden die Zeichen Ξ und + gleichgeltend und kam daher das letztere Zeichen ausser Gebrauch. — In den meisten Dialekten muss dagegen das Samech σσ mit dem Zade σ zusammengefallen sein, wie sich daraus ergiebt, dass dem Zeichen, welches in Stellung, Form und Geltung dem phönicischen Zade entspricht, M oder Μ, welches letztere in rechtläufiger Schrift ziemlich genau das phönicische Zade ␣ in rückläufiger wiedergiebt, der Name des Samech σίγμα beigelegt ist, was nach aller Analogie auf ein Zusammenfallen von Samech und Zade zu schliessen berechtigt. In diesen Dialekten wurde demnach das Zeichen ⊞ Ξ überflüssig, wie wir es darum im Etruskischen auch zu andern Zwecken benutzt finden werden; auf Stellung und Geltung des + ξι hatte dies überall gar keinen Einfluss.

Die so sehr verwickelte Geschichte der Sibilanten des griechischen Alphabets wird demnach in folgender Weise zusammenzufassen sein. Das griechische Alphabet von 26 Buchstaben, wie das Gefäss von Căre es zeigt mit Weglassung des Ϙ, kannte folgende fünf Sibilanten:

---

[17]) Wenn man beachtet, dass vor υ ebenfalls und noch viel häufiger ein Gutturalbuchstabe eingeschoben wird (so wird aus niv — ningere, eigentlich ningvere, nix, aus viv — victus, vixi; vgl. Pott E. F. I, 121), so wird wohl als Lautgesetz aufzustellen sein, dass vor den Halbvokalen υ und ι öfters bloss lautlich ein Gutturalbuchstab hinzutritt. — Die Verwandlung der Aspirata in eine Gutturalis oder richtiger umgekehrt, wie in veho vexi, fluo fluxi, gehört nicht hieher.

VII	XV	XVIII	XXI	XXIV
Dsain	Samech	Zade	Schin	—
Z	ᕽ	ᛘ	W	—
ζῆτα	σίγμα		σάν	ξῖ
ZI	⊞Ⅰ⊞	ᛘM	⧢ϟ	+X
δσ	σσ	σ	sch	γσ, κσ.

Die älteste Metamorphose war das Zusammenfallen des σσ in einigen Dialekten mit γσ, wodurch der 24. Buchstabe ausfiel und seinen Namen wie seine Geltung an den 15. abgab, in andern Dialekten mit σ, wodurch der 15. Buchstabe ausfiel und seinen Namen wie seine Geltung an den 18. abgab. So hatten jene die vier Sibilanten Z Ⅰ M ⧢ ζῆτα ξῖ Zade σάν, diese die vier Z M ⧢+ ζῆτα σίγμα σάν ξῖ. Von diesen vieren aber fiel nun wieder einer aus, indem in den dorischen Gegenden das Sigma-Zade M, in den ionischen das σάν ⧢ ungebräuchlich ward und dieselben respektiv mit einander zusammen fielen. So war es in Herodots Zeit (1, 139): τωὐτὸ γράμμα, τὸ Δωριέες μὲν σὰν καλέουσι, Ἴωνες δὲ σίγμα — jenes ist ⧢ϟ, dieses M. Diese verschiedenen Alphabete fand man vor, als das neuattische, das spätere gemeine Alphabet, durch eine Ausgleichung zwischen dem attischen und dem ionischen constituirt ward. Man vereinigte nun Sigma-Zade des ionischen, σάν des dorischen Alphabets, indem man dem Sibilanten des neuen Alphabets den ionischen Namen und die ionische Geltung, aber den Platz und die Gestalt des dorischen σάν gab. Das σάν, welches seinen Platz im Alphabete verloren, wurde eben desshalb, weil es nicht mehr in der Reihe stand, im numerischen Alphabet ausser der Reihe hinter dem ω=800 zur Bezeichnung von 900 verwendet[18]). — Was das ξ betrifft, so war das dorische + in Attika früh verschwunden, obwohl es nicht bezweifelt werden kann, dass es auch dort anfänglich im Gebrauch war; man richtete sich in dieser Hinsicht nach dem ionischen Alphabet, in dem das ξῖ mit Samech coalescirt war und dessen Platz und Figur angenommen hatte. Durch diesen Umweg ist dieser Buchstabe von griechischer Erfindung im gemeinen Alphabet unter die altphönicischen gerathen.

3. Das Syllabarium des Gefässes von Cäre.

Das altgriechische Alphabet von 25 Buchstaben, welches wir auf dem galassischen Gefässe finden, verräth, so wenig es etruskisch ist, doch eine sehr bestimmte Verwandtschaft mit dem etruskischen Alphabet. Ein Blick auf die Tafel zeigt, wie die Formen der Buchstaben, die das cäritische Alphabet mit dem

---

[18]) Franz elem. p. 16. 352. Die Formen T oder ⋔ (von der Gestalt σαντί genannt, zur Zeit als schon das C lunatum üblich war, wie F δίγαμμα) gehen vielleicht auf die ebenfalls überflüssig gewordene Figur des σίγμα M zurück.

etruskischen gemeinsam hat, sich durchaus ähnlich sind und keine einzige der wesentlichen Verschiedenheiten, welche zwischen griechischen Alphabeten vorkommen, zwischen dem cäritischen und dem etruskischen obwaltet, so dass in dieser Hinsicht das etruskische sehr wohl aus einem dem cäritischen entsprechenden griechischen abgeleitet sein könnte. Es ist hiefür ferner beachtenswerth, dass das einzige altphönicische Zeichen, welches dem Alphabet von Cäre fehlt, das Koppa auch den Etruskern unbekannt geblieben ist. Wenn nun diese Beobachtungen, verbunden mit dem so auffallenden Vorkommen eines griechischen Alphabets in identischer Weise in zwei etruskischen Gräbern mitten unter etruskischen Inschriften, uns schon der Annahme geneigt machen müssen, bei diesem griechischen Alphabete einen bestimmten äusserlichen Zusammenhang mit dem etruskischen anzunehmen, das heisst (denn welcher andere Zusammenhang liesse sich denken?) anzunehmen, dass dies griechische das nach Etrurien gebrachte Musteralphabet sei, so erhebt eine genaue Untersuchung des beiden Alphabeten in ziemlich gleichförmiger Weise beigefügten höchst seltsamen Syllabariums diese Vermuthung zur Gewissheit. Ich lege wenig Gewicht darauf, dass das eine dieser Syllabarien rückläufig geschrieben ist bei rechtläufigem Alphabet, obwohl auch darin ein bewusster Uebergang von der griechischen zur etruskischen Schreibweise zu liegen scheint; allein von grossem Gewicht ist es, welche Vokale und welche Consonanten hier mit einander verbunden werden. Es sind dies nämlich bei weitem nicht alle, und wenn gleich die fehlenden durch blosse Nachlässigkeit ausgelassen sein können, so wird doch, ehe man dies anzunehmen sich entschliesst, eine Prüfung nothwendig sein, ob man nicht die fehlenden aus einem noch erkennbaren Grunde weggelassen hat. Da ist es nun doch, was die Vokale anbetrifft, mit schlagender Richtigkeit von Lepsius bemerkt, dass wenn jeder Consonant auf beiden Syllabarien nicht mit den fünf Vokalen des Alphabets, sondern nur mit vier derselben componirt wird — *mi ma mu me* auf dem cäritischen, *ma mi me mu* auf dem sieneser Syllabarium —, dies auf das Fehlen des *o* im Etruskischen zurückgeht; und wenn Franz hiegegen nichts weiter einzuwenden hat, als dass auch Anderes auf dem Gefäss fehle, so dürfte er doch die Sache etwas gar zu leicht genommen und eine in 12—14 verschiedenen Beispielen durchgeführte Auslassung nicht mit Recht einzelnen Schreibfehlern und Zufälligkeiten gleichgestellt haben.

Nicht so einfach steht es freilich mit den Consonanten. In dem sieneser Grabe sind uns nur *m* und *n* erhalten, so dass wir uns auf die Vase von Cäre beschränkt finden. Hier ist das Syllabarium um den Bauch des Gefässes in sechs kreisförmigen Zeilen geschrieben, wobei der Anfang einer jeden ziemlich willkürlich angesetzt erscheint, wie ein Blick auf die Tafel sogleich zeigt; so dass wir, wo nicht mitten in einem Consonanten die Zeile abbricht, den Anfang errathen müssen. Folgende Ordnung halte ich für die vom Schreiber beabsichtigte:

ᛈ C I 🆇 ⊕ M M P ᛣ ⵎ T Ψ Q
p c z h ϑ m n p r ſ t χ f
oder C ᛈ
     c v

Das erste Zeichen liest Lepsius B, was mir völlig grundlos und willkürlich erscheint, da das Alphabet diesem Buchstaben die gewöhnliche Form giebt. Man hat die Wahl zwischen zwei Annahmen: entweder man liest C ᛈ (was das Gefäss auch gestattet) und nimmt das zweite Zeichen als ein vernachlässigtes F, oder man liest ᛈ C und nimmt das erste Zeichen in der Geltung, die es sonst im etruskischen Alphabet zu haben pflegt und auch auf der bald anzuführenden unserm Gefäss im Alphabet so ähnlichen Inschrift *minikeϑu* etc. hat, als p; welchem Buchstaben das Alphabet indess die Figur P giebt. Das Zeichen ᛣ zwischen p und ſ entspricht jedenfalls einem der beiden Zeichen, die das Alphabet zwischen π und σ giebt, dem ⵎ σίγμα oder dem P ϟό; Lepsius und Franz sehen das erstere Zeichen darin, das ihnen Koppa ist, allein offenbar entspricht ᛣ vielmehr dem P und steht wohl nur darum rückläufig, um die Verwechselung mit dem in dieser Schrift sehr ähnlichen π zu vermeiden. Dass in der letzten Zeile nicht zu ordnen ist Ψ Q T, sondern T Ψ Q, wird wohl keinen Widerspruch finden, weil die vorhergehende mit ᛣ schliesst und demnach die folgende mit T anfangen muss. Die Geltung von Ψ als χ ist früher gerechtfertigt; dagegen ist das Zeichen Q, das dem Alphabet fremd ist, aber im Syllabarium hinter χ, dem letzten Buchstaben des Alphabets, noch sich findet, sehr auffallend. Der Form nach könnte es ein Koppa sein; allein wie käme dies hierher, da es auf dem Alphabet fehlt, und wie käme es an den Schluss des doch offenbar alphabetisch geordneten Syllabariums? Lepsius und Franz nahmen es für φ; allein dem widerspricht sowohl die abweichende Figur des φ ϕ im Alphabet, als auch besonders die Stellung hinter, nicht vor χ. Seit das Alphabet von Bomarzo bekannt geworden ist, welches hinter dem χ das 8 zeigt, wird man wohl trotz der abweichenden Form nicht umhinkönnen, dem Q unseres Gefässes, das ebenfalls am Schluss des Alphabets hinter χ erscheint, denselben Werth beizulegen[19]). — Ist dies richtig, so ist von den 13 Consonanten, die das Syllabarium kennt, kein einziger dem etruskischen Alphabet fremd — die Vergleichung der beiden Consonantenreihen ergiebt:

Gefäss von Cäre: c v z h ϑ — m n p — r ſ t — χ f
Gefäss von Bomarzo: c v z h ϑ l m n p s r ſ t φ χ f

während dagegen sämmtliche der etruskischen Sprache mangelnde Consonanten

---

19) Es scheint also von den beiden Zeichen für das griechische φῖ bei den Etruskern ⊕ in der ursprünglichen Geltung beibehalten, Q als f verwandt zu sein.

des cäritischen Alphabets β^{20}) $\delta\varkappa^{21}$) $\sigma\sigma$ im Syllabarium gerade so fehlen, wie ihm der Vokal o unbekannt ist. Dass auch noch die Consonanten $l\,s$ ($\sigma\prime\gamma\mu\alpha$ M) φ fehlen, kann Zufall sein, wird aber eher daher rühen, dass Φ φ fast nur in griechischen Wörtern erscheint (Müller Etr. 2, 298) und dass die halbvokalischen Laute l und s $\sigma\prime\gamma\mu\alpha$ nicht als Consonanten angesehen wurden[22]). Wie dem aber auch sein mag, es ist evident, dass das Alphabet griechisch, das Syllabarium etruskisch ist — woher es denn auch begreiflich ist, wesshalb im sieneser Grabe jenes recht-, dieses rückläufig geschrieben steht — und dass in dem Syllabarium eben dieses griechische Alphabet einem nicht griechischen Munde angepasst wird. Daher denn fehlen ihm alle Buchstaben, die der Tusker beseitigt hat, daher hat es alle die, welche dieser kennt, daher endlich erscheint der bei der Reception des Alphabets von den Etruskern hinzugefügte Buchstabe f nicht im griechischen Alphabet, wohl aber auf dem etruskischen Syllabarium.

Noch sind in Verbindung mit diesem Syllabarium die beiden etruskischen Gefässinschriften zu betrachten, welche Lepsius[23]) für pelasgische erklärt hat:

miniceϑumamimaϑumaramlisiaiϑi
purenaieϑeeraisieepanamineϑunastav
helefu

und
minimulvenekevelϑuirpupliana

welche Inschriften schon durch ihr Alphabet

A C E F Ξ H ◊ I ʋ ₥ ⋈ ⊳ M P ⸒ T V ⊕ Ψ Q

---

20) Wäre es gewiss, dass zu Anfang po nicht cv zu lesen ist, so würde sich hierin nichts ändern, da wir uns schon oben aus ganz andern Gründen genöthigt sahen neben dem jüngeren tuskischen Alphabet von 20 Buchstaben ein älteres zu statuiren, das daneben noch bk kennt. Damals syllabirte man also $ba\,be\,bi\,bu\,ca\,ce\,ci\,cu$ etc., und es wäre nicht unnatürlich, dass man diese gewohnte Litanei auch später beibehalten, als das b schon weggefallen, und man demnach zweimal mit p, zuerst mit dem weichen, dann mit dem harten syllabiren musste. Das Fehlen des v würde ebenso wenig auffallend sein wie das anderer Halbvokale. Ja die nolanischen Alphabete, die ganz ähnlich $c\,x\,v$ zweimal setzen, empfehlen diese Conjectur sehr. — Doch ist es einfacher, das Zeichen ⊳ für F zu nehmen.

21) Dass das k fehlt und c schon als tenuis fungirt, wie auf den jüngeren tuskischen Inschriften, beweist übrigens, dass die Vase selbst, obwohl recht alt, doch keineswegs in so sehr ferne, der Reception des Alphabets selbst nahe liegende Zeiten zu setzen ist.

22) Diess ist der S. 6 versprochene Beweis dafür, dass das Sigma den Etruskern als Halbvokal, das San dagegen ihnen als Consonant erschienen sei.

23) Annali dell' Inst., T. VIII, p. 199 sq. Ueber die tyrrhen. Pelasger, S. 40, 42. Die erste, die in einer Spirale um den Bauch des Gefässes läuft, ist gestochen Ann. l. c. und Mus. Greg., vol. 2, tav. 99. Die zweite, früher in der Sammlung Borgia, jetzt im Museum von Neapel im Saale der Bronzen, ist so viel ich weiss nur in lateinische Schrift umgesetzt von Lepsius, tyrrh. Pel. S. 42 bekannt gemacht. — Den hexametrischen Klang namentlich der ersten bemerkt Lepsius.

(die seltenen Buchstaben ς ſ φ χ kommen darauf nicht vor) eine enge Verwandtschaft mit unserm Alphabet und Syllabarium bekunden; namentlich kehrt die Figur Ϙ, die sonst der etruskischen Epigraphik fremd ist, hier wieder, wahrscheinlich ebenfalls für 8 ſ. Diese Verwandtschaft ist um so natürlicher, als das Gefäss, worauf die erste Inschrift steht, in Cäre bei denselben Ausgrabungen, welche die Alphabetvase ans Tageslicht brachten, ja vielleicht in demselben Grabe gefunden ist; der Fundort der zweiten ist unbekannt, mag aber ebenfalls Cäre sein. Mit grösserem Recht als womit Lepsius wegen der auffallend reichen Vocalisation dieser Inschriften dieselbe den Etruskern absprach, hat später Steub (die Urbewohner Rätiens, München 1843, S. 12) dieselben als Hauptbeweise dafür benutzt, dass die ältere etruskische Sprache einen ungemeinen ausgiebigen Vocalismus hatte, der freilich später einem widerwärtigen und harten Contractionssystem hat weichen müssen. Es fehlt bekanntlich auch sonst nicht an Beispielen hiefür; ich nenne die bekannte Inschrift von Orvieto: *mi kalairu φuiuſ*[24]) und die andere in der vaticanischen Bibliothek von unbestimmter Herkunft: *mi veneruſ finucenaſ*, vielleicht = *sum Veneris Erycinae*[25]); ferner die recht alte Inschrift des Goldschmucks von Chiusi von nicht ganz sicherer Lesung: *miaraϑiavelavesnas zamaϑimapſuſrkemſſevenpetursikipia* (Bullettino dell' Inst. 1846, p. 8). Im Hause Guglielmo in Civitavecchia sah ich zwei Gefässe mit schwarzem Firniss und den Inschriften

und
mi ramuthaſ kaiuſinaia

mi raſuvuſ lariceia

worin abermals Ϙ für ſ vorkommt und auch *c* neben *k* beachtenswerth ist. Die Gefässe stammen aus Montalto di Castro, das erste ist gestochen bei Micali monum. ined. 1844, tav. 34. — Es ist sehr beachtenswerth, dass alle diese mit *mi* anfangenden Inschriften das Zusammenstossen von Consonanten aufs Aeusserste scheuen und die beiden ersten z. B. nur mit *l* und *s* andere Consonanten verbinden, höchstens noch auf ein mit *r* endendes Wort ein mit *p*, auf ein mit *v* endendes Wort ein mit *h* beginnendes folgen lassen; weniger bestimmt schon tritt dies in der chiusiner Inschrift hervor, die schon einige Contractionen zu kennen scheint. Dies ursprüngliche Gesetz der etruskischen Sprache: nie zwei (wirkliche) Consonanten auf einander folgen zu lassen, welches Steub in der angeführten Schrift scharfsinnig erkannt und mit Geist durchgeführt hat, und welches die unsäglich harten Formen wie *Marcnsa Cſale* auflöst in die älteren daneben vorkommenden *Marcanisa, Caſateniu*, liegt offenbar auch unserm Sylla-

---

24) Lanzi n. 191, vgl. T. II, p. 265, ed. 2. Müller Etrusker I, 451 erkennt darin *εἰμὶ Καλαιροῦ υἱός*, was mir noch zweifelhaft scheint. — Uebrigens ist das φ, wie Lanzi ungenau den ersten Buchstaben des dritten Wortes giebt, wohl eher Ϙ als Φ.

25) s. unten ' herukinal' im oskischen Glossar.

barium zu Grunde, welches man sich nicht als eine gemeine Buchstabirübung für ABC-Schützen denken darf, sondern als eine Auflösung der Sprache in die möglichen syllabischen Elemente, wie das Alphabet besteht in einer Auflösung der Sprache in ihre lautlichen Elemente. Danach kann es auch nicht befremden, was nach dem Habitus des jüngeren tuskischen Idioms ganz undenkbar erscheinen müsste, dass die Etrusker aus dem ihnen überlieferten Alphabet die Doppelconsonanten *ss* und *ks* herauswarfen; in ihrer ältesten Sprache hätten sie aus Alexander nicht *Elχsentre* machen können, sondern nur etwa *Eleχesenelerus*. Nur solche Doppelconsonanten, die eigentlich keine sind, wie *st*, *pl* und dgl. konnten sie ertragen.

Ehe wir die Erörterung über das Gefäss von Cäre beschliessen, ist noch die Frage aufzuwerfen, ob von den Lautzeichen des griechischen Alphabets, welche die Tusker nicht als Lautzeichen brauchen konnten, sich nicht in Etrurien eine anderweitige Verwendung nachweisen lässt. Diese Frage wird nicht müssig erscheinen; die Alten behandelten die einmal erfundenen Zeichen als einen kostbaren Schatz, und haben nicht leicht auch die als Lautzeichen nicht mehr anwendbaren ganz bei Seite geworfen. So z. B. haben die Griechen die drei phönicischen Zeichen, welche aus ihrem Lautalphabet verschwanden, δίγαμμα, κόππα und σάν (das Zeichen des Samech erhielt sich, wenn gleich in veränderter Geltung und unter anderen Namen) nicht bloss im Zahlenalphabet fortgeführt, sondern auch die letzten beiden als Brandmarken verwandt. Es ist bekannt, dass man κόππα und σάν zuweilen den Pferden einbrannte (κοππατίας, σαμφόρας, Aristoph. Nub. 23. 437; 122). Man hat dies verkehrter Weise auf die Herkunft derselben von korinthischen oder syrakusischen Rossen gedeutet, während es doch einfach daraus sich erklärt, dass man die Buchstaben des Alphabets, welche nicht mehr in gemeinem Gebrauch waren und daher nicht für Initialen gehalten werden konnten, was zu Verwechslungen geführt haben würde, vorzugsweise zum Marken nahm. Danach haben wir nun auch in Etrurien den sechs Zeichen nachzuforschen, welche das cäritische Alphabet mehr hat als das von Bomarzo. Es sind dies B D K ⊞ O X; da aber B wahrscheinlich erst spät aus dem etruskischen Alphabet ausgefallen ist und die Zeichen von D K O theils lautlich theils graphisch mit P C ⊙ zusammengeflossen sind und als Nebenfiguren derselben fortexistiren, so bleiben nur die beiden Zeichen ⊞ und X+. Die etruskischen Ziffern nun sind folgende (s. Müller Etr. 2, 317 und dessen Tafel No. 4.)

I · Λ X ↑ ⊕ 8
oder   V + ↓
1   5   10   50   100   1000

Müllers an sich sehr ansprechende Vermuthung, dass diese Ziffern aus den Buchstaben *u t χ ϑ f*, als den Initialen der Wörter, welche im Etruskischen 'quinque, decem, quinquaginta, centum, mille' bezeichneten, differenzirt seien, scheint nun dennoch nach dem, was wir jetzt wissen, höchstens für 5 50 1000 gelten zu

3*

können, deren Analogie mit den betreffenden Buchstaben u χ f allerdings auffallend ist. Dagegen ist die Aehnlichkeit von X oder + mit dem tuskischen t und ebenso die von ⊕ mit dem tuskischen ϑ eine sehr entfernte, indem bei dem Buchstaben t die Grundform T ist, und nur nach der Eigenheit der etruskischen Schrift, überall wo Linien sich rechtwinklig schneiden die perpendikuläre nicht bloss an die horizontale heran, sondern über dieselbe hinaus zu führen, man wie ᖴ F ᖾ ᚨ statt E C ᗑ ᛁ, so auch + statt T schreibt; wogegen bei der Ziffer X die Kreuzung durchaus wesentlich ist. Ebenso ist die Verschiedenheit des ⊕ von ϴ ⊙ O ganz constant und niemals findet man die Zahlzeichen für 10 und 100 mit den Buchstaben τ und ϑ alternirend, während die übrigen Ziffern öfter mit den entsprechenden Lautzeichen wechseln. Wahrscheinlich werden also die Zeichen X + = 10, ⊕ = 100 vielmehr von den vacant gewordenen Doppelbuchstaben X + = κσ und ⊞ (das zu ⊕ sich verhält wie < zu C, ᛋ zu S, ◇ zu ⊙) = σσ abzuleiten sein, die man im Etruskischen als Ziffern verwandt hat wie im Griechischen Koppa San und Stigma[26]). Die Etrusker mögen sich anfangs mit diesen nothwendigsten Ziffern begnügt und erst später die Zeichen für 5, 50 und 1000 denselben hinzugefügt haben.

So erkennen wir denn nun diese merkwürdige Reliquie der alten Agylla, die nach der Fabrik und dem Thon zu schliessen (Lepsius. l. c. p. 193) ohne Zweifel dort entstanden ist, wo sie gefunden ward, in ihrer ganzen Bedeutung. Wir finden darauf das griechische Musteralphabet so wie es nach Etrurien kam, ohne Zweifel in seiner ganzen Reinheit und Vollständigkeit, fortgepflanzt vermuthlich durch priesterliche Tradition und heilige Sage. Wir finden daneben in dem Syllabarium die Anwendung, welche von diesem überlieferten Alphabet in Etrurien gemacht ward; den Complex der syllabischen Bestandtheile der etruskischen Sprache, aufgezeichnet in jenen griechischen Lautzeichen. Sehr natürlich war es, diese beiden Schriftstücke als den Ausgangspunkt der etruskischen Literatur von der griechischen und die einheimische Anwendung derselben bezeichnend — ähnlich wie bei der Confarreation den Brautleuten sowohl das rohe Getreide als der Brotlaib gereicht ward — dem gebildeten Etrusker als Andeutung und Symbol der eigenthümlich tuskischen auf die griechische gepfropften Bildung und Literatur mit ins Grab zu geben. So erklärt es sich denn auch, zu welchem Zwecke diese so eigenthümlichen Alphabete und Syllabarien in verschiedenen etruskischen Gräbern sich finden. Wären es bloss die gewöhnlichen Alphabete, so könnte man sich mit einer allgemeinen Auskunft genügen lassen, da ja am Ende der Schreibgriffel ebenso gut wie die Lanze ins Grab gehört; allein da es nicht das Alphabet der daneben stehenden Inschriften ist, so muss an dies Alphabet nothwendig

---

26) Dies beweist ferner, dass das tuskische Alphabet B und K früher als Buchstaben gekannt hat, da deren Verwendung als Zahlzeichen nicht nachweisbar ist. Anders ist es mit D und O.

irgend eine bestimmte Tradition sich knüpfen. Sicher gehörte zu demselben eine ausführliche Sage, und ein Fragment derselben mag es sein, was Tacitus mittheilt Ann. XI, 14, ohne Zweifel aus der etruskischen Geschichte des Kaisers Claudius, wie der Zusammenhang andeutet: Etrusci ab Corinthio Damarato (litteras) didicerunt. Also denselben Damarat, welcher den korinthischen Maler Kleophant (Plin. H. N. 35, 45), die korinthischen Plastiker Diopus (den Vorsteher der Erzgiesserei?), Eucheir (den Former des Erzes?), Eugrammos (den Zeichner der ehernen Spiegel und Cisten? Plin. II. N. 35, 43) nach Etrurien geführt hat, den die Sage überhaupt zum Vater der hellenischen Kultur im Lande der Tyrrhener macht, liess die einheimische Sage auch dasjenige Musteralphabet, welches wir noch besitzen, von Hellas nach Etrurien überbringen. Was die tuskische Mythe über die Anfänge von Kunst und Literatur weiter zu berichten wusste, wird uns nicht überliefert, aber das muss hier noch bemerkt werden, dass historisch betrachtet das etruskische Musteralphabet ganz gewiss nicht von Korinth gekommen ist und es also auch mit den andern Theilen dieser Sage nicht eben viel auf sich haben wird.

4. Das umbrische Alphabet.

Als Musteralphabet für das umbrische kann das etruskische angesehen werden, wie das Gefäss von Bomarzo es zeigt, mit Zusatz jedoch von B K. Die Modificationen, die dasselbe bei den Umbrern selbst erfuhr, und wodurch dasselbe vom tuskischen sich unterscheidet, sind folgende.

1. Von den mediae behauptet sich das b, welches den Etruskern sehr früh verloren ging; dagegen mangeln γ und δ. Es ist bemerkenswerth, dass die tenuis hier wie auf den älteren etruskischen Inschriften durch k, nicht durch c bezeichnet wird; was ebenso wie das Vorkommen des b auf eine sehr frühe Ableitung dieses Alphabets aus dem tuskischen hindeutet. Da dieses schon im 3. Jahrhundert der Stadt die tenuis durch c, nicht durch k bezeichnete, so muss die Ableitung des umbrischen aus dem tuskischen manches Jahr früher stattgefunden haben.

2. Die Aspiraten sind im Verschwinden. φ und χ sind noch gar nicht nachgewiesen, und wenn ϑ zweimal vorkommt in Wörtern, worin sonst t dafür erscheint, so dürfen wohl auch t und ϑ als zusammengefallen angesehen werden, so dass beides gleichbedeutende Zeichen für die tenuis geworden wären; denn es scheint den Umbrern wie den Lateinern, deren Lautsystem mit dem umbrischen die innigste Verwandtschaft zeigt, unmöglich gewesen zu sein, die Consonanten $t\ p\ k$ zu aspiriren. Es versteht sich, dass auch $th\ ph\ kh$ nirgends vorkommen[27]).

---

27) Schon darum und aus vielen andern Gründen darf in dem F R A T R E X S der iguvinischen Tafeln lateinischer Schrift — dem *fratreks* derselben in umbrischer — das X S nicht als $\chi\sigma$, sondern nur als $\varkappa\sigma = \varkappa\sigma$ gefasst werden.

3. Von den beiden Sibilanten der Etrusker, dem σίγμα und σάν, bleibt das letztere allein, so dass also die breitere Aussprache des *s* die Oberhand in Umbrien gewann. Das σίγμα **M** verschwindet und findet sich nur noch zweimal in den ältesten iguvinischen Tafeln als Nebenform des σάν [28]).

4. Ein neuer Buchstabe entstand durch Differenziren der beiden von den Etruskern als Doppelzeichen für *r* überlieferten Figuren **D** und **P**; jenes behielt man für *r*, während dieses einen eigenthümlichen durch den umbrischen Rhotacismus hervorgerufenen Laut vertrat, in dem *r* und *s* zusammenschmolz (Lepsius tab. Eug. p. 18. 56).

5. Ein zweiter neuer Buchstabe wird in umbrischer Schrift durch **b**, in lateinischer durch **'s** bezeichnet; Form und Geltung sind nicht ganz klar. Die lateinische Form ist aus **s** differenzirt, die umbrische scheint mir ganz arbiträr, vielleicht durch Umwendung des neuen Zeichens für *rs* **P** entstanden. Von der Geltung wissen wir nur, dass es, nach der lateinischen Figur zu schliessen, mit **S** verwandt ist, und das es öfters an die Stelle eines *k* tritt, so für *publicus* bald *puprike*, bald *puprise* mit **'s**. S. überhaupt Lepsius inscr. Umbr. p. 156, der es für *sch* nimmt, was mir sehr zweifelhaft ist; eher ist es **X**.

5. Das sabellische Alphabet.

Da das Alphabet der Samniter aus dem umbrischen abgeleitet ist, so müssen auch die Sabiner und die übrigen zwischenwohnenden sabellischen Stämme eine nationale Schrift gehabt haben, welche Tochter der umbrischen und Mutter der oskischen gewesen. Wie aber in diesen Gegenden die epichorische Sprache überhaupt früher dem Einfluss der lateinischen Schrift wich als im Norden und Süden, so zeigt sich auch die epichorische Schrift, die überhaupt immer früher schwindet als die Landessprache, in diesen Gegenden so gut wie gar nicht, sondern die wenigen Reste der nationalen Dialekte der Volsker, Marcuciner, Sabiner u. s. w. sind mit lateinischen Buchstaben geschrieben, wobei das Vorkommen des in Rom erfundenen **G** und der ächt lateinischen Formen **II** und **I¹** (**E** und **F** sind selten) zu bemerken ist. Bis jetzt giebt es nur eine einzige Inschrift, die vielleicht im sabellischen Alphabet geschrieben ist; ich meine den merkwürdigen aber räthselhaften Stein von Crecchio (Taf. II.), dessen in jeder Hinsicht ganz einzige Schrift wohl kaum als eine Modification der oskischen angesehen werden kann. Eher

---

28) IIb. 18: 'salu'; 24: 'seritu'. Lepsius inscr. Umbr. p. 148 zeigt gut, dass **M** hier nicht *m* sein kann, sondern ein Sibilant sein muss; allein nicht mit Recht erkennt er darin eine Nebenform des umbrischen **b**. Beide Wörter sind sehr häufig und zeigen sonst beständig **S**, nicht **b**, so dass also **M** Nebenform von **S** sein muss. — Mit dem wunderlichen Λ, das nur auf der 5. Tafel in der Geltung von *m* sich findet, wie Lepsius tab. Eug. p. 16 gezeigt hat, weiss ich nichts anzufangen; es scheint willkürliche Vereinfachung eines einzelnen Graveurs.

kann man, da der Stein in der Gegend von Ortona an der Grenze der samnitisch-frentanischen und der sabinisch-marrucinischen Gegenden gefunden worden ist, darin ein Ueberbleibsel des sabellischen Alphabets vermuthen. — Die Schrift ist nicht bloss βουστροφηδόν, sondern auch noch so gerichtet, dass die erste Zeile von links nach rechts geht, dann aber sich im Kreise herumdreht (die Wendung von der ersten zur zweiten Zeile ist verloren, die von der zweiten zur dritten aber erhalten) und nun nicht bloss von rechts nach links geht, sondern auch die Buchstaben mit der ersten Zeile verglichen umgedreht zeigt; was freilich, wenn man nicht absetzen, sondern die Wendung machen wollte, nicht anders sein konnte. Man muss also um den Stein zu lesen nicht längs desselben hin und her gehen wie bei gewöhnlichem Bustrophedon, sondern um den Stein herum. Es giebt von dieser Schreibweise, die allerdings noch viel genauer das Wenden des Pfluges wiedergiebt als die sonst bekannte und daher wohl die allerälteste sein mag, vielleicht noch ein Beispiel in der sehr alten kerkyräischen Inschrift C. I. G. n. 20, wo übrigens die Wendungen abgebrochen sind und die eigenthümliche Anordnung daher nicht mit Bestimmtheit hervortritt. In dieser scheint von den beiden ersten Zeilen (die dritte gehört wohl einem andern Absatz an wie die vierte auf dem Stein von Crecchio) die zweite rückläufige anzufangen, woran die erste rechtläufige mit gestürzten Buchstaben sich anschliesst. Jedenfalls ist die Inschrift von Crecchio höchst merkwürdig als die erste βουστροφηδόν geschriebene, die in Italien zum Vorschein kommt; obwohl nicht ausser Acht zu lassen ist, dass dieselbe nach dem Alphabete, das nichts sehr Altes und schon Spuren von Einfluss des jüngeren oskischen zeigt, und nach den sehr verschliffenen Endungen zu urtheilen nicht einer sehr fernen Epoche angehören kann. Es ist möglich, dass die Schreibweise auf diesem Stein von Kerkyra aus influenzirt ist, wo das Bustrophedon sich länger als anderswo gehalten zu haben scheint; doch ist das Alphabet des Steines dem kerkyräischen ganz fremd. Eher wird man daher anzunehmen haben, dass eine sehr alte italische Schreibweise in diesem abgelegenen Winkel Italiens sich länger behauptete und hier begünstigt durch die horizontale von allen Seiten zugängliche Aufstellung des Steins (in welcher Lage er noch gefunden ward) in verhältnissmässig später Zeit Anwendung fand. Jedenfalls aber scheint der Stein zu beweisen, dass die griechische Schrift noch als βουστροφηδόν nach Etrurien kam und als solche in Etrurien und Umbrien und selbst bei den Sabellern eine Zeitlang in Gebrauch war.

Was die Schrift selbst betrifft, so ist auch die Interpunction mit drei Puncten sehr auffallend; ein italisches Beispiel hiervon giebt es wohl nicht, dagegen interpungirt die sigeische Inschrift also, so wie die älteren attischen (C. I. G. n. 22. 70. 139 etc.). Das Alphabet ist noch nicht mit Sicherheit festzustellen, da alle Vergleichungspunkte fehlen, auch die Abschriften der sehr roh eingehauenen und beschädigten Inschrift bei aller Sorgfalt doch unter einander differiren. Ungefähr scheint es folgendes zu sein; die Zahlen bezeichnen die durchgezählten Wörter:

Λ Λ *a.*
Β *b.*
— *c* kommt nicht vor, denn Ρ 27 ist gewiss nicht richtig gelesen.
— *d* findet sich nicht.
Ε *e.*
? Ϲ *v,* sehr unsicher 2. 12.
— *z* findet sich nicht.
— *h* findet sich nicht.
— ϑ wird fehlen; vgl. 27.
Ι *i.*
Ι mit einem diakritischen Punkt scheint dem oskischen ⊦ zu entsprechen.
Κ *k,* eigenthümlich gestreckt.
? V *l* nur 24, und auch da nicht sicher.
W wohl *m,* zumal da auch im Lateinischen W zuweilen = *m* ist; am Ende häufig, auch nach *s* und 25 nach *t*. Scheint entstanden aus ⋈ ⋈⋈ durch Vereinfachung wie ⌇ oder ⋛ aus ⋝.
Ν, seltener Ν *n.*
— ξ fehlt.
— *o* fehlt; es scheint verlesen 2, und wohl auch 27.
⊔ wohl *p,* erscheint am Anfang der Wörter und zwischen Vocalen, in 17 vor *r*; wohl verlesen 1. — ⊓ 9 vielleicht dasselbe.
Μ scheint σίγμα.
— *q* fehlt.
Ρ und Ρ wohl gleichbedeutend = *r* (oder dieses *rs?*). Ρ vor *k* 8, Ρ nach *k* 28, nach *p* 17.
ϟ ⋛ *s.*
Τ *t,* zuweilen mit sehr kurzem Querstrich 26.
V *u.*
V V scheinen dem oskischen V zu entsprechen.
▯ 24. 28. ist zweifelhaft; am nächsten läge in dieser eckigen Schrift φ, doch kann man auch an ζ *h f* denken.
— χ wird fehlen.

Bei der Unvollständigkeit und Unsicherheit dieses Alphabets wird es wohlgethan sein, auf dasselbe nicht zu viel Schlüsse zu bauen. Italisches Lautsystem zeigt sich in dem Fehlen des *o*, welches als sicher gelten kann; Anschliessen an das umbrische Alphabet in dem wahrscheinlichen Mangel der beiden mediae *g* und *d*, während *b* vorhanden ist, so wie auch in dem ebenfalls wahrscheinlichen Mangel der Aspiranten. Dass zwei Sibilanten Μ und ϟ auftreten, stimmt mit dem Etruskischen und wahrscheinlich auch mit dem älteren Umbrischen, da dies ja beide Figuren wenigstens noch graphisch kennt; auch hier prävalirt ϟ. Wenn dagegen mit Recht die oskische Differenzirung von *i* und Ι, *u* und *ù* hier wiedergefunden ist, so schliesst sich dadurch das Alphabet andererseits dem oskischen an und erscheint somit allerdings als Mittelglied zwischen dem nord- und süditalischen; es mag dabei dahingestellt bleiben, ob diese Differenzirung von den Sabellern erfunden und den Samnitern mit überliefert oder von diesem sabellischen Stamm nachträglich aus dem samnitischen Alphabet entlehnt ist.

6. Das oskische Alphabet.

Das samnitisch-oskische Alphabet, dessen Anfang a b g .... sich nun auch mit dem Griffel auf eine Aussenwand der casa del Fauno in Pompeji geschrieben gefunden hat (Taf. XI, 31e), so wie als Münzbuchstaben auf den Socialmünzen a b g d (v) z h i m n p vorkommen, muss historisch aus dem sabellischen abgeleitet sein; da indess dies sehr unvollkommen bekannt ist, wird man richtiger das umbrische dabei zu Grunde legen, in einer Epoche, wo dasselbe das C noch neben dem K bewahrte und die beiden Buchstaben P und b noch nicht erfunden hatte, welche den Samnitern nicht bekannt sind. Das oskische Alphabet ist insofern sehr merkwürdig, als dasselbe ein sehr vollkommenes vielleicht unter griechischem Einfluss in Campanien vervollkommnetes Lautsystem zeigt, welches in vieler Hinsicht an das durch griechischen Einfluss modificirte römische der augusteischen Zeit erinnert, aber auch wie dieses mit einem mehrfach verstümmelten und unvollkommenen Alphabete ringt.

1. Von den mediae empfingen die Samniter b und c und bewahrten sie; dagegen gab das Musteralphabet ihnen kein Zeichen für d, wovon sie indess den Laut hatten. Man erfand daher ein neues Zeichen dafür, indem man das Zeichen des r, wie es bei den Griechen von Kumä und Neapel gebräuchlich war, R als d gebrauchte. Da diese Gestalt des r den Etruskern und Umbrern ganz oder so gut wie ganz fehlt, so kann dieselbe ins oskische Alphabet wohl nur durch Reception aus einem fremden gekommen sein. Dass man nicht D nahm, erklärt sich daraus, dass diese Figur im Umbrischen und Oskischen r ist; zu der Figur R mag man gegriffen haben, entweder weil man meinte: wenn δ im griechischen Alphabet im oskischen r sei, so könne ρ im griechischen Alphabet im oskischen d werden, oder weil in der That zwischen d und r eine nicht geringe Lautverwandtschaft stattfindet (vgl. arvorsum advorsum, meridies medidies etc.) Was den Platz des d im Alphabet betrifft, so kann es nur entweder am Schlusse als neuer Buchstab gestanden haben oder hinter g, wenn mit der Figur auch der Platz aus dem griechischen oder lateinischen Alphabet entlehnt ward. Da d auf den Socialmünzen vorkommt, welche keinen Buchstaben nach p, aber alle ersten zeigen, offenbar weil man weniger Unterscheidungszeichen als Buchstaben und von jenen die zuerst kommenden am meisten brauchte, so stand wahrscheinlich d am vierten Platze.

2. Die Aspiraten, die im Umbrischen schon fast verschwunden sind, fehlen

hier gänzlich. Dagegen zeigen sich — gerade wie in der späteren römischen Schrift — einzeln *ph* (z. B. ʽaphinisʼ) *th* (ʽthesavrefʼ) *kh* (ʽperkhenʼ).

3. Von den Sibilanten findet sich ausser dem σάν **S** (das σίγμα **M**, welches schon im Umbrischen so gut wie untergegangen ist, mangelt hier völlig) nun auch das ζῆτα, allein in eigenthümlicher Weise. Im Alphabet stand es, wie die Münzen beweisen; ebenso findet es sich als Nota eines Vornamens, und in zwei Wörtern einer jüngeren oskischen Inschrift als Stellvertreter des Doppelconsonanten *ts* (ʽhürzʼ und ʽazʼ). Sonst kommt es nirgends vor; ja die Wörter, welche in lateinischer Schrift *z* haben, wie z. B. das pron. demonstr., haben in oskischer constant *s*. Es scheint fast als habe *z* im Oskischen ungefähr dieselbe Stellung wie *k* und *z* im Lateinischen: als sei es einmal abgekommen und nur noch im Alphabet und den Abkürzungen beibehalten, dann aber wieder hervorgesucht, um den Doppelconsonanten *ts* zu bezeichnen. Ebenso mangelt das ξῖ, wofür *ks* sich findet. Von den beiden eigenthümlichen Sibilanten der Umbrer P und ↳ findet sich keine Spur, wie denn auch diese Laute dem Oskischen fremd gewesen sein werden.

4. Dagegen sind die beiden Vokale *i* und *u* differenzirt worden, indem man neben dem gewöhnlichen I noch für das I pinguius des Lucilius, das *i*, worin ein *e* gewissermassen aufgegangen ist, das Zeichen ⊢ (wofür wir í in lateinischer Schrift setzen werden) erfand, und ferner von dem V noch das Ⅴ (in unserer Umschrift ú) unterschied, dessen Bedeutung noch nicht ganz klar ist, doch scheint jenes mit dem griechischen υ, dieses mit ω näher verwandt und dürfte V dem geschlossenen *o* und *u* der Italiener wie in fosse fusse, coltello, Ⅴ dem offenen *o* wie in opera, parola entsprechen. Die genauere Ausführung wird da gegeben werden, wo von den oskischen Inschriften griechischer Schrift die Rede sein wird; hier nur noch die Bemerkung, dass diese Differenzirung den ältesten oskischen Münzen und Inschriften noch unbekannt zu sein scheint und wohl erst frühestens im 5. Jahrhundert der Stadt eingeführt worden ist [29].

7. Das lateinische Alphabet.

Während die etruskisch-sabellischen Alphabete lauter Nachkommen desjenigen altgriechischen sind, welches die Sage dem Damaratos beilegt, finden wir uns in Latium entschieden auf eine andere Quelle hingewiesen. Es hat nie verkannt werden können, dass das römische Alphabet nicht aus dem tuskischen, sondern unmittelbar aus dem griechischen derivirt ist (Müller Etr. 2, 312); die Römer

---

[29] Nicht erklärt ist bis jetzt das Zeichen Ⴕ der oskischen Münzen; da alle andern Münzbuchstaben dem Alphabet entlehnt sind, so möchte man dies auch für einen Buchstaben halten. Oder ist es Ligatur von *lu*?

würden, wenn sie ihr Alphabet aus Etrurien empfangen hätten, weder das ſ weggeworfen haben, das ihnen so sehr Bedürfniss war, noch hätten sie das altphönicische Ϙ von dort empfangen können, welches nicht bloss im etruskischen, sondern schon in dessen griechischem Musteralphabet mangelt. Ganz unglaublich ist aber Müllers Vermuthung a. a. O., welche auch Lepsius tab. Eugub. p. 23 wiederholt, dass die römische Sprache erst um 300 d. St. zur Schriftsprache geworden. Was wird dabei aus den uralten Urkunden, die besonders das Nationalheiligthum der Latiner, der Tempel der Diana auf dem Aventin noch bis in späte Zeit bewahrt hat: der ehernen Stele des Servius Tullius (Dion. 4, 26) und dem bekannten Bundesvertrag des Sp. Cassius mit den Latinern; was wird ferner aus den Erztafeln im Tempel des capitolinischen Jupiter, worauf der erste Handelsvertrag mit Karthago vom J. d. St. 245 geschrieben war, die Polybius (3, 22. 25) selber sah und in einer so abweichenden Sprache geschrieben fand, dass schon in seiner Zeit (welche wohl zu bemerken die meisten unserer sogenannten archaischen Inschriften nicht übersteigen) die römischen Archäologen Einiges nur erriethen? Von inneren Gründen spreche ich nicht, da es auf der Hand liegt, dass Institutionen wie die servianischen, Handelsverbindungen wie sie jene Verträge voraussetzen, bei schriftunkundigen Barbaren ganz undenkbar sind und dass die XII Tafeln mit ihrer rerum verborumque elegantia (Cicero), mit ihren Verboten von Schmähgedichten und Todtenklagen nicht der erste Schriftversuch eines rohen Volkes sind, sondern vielmehr einen hohen Grad der Cultur voraussetzen[30]). Gewiss haben die Priester — denn diese müssen doch zuerst geschrieben haben — Jahrhunderte vor den XII Tafeln ihre Formeln und Liedersprüche aufzuzeichnen

---

30) Dass man in Rom in frühester Zeit tuskische Buchstaben für die Schreibung der einheimischen Sprache gebraucht habe, wie Lepsius a. a. O. meint, ist nicht glaublich; warum hätte man dann nicht später dieselben beibehalten? Müllers Annahme a. a. O., dass man in Rom, ehe der einheimische Dialekt zur Schriftsprache ward, sich tuskischer oder griechischer Sprache und Schrift bedient habe, ist nicht gerade unmöglich, aber nach ihr Analogie nicht eben wahrscheinlich; denn dass die germanischen Völker zum Theil eher lateinisch als deutsch schrieben, hängt mit der eigenthümlichen Einwirkung der christlichen Missionäre zusammen. Auch finden wir von dem Gebrauch etruskischer Sprache in der ältesten Zeit Roms durchaus keine Spur; denn dass die Sage die Inschrift auf dem Capitolium, dem Kopfe des Königs Olus, etruskisch nennt, ist ganz consequent, da sie diesen Olus zum König von Volci in Etrurien macht und tuskische Wahrsager die Inschrift deuten. Dass auf einer Eiche im vaticanischen Felde, die Plinius H. N. 16, 87, 237 älter glaubt als die Stadt, eine Inschrift in bronzenen etruskischen Buchstaben (und ohne Zweifel auch in etruskischer Sprache) sich befand, beweist gar nichts für den Gebrauch der etruskischen Sprache in Rom, sondern nur für den auch sonst hinreichend bekannten Gebrauch der Römer, die Blitze durch etruskische Priester sühnen zu lassen; was nicht einmal in sehr früher Zeit stattgefunden zu haben braucht, denn so alt wie der Baum war doch die Inschrift nicht! Ganz analog ist die berühmte etruskisch-lateinische bilinguis des haruspex fulguriator von Pesaro (Fabretti 696, 171. Orell 2301), die gleichfalls in einer Gegend vorkommt, wo niemals tuskisch gesprochen worden ist.

angefangen; so dass es gar nicht befremden darf, wenn wir später den Beweis dafür finden werden, dass schon lange vor den XII Tafeln nicht bloss die Buchstaben, sondern sogar die Abkürzungen vollkommen fixirt waren. Insofern hat also die Sage durchaus Recht, wenn sie die Einführung der litteratura in Rom dem Euander oder dem Herkules zuschreibt³¹). Von den Pelasgern in Arkadien sei die Schrift nach Latium gekommen, nicht lange nachdem dieselbe den Arkadern selber bekannt geworden; der arkadische Flüchtling Euander habe von dort das griechische Alphabet den Aboriginern mitgebracht und dessen Mutter Carmenta daraus das älteste lateinische gebildet (graecas litteras in latinas commutavit, Hygin.), ohne Zweifel zunächst zur Aufzeichnung der heiligen Formeln, der sacra carmina, denen Carmenta vorstand (vgl. Klausen, Aeneas II p. 890). Die lateinische Sage also schrieb ihr griechisches Musteralphabet dem Euander, ihr ältestes Syllabarium der Carmenta zu. Historisch übrigens ist auch hier zu bemerken, dass das römische Alphabet nicht aus einem vordorischen, sondern entschieden aus einem dorischen Musteralphabet abgeleitet ist.

Zur Feststellung des ältesten Alphabets sind zunächst die archaischen Inschriften Roms und Latiums herbeizuziehen; allein diese geben wenig Aufschluss, indem sie selbst nicht in sehr frühe Zeit hinaufreichen. Die ältesten chronologisch bestimmbaren sind noch immer die Grabschriften des Scipio Barbatus cos. 456 und seiner Schwester Paulla (nicht Aulla) Cornelia, welche ins Ende des 5. Jahrhunderts gehören, alsdann die Inschrift auf dem As von Luceria (Mus. Hedervar. T. 1. n. 901. tab. II. f. 42. Bull. dell' Inst. 1847 p. 159), welche Duumvirn der Colonie nennt: Ⱶ. ⊓VⱵIO. Ⱶ. F. C. MODIO. GR. F. Der As ist pfündig (von 11 röm. Unzen) und also älter als die Reduction um die Zeit des ersten punischen Krieges, welche ich ins J. 485 setze; er ist wenigstens gleichzeitig der ältesten Scipioneninschrift, vielleicht noch älter. Die Inschrift der columna rostrata vom J. 494 kommt nicht in Betracht, da sie jedenfalls nur Copie einer ältern ist, wahrscheinlich aber nicht einmal dies, sondern Spielerei der Archäologen aus Claudius Zeit. Von den nicht chronologisch bestimmbaren mögen allerdings manche etwas älter sein; doch ist darauf aufmerksam zu machen, dass es keine einzige römische Münze und mit Ausnahme der cista Praenestina, wo Macolnia doch wohl für Magulnia steht, vielleicht auch keine einzige römische Inschrift³²) giebt, worin C für G gebraucht

---

31) Dem Euander: Dion. I, 33. Tac. Ann. XI, 14. Plin. H. N. VII, 56. Hygin. Fab. 277. Max. Victorinus p. 1944 Putsch. Mar. Victor. p. 2468. Dem Herkules, der sie dem Euander gelehrt: Plut. qu. Rom. 59 nach Juba. Max. Vict. l. c.

32) Dass C für G auf Münzen alter Zeit nicht vorkommt, bezeugt Eckhel D. N. V, 74. Die columna rostrata beweist nur für die Meinungen der Archäologen der Kaiserzeit; die vulcentische Schale mit **AECETIAI. POCOLOM** zeigt entschieden etruskischen Einfluss auch in dem T für D. Ueber die merkwürdige vielleicht umbrische Inschrift mit **SVOIS. CNATOIS** unten. Allerdings kommt auf sehr vielen dieser Inschriften die media überall nicht vor, z. B. auf denen von Pesaro. Vernachlässigte Inschriften späterer Zeit gehören natürlich nicht hieher.

wäre, was, wie später gezeigt werden wird, im J. 300 d. St. bestimmt der Fall war und wahrscheinlich erst gegen Ende des 5. Jahrhunderts abkam. So ist es denn nicht auffallend, wenn unsere ältesten Inschriften im Ganzen nur sehr wenig abweichen von der currenten Schrift der augusteischen Zeit, die noch immer M, P für M und P festhält. Die wie es scheint Griechenland ganz fremden und ursprünglich latinischen, von Latium aus über ganz Italien verbreiteten Figuren ∏ = E, I' = F [33]), so wie die in Latium besonders heimische Gestalt des A mit Lösung des Mittelstrichs: A A A [34]) — A ist ganz constant auf den archaischen Münzen Roms — finden sich in Inschriften aller Zeiten, jene vorzugsweise in vernachlässigten zum Theil ans Cursive streifenden. Wirklich alterthümlich ist ausser dem bald ungemein tiefen und würdigen, bald unsichern und oberflächlichen Steinschnitt nur das Vorherrschen der eckigen Formen, wie sich B < ◊ R S auf den Steinen von Pesaro finden, die überhaupt wohl die ältesten Formen unter allen lateinischen Inschriften, ältere selbst als die Scipioneninschriften, zeigen; was natürlich noch nicht beweist, dass sie der Zeit nach früher entstanden sind als diese. Hieher gehört auch ⌐ für P, das, nach den Scipioneninschriften zu urtheilen, im Anfang des VI. Jahrh. noch in Gebrauch war, aber nicht mehr gegen das Ende desselben. Gleichzeitig weicht dort ι⁄ dem später gewöhnlichen L, während auf einer Inschrift von Pesaro P neben ι erscheint [35]). Bemerkenswerth ist ferner die liegende oft oben nicht verbundene Figur des N: И /V, analogisch mit M, und die eigenthümlich kurzgeschwänzte Q und R auf einigen der ältesten Steine. O erscheint öfter wie im Griechischen bedeutend kleiner als die übrigen Buchstaben, zuweilen auch, aber nicht leicht in Rom selbst, unten geöffnet ∩, z. B. auf der (übrigens nicht archaischen, sondern restituirten) Inschrift des Kriegstribuns M. Fourios von Tusculum, auf der kircherschen Ciste des Novios Plautios, auf einigen der Steine von Pesaro, auf den älteren campanischen Stadtmünzen mit lateinischer Aufschrift, auf der marrucinischen Bronze von Rapino, der volskischen von Velletri

---

33) Auf Münzen und öffentlichen Inschriften wird man beide nicht leicht finden. ∥ wird schwerlich richtig von Fabretti p. 397 aus dem griechischen H abgeleitet. — Uebrigens finden sich ∥ und I' auch in dem lateinischen Alphabet, das mit dem Griffel auf eine Wand von Pompeji geschrieben ist (Avellino iscr. e dis. graff. di Pompei p. 19). Bemerkenswerth ist es, dass in den älteren lateinischen Inschriften ∥ und E, I' und F alterniren, so z. B. auf den in der Vigna Somaschi gefundenen Ollen (wovon später) aus dem Ende des 7. Jahrh. und auf den Gräbern der Furier in Tusculum (Falconieri inscr. athleticae p. 143), z. B. hier:

I'OVRIO
M. F C. F

34) Auch auf Münzen. Eckhel D. N. V, 73.

35) Es wäre wünschenswerth, wenn ein Numismatiker genau untersuchen wollte, wann diese und andere Archaismen von den Consularmünzen verschwinden. Man würde dadurch für die chronologische Bestimmung vieler Inschriften einen Anhalt gewinnen.

u. s. f. — Für ᴀᴀ (M ist bekanntlich erst nachaugusteisch) findet sich lex Thor.
v. 25 REDEMᴨΓVWCₒWDVCTVWVE = redemptum conductumve, dreimal W, was sonst meines Wissens nirgends vorkommt, wenn nicht vielleicht auf der Inschrift von Crecchio (p. 24). Beide Formen M und W sind durch Weglassung eines Striches entstanden aus der ältesten fünfstrichigen NV, welche z. B. auf den beiden archaischen Inschriften von Kumä erscheint und wohl auch bei den Römern ursprünglich im Gebrauch war; daraus erklärt sich die Nota des altlatinischen Vornamens Manius NV. [36]), in der zum Unterschied von M. — Marcus die älteste Form des Buchstabens beibehalten scheint. In den pompejanischen Griffelinschriften, wo die Linien, aus denen die Buchstaben bestehen, zuweilen wieder aufgelöst erscheinen, findet sich für M öfters |||| . — Die vier nicht römischen aber latinischen Münzreihen, die im aes grave del Museo Kirch. die cl. I. tav. IV. V. VI. VII bilden, das hatrianische schwere Kupfer (ib. cl. IV. t. II n. 7), ja noch brundisinische und pästanische Münzen (Cavedoni in der ungedruckten Erklärung der carellischen Tafeln CXX, 4. CXXXIV, 85.) bezeichnen constant den Semis mit s, die Semuncia zum Unterschied mit ⋜; so dass also auch diese ältere Form in Latium nicht unbekannt gewesen und gelegentlich wieder hervorgesucht ist.

Da somit die Denkmäler selbst keine wesentlichen Aufschlüsse über die Entstehung des römischen Alphabets ergeben, sehen wir uns auf andere Wege, namentlich auf historische Notizen hingewiesen, um die Genesis des Alphabets in Latium zu erkennen. Cicero (de nat. deor. 2, 37) und Quintilian (I. O. 1, 4, 9) nehmen ein Alphabet von 21 Buchstaben an, wobei also X als 'ultima nostrarum' erscheint. Es fragt sich nur, wie das X an diese Stelle hinter V gekommen sei. Gemeiniglich nimmt man an, dasselbe gehöre nicht zum ältesten römischen Alphabet, sondern sei später hinzugefügt worden; es kann aber nicht geleugnet werden, dass die Begründung dafür bloss die Verlegenheit ist, die Stellung des Zeichens hinter u zu erklären, denn soweit wir auch zurückgehen mögen, finden wir das X auf allen Monumenten, selbst auf der col. rostrata, wo doch alles zusammengehäuft ist, was man von alterthümlicher litteratura wusste; in den Münzalphabeten, welche Y und Z nicht haben, steht das X stets an seinem Platz (Eckhel D. N. V, 76, ebenso auf den lateinischen Socialmünzen AX, BV, CT etc.). Dass auch den Römern das X als national erschien, ist schon bemerkt; wenn ganz späte Grammatiker, Priscian und Isidor, den Buchstaben für zugefügt, ja für zugefügt erst unter August erklären, so kommt dies gar nicht in Betracht (vgl. überhaupt Schneider lat. Gr. 1, 1, 4. 370.) Wäre er zugefügt, so würde er auch wahrscheinlich die jüngere griechische Form Ξ zeigen, die seit dem Archontat des Euklides die attische und damit die gemein-

---

[36] So z. B. die Wandinschrift von Canosa von 67 v. Chr. (Taf. IV, Canosa 2). Die viel ältere von Pesaro giebt eine etwas andere Figur.

griechische war, nicht die ältere X. Eine eigenthümliche Wendung hat Lepsius
(de tab. Eug. p. 66. 91) dieser Annahme gegeben, indem er behauptet, dass X
im lateinischen Alphabet eigentlich χ sei und nur in Verbindung mit σ als χσ für
ξi stehe; daher finde sich auf älteren Inschriften häufig XS für x, wofür dann erst
später zur Vereinfachung das einfache X eingetreten sei. Ob diese Art der Vereinfachung denkbar sei, mag dahingestellt bleiben; Analogien dafür finde ich
nicht, und niemals hat man in Rom für quis zur Abkürzung qis geschrieben.
Was aber entschieden gegen diese Annahme spricht, ist einmal die Feindschaft
der Römer wie der Umbrer und andrer Italiker gegen die Aspiraten; da sie sie
sonst absolut nirgends geduldet haben, wie hätten sie nun gerade vor *s* das *k*
immer aspiriren und statt des einfachen *ks* oder *cs* darauf verfallen sollen, stets
χσ zu schreiben? Schreibt doch der Umbrer, der Osker für ξ stets *ks*. — Ferner
haben wir oben gesehen, dass in allen griechischen Alphabeten, die auf Italien
eingewirkt haben, und namentlich in demjenigen, welches wir später als das
römische Musteralphabet finden werden, das χ nicht durch X, sondern durch Ψ
bezeichnet wird. Danach ist schwer abzusehen, wie X im Lateinischen die Geltung von χi bekommen konnte. Was nun aber die Schreibung XS für X betrifft,
auf die Lepsius sich stützt, so ist zuvörderst zu bemerken, dass auch auf den
ältesten Inschriften daneben und sogar häufiger das einfache X erscheint, und
dass auch im Griechischen zuweilen ξσ für ξ steht (z. B. auf Münzen von Naxos,
Eckhel D. N. 1, 226), ja, was mir ganz entscheidend scheint, auf einer in der
Vigna Somaschi gefundenen lateinischen Inschrift mit griechischer Schrift aus
bester Zeit (Ende VII. Jahrh.) für Sextus geschrieben ist Σέξστος (Lupi epitaffio
di S. Severa p. 89). Es muss die Schreibung ξσ für ξ durch eine Eigenthümlichkeit der Aussprache veranlasst sein, welche man wohl an die Bemerkung späterer Grammatiker (bei Schneider lat. Gr. 1, 1, 371) anknüpfen kann: dass
man in *x* bald einen, bald zwei Consonanten höre, einen in anxius, zwei in lex.
Man kann auch in der Aussprache sehr wohl einen Laut, worin *c* und *s* in einander aufgehen, und einen worin sie mehr getrennt erscheinen, unterscheiden. —
Wenn es demnach wahrscheinlich ist, dass X schon bei der ersten Reception
des römischen Alphabets mit in Gebrauch kam und dass es von Haus aus das ξi
bezeichnete, so werden wir uns hiebei daran erinnern, dass auf dem cäritischen
Musteralphabet das ξi nicht zwischen ν und ο, sondern nach υ unter den vier
neuen Buchstaben υ ξ φ χ stand (p. 11) und in diesem Zusammentreffen eine Bestätigung unserer Annahmen sowohl über das griechische wie über das lateinische
Alphabet erkennen.

Unter den 21 Buchstaben des ältesten römischen Alphabets hat sich einer,
K, in dem gemeinen Gebrauch nur in wenigen Abkürzungen und im Alphabet
behauptet, und in Folge des Wegfalls von K das C seine ursprüngliche Geltung
als media zu der als tenuis verändert. Dass das älteste lateinische Alphabet C
als media, K als tenuis brauchte, beweisen die notae, worin K als tenuis, C in

Gaius und Gneius (Mar. Vict. p. 2469 P.) als media auftritt. Später wurde, wahrscheinlich unter etruskischem Einfluss, wie Müller 2, 312 richtig bemerkt, vielleicht in Folge massenhafter Einwanderung der Tusker nach Rom, die media von der tenuis nicht mehr unterschieden und nur noch diese gesprochen; dass man dafür das Zeichen der media wählte, ist ebenfalls wohl nur aus tuskischem Einfluss zu erklären, wo, nicht im älteren, aber wohl im jüngeren Alphabet, c als tenuis fungirte. So schrieb man in Rom zur Zeit der Abfassung der XII Tafeln[37]) und der Niederschreibung der leges reginae[38]); es erhellt also, dass damals schon die erste Epoche des tuskischen so wie die des latinischen Alphabets geraume Zeit vorüber war und dass die Zeit, wo man festsetzte, dass C Gaius, K Kaeso Kalendae Karthago Kalumnia Kaput anzeigen solle, lange vor 300 d. St. fällt: was uns einen Blick in das ferne Alter der römischen wie der tuskischen Kultur gestattet. Als späterhin das latinische Element sich wieder erhob und mit der Vertreibung der Tusker auch das römische Lautsystem wieder hervortrat, machte sich das Bedürfniss geltend neben der tenuis C auch wieder die media zu bezeichnen, wofür man denn durch Differenzirung aus C die neue Form G erfand. Als Erfinder wird ein Freigelassener des Sp. Carvilius Ruga, der ums J. 523 die (angeblich) erste Ehescheidung in Rom vorgenommen haben soll, bezeichnet (Plutarch. qu. Rom. 59. Schneider lat. Gr. 1, 1, 270.); wozu es wohl passt, dass die columna rostrata vom J. 494 den Buchstaben nicht kennt, obwohl freilich dies Zeugniss nicht beweist, was im 5. Jahrhundert üblich war, sondern was man 300 Jahre später für damals üblich hielt. Da indess schon auf dem Sarkophag des L. Scipio Barbatus Consul 456 und dem As von Luceria vor 485

---

37) 'ni cum eo pacit' hat sich bei Festus v. talionis p. 363 Müll. erhalten; 'ni pacunt' hat Terent. Scaur. p. 2253 Putsch. geschrieben, wie die Erklärung zeigt (Schneider I, I, p. 271), obgleich die Ausgabe pagunt hat. Den Grund, warum in diesem einen Worte das c sich gerettet hat in seiner ältesten Geltung, giebt Scaurus ebendaselbst an: man sprach irrthümlich pakit, obgleich, wie Scaurus ganz richtig sagt, pango und pepigi zeigen, dass das Wort die media hat. Dies zeigt zugleich recht deutlich, was von unserm Zwölftafeltext zu halten ist. Die zwölf Tafeln wurden bekanntlich in den Schulen auswendig gelernt; es musste, wie die Sprache sich modernisirte, ein moderner Text sich bilden, wie bei uns von der lutherischen Bibelübersetzung. Diesen mag der älteste Commentator Sex. Aelius Catus cos. 556 fixirt haben, und im besten Fall auf diesen unser Text zurückgehen. So erklärt es sich, dass die Gesetze aus dem Anfang des VII. Jahrhunderts, und um so viel mehr das SC. de Bacchanalibus eine ältere Orthographie zeigen als selbst die anscheinend wörtlich überlieferten Zwölftafelfragmente.

38) In der lex Numae bei Servius Ecl. 4, 43 hat Huschke anal. p. 375 in dem corrupten et natis richtig acnatis, agnatis erkannt. — Einzeln, namentlich vor a, erscheint daneben k; s. Schneider a. a. O. p. 294; wegen ihres Alters bemerke ich die Inschrift aus dem oben angeführten Columbarium der Vigna Somaschi (Baldini saggj dell' Ac. di Cort. T. II. n. 12), die übrigens unter griechischem Einfluss geschrieben scheint:

V. KAI. VI.
A. D. IIIEIDVSDEFEM

d. i. L. Caeli a. d. III. Idus Decembres.

das *g* sich findet³⁹), so vermuthe ich, dass jener Carvilius, welcher das erste γραμματοδιδασκαλεῖον in Rom eröffnete, nicht den Buchstaben G erfand, sondern ihn nur zuerst in das Alphabet aufnahm, welches er seine Schüler lehrte. Er kann wohl als der Ordner des Alphabets von 21 Buchstaben gelten, das Cicero und Quintilian als das eigentlich römische bezeichnen. Er gab ihm den Platz zwischen *f* und *h*, aus dem er ohne Zweifel gleichzeitig das *z* herauswarf. Dass dies früher im römischen Alphabete sich fand, sehen wir nicht nur daraus, dass seine Stelle im Alphabete durch einen nacherfundenen Buchstaben besetzt ist, sondern es wird auch berichtet, dass es im saliarischen Liede vorkam (Vel. Long. p. 2217) und findet sich in einem Fragment desselben (Varro de l. l. VII, 26). Ohne Zweifel fehlte es schon in den XII Tafeln, da sonst die Grammatiker es daraus citiren würden; auch in den Tafeln von Gubbio lateinischer Schrift — etwa aus dem VI. Jahrh. — wird das umbrische *z* durch *s* wiedergegeben und der Tragiker Accius schrieb es nicht (Mar. Vict. p. 2456). Im Alphabete behauptete es sich länger als im gemeinen Gebrauch, wohl bis Anfang des VI. Jahrhunderts. Im VII. Jahrhundert kam es allmählig wieder auf; es findet sich schon auf der bantinischen Bronze in der lateinischen Schrift eines oskischen Gesetzes aus der gracchischen Periode und scheint um die Zeit von Cicero und August wieder allgemeinere Aufnahme gefunden zu haben (Schneider a. a. O. p. 375).

Zu den 21 Buchstaben, die die Römer von den Griechen empfingen (es sind die 21 ersten des gewöhnlichen Alphabets, ausser dass G für Z eintritt), hatte das hellenische Musteralphabet ohne Zweifel noch die drei Aspiraten ϑ φ χ, welche der Römer wie der Umbrer wegwarf, weil er sie nicht zu sprechen wusste. Es ist bekannt, dass bis in späte Zeiten, z. B. noch im SCtum de Bacchanalibus bei der Reception einzelner griechischer Wörter die Aspirationen stets beseitigt wurden und dass erst seit der Kunde griechischer Literatur diese unrömischen Laute anfingen, wenigstens in Fremdwörtern geduldet zu werden (Schneider lat. Gr. 1, 1, 199 fg.) Es wäre nun hier wieder zu untersuchen, ob nicht die Zeichen Θ Φ Ψ eine anderweitige Verwendung etwa als Ziffern gefunden hätten. Die römischen Ziffern sind mit Beseitigung von Centum und Mille:

I	V	X	Ψ (↓ ⊥ ⊥ L)⁴⁰)	Θ (sehr selten)⁴¹)	Φ⁴²)
1	5	10	50	100	1000

---

39) Dass in dem alphabetischen Verzeichniss der 30 latinischen Städte bei Dion. V, 61 (nach den Handschriften ergänzt bei Niebuhr II, 19) das G zwischen F und L vorkommt, beweist nicht, dass der Buchstabe sehr alt, sondern dass das Verzeichniss wenigstens in dieser Gestalt jung ist.

40) Die erste Form Grut. 896, 10; die zweite auf römischen Familienmünzen Eckhel D. N. V, p. 45, 74, 78; die dritte in der lex Thoria, der oskischen tab. Bantina und sonst; ⊥ ganz gewöhnlich auf älteren Inschriften; daraus erst ward L. Die Analogie mit dem Buchstaben L ist ganz zufällig.

41) Aus der alten coraner Inschrift Grut. 896, 10 von Müller Etr. 2, 319 nachgewiesen.

42) Auf der columna rostrata, der alten röm. Inschrift bei Marini iscr. Alb. p. 3 und

Es fällt in die Augen, dass die drei letzten dieser Zeichen genau den von den Römern aus dem Alphabet entfernten Buchstaben χ ϑ φ entsprechen. Freilich ist es auch unverkennbar, dass zwischen den römischen und den etruskischen Ziffern

I Λ X ↓ ⊕ 8
1 5 10 50 100 1000

eine gewisse Ausgleichung stattgefunden hat, mag diese nun Folge des friedlichen Verkehrs oder der tuskischen Herrschaft in Latium, der römischen in Etrurien sein. Warum V oder Λ für 5 steht, weiss ich nicht zu sagen [43]. Dass X als Ziffer wahrscheinlich in Etrurien aus dem ξῖ entstanden ist, ist p. 20 bemerkt; in Rom wird es von dort entlehnt sein. Umgekehrt möchte ↓ römischen Ursprungs sein, da es das aus dem lateinischen Alphabet ausgefallene χῖ darstellt, und in Etrurien von Rom her entlehnt. Die etruskische Ziffer für 100 ist ohne Zweifel ursprünglich etruskisch und aus dem Samech entstanden; die gleichgeltende römische scheint mit ihr in keinem Zusammenhang zu stehen und aus dem ϑῆτα herzustammen, doch ist bei ihrer äussersten Seltenheit darüber nichts mit Bestimmtheit zu sagen. Das etruskische Zeichen für 1000 scheint differenzirt aus dem Buchstaben 8; gewiss verschieden davon und aus dem φῖ entstanden ist das römische, das in unzähligen Variationen die ausgebreitetste Anwendung gefunden hat.

8. Uebersicht der altgriechischen Alphabete.

Bei der innigen Verwandtschaft der italischen Alphabete mit den altgriechischen bedarf es wohl keiner Entschuldigung, wenn ein Versuch die letztern, namentlich so weit sie Italien mit angehen, zu ordnen und einigermassen zu klassificiren, der Untersuchung über die Herkunft der italischen Alphabete vorangeht. Wir unterscheiden zunächst das Alphabet von 23 und das von 26 Buchstaben.

I. Alphabet von 23 Buchstaben, welches ausser den phönicischen nur das υ kennt und ξῖ φῖ χῖ durch κσ πh κh bezeichnet. Wir kennen dasselbe durch die Inschriften von Thera und Melos (Franz elem. n. 1—21, Ross inscr. Gr. ined. fasc. II, n. 199—201), wonach dasselbe Taf. I. n. 2 zusammengestellt ist. Von den Sibilanten ist bis jetzt nur σίγμα M mit Sicherheit nachweisbar; die Inschrift mit ≤ n. 16 scheint etwas jünger und ſ in n. 2. ΦοſϟNOM, obgleich auffallend an gewisse phönicische Gestaltungen des Zade erinnernd, berechtigt doch noch keineswegs diesen mit σίγμα so früh zusammengefallenen Sibilanten hier zu statuiren.

---

sonst. D=500 ist durch Halbirung dieses Zeichens entstanden, die gewöhnlichen Zeichen ( ) etc. durch Auflösung.

43) Nach den neuerdings von Lepsius in Gerhards arch. Zeitung N. F. p. 375 publicirten Würfeln war quinque etruskisch ... |⟩, ki ..., also die Ziffer V nicht als Initiale des Zahlworts gewählt.

Eine spätere Modification dieses Alphabets zeigt sich in den jüngeren melischen Inschriften (C. I. G. 2434, Ross inscr. Gr. ined. fasc. III. n. 226 sq.), worin neben den Buchstaben des gewöhnlichen dorischen Alphabets zuweilen noch das gebrochene Jota und neben ⋦ das M erscheint, ferner O differenzirt ist in O = ω und C = ο. — Aehnlich ist das Alphabet n. 3 von der naxischen Inschrift (Franz n. 44) und der milelischen (Franz n. 45); auch hier zeigen sich neben dorischen Buchstaben einzelne Spuren des Alphabets von 23 Buchstaben und die Unterscheidung von E ε Η η, O o Ω ω. — Auf der Inschrift von Siphnus C. I. G. 2423 c. Ross I. c. p. 5 ist Ω o, Θ ω.

II. Das Alphabet von 26 Buchstaben, das in zwei Hauptzweige sich spaltet:
1. Das Alphabet von Kerkyra n. 4, nach den alten kerkyräischen Inschriften C. I. G. n. 20 und bei Gerhard archäol. Zeitung Jahrg. IV n. 48. — Genau dasselbe Alphabet findet sich auf der Klasse von Vasen, die Kramer griech. Thongefässe p. 50—54 zusammenstellt und wovon Exemplare bei Korinth[44]), bei Capua[45]), bei Nola[46]), bei Cäre[47]) und wohl auch bei Volci[48]) gefunden sind. — Im Wesentlichen schliesst sich diesem Alphabet das der achäischen Kolonien von Grossgriechenland an, das unter n. 5 nach der Bronze von Policastro (Franz elem. n. 23) und den zahlreichen incusen Münzen von Kroton Sybaris Posidonia Kaulonia Laos u. s. w. zusammengestellt ist.

2. Das dorische Alphabet. Es findet sich dies, wie n. 6 es zeigt, einestheils auf den Inschriften Böotiens[49]), anderntheils in sämmtlichen dorischen

---

44) Die bekannte dodwellsche Franz elem. n. 26; über die Lesung des Ϙ = q und ϕ = φ s. Lepsius Annali dell' Inst. T. VIII p. 193 not., Abeken ebendas. p. 309. Das Koppa ist übrigens auch sonst gesichert durch die Vase von Cäre.

45) d'Hancarville antiquités vol. I, pl. 1—4 und danach Kramer p. 51.

46) Die Inschriften nach Autopsie bei Kramer p. 53.

47) Mon. dell' Inst. vol. II tav. 38a und dazu Abeken Annali T. VIII p. 306 sg. Mus. Gregor. vol. II. tav. 1.

48) Aus Volci stammt wahrscheinlich eine unedirte Vase, die ich in der Sammlung Campana in Rom gesehen habe, mit den Namen ΗΕΚΑϹΑ und ΚΒϹΡϞοΝΑΜ, wonach ich den Buchstaben β dieses Alphabets, wo Β = ε ist, habe bestimmen können. Dasselbe Zeichen ist das erste in dem Worte μαρνάμενον in der Inschrift des Arniadas, die ich in Corfu im öffentlichen Museum gesehen habe; es ist völlig deutlich und kann nicht wegemendirt werden. Wie βαρνάμενον zu erklären sei, ist freilich nicht leicht zu sagen. — Das volcentische Gefäss Mus. Greg. vol. II tav. 17 (vgl. Abeken a. a. O. p. 310) zeigt mit den Buchstaben des eigentlich kerkyräischen Alphabets die jüngeren Formen Ε Λ Π + vermischt und könnte nachgeahmt sein oder einem Mischalphabet angehören. Auch die Inschriften des aus Cäre stammenden Gefässes des Berliner Museums (Mon. dell' Inst. vol. II tav. 38b, Kramer p. 53), welches Ρ α, Χ ε, Ι ι, Ν λ, Μ μ, Μ σ, Χ χ giebt, scheinen auf einer Vermischung des kerkyräischen und des gemeinen Alphabets zu beruhen.

49) Besonders auf der Inschrift von Thisbe Rangabé antiqu. Hellen. n. 31, ungefähr ebenso auf denen des C. I. G. 1592. 1599. 1639. 1642. 1643. 1678b. von Thisbe Tanagra Orchomenos Lebadea. Aus n. 1639 habe ich die sonst nicht vorkommenden Buchstaben Β und Ϝ ergänzt.

oder chalkidischen Kolonien Unteritalieus und Grossgriechenlands, sowohl auf den Münzen von Tarent und Heraklea[50]), als auf archaischen Inschriften von Syrakus, Lokri, Kumae[51]) und Münzen von Agrigent, Gela, Syrakus, Leontini, Naxos, Zankle-Messana, Himera, Region, Kumae, Neapolis in Campanien u. s. f. Die seltneren dem Anschein nach etwas älteren eingeklammerten Formen von ϑ h σ sind vom Helm des Hieron, die von λ und μ von der cumaner Bronze. Dies Alphabet wurde nachweislich gegen das Jahr 300 der Stadt in Syrakus[52]), Messana[53]) und Region[54]) angewandt, kann indess damals schon längere Zeit in constantem Gebrauch gewesen sein, da von all diesen Orten keine Münzen oder Inschriften mit noch älterer Schrift vorhanden sind. Lange nach dieser Zeit hat es wohl nicht bestanden, da die im J. 351 d. St. zerstörte Stadt Naxos auf Sicilien noch Münzen anderer und zwar euklidischer Schrift aufzuweisen hat, so dass also diese, die in Attika im J. 352 d. St. gesetzlich vorgeschrieben ward, in Sicilien wie auch wohl in Attika in der ersten Hälfte des IV. Jahrhunderts in Gebrauch gekommen zu sein scheint. — Das Alphabet der italischen Vasen, die Kramer S. 54—62 unter dem Namen der dorisirenden zusammenfasst, findet sich unter n. 7; es weicht wenig von dem vorigen ab, zeigt sich aber etwas älter[55]). — Die Alphabete der ältesten attischen (n. 9)[56]), argivischen (n. 10)[57]) und der Inschriften von Elis und Tegea (n. 11)[58]) schliessen im Wesentlichen diesem Alphabete sich an, doch sind sie auch anderswoher influenzirt worden.

50) Woraus indess nur die Buchstaben A E H R S T nachzuweisen sind.
51) Der Helm des Hieron Franz n. 27; Inschrift von Lokri bei Arditi vaso di Locri Nap. 1794. 4. p. 62; von Kumae C. I. G. n. 32 p. 48. 1386, und der Lekythos der Tataia aus Kumae Avellino Bull. nap. a. II, tab. 1 n. 1. cf. p. 20, welcher folgende Buchstaben hat: A Δ Ξ Ө ⊕ (oder Φ) I Ϝ M H O Q S T V Φ.
52) Der Helm des Hieron von Ol. 76, 3, J. der St. 281.
53) Dessen Münzen mit der Aufschrift **DANKVE** müssen vor, die mit **MESSENION** nach 276 d. St. fallen. Eckhel D. N. 1, 220.
54) Münzen des Anaxilas Eckhel D. N. I. p. 177. cf. p. 221.
55) b beruht auf dem einen Beispiel ΓΟϜΒΟΣ (Gerhard auserlesene Vasenb. Taf. 191), wo die Lesung auch nicht ganz sicher scheint. Die Differenzen der Vasen unter sich sind nicht bedeutend; R und Θ sind seltener als P und ⊕. Dass auf der Schale des Arkesilas die ganz undorische Form Λ für Ϝ erscheint, ist ein Hauptbeweis mit dafür, dass sie bedeutend jünger und nachgeahmt ist. — Hieher wird wohl auch die berühmte Vase François gehören, wovon indess die Inschriften bis jetzt nur vorläufig im Bullett. dell' Inst. 1845, p. 113, und in Gerhards archäol. Zeitung, Bd. 4, p. 319 bekannt gemacht sind, so dass über die Form der einzelnen Buchstaben noch kein Urtheil möglich ist.
56) Nach Franz elem. p. 25.
57) Nach den Inschriften von Argos Franz n. 22, n. 29 (n. 28 scheint etwas jünger, welches aber nicht bedeutend ab) und n. 50, welche auch argivisch scheint; die Inschrift von Gytheion in Lakonien Ross I. Gr. ined. 1, 51 folgt demselben Alphabet.
58) Nach den Inschriften von Tegea (C. I. G. 1512. 1520. Ross I. Gr. ined. 1, 7) und Elis (C. I. G. n. 11).

Diese drei Hauptzweige des griechischen Alphabets zeigen sehr bestimmte
Verschiedenheiten, wovon die wichtigsten folgende sind:

	Ther.	Corcyr.	Dor.
ξ φ χ	fehlen.	Ξ Φ Χ [59])	+ Φ Ψ
β ε	...E	Ϸ Β [60])	B E
ι	S	Ϟ	I
γ λ	Γ Ͷ	Γ Ͷ	C Ͱ [61])
ϱ	Ρ·	Ρ	Ρ und R
σ	M	M	Ϟ ϟ Ϟ

Dass in vielen Distrikten die Alphabete sich gemischt haben, ist natürlich. So
folgen die achäischen Kolonien in Grossgriechenland im Wesentlichen dem kerkyräischen Alphabet in den Formen von ι λ ϱ σ, aber in β ε und ξ χ haben sie sich
dem dorischen Alphabet conformirt, das ja sonst in ganz Grossgriechenland
herrschte. So findet sich in Naxos und Milet neben wesentlich dorischer Schrift
die theräische und kerkyräische Form des λ, die theräische Geltung des η. So
folgt Attika und der Peloponnes im Allgemeinen der dorischen Schrift, allein
einzeln tauchen die kerkyräischen Formen von ξ χ λ σ auf, oft mit den dorischen
daneben, wie denn in Argos bald M bald Ϟ erscheint. Man muss hiernach vermuthen, dass ein ähnliches Alphabet wie das kerkyräische in diesen Gegenden
schon herrschend war, als die Dorer daselbst erschienen und mit ihrer Herrschaft
auch ihr Alphabet einführten; so dass das kerkyräisch-achäische Alphabet, das
dem theräischen offenbar sehr nahe steht, als das gemeine vordorische äolisch-
achäische bezeichnet werden kann, welches wir in zwei Phasen: von 23 und 26
Buchstaben kennen. In Böotien und in den sicilischen und italischen Kolonien
hat sich dagegen der Dorismus in seiner ganzen Reinheit behauptet, bis das euklidische Alphabet aufkam. Dies letztere beruht auf einer Mischung des altattischen
(welches ein ziemlich rein dorisches war und die jüngeren dorischen Formen R
und Ϟ für P und Ϟ angenommen hatte, während nur in der Form des χ äolischer

---

59) Τ kommt in Kerkyra als Ziffer für 10 vor C. I. G. n. 1838. Darin scheint eine Spur
zu liegen, dass die ältesten Formen für ξι und χι die dorischen sind, und die Kerkyräer dieselben anfangs auch adoptirt hatten; später aber als ξι durch Ξ bezeichnet ward, sie das Χ
zum χι machten und die vacante Form des χι als Zahlzeichen verwandten.

60) Diese beiden Zeichen sind vielleicht local kerkyräisch; es ist indess zu bedauern,
dass wir die theräische Form des β nicht kennen, woraus sie sich wahrscheinlich erklären
würden.

61) Die Veränderungen von Ϟ in I, Γ in C, Ͷ in Ͱ sind offenbar absichtlich erfolgt, um
die Verwechselungen des ersten Zeichens mit Ϟ, der zwei letzten unter sich zu vermeiden; wie
denn γ λ auf den theräischen Inschriften kaum zu unterscheiden sind und in der theräisch-
kerkyräischen Schrift überall Differenzirungsversuche sich zeigen, so z. B. auf Ther. I b. ist
γ Γ, λ Ͷ, auf der Säule von Melos γ ⌐, λ Ͷ, auf der Bronze von Policastro γ I, λ Ͷ. Um so
mehr beweist das gleichförmige Vorkommen der neuen Formen I C Ͱ in einer Menge dorischer
Alphabete für die bewusste Constituirung eines solchen in sehr früher Zeit.

Einfluss sich zeigt) und des damaligen ionischen, welches im Ganzen prävalirt hat und neben den dorischen Formen älterer Bildung Ρ Ϟ die äolischen Λ und Ξ so wie die specifisch ionische Differenzirung von ε und η, ο und ω veranlasst hat.

9. Einfluss der altgriechischen Alphabete auf Italien.

Ausser dem ältesten Alphabet von 23 Buchstaben, das absolut keinen Einfluss auf Italien gehabt zu haben scheint, haben die andern griechischen Alphabete der verschiedensten Art Spuren in Italien zurückgelassen, wovon theils die griechischen Kolonien, theils die aus griechischen Städten nach Italien exportirten Thongefässe, theils endlich die von den griechischen derivirten Alphabete der Italiker zeugen. — Was die Kolonien betrifft, so ist schon bemerkt, dass die chalkidischen, lakonischen und sonstigen dorischen das dorische, die achäischen das äolische Alphabet gebrauchen. — Auf den Vasen archaischer Schrift finden wir drei verschiedene Alphabete: das kerkyräische auf den sogenannten ägyptischen, das dorische wie es in Sicilien und Grossgriechenland üblich war auf den sog. dorisirenden, endlich das dorische wie es in Attika vor Euklides üblich war, auf den übrigen gewöhnlichsten archaischen Vasen; was man wohl auf Einführung dieser Gefässe theils von Kerkyra (und Korinth?) [62], theils von Sicilien, theils von Attika zu beziehen hat. Die ältesten attischen Gefässe sind vor Ol. 86, J. d. St. 319, um welche Zeit etwa in Athen das Ϟ dem ionischen Ϟ wich, verfertigt worden; in dieselbe Zeit und wohl noch etwas früher, etwa ums J. 250 d. St. (denn die Vaseninschriften zeigen etwas ältere Formen als die dorischen Münzen vom Ende des dritten Jahrh. d. St.: Ꙙ statt Η, ⊕ für Θ, Ⱶ für Μ, Ⱶ für Ν, Ρ viel häufiger als Ρ, Ϟ sehr häufig neben Ϟ), scheinen die ältesten sikelischen Vasen zu gehören und es ist nichts im Wege, auch die kerkyräischen in dieselbe Zeit zu setzen, da alter Stil und rohere Fabrication sich auf der Insel ebenso gut länger gehalten haben kann, wie das alte Alphabet sich dort lange behauptete. Um diese Zeit, als die Tarquinier gestürzt waren und die Tyrrhener gegen Latium und die campanischen Griechen vordrangen, tritt überhaupt die italische Westküste mehr in den Kreis der siculischen und ausonischen Griechen; Aristodem, Gelon, Anaxilas, Hieron greifen ein in die Geschichte Roms und Italiens. Damals mag auch die griechische Sitte dem Todten bemalte Gefässe ins Grab zu stellen in Etrurien und Campanien eingewandert sein.

Die wichtigste Anwendung aber, welche die griechischen Alphabete in Italien fanden, war die den Latinern und Etruskern als Musteralphabet zu dienen. Dass

---

62) Leider fehlt es an allen archaischen Inschriften von Korinth; das Ϙ auf den Münzen beweist nicht viel. Die dodwellsche Vase, die in einem korinthischen Grabe gefunden ist, lässt vermuthen, dass die Korinther sich des kerkyräischen Alphabets bedienten, und ohnehin ist es wahrscheinlich, dass das in der korinthischen Kolonie und Nachbarinsel Kerkyra gebräuchliche Alphabet eigentlich das korinthische war.

die achäischen Griechen, welche weder mit diesen noch mit jenen sich berührten, hiebei nicht in Betracht kommen, ist sehr natürlich; beide Alphabete sind rein dorisch und die äolischen Formen ihnen vollkommen unbekannt geblieben. Dennoch waren schon die beiden Musteralphabete wesentlich von einander verschieden. Das lateinische war augenscheinlich das unter n. 6 aufgeführte dorische, wie es in Sicilien und Unteritalien und namentlich in Kumae gegen Ende des 3. Jahrhunderts im Gebrauch war; wie denn auch schon Müller (Etrusker 2, 312) und Klausen (Aeneas 2, 890) vermuthet haben, dass das römische Alphabet von Kumae stamme, und keineswegs aus Arkadien. Das sicilisch-chalkidische und das römische Alphabet sind so auffallend ähnlich, dass man sie fast identisch nennen könnte. Nur möge man hieran nicht die Folgerung knüpfen, dass erst um 300 d. St. dies damals in Kumae und sonst übliche Alphabet von den Römern recipirt worden; was ganz unmöglich ist. Man darf freilich nicht einwenden, dass wir nicht wissen, wann diese Schriftweise aufgekommen ist, und dass sie möglicher Weise lange Jahrhunderte ohne bedeutende Veränderung bestanden haben kann; die dorisirenden Vasen widerlegen dies, indem sie uns diese Schrift schon nicht unbedeutend modificirt zeigen, obgleich sie gewiss nicht Jahrhunderte, sondern kaum Jahrzehnte älter sind als Hieron. Viel wahrscheinlicher ist es, dass bis zum Anfang des IV. Jahrhunderts Rom mit Kumae und den übrigen dorischen Staaten in steter Verbindung stand und die Schrift sich beständig ins Gleiche setzte. Die Latiner sind keine Wilde in der Weise wie die Tyrrhener und Sabeller; schon Hesiod theilt die Italioten in Barbaren und Latiner ($\ddot{\alpha}\gamma\rho\iota o\iota$ $\ddot{\eta}\delta\varepsilon$ $\Lambda\alpha\tau\tilde{\iota}\nu o\iota$). Die halbgriechischen Römer — der einzige italische Stamm, der wie die Griechen o und v unterschied — standen ohne Zweifel den italischen Kolonien ältester Gründung nicht gar zu fern, gewiss näher als ihren sabellischen und tyrrhenischen Nachbarn. Schwerlich hätten die Griechen von einer tuskischen oder sabinischen Stadt Etymologien erfunden wie die, welche Rom von $\acute{\rho}\acute{\omega}\mu\eta$, Cäre — die einzige den Römern vor ihrer Etruskisirung stammverwandte und sacralrechtlich verbundene italische Stadt — von dem Grusswort $\chi\alpha\tilde{\iota}\rho\varepsilon$ ableitete, das der Cärite dem heranrückenden tuskischen Barbaren zugerufen; schwerlich hätten Cortonenser oder Reatiner für eine neue Codification sich zunächst um eine Abschrift der solonischen Gesetze bemüht. Wie Hieron 272 den Kumanern gegen die Etrusker half, so hatten früher nach der Einnahme Roms durch diese die Kumaner unter Aristodem bei Aricia die Stadt gerettet; so sandte man im J. 262 bei einer Theuerung in Rom um Getreide nach Campanien und Sicilien, und Gelon von Syrakus half der Noth ab. Ist es bei solchen Verhältnissen befremdend, wenn die Modificationen der Schrift bei den Kumanern und Sikelioten auch auf die römische sich übertrugen? Erst als die Samniter in Campanien eindrangen und Kumae fiel im J. d. St. 334, wurde Rom, das kein Seestaat war, isolirt und seiner Verbindungen mit den Hellenen beraubt; wäre Kumae nicht gefallen, so wäre vielleicht auch das euklidische Alphabet nach Rom gekommen, ja Rom hätte sich vielleicht wie so manche ätolische und makedonische Stadt vollständig gräcisirt. Aber nun musste sich freilich das Alphabet fixiren, wie es einmal stand, und diese Formen haben denn die Römer mit merkwürdiger Strenge festgehalten, so dass mit fast ebenso gutem Rechte Plinius (II. N. 7, 58, 210) und Tacitus (Ann. XI, 14) die römischen Buchstaben ihrer Zeit den altgriechischen vergleichen konnten, als Dionys (4, 26) die der Stele des Servius Tullius.

Einen viel älteren Dorismus zeigt dagegen das cäritische Musteralphabet und die etruskische Schrift. Die Römer schrieben von links nach rechts wie die späteren Griechen[63]); die Tusker von rechts nach links und erhielten wahrscheinlich, wie der Stein von Crecchio zu beweisen scheint, die Schrift noch als $\beta o\nu\sigma\tau\rho o\varphi\eta\delta\acute{o}\nu$. Als sie das Alphabet empfingen, war noch nicht das h durch Weglassung des obern und untern Schlussstrichs vereinfacht, noch nicht dem ϱ der diakritische Strich angehängt zur Unterscheidung von π, das Σ noch nicht durch Weglassung des obersten oder untersten Striches vereinfacht, das m bestand noch aus fünf Strichen — was sich schon alles anders verhielt, als das lateinische Alphabet aus dem dorischen derivirt ward. Ja was wichtiger ist: das griechische Musteralphabet, das nach Etrurien kam, kannte zwei Buchstaben, die in allen andern dorischen Alphabeten völlig fehlen, das Samech und das Zade, von denen letzteres auch in das etruskische Alphabet übergegangen ist. Während also alle übrigen dorischen Alphabete gerade durch den Mangel des $\sigma\acute{\iota}\gamma\mu\alpha$ bezeichnet sind und schon Herodot sie dadurch charakterisirt, führt uns dies unleugbar dorische Alphabet darüber hinaus in eine Epoche, wo auch das dorische Alphabet noch neben dem $\sigma\acute{\alpha}\nu$ das $\sigma\acute{\iota}\gamma\mu\alpha$ kannte. Wenn dagegen dem cäritischen Alphabet und damit auch dem etruskischen ein Buchstabe — das Koppa — fehlt, den die meisten dorischen Dialekte sehr lange conservirt, die andern wie z. B. die Attiker wohl erst ziemlich spät[64]), lange nach dem $\sigma\acute{\iota}\gamma\mu\alpha$ verloren haben, so beweist dies nur, dass diese letzteren nicht aus dem cäritischen Musteralphabet abgeleitet sind; es ist ein Fall, wie wenn eine Menge junger Handschriften einmal im Richtigen zusammenstimmen gegen eine sehr alte. Dass bei so sehr früher ganz nah an die Entstehung des dorischen Alphabets selbst hinaufreichender Derivation des cäritischen aus dem ältesten dorischen der historische Zusammenhang der Derivation nicht mehr erkennbar ist, versteht sich von selbst; an die ionischen Phokäer darf man gewiss nicht denken. In dieselbe vorhistorische Ferne, in welche die Gründung von Kumae, Region, Naxos fällt, mag auch die Einführung des Alphabets in Etrurien gehören.

---

63) Beispiele von rückläufiger Schrift in Latium giebt es wohl nicht, denn halb etruskische Pateren u. dgl. beweisen nichts. Die schlecht beglaubigte Münze mit der angeblichen Aufschrift ꞰМVꞐ, auf die sich Müller I, 308 beruft, ist offenbar griechich und gehört wohl nach Kumae.

64) Als Marke blieb es auch dort im Gebrauch.

DER MESSAPISCHE DIALEKT.

Der messapische Dialekt.

Dass in der Provinz von Otranto, dem alten Japygien oder Calabrien Inschriften in dem einheimischen Dialekt vorkommen, war den Gelehrten des XVI. Jahrhunderts besser bekannt als denen des XIX. Antonio de' Ferrarj, von seinem Geburtsort Galatone in Terra d'Otranto Galateus genannt, nahm in seine vortreffliche noch jetzt höchst schätzbare Schrift de situ Iapygiae (abgefasst ums J. 1510)[1]) eine lange Inschrift auf, die er messapisch nennt, und die seitdem von allen denen, die sich mit den italischen Dialekten beschäftigen, behandelt oder doch beseitigt worden ist. Q. Marius Corradus, gebürtig aus der alten Hauptstadt der Messapier Oria, durch literärische und freundschaftliche Verbindungen dem glänzenden Gelehrtenkreise angehörig, der um Ant. Augustinus und Sigonius in der Mitte des XVI. Jahrhunderts in Rom sich sammelte, kannte nicht bloss diese Inschrift, sondern auch eine andere messapische von Ostuni (Ost. 3, s. u.), publicirte aber keine von beiden. Die Inschriften der Grotta Porcinara am Vorgebirge von Leuca dagegen, welche der Pater Luigi Tasselli im J. 1693 als messapische publicirte, und die später der Canonicus Cataldi für arabische mit griechischer Schrift erklärt hat, sind weder das eine noch das andere, sondern elende Abschriften gewöhnlicher lateinischer[2]). Von Girolamo

---

1) Die Schrift war verschollen, bis Giovanni Antonio Paglia von Giovenazzo den gelehrten Q. Marius Corradus darauf aufmerksam machte. Dieser schrieb ihm darauf (Q. M. Corradi epistolarum L. VIII. Venet. 1568. L. III. ep. 96) „Vastae quam scribis ne nomen quidem antea audieram, ubi Messapiorum literas videre potuissem; quarum lectis tuis litteris magna sum affectus cupiditate cognoscendi. Quare pergratum mihi feceris, si Antonii Galatei χωρογραφίαν Iapygiae paucis diebus mihi legendam miseris. Illam enim vix confido me posse hic (Oriae) apud quemquam nostrorum hominum reperire." Nachdem er auch in Lecce diesem Manuscript nachgeforscht hatte (ep. 124), erhielt er es endlich (ep. 217. 233) und es wurde darauf in Basel 1558 gedruckt, wonach es oft wiederholt ist.

2) Tasselli antichità di Leuca p. 19. 291 und in der Vorrede, danach Cataldi Aletio illustr. auf der Tafel zu S. 55. Am wenigsten verdorben ist folgende: IOMOCORdIVS AQVIΛHNVs VOT SOH ECVλλ PLEROMA RHEΛO ISET MEAλλV, d. i. etwa: I. O. M. Q. CORDIVS. AQVILINVS. VOT. SOL. L. L. CVM. PLEROMARIIS. SVIS. ET. M. CALPVrnio...... Auf einem andern Fragment findet sich abermals I. O. M, auf einem dritten FORTVAT. S. H. F. E...., vielleicht FORTVNAE Sacrum Hic Factum Est. Es scheint diese Grotte ein Zufluchtsort für die Schiffer gewesen zu sein und die Inschriften sich darauf zu beziehen. Wie man sie für messapisch oder arabisch hat halten können, bleibt freilich wunderbar.

Marciano sagt Gian Bernardo Tafuri in den Noten zu seiner Ausg. des Galateus (Lecce 1727, p. 14): ,,Nonnullas eadem (messapica) lingua exaratas priscas inscriptiones exhibet Hieronymus Marcianus in descriptione Sallentinae provinciae"; allein dies Werk blieb ungedruckt und ist auch mir nicht zu Gesicht gekommen, obwohl mir aus zweiter Hand daraus die Inschrift von Nardò (Taf. IV) zugekommen ist. Ungedruckt blieb auch die lange messapische Inschrift, welche Annibale de Leo, Erzbischof von Brindisi in der zweiten Hälfte des XVIII. Jahrhunderts, in seinem Museum aufbewahrte, und auf die sein Freund Natale Maria Cimaglia vielleicht hindeutet, wenn er im Anhang zu de Leo's Biographie des Pacuvius p. VII sagt: ,,nostra aetate adhucdum Messaporum inscriptiones supersunt." Nardelli publicirte 1773 eine messapische Inschrift von Monopoli, E. Mola 1798 eine von Valesio. — Erst in unsern Tagen aber fand sich in jener höchst vernachlässigten und fast nie von Reisenden betretenen Gegend ein Mann, der sich die Mühe gab, diese Inschriften speciell zu sammeln. Der Graf Giambattista de' Tomasi, gebürtig aus Gallipoli, jetzt beim Obergerichtshofe in Lecce, brachte etwa vierzig dieser Inschriften zusammen, wovon er fünf im J. 1830 zur Probe publicirte[3]), die alsdann Ravenna (memorie storiche di Gallipoli Napoli 1836 p. 20) wiederholte, ebenso mit einigen Zusätzen der Canonicus Nicola Cataldi von Gallipoli (Aletio illustrata Nap. 1841. 8.). Die ganze Sammlung stellte de' Tomasi schon im J. 1834 dem archäologischen Institut in Rom zur Verfügung, das davon im Bullettino d. J. p. 54 Erwähnung that und die auf Vasenfunde bezüglichen Notizen daraus extrahirte (vgl. Bull. 1831 p. 218), aber die Inschriften nicht publicirte. Ebenso hat Cataldo Jannelli bei seinen 'veterum Oscorum inscriptiones et tabulae Eugubinae Latina interpretatione tentatae' (Neap. 1841. 8.) die Papiere de' Tomasi's benutzt und einige Inschriften daraus publicirt, wennn man den Abdruck von Inschriften eigenthümlicher Schrift mit gewöhnlichen lateinischen Lettern ohne Angabe über die Reductionsart eine Publication derselben nennen kann. — Auch mir stellte de' Tomasi seine Sammlungen auf meine Bitte bereitwillig zu Gebote; sie bilden die Grundlage meiner Arbeit und ich bin darum einige Auskunft über ihre Beschaffenheit schuldig. Das Hauptstück war eine Sylloge sämmtlicher ihm bekannt gewordener messapischer Inschriften nach den Fundörtern geordnet, verbunden mit einigen Notizen über die Gräber und die Vasenfunde in denselben, wie sie, jedoch ohne die Inschriften, im Bullettino 1834 p. 53—58 abgedruckt worden sind; dieser waren mehrere Originalbriefe der Korrespondenten de' Tomasi's, die die Steine für ihn kopirt hatten, und andere ähnliche Beilagen beigefügt. Im Allgemeinen ergiebt sich, dass die Sammlung nicht auf Autopsie eines einzigen Kopisten beruht, sondern auf Abschriften verschiedener Personen und sehr verschiedenen Werthes zurückgeht,

---

3) Giambatt. de' Tomasi di Gallipoli per l'accademia della Passione tenuta in Brindisi nel 13. Apr. 1829 capricci poetici. Napoli, R. Marotta e Vanspandoch 1830. 8. pp. 38.

zum Theil auch, wie die Inschrift von Nardò, auf alte Manuscripte. Ein Theil der Inschriften, namentlich die von Ugento und n. 9—12 von Aletium, sind so gut wie unbrauchbar, die übrigen dagegen leidlich kopirt. Die Varianten, welche die oft zweimal und dreimal vorhandenen Abschriften ergeben, habe ich den Tafeln beigefügt mit der Bezeichnung v. l.; sie gehen fast alle nicht auf doppelte Abschriften des Originals, sondern auf blosse Corruption der Kopien zurück. Aber von Betrug und Fälschung findet sich keine Spur; es muss vielmehr die Einsicht dieser Papiere Jeden überzeugen, dass daran hier durchaus nicht gedacht werden kann. Was ich in dieser Hinsicht im Bullettino dell' Inst. 1846 p. 134—139 in einem vorläufigen Bericht über die tomasische Sammlung behauptet hatte, erhielt seine völlige Bestätigung durch die Reise, welche ich im Herbst 1846 durch Apulien und einen Theil der Provinz von Otranto machte. In Fasano, Ostuni, Rugge bekam ich mehrere messapische Inschriften selber zu Gesicht und konnte Abdrücke oder sorgfältige Abschriften davon nehmen; wie sich denn auch ausserdem mein Apparat namentlich aus den Papieren de Leo's in der öffentlichen Bibliothek von Brindisi vermehrte. Ceglie, Gallipoli konnte ich leider nicht erreichen. Nachdem die Sache in Anregung gekommen war, wurde nun auch von andern Seiten, namentlich von Minervini noch einiges Messapische publicirt. Sollte einmal mit der Zeit diesen bisher so gänzlich vernachlässigten Resten einer merkwürdigen Sprache die gebührende Aufmerksamkeit von den Einheimischen geschenkt werden, so wird man ohne grosse Schwierigkeit deren eine beträchtliche Anzahl zusammenbringen können. Die Messapier sind nebst den Etruskern und vielleicht den Römern[4]) das einzige italische Volk, bei dem Grabinschriften früh im Gebrauch waren. Während in den griechischen Kolonien und bei den sabellischen Völkern, den Umbrern, Sabinern, Marsern, Samnitern, Oskern bisher kaum eine Grabschrift in der Landessprache zum Vorschein gekommen ist, ist in Toscana nichts gemeiner als etruskische Grabschriften und ebenso sind messapische sehr häufig in

---

4) Auch bei den Römern sind alte Grabschriften sehr selten; die ältesten Steine sind meistens sacrale oder Magistratsinschriften. Die Gräber der Scipionen in Rom und der Furier und Turpleier in Tusculum stehen ziemlich vereinzelt da und geben vielleicht auf die (etruskische?) Sitte zu beerdigen statt zu verbrennen zurück. Das älteste Columbarium, das ich kenne, das aber die Inschriften nur auf den Aschentöpfen selbst, nicht auf Marmortabletten über den Nischen (loculi) zeigt, ist das der Vigna Somascha bei S. Cesario, woraus Lupi (Severae mart. epitaph. Panormi 1734. p. 86 sq.) 50, Baldini (Saggi dell' Acc. di Cortona T. II. Roma 1738. p. 151 sg.) 125 andere bekannt gemacht hat. Dies gehört der republikanischen Zeit an, und nennt den Quinctilis, Sextilis, interkalarius, allein sehr alt ist es nicht, wahrscheinlich aus Ciceros Zeit. Eine dieser Inschriften Lupi n. 42 u. tab. XIV (FELIX PETICI SPectatus K. FEB || M CAESO GALIVS) gehört ohne Zweifel dem J. 696 an (CAESOnino GAbinio coS; M scheint Mortuus oder dgl. zu bedeuten), zumal da ein anderer Sklave dieses Lanista Peticius Namens Apollonius im J. 694 in den Spielen auftrat (Fabr. 39, 196). — Dies mag eine der jüngsten Inschriften des Columbariums sein, aber gewiss gehören sie alle in die zweite Hälfte des VII. Jahrh., in Cicero's Zeit.

dem alten Japygien; nur dass man sie völlig vernachlässigt und z. B. in Fasano die beim Ausräumen der Vasengräber gefundenen Inschriften, vermuthlich dieser Sprache, kurz vor meiner Ankunft wieder zugeschüttet hatte, ohne sie auch nur zu copiren. Dem zufälligen Auftauchen und Emporbringen dieser Inschriften wenig günstig ist die Construction der Gräber entweder in dem lebendigen Fels (der sehr weicher Kalkstein ist und überall zu Tage liegt) oder von ungeheuren nicht leicht beweglichen Quadern, wo die Inschrift noch dazu gerade wie in den etruskischen Gräbern und den römischen Columbarien im Innern des Grabes, besonders an den Seitenwänden angebracht ist. Ueberdiess ist der Stein zum Theil so weich, dass er der Luft und dem Wasser nicht widersteht und die ans Licht gebrachte Inschrift, wenn sie nicht sorgfältig geschützt wird, bald zu Grunde gehen muss. Indess trotz dieser Hindernisse darf man die sichere Hoffnung hegen, dass zu den etwa 50 freilich meist sehr kurzen Inschriften, die ich jetzt publicire, mit der Zeit noch eine bedeutende Anzahl hinzukommen und vielleicht selbst einmal eine bilinguis entdeckt werden wird. Weit mehr als die Spärlichkeit des Materials ist die Nachlässigkeit und Unzuverlässigkeit der Abschriften hinderlich, welche namentlich die grösseren Inschriften von Monopoli und Carovigno sehr verunstaltet hat. Wir müssen unsere Leser ersuchen, bei der Benutzung der hier vereinigten Materialien nie zu vergessen, aus welchen Händen die meisten derselben uns zugekommen sind.

Name. Alphabet. Epoche.

Von dem Dialekt, den die Inschriften zeigen, ist bei den Schriftstellern nur sehr selten die Rede. Die ausdrücklichste Erwähnung desselben findet sich bei Strabo VI, 3, 6: Brentesion sei benannt von der Aehnlichkeit des Hafens sammt der Stadt mit der Figur eines Hirschkopfs, denn in messapischer Sprache ($τῇ$ $Μεσσαπίᾳ$ $γλώττῃ$) heisse Brentesion Hirschkopf — oder vielmehr $βρέντιον$, nach Steph. Byz. s. v.: $βρέντιον$ $παρὰ$ $Μεσσαπίοις$ $ἡ$ $τῆς$ $ἐλάφου$ $κεφαλή$, $ὡς$ $Σέλευκος$ $ἐν$ $δευτέρῳ$ $γλωσσῶν$ [5]). Andere messapische ebenfalls aus Seleukus geschöpfte Glossen werden unten ihren Platz finden; aber schon hiedurch wird die seit Galateus übliche Benennung dieses Dialekts als des messapischen hinreichend gerechtfertigt, obwohl nach Strabo VI, 3, 1 dieser Name nicht der epichorische, sondern nur die bei den Griechen übliche Gesammtbezeichnung des Gebiets der Sallentiner und Calabrer war. In der That findet

---

5) Hesych. $βρένδον$, $ἔλαφον$. Etymol. Gud. v. $Βρενδήσιον$: $βρένδον$ $δὲ$ $τὸν$ $ἔλαφον$ $λέγουσι$ $οἱ$ $Μεσσάπιοι$. Etymol. Magnum v. $Βρεντήσιον$: $βρένδον$ $δὲ$ $καλοῦσι$ $τὴν$ $ἔλαφον$ $Μεσσάπιοι$· $καὶ$ $βρέντιον$ $Μεσσαπίοις$ $ἡ$ $κεφαλὴ$ $τῆς$ $ἐλάφου$. Bei den älteren lateinischen Dichtern hiess die Stadt Brenda (Fest. ep. v. Brundisium p. 33). Ob $βρένδος$ oder $βμέντιον$ im Messapischen Hirsch oder Hirschkopf bedeutete, muss dahingestellt bleiben.

sich auch die weit überwiegende Anzahl der Inschriften dieses Dialekts innerhalb der messapischen Grenzen, die an der Küste nicht viel über Brundisium hinaufgingen, aber im Binnenlande gewiss noch Uria Messapia (das jetzige Oria, Plin. II. N. 3, 11, 100 nach sicherer Emendation) und Ceglie bei Brindisi einschlossen. Nur wenige kommen vor in den südlichen Städten der Peuketier, wie Fasano (Gnathia) und Monopoli, was um so weniger uns veranlassen kann, die übliche Bezeichnung des Dialektes als des messapischen aufzugeben, als die Grenze zwischen den Messapiern und Peuketiern keinesweges feststand (Strabo VI, 3, 8) und z. B. Plinius II. N. 2, 111, 240 sogar Gnathia eine sallentinische Stadt nennt.

Die Schrift geht von der Linken zur Rechten, sehr selten (Lizza 3) von der Rechten zur Linken. Interpunction findet sich nirgends, Zwischenräume zwischen den Wörten sind selten (Cataldi Aletio illustrata p. 56); wo sie in den Abschriften sich finden, sind sie wohl fast immer willkürlich hineingetragen. Die Buchstaben sind die griechischen, vgl. die Alphabetentafel I, 18. Im Einzelnen ist folgendes zu bemerken.

A fand ich Ostuni 2, Fasano 1. 2; A dagegen las ich Ostuni 1, Minervini Fasano 3; Λ statt A habe ich gefunden Ostuni 1, Minervini Fasano 3, und auch wo es sonst vorkommt, wird es nicht überall Versehen der Abschreiber sein.

B

Γ

Δ

E mit langem Querstrich oben und unten, wie in den ältern griechischen Inschriften.

F Eine Inschrift von Fasano hat C und ebenso die Münzen von Ruvo.

I Eine Inschrift von Fasano hat Z.

H){ (vgl. wegen dieser ausgeschweiften Form Franz elem. epigr. p. 149). — Es kann zweifelhaft sein, ob dieses Zeichen vocalische oder consonantische Geltung habe. Erwägt man indess, dass es regelmässig zwischen zwei Vocalen, zuweilen auch am Anfang der Wörter steht, so wird man unbedenklich dasselbe als Aspirationszeichen nehmen. Wäre es Vocal, so würde die mehrmals vorkommende Endung AHIAIHI kaum aussprechbar sein. Auch dass die Endung AIHI, wie sich später zeigen wird, in AI verkürzt wird, ist nur begreiflich, wenn H Aspirationszeichen ist. Die wenigen Fälle, die diesem sich nicht fügen, gehören entweder offenbar corrupten Inschriften an, wie Ostuni 4, Ugento 1. 3, Fasano 4, Carovigno 1, oder sie sind doch leicht zu ändern, z. B. MHΓONIϟ Cegl. 11 könnte ΛAHIONIϟ sein. Bei der Beschaffenheit der vorliegenden Abschriften ist es nicht möglich, sich hierin auf dieselben zu verlassen. Sollten sie richtig sein, so würde man dem Zeichen vocalisch-consonantische Geltung zu geben haben wie auf den theräischen Inschriften.

O Oft kleiner als die andern Buchstaben.
I
K
Λ
M
N
X seltener + (ΔA+TAϟ Ceglie 14, in welchem Worte sonst X steht; vgl. Oria 5. Dagegen Ceglie 3 und 14 a. E. scheint es falsch gelesen für I oder T). Es ist nicht leicht zu entscheiden, ob dies Zeichen ξ oder χ bedeute; keine der vorkommenden Lautverbindungen giebt den Ausschlag für die eine oder die andere Geltung. XX in ΠΟXXΟΝΝΙΗΙ, ΡΕXXΟΡΙXΟΑ möchte man mit dem doppelten ξ in alten böotischen Inschriften (C. I. G. 1678b.) vergleichen, während die Verdopplung der Aspirate um so befremdlicher wäre, als niemals ΘΘ, sondern stets ΤΘ vorkommt. Entscheidend ist indess dies Argument nicht.
O Oft kleiner als die andern Buchstaben.
Π
Ρ In mehreren Inschriften von Fasano P.
ϟ Nur in Fasano 3. und dem tarentiner Caduceus ist ϟ gesichert; anderswo mag es zum Theil auf Irrthum der Abschreiber beruhen.
T
Es fehlen demnach folgende Buchstaben:
H als Vocal; wenigstens sind die Beweise, die man für eine vocalische Geltung neben der consonantischen anführen könnte, bis jetzt nicht ausreichend.
Y findet sich nur in verdorbenen Inschriften, wie Vaste v. 2, Monop. v. 7, Ugento 1. 2., Lizza 10. Dass dieser Buchstab nicht bloss zufällig nicht vorkommt, sondern wirklich dem messapischen Alphabet fehlte, ist offenbar, und bestätigt sich auch dadurch, dass messapische Ortsnamen, die im Lateinischen ein *u* haben, in den epichorischen Formen andere Vocale zeigen — man vergleiche Uzentum, Uria, Brundisium mit Ὀζαν..., Ὄρρα, Βρεντέσιον.
Φ fehlt; Monop. fin. und Lizza 10 beweisen nichts. Freilich könnte das Fehlen dieses seltneren Buchstabens zufällig sein, doch spricht dagegen, dass die Aphrodite Ceglie 2 Ἀπροδιτα heisst.
X = χ fehlt; s. o.
Ψ fehlt, doch findet sich auch Πϟ nicht.
Ω kommt nicht vor; corrupte Texte wie Monop. und Lizza 3 kommen nicht in Betracht.
Ueberblicken wir diese freilich wegen der Mangelhaftigkeit der Abschriften nicht durchaus gesicherten Resultate, so sehen wir die Buchstabenformen aus

dorischen und ionischen Elementen gemischt, ähnlich wie die peloponnesischen Alphabete und das euklidische in Attika. So finden wir neben den dorischen Formen Ρ ϟ, für die seltener die jüngeren des gemeinen griechischen Alphabets Ρ Ξ eintreten, das ganz undorische Λ. Allem Anschein nach hat erst das euklidische Alphabet, nicht eine ältere dorisch-ionische Mischung auf das messapische eingewirkt, da die Buchstabenformen im Wesentlichen den älteren euklidischen ganz gleich sind, ja die gewöhnliche messapische Form Α wohl kaum im einem voreuklidischen Alphabet vorkommt (Franz elem. p. 149); doch behauptete sich in Η Χ = ξ Ρ ϟ noch mancher Rest derjenigen alterthümlichen rein dorischen Schrift, welche hier durch den Einfluss der gemeingriechischen modificirt erscheint. Dagegen möchte man dem Alphabet nach seinen 20 Lautzeichen ein Alter beilegen, dem kein griechisches oder aus dem Griechischen abgeleitetes Alphabet sich vergleichen kann; denn ausser Zade und Koph, welche fehlen oder doch noch nicht nachgewiesen sind, umfasst es sämmtliche phönicische Buchstaben, aber auch nur diese. Es mangeln ihm nicht bloss die jüngsten Buchstaben η ω ψ, sondern auch die beiden Aspiraten griechischer Erfindung φ χ und das uralte schon auf dem theräischen Alphabet vorkommende υ. Zwar läge die Annahme nahe, dass, wie man im etruskischen Alphabet das o fallen liess, im messapischen das υ ausgefallen sei als im Laute mit o zusammenfallend; allein das Vorkommen der einen phönicischen Aspirata neben dem Fehlen der beiden griechischen lässt sich nicht so erklären, und sollte letzteres sich dereinst bestätigen, so würde man in dem messapischen Alphabet ein im Lautsystem uraltes rein phönicisches, wenn gleich in den graphischen Formen durch späteren griechischen Einfluss modernisirtes zu erkennen haben [6]).

Was die Münzen anbetrifft, so giebt es erstlich von der Stadt Uzentum eine ältere Serie ohne römische Werthzeichen, welche um die Zeit der Gründung Brundisiums nach 500 d. St. zu fallen scheint. Eine Serie von dem messapischen Orra (meistens mit Α Λ bezeichnet) ist aus dem Unzenfuss, also wohl 537 fg. geschlagen; hievon giebt es Quincunx, Triens, Sextans und Unze. Eine andre, die nur Quincunx, Triens und Quadrans hat, ist aus dem Halbunzenfuss,

---

6) Unter den angeblich messapischen Inschriften des Luigi Cepolla in Lecce fand sich auch folgendes Alphabet, das gefunden sein sollte im J. 1805 prope Bastam ruri quodam dicto Melliche, und von Cepolla als Inschrift gedeutet und übersetzt worden war:

Ν. Β. Ν⃗. F F I. H. I. Κ Λ. M
N O X. Q. P H ϟ. T P Ψ Ψ

Unmöglich wäre es nicht, dass dies Alphabet das messapische wäre; allein theils die Corruptelen, theils die gänzliche Unzuverlässigkeit alles dessen, was von Cepolla herrührt (s. unten die Inschrift vom Capo di Leuca S. 51) lassen es gerathener erscheinen, auf dies Alphabet kein weiteres Gewicht zu legen. Der fünfte Buchstab ist Ε, nicht F, der siebente Ι, nicht I; Ο fehlt zufällig; ob N X O [Π] Q P zu lesen und was mit dem H nach P und den Schlusszeichen P Ψ Ψ zu machen, weiss ich nicht.

ebenso die zweite von Uzentum, von der nur der Semis vorkommt. Beide, besonders die letztere, mögen nahe an den Socialkrieg hinabgehen. Die nähern Belege hiezu werde ich anderswo in einer ausführlicheren Untersuchung über das italische Münzwesen mittheilen. — Für das Alter der Inschriften schien ein bestimmter Anhalt gegeben durch die Notiz, dass mit der Inschrift Ostuni 3. Münzen der römischen Kolonie Brundisium gefunden seien; so dass diese jedenfalls jünger wäre als 510 d. St. Allein diese Nachricht ist später als irrig befunden worden (s. daselbst). Dessungeachtet möchte ich noch immer die Hauptmasse dieser Inschriften dem sechsten und siebenten Jahrhundert Roms zutheilen. Die Formen einiger Buchstaben, namentlich R und $, könnten zwar auf ein etwas höheres Alters hinzuweisen scheinen; allein man darf wohl kaum annehmen, dass das Alphabet dieses nicht griechischen Dialekts genau der Modernisirung des griechischen Alphabets folgte; vielmehr wird die alterthümliche Schreibweise sich hier etwas länger behauptet haben. Die Sitte, auch die gewöhnlichen Gräber mit den Namen der Verstorbenen zu bezeichnen, ist überall erst später aufgekommen, während anfangs nur ausgezeichneten Personen ein mit ihrem Namen versehenes Grabmal errichtet ward. Dass auch im messapischen Gebiet erst späterhin der allgemeine Gebrauch der Grabinschriften Eingang fand, beweist der Umstand, dass nicht bloss in den griechischen Kolonien, wie Tarent, Gallipoli, Otranto, sondern auch in der erst im J. 510 gegründeten römischen Kolonie Brundisium, obwohl dies eine der bedeutendsten messapischen Städte war und die Inschriften derselben sorgfältiger gesammelt worden sind als die jedes anderen Ortes, durchaus keine jener kurzen Sepulcralinschriften sich findet, wie sie in Oria, Ceglie, Fasano, Aletium so häufig sind. Man wird demnach diese letztern nicht vor den Anfang des sechsten Jahrhunderts setzen dürfen, was beiläufig gesagt auch für die mit ihnen zugleich vorkommenden Vasen von Bedeutung ist. Die lange Inschrift von Brindisi und einzelne andere mögen immerhin ins fünfte Jahrhundert hinaufgehen; es ist bemerkenswerth, dass diese Inschrift in dem ersten Worte, welches ebenfalls das erste Wort der grossen Inschrift von Vaste ist, eine offenbar ältere Form giebt, κλαοϝι statt κλοϝι. — Für das Alter der messapischen Inschriften giebt einigen Anhalt auch die lateinische canusiner Inschrift, welche Taf. IV nach meiner Copie gegeben ist. Sie gehört einem an Goldschmuck, Elfenbeinsachen, Terracotten und gemalten Vasen äusserst reichen Grabe an (s. das Verzeichniss nach einer aus Ruvo mir gewordenen Mittheilung in den Annali dell' Inst. 1848) und war auf der Wand des letzten Zimmers eingeritzt; sie lautet: MEDELLA DASMi Filia SITA ANte Diem III K. IANV. C. PISONE M'. ACILIO. COS. Das bezeichnete Jahr ist 687 d. St. = 67 v. Chr. und die Inschrift — nach Borghesi's Urtheil die älteste aller datirten Sepulcralinschriften — aus Cicero's Zeit, obwohl die Namen noch unrömisch sind und all die zugleich gefundenen Kunstgegenstände ohne dies ausdrückliche Datum wahrscheinlich in viel frühere Zeit gesetzt worden sein würden. Es kann hiernach nur natürlich erscheinen, wenn wir die messapischen Grabinschriften bis in dieselbe Epoche hinabgehen lassen, ja es würde uns gar nicht befremden, wenn zugleich mit einer solchen sich einmal Kaisermünzen finden sollten. Die officielle Sprache, welche seit dem Socialkrieg auch in diesem entfernten Winkel Italiens die lateinische gewesen sein muss, hatte auf die sepulcralen Inschriften als Privatdenkmäler keinen direkten Einfluss.

Die einzelnen Inschriften.

Die Tafeln II. III. IV. V geben die Inschriften, wie sie mir zugekommen sind; es scheint gleich überflüssig, noch einmal über die Unzuverlässigkeit der meisten Abschriften Klage zu führen und die Publication derselben wie sie einmal sind zu entschuldigen. Wir folgen der geographischen Ordnung, vorschreitend von Süden gegen Norden.

1. Inschrift vom Capo di Leuca.

Unter den Papieren des Luigi Cepolla in Lecce, dessen vielbändige Messapographie wohl bis weiter ungedruckt bleiben wird, fand sich folgende offenbar messapische Inschrift, mit griechischen Minuskeln geschrieben:

Πλατορας Παλεταος
Ισαρετι

Dass die Inschrift ächt und messapisch sei, beweist der Vergleich von Ceglie 3: Πλατορας Fα..νιϜι. — Uebrigens darf ich nicht verschweigen, dass von zwei andern Inschriften, die Cepolla als messapische übersetzt und erläutert hatte, die eine, angeblich vor vielen Jahren bei Tricase am Capo di Leuca gefundene, eine bekannte oskische Inschrift war, nur auf den Kopf gestellt, als messapisch gelesen und erklärt, die zweite jenes schon S. 49 erwähnte Alphabet, dessen Uebersetzung (!) ich leider zu copiren versäumt habe. Eine dritte Inschrift, die Cepolla von den Einwohnern von Calimera (7 Miglien von Lecce gegen Otranto zu) erhalten haben will, mögen die Leser beliebig für wahr oder falsch, für messapisch oder christlich halten:

Πτωχος Ενθος
Λισαι Μησαυριον
Ελθεμει ειγγης
A. ϕ. O. ʘ.

2. Münzen und Inschriften von Ugento.

Der alte Name von Ugento ist nicht Uxentum, sondern Uzentum. 'Uzentini' ist aus dem Put. jetzt bei Liv. XXII fin. statt des unzulässigen Surrentini hergestellt, und daraus sind die Korruptelen in der tab. Peut. Uhintum, bei Plin.

3, 11, 105 Ulentini (so auch der werthvolle Vatic. 3861. und Vindob. 334 sec. XI.) und bei Ptolem. Οὐξεντον zu berichtigen. Entscheidend sind die Münzen, deren gewöhnliche Aufschrift ΟΞΑΝ messapisch oder auch griechisch sein kann. Es giebt indess auch Münzen dieser Stadt mit andern sicher messapischen Aufschriften. Avellino (opusc. II, 76) publicirte mehrere den Münzen mit der Aufschrift ΟΞΑΝ in den Typen ganz ähnliche und ebenfalls aus der Provinz von Otranto herrührende Stücke, welche er indess wegen der abweichenden Aufschrift ΑΟ nicht nach Ugento zu legen wagte. Bestimmter erklärten sich für diese Attribution Secchi (Annali VIII p. 70) und Millingen (consid. p. 120). Eine Münze bei Carelli mit denselben Typen und der Aufschrift ΑΟΞΕ... (so mit hinzugefügtem 'sic' descr. p. 80; ΑΟΞΕΝ haben die nicht publicirten carellischen Tafeln) beseitigt den Zweifel vollständig. Die Formen ΑΟΞΕ.. und ΟΞΑΝ.. verhalten sich wie plaustrum und plostrum, wie die kretischen von Secchi verglichenen Formen Γαυξος und Γαξος; am nächsten liegt die Vergleichung der messapischen Formen κλαοϝι auf älteren, κλοϝι auf jüngeren Inschriften. Die Münzen mit ΑΟ und ΑΟΞΕ.. sind also wohl die älteren; es passt gut, dass Millingen von dreien der Münzen mit ΑΟ (suppl. aux consid. pl. II f. 9—11) bemerkt, sie seien besseren Stils als die Münzen mit ΟΞΑΝ. — Dass die Form ΑΟΞΕΝ.... messapisch sei, und nicht griechisch, ist wahrscheinlich, weil der Doppelvocal αο im Griechischen ebenso selten ist als im Messapischen gewöhnlich; aber auch ΟΞΑΝ scheint nicht griechisch, denn da o aus αo entstanden ist, würde das Wort als griechisches wohl ωζαν... gelautet haben.

Die vier Inschriften von Ugento (Taf. IV) stammen aus der tomasischen Sammlung; sie wurden im J. 1830 in dortigen Gräbern gefunden, sind aber so schlecht abgeschrieben, dass sie fast nur dazu dienen, die Existenz der messapischen Sprache in dem alten Auzentum darzuthun.

3. Inschrift von Vaste.

In Vaste, einem kleinen Orte von etwa 200 Seelen bei Poggiardo zwischen Ugento und Otranto, von welcher Stadt es 9 Miglien entfernt ist, dem alten Basta, der Stadt der Basterbiner[7] fand sich die lange messapische Inschrift Taf. IV, welche Galateus, dem wir sie verdanken, in seiner Schrift de situ Japygiae Basil. 1558 also einführt: „Vastae repertus est his annis praeteritis lapis insculptis his litteris, quas a me in hoc loco praeteriri non patiar; solae enim hae reliquae sunt tam longae vetustatis. — Harum literarum exemplum Pontano,

---

[7] Plin. H. N. 3, 11, 105 erwähnt die Basterbini (Bastervini Vatic. 3861. Vindob. 334.) unter den Sallentinorum mediterranei und ihrer Stadt Basta zwischen dem japygischen Vorgebirge und Hydruntum §. 100. Sie kommen sonst nicht vor.

Hermolao, Accio tuo imo et meo, Chariteo et Summontio misi et nonnullis aliis; omnes mecum sensere has esse messapias litteras." — Da Galateus die Inschrift also auch an Pontanus geschickt hat, ist es begreiflich, das Pighius sie unter den Papieren des Pontanus fand. Er bemerkt, dass der Stein vor 50 Jahren (d. h. etwa 50 Jahre vor 1575, wo Pighius Neapel besuchte) in Vaste gefunden worden: ,,extra eam innumera sepulcra sunt, e quibus effodiuntur quotidie multa vasa ossibus plena, in quibus arma aerea vetustate consumpta et anuli aurei rudes nec satis politi." Pontanus, Hermolaus Barbarus, Accius Sincerus, Chariteus, Pietro Summonte u. A. hätten den Stein für messapisch erklärt. Aus Pighius Abschrift, nicht aus dem baseler Druck nahm diese Inschrift Gruter in seine grosse Sammlung (1616) auf p. 145, 5. — Obwohl beide Texte auf Galateus Abschrift zurückgehen, sind sie doch nicht unwesentlich verschieden. Der eine hat 13, der andere nur 8 Zeilen, die Formen der Buchstaben, namentlich von A R S T X variiren bedeutend, für O und H findet sich in dem andern Text oft O und N und umgekehrt. Z. 5 hat der baseler Text, Z. 7 der grutersche zwei Buchstaben mehr als der andere. Unsrer Tafel liegt der grutersche Text zum Grunde, der von dem genauen Pighius vielleicht nach einem Originalbrief von Galateus copirt ward; der baseler dagegen, welchen Lepsius wiederholt hat tab. XXVIII n. 5 und dessen vollständige Varianten wir nach der Ausg. von 1558 geben, scheint aus einer schlechten Abschrift des Werkes de situ Japygiae geflossen, deren Schreiber die messapischen Buchstaben durch die seltsamsten Schnörkel verzerrt hat. Die Form der Buchstaben, welche Pighius giebt, entspricht genau der der später entdeckten messapischen Inschriften. Die Eintheilung in acht Zeilen, wie Pighius sie hat, fand sich offenbar auch in der Handschrift, wonach die baseler Ausgabe veranstaltet ward, weil im Druck die Ausgänge derselben mit Häkchen und Punkten angedeutet werden; die Eintheilung in 13 Zeilen, wovon einige sogar durch Bindestriche zusammengezogen werden, ist nur durch das kleine Format veranlasst. Galateus eigene Copie also enthielt acht Zeilen, womit freilich noch nicht gesagt ist, dass sie die Zeilenabtheilung des Steines wiedergiebt.

Eine der vorigen ähnliche Inschrift giebt Giovanni Antonio Summonte in seiner historia della città e del regno di Napoli (Nap. 1602. 4. T. 1. p. 441, cf. p. 27), auf die zuerst Massmann (gelehrte Anzeigen der K. Bairischen Akademie der Wissenschaften Okt. 1840 No. 199) wieder aufmerksam gemacht hat; danach nahm Lepsius sie auf tab. XXVIII n. 6. Summonte sagt p. 27: 'Dentro un pozzo nella strada de' Pellettieri (a Napoli) vi si ritrovò quella gran porta di marmo che poi ha servito per la porta della capella del regio palazzo (come hoggi si vede), dove anco fu ritrovato un' altro marmo con l'iscrittione che nel suo luogo (p. 441) si ponerà, a noi dato dal Sig. Scipione Mazzella diligentissimo perscrutatore delle antichità di questa città e amator di virtù.' — Dass Signor Scipione sorgfältig gesucht haben muss, um in der Stadt Neapel eine messapische

Inschrift zu finden, wollen wir nicht in Abrede stellen; nur ist es sehr zu beklagen, dass dieser amator di virtù ein überwiesener Fälscher ist. Sämmtliche Inschriften, die er in seinem Guiden von Neapel mittheilt, sind, soweit er sie nicht seinen Vorgängern entnahm, entweder gefälscht oder betrüglicher Weise von andern Orten auf Neapel übertragen, z. B. Grut. 173, 4. 190, 3 von Telese und Venosa. Eine Inschrift, die nach einer Mittheilung Mazzellas an Summonte (I, 116) Parisius gekauft und nach Rom transportirt haben soll, ist in der That eine Composition von vier theils ächten theils falschen Inschriften, die zuerst von Panvinius vereinigt, darauf von Parisius aus diesem ausgeschrieben wurden! — Steht es also mit Mazzella's Autorität, so werden wir auch diese angeblich messapische Inschrift mit dem grössten Misstrauen aufnehmen, und vermuthen, dass dieselbe auf eine oder die andere Weise der Inschrift des Galateus nachgebildet und in mazzellascher Weise nach Neapel übertragen sei. Dem ist in der That so; denn der Text von Summonte, verglichen mit dem baseler des Galateus, löst sich auf in eine Anzahl Buchstabengruppen, deren jede einzelne in dem galateischen Text wiederkehrt, nur in anderer Ordnung und mit einzelnen zufälligen oder willkürlichen Abweichungen. Ich lasse die Vergleichung beider Texte folgen, um den Betrug vollständig aufzudecken; die Umschreibung der sehr entstellten Schrift in Minuskeln ist zwar zum Theil willkürlich, indess für den Zweck um so mehr ausreichend, als auf Lepsius Tafel für Jeden, der sich vollständig überzeugen will, beide Texte zusammengestellt sind.

Text des Summonte.

1. $\tau\alpha\kappa\epsilon\iota$ | $\delta\alpha\kappa\tau\alpha\varsigma$ | $\xi o\nu\epsilon\delta o\nu\alpha\varsigma$ | $\alpha\sigma\tau\epsilon\iota\beta\alpha\sigma\tau$
   9a.   5b.   4b. 5a.   2b.

2. $\tau\alpha\pi\iota\delta o\gamma$ | $o\nu o\xi o$ | $\vartheta\iota\gamma\alpha\sigma\tau\iota\mu\alpha$ $\delta\alpha\xi\tau\alpha\varsigma$
   2a.   6b.   10b. 11a.

v. 3. $\xi o\nu\epsilon\tau o\iota\mu\iota$ $\delta\alpha\tau\iota\mu\lambda\iota\nu\iota\beta\epsilon\iota\lambda\iota$ | $o\tau o\kappa\iota\alpha$
      7.   1b.

4. $\kappa\lambda o\nu\iota\tau\iota\sigma o$ | $\nu\iota\nu\iota\alpha$ | $\alpha\gamma o\xi\xi o o\nu\nu\iota\nu\iota\alpha$
   1a.   13a.   12b. 13a.

v. 5. $\nu\alpha\kappa\alpha\nu\iota\nu$ | $\sigma\iota\gamma\lambda\alpha\nu\epsilon\tau o\varsigma$ $\iota\nu\vartheta\iota\tau\kappa\iota\iota$ $o\nu\vartheta$
      3b.   5c. 6a.

6. $o\beta\epsilon\varsigma$ | ⱶⱶ$\iota\nu\vartheta\iota\gamma\alpha\sigma\tau\iota\mu\alpha$
   6b.?   10b. 11a.

Baseler Text.

1. $\kappa\lambda o$ⱶ$\iota\zeta\iota\sigma o$ | $o\tau o\rho\iota\alpha$ | $\mu\alpha\rho$
   4a.   3b.   —

2. $\tau\alpha\pi\iota\delta o\gamma$ | $\alpha\sigma\tau\epsilon\iota\beta\alpha\sigma\tau$ | α
   2a.   1d.   —

v. 3. Ϝειναυǀναρανινǀδαρανϑο
      5a.
   4. αϜαστισταβοοςǀξονε-
                        1c.
   5. δοναςǀδαχταςǀσιϜααντοσιν-
      1c.   1b.   5b.
v. 6. ϑιτριιǀονοξοǀασταβοος
      5b.   5b. 6a. 2b.
   7. ξονετοινι δαζιμιαινι βειλι
      3a.
   8. ινι ινϑι ρεξξοριξοακα

v. 9. ταρειǀ ⊢ιξο⊢ιετοι ⊢ιοτοεινι
      1a.
v. 10. ϑι δατο ⊢ο⊢ ǀ ⊢ι ⊢ι⊢ ϑιγ-
                         6b. 2c.
v. 11. αστιμα δαξταςǀκραϑει
       6b. 2c.
v. 12. ⊢ι⊢ ϑιαρδαννοǀαγοξξον-
                         4c.
v. 13. νινιαǀιμαρναι⊢ι
       4c. 4b.

Die Ausrede zur Rettung der Aechtheit der summontischen Inschrift, dass die galateische nicht eine, sondern eine fortlaufend geschriebene Sammlung mehrerer kurzer messapischer Inschriften sei, und Mazzella diese in einer neapolitanischen Handschrift in anderer Ordnung gefunden habe, als worin Galateus sie an Pontanus sandte und seinem Werke einverleibte, ist unzulässig, theils weil der durchaus glaubwürdige Galateus die Inschrift ausdrücklich als eine einzige bezeichnet, theils weil die kleinen Stückchen, wie Mazzella sie zu seiner Fälschung verwandte, unmöglich als besondere wenn gleich noch so kurze Sepulcralinschriften gelten können, theils weil in dem mazzellaschen Text sogar Wörter zerschnitten werden, wie z. B. in βειλι⊢ι die bekannte Endung ι⊢ι weggelassen ist, weil sie in einer andern Zeile stand. Endlich aber ist es ganz klar, dass Mazzella nicht über eine Handschrift, sondern über den baseler Druck seine Fälschung veranstaltet hat; denn nicht bloss haben seine Buchstaben zum Theil dieselbe barocke Form wie in diesem, sondern nach ονοξο Z. 2. finden sich sogar die zwei Punkte wiederholt, womit der baseler Herausgeber andeutete, dass dort in seiner Handschrift eine Zeile endigte. Die summontische Inschrift ist demnach als über den gedruckten Text der galateischen gefälscht zu betrachten und gänzlich zu beseitigen; auf unsern Tafeln ist sie nicht wiederholt, da sie in dem lepsiusschen Stich Jedem zugänglich ist, nur sind die Abweichungen desselben von dem Originalstich bei Summonte Taf. IV. angegeben.

Noch weiter gegangen ist Lepsius p. 90, der sowohl die galateische als die summontische Inschrift zu den falschen gestellt hat, ohne indess das eigenthümliche Verhältniss der letzteren zu der ersteren zu erkennen. Besonderer Vindicien bedarf die galateische kaum noch, seit die später entdeckten messapischen Steine durch ihre völlige Uebereinstimmung mit derselben in der Schrift, im Mangel des υ u. s. f. die Rechtfertigung selbst geliefert haben. Lepsius provocirt auf die verschnörkelten Buchstabenformen, die Bindestriche und Interpunctionen als Beweise der Unächtheit; wobei auffallender Weise der von all diesen Mängeln freie grutersche Text ganz ignorirt wird. Auch würde es wohl zu weit führen, wenn man jede im Mittelalter einmal mit verschnörkelten Buchstaben copirte Inschrift darum für falsch erklären wollte. Lingua autem, heisst es weiter, cum non sit graeca, non osca, non latina, quae tandem fuisse potuerit? Nunquam tot in Italia extiterunt linguae, ut sperare possimus fore ut aliquam hucusque prorsus ignotam detegamus. Aber prorsus ignota kann doch ein Dialekt nicht heissen, den Strabo erwähnt. Persuasum habeo, schliesst Lepsius, inscriptiones ambas (?) aut a docto poeta ipso fictas esse, cum historiam (?) Iapygiae scriberet aut ab alio quodam, qui Galateum fefellit. Galateus Ruf ist rein, und wirklich gelehrt wie er war, war er unfähig die vaterländische Geschichte zu verfälschen. Von den vielen epigraphischen Fälschungen, welche in der japygischen Halbinsel später stattgefunden haben, ist bei ihm noch keine Spur; wie wahrhaft er war, davon wird unten bei Erörterung der Lage des alten Rudiä ein schlagendes Beispiel vorkommen. Doch könnte er getäuscht worden sein, und ich muss gestehen, dass die Worte der ersten Zeile: ορια μαρταπιδοy αστει βαστα mich lange bedenklich gemacht haben. Diese scheinen Oria, Messapiens Hauptstadt (in messapischer Sprache nicht Oria, sondern Orra) und die Stadt Basta, den Fundort der Inschrift bezeichnen zu sollen, und haben in der That den Anschein eines modernen Zusatzes. Wenn nicht ein seltsamer Zufall hier gewaltet hat, möchte man diese vier Worte ansehen als Zusatz eines Abschreibers, sei es nun des Galateus selbst oder seiner Quelle, welcher sich den Spass gemacht hätte, zu der messapischen Inschrift den Namen der Hauptstadt und des Fundortes in demselben alten Alphabet hinzuzufügen. Vielleicht soll das Zeichen ⊣ vor ορια, das durchaus kein Buchstab ist, diesen Zusatz von dem Texte selbst trennen. Doch sei dem, wie ihm wolle, die Aechtheit der Inschrift im Wesentlichen ist durch die später zum Vorschein gekommenen messapischen Inschriften hinreichend gesichert, wie z. B. das Anfangswort auch das erste ist auf den Steinen von Brindisi und Monopoli. Die Abschrift scheint ziemlich sorgfältig, das Schwanken zwischen O und ⊙, H und N, A und Λ, T und ⊥, das fehlerhafte IY Z. 2. wohl für N, sind leicht erklärliche Copistenfehler. Die Abtheilung der Zeilen halte ich nicht für die des Steins, da Z. 7. 8. α∥ιμαρναⱶɩ schwerlich so auf dem Original getrennt war, und überhaupt die wenigsten

Abschriften in dieser Periode die Zeilenabtheilung conserviren. Die Trennung der Wörter ist sicher willkürlich.

4. Inschriften von Lizza.

Bei dem Orte Picciotti von 2000 Seelen, auf der Strasse von Gallipoli nach Otranto, 5 Miglien entfernt vom Meere und von Gallipoli, 10 von Nardò, 15 von Ugento, liegt die alte bischöfliche Kirche S. Maria della Lizza oder dell' Alizza. Dies ist das Ἀλήτιον, das Ptolemäus im Binnenlande der Sallentiner nach Nardò und vor Baubota (jetzt Parabita) und Ugento nennt, das Baletium (schr. Aletium) der tab. Peuting. zwischen Nardò und Ugento, 10 Miglien von beiden Oertern entfernt. Auch die Aletini Plin. 3, 11, 105 (so auch Vat. 3861, dagegen Alentini Vind. 334.) im sallentinischen Binnenlande gehören hierher, wogegen es sehr zweifelhaft ist, ob §. 100 aus dem handschriftlichen 'messapiam adiumora' (so Vatic. 3861, ebenso, nur 'hora' Palat. 1559; 'mesapiam aduum ora' Vindob. 334.) oder Messapia Sarmadium (so Harduins Hdschr. und der schlechte Ottob. 1593) richtig hergestellt ist 'Messapia, Aletium; in ora'. Bei Strabo VI, 3, 6 ist Ἀλητία für Σαληπία hergestellt. Dahingestellt bleibe es, ob der C. Aletius scr(iba) Lizae einer Inschrift von Aeclanum (Grut. 586, 2) und das Wort αλζαναιδϞι (Lizza 1.) mit dem Namen der Stadt im Zusammenhang stehen. — Es steht fest, dass bei der Lizza die alte Stadt Aletium, wie auch Cataldi Alezio illustrata p. 18 sq. richtig erkannt hat, und nicht mit de' Tomasi die vermuthlich nie vorhandene Stadt Sallentia (vgl. Niebuhr 1, 154 = 166) anzusetzen ist. Es haben sich dort nicht wenige messapische Inschriften (Taf. IV) gefunden.

1—4 fanden sich in Gräbern, die entweder in den Tuff gehauen oder mit Steinquadern gedeckt waren, in einer bischöflichen Besitzung von Wein- und Oelbergen, Namens Raggi. In deren Nähe bemerkt man verschiedene alte Ueberreste; im J. 1744 zur Zeit des Bischofs Pescatori von Gallipoli entdeckte man dort viele thönerne Gefässe voll griechischer Silbermünzen. Publicirt wurden die Inschriften von de' Tomasi capricci poetici p. 33, wonach wir den Text geben, und Cataldi Alezio ill. p. 52, aus dem die Varianten herrühren. Aus Tomasi wiederholten sie ungenau Ravenna und Jannelli. — Dass die Worte ohne Zwischenräume und Trennzeichen geschrieben waren, bemerkt Cataldi ausdrücklich. — Von n. 3 erhielten de' Tomasi und Cataldi zwei Copien, eine mit Ƶ, die andere mit Ǝ, und publicirten die zwei Abschriften als zwei verschiedene Inschriften. — N. 4 giebt Cataldi in einer Zeile, de' Tomasi macht aus den letzten vier Buchstaben eine zweite Zeile.

5. Aus de' Tomasi p. 33 tav. n. 6. ist die v. l., aus Cataldi p. 54 tav. n. 6 der Text entnommen. Gefunden 1829 in einem Grundstück von Antonio Arciprete de Pace beim Graben der Fundamente eines Hauses; die Arbeiter

stiessen auf ein Souterrain, in das eine Treppe hinabführte, an der Wand der Treppe gegenüber befand sich die Inschrift.

6. Cataldi tav. n. 7. Eine andere Abschrift in einem Briefe des Luigi Cepolla unter de' Tomasi's Papieren, wonach der Stein in einem alten Grabe bei Picciotti gefunden ist. Aus letzterer Abschrift die v. l.

7. Cataldi tav. n. 8. 9. Der erste Text giebt beide Wörter ohne den Dreizack am Schluss, der zweite bloss $βαλεδονας$ mit dem Dreizack. Vielleicht sind es wirklich zwei verschiedene Steine.

8. Aus de' Tomasi's Papieren. In einer andern Abschrift hat das A die gewöhnliche Form.

9—13. Aus denselben Papieren, aber von einem unkundigeren Abschreiber herrührend. Es wird dabei bemerkt, die Steine seien vor etwa 4 Jahren in einem Olivengrundstück bei Picciotti entdeckt worden, das früher dem Marchese Palmieri, später dem verst. Nicola Rossi gehört. Beim Reolen fanden die Arbeiter vier Särge von Tuffstein, jeder etwa 8 Palmen lang, von der Gestalt eines langen und doppelten Trogs, mit steinernen Deckeln. In denselben fanden sich die Gebeine mit thönernen Schalen, Lampen und Thränenfläschchen, und im Innern die Inschriften. In de' Tomasi's Capricci p. 33 heisst es, dass diese Inschriften in dem Casino des Marchese Palmieri eingemauert seien.

14—16. Tuffsteine von drei Gräbern, die Gebeine und werthlose Gefässe einschlossen, gefunden bei Lizza im December 1846. Abschriften erhielt ich sofort theils von de' Tomasi, theils von Cataldi; die Abweichungen des letztern gebe ich als v. l.

5. Inschrift von Nardò.

Die einzige Inschrift (Taf. IV) von Nardò, dem alten Neretum, entnahm de' Tomasi der handschriftlichen Beschreibung des sallentinischen Gebiets von Girolamo Marciano, welche schon von Tafuri angeführt wird als messapische Inschriften enthaltend (s. o. S. 44), mir aber nicht zu Gesicht gekommen ist. Marciano fügt hinzu, Alfonso della Ratta habe sie beim Graben des Grundes für sein Haus in einem Grabe gefunden.

6. Inschriften von Rugge.

Rugge (Taf. IV.) ist eine jetzt verlassene Gegend eine halbe Miglie von Lecce entfernt gegen Monteroni zu, wo nur ein einsames Kloster noch steht. Dort graben die Leccesen täglich Vasen und andere Anticaglien auf; augenscheinlich lag dort einst eine bedeutende Stadt. Schon Galateus sagt (p. 80 ed. 1558): ,,coniectura et lapidum inscriptionibus compertum habeo has esse Rudias quae Lupiis conterminae sunt"; und dass er Recht hatte, obwohl er die Inschriften nicht mittheilt, beweist der vor etwa 50 Jahren dort gefundene auch von mir im Palazzo ducale von Monteroni gesehene Stein Orelli 134 = 3858, welcher die MVNICIPES. RVDIN nennt[8]).

1. Kleines Gefäss von Terracotta mit schlechtem schwarzen Firniss; die Inschrift ist nach dem Brennen eingekratzt. Es fehlt mit dem Handgriff ein Stückchen, worauf der Anfang der Inschrift stand. Gefunden in Rugge ward dasselbe in Lecce für das K. Museum in Berlin erworben.

2. Inschrift in leccesischem Stein, wovon zwei Abschriften sich unter de' Tomasi's Papieren befanden; eine dritte, die ich dem Text zu Grunde lege, erhielt ich von Cepolla. Nach der einen Abschrift von de' Tomasi wäre sie vor etwa 10 Jahren in Rugge gefunden worden, und auch nach Cepolla stammt sie aus Lecce, was auf dasselbe hinauskommt; wohl irrthümlich heisst es in dem zweiten Exemplar bei de' Tomasi, die Inschrift sei am Capo di Leuca in einer Grotte, worin sich ein Quell befand, gefunden worden.

7. Inschrift von Lecce.

Von Lecce, dem alten Lupiä, das nach der Sage vom sallentinischen König Malennius, dem Sohn des Dasummus gegründet war (Capitolin. Marc. 1.), ist eine messapische Inschrift bekannt, gefunden 1807 in den Fundamenten des Hauses von Antonio von Pizziniaco in der Strasse delle quattro spezierie. Ich habe sie dort vergeblich gesucht; die Abschrift (Taf. IV) fand ich unter den Papieren Cepolla's.

Auch in der Gegend Rocca vecchia, 9 Miglien von Otranto, 14½ von Lecce entfernt, sollen nach der Aussage einiger Leccesen Vasen und zahlreiche Inschriften sich finden.

---

[8]) Hiemit ist denn auch der Streit über die Lage von Ennius Vaterstadt erledigt, welche man sonst wohl bei Andria in Apulien (so Mannert II, 77) oder bei Rodca im Gebiet von Francavilla zwischen Oria und Coglie (so de Leo) angenommen hat. In der That wäre auch ohne Hülfe des Steins von Monteroni nicht leicht ein sicheres Resultat zu erlangen gewesen. Mit ihm stimmen die zahlreichen Zeugnisse, welche Ennius einen Calabrer nennen (Ennii fragm. ed. Spangenberg p. VIII—X) und Ptolemäus, der Rudiä den Sallentinern giebt; ferner Strabo, der einmal VI, 3, 6 Rudiä im Binnenlande neben Lupiä (Lecce) und Alotia (Lizza) erwähnt, ein andermal VI, 3, 5 Rudiä anführt als auf dem Landwege von Otranto nach Brindisi gelegen, was genau auf unser Rugge passt. An der letztern Stelle wird ausdrücklich dieses Rudiä als die Vaterstadt des Ennius bezeichnet. Dazu stimmt es nun freilich nicht ganz, dass Mela 2, 4 und Plinius 3, 11, 102 Rudiä den Pödiculern zutheilen wie Gnathia und Barium und von Calabrien ausschliessen, die sie doch Brundisium und Lupiä zurechnen; allein mag dies nun ein reiner Irrthum sein oder auf einer eigenthümlichen Vorstellung in Betreff der Grenzen der Pödiculer und der Calabrer beruhen, die Gewissheit, dass die Vaterstadt des Ennius das houtige Rugge ist, wird dadurch nicht erschüttert. Der Ort Rudae, den die tab. Peuting. ungefähr an der Stelle des heutigen Andria in Apulien nennt, gehört keinenfalls hieher, da er weder im Lande der Calabrer noch der Pödiculer liegt.

8. Inschrift von Valesio.

Bei S. Pietro delle macchie auf der Strasse von Brindisi nach Lecce, 3 Miglien vom Meer, 13 von Lecce entfernt liegt ein zerstörter Ort, den mir die Leccesen Valesio nannten, und der nach Galateus (ed. 1558 p. 73) Baleso heisst. Nach diesem geht mitten durch den Ort eine alte von den Umwohnern via Traiana genannte Strasse, welche Brindisi über Lecce mit Otranto verbindet und die Fortsetzung jener grossen apulischen via Traiana war, die von Capua nach Brindisi führte. An dieser Stelle, zwischen Lupiä und Brundisium hat die tab. Penting. einen Ort Balentium, das Itiner. Hierosol. ein Valentia, Mela 2, 4 ein Valetium oder Valentium, Plin. 3, 11, 101 ein Balesium (balaessum Vatic. 3861. Vindob. 334.); welche Form die richtigste ist, steht dahin. — An diesem Orte sollen nach Aussage der Leccesen Vasen und Inschriften vorkommen, und in der That hat Emmanuele Mola im Giornale letterario di Napoli vol. CI, 15 Giugno 1798, p. 46—49 in einem Artikel su di una pietre con greca leggenda rinvenutasi tralle rovine dell' antico Baleso nella Japigia eine messapische Inschrift (Taf. IV) von dort bekannt gemacht, die wahrscheinlich de Leo ihm mitgetheilt hatte.

9. Inschrift von Brindisi.

Dass Brundisium einst eine messapische Stadt war, beweist schon der Name, welchen die griechischen und römischen Antiquare von dem messapischen Worte βρεντ—, Hirsch oder Hirschkopf ableiteten (S. 46). Indess ward die Stadt von den Römern im J. 510 colonisirt, und stand seitdem als lateinische Stadt dem messapischen oder griechischen Umlande gegenüber. Wir finden daher statt der messapischen Sepulcralinschriften, wie sie in diesem häufig sind, eine Menge kurzer lateinischer, welche wiederum in den umliegenden Städten nicht häufig vorkommen; ebenso haben alle Münzen römische Aufschrift. Bis jetzt ist in Brundisium nur eine einzige messapische Inschrift gefunden worden, und zwar verdankt man die Kunde von dieser dem Erzpriester, später Erzbischof von Brindisi, Annibale de Leo, einem treuen Forscher aus jener guten Zeit Neapels unter Karl III und dem Anfang der Regierung Ferdinands I. Dieser sammelte eifrig die Inschriften seiner Vaterstadt, deren er eine bedeutende Zahl durch Emmanuele Mola (Giornale letterario di Napoli 1798 Genn. e Febbr.) bekannt machen liess. Andere finden sich in seinem handschriftlichen Nachlass, den die von demselben Prälaten gegründete und mit bleibenden Revenüen dotirte öffentliche Bibliothek von Brindisi aufbewahrt. Zu den letztern gehört die messapische Inschrift Taf. V, eine der längsten und vielleicht die älteste unter allen bisher bekannten dieses Dialekts; sie wird von de Leo mit folgender eigenhändigen Notiz eingeleitet: „Lapis defossus in hortis familiae Leanza extra portam occidentalem mense Jan. 1765 etsi mutilus una cum lacunis. Forte pertinet ad vetustum foedus Atheniensium et Messapiorum (Thucyd. VII.) Extat in nostro museo." — Wir dürfen uns freuen, dass wir eine Abschrift besitzen, welche alles Vertrauen verdient, denn sie zeigt nur wenige entstellte Buchstaben und es sind überhaupt de Leo's Abschriften sehr zuverlässig. Das Original scheint untergegangen, obwohl es in de Leo's Museum geborgen schien; dessen ganze reiche Inschriftensammlung, welche der Bibliothek von Brindisi bestimmt war, ging bei der französischen Occupation für diese verloren, und obwohl eine ziemliche Anzahl der Steine jetzt im Casino des Barons Villanova an der andern Seite des Hafens wieder zum Vorschein gekommen sind, fehlt doch dort die messapische Inschrift und fast alle interessanteren lateinischen. Hoffentlich tauchen auch diese später noch irgendwo wieder auf. Leider war der Stein links gebrochen und vielfach beschädigt.

10. Münzen und Inschriften von Oria.

Orra oder in der römischen Form Uria, die alte Metropole der Sallentiner, von wo aus die andern messapischen Städte gegründet sein sollen und wo man noch zu Strabo's Zeit die alte Königsburg dem Fremden wies[9]), existirt noch heute unter dem Namen Oria zwischen Brindisi und Tarent in der Mitte der messapischen Halbinsel, auf einem nicht eben hohen, aber in dieser ausgedehnten Ebene weithin sichtbaren und die ganze Gegend beherrschenden Hügel. Den epichorischen Namen der Stadt lernen wir aus ihren Münzen ziemlich rohen Stils mit der Aufschrift ORRA kennen, die man jetzt allgemein und mit Recht nach Oria setzt, wo sie sich sehr häufig finden[10]). Die Aufschrift ist nicht lateinisch,

---

9) Herodot. VII, 170, der gewiss dies Uria und nicht Veretum meint. Strab. VI, 3, 6. Varro ap. Prob. ad Virg. Ecl. 6, 31. p. 15 Keil. Vgl. Niebuhr I, 154 = 166. — Ueber den Unterschied dieses messapischen Uria von der gleichnamigen Stadt am Garganus, der die Münzen mit ΥΡΙΑΤΙΝΩΝ gehören, vgl. Mannert, 2, 23. 66. Avellino opusc. III, 99—114. Plinius 3, 11, 100 nennt die messapische Stadt: Varia cui cognomen Apulae Messapia, wofür mit Cluver zu schreiben ist Uria cui cognomen ad discrimen Apulae Messapia; die apulische erwähnt er §. 103 als Uria, die Bewohner §. 105 als Hyrini. Vielleicht sind auch im liber colon. II. p. 262 Lachm. in der alphabetischen Aufzählung der apulischen und calabrischen Städte der ager Orianus und Uritanus auf diese beiden gleichnamigen Städte zu beziehen. — Ob die Urites Liv. 42, 48, welche den Römern vier Schiffe liefern, die Sallentiner sind, welche nach ihrer Hauptstadt so genannt wären, oder die Lesart verdorben ist, wage ich nicht zu entscheiden.

10) Klausen Aeneas 1, 446. Millingen consid. p. 231. In der von Fiorelli gesehenen Sammlung des Erzpriesters Giuseppe Lombardi in Oria finden sich diese Münzen sehr zahlreich. — Die vielbesprochene Münze mit dem Pallaskopf und der Weintraube, daneben ΛΟΚΡΩΝ und darüber angeblich ΟΡΡΑ (Eckhel 1, 163. Fiorelli monete ined. Nap. 1845, p. 22) gehört nicht hieher, denn auf dem vortrefflich erhaltenen Exemplar des Berliner Museums (demselben, durch welches Fiorelli die Lesung ΟΡΡΑ gesichert meinte) steht

da dieselben Münzen die Magistratsnamen ΓΟΡ oder ΓΟΡΟ (?) und ΑΛ zeigen, ebenso wenig griechisch, da die Münzen viel zu jung sind — etwa aus dem sechsten Jahrhundert Roms, oben S. 49 — um der Epoche anzugehören, wo die Dorier das geschwänzte r schrieben; sie werden also vermuthlich messapisch sein. — Die messapischen Inschriften, welche ich von Oria mittheile (Taf. III.), sind sämmtlich aus de' Tomasi's Papieren entnommen; woraus auch die über die Gräber von Oria im Bullett. 1834 p. 55 gedruckten Bemerkungen herrühren. Das recht verständige Buch von Gaspare Papadotero della fortuna d'Oria (T. 1. Napoli 1775. 8) enthält keine Inschriften.

1. ,,fand sich vor etwa 15 Jahren auf dem Bruchstück wie es schien einer steinernen Urne oder der Ecke eines antiken Altars.''

2. ,,fand sich unter einem Sarge an einem Orte Namens Callana vor etwa 20 Jahren.''

3. 4. von Jannelli p. 132 in seiner Weise publicirt. Die vierte auf einem Tuffstein.

5. Sargdeckel von Tuffstein, 5 Palmen 3 Unzen breit, 2³/₄ Palmen lang, gefunden im Okt. 1829 beim Graben eines Gartens.

7. ,,Wo die Zeilen nicht vollständig sind, war die Inschrift beschädigt.''

11. Inschriften von Ceglie bei Brindisi.

Die beiden Städte des Namens Ceglie, von denen die eine 3 Miglien von Bari entfernt liegt, die andere bei Francavilla in der Provinz von Lecce, sind beide bekannte Fundörter von Alterthümern; und wenn die Vasenfunde der apulischen Stadt bekannter sind, so haben doch auch die Nachgrabungen in der messapischen Manches von Interesse ergeben (vgl. Bullettino dell' Inst. 1834 p. 54). Der Ueberreste des alten Mauerringes, der die messapische Stadt umgab, gedenkt ein Brief unter den de' tomasischen Papieren. Der Ort Celia, den die tab. Peuting., oder Κελία, den Strabo VI, 3, 7 beide zwischen Gnathia (Fasano) und Canosa nennen, ist Ceglie bei Bari, welches auch bei Ptolemäus als Κέλια vorkommt. Dieser Stadt gehören auch vermuthlich die Silber- und Kupfermünzen mit der bald voll ausgeschriebenen bald abgekürzten Aufschrift ΚΑΙΛΙΝΩΝ, welche sich häufig in der Gegend von Bari finden, während sie in dem messapischen Ceglie nicht vorkommen. Dieses ist bei den alten Schriftstellern nicht mit Sicherheit nachzuweisen, denn bei Plinius H. N. 3, 16, 101 ist caeli (so cod. Vatic. 3861) oder celi (so cod. Vindobon. 334), woraus die Ausgaben Coelium (eher Caelia) gemacht haben, da es zwischen Valesio und Brindisi steht, vielleicht

---

nach Friedländers Mittheilung deutlich nicht ΟΡΡΑ, sondern ΦΡΑ, wie Carelli (num. vet. descr. p. 144) und Avellino (opusc. III p. 114a) auch schon früher gelesen hatten — also der Anfang eines Magistratsnamens. Millingen consid. p. 70 las ΕΠΙΚΝΑ, vielleicht ἐπὶ Κνα....

eher in dem Dorfe Cellino zwischen Campi und Brindisi wieder zu erkennen; und der ager Caelinus, den der liber coloniarum II p. 262 Lachm. in der Provinz Apulien und Calabrien nennt, kann ebensowohl auf Ceglie bei Bari bezogen werden. Jedenfalls war Ceglie bei Brindisi eine alte und einst bedeutende Stadt, wahrscheinlich Caelia genannt gleich der Stadt bei Bari. Die messapischen Inschriften sind zahlreich (Taf. II.); die ersten dreizehn derselben verdanke ich de' Tomasi's Papieren.

1—5. Die verschiedenen Lesarten rühren her aus einem Briefe von Giuseppe Allegretti unter Tomasi's Papieren, in welchem alle diese Inschriften ohne Worttheilung geschrieben sind. Allegretti schrieb dieselben ab aus den Papieren von Vincenzo Carlucci. — N. 1 fand sich 1828 in dem Garten von Giuseppe Cristofero in einem unterirdischen Gewölbe, auf der inneren Seitenfläche eines Sarkophags. — N. 2 ist ein kleiner rechteckiger Sarkophag mit verziertem Rande (piccola pila parallepipeda scorniciata) von leccesischem Stein, gefunden an der Landstrasse und vom Bischof Kalefati in Oria erworben. Gedruckt bei Jannelli p. 129. — N. 3. 4. 5 fanden sich an der (angeblich) appischen Strasse aussen auf Sargdeckeln. Gedruckt bei Jannelli p. 130.

7. Gemalt auf dem Stuck im Innern eines ,,vor etwa 10 Jahren" entdeckten Grabes.

8. 9. Aus zwei im J. 1815 geöffneten Gräbern. No. 9 gedruckt bei Jannelli p. 128.

10. Gedruckt bei Jannelli p. 130.

12. Stein von 6 Palmen Länge, 4 Palmen Breite, gefunden im Mai 1833 beim Graben in einem Garten hinter dem Kapuzinerkloster, wo früher andere 22 Gräber eines neben dem andern geöffnet worden sind. Unter den Schultern des Skeletts standen zwei Lampen von gebranntem Thon, neben den Beinen zwei Vasen, die eine zierlich, die andere von roher Arbeit, zu beiden Seiten des Hauptes zwei kleinere Vasen mit Figuren. Im Kopfe des Skeletts fand sich eine Kupfermünze. Die Füsse sahen gen Westen.

13. Fand sich zu gleicher Zeit in einem andern Grabe auf einem Stein von derselben Grösse; darunter eine Menge Gefässscherben.

14. Aus einem kürzlich entdeckten Grabe in Ceglie. Von einem Goldschmied in Oria erhielten wir die Abschrift, als ich mit meinem Freunde Friedländer durch letzteren Ort passirte.

12. Inschriften von Carovigno.

Die beiden messapischen Inschriften dieses Ortes (Taf. III.) fanden sich im Okt. 1847 und wurden vom Doctor Vincenzo Andriani an Minervini mitgetheilt, der sie im Bull. Napoletano t. VI. tav. 3 no. 95 p. 56 bekannt gemacht hat. Die Abschriften sind ungemein schlecht, wie der Augenschein zeigt; der zweite Stein scheint noch dazu fragmentirt.

13. Inschriften von Ostuni.

Ostuni ist sicher ein alter Ort; der antike Name indess ist nicht bekannt — schwerlich Speluncae, wie Mannert II, 35 gemeint hat; eher mag das territorium Austranum in Calabrien (liber colon. I p. 211 Lachm.) sich auf Ostuni beziehen. — Inschriften sind bis jetzt vier bekannt (Taf. III.)

1. 2. finden sich auf gewaltigen Steinblöcken, die man im J. 1845 in einem Garten des Kapitels von Ostuni, hart an der alten Strasse von Ostuni von Brindisi, Namens la Rosara entdeckte. Zugleich fand sich eine dritte sehr zerstörte Inschrift, von der ich eine Abschrift erhielt, welche mitgetheilt zu werden nicht verdient. Von jenen beiden stand die erste auf dem inneren Deckel eines Sarkophages, die zweite in einem Grabgewölbe auf der Kornische der Seitenfläche links vom Eingang; jetzt befinden sich beide in einem verschlossenem Gemach eines Nebengebäudes der Kathedrale von Ostuni, an welcher man sie später einzumauern beabsichtigt. Durch die Gefälligkeit der Herren Luciano Marosca und des Archidiaconus Giovanni Temperini von Ostuni wurde ich in den Stand gesetzt von beiden Steinen genaue Kopien und Papierabdrücke zu nehmen, wonach dieselben hier wiederholt sind.

3. Im Postgebäude von Ostuni sah ich einen seltsamen Stein mit Inschrift etwa aus dem XV. oder XVI. Jahrhundert, welcher früher über dem alten Thore daselbst angebracht war. Die Inschrift, wovon Z. 3. 4 auf der Tafel III facsimilirt sind, lautet vollständig also:

HOSPES
HETRVSCAM TIBI DAT INSCRIPTIO GENTEM
ΘΟΛΝΟΑϟΜΑΤΟ
ΘΟΛΝΟΑϟ GRÆCE ΘΟϘVOϘ. VQTOΘTQVOQS
AVERSIO BELLICA DEIN AVOS PEDICVLOS DVXIT
GRAECI DEMVM EX ASTINEON
CIVITATEM NOVAM
HOSTVNEVM NVNCVPARVNT

Man kann dem Italiener, der kein Vaterland hat, den ungebührlichen Stolz auf die Vaterstadt und die Ausschweifungen des Localpatriotismus verzeihen; allein hier tritt er doch in gar zu unphilologischer Weise auf. Man scheint im XV. oder XVI. Jahrh. in Ostuni eine kurze messapische Inschrift gefunden zu haben, etwa mit den Buchstaben *θολνοασματο*, welche man begreiflicher Weise — d. h. für den, der die damalige Lehre von den Etruskern einigermassen kennt — benutzte, um damit den uralten höchst etruskischen Ursprung von Ostuni zu documentiren. Man setzte also eine Copie des Steines übers Thor und bemerkte dazu, um dem Wandrer sofort zu imponiren: Hospes, Hetruscam tibi dat inscriptio gentem! Allein was war der Stein ohne Uebersetzung? Dieselbe war dringendes Bedürfniss. Man scheint eine griechische verfertigt zu haben, welche uns aber die Unkunde des ostunesischen Steinmetz vorenthalten hat; denn Z. 3 heisst doch wohl '*θολνοας* graece.. quoque, *ματο*.. quoque', worin irgend eine Exegese der messapischen Worte aus dem Griechischen oder sonstige Beziehung zu dem Griechischen enthalten sein muss. Die weitern ethnographischen Bemerkungen des ostunesischen Thorprogrammes kümmern uns nicht — der Abzug der Etrusker, das Nachrücken der Pödiculer, endlich der Griechen, welche die Stadt *ἄστυ νέον* genannt und diesen Namen dann in Hostuneum verdorben hätten. — Dies scheint übrigens˙ derselbe Stein zu sein, dessen Q. Marius Corradus (epistolar. l. III ep. 74.) folgendermassen gedenkt: ,,Astunei vero quam in fornice illo qui ad forum est te cupere dixisti, ea (inscriptio) et nova est et cum alto et celebri loco posita sit, a nemine adhuc legi potuit. A civibus autem ipsis nemo est, qui se domi illam aut aliquid eius generis habere dicat; sed dari posse operam ut inscriptio legatur" — und vielleicht auch derselbe, den er l. VIII ep. 233 in einem Briefe an den jüngern Aldus nach der Inschrift von Vaste also erwähnt: ,,Eodem est litterarum genere lapis ad decimum sextum milliare ab Egnatia, sed fractus est ut omnes videri.litterae non possint." Ostuni liegt etwa 16 Miglien von Fasano, und da die Inschrift auf mehrere Steine vertheilt ist, konnte sie leicht von unten als gebrochen erscheinen. — Dieselbe Inschrift fand sich auch unter den tomasischen Papieren, geschrieben ΘΟΛΝΟΑΣ ΜΑΤΟΘΙΑΝΑΣ (danach bei Jannelli p. 132), gefunden angeblich in Ostuni im J. 1795 zugleich mit drei brundisinischen Münzen (s. die genaueren Notizen über diese Nachgrabung im Bullett. dell' Inst. 1834 p. 53). Dass dies auf einer Verwechselung beruhen muss und die tomasische Abschrift aus der von mir gesehenen modernen Inschrift herrührt, ist augenscheinlich.

4. Mit Abschriften von 1. 2. sandte Cataldi mir noch eine dritte also lautende: ϟFTIMPHIAR, welche von der oben erwähnten zerstörten Inschrift noch verschieden zu sein scheint.

14. Inschrift aus der Gegend von Tarent.

In dem Museo Borbonico in Neapel befindet sich ein bronzener Caduceus, welcher dorthin mit der Sammlung Borgia kam, an den Kardinal Borgia aber durch Geschenk des Bischofs Capecelatro. Gefunden soll er sein in der Gegend von Tarent. Anstatt der gewöhnlichen Schlangenköpfe zeigt er Widderköpfe mit Schweineschnauzen, womit ein von Lersch bei R. Barone gesehener von ihm für entschieden ächt erklärter Caduceus ebenfalls mit Widder- statt Schlangenköpfen aber ohne Inschrift zu vergleichen ist. Schon im J. 1817 liess Quaranta diesen Caduceus stechen (wonach unsre Abbildung Taf. V verkleinert ist) und schrieb darüber eine besondere Abhandlung in den Atti della società Pontaniana vol. III p. 211 sq., worin er das Geräth für ein gnostisches erklärte und die auf dem Stiel befindliche Inschrift gleichfalls nach gnostischen Regeln erläuterte. Vielleicht weil man in Folge dessen den Caduceus in sehr späte Zeit setzen zu müssen glaubte, vielleicht weil man denselben für falsch hielt, versetzte man ihn im Museum unter die Bronzi moderni;. ich habe ihn nicht gesehen. Nach Entdeckung des Caduceus von Gnathia, welcher dem tarentinischen in der Form wie in dem hohlen Stiel und der Art, wie die Aufschrift angebracht ist, sehr ähnlich sieht, vermuthete Minervini (Bullett. dell' Inst. 1845 p. 44), dass auch dieser Caduceus wenigstens einem ächten Original nachgebildet sei; was er später, als man unterdess auf die messapischen Inschriften aufmerksam geworden war, durch das zu dem Fundort vortrefflich passende messapische Alphabet und die bekannten messapischen Endungen τορας und ιℎι unterstützte (Bullett. Napol. a. V p. 21). Aecht ist die Inschrift unzweifelhaft, da im J. 1817 gewiss Niemand im Stande war, eine messapische Inschrift mit ausreichender Kunde zu fälschen; ob der Caduceus Original ist oder Kopie, kann nur durch Untersuchung des Originals entschieden werden.

15. Inschriften von Fasano.

In dem alten Gnathia (wie es nach dem Caduceus mit der punktirten Inschrift ΓΝΑΘΙΝΩΝ Minervini Bull. dell' Inst. 1845 p. 44 jedenfalls eigentlich hiess)[11], wovon viele Trümmer und sogar der grösste Theil des Mauerringes in einer noch heute Anazzo genannten Gegend nicht weit von Fasano am Meeresstrande sichtbar sind, hat in den letzten Jahren eine erstaunliche Masse von Vasen und noch mehr von Terracotten sich gefunden. Das System aber des Raubbaus, womit das Aufgrabungsgeschäft dort getrieben wird, hat wie überhaupt die Aufnahme von Fundnotizen verhindert, so auch zur Folge gehabt, dass die Inschriften auf der Fronte oder im Innern der meisten in den Fels gehauenen Grabkammern wieder zugeschüttet worden sind, ohne auch nur genügend copirt zu werden. Von der Existenz solcher Inschriften haben mir die in Anazzo mit dem Bau beschäftigten Personen an Ort und Stelle erzählt; vermuthlich rühren die später durch Luigi Pepe bekannt gewordenen messapischen Inschriften von

---

11) Dies ist die richtige Form; römisch heisst es Gnatia. Diese Lesung sichert bei Horat. Sat. 1, 5, 97 der Vers; bei Mela 2, 4 haben dasselbe alle Handschriften, s. Tzschucke das. Gnatia schreibt der gute und alte Vatic. 3861 bei Plinius H. N. 3, 16, 102, während der Vindob. 334 sec. XI 'rudia eingnati a' d. i. Rudiae Ignatia liest; Plin. H. N. 2, 111, 240 steht jetzt im Text Egnatia, und Inatium als Variante. Gnatiae hat das itin. Anton. p. 315 Wess. (daneben agnatiae; dagegen p. 117 Wess. Egnatiae und itin. Hierosol. p. 609 Wess. Leonatiae); Gnatie auch die tab. Peuting. — Ignatinus ist gesichert im liber colon. II p. 262 Lachm. als im alphabetischen Verzeichniss zwischen Genusinus und Lyppiensis genannt; zwischen 'Εγνατία und 'Ιγνατία schwankt die Lesart Strabo. VI, 3, 7. 'Εγνατία hat Ptolem. 3, 1 bei Wilberg ohne Variante. — Gnatio ohne Aspiration ist also für die römische Periode die richtige Form, Ignatia spätere Corruption wie istatua Orell. 1120 u. dgl., Egnatia schlecht beglaubigt.

Fasano aus diesen Ausgrabungen her, da Pepe einer der thätigsten Zwischenhändler in dem Vasenhandel zwischen Fasano und Neapel ist. — Die mir bekannten Inschriften finden sich auf Tafel V.

1. 2. Die Tafel giebt einen kleinen Grundriss der wohlerhaltenen, jetzt als Cisterne benutzten und darum schon seit mehr als 100 Jahren offen stehenden Grabkammer, in der ich diese beiden messapischen Inschriften sah — die ersten Originale dieser Art, welche mir zu Gesicht kamen. Eine Abschrift fand ich auch in der handschriftlichen etwa um 1712 geschriebenen Notizensammlung des Geistlichen Luigi Corona de' padri minimi (betitelt: notizie miscellance di Monopoli, Egnazia e di altri luoghi), aus welcher der Notar Giuseppe d'Addosio in Bari mir Auszüge mittheilte. — Das Grab besteht aus zwei Gemächern AB, zu denen die Treppe ef hinabführt. Das Zimmer A ist 11 neap. Palmen lang und breit, der schmale Gang B 9 Palmen lang und nicht ganz 5 breit. Beide haben dieselbe Höhe von $6\frac{1}{4}$ Palmen. Die nach Süden gehende Eingangsthür f ist 2 Palmen breit, die Verbindungsthür g zwischen beiden Gemächern 4 Palmen. Beide Gemächer sind in den lebendigen Fels gehauen und so auch die Decke des Zimmers A; dagegen ist die des Zimmers B von mächtigen Steinplatten gebildet. Im Zimmer A findet sich an der Wand über der Verbindungsthür die Inschrift 2 γραιϝαιϵ; ihr gegenüber an der nördlichen Wand des Zimmers B, an dem mit d bezeichneten Orte, ist in der halben Höhe der Wand der erste Buchstab dieser Inschrift Γ noch einmal wiederholt. Dies Zimmer scheint das Grabmal eines Mannes Graivas gewesen zu sein, dessen Namen im Genitiv über der Thür stand, der Anfangsbuchstab des Namens (vgl. Lizza 13) vielleicht an der Wand zu Häupten der Leiche. — Die Inschrift 1 steht auf einem der Steinblöcke, welche die Decke des kleinen Corridors B bilden. Obwohl auch andre messapische Inschriften auf dem Plafond der Gräber vorkommen, ist es doch bei dieser nicht unwahrscheinlich, dass sie nicht ursprünglich für dies Grab bestimmt war, sondern hier nur als Deckstein verwandt ward; denn während zu Anfang der ersten Zeile viel Platz gelassen ist, fehlt am Schluss derselben nicht bloss jeder freie Raum, sondern es scheint sogar der letzte Buchstab ⊢ ein halbes messapisches H zu sein. Es kommt hinzu, dass sie nicht in der Grabkammer, sondern im Corridor sich findet. Man müsste den Stein aufheben lassen, um zu sehen, ob noch mehr Buchstaben verdeckt sind. — Der Schnitt der Buchstaben ist tief und schön; es zeigen sich deutliche Spuren rother Farbe in der Vertiefung der Schriftzüge. — Nach meiner Publication ist dieselbe Inschrift aus Pepe's schlechter Copie herausgegeben worden von Minervini im Bull. Nap. t. VI. n. 95 p. 56 tav. 3 f. 6.

3. Publicirt von Minervini im Bull. Nap. t. V n. 72 vom 1. Dec. 1846 mit folgender Vorbemerkung: „Bei dem Antiquitätenhändler Raffaelle Barone sahen wir eine kleine Terracottenform, herrührend aus der Provinz von Bari und vermuthlich aus Fasano. Sie stellt vor eine weibliche Figur mit langem Gewande;

der Kopf fehlt, ohne Zweifel weil er auf die in dieser Form zu verfertigende Statuette nachher angefügt werden sollte. Auf der andern Seite steht eine vor dem Brennen mit einem spitzen Instrument eingeritzte Inschrift, von vollkommen griechischer und guter Schrift; das B zu Anfang ist gegen unten etwas offen." Messapisch ist die Inschrift augenscheinlich; dass sie aus Fasano herrührt, ist schon darum wahrscheinlich, weil fast alle jetzt im neapolitanischen Kunsthandel befindlichen Terracotten von dort stammen, noch mehr aber, weil bis jetzt Ρ statt Β unter den messapischen Inschriften nur auf denen von Fasano erscheint.

4. Pater Nicola Laviola in Ruvo sandte mir über die Auffindung dieser Inschrift folgenden Bericht: ,,Bei den Ausgrabungen in dem alten Gnathia entdeckte man vor kurzem ein prachtvolles aus drei Gemächern bestehendes Grab. In einem dieser Zimmer befanden sich auf der Mauerfläche (in faccia alle mura) verschiedene Malereien auf Tuffplatten, welche die Grabkammer des Verstorbenen bildeten und welche nach Ruvo transportirt wurden. Die erste Platte ist $4\frac{2}{3}$ napol. Palmen lang, $4\frac{1}{2}$ Palmen hoch; oben zeigt sie ein $\frac{1}{4}$ Palm breites Band mit weissen Streifen auf rothen Grund gemalt. Darunter steht eine männliche Gestalt, 4 Palmen hoch, bekleidet mit rother Tunica, die bis auf die Geschlechtstheile reicht und von einem breiten Gürtel über den Hüften zusammengehalten wird; auf den Schultern hängt ein gelber Mantel mit blauem Futter; der Kopf ist unbedeckt, Beine und Füsse nackt. In der linken Hand hält dieser Mann die Peitsche, mit der rechten fasst er den Zaum des Pferdes, das über 4 Palmen hoch ist; es ist nicht aufgeschirrt, noch sonst geschmückt, der Zaum aber ist gut gearbeitet. In der Ecke der Platte liest man die Buchstaben ⁑ ΛΛΙΗΙ; die beiden ersten sind mit dem Bewurf von der Platte abgesprungen. — Die zweite Platte ist $4\frac{1}{4}$ Palm hoch und breit, also vollkommen viereckig. Auf derselben sieht man einen grossen runden Schild von $3\frac{1}{3}$ Palm im Durchmesser; recht in der Mitte findet sich ein ausdrucksvoller Kopf mit langen über den Nacken herabwallenden Haaren auf weissem Grunde; aus den Schläfen unter den Haaren durch kommen zwei Flügel zum Vorschein. Der Kopf hat $1\frac{1}{2}$ Palm und eine oncia im Durchmesser; er wird eingeschlossen von einem rothen Bande von 7 once Breite, dieses von einem weissen zwei once breiten Streifen, endlich schliesst eine Guirlande von Eicheln und Eichenlaub diesen prächtigen Schild ab. Ueber dem Schilde befindet sich in horizontaler Richtung ein gelber, ein weisser und ein rother Streifen mit weissen Linien, alle $4\frac{1}{4}$ Palm lang, der gelbe $1\frac{1}{2}$ once, der weisse $\frac{1}{4}$ Palm breit. Auf dem weissen findet sich in grossen Buchstaben die Aufschrift:

ΔΑΖΙΗΟΝΑϟΠΛΑΤΟΡ ΡΙΗΙΒΟΛΛΙΗΙ

Ueber dem rothen Streifen ist eine lange Pike von schwarzer Farbe gemalt. — Auf der dritten Platte $2\frac{1}{2}$ Palm lang, $3\frac{1}{3}$ Palm breit, ist dasselbe rothe Band mit weissen Streifen gemalt. Die ganze Oberfläche nimmt ein Säbel in der Scheide ein, der an einem Haken hängt, vom Gefäss bis zur Spitze 3 Palm, der Griff $\frac{1}{2}$ Palm lang und endigend in einen Pferdekopf. — Ein andres Stück Tuff, das

zu demselben Grabe gehört, zeigt die Sonnenscheibe und zu beiden Seiten zwei Victorien, welche den Fuss auf zwei Kugeln von blauer Farbe setzen. Auf der Mauerfläche der drei Zimmer (in faccia alle mura delle tre stanze) waren Früchte gemalt, wie Granatäpfel und Quitten, und verschiedene Vögel. Alle Malereien sind in Fresco vortrefflich ausgeführt; man erwartet von Gnathia andre zu jenen drei Gemächern gehörige Stücke."
5. 6. 7. Inschriften gnathinischer Gräber, von Luigi Pepe an Minervini mitgetheilt und von diesem im Bull. Napol. T. VI n. 95 p. 56 tav. 3 f. 3. 4. 5. publicirt. Die Abschriften scheinen sehr nachlässig genommen.

16. Inschrift von Monopoli.

Von dem heutigen Monopoli ist uns der alte Name nicht bekannt; denn auf Dertum hat Mannert 2, 33 ziemlich willkürlich gerathen. Vielleicht war er dem modernen ziemlich ähnlich und πόλις wohl jedenfalls darin enthalten, wie das benachbarte Polignano in alter Zeit Neapolis hiess. Ueberhaupt giebt es aber wenige von den alten Topographen so vernachlässigte und daher den neueren so unbekannte Landstriche wie der von Brindisi nach Bari, wo uns z. B. von vier Münzstätten, dem schon genannten Neapolis und denen, welche die dieser Gegend angehörigen Münzen mit ΑΙΕΤΙΝΩΝ, ΣΤΥ und ΓΡΑ schlugen, kein Schriftsteller ein Wort gemeldet hat. — Die einzige bekannte messapische Inschrift von Monopoli findet sich gedruckt (nicht gestochen) in einer Schrift von Nardelli ,,la Minopoli ossia Monopoli manifestata, Nap. 1778" auf p. 171, wo es also heisst: ,,Beim Graben des Grundes für die jetzige Kirche fand sich das Grab eines heidnischen Mannes mit drei Vasen (idrie), welche die Hacke zerschmetterte. Man hob den Stein auf und fand darunter ein Aschengefäss und ein Lacrimatorium, welche der Patrizier von Monopoli Francesco Domenico Manfredi aufbewahrt; ferner ein Gerippe mit auf der Stirn vergoldetem (?!) Schädel und diese Inschrift mit lateinischen und griechischen Buchstaben, deren Bedeutung man bislang nicht kennt." Die nardellische Schrift ist eine Arbeit der seltsamsten Einfalt; man findet darin z. B. ausser dem Nachweis, dass Minos die Stadt gegründet habe — denn Monopoli ist corrumpirt aus Minopoli — einen fabelhaften Briefwechsel zwischen Rom und Egnatia aus dem J. d. St. 711, der aus ,,alten Handschriften" herrührt, und eine Visitenkarte von Hermes und seiner Mutter *Μαια και Ερμης παρα Μονωπολιν*, angeblich 1742 in der Kathedralkirche gefunden und in der Sakristei derselben aufbewahrt. Letzteres ist richtig; ich habe den Stein selbst dort gesehen und mich mit eigenen Augen von seiner Falschheit überzeugt, die sich freilich von selbst versteht. Danach aber scheint Nardelli selber kein Betrüger gewesen zu sein, sondern nur ein gläubiger Jünger irgend eines patriotischen Spassvogels oder spasshaften Patrioten von Monopoli. Die Inschrift, obgleich vom Abschreiber und Drucker arg zugerichtet, ist in

Schrift und Endungen zu sehr den andern messapischen ähnlich, als dass ein solcher Fälscher sie hätte erfinden können. So wenig sie sonst zu brauchen ist, hat sie doch Interesse als die nördlichste sichere Spur des messapischen Dialekts.

Ueberreste der Sprache.

Vom messapischen Dialekt haben die Schriftsteller uns nur sehr geringe Spuren aufbehalten:

βαυρία — οἰκία. Etym. magnum p. 389, 24: εἴρηται δὲ παρὰ τὴν βαυρίαν, ἢ (so Meineke) κατὰ Μεσσαπίους σημαίνει τὴν οἰκίαν, ὥς φησι Κλέων ὁ ἐλεγοποιός:

Τοῦτο μὲν οὖν ῥέξαντες ἀολλέες ἠγερέθοντο
Βαυρίοθεν βριαροὶ Γοργοφόνου νέποδες.

Vielleicht hängt das Wort mit βᾶρις = πλοῖον ἢ τεῖχος ἢ στοὰ ἢ πύργος (Hesych.) zusammen, welches man in der Insel Barra bei Brundisium (Fest. ep. v. Barium p. 33), der Stadt Barium (mit dem Schiff auf den Münzen) wiederfinden könnte.

βρένδος oder βρέντιον messapisch Hirsch oder Hirschkopf, nach Strabon, Stephanos von Byzanz und den Etymologikern (oben S. 46), wozu noch kommt das von Ritschl im bonner Lectionskatalog 1847 p. VIII herausgegebene: *Βρυνδύσιον χωρίον τῆς Ἰταλίας*. εἴρηται δὲ οὕτως, ὅτι λιμένα ἔχει κέρασιν ἐλάφου παραπλήσιον· βρύνδον δὲ τὸν ἔλαφον καλοῦσιν οἱ Μεσάππιοι und andre im Philologus III S. 449 citirte Stellen, ferner schol. Lucan. II, 609. V, 374.

βίσβην δρέπανον ἀμπελοτόμον λέγουσι Μεσάπιοι καὶ ἑορτὴν βισβαίας (l. βισβαίαν Meurs.), ἣν ἡμεῖς κλαδευτηρίαν λέγομεν. (Hesych.)

Menzana, Beiname des Jupiter. Fest. v. october equus p. 181: 'Multis gentibus equum hostiarum numero haberi testimonio sunt Lacedaemonii — et Sallentini, apud quos Menzanae Iovi dicatus vivus coniicitur in ignem.' Scaliger verbesserte μηνὶ Ζανᾷ, schwerlich richtig.

πανός· ἄρτος Μεσσάπιοι Athen. III p. 111c.

σίπτα· σιώπα Μεσάπιοι Hesych.

Von diesen Citaten gehen die griechischen wahrscheinlich alle auf eine gemeinsame Quelle zurück: auf die Schrift περὶ τῆς ἐν συνωνύμοις διαφορᾶς, gewöhnlicher bloss als γλῶσσαι citirt, von dem Grammatiker Seleukos, der nach Moritz Schmidts Untersuchungen („Seleukus der Homeriker und seine Namensverwandten" in Schneidewins Philologus Bd. III S. 436—459) um 640—650 d. St., eher später als früher gelebt hat. Daraus wird neben lakonischen, tarentinischen, kretischen, thessalischen, makedonischen, epirotischen u. a. Glossen auch ausdrücklich von Stephanus von Byzanz eine messapische angeführt, und da Seleukos sonst oft von Hesychius und Athenäus benutzt ist und von Strabo wenigstens benutzt werden konnte, so ist sehr wahrscheinlich alles Messapische bei diesen Schriftstellern aus ihm entlehnt. Ob noch andres ausdrücklich als solches bezeichnete Messapische in den weitschichtigen etymologischen Sammlungen versteckt liegt, weiss ich nicht; jedenfalls wird noch manche jetzt ohne nähere Bezeichnung hingestellte Glosse diesem Volke gehört haben. — Ausser diesen geringen Resten sind noch einige Eigennamen aus diesem Dialekt übrig, sparsam von Personen, etwas zahlreicher von Völkern und Städten. Der König der Japyger, Opis, der den Peuketiern zu Hülfe gezogen war, fiel in der Schlacht gegen die Tarentiner, wie es scheint um Ol. 75 (480 v. Chr., 274 d. St.) [12]. — Im J. d. St. 341 (v. Chr. 413, Ol. 91, 4) erneuerten die Athener auf der Fahrt nach Sicilien im peloponnesischen Kriege ihr altes Bündniss mit den Messapiern mit deren König ($\delta v v \acute{\alpha} \sigma \tau \eta \varsigma$ Thukyd.) Artas, wie Thukydides ihn nennt VII, 33, oder Artos, wie der Komiker Demetrius (um Ol. 94, Meineke hist. crit. com. gr. p. 265) bei Athenäus III, 108 f. den Namen gestaltet hat. — Der Kaiser Antoninus der Philosoph zählte unter seinen Vorfahren den König Numa und den sallentinischen König Malennius Dasummi filius (Capitol. vita Anton. Phil. c. 1. cf. Eutrop. 8, 9.), der Lupiä (Lecce) gegründet und residirt hat in Oria (Strabo 6, 3, 6). Die Endung des ersten Namens erinnert an den Messapier Ennius, der vom König Messapus abzustammen sich rühmte (Serv. ad Virg. Aen. 7, 691. Sil. Ital. 12, 393); noch in einer lateinischen aber ziemlich alten Inschrift von Canusium findet sich eine 'TVTORIA. L. ENNI. L. F. (uxor)' und in dem bekannten canusiner Album (Fabretti 598, 9.) begegnen uns zwei C. Ennii. Noch merkwürdiger ist der Name Dasummus oder Dasumus, der wiederkehrt in dem auf

---

[12] Pausanias X, 10, 3. 13, 5 berichtet von zwei Weihgeschenken der Tarentiner, die im delphischen Heiligthum standen: eins von bronzenen Rossen und gefangenen Frauen, das Werk des Ageladas von Argos, wegen eines Sieges über die Messapier; ein andres, ebenfalls aus dem Zehnten der peuketischen Kriegsbeute, das Bild des in der Schlacht gefallenen Königs der den Peuketiern zu Hülfe gezogenen Messapier Namens Opis, daneben Taras, Phalanthus und der Delphin, das Werk des Onatas von Aegina und des Kalynthos(?). Der einzige Weg, das erste dieser Ereignisse und damit auch das zweite (dies kann demselben der Zeit nach nicht fern stehen, da Onatas Zeitgenosse des Ageladas war, Pausan. VIII, 42, 4), zu fixiren ist die Bestimmung des Alters des Künstlers Ageladas, der nach Brunn (artificum liberae Graeciae tempora p. 15) arbeitete von Ol. 70—82. Schwerlich fallen diese Siege kurz nach der gewaltigen Niederlage der Tarentiner durch die Japyger Ol. 76. 4, denn lange nach dieser blieb Tarent geschwächt und vermochte kaum mit Hülfe der Peuketier seine Kolonie Heraklea vor den Japygern zu schützen; dagegen wissen wir, dass sie in dem Kriege, der mit jener Niederlage endigte, die Angreifenden waren (Herod. VII, 170) und vorher sich der Stadt Karbina und vielleicht andrer messapischer bemächtigt hatten (Athen. XII, p. 522 e. Niebuhr 1, 155 $=$ 167) und auf diese nicht lange vor Ol. 76, 4 erfochtenen Siege über die Messapier und Peuketier mögen jene Weihgeschenke sich beziehen. Lorenz vet. Tarent. res gestae spec. I p. 5. 6 setzt den Sieg der Tarentiner über die Messapier um Ol. 78, den über die Peuketier um Ol. 80.

den Tafeln von Heraklea häufigen Namen *Δάζιμος* (Mazochi tab. Heracl. p. 283)[13]), in dem *δαζιμας*, *δαζομας* (d. i. Dasumus) der Inschriften von Ceglie, *δαζιμαιϝι* (Genitiv) der Inschriften von Lizza und Vaste und in anderer Form in dem *δαζιϝι* der Inschrift von Carovigno, *δαζιϝονας*, *δαζεϝ...ας* der Inschriften von Fasano. Nach der lateinischen Inschrift von Canosa aus dem J. d. St. 687 war in dem prachtvollen Grabe daselbst eine MEDELLA. DASMi, d. i. Dasimi, Filia bestattet, und noch in späterer Zeit finden sich Dasier und Dasimier daselbst[14]). Besonders bemerkenswerth ist es, dass im hannibalischen Kriege in ganz Apulien und Japygien das Geschlecht der Dasier an der Spitze der nationalen mit Hannibal gegen Rom fechtenden Partei stand; so Dasius in Brundisium[15]), Dasius in Salapia[16]) und Dasius Altinius in Arpi, der sein Geschlecht bis zu dem Gründer der Stadt, Diomedes, hinaufleitete[17]), und in der That ist auf den Münzen von Arpi und Salpi kein Magistratsname gewöhnlicher als ΔΑΙΟΥ[18]). — Danach wird Dazos, Dazmos, Dazomas, Dasimus als ein recht eigentlich messapischer, ursprünglich wohl einem Königsgeschlechte eigener Name angesehen werden können. — Andre Namen bei Schriftstellern sind mir nicht vorgekommen[19]); die lateinischen Inschriften dieses Districts gehören meist den römischen Kolonien Brundisium und Tarent und geben nur wenige seltnere Namen; ich nenne als nomina: Acerratius — Assius — Cerellianus — Cervonia — Gifinius — Mel-

---

13) ΔΑ ist häufig auf herakleensischen Münzen (Fiorelli mon. inedite 1845 p. 13) und kann diesen Namen bezeichnen; vgl. aber ΔΑ ΔΑΙ ΔΑΙΜΑΧΟΣ auf Münzen von Tarent (Fiorelli mon. rare 1841 p. 32 n. 61. p. 35 n. 77. p. 42 n. 130).

14) Auf einer Gemme des Canonicus Basti in Canosa las ich DASI; A. Dasimius Sodala findet sich auf einer Inschrift von Canosa (Mola peregr. p. 23), L. Dasimius Priscus und P. Clodius Dasimianus auf dem canusiner Album.

15) Liv. 21, 48. In Brindisi copirte ich folgende Inschrift:

c. FABIUS. C. L.
DASIVS. V. A. L.
H. S

Dasius als Cognomen, besonders bei Freigelassenen, ist übrigens auf lateinischen, auch auf älteren Inschriften nicht ganz selten.

16) 'Salapiae principes erant Dasius et Blattius, Dasius Hannibali amicus' Liv. 26, 38. Appian. bell. Hann. 45 sq. Val. Max. III, 8.

17) Liv. 24, 45. App. bell. Hann. 31: *ἔκγονος εἶναι τοῦ Διομήδους νομιζόμενος*. Sil. Ital. 13, 30: 'Argyripae pravum decus; incluta namque semina ab Oenea ductoris stirpe trahebat Aetoli; Dasio fuit haud ignobile nomen.'

18) Arpi: Eckhel D. N. 1, 141. Salpi: Mionnet S. 1, 480—482. — Ob ΔΑ auf einer ruveser ums J. Roms 420 geschlagenen Münze denselben Namen bezeichnet, ist zweifelhafter. Avellino de argenteo Rubast. numo p. 6 sq., welcher so wie Klausen Aeneas II p. 1194 überhaupt über das Geschlecht der Dasier zu vergleichen ist.

19) Unter den Magistratsnamen der Münzen von Tarent und Heraklea können auch messapische sein; doch kommt *Τυνανω*, das am nächsten liegt, nicht in Betracht, da die Münzen mit dieser Aufschrift wahrscheinlich alle falsch sind (Mittheilung von Friedländer).

sonius — Negilius — Pollionius — Terraeus (in Brindisi auf drei Inschriften, darunter ein N. Terraeus Dyrrachinus) — Tutoria — Vibullius, als cognomina: Augazo — Mutro — Vosullica. — Die Aufzählung der messapischen Volks- und Stadtnamen würde zwecklos sein; es genügt aufmerksam zu machen auf die häufige Endung usius oder isius, wie in Brundisium, Genusia, Canusium, Venusia, vgl. Valesium, Galesus, welche der lateinischen und umbrischen auf eria verwandt ist, wie Falerii, Crustumeria, Luceria, Cameria, Ameria, sie scheint zu beweisen, dass die sonst in Italien übliche Verwandlung des s in r den Messapiern wie den Oskern (s. u.) fremd blieb. Eine andre besonders bei den Messapiern häufige Endung ist —ς, —ντος: so $M\varepsilon\tau\acute{\alpha}\beta o\varsigma$ Metapontum (Strabo VI, 1, 15); $T\acute{\alpha}\rho\alpha\varsigma$ Tarentum; $\Upsilon\delta\rho o\tilde{\upsilon}\varsigma$ Hydruntum (von den Schlangen, die in Calabrien häufig waren, Solin. polyhist. 2.); $O\zeta\alpha\varsigma$ (?) Uzentum; Fratuentum[20]); ja selbst den Namen der Sallentiner oder Salentiner[21]) leitet Niebuhr 1, 154 = 166 von einer Stadt Sallas (Sallus) oder Sallentum ab[22]). Vgl. Neretum, Veretum, Soletum. Indess ist diese Endung nicht ausschliesslich messapisch, sondern überhaupt ätolisch und vorgriechisch (Niebuhr 1, 50 = 55), daher einzeln in Italien überall: so die Flüsse Traeis und Casuentus in Grossgriechenland, Grumentum (= $K\rho\upsilon\mu\acute{o}\varepsilon\iota\varsigma$, die frostige, Nieb. 1, 154), $\Pi\upsilon\xi\acute{o}\varepsilon\iota\varsigma$ $\Pi\upsilon\xi o\tilde{\upsilon}\varsigma$ Buxentum, $M\alpha\lambda\acute{o}\varepsilon\iota\varsigma$ (= die schafreiche) Maluentum in Lucanien, Sipus = Sipontum, Forentum in Apulien, Surrentum in Campanien, Tereventum in Samnium, Truentum in Picenum, Laurentum, Nomentum in Latium u. a. m.

Die Hauptquelle, um den Charakter des Dialekts zu erkennen, bleiben natürlich die Inschriften. Ich lasse ein Verzeichniss der messapischen Wörter und der in dieser Sprache vorkommenden Consonanten- und Vocalverbindungen folgen, so weit es bei dem schwankenden Text und der durch das Fehlen der Trennungs-

---

20) So ist für Fratuertium oder Fratuertum bei Plinius 3, 16, 104 nach Ausweis der Inschrift von S. Angelo Lombardi Lupoli iter Venus. p. 108 zu schreiben.

21) Sallentini schreiben die Triumphalfasten; Salentini scheint Varro geschrieben zu haben: Salentini dicti quod in salo amicitiam fecerint (Prob. in Virg. Ecl. 6, 31 p. 14).

22) Damit vergleiche man den messapischen Eigennamen $\sigma\alpha\lambda\alpha\iota\vdash\iota$ (Genitiv von $\sigma\alpha\lambda\alpha\varsigma$) Lizza 15 und den P. Curtius Salassus zweier Inschriften von Canosa, der Schrift nach aus augusteischer Zeit, von denen die eine auf einem runden dem Vertumnus geweihten Stein Murat. 616, 2 und sonst steht (SALASSVS, nicht SALAXVS ist die richtige Lesart), die zweite auf einem viereckigen Stein also lautet:

VESTAE. SACRVm
P. TITIVS. L. F
P. CVRTIVS. P. F. SALAS
IIII. VIR. DE. MVNERE
GLADIATORIO
EX. S. C

De munere gladiatorio ist soviel wie ex ludis, d. h. anstatt Fechterspiele zu geben. S. meine Bemerkungen im Bullett. dell' Inst. 1846 p. 182.

punkte höchst unsicheren Worttheilung möglich war, ein solches herzustellen. Die ganz verdorbenen oder fragmentirten Inschriften wie Ugento 1—4. Lizza 9—12. Oria 1. 2. 7. Ceglie 7. Caroviguo 1. 2. und Monopoli sind fast ganz übergangen; auch die lange Inschrift von Brindisi habe ich wenig brauchen können, da sie allem Anschein nach nicht bloss Namen enthält, wie die meisten andern, selbst die lange von Vaste, und die Endungen daher noch viel weniger erkennbar sind. Bei den übrigen habe ich die Wörter zu theilen versucht, obwohl auch hier mehr zusammengehörende Buchstabengruppen als streng die Wörter gesondert werden konnten und eigentlich nur die mehrmals vorkommenden und die einzeln stehenden als gesichert sich betrachten lassen. Wo die Worttrennung allzu zweifelhaft bleibt, ist *, wo die Lesart unsicher ist, ? dem Worte vorgesetzt. Die Zahlen weisen auf die Zeilen bei den längeren, auf die Ordnungsnummer bei den kürzeren Inschriften; die Buchstaben a. b. c. fin. sol. bezeichnen den Platz, den das betreffende Wort in der Inschrift einnimmt, je nachdem es den ersten, zweiten, dritten oder letzten inne hat oder die Inschrift allein ausmacht.

    * αζιννο .... Carov. 1, 5. cf. II, 3.
    ? * αιδδετις Carov. I, 20.
    * αιμαρναιϜι Vaste 7/8.
    αλ..... Münzen von Oria p. 62.
    αλζαναιδιϜι Lizza 1 fin.
    ? * αξεναο Oria 5a.
    αοζεν ... Münzen von Ugento p. 52.
    απροδιτα Cegl. 2c.
    * αρδαννοα Vaste 7.
    ? αρζελλες Cegl. 6 fin.
    αρταϜιαιϜι Ostuni 2b.
    ? αρτεμες Cegl. 6 fin.
    * αρτοριαν Brind. 8. 11. cf. Carov. I, 4.
    ατιθαος Lizza 7a.
    βαλεδονας Lizza 7 fin.
    βαλετθιϜι Tar. 1 fin.
    βαλοες Fasano 3a.
    ? βαοξτας Lizza 6a.
    * βαττος Oria 7.
    βειλιϜι Vaste 4.
    βενναρριϜινο Ostuni 2 fin.
    βιζατας Ostuni 1a.
    * βιλιας Oria 5 fin.
    βιλιοϜασνο Lizza 6 fin.
    βλαοιϜι Lizza 16a.

? * βλατϑεζαρρες Carov. 18/9.
βλατϑιϝι Tar. 1a.
? βλοξτας Lizza 6a.
βολλιϝι Fas. 4 fin.
* βορραϝετις Carov. I, 8.
γαματες Cegl. 7.
γαματις Cegl. 7.
* γαστιμα Vasle 6.
γορ... oder γορο.... Münzen von Oria p. 62.
* γραϝις Oria 3 fin.
γραιFαιϝι Fasano 2 sol.
δαζεϝ..ας Fasano 1 fin.
δαζετις Carov. I, 14/5.
δαζιϝο Carov. I. 13, woraus zu verbessern δατιϝι Ceglie 4.
δαζιμαιϝι Lizza 1a. Vasle 4.
δαζιϝονας Fas. 4a.
δαζιμας Ceglie 12a.
δαζοϝοννιϝι Vasle 6.
δαζομας Cegl. 11a.
δαματρια Baleso 1 fin.
δαξτας Brind. 5. Vaste 3. 7. Ceglie 14a. cf. Lecce 1 fin.
δαξτα Cegl. 2a.
* δαρανϑοα Vasle 2.
δαττετος Cegl. 8 sol.
διFανοFας Lizza 8 sol.
διϑιϝαιϝι Oria 6 sol.
* δοαπολλοα Cegl. 5 fin.
* δοζας Oria 7.
* δοιματα Oria 3a.
ετϑετοας Rugge 2a. cf. Carov. I, 5/6. 13.
* εττισαρνισσες Cegl. 1a.
.....Fαιϝι Rugge 1a.
Fαλατις Cegl. 13 sol.
Fαλλα Lizza 5a.
Fαλλαιδιϝι Cegl. 9 sol. Brind. 7. (wo E A Λ in F A Λ zu ändern).
Fαλλασσο Lizza 2 fin.
Fα..νιϝι Cegl. 3 fin.
* Fαστις Vasle 2.
? * Fειναναρανιν Vasle 2.
Fερταϝετις Cegl. 12 fin.
* ϝιFαϝιας Carov. I, 19.

ⵏιπαδες Cegl. 2 fin.
? ⵏοπακοασσοι Cegl. 11 fin.
* ⵏοπ....νοασμο Cegl. 7.
ϑεοτορας Brind. 6. Ostuni 2a.
ϑεοτορρες Cegl. 1 fin.
? * ϑιτιναⵏι Monop. 5/6.
? * ϑοανοασματο Ostuni 3 sol.
.. ιαιμινκος Cegl. 7.
? ιλλοας Rugge 2 fin.
ινϑι Vaste 3. 5. 6. 7.
? * ιοες Lizza 15a.
? * ισαρετι Leuca 1 fin. p. 51.
καϜασβο Rugge 1 fin.
καλατορας Taranto 1b.
καζαρειⵏι Vaste 5.
κατανοασμο Cegl. 7.
κιλαⵏιαιⵏι Cegl. 5a.
κλαοⵏι Monop. init.
κλαοⵏι oder κλαοⵏιζις Brind. init., vgl. λαοⵏιζις Curov. I, 2.
κλοⵏι oder κλοⵏιζις Vaste init.
* κονκολαστις Fasano 5 fin.
κορδομαος Lizza 16 fin.
κραϑεⵏειⵏι Vaste 7.
κριϑονας Lizza 14 sol.
κροσετι... Cegl. 7.
λαⵏιανες Lizza 2a.
? λαⵏιονις Cegl. 11b.
λαπαρεδονας Lizza 3 sol.
? * λαρδεⵏιαβας Lizza 4a.
λασοϑιⵏι Cegl. 4 fin.
λογετιβας Lizza 4 fin.
* μαζζες Brind. 8.
μολδαⵏιαιⵏι Cegl. 14b.
μολδαⵏιας Lizza 5 fin. Cegl. 10.
μορϑανα Cegl. 2b.
? μορκες Cegl. 6a.
μορκιⵏι Nardò 1a.
μορκοⵏιας Fasano 3 fin.
μορκος Fasano 1a. Cegl. 6a.
? ξιϑολλιⵏι Nardò 1 fin.
ξοⵏεδονας Vaste 3.

ξοͰετϑιͰι Vaste 4. 5.
οζαν.... Münzen von Ugento p. 52.
οϱϱα.... Münzen von Oria p. 61.
* οϱϱανας Carov. I, 20.
παλεταος Leuca 1b. p. 51.
πασετϑιͰ(ι) Cegl. 5b.
πλατοϱας Leuca 1a. p. 51. Cegl. 3a.
πλατοϱϱιͰι Fas. 4b.
* ποξξοννιͰι Vaste 7.
* ϱεξξοϱιξοα Vaste 5.
* σαιͰικας Fas. 5a.
? * σαλαιͰ(ι) Lizza 15 fin.
? * ...σιδδαμα.... Cegl. 7.
* σιϜααvετος Vaste 3.
σολαͰιαιͰι Ostuni 1 fin.
* στινϰαλετος Lizza 6b.
ταβαϱα Baleso 1a. Oria 4 sol. Fas. 6a.
ταβοος Vaste 2. 4.
ταοτιναͰιαιͰι Lecce 1a.
τοειͰιϑι Vaste 5.
* τϱιιονοξοας Vaste 3/4.

Die Sprache war sehr reich vocalisirt; man vergleiche Formen wie ταοτινα-
ͰιαιͰι, τϱιιονοξοας oder die neunte Zeile der Inschrift von Brindisi τανομανινι-
Ͱεαστιβεϱαδαμ..., wo kein Konsonant ohne seinen Vocal erscheint, so dass
man erinnert wird an die syllabarische Vocalisation des ältesten etruskischen Dialekts (S. 18). — In dem Lautsystem herrschen α und ο vor, ι ist weniger häufig,
am seltensten ε. Häufig stossen zwei Vocale zusammen und würden es noch häufiger thun, wenn nicht oft die Aspiration, zuweilen auch das Digamma dazwischen
träte. Ich lasse die Uebersicht folgen.

A A σιϜααvετος cf. Brind. 13.
A H A —; A F A in ϰαϜασβο.
A E —
A H E FεϱταͰετις.
A I sehr häufig.
A H I sehr häufig; A F I ist selten Brind. 3.
A O sehr häufig; wird contrahirt in O, ϰλαοͰι in ϰλοͰι, s. oben S. 50. 52.
A H O —
E A —; vgl. Brind. 9.
E H A διϑεͰαιͰι, vgl. Brind. 10.
E E —

EHE —
EI βειλιϝι, Fειναν, καζαρειϝι, κραθεϝειϝι, τοειϝιθι.
EHI λαρδεϝιαβας.
EO θεοι—, vgl. γροFεοε auf ruveser Münzen (s. u.)
EHO —
IA häufig, so δαματρια, λαϝιανες, und die Endungen ιας, ιαιϝι.
IHA einmal Brind. 4; häufiger ist IFA γραιFαιϝι, διFανοFας, σιFαανετος.
IE —
IHE Brind. 9.
II βειλιϝι, ιιλλοας, τριιονοξοας.
IHI sehr häufig.
IO βιλιοFασνο, ιοες, λαϝιονις, τριιονοξοας.
IHO δαζιϝονας.
OA sehr häufig.
OHA —; OFA: βιλιοFασνο, διFανοFας.
OE βαλοες, ιοες, τοειϝιθι, vgl. γροFεοε der ruveser Münzen.
OHE ξοϝε—.
OI βλαοιϝι, δοιματα, ϝοπακοασσοι.
OHI κλαοϝι—, κλοϝι—, μορκοϝιας, cf. Brind. 10.
OO ταβοος.
OHO θαζοϝοννιϝι.

Die gewöhnlichsten Diphthongen oder Doppelvocale sind also αο αι ια οα; die übrigen sind mehr oder weniger selten. Von zusammenstossenden Consonanten finden sich folgende:

BΛ βλαοιϝι, βλατθιϝι, βλοξτας.
BN διβνας Carov. II, 2.
ΓP γραϝις, γραιFαιϝι; cf. γροFεοε auf ruveser Münzen.
? ΔΔ αιδδετις, σιδδαμα, cf. Carov. 1, 14.
ZZ μαζζες.
ΚΛ κλοϝι—, κλαοϝι—
KP κραθεϝειϝι, κριθονας, κροσετι; cf. Brind. 13.
ΛΔ μολδα—
ΛΖ αλζαναιδιϝι.
ΛΛ βολλιϝι, δοαπολλοα, Fαλλα—, ιιλλοας, ξιθολλιϝι.
ΝΘ δαρανθοα, ινθι, cf. ξενθι Carov. 1, 8.
NK ιαιμινκος, κονκολαστις, στινκαλετος.
NN αζιννο—, βενναρριϝινο, δαζοϝοννιϝι, ποξξοννιϝι.
ΞΞ ποξξοννιϝι, ρεξξοριξοα.
ΞΤ βαοξτας, δαξτας.
ΠΛ πλατορ—

Π Ρ ἀπροδιτα
Ρ Δ αρδαννοα, κορδομαος, λαρδἐⱶιαβας.
? Ρ Ζ αρζελλες.
Ρ Θ μορθανα.
Ρ Κ μορϰ—
Ρ Ν αιμαρναιⱶι, εττισαρνισσες.
Ρ Ρ βενναρϱιⱶινο, βλατθεζαρϱες, βοϱϱαⱶετις, θεοτοϱϱες, οϱϱα, πλατοϱϱιⱶι. Cf. Carov. I, 16. 19. 20. II, 7. 9.
Ρ Τ αρταⱶιαιⱶι, αρτεμες, αρτοριαν, Fεϱταⱶετις.
Ϻ Β ϰαFασβο.
? Ϻ Θ ϰλοⱶιζισθο.
Ϻ Μ θοανοασματο, ⱶοπ...νοασμο, ϰατανιασμο.
Ϻ Ν βιλιοFασνο
Ϻ Ϻ εττισαρνισσες, Fαλλασσο, ⱶοπαϰοασσοι.
Ϻ Τ γαστιμα, Fαστις, ϰονϰολαστις, στινϰαλετος.
Τ Θ βαλετθιⱶι, βλατθ—, ετθετοας, ξοⱶετθιⱶι, πασετθιⱶι.
Τ Ρ δαματρια, τριιονοξοα.
Τ Τ βαττος, δαττετος, εττισαρνισσες.

Man sieht, dass die messapische Sprache die Halbvocale λ ν ϱ σ unbedenklich mit andern Consonanten zusammenstossen liess, und auch an ξτ keinen Anstoss nahm, insofern in ξ ja ein Sibilant enthalten war; dagegen von andern Consonanten wohl die Verdoppelung zuliess, wie δδ ζζ τθ ττ, aber nicht das Zusammenstossen mit andern Vocalen. Ein ähnliches Lautgesetz fanden wir im ältesten Etruskischen (S. 17. 18).

Erklärung der Inschriften.

Gern wüsste man nun auch, was die Inschriften bedeuten. Zwar historische Thatsachen würden wir schwerlich viel daraus erfahren, da die meisten Inschriften offenbar nur kurze Grabschriften sind; allein die Sprache selbst würde uns ein wichtiges historisches Document sein, wenn wir ihren Platz im indogermanischen System ihr mit Sicherheit anweisen könnten. Indess wie jetzt die Quellen beschaffen sind, wird nur Weniges sich ermitteln lassen; versuchen wir dies zu erreichen und, was schwieriger ist, das Eingehen auf das, was nicht zu ermitteln ist, zu meiden. — Es wird zunächst zweckmässig sein, die einfachsten der nur aus wenigen Namen bestehenden Grabschriften zu bequemer Uebersicht zusammenzustellen.

    1 (Lizza 3): λαπαρεδονας
    2 (Lizza 8): διFανοFας
    3 (Lizza 14): ϰριθονας

4 (Ceglie 10): μολδαϯιας βα..
5 (Ceglie 8): δαττετος
6 (Ceglie 14): δαξτας μολδαϯιαιϯι
7 (Ostuni 1): βιζατας σολαϯιαιϯι
8 (Ostuni 2): θεοτορας αρταϯιαιϯι ǁ βεννορριϯιτο
9 (Ceglie 3): πλατορας Fα.. νιϯι
10 (Fasano 4): δαζιϯονας πλατορριϯι βολλιϯι
11 (Lizza 4): λαρδεϯιαβας λογετιβας
12 (Rugge 2): ετθετοας ιιλλοας
13 (Lizza 6): βαοξτας στινκαλετος ǁ βιλιοFασνο
14 (Leuca 1): πλατορας παλεταος ǁ ισαρετι
15 (Lizza 7): ατιθαθς βαλεδονας
16 (Fasano 1): μορκος δαζιϯ...ας
17 (Ceglie 11): δαζομας [λα]ϯ[ι]ονις ǁ ϯοπακοασσοι
18 (Ceglie 12): δαζιμας Fερταϯετις

19 (Fasano 2): γραιFαιϯι
20 (Oria 6): διθεϯαιϯι
21 (Ceglie 9): Fαλλαιδιϯι
22 (Rugge 1): ....Fαιϯι ǁ καFασβο
23 (Lizza 1): δαζιμαιϯι αλζαναιδιϯι
24 (Ceglie 5): κιλαϯιαιϯι πασετθιϯ[ι] ǁ δοαπολλοα
25 (Nardò 1): μορκιϯι ξιθολλιϯι
26 (Ceglie 4): δα[ζ]εϯι λασοθιϯι

In dieser Uebersicht begegnen uns zunächst eine Reihe Wörter, welche am Anfang der Inschrift stehen und gewöhnlich auf ας (1—4. 6—14. 17. 18.), seltener auf ος (5. 15. 16.) auslaufen und die wir für männliche Nominative halten, gestützt auf das vorwiegende Erscheinen derselben an erster Stelle, auf die kriegerischen Insignien an dem Grab des Dazihonas (Fasano 4) und auf die Analogie der messapischen Namen Taras und Artas oder Artos (S. 71), des δαζιμας mit dem ΔΑΖΙΜΟΣ der Tafeln von Heraklea (S. 72) und der Formen δαζιμας neben δαζιμαιϯι, δαζιϯονας neben δαζιϯοννιϯι, μολδαϯιας neben μολδαϯιαιϯι, πλατορας neben πλατορριϯι, μορκος neben μορκιϯι, welche letztere Formen Genitive scheinen, so dass z. B. βιζατας σολαϯιαιϯι eine Grabschrift nach griechischer Weise wäre wie Ἀντίοχος Ἀντιόχου, mit constanter Weglassung des filius. Das ist auch desshalb wahrscheinlich, weil aus Ueberlieferungen wie Medella Dasmi filia, Malennius Dasumi filius erhellt, dass die griechische Weise die Namen zu bezeichnen auch den Messapiern eigen war. Für eine Genitivform halte ich auch ΠΟΥΛΑΙ der Münzen von Arpi, mit ΑΡΠΑΝΟΥ auf der Vorderseite (Eckhel 1, 141. Mionnet S. 1 p. 261. n. 430. 432. 436. Carelli descr. p. 36 n. 23. 24. 31.), wofür auf andern ΠΥΛΛΟΥ steht; Πύλλας Πύλλος wird entstanden sein aus der messapischen Form *Πολας*, deren Genitiv *Πολαι⊦ι* in *Πουλαι* überging, wie aus *οὐδὲ ἕν* später *οὐδέν* wurde, um so mehr, als das nicht messapische, sondern gemeingriechische Alphabet von Arpi keine Form für ⊦ mehr darbot und man also *πουλαιι* hätte schreiben müssen. Das Wort selbst wird Polus oder Paulus sein, zumal da der falsche Aristoteles de mirab. auscult. c, 78 (nachgewiesen von Niebuhr 1, 159 = 171) einen Peukestier Paulus oder Aulus nennt. Altlateinische Inschriften haben diesen Namen als Vorname der Frauen häufig; so M'. Curia, Pola Livia Orell. 1500, Paul. Toutia Orell. 1501, [P]aulla Cornelia die Scipionengrabschrift Orell. 551. Auch *ειρεαι* auf dem ruveser Stein Taf. IV ist vermuthlich ein solcher contrahirter Genitiv. — Die gewöhnlichste masculine Nominativ- und Genitivendung der Messapier wäre also —*ας* —*αι⊦ι*, abgekürzt —*αι*[23]) gewesen, welche Formen sprachlich sicher mit den lateinischen Numa (ursprünglich Numas), Numae; Aeneas, Aeneae zusammenzustellen sind. Dagegen scheinen die Formen auf —*ος* und —*ι⊦ι* den römischen auf os oder us und i verwandt, *μορκος, μορκι⊦ι* etwa = Marcus, Marci; *πλατορρι⊦ι* scheint grammatisch nicht von dem Nominativ *πλατορας*, sondern von einer Form *πλατορρος* herzukommen, vgl. noch *δαζι⊦ι* mit dem apulischen ΔΑΖΟΥ. — Dass die Römer und Griechen diese Namenendungen in die ihnen geläufigsten verwandeln, ist natürlich; so wird aus *δαζιμας* Dasimius und *Δαζιμος*, aus *Ἀρτας* im griechischen Munde *Ἀρτος*. Die häufige Endung *τορας* in *θεοτορας καλατορας πλατορας* wird römisch —torius oder —turius gelautet haben; Titurii finden sich in der bilinguis von Canosa Taf. IV, Tutorii in Brindisi und Canosa, was aus *θεοτορας* entstanden sein kann. Die noch gewöhnlichere Endung *αι⊦ιας* ging wohl in aeus über, und das brundisinische Geschlecht der Terraei mag ursprünglich einen messapischen Namen geführt haben ähnlich wie *αρτα⊦ιας, κιλα⊦ιας, μολδα⊦ιας, σολα⊦ιας, ταοτινα⊦ιας* u. dgl. m.

Mustern wir nun die Inschriften im Einzelnen, so enthalten die drei ersten einfach einen männlichen Namen im Nominativ auf *ας*, die vierte, wie es scheint beschädigte, daneben den Rest etwa des väterlichen Namens, die fünfte einen Mannsnamen auf *ος*. Die Inschriften 6—10 enthalten Mannsnamen auf *ας* mit beigefügtem Vaternamen im Genitiv auf *αι⊦ι* oder *ι⊦ι*. Die zehnte Inschrift nennt den Vater *πλατορρι⊦ι βολλι⊦ι*, wo zwei Genitive gepaart erscheinen. Es kann dies der Name des Vaters und des Grossvaters sein, es kann aber auch der Vater zwei Namen geführt haben oder einen Namen mit einem Prädikat. Von solcher Zweinamigkeit findet sich ein Beispiel in dem oben (Anm. 17) angeführten Arpaner Dasius Altinius, und darauf oder doch auf Zufügung eines Attributes scheinen die weniger häufigen Inschriften zu beziehen, wo neben einander —*ι⊦ι* —*ι⊦ι* (10) oder —*ας* —*ας* (11. 12) oder —*ας* —*ος* (13. 14) oder —*ος* —*ας* (15. 16) als

---

23) Oder auch *αι* ist älter und *αι⊦ι* eine gedehnte Form, wie Nabartes jünger scheint als Nartes, cohors jünger als cors. Lepsius de tabb. Eug. p. 92 sq.

gleiche Casus erscheinen. — In n. 17. 18 folgen zwei Inschriften mit demselben Namen δαζομας oder δαζιμος, wo deutlich ein ähnlicher Mittellaut erscheint wie im Lateinischen in maxumus und maximus. Beigefügt sind ihnen zwei Wörter mit der Endung ις, womit zu vergleichen ausser Fasano 5:
27 (Ceglie 13): Ϝαλατις
28 (Oria 3): δοιματα γραϜις
und der oben angeführte Name eines japygischen Königs Opis. Danach war die Endung ein männlicher Nominativ, und so kann 27 gefasst werden; doch ist nichts im Wege, den Genitiv dem Nominativ gleichlautend zu setzen, und darauf führen die drei anderen Inschriften. — Etwas seltener sind die Inschriften im Genitiv, doch finden sich deren 19—22; wenn noch ein Genitiv hinzutritt, wie 23—26, wird man darin zunächst den Namen des Vaters zu erkennen haben.

Auf dem tarentiner Caduceus
29. βλατϑιϜι καλατορας βαλετϑιϜι
könnte der erste Genitiv den Künstler, der zweite Nominativ mit Genitiv den Dedicanten bezeichnen oder umgekehrt. Keiner Regel fügen sich
30 (Lecce): ταοτιναϜιαιϜι δαστας
31 (Lizza 16): βλα[ϑ]ιϜι κορδομαος
32 (Oria 5): αξεναο βιλιας
33 (Fasano 5): σαιϜικας κονκολαστις
die aber auch zum grössten Theil elend copirt sind.

Eine Reihe anderer Inschriften zeigt die Endung ες
34 (Ceglie 1): εττισαρνισσες ϑεοτορρες
35 (Ceglie 6): μορκες (oder μορκος) αρζελλες (oder αρτεμες)
36 (Fasano 3): βαλοες μορκοϜιας
37 (Lizza 2): λαϜιανες Ϝαλλασσο
38 (Lizza 15): ιοες σαλαιϜι (?)
oder die Endung α, wie δοιματα γραϜις n. 28 und
39 (Oria 4, cf. Fasano 6): ταβαρα
40 (Baleso): ταβαρα δαματρια
41 (Ceglie 2): δαξτα μορϑανα απροδιτα Ϝιπαδες
42 (Lizza 5): Ϝαλλα μολδαϜιας
über die keine sichere Entscheidung uns möglich ist. α könnte weiblicher Nominativ sein, da Grabschriften auch von Frauen nicht fehlen können; n. 42 möchte dann etwa zwei combinirte Grabschriften enthalten. Ob ες Genitiv dazu, oder ob es mit Opis in Verbindung zu bringen ist, lässt sich nicht sagen; auch das Verhältniss von ϑεοτορρες (34) zu ϑεοτορας ist nicht klar. Auch nicht sepulcrale, vielleicht sacrale Steine können uns hier vorliegen; die Anklänge auf griechische Götternamen Artemis (35), Demeter (40) und Aphrodite (41) sind beachtenswerth und namentlich die letzte Inschrift scheint keineswegs sepulcral. Doch ausmachen lässt sich hier nichts, nicht einmal ob ταβαρα ein häufig vorkommender Eigen-

name ist oder ein sepulcrales Wort. — Bemerkenswerth sind schliesslich gewisse ähnlich auslaufende Wörter, welche dem vollständigen Namen folgen:

(8) βενναρρɟτινο
(13) βιλιοϜασνο
(22) καϜασβο
(37) Ϝαλλασσο
(17) ⊦οπακοασσοι
(24) δοαπολλοα

vgl. noch die Endungen οασμο Cegl. 7 und das unsichere ϑοανοασματο Ostuni 3. Diese Wörter stehen da, wo die lateinischen Inschriften den Namen des Vaters, die athenischen oft die Heimath angeben; irgend etwas Analoges mögen auch sie bezeichnet haben.

Wenden wir uns endlich noch zu den grossen Inschriften, so sind die von Monopoli und Carovigno so schlecht copirt, dass nichts damit anzufangen ist, und auch die brundisinische ist zu zerstört und zu schwierig, um eine Erklärung zuzulassen. Der Fundort der letzteren, im Garten Leanza, wo auch eine lateinische Grabinschrift zum Vorschein kam, und die Fundnotizen über die Inschrift von Monopoli beweisen, dass beide sepulcral sind; dann sind aber auch sepulcral die von Carovigno und von Vaste, da alle vier mit demselben Worte κλαο⊦ιζις oder κλο⊦ιζις beginnen. Ich schliesse mit einer Analyse von Z. 2—9 der zuletzt genannten Inschrift, welche ebenfalls Namen zu enthalten scheint, da die von den kurzen Sepulcralinschriften her bekannten Namen δαξτας, δαζιμαι⊦ι hier wiederkehren.

δαρανϑοα nom. fem.
Ϝαστις vielleicht gen. masc.

ταβοος
ξο⊦εδονας
δαξτας   } nom. masc.
σιϜαανετος
[ινϑι] τριιονοξοας
ταβοος

ξο⊦ετϑι⊦ι
δαζιμαι⊦ι   } gen. masc.
βειλι⊦ι

[ινϑι] ρεξξοριξοα nom. fem.

καζαρει⊦ι   } gen. masc.
ξο⊦ετϑι⊦ι

τοει⊦ιϑι —
δαζο⊦οννι⊦ι gen. masc.

[ινθι] γαστιμα nom. fem.
δαξτας nom. masc.
κραθιͱειͱι gen. masc.
[ινθι] αρδαννοα nom. fem.
ποξξουννιͱι
αιμαρναιͱι } gen. masc.

Eine Erklärung ist das natürlich nicht; aber man erkennt doch vier Gruppen, jede bestehend aus männlichen und weiblichen Nominativen und ausschliesslich männlichen Genitiven und jede anfangend mit demselben Worte *ινθι*, das allem Anschein nach eine Verbindungspartikel ist, etwa *et* oder *inde*.

Blicken wir noch einmal zurück auf die messapischen Inschriften und suchen in dem System der italischen und griechischen Sprachen danach dem messapischen Dialekt seine Stelle anzuweisen, so ist zunächst die wesentliche Verschiedenheit desselben von dem oskischen und überhaupt allen sabellischen Dialekten sehr bemerkenswerth; im Lautsystem, in der Formirung der Namen, in den erkennbaren Casusendungen erscheinen die wesentlichsten Differenzen. Theopomp (bei Athenäus XII p. 518b.) hat daher ganz Recht, wenn er als die barbarischen Völker, deren Sitten die italischen Griechen sich zum Theil angeeignet hätten, die Samniter und die Messapier bezeichnet. — Auffallend ist dagegen eine gewisse Verwandtschaft mit den Römern; die Formen ας αιͱι, ος ιͱι, ις ις finden ihr genauestes Gegenbild in den drei lateinischen Declinationen, *Μορκος Μορκιͱι* erinnert an Marcus Marci, alt Marcus Marcei, *πανός* ist panis, und was die Abweichung in der Form der Namen betrifft, so darf wohl an Varro's Worte erinnert werden (beim auct. de nomin.): Varro simplicia in Italia fuisse nomina ait (etwa bis zur Einwirkung der Sabeller auf Latium?) existimationisque suae argumentum refert, quod Romulus et Remus et Faustulus neque praenomen ullum neque cognomen habuerunt. Ganz anders ist die Stellung des Messapischen dem Griechischen gegenüber. Die Messapier sind den Griechen stets als Barbaren erschienen (Antiochus bei Strab. VI, 3, 2. Theopomp. l. c. Pausan. X, 10, 3. Diodor. XXI, exc. Hoeschel. p. 2 Dindorf. u. a. m.) und wie konnte es anders sein, wenn jene fremdartigen Laute ein griechisches Ohr berührten? Dennoch sind Analogien nicht zu verkennen. Der sallentinische Jupiter Menzana, die Wörter αρτεμες (?) Ceglie 6 (vgl. Pseudo-Arist. de mir. ausc. 110), δαματρια Baleso, απροδιτα Ceglie 2 erinnern an den dorischen Zan oder Zeus, die Artemis, Demeter und Aphrodite — lauter Namen, die weder römisch noch oskisch sind; die Eigenthümlichkeit des italischen sowohl römischen als sabellischen Lautsystems, *m* und *t* im Auslaut zu setzen, findet sich im Messapischen so wenig wie im Griechischen; die Form der Namen entspricht genau der griechischen und endlich klingen Endungen der Stadtnamen wie —*ισια* und

—ισιον, —ς —ντος, Wörter wie αρτοριαν, θεοτορας, πλατορας u. a. m. wie griechisch oder doch halbgriechisch. In der That nennt Sueton (de ill. gramm. 1.) den Rudiner Ennius einen semigraecus, der in Rom Unterricht im Griechischen gegeben habe (cf. auct. de viris ill. 47); und wenn derselbe Dichter unter seinen drei Seelen — Q. Ennius tria corda habere sese dicebat, quod loqui graece et osce et latine sciret (Gell. 17, 17) — den messapischen Dialekt nicht mitzählte, dessen er ohne Zweifel auch mächtig war, so hat das seinen Grund darin, dass er das Griechische als seine Muttersprache und das Messapische nur als einen rohen Dialekt desselben betrachtete. Auch Seleukos (c. 660, oben S. 70) scheint diese Sprache als einen solchen vorgriechischen Dialekt betrachtet zu haben; er gab messapische Glossen, wie er kretische, makedonische, thessalische, epirotische gab (a. a. O.), aber persische und punische Wörter hat er nicht verzeichnet. Wenn wir wirklich von einem solchen vorgriechischen, aber dem griechischen local und innerlich verwandten Dialekt in den messapischen Inschriften Ueberreste besitzen sollten, so wäre das kein geringer Gewinn für die klarere Anschauung der alten Völkergeschichte. Versuchen wir, gestützt auf die alten Traditionen und auf die in Münzen, Vasen und Inschriften noch vorhandenen gleichzeitigen Denkmäler, die Sprach- und Kulturgeschichte der messapischen Halbinsel und zugleich des apulischen Küstenlandes schliesslich zu entwickeln.

Sprach- und Kulturperioden der südöstlichen italischen Küste.
1. Lateinische Epoche.

Steinschriften sind in Apulien nicht zahlreich vorhanden, und die vorhandenen im Ganzen von geringem Belang. Griechische sind äusserst selten; ausser einem geringen Fragment, das ich in Ceglie di Bari auf dem Rande eines sonst mit einer mittelalterlichen Inschrift beschriebenen Steines sah

ΑΓΥΤΟΣ

ist mir nur eine einzige rein griechische vorgekommen, die ich in den Papieren des Notars Giuseppe d'Addosio in Bari fand; gefunden in der neuen strada Melo in Bari 1835, eine Aedicula mit Frontispiz und Säulen an den Seiten:

schr. ΛΙ
```
ΝΕΠΩΣΚΑΛ
ΑΙΧΡΥΣΟΥΒΥ
ΖΑΝΤΙΟΣ
ΖΗΣΑΝΤΙΕΤΗ
ΚΕ
ΜΗΝΕΣΓ.ΗΜΕ.ΙΕ
```

Darunter Massstab, Zirkel, Hammer und andres Werkzeug. Auch diese also gehört einem Fremden und ist die Folge des Verkehrs der Bariner mit Griechenland. Die Masse der Inschriften ist lateinisch, aber es ist vielleicht keine einzige darunter ausser einigen lucerinischen und venusinischen, welche über den Socialkrieg hinaufgeht. Jene beiden Städte haben allerdings zahlreiche und darunter auch sehr alte römische Inschriften aufzuweisen, Venusia gegen 150, Luceria über 100; doch kommen diese für die apulische Sprache und Sprachgeschichte natürlich nicht weiter in Betracht, weil sie den dort 420 und 441 gegründeten lateinischen Kolonien gehören. Neben diesen zeichnet Canusium sich aus, von dem eine Inschrift in lateinischer Sprache vom J. 67 v. Chr. schon öfter erwähnt ist und wovon ich über 50 Inschriften kenne, zum Theil aus augusteischer Zeit[24]); dann folgt Bari mit 18 Inschriften, Ausculum Apulum mit 17, Troja mit 10 u. s. w.; Fasano hat 6, Ceglie 5, Cannā 5, Sipontum 3, Ruvo 2. Arpi und Salapia, einst die ersten Städte Apuliens, sind ganz ohne lateinische Inschriften, wahrscheinlich weil sie in Folge des hannibalischen Krieges gänzlich herabkamen. Hieraus erhellt einmal, dass ausser den römischen Kolonien nur Canusium noch bis in die Kaiserzeit hinein geblüht hat, während das übrige Apulien menschenleer und öde geworden war und wohl grossentheils wie jetzt nur als Weideland benutzt ward; zweitens dass man zu Cicero's Zeit in Canusium und ohne Zweifel in ganz Apulien durchgängig lateinisch sprach und schrieb, wie ja denn auch der Socialkrieg in seinen Folgen über ganz Italien römische Sprache und Schrift verbreitet hatte. Wenn also Horaz in der bekannten Stelle (Sat. 1, 10, 30) den Canusiner bilinguis nennt, so kann das nicht heissen, wie man jetzt gewöhnlich erklärt (Niebuhr 1, 160 = 173. Müller Etr. 1, p. 24. 37. Orelli z. d. St.), dass die Canusiner unter August neben der griechischen ihre alte einheimische Sprache redeten und beide vermischten; sondern es muss die eine der beiden Sprachen jedenfalls die lateinische sein, deren unreinen Gebrauch Horaz den Canusinern vorwirft, d. h. den Apulern überhaupt, denn Canusium steht metonymisch für alle apulischen Städte als die bedeutendste derjenigen, welche nicht in früher Zeit latinisirt worden waren. Was für Fehler Horaz im Sinne gehabt hat, beweisen die apulischen Inschriften, von denen mehrere ein gräcisirendes Latein zeigen:

---

24) Canusium war anfangs Municipium (REIPVBLICAE. MVNICIP[I]VM. CANVSINOrum und PLEPS. MVNICIPI. CANVSINI auf zwei Inschriften bei Mola peregrin. lett. per una parte della Puglia p. 36. 38) und hatte Quatuorvirn (Sex. Mutronius Sex... IIII vir auf der zuletzt angeführten Inschrift; P. Titius und P. Curtius L. F. Salassus auf den Inschriften Anm. 22); unter den Antoninen, vielleicht unter L. Verus, der sich öfters dort aufhielt (Capitolin. M. Ant. 8. L. Verus 6) wurde es colONIA. AVRELIA. auG. PIA. CANVSIVM (Murat. 659, 3.) und hatte seitdem Duumvirn (so auf dem bekannten Album von 223 p. Chr. Fabrett. 599, 9; der IIVIR. CANVSIAE Murat. 1035, 3 ist falsch). Auf zwei unedirten ziemlich späten canusiner Inschriften findet sich ein M. Antonius Vitellianus PATR. COL. CANVS und ein L. Annius Rufus PATR. COL.

Bei Bari; nach dem Original. Die Schrift ist gut; auch das kleine o und die dreieckigen Punkte sind
gräcisirender Gebrauch.

SYMPHORoS
ANTIoCHI.
CAESAREVS.
TRALLIANOS
VIXIT. ANN. LXXX. V

In Cannä; aus Mola peregr. p. 7.
PHILO. DESPOTOS
ADIVTORIS. TI.
CLAVDI. CAESARIS
AVG. SER. VICARI.
ZOSIMENI. CONSERVAE.
LANIPENDI. M. FECIT

In Bari, nach dem Original.
D M
APPALEN
A. AMMA
VRV VIX
AN. LX. FIL
MATR. F.

In Bari, aus den Papieren von d'Addosio.

D M
APPHIADES   :ADES
VIX. ANN. XXXXV   :PALENVS PHOEBVS
M APPALE PHOEBVS FIL MATRI   :FILI FECER
B M FEC

In Bari, nach dem Original.
D M
M. APPALENVS
AELIOFON
VIX. AN. L[xxx]
LACAENA
paTRONO

Solche Formen wie Symphoros und Philodespotos, wie Appalena Ammauru
($Ἀμαυροῦ$ uxor, oder vielmehr filia?), den Genitiv Apphiadis mit der Aspiration,
hybride Bildungen wie Aeliofon tadelt Horaz an den Apulern, und in der That
möchte es schwierig sein, analoge Beispiele aus einer andern italischen Provinz
beizubringen, selbst aus Städten wie Neapel und Puteoli, wo griechische Inschriften unendlich viel häufiger sind als in Apulien. Dabei soll nicht geleugnet
werden, dass auch manches ungriechische Wort noch im Munde des Canusiners
fortlebte; wenn noch im J. 687 eine Medella Dasmi filia dort vorkommen konnte,

so mochten auch andre Spuren der barbarischen Zeit damals noch lebendig sein. Das Wesentliche bleibt aber immer das gräcisirende Latein und vielleicht umgekehrt das latinisirende Griechisch. Ganz richtig erklärt daher der alte Scholiast: 'dicebantur bilingues quia utebantur Graeco et Latino sermone', und in der That sagt der Dichter selbst das deutlich genug. Er tadelt den Gebrauch seiner Zeit, griechische Floskeln in die lateinische Rede einzuflechten — 'verbis Latinis Graeca miscendi', und fragt schliesslich, ob bei der Vertheidigung eines Angeklagten sein Schutzredner es vorziehen würde, lateinisch zu reden mit Pedius und Messalla Corvinus, oder 'verba foris petita patriis intermiscere more Canusini bilinguis'; was nicht gehen kann auf einen Halbgriechen, der das Griechische dialektisch verunstaltete, sondern auf den canusiner Advocatus, dessen lateinische Rede das römische Publicum wegen seiner Gräcismen in Endungen und Wörtern ausgepocht hatte. — Auf denselben gräcisirenden Dialekt des Lateinischen deutet Strabo VI, 3, 11, wo er sagt, dass die eigentlichen Apuler, die Umwohner des Garganus, früher von den Dauniern und Peuketiern sich wohl hätten unterscheiden mögen, jetzt aber ihnen in Sprache und Sitten gleichständen: εἰσὶ δὲ ὁμόγλωττοι μὲν τοῖς Δαυνίοις καὶ Πευκετίοις οὐδὲ τἆλλα δὲ διαφέρουσιν ἐκείνων τόγε νῦν. So konnte Strabo nur schreiben, wenn die Apuler, Peuketier und Daunier zu seiner Zeit noch in Sprache oder Dialekt etwas Eigenthümliches hatten, das sie von den Messapiern wie von den Römern unterschied. Dass sie aber damals noch griechisch gesprochen, folgt aus der Stelle nicht; Strabo konnte sehr wohl jenes gräcisirende Latein und latinisirende Griechisch, die canusinische Bilinguität dabei im Sinne haben.

In der calabrischen Halbinsel dagegen war in Strabo's Zeit der messapische Dialekt schwerlich schon untergegangen (S. 50). Wie Seleukus um die Zeit des Socialkrieges seine Glossen sammelte, bestand er sicher noch; aber auch Strabo spricht von ihm als von einem noch lebenden: τῇ Μεσσαπίᾳ γλώττῃ καλεῖται, und, was wichtiger ist, hebt bei Rudiä es hervor, dass dies eine πόλις Ἑλληνίς sei und die Vaterstadt des Halbgriechen Ennius (VI, 3, 5). Dort mag also eine ähnliche Bilinguität geherrscht haben wie in Canosa; die übrigen Städte mit Ausnahme natürlich der griechischen Kolonien, wie Hydrus (Scylax §. 15) und Callipolis (urbs graia Mela II, 4), und das platte Land werden noch in der augusteischen Zeit meistentheils ihren alten Dialekt gesprochen haben. Griechische Inschriften sind auch hier selten; einige späte brundisiner Inschriften sind wie in Bari Folge des Handels und Verkehrs mit Hellas. Die merkwürdigste ist die Grabschrift des Epikureers Eukratides von Rhodos Grut. 406, 2, die ich in Brindisi in einer Handschrift von 1567 ohne die lateinische Uebersetzung fand; ob sie ächt ist, weiss ich nicht. Wichtiger für die Sprachgeschichte ist der Caduceus von Fasano mit der Inschrift ΓΝΑΘΙΝΩΝ (Bullett. dell. Inst. 1845 p. 44), welche beweist, dass in Fasano neben der messapischen auch die griechische Sprache gebräuchlich und vielleicht officiell war.

2. Griechische Epoche.

Dass die Apuler in Augustus Zeit das Latein gräcisirten, ist selbst ein Beweis dafür, dass die lateinische Sprache dort auf die griechische gefolgt ist und diese früher einmal die allgemein übliche in Apulien gewesen sein muss. Dafür geben denn auch vollen Beweis die zahlreichen apulischen Münzen, selten in Silber, sehr zahlreich in Kupfer, von Arpi, Salapia, Uria Apula, Canusium, Ryps oder Rubi, Butontum, Barium, Cälia, Azetium (vielleicht Rutigliano zwischen Bari und Polignano, Millingen consid. p. 147), Neapolis (Polignano); jede kleine Stadt hat hier ihr Münzrecht geübt und es gleicht hierin Apulien mehr einer griechischen Provinz als einer italischen Landschaft. Die Anregung zum Münzen kam hauptsächlich von Tarent; die ächt tarentinischen Typen, Taras auf dem Delphin, Herakles Löwenwürger, Eule auf dem Aste kehren wieder auf den Münzen, besonders den älteren silbernen von Teate, auf denen von Canusium, Rubi, Butuntum, Cälia, Azetium, während in Arpi und Salapia andre auf die Diomedesfabel bezügliche Typen, Pferd und Eber die Hauptrolle spielen. In der Zeit, wo diese Münzen geschlagen wurden, war also die Schriftsprache in Apulien die griechische, während dagegen die ähnlichen gleichzeitigen und jüngeren messapischen Münzen ungriechische Aufschrift zeigen. Welcher Epoche diese Münzen angehören, darüber werde ich meine Untersuchungen anderswo vorlegen; hier nur die Resultate. Münzen von Apulien mit voreuklidischer Schrift existiren nicht; die ältesten sind die kleinen Silbermünzen mit abgekürzter Aufschrift AP KA PY KAI, von denen eine mit PY von Avellino (de argenteo Rubastinorum nummo) mit grosser Wahrscheinlichkeit auf den Bund der Pödiculer mit Alexander von Epirus und Tarent um 420 d. St. bezogen worden ist, 'neque eam aetatem respuit artis elegantia' (Avell.). Etwas jünger sind die Didrachmen von Arpi und Teate, alle Silberstücke aber vor 485 d. St. geschlagen. In die Periode von 485 bis zum Ende des zweiten punischen Krieges fällt die Hauptmasse der apulischen Kupfermünzen; unter den jüngsten mögen die von Bari und Ceglie sein, die ω statt Ω und Unzenzeichen zeigen. Um 560 scheint man sonst in Apulien aufgehört zu haben zu münzen, denn theils gingen Arpi und Salapia, die thätigsten Prägstätten unter allen apulischen, in Folge des hannibalischen Krieges zu Grunde, theils fehlen den übrigen Münzen entschieden römische Werthzeichen, welche seit 560 auf den italischen Münzen allgemeinen Eingang gefunden zu haben scheinen. Die Münzen von Brundisium und den messapischen Städten beginnen etwas später, um die Zeit der Gründung Brundisiums 510 d. St., hören aber auch später auf, da Unzenzeichen und selbst der Semuncialfuss hier mehrfach vorkommen.

Um diese Zeit 420—560 d. St. finden wir also Apulien unter griechischem Einfluss, zuletzt als griechische Landschaft. Es zeigt sich das auch in andern Dingen. Die Fabrication gemalter Vasen war allem Anschein nach Italien nicht eigen: die Samniter und die Völker rein samnitischen Stammes, wie die Frentaner,

Hirpiner und Sidiciner fabricirten deren nicht nur nicht, sondern kannten auch nicht einmal die Sitte, dieselben den Verstorbenen ins Grab zu stellen; die Lucaner und Campaner bezogen sie aus griechischen Städten nach dem Vorgang der Griechen, mit denen gemischt sie lebten. Dagegen ist es wohl ausgemacht, dass Apulien allein unter allen italischen Landschaften in grossem Umfang gemalte Vasen producirt hat und zwar zu einer Zeit, wo die älteren Vasenfabriken nicht mehr arbeiteten. Dabei ist zu bemerken, dass einestheils Messapien, anderntheils die apulischen Städte, die in der Gewalt der Samniter waren, wie Luceria und Teanum, an Vasen arm sind. Dort ist die einzige Stadt, welche bemalte Vasen in grösserer Zahl geliefert hat, obgleich sie einzeln überall vorkommen, Rudiä, jene πόλις Ἑλληνίς des Strabo; im nördlichen Apulien haben sich meines Wissens nur einige wenige und schlechte Vasen in Luceria gefunden, worüber ein handschriftlicher Bericht von Onofrio Bonghi in dem Archiv des Instituts für archäologische Korrespondenz in Rom Auskunft giebt. Man erkennt darin die Lage der Stadt an der Grenze des Vasengebiets; Telesia auf der samnitisch-campanischen Grenze hat ähnliche Resultate geliefert. Auch in Arpi und Salapia hat man, so viel mir bekannt ist, bis jetzt keine Vasen gefunden. Der eigentliche Fundort der apulischen Vasen ist der Strich von Canosa bis Fasano, der überall überraschend reiche Ausbeute ergeben hat. Die apulischen Vasen sind nicht eingeführt, sondern an Ort und Stelle entstanden, jedenfalls aber ein Beweis der griechischen Civilisation Apuliens und der Gräcisirung des Landes. Was die Epoche anbetrifft, wo sie entstanden sind, so setzt Gerhard (in der Einleitung zu den apul. Vasenbildern) sämmtliche apulische Vasen ins sechste Jahrhundert der Stadt; bedenkt man indess, dass dieselben in Arpi und Salapia nicht vorzukommen scheinen, was wohl mit dem Verfall dieser Städte um die Mitte des sechsten Jahrhunderts zusammenhängt, und dass in einem Vasengrabe eine Inschrift vom J. 687 d. St. gefunden worden ist, so möchte man fast noch weiter hinabgehen. Immer ist es sehr begreiflich, dass, während die apulischen Münzen vorwiegend tarentinischen Einfluss zeigen, die apulischen Vasen vielmehr unter attischem Einfluss — und zwar, wie Jahn mir bemerkt, vorzugsweise unter dem Einfluss der nacheuripideischen Tragödie — stehen; wie man auch die Epoche derselben bestimmen mag, so gehören sie immer in eine Periode, wo die attische Kunst und Poesie schon die gemeingriechische und für alle griechischen Landschaften massgebend geworden war. — Die Sitte dagegen, die Gräber innerhalb der Städte anzulegen, wovon ich in Fasano selber die Spuren sah und für Canosa im Bullett. dell' Inst. 1829 p. 183 bemerkt finde, war unzweifelhaft älter und Nachahmung einer tarentinischen (Polyb. VIII, 30), wofern die Tarentiner nicht eben hierin alte japygische Gebräuche beibehalten hatten.

Wie in Sprache und Sitte hellenisirten die Apuler sich auch in der Verfassung. Die Sallentiner zerfielen nach Varro (apud Prob. ad Virg. Ecl. 6, 31) in drei Abtheilungen (partes) und zwölf Völker, wobei die Hauptstadt Uria nicht mitgezählt zu sein scheint, denn Strabo VI, 3, 5 spricht von dreizehn Städten der Sallentiner. Ebensoviel giebt Plinius 3, 16, 102 den Pödiculern. An der Spitze eines solchen Bundes stand früher ein König; die sallentinischen Könige Messapus, Opis, Artas, Malennius sind oben S. 71 erwähnt, als deren Königssitz Strabo VI, 3, 6 Uria nennt; die Könige der Daunier und Peuketier oder Pödiculer, deren Sitz wohl Rubi war, erwähnt er VI, 3, 4., die Könige der Daunier Daunus und Diomedes in Arpi figuriren in den Sagen, und auch sonst werden Könige in der Urzeit hier angenommen. Im fünften Jahrhundert treten aber die Apuler anders auf, während die Verfassung der Messapier vielleicht noch bestand; ähnlich wie die Samniter in Samnium als Völkergemeinde, in Campanien nach der griechischen Stadtverfassung lebten. ,,Die Apuler waren nicht wie die sabellischen Völker in einem Staate vereinigt, sondern wie die meisten griechischen bestanden sie aus mehreren ganz von einander unabhängigen Städten, sehr verschieden an Grösse, Macht und Ansehen'' (Niebuhr 3, 227). Eines Prätors von Arpi gedenkt Livius (24, 47).

Mit der Gräcisirung Apuliens und den Anfängen des Hellenismus in Messapien hängen auch zusammen die gräcisirten Namen und die griechischen Etymologien apulischer und messapischer Städte — so soll Arpi eine Corruption sein aus $\mathit{Ἀργυρίππη}$ oder $\mathit{Ἀργυρίπη}$, wie die Griechen die Stadt gewöhnlich nennen, und dies entstanden aus $\mathit{Ἄργος\ Ἵππιον}$ (Strab. VI, 3, 9. Plin. 3, 16, 104. Klausen Aeneas II, 1173.); Sipus aus $\mathit{Σηπιοῦς}$ von den dort auf den Strand geworfenen Sepien (Strabo VI, 3, 9); Barium wird man von $\mathit{βᾶρις}$ = Schiff abgeleitet haben, da die Münzen ein Schiff zeigen, doch möchte diese Etymologie eher epichorisch sein (oben S. 70) als griechisch. Lupiä soll nach Pausan. VI, 19, 9 früher Sybaris geheissen haben, und kommt vielleicht unter diesem Namen auch bei Strabo VI, 1, 14 vor (wenn dort für $\mathit{τὴν\ ἐπὶ\ Τεύθραντος\ Σύβαριν}$ wirklich zu lesen sein sollte $\mathit{τὴν\ ἐφ'\ Ὑδροῦντος\ Σύβαριν}$. Schiller de rebus Thuriorum p. 26). Namen wie Callipolis und Neapolis verkündigen sich selbst als griechische, doch können beide Städte Colonien sein. Solchen Etymologien der Stadtnamen nahe verwandt sind die Stammsagen, wonach die Messapier nach Herodot u. A. aus Kreta, sei es unter Minos, sei es mit Idomeneus, sei es bei einem andern Zuge nach Italien gewandert sein sollen (Niebuhr 1, 153 = 165. Klausen Aeneas I, 433 fg.), die Peuketier nebst den Oenotrern nach Pherekydes aus Arkadien (Niebuhr 1, 26 = 28. 156 = 168), die Daunier aber zurückgeführt werden auf den ätolischen Diomedes. Die letzte Legende ist am meisten detaillirt: Diomedes, verschlagen auf der Heimfahrt nach Argos zum König Daunios, habe auf dessen Bitten die Messapier, oder wie Andre erzählen, die Monader und Darder bezwungen und ihre Städte Apina und Trica zerstört, darauf vom Daunios zum Lohn seine Tochter zum Weibe und die Hälfte des Landes zur Mitgift erhalten und, nachdem er dieses unter seine dorischen Gefährten vertheilt, seinen Königssitz in Arpi gegründet, wo er nach seinem Tode göttlich verehrt ward, die

Herrschaft aber überging auf seine Söhne, den Diomedes und Amphinomos, und von diesen, wie es scheint, auf deren Nachkommen, die Dasier. Auch Salapia, Sipus, Canusium, Venusia, Luceria, selbst Maloessa (Benevent) und Brundisium, ja Ancona, Hatria am Po und Spina sind von Diomedes gegründet oder doch in die Diomedessage verflochten (s. die reichen Nachweisungen bei Klausen Aeneas II, 1172 fg. vgl. I, 445 und Niebuhr 1, 157 = 169). Umgekehrt werden die Bottiäer am thermaischen Meerbusen in Makedonien hergeleitet von den aus Messapien wieder auswandernden Kretern (Antiochus ap. Strab. VI, 3, 2. 6). — All diese Sagen bedeuten nichts anderes, als dass die Eingebornen der apulischen und messapischen Küste sich den Aetolern, Arkadern, Kretern, überhaupt all jenen hellenobarbarischen Völkern stammverwandt achteten, welche überall den Hellenen voran und unter dem Einfluss der griechischen Kultur in dieselben übergehen. Wo eine dieser Städte sich gräcisirt, wie Spina (πόλις Ἑλληνίς Scylax 18), Ancona mit griechischen Münzen, Hatria mit griechischen Vasen, da wird dies in der Sage so bezeichnet, dass Diomedes die Stadt gegründet habe. Die Bottiäer scheinen am längsten von den Makedoniern ihre alte pelasgische Nationalität bewahrt zu haben (Justin. VII, 1. Niebuhr 1, 34 = 36); die Aehnlichkeit in Sprache und Sitte mit den Messapiern ist der Kern jener wunderlichen Wandersage. Aus demselben Grunde sind die Heroen jener ungriechischen, aber zum Griechenthum vorbestimmten Völker, Minos, Idomeneus, Diomedes, die Heroen der Japyger, die Stammväter ihrer Königsgeschlechter; darum hat man ein apulisches Argos erfunden, wie wirklich eine dem achäischen Rhypä gleichnamige Stadt in Apulien existirte; darum haben die griechischen Sagen die Japyger in ihren Kreis gezogen, während sie den römischen fremd geblieben sind. Wenn die Römer von ihnen sprechen, machen sie sie zu Illyriern, so die Daunier Festus (epit. v. Daunia p. 69. Müll.), die Pödiculer Plinius (3, 102), die Messapier Varro (bei Probus zu Virgils Eklogen 6, 31), welcher diese Sage mit den griechischen mischt und die zwölf sallentinischen Städte von den vereinigten Kretensern, Illyriern und Lokrern gründen lässt (vgl. Anton. Liberal. 31. 37). Da indess alle Spur eines alten Zusammenhangs der Illyrier mit den Dauniern und Peukotiern fehlt[25], und da Skylax, der die Illyrier wohl kennt, in Apulien ihrer durchaus nicht gedenkt, so scheint Niebuhr (1, 52 = 54, 157 = 162) mit Recht jene Illyrier, von denen die Daunier und Peuketier abstammen sollten, für die alten Bewohner des illyrischen Landes, die pelasgischen Liburner zu halten, so dass also auch diese Sage hinausläuft auf eine Identificirung der Japyger mit einer hellenobarbarischen Nation.

---

25) Allzu schwach sind die von Mannert II, 9. Klausen Aeneas I, 442k zusammengestellten Analogien, wozu man noch die beiden Dasimier in dalmatinischen Inschriften Murat. 809, 4. 5 fügen kann.

3. Barbarische Epoche.

Während also Messapien bis zur augusteischen Zeit ein halb barbarisches Land blieb und der Hellenismus dort nur an einzelnen Punkten hervortrat, hatte sich Apulien vielleicht seit dem 5. Jahrhundert der Stadt gräcisirt und in Sprache und Sitte, in Kunst und Politik nach hellenischen Vorbildern sich umgestaltet. Es war das nicht die Folge direkter Einwanderung; keine griechische Kolonie wird erwähnt an der apulischen Küste, ja die Städte Apuliens, wo der Hellenismus seine früheste Stätte fand, wie Arpi, Rubi, liegen nicht einmal am Meere. Dennoch ist Apulien vollständiger hellenisirt worden als irgend ein andrer italischer Distrikt, selbst solche, welche unter dem direkten Einfluss zahlreicher und mächtiger griechischer Kolonien standen, wie das bruttische und lukanische Gebiet. Das erklärt sich nur daraus, dass die Japyger schon in ihrer barbarischen Epoche dem Hellenismus näher standen, als die Samniter oder Etrusker, und dass sie eins jener Völker waren, welche sich nur zu civilisiren brauchten, um sich zu hellenisiren. Es fragt sich, ob nicht direkte Kunde jener vorgriechischen Zeit in Schriften oder Monumenten vorhanden ist.

Allerdings finden sich auch in Apulien noch Spuren eines nicht griechischen Dialekts. Die einheimischen Stadt- und Volksnamen finden sämmtlich ihre Erklärung nicht in der griechischen Sprache; wir sahen, welche gewaltsame Mittel schon die Alten anwandten, um denselben eine griechische Etymologie unterzuschieben. Die von den griechischen Schiffern oder Geographen herrührenden Namen wie die der Peuketier und Oenotrer kommen hiebei natürlich nicht in Betracht; ein Name wie Neapolis macht eine seltene Ausnahme und deutet darauf hin, dass diese Stadt griechische Kolonie oder doch erst in der hellenischen Periode Apuliens gegründet worden ist. Dasselbe gilt von den Personennamen; die oft erwähnten Dasier (S. 72), Πυλλος oder Paulus (S. 80), ΠΑΩΤΙΟΣ auf einer Münze von Salapia (Mionnet 1, 133, 334), ΟΥΡΑΤΟΣ auf einer arpanischen (Mionnet S. 1, 261, 437. 438. Avellino opusc. III, 114), ΤΡΩΣΑΝΤΙΟΣ auf einer von Salapia (Mionnet S. 1, 268, 483), in den Schriftstellern Blattius von Salapia (Liv. 26, 38), die Frau Busa von Canusium (Liv. 22, 52), womit zu vergleichen der Busidius einer canusinischen Inschrift, führen keine griechischen Namen [26]. — Aber noch mehr: es finden sich auch Formen, die sogar in Lautsystem und Endungen entschieden ungriechisch sind. So ΠοΥΛΑΙ auf verschiedenen Münzen mit Ἀρπάνου auf der Vorderseite (oben S. 80), ΕΙΝΜΑΝ

---

[26] Auf lateinischen Inschriften von Canusium kommen noch vor: Artoria (zu vergleichen mit dem gleichlautenden messapischen Worte), Blassidia, Critonius, Graecidius, Mutronius, Pulfennius, Sotidia, Tagullia, Tutoria (auch als Cognomen Tutorina), Vavidius, Vellaeus, Verronius; andre giebt das canusiner Album. In Ceglie finde ich eine Lautinia.

oder EIHMAN auf andern mit Ἁρπάνων auf der Vorderseite [27], ΔΑΞΕ. ΕΔΑΜΑΙΡΕ auf einer andern mit Σαλπίνων [28], ΔΟΜΥΛΑΡ auf einer unedirten Münze des K. K. in Berlin, ΓΡοCΕοΕ auf Münzen von Ruvo mit PY auf der Vorderseite [29]. Dazu kommen zwei Inschriften: die eine eines grossen und durchaus vollständigen Grabsteins, den ich in Ruvo im Hause Chieco abschrieb (Taf. IV):

ΕΙΡΕΑΙ
ΑΘΗΝΑ

was schwerlich griechisch ist, dagegen schon oben S. 81 mit ΠοΥΛΑΙ und der messapischen Endung αιhι verglichen ward [30]. Die zweite, welche aus Mola's peregrinazione letteraria per una parte dell' Apulia p. 39 Taf. IV wiederholt ist, ist ein canusinisches Fragment eines grossen Architravs, das zwiesprachig zu sein scheint und in der ersten Zeile das ältere apulische Alphabet, in der zweiten das gewöhnliche lateinische zeigt:

...ΒΑΤΥΒ ΤΙΤΟΥΒ....
...RATVR TITV....

Mola liess das Fragment stechen nach der Zeichnung eines Freundes; es ist zu verstümmelt, als dass man entscheiden könnte, welchen zwei Sprachen es angehört, wofern wirklich der Stein hier treu wiedergegeben ist, aber griechisch ist die erste Zeile schwerlich. — So wenig jede einzelne dieser Spuren berechtigen würde, die Existenz eines nichtgriechischen Dialekts in Apulien anzunehmen, so geben sie doch alle zusammen betrachtet dafür allerdings einen Beweis ab, zumal wenn man damit die obigen Sagen über die Hellenisirung Apuliens und die direkten Zeugnisse sehr alter griechischer Schriftsteller verbindet, welche die Apuler ihrer Zeit noch als Barbaren darstellen. So schildert uns Timäus (402—498 d. St.) die Daunier seiner Zeit als vollkommene Barbaren; die Frauen, berichtet er, färbten sich dort die Gesichter roth (Fragm. 14 cf. 13. 15 der didotschen

---

27) Diese Aufschrift findet sich bald fortlaufend geschrieben EIHMAN oder EINMAN (Carelli p. 36 n. 18. Avellino opusc. II) welche EPHMAN oder ..HMAN lasen, bald in zwei Zeilen getheilt, bei deren Lesung man die Münze wenden muss:

EIN
NVM

(Avellino opusc. II, 128). Beide Aufschriften habe ich nach zwei wohlerhaltenen Exemplaren des K. K. in Berlin constatiren können.

28) So las Avellino adnotat. ad Carell. p. 8; Carelli selbst hat auf den Platten ΔΑΞΕΝΙ, in der descr. p. 37 n. 3 ΔΑΞΕΝ statt ΔΑΞΕ...; und ΔΑΞΕΝ..ΕΔΑΜΑΙΡΕ las auch Magnan misc. III tab. 41 n. 2.

29) Avellino mon. Rubast. catal. n. 12. 13. 14. Carelli p. 38 n. 7. Die Lesung ist gesichert; nur das ist ungewiss, ob nach ΓΡο ein Punkt steht oder nicht.

30) Das runde Ε für E ist zu vergleichen mit dem Ѡ der Münzen von Bari und Ceglie; Eckhel I, CII hat jene Form für das sechste Jahrhundert der Stadt nachgewiesen.

Sammlung). Ebenso unterscheidet der noch ältere Skylax §. 15 (um Ol. 105, v. Chr. 360, c. 400 d. St. nach Niebuhrs Untersuchungen kl. hist. Schriften 1, 123) die hellenischen Kolonien in dem japygischen Lande genau von den Japygern selbst: Μετὰ δὲ τὴν Λευκανίαν Ἰάπυγές εἰσιν ἔθνος μεχρὶ Δρίονος ὄρους (eine Spitze des Garganus, Strabo VI, 3, 9) τοῦ ἐν τῷ κόλπῳ τῷ Ἀδρίᾳ παράπλους παρὰ τὴν Ἰαπυγίαν ἐξ ἡμερῶν καὶ ἐξ νυκτῶν. Ἐν δὲ τῇ Ἰαπυγίᾳ οἰκοῦσιν Ἕλληνες καὶ πόλεις εἰσὶν αἵδε· Ἡράκλειον, Μεταπόντιον, Τάρας καὶ λιμὴν Ὑδροῦς ἐπὶ τῷ τοῦ Ἀδρίου ἢ τῷ τοῦ Ἰονίου κόλπου στόματι [31]).

Welche Barbaren aber Apulien in der Urzeit bewohnt haben, kann nach der bisherigen Entwicklung nicht zweifelhaft sein: die Messapier sind nichts andres als der letzte Ueberrest der vorgriechischen Bevölkerung Apuliens, ihre Sprache wird früher im Wesentlichen über ganz Apulien verbreitet gewesen sein. Eine scharfe Grenze zwischen Apulien und Messapien ist weder geographisch (Strabo VI, 3, 8) noch sprachlich zu ziehen; um Fasano und Monopoli begegnen sich griechische und messapische Inschriften und Namen. Nichts ist gewisser, als die Stammgleichheit der Apuler und Messapier; die älteren Griechen fassen sie regelmässig unter dem Namen der Japyger zusammen. So Skylax, der von der Siritis zum japygischen Vorgebirge und von da bis zum Garganus nur den einen Stamm der Japyger kennt und ihn den Lukanern und Samnitern entgegensetzt; so Herodot, der von der messapischen Halbinsel spricht wie von einem Theile Japygiens (IV, 99); so Antiochos, der Tarent in Japygien setzt (bei Strabo VI, 1, 4) und Japygien erstreckt bis zur Siritis (bei Strabo VI, 1, 15); so noch Polybius, indem er die Japyger und Messapier bei der Aufzählung der italischen Nationen verbindet (II, 24) und Messapien als japygische Provinz bezeichnet (III, 88). Darum macht die Sage den Japyx, den Daunios und Peuketios zu Brüdern (Nicander bei Anton. Lib. 31). Die Daunier und Pödiculer sind von den Sallentinern und Calabrern nur darin verschieden, dass jene Stämme sich früher und vollständiger gräcisirten als diese, vielleicht mit in Folge davon, dass Tarent mit den ferneren Dauniern und Peuketiern in freundlichem Verkehr stand, während es mit seinen barbarischen Nachbarn in der Halbinsel die blutigsten Kämpfe zu bestehen hatte; und diese frühere Hellenisirung Apuliens ist recht bezeichnend in der Fabel

---

31) Niebuhr I. A. 403 = 443 will die in dem folgenden auf die Samniter bezüglichen Paragraphen stehenden Worte ἐν δὲ τούτῳ τῷ ἔθνει γλῶσσαι ἤτοι στόματα τάδε· Λατέρνιοι, Ὀπικοί, Κραμόνες, Βορεοντῖνοι, Πευκετιεῖς, gestützt besonders darauf, dass die Peuketier notorisch kein samnitischer Stamm sind, in diesen Paragraphen einschalten; die Laternier seien die Leuternier an der Ostküste des Golfs von Tarent, die Opiker die eigentlichen Apuler, die Boreontiner die Brundisiner, die Peuketier die Pödiculer. Allein dabei ist die geographische Reihenfolge verletzt, welche Skylax stets streng befolgt, und überdiess hat kein alter Schriftsteller je die Opiker für einen japygischen Stamm erklärt; die Opiker machen also in der conjecturalen Lesart dieselbe Schwierigkeit, welche die Peuketier in der handschriftlichen machen. Meine Vermuthung, dass die Peuketier die Bewohner der Abruzzen sind, werde ich später entwickeln.

angedeutet, dass in Daunien vor der Ankunft des Diomedes die Messapier geherrscht hätten (Anton. Lib. fab. 37). Die Gleichheit der Verfassung, welche bei all diesen Völkern in Städtebünden mit königlichen Häuptern bestanden zu haben scheint, und geschichtliche Bündnisse der verschiedenen japygischen Stämme unter einander bestätigen noch mehr die constante·Tradition von ihrer Stammverwandtschaft. Gleichnamige Ortschaften sind nicht selten; so Caelia bei Bari und Caelia bei Brindisi, Uria apula am Garganus und Uria messapia (doch gab es freilich auch eine campanische Stadt dieses Namens), Rudae bei Andria in Puglien und Rudiae bei Lecce, Barium in Apulien und die schon von den Alten damit zusammengestellte Insel Barra bei Brindisi. Die Dasier von Arpi und Salpia finden wir in allen messapischen Städten wieder (S. 72). Ja sogar jene wenigen Reste des barbarischen Dialekts in Apulien erinnerten in Formen wie πουλαι und ειρεαι (S. 80) an ähnliche nur vollständiger conservirte messapische. Selbst das ältere apulische Alphabet scheint dem messapischen ähnlich; ⊏ findet sich auf den Münzen von Ruvo, ᴙ auf Münzen von Arpi und Salapia, und auf einer Inschrift von Canosa. Freilich können dies nur Reminiscenzen sein, denn das eigentlich messapische Alphabet ohne υ η ω u. s. w. findet sich auf keiner apulischen Inschrift und auch im Nichtgebrauch des Aspirationszeichens folgen die Apuler der gemeinen griechischen Sitte.

An der südöstlichen Küste Italiens, von den Abhängen des Garganus südwärts und den Abhängen des samnitischen und lucanischen Hügellandes östlich wohnten in dem langen schmalen wasserarmen Küstenstrich die Japyger, ein vorgriechischer den Kretern und Makedonern gleichartiger Stamm, den unsre ältesten Berichte um 400 d. St. uns noch im barbarischen Zustand darstellen, bis die nördlichen Stämme, die Daunier in und um Arpi, die Pöduciler in und um Rubi allmählig sich hellenisirten. Spuren griechischer Kultur erscheinen schon im Anfang des fünften Jahrhunderts: die Pöduciler verbinden sich mit Tarent und schlagen Silbermünzen mit griechischer Aufschrift, wohl gleichzeitig thun dasselbe die Daunier. Die Städte beginnen dort sich zu hellenisiren, sie fordern von den hellenischen Stammsagen ihren Theil und Diomedes wird für sie was Aeneas für Rom war. In der Zeit des hannibalischen Krieges kann man diese Landschaften als griechische ansehen, obgleich nach Ausweis der Münzen dieser Epoche neben der griechischen Sprache sich lange noch Reste des einheimischen Dialekts behaupteten und, während die Vorderseite der Münzen rein griechische Aufschrift trug, die Rückseite die epichorischen Namen der Magistrate bald in griechischen, bald in epichorischen Formen zeigte. Im sechsten und selbst im siebenten Jahrhundert der Stadt wurde die Verfertigung griechischer Vasen in Apulien in grossem Umfange betrieben, bis das römische Bürgerrecht, das sie in der Mitte des siebenten Jahrhunderts erlangten, und Roms Einfluss überhaupt dem Gräcismus hier ein Ende machten und ihn nur noch in dem gräcisirenden Latein der Apuler erscheinen liessen. Die Messapier dagegen verharrten in ihrem wenig beachteten Winkel mit Ausnahme weniger Städte, wie Rudiä, die Vaterstadt des geborenen Griechen Ennius, noch ungefähr in dem Zustand, bei den Sitten und der Sprache ihrer Vorfahren und liessen in zahlreichen Grabschriften Documente ihres einheimischen Dialekts zurück. Auch sie waren ein vorgriechisches, zum Hellenismus bestimmtes Volk; eigenthümliche Verhältnisse aber bewirkten, dass sie in ihrem Entwicklungsgange gehemmt länger vielleicht als sämmtliche ihnen stammverwandte Völker Barbaren blieben und aus der vorhellenischen Epoche unmittelbar in die römische übergingen. Das gerade giebt den messapischen Inschriften ihren Werth und ihre Bedeutung, dass wir hier jene vorhellenische Epoche, die uns überall sonst in unbestimmte Sagen verschwindet, gleichsam mit Händen greifen und einen solchen vorhellenischen Stamm in diesen Inschriften noch heute sprechen hören. Selbst nicht verstanden sind uns diese Reste schätzbar; sollte man sie dereinst einigermassen verstehen lernen, so werden wir damit der Lösung eines der peinlichsten geschichtlichen Räthsel, des Verhältnisses der Griechen zu den vorhellenischen Stämmen, einen Schritt näher getreten sein.

Vielleicht wird aber dies Resultat noch eine höhere Bedeutung für die italische Geschichte erlangen. Die Japyger sind für uns wenigstens Aboriginer, da von ihrer Einwanderung in Italien die wirkliche Geschichte nicht die geringste Kunde bewahrt hat. Umschlossen aber sind sie an der Landseite überall von den samnitischen Stämmen, deren Einwanderung aus Norditalien vollkommen historisch ist und mit denen sie harte Kämpfe führten, als um 433 d. St. die Römer zuerst in Apulien erschienen. Damals wehrten nur die Samniter in Teanum und Luceria sich hartnäckig; die Apuler, namentlich die Arpaner an der samnitischen Grenze nahmen Partei für Rom 'Samnitium magis iniuriis et odio quam beneficio ullo populi Romani' (Liv. IX, 13). Es ist schon danach wahrscheinlich, dass die Japyger selbst nur der Ueberrest eines viel ausgedehnteren Stammes sind, dessen Gebiet durch die Samniter und Lucaner beschränkt ward, und wir werden geneigt sein, auf die Autorität des Kumaners Ephorus hin, der Kroton eine japygische Stadt nennt (Strab. VI, 1, 12), und auf das Zeugniss, welches in dem Namen der Ἰαπύγων ἄκραι τρεῖς bei Kroton (Strab. VI, 1, 11.) enthalten ist, die Japyger weit in östlicher Richtung in das Land hinein auszudehnen; sollte nicht auch Metabus, Metapont stammverwandt sein mit Messapus? Wenn die alten Annalisten den Oenotrus und Peuketius zu Brüdern und zu Söhnen des arkadischen Pelasgus machen, so heisst das eben, dass ihnen die Bewohner der Fichtenwälder am adriatischen Meer und des Weinlandes am ionischen gleichartig und beide als Hellenobarbaren erschienen. Und wenn Stephanus von Byzanz in einer freilich verwirrten Stelle sagt: Βρέττος πόλις Τυῤῥηνῶν ἀπὸ Βρέττου τοῦ Ἡρακλέους καὶ Βαλητίας τῆς Βαλήτου — so ist, wenn diese Stelle wirklich auf die Bruttier geht, daran zu erinnern, dass die Brundisier sich herleiteten von Brentus, dem

Sohne des Herkules, und dass wenige Miglien von Brundisium ein Ort Balesium existirte. Die Sagen verbinden also Japyger und Brettier. — Nun ist es bekannt, dass die Brettier, ausser dem oskischen Element, das sie enthielten und von dem im folgenden Abschnitt die Rede sein wird, auch halbe Griechen waren und von Haus aus sowohl oskisch als griechisch sprachen. Dieser ihr Hellenismus kommt gewiss nur zum kleinsten Theil auf Rechnung der griechischen Kolonien im Bruttierland; die Hauptsache war, dass sie als ein hellenobarbarisches, den Japygern gleichartiges Volk fähig und geneigt waren, sich zu hellenisiren; und das ist der Sinn der Sage, wonach die Bruttier herstammten von den Sclaven der Lukaner, das heisst von den alten Italioten, die den oskischen Eroberern als Hirten und Handarbeiter dienten. Der Staat der Brettier war also weniger eine samnitische Kolonie als eine Fortsetzung der alten in diesen Gegenden einheimischen Verfassung der Oenotrer und Italioten; und so erklärt sich, woran Niebuhr 1, 58=64 Anstoss nahm, dass zu Aristoteles Zeit (Polit. VII, 10) in der bruttischen Halbinsel noch ein Theil der Institutionen des Königs Italus, namentlich die Syssitien nach Art der kretensischen fortbestanden. — Danach dürfen wir auch die Bruttier den Japygern gleichartig halten und annehmen, dass sie sich in ähnlicher Weise, nur wie es scheint unter dem Einfluss der griechischen Kolonien bedeutend rascher, hellenisirten. Ja wir dürfen vermuthen, dass vor der grossen sabellischen Wanderung, welche für Italien das ist, was die dorische Wanderung für Griechenland, ganz Italien von verwandten Hellenobarbaren bewohnt war.

DIE OSKISCHE SPRACHE.

Die oskischen Wörter und Sätze sind zwischen Häkchen ' ' eingeschlossen; nationale Schrift bezeichnen wir durch gewöhnliche, griechische durch griechische, lateinische durch liegende Schrift; die bei Schriftstellern erhaltenen oskischen Wörter sind durch fettere liegende Schrift bezeichnet. — Die im Glossar mit * bezeichneten sind lateinische Lehnwörter. Alphabetische Anführungen sind nach folgendem Alphabet gemacht:

a b g d e v z h i und í k l m n p r s t u und ú f.

Von lateinischer Schrift ist c unter k, x unter s, o unter u, u unter v oder u zu suchen. — A. bezeichnet den Cippus Abellanus, AG. die Bronze von Agnone, B. die Tafel von Bantia, römische Zahlen die kleineren Inschriften; die arabischen Zahlen bezeichnen überall die Zeile.

Gebiet und Dauer der oskischen Sprache.

Die Geschichte Italiens geht nicht auf in der des römischen Volkes. Wo uns das Licht der Historie zu dämmern beginnt, finden wir die Halbinsel bewohnt von zahlreichen und mannigfaltig entwickelten Zweigen eines Urvolkes, dem das Bewusstsein der Stammeinheit, damals höchstens im gemeinsamen Gegensatz zu Etruskern oder Griechen empfunden, erst Jahrhunderte später durch die römischen Waffen aufgezwungen ward. Je weiter wir zurückgehen, desto mehr löst sich vor unsern Augen die eine italische Nation in mehrere Stämme, jeder Stamm wieder in mehrere Zungen auf; ähnlich wie in Deutschland die älteste Geschichte zahllose Völkerschaften aufzählt, die erst spät zu grösseren Stämmen sich vereinigen, bis aus deren Vereinigung endlich die deutsche Nation erwächst. Von allen italischen Stämmen haben aber nur zwei in historischer Zeit um das Principat in Italien gerungen; während die Römer Mittelitalien eroberten, unterwarfen die Samniter sich die südlichen Provinzen und als um den Besitz Campaniens die beiden erobernden Stämme handgemein wurden, wusste man es auf beiden Seiten, dass man um den Besitz der ganzen Halbinsel stritt. Die Samniter unterlagen den Römern, wie in Deutschland die Sachsen den Franken; der Sieg des harten Volkes war bezeichnet durch die Vernichtung der feindlichen Nation mit ihrer Geschichte und, sagen wir es gleich, mit ihrer Literatur. Wo die Ueberlieferung fast null ist, erhält das monumentale Gebiet der Forschung eine um so grössere Bedeutung; haben die Sieger auch keinen Stein auf dem andern, so haben sie uns doch die Steine gelassen, und es werden uns diese doch einigermassen die dürftige Ueberlieferung ergänzen. Schrift und Sprache sind ein Theil der Geschichte des Volkes; von diesem historischen Standpunkt sind die folgenden Untersuchungen zunächst ausgegangen. Zunächst beschäftigt uns noch weder der Inhalt der Denkmäler noch der Bau der Sprache; wir stellen einfach die Ueberreste der nationalen Sprache und Schrift nach den Fundorten zusammen, um danach das Gebiet der oskischen Sprache mit empirischer Sicherheit zu begrenzen. Daran werden wir eine Untersuchung über die Dauer der oskischen Sprache in den einzelnen Provinzen anschliessen.

I. Samnium.

Eine sehr seltene aber unzweifelhaft ächte Münze aus dem Socialkrieg ist geschlagen von den Safinern, d. i. den Samnitern, wie sie sie selber sich nannten, und zeigt oskische Sprache und Schrift. — Dem Gebiet der Caracener gehören an die Inschrift von Aufidena (Castel di Sangro IV?) und die zahlreichen aus der Gegend von Bovianum vetus (Pietrabbondante), nämlich ausser der Bronzetafel von Agnone die Inschriften V. VI. VII. Den Pentrern gehören die Inschriften aus der Gegend von Bovianum Undecimanorum (Bojano) VIII. IX. und aus Sàpinum (Altilia bei Sepino) X. — Die Inschrift XI. ist aus einem nicht näher bekannten samnitischen Orte. — Alle diese Inschriften zeigen oskische Sprache und Schrift. Stadtmünzen giebt es nicht aus Samnium, vermuthlich weil die Samniter in Dörfern wohnten (Niebuhr 1, 107) und die der griechischen nachgebildete campanische Stadtverfassung nicht kannten. Telesia, wovon es vielleicht Münzen giebt, ist eben aus diesem Grunde zu Campanien gezogen worden. — Dass die Samniter oskisch sprachen, sagt auch Liv. X, 20.

II. Hirpini.

Inschriften mit oskischer Sprache und Schrift besitzen wir aus Macchia am obern Fortore XII. und aus der Gegend von Grottaminarda in der Nähe des alten Aeclanum XIII. — Volksmünzen der Hirpiner existiren nicht; dagegen haben wir Stadtmünzen von Akudunnia, vielleicht Aquilonia (Lacedogna) mit Inschrift in oskischer Sprache und Schrift. Dass nur diese einzige an der apulischen Grenze belegene Stadt sich zum Münzen veranlasst sah, ist ohne Zweifel aus apulischem Einfluss zu erklären. — Die Münzen von Benevent gehören natürlich der römischen Colonie; dem alten Maluentum hat man die Münzen mit der Aufschrift MALIE⌇ zutheilen wollen, deren Aufschrift indess sicher nicht oskisch ist[1]).

III. Apuli.

Während in den Landschaften der Daunier und Peuketier die japygische Sprache gesprochen ward, ist es nicht unwahrscheinlich, dass die Anwohner des Garganus, die nach Strabo ἰδίως Ἄπουλοι προςαγορεύονται, und den Dauniern

---

[1]) Die Aufschrift ist noch nicht ganz sicher constatirt; doch scheint MALIE⌇, wie namentlich auch der schöne Stich bei Lenormant et de Witte, élite de monuments céramographiques T. 1. introd. p. XLVIII hat, die richtige Lesart; ebenso las Avellino auf einem Exemplar, ferner MALIE auf zwei Exemplaren der carellischen Sammlung, auf denen der Besitzer MAIIE und MALIEZA gelesen. Millingen anc. greek coins p. 3 hat MAIIE ⌇, consid. p. 224 MALIE ⌇A oder MAIIE⌇A gegeben. — Der Typus — Frauenkopf mit einem Bande um das Haar und hinten herabhängendem Haarbüschel) (Stier mit Menschenantlitz, darüber eine Larve oder Blatt oder dgl. — weist nach Campanien. — Prüft man unbefangen die Aufschrift, so kann sie weder oskisch sein noch griechisch; denn an voreuklidische Schrift kann bei einer Kupfermünze nicht gedacht werden. Der Schrift nach muss sie lateinisch sein; das ⌇ oder Z findet sich ähnlich auf den Münzen von Cosa. Da nun eine campanische Münze mit lateinischer Aufschrift nur in einer lateinischen Kolonie geschlagen sein kann, so führt dies allerdings auf Benevent, das seinen alten Namen ja nicht sofort nach der Deduction der Kolonie gewechselt zu haben braucht. Die Form wird vollständig Maliessa, μαλόεσσα gelautet haben, wie Suessa, Sinuessa: es sind dies feminine Bildungen neben masculinen und neutralen wie Πυξόεις, Buxentum.

und Peuketiern entgegenstehen[2]) und deren frühere Sprachverschiedenheit von diesen er andeutet (Strabo VI, 3, 11), Samniter waren und oskisch sprachen (vgl. Niebuhr 1, 158 = 170). Darauf führen mehrere Spuren: so die Gleichnamigkeit von Uria am Garganus mit einer oskischen Stadt in Campanien (freilich auch mit einer messapischen); von Teanum oder Teate Apulum (s. das Glossar) mit dem marrucinischen Teate, dem sidicinischen Teanum; von Ausculum Apulum mit Asculum in Picenum. Auch Luceria Apula (so heisst sie im Kalendarium Allifanum Trutta ant. Allifane p. 54), obwohl sonst bezeichnet als alte Stadt der Daunier (Strabo VI, 3, 9. Plin. III, 16, 104) und in der Endung den römischen Rhotacismus verrathend, scheint oskischen Ursprungs, denn Lucius ist der oskische Name des Jupiter. Von Venusia ist es bekannt, dass es bald zu Lucanien, bald zu Apulien gerechnet wird; Silvium giebt Diodor XX, 80 den Samnitern, Strabo VI, 3, 8 den Peuketiern. Diese „eigentlichen Apuler", namentlich auch die Luceriner, stehen in den Kämpfen mit Rom stets auf Seite der Samniter, während die Arpaner und die Daunier überhaupt es mit den Römern halten; Luceria's Fall ist das Werk der Arpaner (Liv. IX, 2, oben S. 97). Noch in später Zeit stand Teanum Apulum unter dem Rector von Samnium, nicht unter dem Corrector von Apulien (Orelli 139). Mag der Name der Apuler selbst oskisch sein oder nicht (Niebuhr 1, 73 = 82), das ist sehr wahrscheinlich, dass an der Nordostgrenze von Apulien die Samniter verschiedene Städte früh besetzten und dass diese Städte als oskischer Distrikt in Apulien gelten können, obwohl derselbe keinen geschlossenen geographischen Zusammenhang in sich hat, sondern einen Grenzstreifen gegen Samnium bildet. — Daher kann es nicht befremden, wenn von dem apulischen Teanum Münzen vorkommen theils mit der rein oskischen Aufschrift 'tiiatium', theils mit der vielleicht oskischen, eher lateinischen TIATI. Von dem apulischen Ausculum giebt es Münzen mit griechischer Schrift, von denen die Aufschrift der älteren 'αυϜυσκλι' wahrscheinlich oskisch, die der jüngern ΑΥϹΚΛ, ΑΥϹΚΛΑ, ΑΥϹΚΛΙ vermuthlich griechisch ist.

IV. Frentani.

Während nördlich vom Sangro bei der Pälignerstadt Ortona keine oskische, sondern eigenthümliche vermuthlich sabinische Inschriften sich finden, sind südlich von demselben im eigentlichen Frentanerland nur oskische zum Vorschein gekommen I. II. III, alle aus der Gegend zwischen Lanciano und Vasto, mit oskischer Sprache und Schrift. — Die Münzen anlangend gehören die mit der Aufschrift 'frentrei' ihnen jedenfalls, sei es als Stadt-, sei es als Volksmünzen (s. das Glossar). Sie sind oskisch in Sprache und Schrift.

---

[2] Aehnlich Plinius III, 16, 104 in einer corrupten Stelle, die in Vat. 3861. Vind. 334 so lautet: Inde regio Fretana. Ita (schr. Item) Apulorum genera tria: Teani duce (duci Vind.) grais; Lucani subacti a Chalcante (calcante Vind.), quae nunc loca tenent etinates.

V Campania.

Während nördlich vom Garigliano keine Spur des Oskischen sich findet, sind südlich davon oskische Münzen und Inschriften um so zahlreicher. Die oskische Sprache und Cultur hat sich hier am reichsten entwickelt und es lassen sich besonders nach Anleitung der Münzen zwei Perioden unterscheiden: eine ältere, worin das Oskische neben und gemischt mit dem Griechischen auftritt, und eine jüngere, in der das Oskische vom Griechischen sich emancipirt hat und selbstständig erscheint.

Die erste Periode beginnt mit dem Eindringen der Samniter in Campanien, wo sie 331 Capua, 334 (326 nach Diodor) Kumae besetzten und endigt um die Zeit, wo die Römer ihre Herrschaft auf Campanien erstreckten um 416 d. St. — In dieser Epoche kommt noch keine Kupferscheidemünze vor und bildet Silber ausschliesslich das Courant; ihr gehören an die Münzen der Kampaner, Allifaner, Phisteliner und Urianer, welche sämmtlich kein Kupfer haben. Auch Nola, dessen Kupfer weit seltener ist als das Silber, wird kurz nach Einführung der Kupferscheidemünze zu münzen aufgehört haben. Alle diese Serien haben das gemein, dass sie, obwohl entschieden in oskischen Städten geschlagen, entweder reingriechische Aufschrift oder gemischte griechisch-oskische zeigen und dass sie in Stil und Typen die grösste Aehnlichkeit mit den kumanischen und den älteren neapolitanischen haben, so dass sogar von Lenormant et de Witte élite céramographique T. I introduction p. LIII der weibliche Kopf von einer jüngern kumanischen Münze und der von einer campanischen für Arbeiten desselben Graveurs erklärt werden — eine Uebertreibung, welche auf ihr richtiges Mass zurückgeführt es bestätigt, dass die campanischen Münzen zunächst den kumanischen nachgemünzt worden sind. Gehen wir die einzelnen Münzstätten durch, so begegnet uns zuerst Capua selbst, dessen Münzen bald die rein griechische Aufschrift ΚΑΠΠΑΝΟΣ, bald die oskisirende ΚΑΜΠΑΝΟ oder ΗΑΜΠΑΝΟ tragen[3]). Allerdings hat, nachdem schon Eckhel 1, 108 diese Münzen nach Capua gewiesen, Avellino opusc. 2, 27. 167 dagegen eingewandt, dass die

---

3) ΚΑΠΠΑΝΟΣ hat das schöne Exemplar, das bei Lenormant et de Witte abgebildet ist, vgl. daselbst p. XLIX. So muss auch die Aufschrift auf den ganz ähnlichen Münzen gelautet haben, welche Avellino opusc. 1 p. 151 tav. 1 f. 4 (cf. II p. 27) ΣΟΝΑΠΠΑ gelesen hat. Münzen von so altem Stil und so archaischer Aufschrift giebt es in Apulien nicht. Diese Inschrift ist sicher griechisch; aber auch die gewöhnliche Aufschrift ΚΑΜΠΑΝΟ oder ΚΑΠΠΑΝΟ, darunter M oder N (Eckhel 1, 108), auch auf einem von mir selbst gesehenen Exemplar der Sammlung S. Angelo ΗΑΜΠΑΝΟ, zeigt zwar im Stamm oskische Lautverschiebung, aber es ist nicht möglich, die Endung mit den oskischen Flexionsgesetzen in Uebereinstimmung zu bringen, da der nom. sing. das s nie abwirft, der gen. pl. in guter Zeit nie das m und überdiess nicht o, sondern u fordert. Da nun RECINO und MESSANO, was sie sonst auch sein mögen, jedenfalls griechische Formen sind, wird auch ΚΑΜΠΑΝΟ als griechisch anzusehen sein.

Münzen von Capua oskische Aufschrift trügen, und es sind seitdem mehrfache andre Attributionen versucht worden. Allein der allerdings sehr scheinbare Einwurf erledigt sich, wenn man die Zeiten richtig unterscheidet. Die oskischen Münzen von Capua tragen römische Unzenzeichen und gehören in die Epoche nach 416, wo die Campaner das römische Bürgerrecht erhielten; dagegen gehören die an die älteren Münzen von Neapel und die kumanischen sich anschliessenden kampanischen Münzen offenbar in eine ältere Periode und zwar in die erste Zeit der Münzthätigkeit der in Campanien neu eingewanderten Samniter. Ungern aber würde man unter den samnitischen Münzstätten, deren Thätigkeit um 334 begann, gerade die Hauptstadt Capua vermissen. Die oskisirenden griechischen Aufschriften passen gut für Münzen, welche die Samniter zuerst griechischen Vorbildern nachprägten. — Nahe verwandt den campanischen sind die Münzen der unbekannten Stadt Uria, welche zuweilen die ziemlich rein griechischen Aufschriften ΥΡΙΑΝΟΣ, ΥΡΙΕΤΕΣ, ΥΡΙΑΛΑΣ (ΥΡΙΑΔΑΣ?), zuweilen die oskisirenden ΑΜΙαΥ oder rein oskisch 'úrina' und ähnliche tragen; ferner die von Nola mit der constanten griechischen Aufschrift ΝΩΛΑΙΟΣ oder ΝΩΛΑΙΩΝ, wofür selten die wenn nicht oskische, jedenfalls ungriechische Form ΝΩΛΑΙΩΙΝ steht (Mionnet I, 123 n. 239. Lenormant et de Witte l. c. p. XLIX). Dagegen giebt es einige wenige nolanische und überhaupt campanische Vasen mit oskischen Aufschriften XXXII. Nola war eine oskische Stadt, wie der Name und die Inschriften beweisen; aber die philhellenischen (Dionys. exc. de leg. l. XV, 5) Bewohner wollten für eine chalkidische Kolonie gehalten werden und fertigten griechische Vasen und Münzen. Die Münzen des campanischen Uria sind den nolanischen an Typen, Gewicht und Monogrammen so ähnlich, dass wenn die Aufschrift zerstört ist, die beiden Sorten nicht mehr aus einander zu kennen sind, und kommen auch gewöhnlich mit denselben zusammen vor (Millingen consid. p. 138, bestätigt von Fiorelli)[4]. So sicher sie campanisch sind, so unsicher ist die genauere Attribution; am meisten für sich haben dürfte Surrentum $Συρεόν$ oder $Σύραιον$ Strabo V, 4, 8 nach den Handschr. (Avellino opusc. III, p. 99—114). — Während von Capua, Uria und Nola abgesehen von den seltenen Kupferobolen letzterer Stadt nur Didrachmen existiren, herrschen in Allifä und Phistelia die silbernen Obolen vor, obgleich von beiden auch Didrachmen sich finden; beide Münzstätten haben auch verwandte Typen und kommen häufig zusammen vor. Die wie es scheint älteren Didrachmen von Phistelia haben die Aufschrift 'fistlus', die Obolen regelmässig 'fistluis', beides in rein oskischer Schrift; zuweilen ist auf diesen die griechische Form $Φιστελία$ hinzugefügt. Die Münzen von Allifä haben bald rein oskische Aufschrift 'allifa', bald rein griechische ΑΛΛΙΒΑΝΩΝ; sehr häufig sind verwilderte und aus oskischen und griechischen Buchstaben gemischte Aufschriften ΑΛΛΙ8ΑΝΩΝ u. dgl. Auch

---

[4] Auch in Venafro. Cotugno Venafro p. 53.

von diesen beiden Städten wird die Lage nicht überliefert; doch ist es sehr wahrscheinlich, dass Phistelia der oskische Name von Dikäarchia oder Puteoli ist, und dass Allifä auf dem Monte Ollibano bei Kumä gelegen hat. Kumä selbst hat keine oskischen Münzen oder Inschriften hinterlassen; aber Vellejus Worte 1, 4: 'Cumanos osca mutavit vicinia' werden durch die griechisch-oskischen Münzen des benachbarten Allifä sehr anschaulich commentirt. Die osca vicinia ist eben die Stadt Allifä auf dem Berg bei Kumä, die später wohl mit den Resten der griechischen Stadtgemeinde combinirt worden ist. — Somit finden wir in Campanien im vierten Jahrhundert eine Reihe von Städten, welche die Samniter theils neu gründeten, wie vermuthlich Nola (nùvlù, Neustadt), theils den campanischen Griechen entrissen, wie die Stadt Volturnum, das samnitische Capua; das samnitische Uria, vielleicht Surrent; Allifä der Samniter, das Kumä der Griechen; Phistelia der Samniter oder Dikäarchia der Griechen. Diese samnitischen Städte haben gemünzt nach griechischen Mustern und mit mehr oder minder gräcisirenden Aufschriften; schon das Münzen selbst ist eine Annahme griechischer Sitte, und es ist bemerkenswerth, dass nur diejenigen samnitischen Städte, welche auf ältere griechische basirt waren, oder solche, deren Phillhellenismus schon die Alten bemerken, Münzen und damit zugleich immer auch Vasen aufzeigen. Rein samnitische Städte, wie Abella, Herkulanum, Pompeji sind stets ohne Münzen wie ohne Vasen. — Selbst N e a p e l, das noch zu Strabo's (6, 1, 2) und Vellejus (1, 4) Zeit, ja noch viel später eine griechische Stadt war, ist von dem oskischen Einfluss nicht unberührt geblieben. Der Katalog der neapolitanischen Demarchen zeigte zu Anfang nur griechische, später gemischt griechische und campanische Namen (Strabo V, 4, 7) und auch die neapolitanischen Münzen verrathen öfters durch verwilderte Aufschriften und oskische Münzbuchstaben (Carellii descr. Neapolis n. 274. 275. cf. 231) den nichtgriechischen obwohl an Geschick keinem Griechen nachstehenden Künstler. Eine sehr merkwürdige Spur dieser Mischung samnitischer und griechischer Elemente giebt eine Inschrift der campanischen Besatzung von Ischia (s. zu XXXIX), welche vor 428 d. St. fallen muss, also, in diese Periode gehört. Diese Inschrift ist zwar griechisch, allein die campanischen Namen und die Barbarismen ἀνέθηκαν für ἀνέστησαν, ἄρξαντες für ἄρχοντες beweisen zur Genüge, dass dies ein Griechisch war, wie es etwa der nolanische und allifanische Samniter reden mochte. Von oskischen Steinschriften, die mit Sicherheit dieser Periode zuzuschreiben wären, weiss ich kein Beispiel; wie denn überhaupt die Steinschriften stets später anfangen als die Münzen. Nur die Grabschrift von S u r r e n t u m XXXIII in oskischer Sprache mit griechischer Schrift und nach griechischer Sitte (denn eigentlich oskische Grabschriften giebt es nicht) dürfte in diese Zeit gehören.

Um die Zeit, wo die Kupferscheidemünze in Campanien üblich ward und die Römer in Campanien eindrangen, im Anfang des 5. Jahrhunderts der Stadt, änderte sich wesentlich der Charakter der oskischen Sprache. Der Gebrauch eines nicht nationalen Alphabets bei der Schreibung des Oskischen, der Gebrauch der griechischen Sprache anstatt der einheimischen in oskischen Städten, die hybriden griechisch-campanischen Aufschriften hören auf; dagegen erscheinen oskische Aufschriften mit regulirtem Alphabet, das die differenzirten Buchstaben í und ú constant verwendet. In diese Periode gehören die sämmtlichen übrigen oskischen Münzen und wohl sämmtliche oskische Steinschriften Campaniens. Das sidicinische Teanum hat oskische Münzen in Silber und Kupfer; auch zwei oskische Inschriften haben sich nach Broccoli (Teano Sidicino antico Nap. 1826 p. 267) dort gefunden, von denen ich indess an Ort und Stelle nichts habe in Erfahrung bringen können. — Compulteria und wahrscheinlich auch Telesia haben Kupfermünzen mit oskischer Schrift. — Von Capua, Calatia und Atella existiren oskische Kupfermünzen, von Capua auch einige silberne, so wie eine Inschrift XIV. — Herculanum und Pompeji — beide den Namen nach zu schliessen Städte samnitischen Ursprungs — haben oskische Inschriften geliefert, Herculanum nur eine XVIII, Pompeji in grosser Anzahl XIX—XXXI. — Gleichartig sind Nola und Abella, deren Namen ebenfalls in der oskischen Sprache ihre Erklärung finden; sie lieferten oskische Inschriften Nola XV. XVI, Abella XVII ausser dem beiden gemeinschaftlichen Cippus Abellanus. — Nuceria Alfaterna hat oskische Münzen in Silber und Kupfer. Alle diese Münzen und Steinschriften sind nicht nur in oskischer Sprache, sondern auch im nationalen Alphabet geschrieben.

Neben den oskischen Schriftdenkmälern der zweiten Periode erscheinen gleichzeitig römische Schrift und Sprache in Campanien. Es hat dies zunächst in politischen Verhältnissen seinen Grund. Capua münzte in Folge der ihm 416 ertheilten civitas sine suffragio sein Silber gewöhnlich mit der Aufschrift ROMA, während es gleichzeitig sein Kupfer gewöhnlich mit oskischer Aufschrift schlug; als latinische Kolonien münzten Cales seit 420, Suessa seit 441 mit lateinischer Aufschrift. Dass dies zunächst nur geschah, weil die lateinische Sprache in diesen Städten die officielle war, beweist am besten der griechische Name ΑΛΟΞΤΑΞ auf Kupfermünzen von Suessa neben SVESANO; doch ist es begreiflich, dass die lateinische Sprache in Campanien immer mehr Boden gewann. So erklärt es sich, wenn im J. 574 Kumae um das Recht petitionirte, in den innern städtischen Angelegenheiten der lateinischen Sprache sich bedienen zu dürfen: Cumanis eo anno petentibus permissum, ut publice Latine loquerentur et praeconibus Latine vendendi ius esset (Liv. 40, 42). Bei öffentlichen Auctionen war es also damals schon in Campanien gerathen, sich der lateinischen Sprache zu bedienen als derjenigen, die von den Meisten verstanden ward. Hiemit hängt es wohl zusammen, wenn die vermuthlich jüngste Klasse der campanischen Münzen, die mit dem Minervenkopf und dem Hahn, etwa um 550 geschlagen, nicht bloss in den lateinischen Städten Cales und Suessa, sondern auch in dem volskischen Aquinum, dem sidicinischen Teanum, dem oskischen Caiatia, welche damals vermuthlich noch föderirte Städte waren, die Aufschriften AQVINO TIANO CAIATINO zeigt, welche vermuthlich nicht oskisch mit lateinischer Schrift, sondern vollständig lateinisch ist wie CALENO und SVESANO. Nur die ähnlichen Münzen von Telesia bewahren noch die nationale Sprache, die in Samnium vermuthlich sich länger hielt. Ob man auch für Caiatia, Teanum und Aquinum besondere Privilegien nach Art des kumanischen annehmen muss, auf welche gestützt sie die lateinische Sprache zu ihrer officiellen machten, bleibe dahingestellt. — Ein ähnliches Eindringen der lateinischen Sprache zeigt sich ungefähr um dieselbe Zeit an der Ostküste, indem Larinum, das früher griechiche, Teate, das früher oskische Aufschrift gehabt, in der ersten Hälfte des 6. Jahrhunderts anfingen die lateinischen Aufschriften LADINOM — LADINOD — LADINEI und TIATI einzuführen — Aufschriften, welche indess in d für r, i für e auch den Einfluss des nationalen Dialekts verrathen. Man könnte sie sogar für oskische mit lateinischen Buchstaben geschriebene halten; indess spricht dagegen einmal, dass ausser der in Rom verfertigten Tafel von Bantia kein einziges Denkmal bekannt ist, welches oskische Sprache und lateinische Schrift zeigte; zweitens, dass die Ablativendung im Oskischen gewöhnlich ud, nicht od lautet und ud auch stets auf der bantinischen Tafel dafür steht, wogegen im Lateinischen die reguläre Endung od ist, wie z. B. Benventod.

Von den etruskischen Alphabeten und den in diesen Alphabeten geschriebenen Patereninschriften von Nola und S. Agata de' Goti wird im Anhang die Rede sein.

VI. Lucani.

Die Volksmünzen der Lucaner sind theils griechisch ($\Lambda v \varkappa \iota a v \omega v$), theils oskisch ($\Lambda o v \varkappa a v o \mu$). Inschriften besitzen wir bis jetzt nur zwei sichere, eine ältere von Anxa XXXVI., mit griechischer Schrift, und eine neuere aus Banzi an der Nordgrenze Lucaniens mit lateinischer. Oskische Namen sind nicht selten, namentlich auch auf Münzen von Laos (s. Vibius, Comius, Statius, Opsidius im Glossar).

VII. Brettii.

Bilingues Bruttates Ennius dixit, quod Bruttii et Osce et Graece loqui soliti sint. Paul. p. 35 Müll.; ähnlich Porphyr. ad Hor. Serm. 1, 10, 30: ideo ergo brunius brychace bilingui (lies mit Müller Etr. 1, 24 Bruttios Brutates bilingues) dixerunt. Die Volksmünzen der Bruttier sind griechisch, ebenso die Stadtmünzen mit Ausnahme der Kupfermünzen von Hippon mit der Aufschrift F*ει*, welche wo nicht eine oskische Form des Namens der Stadt, doch jedenfalls eine gräcisirte Form dieses oskischen Namens aufzeigen. Auch die Stadtnamen Mamertium und Consentia sind oskischen Ursprungs, so wie die Namen der Bruttier Vibius und Paculus. Bestimmtere Spuren nicht bloss von Namen oskischen Ursprungs, sondern der oskischen Sprache sind die Inschriften von Vibo XXXVII.

XXXVIII. Von oskischer Schrift indess ist keine Spur; die Bruttier schrieben auch das Oskische mit griechischen Buchstaben.

VIII. Mamertini.

Eine oskische Inschrift mit griechischer Schrift XXXIX so wie einzelne Figlinen XL und selbst eine Münze mit oskischer ebenfalls griechisch geschriebener Aufschrift, endlich mehrere Namen sind Zeuge der Besetzung dieser Stadt durch die Campaner. Die gewöhnlichen Münzen sind griechisch.

Ueberblicken wir diese Uebersicht aller bis jetzt zum Vorschein gekommenen Reste der oskischen Sprache [5]), so ergeben sich daraus folgende Resultate.

1. Das Gebiet der oskischen Sprache umfasst die Samniter, Frentaner, die nördlichsten Apuler, die Hirpiner, Campaner, Lucaner, Bruttier und Mamertiner, d. h. lauter samnitische Stämme, aber diese auch sämmtlich. Die Frentaner rechnet zu den Samnitern Strabo, der sie V, 4, 2 als $\Sigma\alpha\nu\nu\iota\tau\iota\varkappa\grave{o}\nu$ $\check{\varepsilon}\vartheta\nu o\varsigma$ den Vestinern, Marsern, Pälignern und Marrucinern entgegensetzt (vgl. Niebuhr I, S. 91. A. 246.); die Hirpiner heissen ihm V, 4, 12 $\varkappa\alpha\grave{v}\tau o\grave{\iota}$ $\Sigma\alpha\nu\nu\tilde{\iota}\tau\alpha\iota$. Dass die Campaner und Lucaner aus samnitischen Schaaren, die Mamertiner aus campanischen hervorgegangen sind, ist bekannt; aber auch die Bruttier sind, ebenso wie die Mamertiner als Abkömmlinge der Campaner, als eine lucanische und daher samnitische Kolonie zu betrachten, wie denn auch Strabo (VI, 1, 2, vgl. §. 6) die Samniter die Archegeten der Lucaner und Bruttier nennt. Von der Sprache der vorhellenischen Autochthonen Unteritaliens, welche dort vor den Griechen und den Samnitern sassen (S. 97), ist jede Spur verloren, etwa mit Ausnahme einiger Namen und der Einwirkung derselben auf die Gräcisirung des Landes.

2. Da das bezeichnete Sprachgebiet genau mit dem Umfang der von den Samnitern besetzten Länder zusammenfällt, so würde die Sprache am richtigsten die samnitische oder vielmehr die safinische genannt. Den epichorischen Namen kennen wir indess nicht; es wäre möglich, dass es wenigstens anfangs gar keine generelle Bezeichnung gab, sondern ein jeder Stamm seinen Dialekt nach sich selber bezeichnete. Die Römer nennen die Sprache die oskische oder eigentlich die opskische, die Griechen die opikische; vermuthlich beide nach den campanischen Samnitern, welche als $'O\pi\iota\varkappa o\iota$ eine der fünf $\gamma\lambda\tilde{\omega}\sigma\sigma\alpha\iota$ $\check{\eta}\tau o\iota$ $\sigma\tau\acute{o}\mu\alpha\tau\alpha$ der Samniter bei Skylax bilden. Es war dies diejenige samnitische Völkerschaft, mit der sowohl die Hellenen als die Römer zuerst zusammenstiessen, und es ist sehr natürlich, dass sie mit dem Namen dieses einmal bekannten Dialekts auch die später ihnen bekannt werdenden ähnlichen oder gleichen Dialekte bezeichneten. Ob der Name Opsci ursprünglich den campanischen Ausonern oder den campanischen Samnitern gehört — im ersteren Falle wäre er von der Landschaft auf die spätern Einwandrer übertragen — kann hier nicht untersucht werden;

---

5) XXXV ist weggeblieben, weil die Attribution nicht feststeht.

doch ist bemerkenswerth, dass der Name sich aus dem samnitischen Dialekt vollkommen erklärt.

3. Ueber die Berührung des Oskischen mit dem Lateinischen, zunächst mit den latinischen Kolonien besonders in Campanien ist oben S. 107 gesprochen. Wichtiger ist für die ältere Zeit die Berührung mit dem Griechischen. Innerhalb des bezeichneten samnitischen Sprachgebiets wird man für die Epoche nach 400 d. St. zwei Hauptmassen zu unterscheiden haben, von denen die eine von griechischem Einfluss frei ist, die andre unter demselben steht. Zu dem ersten rein oskischen Distrikt ist zu rechnen das Gebiet der Samniter, der Frentaner nebst Teanum Apulum, der Hirpiner mit Ausschluss einiger Städte an der apulischen Grenze, und der Campaner; dieser meist binnenländische Distrikt umschliesst nirgends griechische Kolonien und bedient sich zum Aufzeichnen der Landessprache stets des einheimischen von den Umbrern und Sabinern überlieferten Alphabets. Die Namen der Männer und der Frauen bestehen aus Vor- und Zunamen, denen der Vorname des Vaters im Genitiv ohne Beisatz des bei den Römern üblichen filius zugefügt wird; das Cognomen folgt alsdann, wenn es nicht ganz fehlt. So Magius Jovicieius Magii Pucalatus, L. Slabius Lucii Aucilius, Stenius et Pacuvius Ninnii Celeres, Pacula Cluvia (s. u.). — Zu dem zweiten gemischten griechisch-oskischen Distrikt, in dem die Verhältnisse, wie sie vor 400 in Campanien bestanden, in grösserem Umfang und mit längerer Dauer sich wiederholen, gehört das Gebiet der Lucaner nebst Ausculum Apulum, das Gebiet der Bruttier und der Mamertiner; diese Völker waren nach Ausweis der Münzen und der alten Berichte wesentlich zwiesprachig. Die wenigen Eigennamen, die aus diesen Gegenden uns bekannt sind, sind alle einnamig (s. u. den Abschnitt über die Namen) und die sparsamen oskischen Inschriften und die noch seltneren oskischen Münzen sämmtlich mit griechischer Schrift geschrieben. Letzteres gilt auch von den Inschriften der Mamertiner, welche indess rein oskische Namen aufweisen. — Dass ausser dieser durch den Einfluss des Griechischen bedingten Verschiedenheit, wonach man in dem oskischen Sprachgebiet ein Gebiet oskischer und eines griechischer Schrift unterscheiden kann, noch andere dialektische Verschiedenheiten vorhanden waren, ist an sich sehr glaublich und wird durch die S. 95 erörterte Stelle des Skylax bestätigt. Er unterscheidet dort fünf γλῶσσαι ἤτοι στόματα der Samniter: die Laternier (die Alfaterner), die Opiker (wohl um Capua), die Kramoner (etwa die Caracener), die Boreontiner (die Frentaner) und die Peuketier (die Bewohner der Sabina?)[6]. Natürlich können wir von diesen Dia-

---

6) Skylax fügt nach Aufzählung dieser fünf Stämme hinzu: διήκοντες ἀπὸ τοῦ Τυρρηνικοῦ πελάγους εἰς τὸν Ἀδρίαν; dieselben müssen also in geographischer Ordnung von Westen nach Osten genannt sein. Die Laternier sind also wohl die Samniter an der Küste eine halbe Tagereise entlang zwischen Neapolis und Posidonia (Skylax §. 11); in dieser Gegend liegt Nuceria Alfaterna, und man wird also statt Λατέρνιοι schreiben dürfen Ἀλφατέρνιοι, zumal da die

lekten, die ums Jahr 400 in Samnium und Campanien unterschieden wurden, in unsern Monumenten keine Spur mehr aufzeigen; sehr wahrscheinlich waren zwei Jahrhunderte später diese Unterschiede selbst nicht mehr vorhanden und aus denselben eine gemeinsame samnitisch-oskische Sprache entstanden.

4. So wie von jedem samnitischen Stamm sich nachweisen lässt, dass er sich der oskischen Sprache bediente, so ist auch umgekehrt nachzuweisen, dass jenseit der samnitischen Grenzen sofort andre Dialekte begannen. Die Inschriften der Marruciner und die geringen Reste der Landessprache in der Sabina, welche dort sehr früh der lateinischen gewichen ist und kaum noch in einigen Provinzialismen und Eigenthümlichkeiten der Aussprache Spuren hinterlassen hat, sind in einem von der oskischen Sprache abweichenden Dialekt abgefasst, ja es war selbst das sabinische Alphabet von dem oskischen wesentlich verschieden, wenn der Stein von Crecchio nicht trügt. — Wie jenseits des Sangro die sabinische, begann jenseit des Garigliano die volskische Sprache; ihre wesentliche Verschiedenheit von der oskischen bezeugen die volskischen Inschriften und der Vers des Komikers Titinius bei Festus v. obscum p. 189: Qui Obsce et Volsce fabulantur, nam Latine nesciunt. — In Apulien und Japygien endlich herrschte die messapische Sprache; nur Grenzstädte wie Teanum Apulum und Ausculum Apulum waren samnitisch. Dass Ennius Kunde der oskischen Sprache nicht darauf bezogen werden darf, dass man in seiner messapischen Heimath oskisch sprach, geht aus dem S. 85 Bemerkten hervor. — Während also südlich vom Fortore und östlich von der alten Via Appia messapisch, nördlich vom Sangro sabinisch oder marsisch, nördlich vom Garigliano volskisch gesprochen ward, füllte die samnitische Sprache neben den älteren griechischen Ansiedlungen, den jüngern lateinischen Festungen den weiten Raum der übrigen Provinzen Unteritaliens aus und hat sich sogar nach Sicilien verbreitet.

Da die Schrift der Samniter aus der etruskischen durch Vermittlung der umbrischen derivirt ist, so muss der Ursprung ihres Alphabets in sehr ferne Zeiten fallen; vermuthlich ist ihr Alphabet so alt wie das Volk selbst und gleich bei der Einwanderung vom Norden her mitgebracht. Den frühen Gebrauch der Schrift für priesterliche Zwecke beweist die Erzählung bei Livius X, 38: im J. d. St. 460 bringen die Samniter ein Opfer nach Anweisung eines „alten leinenen Buches", wie es die Vorfahren vor dem Sturm auf Capua gebracht hatten. Es werden das Litaneien und Ritualvorschriften gewesen sein nach Art der iguvinischen Tafeln. — Unsre Denkmäler sind nun allerdings weit jünger; uns erscheint das oskische

---

Nuceriner auch sonst mehr als Volk auftreten denn als Stadt. Die Opiker sind im campanischen Binnenlande anzusetzen. Die Κραμόνες würden in das eigentliche Samnium fallen, und der Name mag mit dem der Caracener (bei Aufidena) und den ὄρη Κρανιτά in Samnium (Zonar. II p. 49 Wolf.) zusammenhängen. In den Boreontinern hat Cluver richtig die Frentaner erkannt; die Peuketier sind mir die Sabiner (s. ʽsafinimʼ im Glossar).

Alphabet zuerst kurz nach dem Eintritt der Samniter in Campanien. Dem vierten Jahrhundert d. St. gehören die Münzen von Uria, Allifä, Phistelia, ausserdem vielleicht einige Vaseninschriften und die Grabschrift von Sorrent; das Oskische erscheint hier gemischt mit dem Griechischen, neben griechischer Schrift und griechischen Gebräuchen. Die Didrachmen von Uria Phistelia Allifä sind wohl etwas älter als die Obolen von Phistelia und Allifä; die Aufschrift der Didrachmen von Phistelia 'fistlus' scheint der der Obolen gegenüber eine ältere Bezeichnungsart zu sein. Dem Stil nach setzt Millingen consid. p. 200 jene Didrachmen um 350 d. St., was mit meinen Annahmen zusammentrifft. — Im fünften Jahrhundert d. St. sind die Silbermünzen von Teanum und Nuceria geschlagen, welche augenscheinlich denen von Cales (420—485) und Suessa (441—485) gleichartig und gleichzeitig sind; die wenigen sehr leichten capuanischen Silbermünzen sind wohl kurz vor 485 entstanden, mit welchem Jahre alles Silbermünzen in Italien ausser in Rom aufhörte. Daneben geht die Kupferscheidemünze her, welche in Capua, Atella, Calatia, da sie römische Unzenzeichen trägt, nach 416 datirt, wo diese Städte die römische Civität erhielten. Diese Kupfermünze endigt indess nicht mit 485, sondern bleibt jetzt ohne dazu gehöriges Silber allein bestehen; die Masse der Kupfermünzen, namentlich solcher Münzstätten, die kein Silber aufzuweisen haben, gehört in die erste Hälfte des sechsten Jahrhunderts. So haben Capua, Atella, Calatia zu münzen aufgehört im J. 543, wo die Gemeinwesen dieser Städte aufgelöst wurden. So fallen die Münzen der Lukaner wohl nach 485, da sie kein Silber aufweisen, aber vor 553, da sie den bruttischen Kupfermünzen offenbar gleichartig und gleichzeitig sind, diese aber in Folge des hannibalischen Krieges aufhören. Die Münzen der Frentaner scheinen denen von Aesernia gleichzeitig, die nach 491 geschlagen sind. Die Münzen von Vibo mit Fes sind geschlagen vor der Gründung von Valentia 561. Die jüngsten Münzen scheinen die mit Pallaskopf und Hahn, die schon ausser Telesia lateinische Aufschrift erhalten haben, selbst in ehemals oskischen Münzstätten; ferner die von Larinum und Teate, deren Aufschriften aber auch schon wie ihre Werthzeichen römisch sind. Sie sind aus dem Sextantar- und Uncialfuss, wovon jener um 513, dieser 537 in Rom eingeführt ward. Seit 560 scheinen alle Münzstätten, die noch fortarbeiteten, ihre Münzen mit römischen Werthzeichen, namentlich auch mit dem Zeichen des Semis S versehen zu haben; da es derartige Münzen unter den oskischen nicht giebt, wird man annehmen dürfen, dass sämmtliche oskische Prägstätten um diese Zeit zu arbeiten aufhörten und dass zu der Zeit, wo Paestum und Brundisium ihre zahlreichen Semisse im Semuncialfuss schlugen, Teanum, Nuceria, die Frentaner, Larinum u. s. f. ihre Münzthätigkeit schon eingestellt hatten. — Die Inschriften sind im Allgemeinen jünger als die Münzen. Die ältesten mögen die bruttischen und lucanischen mit griechischer Schrift sein. Die von Anxa dürfte nach ihrer schönen tiefen Schrift dem fünften Jahrhundert der Stadt gehören; die mamertinische ist wohl um 500 d. St. entstanden und auch die oskischen von Vibo werden in die Epoche nach der samnitischen Occupation der Stadt (398 u. c., Diodor. XVI, 15) und vor der Gründung von Valentia (u. c. 561) fallen. Unter denen mit oskischer Schrift zeichnen I. VIII. X. XIV. sich paläographisch aus durch eine ältere Interpunction, indem nicht einfache, sondern doppelte Punkte die Wörter trennen; man wird sie mit Grund für älter halten können als die meisten übrigen Inschriften, zumal da XIV, die den Meddix von Capua erwähnt, jedenfalls vor 543 gesetzt werden muss. Doch muss die Inschrift VIII aus andern Gründen in späte Zeit verlegt werden, und mag sich daher in Samnium diese alte Interpunctionsweise überhaupt länger gehalten haben; auch I. X sind samnitisch oder frentanisch. Auch das ist bemerkenswerth, dass VIII. XIV (vgl. XI. XIII. XXXIII) die differenzirten Vokale í und ú nicht kennen, welche auf den Münzen der ältesten Periode und den Vaseninschriften (XXXII) ebenfalls entweder ganz fehlen (so constant 'fistluis', obwohl diese Endung später stets úís geschrieben wird) oder doch in sehr schwankendem und regellosem Gebrauch erscheinen wie ú auf den Münzen von Uria. Man wird hiebei erinnert an das Fehlen von η und ω auf den älteren griechischen Steinschriften; doch kann freilich auch der Zufall und die Nachlässigkeit der Kopisten hier gewaltet haben. Der Cippus von Abella kann nicht älter sein als der hannibalische Krieg, da die Verfassung von Nola, die er voraussetzt, erst im J. 538 von Rom aus bestimmt ward; da indess auf ihm manche ältere Sprachformen sich finden, dürfte es gerathen sein, denselben noch ins sechste Jahrhundert d. St. zu setzen. Die grosse Masse der übrigen Denkmäler, namentlich wohl sämmtliche pompejanische Inschriften gehören unzweifelhaft der ersten Hälfte des siebenten Jahrhunderts an. Die Inschrift VIII verräth römischen Einfluss in dem Worte 'niumeriis' und dürfte in die Zeit kurz vor dem Socialkrieg gehören. Von sicherer Zeitbestimmung sind die bantinische Tafel, zwischen 625 und 636 d. St., welche lateinische Schrift und auch schon vielfältige Spuren des Verfalls der Sprache aufweist, und die oskischen Münzen aus dem Socialkrieg 664—666 d. St. Der significante Gebrauch der oskischen Sprache auf den Münzen der Italiker — ohne Zweifel ebenfalls hervorgerufen durch die national-föderalistische Opposition der Provinzen gegen die Hauptstadt — ist ein Beweis dafür, dass, wenn die Samniter gesiegt hätten, auch die oskische Sprache eine neue Bedeutung und Verbreitung gefunden haben würde. Der Sieg der Römer und die Ertheilung der Civität an alle Italiker machte dem Gebrauch der oskischen Sprache wenigstens in der officiellen Sprache ein Ende, wie denn überhaupt das julische und das plautisch-papirische Gesetz eine durchgreifende Revolution aller italischen Verhältnisse zur Folge hatten. Durch sie wich das einheimische Privatrecht dem römischen ius civile, wie wir z. B. aus Gell. IV, 4. vgl. Cic. pro Balb. 8, 21. sehen, dass die Nichtigkeit der Brautschaftsverträge durch das julische Gesetz von selber auf die Latiner überging, die bis dahin durch dies speciell römische Prohibitivgesetz nicht gebunden gewesen waren. Durch sie traten an die Stelle des einheimischen Meddix, den alle oskischen Inschriften aufzeigen, die den römischen Consuln nachgebildeten Duumvirn und Quatuorvirn, welche den lateinischen Inschriften eigenthümlich sind, so dass offenbar der Wandel in der Magistratur mit der Aenderung der Geschäftssprache zusammenhängt. Durch sie traten die römischen Monate an die Stelle der einheimischen; von den samnitischen kennen wir nur den Maesius, in der Sabina entsprach der Floralis dem Julius, wesshalb die sabinische Inschrift vom J. d. St. 696 Orell. 2483 neben a. d. III. Id. Quinct. das Datum trägt mense flusare = mense Florali. Durch sie traten an die Stelle der einheimischen Vornamen die römischen; denn wie kein Barbar einen römischen (Marini atti p. 442), durfte auch kein Römer einen peregrinischen Vornamen führen. Daher finden sich die ausschliesslich oskischen Vornamen nur selten auf lateinischen Inschriften, und zwar fast nur auf den ältesten und häufiger bei den Vätern als bei den Söhnen, vermuthlich also fast nur bei den Personen, die noch in die Zeit vor dem Socialkrieg hineinreichen[7]). Sehr natürlich ist es, dass man sich in den oskischen Distrikten mit Vorliebe den Namen zuwandte, die den Oskern und Römern gemeinsam waren; daher die vielen Numerii in Pompeji. — Demnach kann es keinem Zweifel unterworfen sein, dass nach 666 in allen öffentlichen Inschriften durch ganz Italien die römische Sprache regelmässig gebraucht ward[8]); wie sich denn auch

---

[7]) Vgl. Vibius, Epidius, Herius, Minius u. a. im Glossar. — In einer noch nirgends gut publicirten Inschrift aus Monte Caggiano in Lucanien ist die Auslassung des filius wohl aus oskischem Einfluss zu erklären: 'L. Manneius Q. medic. veivos fecit φύσει δὲ Μενεκράτης Δημητρίου Τραλλιανός' etc. — Auch der folgende Stammbaum des P. Paquius Scäva aus Histonium, eines Proconsuls aus Augustus Zeit, und seiner Gattin und sobrina Flavia (Murat. 428, 1., hier nach Autopsie) muss in die Zeit vor dem Socialkrieg hinaufreichen:

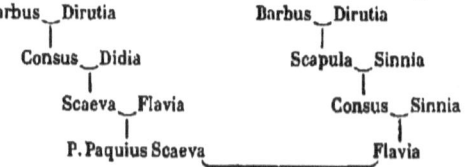

[8]) Wenn Strabo sagt VI, 1, 2: νυνὶ δὲ πλὴν Τάραντος καὶ Ῥηγίου καὶ Νεαπόλεως ἐκβεβαρβαρῶσθαι συμβέβηκεν ἅπαντα καὶ τὰ μὲν Λευκανοὺς καὶ Βρεττίους κατέχειν, τὰ δὲ Καμπανούς, καὶ τούτους λόγῳ, τὸ δ' ἀληθὲς Ῥωμαίους· καὶ γὰρ αὐτοὶ Ῥωμαῖοι γεγόνασιν; so deutet er hier wohl auf mehr als bloss factische Verhältnisse. Diese drei Städte scheinen bei der Annahme des römischen Bürgerrechts nach dem Socialkrieg sich den Gebrauch ihrer eigenen Sprache und ihres eigenen Rechts ausbedungen zu haben, denn noch bis in späte Zeit sind die öffentlichen Inschriften von Neapel und Region griechisch. Dass auch die Exemtionen vom Kriegsdienst ex foedere fortdauerten, obgleich ein foedus eigentlich nicht mehr bestand, sieht man aus der lex Julia municip. 93. 103. — Was Tarent anlangt, so ist nicht an die römische Kolonie zu denken, sondern an die davon verschiedene griechische Stadt (Plin. 3, 16, 99. Lorenz de civit. vet. Tarentinorum p. 45); dass ächte griechische Inschriften uns hier fehlen, ist auf Rechnung des frühen Verfalls von Tarent zu setzen.

durchaus kein Grund findet, irgend eine derartige oskische Inschrift der Zeit nach 666 zuzuweisen. Auch die verhältnissmässige Seltenheit der oskischen Inschriften verträgt sich hiemit sehr wohl; sie sind in Unteritalien, wo ausser in altlateinischen Colonien wie Venusia, Luceria, Benevent und in dem seit 543 an römische Pächter ausgethanen campanischen Acker archaische (d. h. vorsullanische) römische Inschriften zu den allergrössten Seltenheiten gehören, offenbar für diese der Ersatz.

Allerdings ist davon, dass die oskische Sprache seit 666 nicht mehr im öffentlichen Leben gebraucht ward, das Verschwinden der Sprache selbst noch sehr verschieden; dies indess ist kaum zu bestimmen, zumal da bei den Oskern wie überhaupt bei den Italikern mit Ausnahme der Messapier, Etrusker und Römer es nicht üblich war, die Gräber der Verstorbenen mit Inschriften zu bezeichnen. Nicht selten findet man in Samnium Grabsteine, selbst von späterer Arbeit, die unbeschrieben sind; eine oskische Grabschrift existirt nicht — denn XVII ist mehr als zweifelhaft — mit Ausnahme der surrentiner XXXIII, die offenbar unter griechischem Einfluss entstanden ist. Wir sind daher, seitdem die öffentlichen Inschriften aufhören, auf ein äusserst dürftiges Material beschränkt. Die Bronze von Agnone kann in diese Zeit gehören, aber auch älter sein als der Socialkrieg. Die römischen Philologen haben sich noch mit oskischen Urkunden beschäftigt, wie man besonders aus Festus sieht. Es ist ungewiss, wem wir die trefflichen oskischen Glossen verdanken, die bei Festus erhalten sind; doch möchte nach der Glosse dativus zu urtheilen an L. Aelius Stilo aus Lanuvium zu denken sein, der in der Mitte des VII. Jahrhunderts blühte und Varro's Lehrer war. Dass spätere römische Gelehrte sich mit der Sprache beschäftigt und sie verstanden haben, ist nicht nachweislich. Varro, der so oft sabinische Wörter anführt, bringt nur vier oskische bei: asta casnar multa supparus, von denen ihm casnar z. B. als Atellanenfigur vorgekommen sein musste und auch die übrigen leicht zufällig ohne Kunde der Sprache ihm bekannt sein konnten. Oskisch verstand er wohl ebenso wenig wie etruskisch, er hätte sonst sicher mehr daraus angeführt. Dass die Sprache noch zu seiner Zeit bestand, sagt er bei Gellius XI, 1: 'vocabulum multae non Latinum sed Sabinum esse idque ad suam memoriam mansisse ait in lingua Samnitium qui sunt a Sabinis orti.' Varro will die Ableitung κατ' ἀντίφρασιν aus dem römischen multus abweisen*, indem er das Wort für unrömisch und durch die Sabiner nach Rom gekommen erklärt. Der Gebrauch des Wortes bei den Sabinern, die damals längst römisch sprachen, konnte ihm natürlich den Beweis nicht liefern, dass dasselbe ursprünglich sabinisch sei; wohl aber konnte er sich darauf berufen, dass das Wort in der oskischen Sprache noch vorkomme und daher auch in der altsabinischen vorgekommen sein müsse. Es ist daher klar, dass die lingua Samnitium hier nicht, wie lingua Sabina bei Späteren steht, von einem mit Idiotismen erfüllten Latein zu verstehen ist, sondern eine eigene von der lateinischen verschiedene Sprache bezeichnet. Zu Varro's Zeit also lebte die

Sprache der Samniter noch. — Dagegen lesen wir bei Strabo VI, 1, 2, der unter August schrieb, dass die nationalen Eigenthümlichkeiten der Samniter, Lucaner und Brettier in Dialekt, Bewaffnung und Kleidung zu seiner Zeit verschwunden seien, und dass auch die Campaner damals nicht mehr oskisch sprachen, lässt sich aus V, 3, 6 schliessen; was auch im Allgemeinen gewiss richtig ist, obgleich noch in manchem Bergdorfe lange Zeit nachher oskisch gesprochen sein mag. Von den Sprachverhältnissen in Campanien sind wir durch die pompejanischen Pinsel- und Griffelinschriften im Stande, uns ein lebhafteres Bild ihrer späteren Beschaffenheit zu machen. Die meisten oskischen Wandinschriften finden sich mit rother Farbe nicht auf den Stuck, sondern auf die soliden Tuffpilaster geschrieben, welche ohne Zweifel manchen Erdstoss überdauert haben und gewiss lange vor der Verschüttung errichtet waren. Gemischt mit ihnen finden sich lateinische Inschriften, aber nicht jene langgezogenen schmalen und feinen Buchstaben der gewöhnlichen Wahlempfehlungen, sondern breite und starke Züge von offenbar sehr viel älterem Charakter; auch die Namen der in diesen empfohlenen Candidaten — Acutius Artorius Carpinius Maevius Marius Salenus Tullius — und die Siglen sind ganz andre als die der gewöhnlichen Empfehlungen. Man wird sowohl diese lateinischen als die oskischen Inschriften auf dem Tuff mit Wahrscheinlichkeit um die Zeit des Socialkrieges setzen können, wo ein solches Gemisch nicht befremdet und wo es noch nicht Gebrauch gewesen zu sein scheint, die Aussenseite der Häuser mit Stuck zu bekleiden. Dagegen ist unter den jüngeren Wandinschriften unter hunderten nicht eine oskische Inschrift zu finden; im Ganzen kennen wir drei auf Stuck und diese zum Theil auf ältere später wieder beworfene Lagen gemalte, und einige Griffelinschriften auf der Aussenseite der casa del Fauno und der casa del poeta tragico, die allerdings, namentlich die letzteren, nicht gar lange vor der Verschüttung der Stadt entstanden zu sein scheinen und daher auch mit fremdartigen Buchstaben, z. B. dem o in XXXIa gemischt sind. Auch die Inschrift der Flora XIX mag in diese Zeit gehören. Offenbar war Pompeji zur Zeit seines Untergangs eine römische Stadt, doch gab es noch immer hie und da Einen, welcher der alten nationalen Sprache und Schrift nicht ganz unkundig war; und wenn man bedenkt, wie viel früher überall die Volkssprache aus dem schriftlichen Verkehr schwindet als aus dem lebendigen Munde, so wird man geneigt sein, den gänzlichen Untergang der oskischen Sprache nicht allzu früh anzusetzen.

Welchen Grad der Entwicklung die oskische Sprache erreicht hat, ist natürlich nur in sehr allgemeiner Weise zu bestimmen. Merkwürdig aber ist es, wie um 400 d. St. die Sprache sich zusammennimmt, ihr Alphabet regulirt und von nun an nicht mehr in Corruption des Griechischen, sondern selbstständig neben dem Griechischen auftritt. Die Sprache selbst hat seitdem nicht den Anschein eines ungebildeten Jargons, der nur des nothdürftigen Verständnisses wegen aufgezeichnet ward; soviel wir sehen, ist die Formenlehre reiner entwickelt als die römische, die Orthographie viel consequenter als die der gleichzeitigen römischen Urkunden. Eine Sprache, die das Bedürfniss fühlt, wie die römischen und griechischen Nachbaren *u* und *o* zu unterscheiden, welche die Differenzirung des gewöhnlichen I von dem I pingue des Lucilius, die dieser umsonst verlangte, consequent durchgesetzt hat, ist mehr als ein barbarischer Dialekt. Wenn wir von den Griechen nichts wüssten, als dass sie ihr unvollkommenes Alphabet durch Differenzirung von ε η, ο ω erweitert haben, so würden wir sie schon darum den Kulturvölkern zurechnen müssen. Den oskischen Völkern eine Kunst und Literatur beizulegen, welche der römischen, wie sie um die Mitte des VII. Jahrhunderts war, nicht nachstand, ist nichts im Wege; ja es ist einleuchtend, dass von Tarent und Neapel aus griechische Sitte und griechische Bildung viel directer auf die Campaner und Samniter einwirken musste, als es jemals bei den Römern der Fall war. Wenn Cato bei Cicero (de sen. 12) von einem Dialog des Tarentiners Nearchus erzählt, in dem der athenische Weise Platon, der tarentinische Archytas, der samnitische Pontius, der Vater des Siegers bei Caudium im J. d. St. 405 in Tarent mit einander sich unterreden, so beweist das, wie die Hellenen von den Samnitern dachten; schwerlich hätten zu Cato's Zeit Camillus oder Fabricius in griechischen Compositionen figurirt. Niebuhrs Idee, dass der Sieger bei Caudium durch griechische Philosophie zu solcher Milde bewogen worden, ist wenigstens sehr ansprechend. Auch verdient es Erwähnung, dass die Münzen von Nuceria dasselbe pythagoräische Symbol zeigen wie die von Velia und Massilia (Eckhel 1, 62). Von der Griechenfreundschaft der Nolaner reden Dionys und Strabon, und die reichen Schätze eingeführter griechischer Gefässe, die Versuche in eigener Vasenfabrication, die schönen Münzen sind hievon ein dauerndes Denkmal geblieben. Jene Vase, welche mit der oskischen Ueberschrift 'santia' den griechischen Xanthias vor einem Heraklesaltar darstellt, in einer offenbar aus einer Komödie entnommenen Scene, konnte nur da Beifall finden, wo die griechische Komödie durch Uebersetzungen nationalisirt war, wie im sechsten Jahrhundert in Rom. So mag hier eine nicht unbedeutende Literatur, die vielleicht auf die calabrischen Dichter Ennius und Pacuvius, auf den Campaner Lucilius nicht ohne Einfluss gewesen ist, verschollen sein; wenn Ennius (515—585) neben der Kunde der römischen und hellenischen sich auch seiner Kenntniss der oskischen Sprache rühmte, welche nicht sein heimischer Dialekt war, so hat er gewiss auch die letztere als eine Kultursprache aufgefasst, die allein eine Seele des Menschen zu heissen verdient. Lucilius (606—651) brauchte, wenn der Glosse des Festus unter *sollo* zu trauen, oskische Wörter mit oskischem Casus in lateinischen Versen, gerade wie er griechische einschaltete: *non sollo dupundi*. Das konnte er nur, wenn seinem Publikum auch eine oskische Literatur bekannt war. — Direkte Kunde haben wir einzig von der Pulcinellkomödie, die noch heute in Campanien einheimisch ist und die schon vor 450 d. St. so berühmt war, dass man damals sie, zunächst von Atella, nach Rom verpflanzte —

freilich als lateinische Komödie, nicht als oskische, wie Strabo V, 3, 6 sich eingeredet hat, befangen von der Idee, dass die oskische Sprache nichts sei als ein Dialekt der lateinischen (VI, 1, 6.). Aber gewiss standen die römischen Atellanen weit zurück hinter den campanischen Possenspielen, wo der einheimische Dialekt mit seinen dumpfen und gemeinen Doppelconsonanten und tiefen Vocalen dem breiten Munde des Possenreissers entgegenkam und keine Censur, nicht einmal die der Sitte, den frechen Witz eindämmte. Dort entstanden die Figuren, die nachher in Rom die Wonne der ,,Käufer von Kichererbsen und Nüssen" waren: **Pappus** oder **Casnar**, der geprellte dienstwillige Alte; **Bucco**, der Pierrot, dem vor lauter Gedankenlosigkeit der Mund nie stille steht, und der nimmersatte Fresser **Maccus**, der zur Freude des sympathetischen Publicums damals wie heute seine Maccaroni verschlang. Diese ungeschriebenen regelmässig wohl improvisirten Possenspiele mit festen Rollen und wechselnden Situationen sind eine den Campanern eigenthümliche poetische Schöpfung, in der das nationale poetische Element der italischen Völker glücklich sich offenbaren konnte und aus der sich unter günstigeren Verhältnissen vielleicht eine italische Komödie entwickelt haben würde [9]).

---

[9]) Ueber die schon vor 450 in Rom üblichen (Munk p. 90) Atellanen vgl. besonders Munk de fabulis Atellanis Lips. 1840. Obwohl dieselben unzweifelhaft der campanischen Lokalposse nachgebildet wurden und ihre stehenden Rollen derselben entlehnten, so ist doch eben so gewiss, dass dieselben in Rom durchaus zur römischen Posse geworden waren und der Maccus und Bucco nur insofern personae Oscae und Atellani hiessen, wie heutzutage ihre Nachfolger, der Arlechino und Brighella, Bergamasken; der Ruf des Volks: die Leiche des Tiberius müsse im Amphitheater von Atella verbrannt werden (Suet. Tiber. 75), beweist, dass die Stadt im römischen Sprachgebrauch das Schilda von Italien war, die Stadt der Narren und der Eulenspiegel. Es ist daher nicht nur Strabo's Meinung über die oskische Sprache dieser ludi osci sicher falsch (Munk p. 52—58), sondern nicht einmal die Namen der oscae personae Maccus (griechisch $M\acute{\alpha}\varkappa\varkappa\omega$), Bucco (von bucca $=$ $\Gamma\nu\acute{\alpha}\vartheta\omega\nu$), Pappus ($=$ $\Pi\acute{\alpha}\pi\pi o\varsigma$) — die vielleicht alle Erfindungen von L. Pomponius sind — können als oskisch gelten, ja es scheint als habe in den wirklich oskischen Possen der Pappus vielmehr Casnar geheissen (s. d. im Glossar). Aus diesem Grunde enthalte ich mich alles Eingehens auf die römischen sogenannten oskischen oder atellanischen Spiele, die mit der oskischen Sprache ebenso wenig zu thun haben, als unsere französische Tragödie mit der französischen Sprache.

Der Bundesvertrag von Nola und Abella.

(Taf. VI; die Varianten s. Taf. V.)

maiiúí. vestirikiíúí. mai. sir͙.
prupukid. sverruncí. kvaíst[u]
reí. abellanúíx inim. maiiù[í]
iùvkiíúí. mai. pukalatúí
5 medíkeí. deketasiùí. nùvla
[núí. í]nim. ligatúis abellan[úis]
inim. ligatúis. nùvlanùis
pùs. senate[í]s. tanginùd
suveís. pùtùrùspid. ligat[ùs]
10 fufans. ekss. kúmbenedx
sakaraklùm. herekleís.[?
slaagid. pùd. ist. inim. teer[úm]
pùd. ùp. eísùd. sakaraklùd[.ist]
pùd. anter. teremníss. eh[trad]
15 ist. paí. teremenniù. mù[ínikad]
tanginùd. prúí tuset. r[ehtùd?]
amnùd. puv. idík. sakara[klùm]
inim. idík. terùm. mùiní[kùm]
mùiníkeí. tereí. fusid. [avt]
20 eíseís. sakarakleís. í[nim]
tereís. fruktatiuí. fr[ukta]
[tiùs.] mùinikù. pùturu[mpid]
[fus]id. avt. nùvlanu[
****]. herekleís. fí[///
25 *****] iispid. nùvlan[///
//// ipv // is͙t ////////
////////////////////
////////////////////
////////////////////
////////////////////
////////////////////
////////////////////

Magio Vestricieio Magii fil.
. . *Serroni? quaesto-*
ri Abellano, et Magio
Jovicieio Magii fil. Pucalato
5 *magistratui dictario (aedili) Nola-*
no et legatis Abellanis
et legatis Nolanis,
qui senatus iussu
sui utrique legati
10 *fuerunt, hoc convenit.*
Sacellum Herculis
in agro? quod est et terra
quae apud id sacellum est,
quae inter terminos extra
15 *est, quae terminatio communi*
iussu recte obtinebit) ex [iusta]*
causa aliqua, id sacellum
atque ea terra (haec) communis
(illud) in communi terra erit. At
20 *eius sacelli et*
terrae messione mes-
sio communis utrorumque
erit. At Nolanorum .
Herculis fanum .
25 .   *que Nolan*
          ibi?

ekkum / /   / / / / / /
trîbaraka / / / / / / / / / /
límítú . . iernı . . . / / / / /
30 herekleís. fíìsnu mefé / / /
íst. ehtrad feíhùss. pu[s]
herekleís. fíìsnam. amfr
et pert. víam. pùsstíst
paí. íp. íst. pùstin. slagím
35 senateís. suveís. tangi
nùd. tríbarakavum. lí
kítud íním. íùk. tríba
rakkiuf. pam. núvlanùs
tríbarakattuset. íním
40 úíttiuf. núvlanum. estud
ekkum. svaí. píd. abellanùs
tríbarakattuset. íùk. trí
barakkiuf. íním. úíttiuf.
abellanum. estud. avt
45 pùst. feíhùís. pùs. físnam. am
fret. eíseí. tereí. nep. abel
lanùs. nep. núvlanùs. pídum
tríbarakat. tíns. avt. the
savrúm. pùd. eseí. tereí. íst
50 pùn. patensíns. múíníkad. ta[n]
ginúd. patensíns. íním. píd. e[seí]
thesavreí. pùkkapid. eh[trad]
[ù]íttíùm. alttram. alttr[
]errìns. avt. anter. slag[ím]
55 [a]bellanam. íním. núvlanam
[p]ùllad. víù. uruvù. íst. tedur
[e]ísaí. víaí. mefiaí. tereme[n]
[n]iù. staíet

Item [si volent agrum]
parti[ri, qui ager]
limitatus [post] term[inos, ubi]
30 *Herculis fanum medium*
est, extra postes qui
Herculis fanum amb-
iunt[b]*, ad viam usque positus est,*
qui ibi est positus, cum agrum
35 *senatus sui ius-*
su partiri li-
ceto[c]*); et is*[d]*) partiti-*
one quam Nolanus (senatus)
partitus erit et
40 *usu Nolanorum esto.*
Item si quid Abellanus (senatus)
partitus erit, is (ager)
partitione et usu
Abellanorum esto. At
45 *pone postes qui fanum*
ambiunt, in ea terra neque
Abellanus neque Nolanus quidquam
distribuisse velint[e]*). At ae-*
rarium, quod in ea terra est,
50 *cum aperiant, communi ius-*
su aperiant, et quidquid (est) in eo
aerario, quandoque extra
usum alterius utrius?
habeant[f]*). At inter agrum*
55 *Abellanum et Nolanum*
quâcunque via curva est
in ea via media termina-
tio) stet.

a) Aufrecht S. 22 liest 'prúftú set' = *probata sit*, gegen die wohl beglaubigte Lesart und gegen die Analogie; es müsste prufatú heissen, wie 'ligatúís' etc.

b) Eigentlich ambit. Auch im Lateinischen verbindet man in der alten Sprache mit einem Substantiv im Plural einen Relativsatz im Singular, wenn dieser auf jedes einzelne der mehreren Subjekte ganz bezogen werden soll: Lex repet. v. 21. *Cviros quei vivat* (wo Klenze falsch corrigirt *vivant*) — v. 63. *eorum nomine quei non aderit.* — v. 66. *eis faciunto uti quod recte factum esse volet* (so noch in der lex Quinctia gegen das Ende: *per curatores — — uti quod recte factum esse volet*). — v. 72. *ea omnia quod factum non erit.* — ib. *omnium rerum quod factum non erit.* — Vgl. SC. de Bacch. v. 19. *homines plous V oinvorsei sacra ne quis-*

quam fecise velet. Danach konnte man auch im Oskischen sagen: *extra postes qui claudit* statt *qui elaudunt.* Dieselbe Construction B. 25. ʿegmazum pas-setʾ = *rerum, cuius* d. i. *quarum alicuius sit.*

c) Um die Möglichkeit der Restitution zu veranschaulichen, erlaube ich mir sie hier vorzulegen, wie sie oskisch gelautet haben kann: ekkum [svaí herens slagím] tríibaraka[vum, pai slagís] límítú [púst t]erm[níss, puf] herekleís fíísnú meff[iú] ist u. s. w. Die Worte *post terminos ubi Herculis fanum medium est* und *extra postes qui Herculis fanum circumdant* sind Zwischensätze, die weitläufig den Gegensatz von dem ausdrücken, was Z. 14 kurz heisst: *inter terminos — extra.* Als Subjekt des Hauptsatzes ist slagís anzunehmen, das nach Z. 55 feminin ist; es ist zu verbinden *qui ager limitatus ad viam usque positus est.* Ueber die Krasis in ʿpússtístʾ = pússtú ist und ʿpústinʾ = pústú in ist im Glossar gesprochen.

d) ʿlúkʾ ist von ʿtríbarakkiufʾ zu trennen und jenes = *ea* auf ʿslagímʾ zu beziehen. ʿtríbarakkiufʾ wird, wie die verwandten Wörter auf tiús lat. *tio* alle, weiblich sein, so dass ʿpamʾ sich auf dies Wort bezieht. Es heisst *is ager ea partitione, qua Nolanus eet.*

e) ʿtríbarakattusetʾ Z. 39. 42 ist zu verbinden und in der That sind die Punkte zweifelhaft; danach muss auch der Punkt vor ʿtínsʾ irrig angenommen sein und ist zu lesen tríbarakattíns. Dies hat Peter H. A. L. Z. 1842, 2, Sp. 66 richtig bemerkt.

f) ʿ. erríns ʾ ist nur gerathen; auch die Beziehung von ʿalttramʾ ist nicht klar. Es scheint grammatisch zu ʿúíttíúmʾ zu gehören, das Femininum sein wird, und *extra alterum alterius usum* gesagt zu sein für *extra alterutrius usum.*

g) Die Bedeutung von ʿtedurʾ ist noch nicht gefunden; s. das Glossar.

Die den Bundesvertrag von Nola und Abella enthaltende 5 F. 11½ Z. rheinisch hohe, 1 F. 11 Z. breite und 11 Z. dicke Steinplatte, aus dem harten Kalkstein der abellanischen Hügel, wurde — so wird berichtet — etwa ums Jahr 1685 (Remondini diss. p. 23 not. 9.) von Avella vecchia (castel d'Avella) nach dem heutigen Avella transportirt und dort als Thürschwelle verwandt, bis sechzig Jahre später im J. 1745 der Genueser Gian Stefano Remondini, damals Professor der Theologie am bischöflichen Seminar in Nola, zufällig auf den Stein aufmerksam wurde und sich bemühte, denselben für das Museum zu erwerben, welches er eben im Auftrage des Bischofs Trojano Caracciolo del Sole zu bilden beschäftigt war. Nachdem der Primicerius der Collegialkirche von Avella Francesco Borzella endlich im Mai 1750 seine Einwilligung gegeben hatte, liess Remondini den Stein ausgraben (wobei sich fand, dass er auch auf der Rückseite beschrieben war) und in das Seminar transportiren, wo er seitdem die Zierde der nicht unbeträchtlichen Sammlung von Alterthümern geblieben ist. Auch als die Unwissenheit späterer Seminarvorsteher die unansehnlichen Stücke dieser Sammlung verschleudern und zerstören liess, entging er durch seine stattliche Grösse diesem Schicksale, wie denn auch die Bemühungen der neapolitanischen Regierung, denselben für das Museo Borbonico zu gewinnen, bisher ohne Erfolg gewesen sind.

Herausgegeben ward die Inschrift, welche die Vorder- und Rückseite dieser Platte trägt, zuerst nach einer von Remondini sofort nach Ausgrabung des Steins im J. 1750 an Gori übersandten Abschrift von Giambattista Passeri in den memorie della società Colombaria Fiorentina vol. II. Livorno 1752. p. 1—16, mit einem Commentar, an dem wenigstens die Kürze zu loben ist. Da ein ungenannter Kritiker (in den memorie per servir alla storia letteraria, Vinegia 11 Agosto 1753) so unhöflich gewesen war zu äussern, dass nach Passeri's Methode 'tribarakat' auch recht wohl ter braccatus bedeuten könne, so rückte Passeri hiegegen in die pesareser Bearbeitung des Journal de Trévoux vom J. 1753 eine Erwiederung ein, worin er die kleineren oskischen Inschriften von Nola, die Remondini ihm mittlerweile übersandt hatte, in Umschrift mittheilte [10]). — Besser als diese sehr ungenügende obwohl von Grotefend wiederholte Copie ist die zweite Abschrift Remondini's (in den Dissertazioni del P. D. Gianstefano Remondini 1. sopra una singolare iscr. osca. 2. sopra il celebre avvenimento di Cassandra in Troja rappresentato in un' antico vaso etrusco. Genova 1760. fol. pp. 86), welche auf sorgfältiger und wiederholter Prüfung des Originals beruht und in der That für jene Zeit nicht übel ist; so z. B. ist es bemerkenswerth, dass Remondini schon auf die Interpunction und die diakritischen Zeichen des *I* und *V* aufmerksam geworden war (p. 25 n. 19). Zugleich sind Passeri's Aufsatz und die darauf bezüglichen Streitschriften wieder abgedruckt mit Anmerkungen Remondini's, mehr kritischen als exegetischen Inhalts. Nach diesem Stich ist der zweite von Passeri wiederholt in dem linguae Oscae specimen singulare quod superest Nolae in museo Seminarii, wovon der Einzelabdruck (Rom. 1774?) mir nicht zu Gesicht gekommen ist, wohl aber derjenige in Passeri's picturae Etruscae T. III. Rom. 1775. fol. p. LI sq. — Später ist die Inschrift oft ganz oder theilweise von Lanzi, Grotefend, Guarini u. A. wiederholt; nach dem Stein berichtigt (ausser in dem von Lepsius angeführten Giornale di Geronta Sebezio 1836 no. XXII) zuerst von Lepsius, der denselben im J. 1837 genau verglich und zuerst einen brauchbaren Text lieferte. Unter den späteren Bearbeitungen desselben ist besonders die von Peter zu nennen (Hall. A. L. Z. 1842, Bd. 2. Sp. 67 fg.). Lepsius Stich habe ich im J. 1845 mit dem Original zusammengehalten und noch Einiges berichtigt. Die Tafeln V und VI geben diesen Text mit den vollständigen Varianten von Lepsius und einzelnen der zweiten Abschrift Remondini's; einen Stich, der ähnlich den musterhaften mazochischen der tabulae Heracleenses alle kleinen Zufälligkeiten und den ganzen flachen, nachlässigen und unregelmässigen Charakter der Schrift wiedergäbe, wie er in Lepsius Tafel keineswegs hervortritt, könnte man nur mit dem Original beständig vor Augen herstellen. Die Schrift unterscheidet sich wesentlich von der schönen tiefen Schrift der meisten pompejanischen Steine; charakteristisch ist es z. B., dass in den Spalt, der Z. 16 anfängt und der vorhanden gewesen sein muss, ehe die Inschrift in den Stein gehauen ward, die Buchstaben hineingehauen sind.

---

10) Sie finden sich auch in einem fliegenden Blatt: iscrizioni che stan nel Museo del Vescovil Seminario di Nola, das mir zu Gesicht gekommen ist, welches ich aber zu vergleichen versäumt habe.

Bis auf Lepsius hielt man die Seite, welche jetzt die erste ist, für die zweite und umgekehrt; da aber auf der jetzigen zweiten theils das Ende deutlich zu erkennen ist, theils auf dieser von Z. 38 an und namentlich in den acht letzten Zeilen die Ligaturen ebenso häufig sind als sie auf der andern Seite sparsam vorkommen, der Schreiber also hier mit dem Platze nicht auszukommen fürchtete, so hat Lepsius mit Recht die Ordnung umgekehrt, was der Inhalt vollkommen bestätigt. Was die Brüche anbetrifft, so ist auf beiden Seiten der obere Rand vorhanden mit einigem Raume darüber, auf der zweiten Seite auch der untere mit einem bedeutenden unbeschriebenen Raum unter der letzten Zeile. Auf der ersten fehlt dagegen der Schluss, da hier die Oberfläche des Steins abgesprungen ist; es ist indess anzunehmen, dass nach Z. 26 nicht mehr fehlen als etwa sechs Zeilen, so dass auch diese Seite wie die andre 32 Zeilen hatte. Der leere Raum der zweiten Seite scheint nämlich nicht zufällig frei geblieben zu sein, da ja der Schreiber sonst keine Veranlassung gehabt hätte, die Schrift in den letzten Zeilen von Z. 38 an zusammen zu drängen, sondern um es möglich zu machen, dass der Cippus in die Erde eingegraben werden konnte, ohne dass die Schrift in die Erde verborgen oder so nahe an den Boden gerückt wäre, dass man sie nicht wohl hätte lesen können. Da der Cippus von beiden Seiten gelesen werden sollte, so konnte er in keiner andern Weise aufgestellt werden, als dass man ihn freistehend in der Erde befestigte. Die zweite Seite, welche oben lag, wie der Stein als Thürschwelle diente (Rem. p. 2; p. 39 n. 96), hat, ohne Zweifel hiedurch, noch die Beschädigung erlitten, dass Z. 27 fg. viele Buchstaben glatt abgerieben sind. Ferner sind überhaupt die Kanten des Steins beschädigt und abgesprungen, wodurch in vielen Zeilen mehr oder weniger Buchstaben verloren sind. Die Zahl der jedesmal fehlenden ist auf äusserlichem Wege nicht genau zu bestimmen, theils in Folge der ungleichen Länge der Zeilen, welche wo das Wort oder der Satz aus ist mitunter abbrechen und freien Raum lassen (z. B. Z. 3. 4. 7. 8. 43. 44.), theils in Folge des Ligaturensystems, das viele Buchstaben auf einen verhältnissmässig kleinen Raum zusammenzudrängen gestattet; man muss daher in jedem einzelnen Falle auf die Tafel recurriren und prüfen, ob die Ergänzung dem Raum ungefähr adäquat sei. — Absätze bezeichnet die Tafel entweder durch Zwischenräume (Z. 37. vgl. 44. 48. 54) oder durch grössere Punkte (Z. 3. 10). — Die worttrennenden Punkte sind mit grosser Sorgfalt gesetzt und fehlten (ausser natürlich in der Krasis) auf dem Stein wohl nirgends, so lange er noch unbeschädigt war; einzeln finden sich auch Punkte am Ende der Zeilen (Z. 10. 43), wo sicher nichts fehlt.

Der Inhalt dieser Steinschrift ist ein Vertrag der beiden benachbarten Städte Campaniens, Nola und Abella. Ueber Nola's Ursprung giebt es sehr verschiedene Traditionen (s. Cluver. p. 1185. Kramer Stil und Herkunft der griech. Thongefässe S. 149—155); es heisst eine ausonische, etruskische, tyrische (tyrrhenische?), chalkidische (d. cumanische) Gründung. Dass die Stadt eine ursprünglich italische d. h. oskische ist — und anders ist es auch wohl nicht zu verstehen, wenn sie von Hekatäus ausonisch, vielleicht auch wenn sie von Andern tyrrhenisch genannt ward — beweist theils der Name (= Neustadt, s. das Glossar), theils dass die Nolaner in der Geschichte des fünften Jahrhunderts der Stadt im Bunde mit den Samnitern, in Opposition gegen die Neapolitaner auftraten (Liv. 8, 23 sq., 9, 28.) vgl. oben S. 150. Wie aber die Osker überhaupt $\varphi\iota\lambda\acute{\epsilon}\lambda\lambda\eta\nu\epsilon\varsigma$ waren (Strabo V, 4, 12, p. 396 Kr.), so gilt dies ganz besonders von den Nolanern, ,,welche die Nachbarn der Neapolitaner waren und gar sehr den Griechen zugethan" (Dionys. exc. de leg. L. XV, 5.); das beweisen die nolanischen Vasen und die vereinzelten oskischen Inschriften auf einigen derselben, das beweisen noch mehr die griechischen Aufschriften aller nolanischen Münzen, und eben dahin gehört auch vermuthlich die Sage von der chalkidischen Gründung der Stadt. Dass ihre Verkehrs- und Geschäftssprache die oskische war, zeigen dagegen die privaten und öffentlichen Inschriften; ähnlich wie die Mamertiner in Messana — diese vielleicht in Folge eines Kompromisses mit den Messanesern oder mit Rücksicht auf den Verkehr mit den übrigen sicilischen Städten — griechisch münzten, aber oskisch sprachen und schrieben. Zu den Römern standen die Nolaner in demselben Verhältniss, wie die Neapolitaner, in einer schon im zweiten punischen Kriege altbewährten amicitia (Liv. XXIII, 44, vgl. Rubino Ztschr. f. Alterth. 1844, Sp. 980), so dass ihre ursprüngliche Verfassung bis auf den Socialkrieg sich erhalten haben wird; nur dass freilich die Römer im zweiten punischen Krieg sie veranlassten, die nach griechischem Muster eingeführte Demokratie zu ändern. Dass Nola zur Zeit des Socialkrieges Colonie war (Liv. ep. 73), ziehe ich mit Madvig opusc. p. 304 in Zweifel. — Von Abella wissen wir wenig; dass es mit Nola in einer besonders engen Verbindung stand, deutet wohl Justin. XX, 1. (vgl. Sil. Ital. XII, 161) an mit den Worten: Jam Nolani Abellani nonne Chalcidensium coloni sunt? Die Stammsagen also, gleichviel ob wahr oder nicht, waren beiden Städten gemeinschaftlich, auch Abella affectirte den Hellenismus. Danach erscheint es sehr natürlich, dass die beiden Städte einen gemeinsamen Tempel besitzen, über welchen so wie über das dazu gehörende Land durch den uns erhaltenen Staatsvertrag gemeinschaftlich Bestimmungen getroffen werden.

Von der Urkunde, um die es sich hier handelt, sind ohne Zweifel zwei Exemplare angefertigt worden, von denen das eine in Nola, das andre in Abella an irgend einem öffentlichen Orte aufgestellt war. Uns ist das abellanische Exemplar erhalten, auf dem daher auch, wo Abella und Nola zusammen genannt werden, Abella stets vorangeht (Lepsius p. 61); der Ort, wo der Stein gefunden ist — Avella vecchia (wofern diese Fundnotiz Glauben verdient und die Annahme, dass dort die alte Stadt gelegen, richtig ist; die römischen Inschriften finden sich sämmtlich im heutigen Avella) — liegt eine Miglie vom heutigen Avella nicht gegen Nola zu, sondern in entgegengesetzter Richtung, so dass Passeri's Annahme, der Stein habe auf der Markscheide von Nola und Avella gestanden, nicht zulässig ist.

Der Eingang (Z. 1—10) giebt uns einigen Aufschluss über die Verfassung von Nola und Abella und dadurch auch über die Epoche, welcher diese Inschrift angehört. Der Quästor von Abella Magius Vestricieius und der Meddix degetasius von Nola (nicht der höchste Magistrat, sondern der Aedil, s. das Glossar) Magius Iovicieus schliessen den Vertrag ab mit Zuziehung jeder von einer Commission, deren Wahl der Senat jeder Stadt getroffen hat. Der Senat also ist es, nicht die Volksversammlung, welcher in beiden Städten die höchste Gewalt hat; er ist es auch, wie später sich zeigt, von dessen Beschluss die Auftheilung des Gemeinlandes abhängt. Von Nola wissen wir nun, dass Marcellus im zweiten punischen Kriege u. c. 538 die Verfassung änderte und auch hier, wie überall in den italischen Städten, eine oligarchische Verfassung statt der demokratischen einführte (Liv. 23, 17. summa rerum senatui tradita[11]). Das römische Bürgerrecht erhielten die Nolaner allem Anschein nach (vgl. App. 1, 42) erst in Folge des Bundesgenossenkrieges, wo sie Municipium mit freier Verfassung wurden (Paul. v. Municipium p. 127); eine Kolonie hat erst Vespasian dahin deducirt. Somit fällt die Entstehung der Inschrift in die Epoche zwischen 538 und 665. Da die Sprache derselben manche ältere Formen zeigt, welche auf den meisten übrigen oskischen Inschriften durch contrahirte ersetzt werden, und da diese doch auch vor 665 gesetzt werden müssen, so dürfte die Abfassung des Vertrags zwischen Nola und Abella nicht gar lange nach dem zweiten punischen Kriege anzusetzen sein.

Z. 11—19 bestimmt, dass der Tempel des Herkules, der nicht in Nola oder Abella, sondern auf dem Felde zwischen beiden Städten lag, so wie das zu dem Tempel gehörige Grundstück, welches zwischen der Markscheide von Nola und Abella ausserhalb beider liegt, wo die Grenzsteine nach beiderseitiger Uebereinkunft richtig gesetzt sind, dass dieser Tempel auf gemeinschaftlichem Grunde und das umliegende Grundstück gemeinschaftlich sein solle. Gemeinsame Tempel conföderirter Staaten sind bekanntlich nicht selten; am bekanntesten ist in dieser Hinsicht der Tempel der Diana auf dem Aventin, der von den Latinern und Römern gemeinschaftlich erbaut war (Liv. 1, 45 cet.) und wahrscheinlich im gemeinschaftlichen Eigenthum beider stand (Niebuhr I. S. 379 der zweiten Ausg.); womit es auch wohl zusammenhängt, dass der Aventin ausser dem Pomörium bis auf Claudius und bis zum icilischen Gesetz fast unbewohnt und lucus blieb (Dionys. X, 31. ὃς οὐχ ἅπας τότ᾿ ᾤκητο, ἀλλ᾿ ἦν δημόσιός τε καὶ ὕλης ἀνάπλεως) und dass dieser Tempel das Asyl der Sklaven war, wie Fest. v. servorum p. 343 Müll. anzudeuten scheint. Ebenso war der Tempel des Jupiter Latialis auf dem albanischen Berge Römern und Latinern gemeinsam. — Im Frieden zwischen

---

11) Daher auch die zwar späte, aber nicht falsche Inschrift, die ich selbst in Nola gesehen (Mur. 1809, 2): M. Cl. Marcello Romanorum ensi fugato Hannibale direptis Syracusis v. cons. s. p. q. Nola[nus].

Rom und Lanuvium im J. d. St. 416 wurde ausgemacht, ut aedes lucusque (Ael. hist. anim. XI, 16. ἄλσος μέγα καὶ δασύ; Cluver. p. 937) Sospitae Junonis communis Lanuvinis municipibus cum populo Romano esset (Liv. 8, 14); genau wie in der Inschrift von Abella das sacellum und die terra ad sacellum gemeinschaftlich gemacht werden. Dass zu jedem Tempel regelmässig ein mit Bäumen bepflanzter Platz gehört, ist bekannt und wird davon bei Gelegenheit der Inschrift von Agnone unten noch die Rede sein: hier genügt eine von Peter beigebrachte Stelle über den Lucus der lacinischen Juno bei Kroton, welche zeigt, dass ein solcher Lucus auch wohl nutzbares Land umschloss: lucus ibi frequenti silva et proceris abietis arboribus septus laeta in medio pascua habuit, ubi omnis generis sacrum deae pascebatur pecus; und nachher: magni fructus ex eo pecore capti columnaque inde aurea solida facta et dicata est (Liv. 24, 3). Der Herculestempel der Nolaner und Abellaner lag aber nicht bloss auf neutralem Boden, sondern auch da, wo die beiden Marken an einander stiessen, also in jener schönen fruchtbaren Ebene zwischen den beiden Städten, vielleicht näher an Abella als an Nola, da Abella's Gebiet sehr klein war (Sil. VIII, 545 pauper sulci cerealis Abella). Die Grenze ist wahrscheinlich dieselbe, welche Remondini storia eccl. Nolana T. I. p. 278 sq. zwischen der Diöcese von Nola und der von Abella aufgestellt hat, ehe letztere zwischen 1215 und 1318 mit der ersteren vereinigt ward. Es gehörten wahrscheinlich zu dieser Bajano, Mugnano, Quadrelle, Sirignano, Roccarajnola, Tufino, Cicciano. Bei Mugnano soll ein alter Ort Litto gelegen haben an dem jetzt noch so benannten Platze; nach einer Sage, die Remondini l. c. p. 297 referirt, wäre dieser benannt von Hercules Sohne Lydus. Ich weiss nicht, ob diess eine scholastische Erfindung ist oder eine ächte auf unsern Tempel bezügliche Tradition. Alte Reste giebt es in Mugnano. — Es war sehr natürlich, wenn zwei verbündete Städte nicht einen bestehenden Tempel zum Schatzhaus erklären, sondern einen neuen Tempel mit Schatzhaus anlegen wollten, diesen auf der Grenze zu erbauen; wenigstens ähnlich ist, was Strabo V, 4, 11 erzählt, dass die Gebiete von Cales und Teanum geschieden wurden durch die δύο Τύχαι ἐφ᾽ ἑκάτερα ἱδρυμέναι τῆς Λατίνης ὁδοῦ.

Z. 19—23 wird hinzugefügt, dass bei der Fruchtgewinnung von dem im gemeinschaftlichen Eigenthum stehenden Tempel und Tempellande die Fruchtgewinnung von beiden Städten gemeinschaftlich geschehen soll. Es soll das lucar, das aes quod ex lucis captatur (Paul. v. Lucar p. 119 Müll. cet.) ebenso gemeinsam sein wie der lucus selbst.

Was Z. 23—26 und in den darauf folgenden gänzlich verlorenen sechs Zeilen gestanden hat, ist nicht mehr zu errathen; nur so viel sehen wir, dass diese Bestimmung bloss auf die Nolaner, nicht auf die Abellaner sich bezog. Es könnte z. B. hier gestanden haben, dass die Nolaner die Sorge haben sollten, die Limites um den Tempel zu ziehen und die Grenzpfähle zu setzen; oder auch dass sie beauftragt sein sollten, den Tempel und die Wege um denselben in Stand zu halten, vorbehältlich der Entschädigung für den auf Abella treffenden Theil der Unkosten.

Z. 27—48 wird bestimmt, dass derjenige Acker, welcher hinter der Grenze, welche den Tempel des Herkules in der Mitte hat, ausserhalb der Grenzpfähle, welche denselben einschliessen, belegen ist bis an den Weg heran (welcher um den Lucus herumlief), wo dieser Acker auch immer belegen sein möge, nach Belieben des betreffenden Senats aufgetheilt werden kann (Z. 27—37), und was davon der nolanische auftheilt und zur Nutzung auslegt, solle den Nolanern zustehen (Z. 37—40); was in gleicher Weise von dem Acker gelte, den der Senat von Abella auftheilt (Z. 41—44). Hinter den Grenzen aber, die das Tempelland einschliessen, dürfe weder der abellaner noch der nolaner Senat irgend Land anweisen (Z. 45—48). — Diese Bestimmungen sind an sich klar; zur Veranschaulichung dient die schon angeführte Schilderung des Aventin, während er noch lucus war, bei Dionys. X, 31. 32; es hatten sich dort wie auf jedem andern ager publicus Einzelne Wohnplätze vom Staate gekauft, Andere vi oder clam sich dort angesiedelt; solche Assignationen und Occupationen im lucus des Herculestempels sollten hierdurch verhütet werden.

Z. 48—54 verordnet, dass die Schatzkammer, welche neben dem Tempel oder in einem Seitengebäude desselben sich befand, nur gemeinschaftlich geöffnet werden dürfe und der eine Theil allein nie befugt sein solle, das darin Befindliche anzurühren. Ein eigentlicher Bundesschatz zu Ausgaben für Bundeszwecke ist dieser Thesaurus nicht nothwendig; es kann sehr wohl der gewöhnliche Tempelschatz, das kostbare Geräth, die nicht öfentlich ausgestellten Weihgeschenke, die für Sacralzwecke oder zwecklos aufgehäuften Summen damit gemeint sein, welche nach dem römischen Rechtsprincip, dass alles sacrum auch publicum sei, dem Staate immer zu Gebote standen, aber hier bei dem gemeinsamen Tempel natürlich nur durch gemeinsamen Beschluss disponibel wurden. Ebenso wird der reiche Tempelschatz der lanuvinischen Juno, den August plünderte, so lange das Föderationsverhältniss der Lanuviner und Römer bestand, nur nach gemeinsamem Beschluss beider Theile geöffnet worden sein.

Der Anhang Z. 54—58 hat mit dem Hauptinhalt des Vertrags keinen nothwendigen Zusammenhang; es wird hier verfügt, dass (nicht mitten im Wege, sondern) in dem Wege, welcher in der Mitte zwischen der Feldmark von Nola und der von Abella sich befindet, überall wo der Weg eine Biegung macht, ein Grenzzeichen aufgestellt werden soll; so dass man also, wenn man von jedem Grenzzeichen recta regione bis zum nächsten weiter mass, die ganze Weglinie verfolgen und erforderlichen Falls herstellen konnte.

Weihinschrift von Agnone.

(Taf. VII.)

Vorderseite.

statús. pús. set. húrtín.
kerríín vezkeí. statíf
evklúí statíf. kerrí. statíf
futreí. kerríaí. statíf.
5 anter. stataí. statíf.
ammaí. kerríaí. statíf.
diumpaís. kerríaís. statíf.
líganakdikeí. entraí. statíf.
anafríss. kerríúís. statíf.
10 maatúís. kerríúís. statíf.
diúveí. verehasiúí. statíf.
diúvel. regatureí. statíf.
hereklúí. kerríúí. statíf.
patanaí. píístíaí. statíf.
15 deívaí. genetaí. statíf
aasaí. purasiaí.
saahtúm. tefúrúm. alttreí.
púterefpíd. akeneí.
sakahíter.
20 fiuusasiaís. az. húrtúm.
sakarater.
pernaí. kerríaí. statíf
ammaí. kerríaí. statíf.
fluusaí. kerríaí. statíf
25 evklúí. patereí. statíf.

Consecratio quae sit. Silvano et
Genio et . . stative;
Libero stative; Genio stative;
Veneri? geniali stative;
Interstitae stative;
Amni geniali stative;
Lumphis genialibus stative;
Lege tutae possessioni quietae stative;
Divis ambarvalibus genialibus stative;
Divis matutinis genialibus stative;
Jovi publico stative;
Jovi rectori stative;
Herculi geniali stative;
Pandae fidae stative;
Divae Genetae stative;
Arae purae;
[Quidquid est] sanctum divinum in altero
utroque praedio;
res sacra fiat.
Florariis deabus ante villam
res sacra fit:
Pali geniali stative;
Amni geniali stative;
Florae geniali stative;
Libero patri stative.

	Rückseite.
aasas. ekask. eestínt.	aras has consecranto.
húrtúí.	Silvano;
vezkeí.	
evklúí.	Libero;
5 fuutreí.	Veneri;
anter. stataí.	Interstitae;
kerrí.	Genio;
ammaí.	Amni;
diumpaís.	Lumphis;
10 líganakdíkeí. entraí.	Lege tutae possessioni quietae
kerríiaí.	geniali;
anafríss.	Diis ambarvalibus;
maatúís.	Diis matutinis;
diúveí. verehasiú.	Jovi publico;
15 diúveí. píthiúí. regatureí	Jovi pio rectori;
hereklúí. kerriúí.	Herculi geniali;
patanaí. pístiaí.	Pandae fidae;
delvaí. genetaí.	Divae Genetae;
aasaí. purasiaí.	Arae purae;
20 saahtúm. tefúrúm.	[quidquid est] sanctum divinum
alttreí púterelpíd.	in altero utroque
akeneí.	praedio.
húrz. dekmanniúís. staít	Silvanus in decimanis stet.

Der Entdecker F. S. Cremonese von Agnone berichtet im Bullettino dell' Inst. 1848 p. 145 sq. folgendermassen über seinen Fund: Diese Inschrift steht gravirt auf beiden Seiten einer etwa 9 Zoll (neap.) hohen und 5 Zoll breiten Bronzetafel. Am obern Theile derselben findet sich ein bronzener Griff, woran eine Kette hängt von drei schweren eisernen Ringen, oben mit einer Art eisernen Hakens versehen. Die Erhaltung ist vortrefflich, nur die 26ste Zeile (b. 1) ist etwas angegriffen vom Roste. Die Tafel wurde gefunden im März 1848 in der Tiefe von 9 Palmen, in der Mitte zwischen zwei quadratischen Steinmassen beim Graben eines Loches, um die Steine eines in der Nähe befindlichen Steinhaufens dorthinein zu werfen, in einem Distrikt auf der Grenze von Agnone und Capracotto, 3 Miglien von Agnone gegen Norden entfernt und etwa ebensoweit von Capracotto. Der Ort heisst Fonte del romito von einer Quelle dieses Namens, welche den Giessbach San Quirico bildet. Einige alte Kornelkirschenstämme (alberi di cerro) lassen vermuthen, dass vor Alters dort ein Kornelkirschenwald (un cerreto) sich befand. Fast in der Mitte der unteren Steinmasse befand sich eine kreisförmige Vertiefung, in welcher man den obenerwähnten Haken eingeschlagen fand, der ursprünglich wohl mit Blei befestigt war. Neben diesen Massen entdeckte man ein Mauerstück ebenfalls von behauenen mit Kalk verbundenen Steinen, von etwa 6 Palmen Dicke. Es scheint die Mauer eines Tempels gewesen zu sein, in dessen Recinct die Bronzetafel aufgehängt war. Zugleich fanden sich ausser Ziegeln und altem Bauschutt drei Silber- und 15 Bronzemünzen. Von den Silbermünzen ward die eine gewiss consularische sofort verkauft, die zweite ist der Denar der Familie Antestia mit dem Hund auf der Hauptseite (Riccio tav. 3. n. 1.), die dritte das kleine Silberstück mit Delphin, Weizenkorn und Muschel und der Inschrift 'fistluis'. Unter den Kupfermünzen ist eine von Suessa mit dem Hahn, ein zerstörter Semis, der zu einem Uncialas gehört; die andern sind Kaisermünzen, vier von August, zwei von Tiber, eine von Germanicus, drei von Claudius, zwei zerstörte von Kaiserinnen und eine von Nero. Ferner fanden sich zwei kleine Gefässe und ein Becher oder Schüssel von gebrannter Erde, die verloren gingen, ferner zwei thönerne Wasserröhren und fünfzig eiserne Nägel von verschiedener Grösse, darunter einige in der Mitte rechtwinklig gekrümmte. Auch soll sich eine kleine metallene Glocke gefunden haben, die Cremonese nicht zu Gesichte kam. — Die Inschrift kam in die Hände des Eigenthümers dieses Grundstücks Giangregorio Falcone in Capracotto, bei dem Cremonese sie in Papier und Stanniol abdruckte und diese Abdrücke dem Institut einsandte.

Der Fonte del romito liegt in einer ziemlich geräumigen Ebene am südlichen Abhang der Macchia, einer der höchsten Spitzen des Apennin in Molise. Gegen Westen grenzt an sie der Berg Campo, weiter folgt der Berg von Monteforte, wo man von dem ,,castrum inhabitatum Montis fortis" (Urkunde von 1450 im Municipalarchiv von Agnone) die Trümmer sieht. Oestlich davon liegt der Monte del Cerro, noch weiter hin Monte Formosa mit den Trümmern eines Castells: Roccae Montis Formosi castri inhabitati (Urk. von 1371 ebendas.). Auf dem Gipfel der Macchia befand sich einst ein Oratorium, das dem h. Nicolaus, Erzbischof von Mira, geweiht war, wahrscheinlich dort gegründet, um den christlichen Glauben an der Stätte des heidnischen zu gründen. Etwas tiefer, gegen Südwesten, etwa eine halbe Miglie vom Fundort der Inschrift entfernt, finden sich die Trümmer einer alten Stadt. Sie bestehen in cyklopischen Mauern, die wesentlich verschieden sind von den andern polygonen Mauern dieser Gegend, bestehend aus grossen irregulären Massen und kleineren Steinen in horizontalen Lagen, so dass die kleineren Steine immer unten liegen. Der Recinct, der etwa 1300 Palmen lang und 6 P. breit ist, endigt gegen Osten in einem halbkreisförmigen Bau, wahrscheinlich den Fundamenten eines Thurms. In diesem ganzen übrigens nicht sehr grossen Raum sieht man kaum einen Ziegel, aber viele Scherben von gemeinen rothen oder schwarzen Töpfen und zahllose Stücke jener schwärzlichen verglasten Materie, wie man sie in den Töpferöfen findet; es scheinen dort Töpferwerkstätten gewesen zu sein. All diese Bauwerke sind einfach und roh, keine Spur sieht man von architektonischen Ornamenten, nicht wenige Hausmauern sind von Steinen ohne Cement aufgebaut. Es scheint eine der ältesten Städte der Samniter gewesen zu sein (?).

Soweit Cremonese, dessen genauen Bericht wir im Wesentlichen vollständig mitgetheilt haben. Die fernere Vermuthung, dass diese alte Stadt mit dem in Urkunden in dieser Gegend erwähnten Castrum Cerri identisch sein möge, ist durchaus unsicher; wie denn auch die Notizen über einen anscheinend von Menschenhand erweiterten Bergspalt, der von dem Mauerkreis zum Fonte del romito etwa in der Länge einer Miglie läuft, nicht zunächst hieher gehören.

Die merkwürdige ganz unbeschädigte zuerst in den mir noch nicht zu Gesicht gekommenen Annali dell' Instituto für 1848 von meinem Freunde Henzen publicirte Bronzetafel verdient eine ausführliche Erörterung. Auf den ersten Blick sieht man, dass sie ausser einigen Einleitungs- und Schlussformeln ein Verzeichniss von gegen 20 Göttern nennt, das auf der Vorderseite wie auf der Rückseite ungefähr gleich ist und das wir zuerst behandeln werden, eine Erklärung der einleitenden und schliessenden Worte uns vorbehaltend.

'hùrtìn kerrìin vezkeí' a. 1. 2. 'hùrtùí vezkeí' b. 2. 3. — Dass beide Sätze einander entsprechen, ist nach dem Parallelismus der beiden Seiten der Tafel nicht zu bezweifeln; ebenso wenig aber, dass '—ìn' keine Dativendung sein kann. Vermuthlich steht 'ìn' hier in der gewöhnlichen Bedeutung = et, das enklitisch mit dem vorhergehenden Worte verbunden scheint, ähnlich wie 'pùtùrùspìd', 'pùsstìst'. Dabei ist zugleich eine Krasis eingetreten, indem statt hùrtùí ìn geschrieben ist 'hùrtìn', ähnlich wie *si vis, amavistis, siveris* in *sis, amastis, siris* übergehen, oder wie der Grieche eben auch bei καί vorzugsweise häufig die Krasis eintreten lässt und κἄν aus καὶ ἐν, χἰκετεύετε aus καὶ ἱκετεύετε bildet. Demnach wäre aufzulösen 'hùrtùí ìn kerrìí ìn vezkeí', und es empfiehlt sich dies sehr dadurch, dass, während sonst das Adverbium 'statíf' bei jedem Gotte wiederholt wird, hier offenbar mehrere Götter in einem Satzglied zusammengefasst sind; so dass eine Bindepartikel schlechthin nothwendig erscheint. Auch befremdet es nicht, dass ìn kerrìí auf der Rückseite nicht vorkommt, denn dieser substantivische Beisatz ist der Sache nach nichts andres, als der gewöhnliche adjectivische kerrìùí, welcher auf der Rückseite gewöhnlich fehlt; über dessen Bedeutung später. — 'hùrtùí' nun ist offenbar von dem Stamm hortus, welcher (wahrscheinlich mit herc — ἔρκειν = ausschliessen, sondern, zusammenhängend) in verschiedenartigen Anwendungen das Umhegte bezeichnet: bald den Pferch, der das Vieh einschliesst (so cors, cortis, wovon die gedehnte Form cohors übertragen ward auf den wie im Pferch zusammengedrängten Trupp Bewaffneter), bald den umhegten Lustgarten, bald den eingezäunten Bauerhof. In letzterer Bedeutung, wo es so viel als villa ist, stand das Wort in den XII Tafeln, die villa in dieser Bedeutung nicht kannten (Plin. H. N. XIX, 4, 1. Paull. hortus p. 102 Müll.). In dieser Bedeutung ist es ohne Zweifel auch hier zu nehmen, wie am deutlichsten die Beziehung der decimani auf den hortus zeigt b. 23; bald als die villa selbst, bald als deren göttlicher Genius. So entspricht der samnitische Hortus dem Jovis Hortensis[12]), d. h. genius horti s. villae, der campanischen Inschrift Orell. 2396, die hierin ohne Zweifel einen Rest des alten nationalen Cultus bewahrt hat. Er ist der römische Silvanus[13]), der in der merkwürdigen Stelle des Dolabella p. 302 Lachm. theils als Gott des Bauernhofes (domesticus possessioni consecratus), theils als Gott der Heerden und Hirten erscheint (agrestis pastoribus consecratus), und danach auf Inschriften sehr gewöhnlich von den villicis geehrt wird (Beispiele sind hier überflüssig), und als domesticus (Orell. 1601.), casanicus (Orell. 1600.), als einem bestimmten Grundstück zugegeben, z. B. dem fundus Staianus ein Silvanus Staianus[14]) auftritt, so wie als derjenige Gott, der die glückliche Rückkehr nach Haus und Hof giebt (Orell. 1587. 1600. 1613.) und Genosse der Laren und Penaten ist (Orell. 1588. 1589. 1595. 1596); aber auch obwohl seltener als Iar agrestis[15]). So mögen wir uns denn auch den Hortus als den Silvanus domesticus denken. Indem er hier Hortus et Genius (denn das ist, wie wir sehen werden 'kerrfi') benannt wird, wird es gleich im Anfang angedeutet, dass Hortus hier nicht als der Hof, sondern als der Gott des Hofes zu nehmen sei.

'vezkel' dagegen ist völlig dunkel; nur soviel sehen wir, dass das Wort auf einen Nominativ wie etwa vetscis zurückgehen und etwas bezeichnen muss, das mit Hortus gewissermassen in einen Begriff zusammengeht. Man kann an die Vesta denken, die nach Varro bei den Sabinern einen ähnlichen nicht gleichen Namen hatte; man müsste dann auf den dialektischen Wechsel zwischen $\sigma\delta$ und $\zeta = \delta\sigma$ zurückgehen. Allerdings stände die Göttin des Heerdes hier ungemein passend neben dem Gott des Hofes; gerade ebenso wird sie bei Cato de r. r. 132 zugerufen beim Schmause, wenn dem Jupiter dapalis pollucirt wird. 'evklûl' a. 3. b. 4., womit zu verbinden 'evklûl paterei' a. 25. Sehen

---

12) Wegen der Bildung vgl. amnensis = prope amnem situs Paul. s. v. p. 17 Müll.

13) Die Inschrift der dii hortenses bei Orelli 1626 ist falsch; die Gottheit Horta bei Plutarch qu. Rom. 46, Müller Etrusker 2, 62 u. A., dürfte nur auf falscher Lesart beruhen und in "Ὅραν zu ändern sein, d. i. die Hora, Gemahlin des Quirinus Gell. XIII, 21 und sonst. (Höra Ovid. Met. XIV, 851. Höra Enn. ap. Non. v. Hora p. 120.) Plutarch giebt zwei Ableitungen: eine von hortari, die andere von Ὥρα; da er hier sagt: ἢ μᾶλλον ὡς νῦν ὀνομάζουσιν αὐτὴν Ὥραν μηκυνομένης τῆς προτέρας συλλαβῆς, so sieht man, dass er sich mit einem Worte Ὅρα beschäftigt, und dass man nur Ὅρτα daraus gemacht hat, weil die Ableitung von hortari folgt. Dass die Quantität schwankt, bestätigen die angeführten Dichterstellen.

14) Orell. 1605, eine unzweifelhaft ächte beneventaner Inschrift. So der Silvanus Flaviorum Fabrett. 473, XXIII, der Silvanus Aurelianus Marini iscr. Alb. p. 12 u. s. w.

15) Orelli 1604, der diesen von Doni I, 114 selbst gesehenen Stein nicht hätte anzweifeln sollen.

wir uns um unter den Göttern, die regelmässig den Beisatz pater erhalten, so ist die Auswahl nicht eben gross, da der Vater Jovis noch später vorkommt und die übrigen wie Mars, Quirinus u. s. f. zu weit abliegen. Es bleibt fast nur der Liber pater, der sich sehr dadurch empfiehlt, dass er nicht selten neben Silvanus vorkommt (Orell. 1487. 1591. 1612. Donat. 39, 3.) und ganz in den Götterkreis passt, der hier auftritt. Was den Namen betrifft, so hängt Ev-c(u)lus freilich mit Liber gewiss nicht zusammen; es ist aber auch bekannt, dass der epichorische Name des Bacchus in Campanien Hebon war, und zwar des alten bärtigen Bacchus, des eigentlichen Liber pater (Macrob. Sat. 1, 18). Wie nun dessen Name gräcisirt Ἥβων lautete (so z. B. auf zwei griechischen Inschriften von Neapel), so konnte er bei den Samnitern Ev-iculus sein, wie der Liber bei den Sabinern Lebasius hiess. Wegen der Endung vergl. anu-iculus, priv-iclus neben privus (Fest. v. privicloes p. 203 M.) u. s. w.

'kerrï' a. 3. und b. 7. an einem andern Platze (vgl. 'kerrïi' a. 2. und über die Form unten beim dat. sg. 3 decl.) ist offenbar der cerus des saliarischen Liedes, den Paulus (p. 122 v. manus) durch creator erklärte, von dem es dort heisst Varro L. L. VII, 26:

> duonus cerus es, du(o)nus ianus
> = bonus Genius es, bonus Ianus.

und dem auch die volcentische Schale geweiht war mit der Inschrift KERI. POCOLOM (Mus. Gregor. II, 88, cf. Secchi im Bullett. 1843 p. 72), wo KERI nach Analogie von VOLCANI. POCOLOM, SALVTES. POCOLOM Genitiv ist. Der Form nach steht der samnitische kerrïs der römischen Ceres näher, welches Wort ohne Zweifel auch von c(e)reare herkommt; ganz richtig bemerkt Servius zu Virg. Georg. I, 7 alma Ceres: alma ab alendo, Ceres a creando dicta; ja es könnte zweifelhaft sein, ob kerrïs nicht selber feminin sei. Allein theils wegen der gleich folgenden weiblichen Gottheit ähnlicher Natur, theils weil der kerrïs appositiv zu Hortus auftritt, dürfte er doch wohl eher masculin zu fassen sein. — Im späteren Latein ist dieser männliche Cerus oder kerrïs ersetzt durch den Genius von gignere, wie cerus von creare, wie wir daher kerrïs übersetzen, so wie das von kerrïs gebildete Epitheton kerrïïus, das auf der Tafel oft, aber nur bei Göttern des zeugenden Schaffens erscheint, nicht durch cerealis, sondern durch genialis wiedergegeben ist.

'futreï oder fuutreï kerrïïaï' a. 4. b. 5. Dieselbe Göttin kehrt wieder auf dem Stein No. 12.: maatreïs futre[ïs]; es scheint (s. das Glossar) eine mütterliche Gottheit zu sein, wie die römische Venus Genitrix, oder jene Venus proba sanctissima der Inschrift von Bajä Orell. 1373, die pulchri oneris portatrix, rerum humanarum divinarumque magistra, satrix (so, nicht matrix hat der Stein) servatrix amatrix sacrificatrix genannt wird.

'anter stataí' a. 5. b. 6. ist ganz klar; die Stata der Römer ist ähnlich wie der Jupiter Stator eine Gottheit quae sistit, namentlich die incendia[16]) und 'anter' ist = inter (s. das Glossar). So ist diese Gottheit die Interstata oder Interstita, die Göttin, welche zwischen die verschiedenen Besitzungen tritt und die interstitia agrorum, die Grenzen unverrückt erhält. Dass ihr das Epitheton genialis nicht beigelegt wird, ist begreiflich.

'ammaí kerríiaí' a. 6. b. 8. und 'diumpaís kerríiaís' a. 7. b. 9., von denen die erste auch a. 23. wiederkehrt, bezeichnen jene den Fluss, diese die klaren Gewässer, amnis und lumphae (s. das Glossar). Beide stehen hier sehr passend; auch Varro ruft in der Einleitung zu den Büchern über den Landbau unter den zwölf Göttern, die den Ackerbau schützen, die lympha mit an, quoniam sine aqua omnis arida ac misera agricultura. Mit Recht heissen beide geniales.

'líganakdíkeí entraí' a. 8. b. 10. scheint den Genius des sichern Besitzes zu bezeichnen. 'líganakdíkeí' als Substantiv = lege inexdix, wenn man diese Bildung erlauben will. Exdicere kann sehr wohl, da ja die Vindication durch ein Sprechen vor Gericht geschieht, für evincere genommen werden, womit auch lege zusammenhängt; es ist dies also die gesetzlich nicht mögliche Evincibilität, mit einem Wort der sichere Besitz, wozu denn das im Glossar als Adjectiv mit der Bedeutung immota vermuthete 'entraí' sehr passend hinzutritt. — Ob 'kerríiaí', was allein auf der Rückseite hiernach folgt Z. 12., und durch einen kleinen Strich vielleicht mit 'líganakdíkeí entraí' in nähere Verbindung gebracht werden soll, hiezu als Adjectiv gezogen werden soll, ist zweifelhaft; doch möchte es weniger Schwierigkeit machen, darin ein Prädikat der tuta possessio (die ja allen-

---

16) Das Geschäft der Stata mater, von der wir sonst aus Inschriften und Schriftstellern (s. die Citate bei Orelli 1385—1388) fast nur wissen, dass sie in Rom in jedem Vicus verehrt ward, erfahren wir einzig aus Orell. 1385, welche corrupt, aber nicht ligorianisch ist; den Stein selber sah ich im Museo Borbon. sacr. col. 6.:

VOLCANO. QVIETO. AVGVSTO
ET. STATAE. MATRI. AVGVSTAE
SACRVM
P. PINARIVS. THIASVS. ET.
M. RABVTIVS. BERVLLVS.
MAC. VICI. ARMILVSTRI. ANNI. V̄

Diese Inschrift (welche diejenige sein wird, von der Lucio Fauno berichtet, sie sei bei S. Alessio auf dem Aventin gefunden, Decker Topogr. S. 450.) bezieht sich ohne Zweifel auf eine Feuersbrunst, die im J. 751—752 (das ist der annus V der magistri, von K. Aug. 747 an gerechnet, Orell. 782) den Aventin verheert haben muss und bei S. Alessio zum Stehen kam, durch die Gunst des ruhenden Vulcan und der hemmenden Göttin. Es ist nicht unwahrscheinlich, dass Augustus Bauten auf dem Aventin (mon. Ancyr. II, 6: aedes Minervae et Iunonis Reginae et Iovis Libertatis in Aventino, welchen Bau Zumpt ohne allen Grund ins Jahr 12 v. Chr. setzt, vgl. auch Becker Top. S. 451 A. 940.) mit diesem Brande in Verbindung stehen.

falls auch genialis heissen kann) als eine eigene Gottheit zu erkennen, welche eine weibliche der Geburt vorstehende sein müsste.

'anafriss kerrſiüſs' a. 9. b. 12. dürften wörtlich die Umgeher, die die Grenze umwandelnden und beschirmenden Götter sein; s. das Glossar.

Unter den 'maatúis kerrſiüſs' a. 10. b. 13., die dem Gotte des Tages, dem Jovis unmittelbar voraufgehen, verstehe ich die Genien des Morgens, wie denn auch etymologisch mat-utinus sehr nahe liegt; s. das Glossar.

'diúveí verehasiúſ' a. 11. b. 14. und 'diúveí pilhiúſ regaturef' a. 12. b. 15. (wo auffallender Weise das erste Epitheton nur auf der Rückseite steht) sind zwei Joves, zwei Tagesgötter, wie denn ja auch kurz vorher die Genien des Morgens in der Mehrzahl erscheinen. Der erste scheint mir der Gott der Gemeinde, der Männerschaft (viria, s. das Glossar), der andre der gebietende Herrscher, der Lenker der Tagesarbeit und der häuslichen Geschicke. Dass dieser auch pius heisst, ist sehr auffallend, da dies Wort regelmässig nur von Manen und Heroen, also von gewesenen Menschen gebraucht wird, die einer Expiation bedürfen, nicht von Göttern. Doch ist die Wortähnlichkeit zu gross, um eine andre Erklärung zu wagen.

'hereklúí kerrſiúſ' a. 13. b. 16. ist == Herculi geniali, dem Gotte des Hauses (domesticus Orell. 1538 und sonst), welcher darum so oft mit Silvanus zusammen erscheint (Jahn arch. Beitr. p. 62), der die Arbeit segnet und dem man darum den Zehnten des Vermögens darbringt, damit er vielfältig uns dieses erstatte (Henzen im Bull. dell' Inst. 1845 p. 74 sq.).

'patanaí pilstlaí' a. 14. b. 17. ist im Glossar erklärt als die dea fida quae patat s. pandit. Eine solche Gottheit kommt in verschiedenartiger Anwendung in den römischen Indigitamenten vor: als Patelena, welche die Aehre aus der Hülle löst[17]), als Patella, welche den geöffneten, als Patellana, welche den zu öffnenden oder zu offenbarenden Dingen vorsteht[18]). Auch unter den römischen dii certi, den Gottheiten von bestimmter Persönlichkeit erscheint eine Göttin des Oeffnens, die Panda, die als Ceres charakterisirt wird[19]) und wahrscheinlich auch sabinisch

---

17) cum folliculi palescunt ut spica exeat August. C. D. IV, 8.

18) Arnob. IV, 7: Patella numen est et Patellana, ex quibus una est palefactis, palefaciendis rebus altera praestituta. Als Localgott, als Genius jener porta Pandana auf dem Capitol (s. darüber meine Abh. de comitio Romano §. XVI.) kommt eine Panda oder Pantica dea vor, die dem Tatius den Weg zum Capitol öffnet.

19) Als Ceres charakterisirt sie Varro bei Nonius v. pandere p. 44, welche Stelle wohl etwa so zu schreiben ist: *Pandere* Varro existimat ea causa dici, quod qui ope indigerent et ad asylum Cereris confugissent, panis daretur. Pandere ergo quasi panem dare; et quod nunquam fanum talibus clauderetur, [sed quod in asylum qui confugisset panis daretur, esse nomen fictum a pane dando pandere, quod est aperire]. De vita populi Romani lib. 1. Pandam melius putat esse Cererem. In den Handschriften steht der eingeklammerte Satz sed — aperire hinter Cererem, und für Pandam hanc deam, was gewiss beides falsch ist; denn nach

war[20], und unter einer Reihe ländlicher Gottheiten vielleicht als Panda Cela in folgenden Versen Varro's[21] auftritt:

Ted Anna Perenna, Panda Cela, te Pales
Nerienes et Minerva, Fortuna ac Ceres.....

In sehr ähnlicher Weise erscheint auf Münzen von Hippon und selten auch auf denen der Nachbarstadt Terina eine Göttin $Πανδινα$[22], welche auf jenen dargestellt ist als bekleidete stehende weibliche Figur, die in der Linken einen Stab, in der Rechten zwei Mohnhäupter oder zwei Aehren hält, und unter deren rechter Hand eine Mohnblume aus der Erde sprosst[23]. Diese Darstellung so wie der Name passt genau zu der römischen Panda - Ceres, welche ebenfalls die Erde erschliesst und die Saat ihr entlockt, und man wird darum in der griechischen $Πανδινα$ (mag man das Wort nun als Namen oder als Epithet der Göttin fassen, wie $Σωτειρα$ auf andern Münzen von Hippon dem Kopf der Athene beigeschrieben ist) gewiss ein Ueberbleibsel des samnitischen Nationalcults und eben unsre Patana zu erkennen haben. Wir dürfen aber wohl, ohne uns in die von Avellino Bull. Nap. a. III. n. XLI, p. 46 mit Recht getadelte Theokrasie von Millingen und Panofka zu verlieren, noch einen Schritt weiter gehen und die $Πανδινα =$ Ceres

---

quod nunquam clauderetur muss jedenfalls die Ausführung folgen, dass pandere insofern $=$ aperire sei, und hanc deam hat nichts, worauf es sich bezieht. Da die Panda also Ceres ist, und diese mit der Pax eng zusammenhängt (Tibull. I, 10, 67. at nobis Pax alma veni spicamque teneto), so können auch die labbäischen Glossen p. 151 die Panda mit Recht erklären durch $εἰρήνης θεός$.

20) Wenn Serv. ad Virg. Georg. 1, 7 sagt: quamvis Sabini Cererem Panem appellent, so möchte hier auch eben die Panda gemeint sein und eine confuse Beziehung auf die Stelle des Varro zu Grunde liegen.

21) Bei Gellius 13, 22. Die Handschriften haben pranda celato pales, die Ausgaben Panda te Lato Pales. Latona hat hier jedenfalls nichts zu schaffen; eher möchte Panda Cela zu schreiben sein, vgl. palam clam und den Janus Patulcius Clusius. Die Göttin des Oeffnens ist nothwendig auch die des Schliessens, wie denn auch gleich dies noch deutlicher sich zeigen wird.

22) Die Münzen von Hippon sind bekannt; die von Terina finden sich bei Millingen consid. p. 56, gestochen im suppl. pl. I. n. 7. Auf letzteren erscheint nur der Kopf der Göttin im Profil. — Man las früher $Δανδινα$ (Eckhel 1, 174), bis Capialbi (memorie dell' Instituto II, p. 184) nach einem vollkommen erhaltenen Exemplar seines Kabinets, und Millingen (consid. p. 57. 73.) nach andern Exemplaren die richtige Lesart herstellten. Letronne hat kürzlich in der Revue archéologique V, 1, p. 159. darin die Hekate als $πανδείνη$ erkennen wollen, was wenig wahrscheinlich ist.

23) So nach dem Exemplar von Capialbi, gestochen bei Emmanuele Paparo a Vito Capialbi epistola Nap. 1826. 8. Andre Beschreiber geben der Göttin statt der Mohnköpfe eine Geissel oder einen Caduceus, aber wie es scheint nach minder erhaltenen Exemplaren. Die, welche ich gesehen habe, stimmten mehr zu Capialbi's Angabe. Der Avers auf Capialbi's Münze zeigt einen rechts gewandten Jünglingskopf mit Lorbeerkranz und ohne Bart, davor die Buchstaben **NYM**.

auch mit der Proserpina identificiren, welche bekanntermassen der Sage nach in Hippon geboren war und wie Schriftsteller und Inschriften bezeugen, dort eifrig verehrt ward. Dass die Panda vorzugsweise auf Münzen von Hippon vorkommt, weist ebenso wie die Embleme der Münzen auf ein Zusammenfallen derselben mit Proserpina hin, und wenn die Panda, die ja auch die Cela ist, andrerseits als Ceres erscheint, so sind Mutter und Tochter mythologisch so innig verwandt, dass hierin kaum eine verschiedenartige Auffassung liegt. Merkwürdig ist es, dass auch die Pro-serpina, die Gottheit der keimenden Saaten, gerade ebenso wie die Panda den Indigitamenten entlehnt (Augustin. C. D. IV, 8. Arnob. III, 33) und daraus unter die dii certi versetzt ist. — So ist denn die Patanù piistiù die Göttin, welche den Schooss der Erde öffnet und die Saaten ihm entlockt, und mit Recht heisst sie, die jedes Jahr unwandelbar wiederkehrt und nie den Landmann täuscht, vor allen andern fida.

'deivaí genetaí' a. 15. b. 18. die Dea Genēta, auch bei den Römern vorkommend als $\Gamma\varepsilon\nu\varepsilon\iota\tau\eta$ $M\alpha\nu\eta$, die Genēta Mana, die Göttin der Geburt und des Todes (Plut. qu. Rom. 52. Plin. XXIX, 14.), welche dem Gebären und den Geburten vorsteht und zu der man betet, dass sie alles was im Hause geboren ist ($o\iota\kappa o\gamma\varepsilon\nu\varepsilon\tilde{\iota}\varsigma$, vernae) nicht manus mache, d. h. vor dem Tode beschütze (Plut. l. c.). Offenbar geht diese Geneta Mana der Panda Cela parallel, sie ist in Bezug auf Vieh und Sklaven dasselbe, was jene in Bezug auf die Saaten. Bei den Römern hat sich besonders die zweite Seite dieses Begriffs entwickelt, die Mania, die Mutter und Ahne der Manen (Müller Etr. 2, 101), während die samnitische Bronze uns allein die Geneta vorführt.

'aasaí purasiaí' a. 16. b. 19. = arae purae, dem Genius des reinen Altars, dem Schutzgeist des Platzes, wo geopfert wird. So erscheint auch in der Arvaltafel no. XXXII. unter den übrigen Göttern der sive deus sive dea, in cuius tutela hic locus est und öfters die tutela loci (s. Cato de r. r. 139, andre Beispiele bei Marini atti p. 374.)[24].

Nachdem Virgil in der Einleitung zu dem Gedicht vom Landbau in ähnlicher Weise eine Reihe Götter angerufen hat, schliesst er mit der allgemeinen Einladung: 'diique deaeque omnes studium quibus arva tueri'; wozu Servius bemerkt: 'post specialem invocationem transit ad generalitatem, ne quod numen praetereat, more pontificum, per quos ritu veteri *in omnibus sacris* post speciales deos, quos ad ipsum sacrum quod fiebat necesse erat invocari, generaliter omnia numina invocabantur' Wir sind demnach berechtigt, hier eine ähnliche Formel zu

---

[24] Gegen die naheliegende Vermuthung, dass 'aasaí purasiaí' nicht Dativ, sondern Locativ sei und zum Folgenden gehöre, ist einzuwenden, dass dann das Epitheton ganz überflüssig erscheint und auch die Stellung unpassend ist; ganz besonders aber, dass es sich hier noch gar nicht um Errichtung von Altären handelt, wovon erst die zweite Seite spricht, sondern um die Anordnung, welchen Göttern zu opfern sei.

erwarten, in den Worten, die jenen Katalog beschliessen: 'saahtùm tefùrùm alttref pùtereípíd akenef' a. 17. 18. b. 20. 21. 22., welche nach den Ausführungen im Glossar etwa übersetzt werden können: sanctum divinum in altero utroque (d. h. in einem von beiden oder in beiden zugleich) fundo. Dabei steht dieser Satz allerdings ausser der Construction; es muss etwa ei quod est hinzugedacht werden. Doch lässt sich dies allenfalls ertragen; unmöglich erscheint es nach b. 20—22 'saahtùm' als Subjekt zu 'sakahíter' zu fassen.

Hier wo wir das auf der Tafel selbst durch einen Trennungsstrich angedeutete Ende des ersten Abschnitts a. 1—19. erreicht haben, wollen wir stehen bleiben, um auf die einleitenden und schliessenden Worte Rücksicht zu nehmen und so eine Auffassung der ganzen Inschrift zu gewinnen. Die ersten Worte 'statùs pùs set' a. 1. scheinen grammatisch nicht mit den folgenden zusammenzuhängen, sondern eine Ueberschrift zu sein — collocatio (consecratio) quae sit, was weiter keiner Rechtfertigung bedarf. Dann heisst es weiter 'hùrtùf u. s. f. statíf sakahíter', welches letzte Wort man wohl zu jedem einzelnen Götternamen hinzuzudenken hat, d. i. Silvano u. s. f. stative res sacra fiat, was im Glossar grammatisch und etymologisch gerechtfertigt ist. Stativae feriae sind bekanntlich quae certo statutoque die fiunt (Macrob. Sat. 1, 16. Fest. v. feriae statae p. 92. v. stata sacrificia p. 344. Varro l. l. VI, 25); so ist auch hier stative zu verstehen; eine jede dieser Gottheiten hat ihren bestimmten Festtag und vermuthlich sind sie nach der Folge dieser Festtage geordnet. Ausgenommen ist nur der Schutzgeist des Altars und des Ortes und die zufällig über den Aeckern weilenden Götter, denen sehr natürlich nur bei den andern Festen mit geopfert wird, nicht an eigenen Tagen. Blicken wir nun zurück auf die ganze Götterreihe, so reihen sie sich alle, so weit sie mit mehr oder weniger Sicherheit erkannt sind, um den Genius des Hauses und Hofes, der an ihrer Spitze steht und als dessen Tempelgenossen wir sie uns denken mögen. Aehnlich wie Virgil in dem Eingang der Georgica anruft Liber und Ceres, die Faunen und Dryaden, Neptun den Gott der Rosse und den Bienenvater Aristäus, Pan den Schafzüchter und Minerva die Erfinderin des Oelbaums, Triptolemus, der das Pflügen gelehrt, und den Waldgott Silvanus, endlich alle Götter, die die Fluren beschützen; wie Varro in der Einleitung zu den Büchern vom Landbau mit weniger poetischem Zierrath und reinerem Nationalgefühl zu den zwölf ersten der Götter des Ackerbaues betet: zu Jovis und Tellus als den Göttern des Himmels und der Erde, zu Sonne und Mond, zu Ceres und Liber, die Speise und Trank verleihen, zu Robigus und Flora, die die Saaten pflegen, zu Minerva und Venus, die Oelwald und Garten schirmen, endlich zum Wasser und zum guten Glück (Lympha ac Bonus Eventus)[25]; so sind in dieser ländlichen Aedicula vereinigt der Gott des Hofes, der

---

25) Diese Invocationen zieht man wohl richtiger zur Vergleichung heran, als die strengen ruralen Indigitamenta, wovon Fabius Pictor bei Serv. Virg. Georg. 1, 21. ein Beispiel giebt, welche

Silvan, ferner vielleicht die Göttin des Heerdes und der Gott des Weines, die Genien der Zeugung und Geburt, der Geist, welcher die Grenzraine unverrückt erhält, der Fluss und die Gewässer, der Schutzgeist des sichern Besitzes, die Genien, welche die Grenze umwandeln, die Morgengeister, die den Tag heraufführen, die Götter des Tages, sowohl der schaffende Zeus als Zeus der Herrscher und Gebieter, ferner Herakles der Spender des Reichthums, die Göttin, die den Schoss der Erde und die, welche den Schoss der Mutter öffnet, endlich der Schutzgeist des Ortes, wo der reine Altar steht und alles Heilige und Hohe, was in beiden Nachbargütern weilen mag. Den Göttern des Landbaus also ist dieses Heiligthum geweiht.

Aber es folgt noch eine zweite, wenn gleich kürzere Götterreihe, mit den einleitenden Worten: 'f[l]uusasiais az hùrtùm sakarater' d. h. (s. das Glossar): florariis deabus ante villam res sacra fiat, worauf vier Gottheiten ein Festtag angeordnet wird: der 'pernaí kerríaí', die im Glossar als die Pales nachgewiesen ist, der 'ammaí kerríaí', dem segnenden Flusse, der 'fluusaí kerríaí', der segnenden Blüthe, und 'evklúí patereí', der Vater Hebon oder Liber. Offenbar sind dies, wie die erste Reihe die Gottheiten des Ackerbaues enthält, die Götter der blühenden Weide und der Vieh- oder eigentlich der Schafzucht, denn das ist eigentlich die res pecuaria, während die Rinderzucht einen Theil der Geschäfte des Ackerbauers ausmacht; darum sind auch die Rinder res mancipi, d. h. integrirende Bestandtheile des Beschlags der villa. Diesen Hirtengöttern soll nun vor oder ausserhalb des Bauernhofes geopfert werden, d. h. wohl auf dem Gemeinlande, das für Alle zur Weide ausliegt. Genannt wird zuerst die Pales, bekanntlich die Hauptgottheit der Hirten, deren Fest am 21. April zunächst auf die Geburt der Lämmer sich bezog (pro partu pecoris Fest. p. 222, s. das Glossar), indem an demselben die Widder die Schafe zuerst bedecken (Klausen Aen. 2, 882). Alsdann der belebende Fluss, der das Vieh tränkt und zugleich die Fluren begrünt; ferner die Flora, der in der Sabina der Quinctilis, der Julius heilig war, die Göttin der blühenden Weide, endlich der Sorgenbrecher, der Vater Liber, der wie den Ackerbauer so auch den Hirten für seine Mühe und Arbeit entschädigt.

Auf der Rückseite der Tafel wird nun die Errichtung von Altären mit den Worten: 'aasas ekask eestínt' = aras hasce sistant s. constituant [26]): Silvano etc.

Götter der Flamen anrufe, wenn er der Ceres und Tellus das sacrum cereale darbringt: Vervactorem, Reparatorem (mel. Aratorem), Inporcitorem, Insitorem, Obaratorem, Occatorem, Sarritorem, Subruncinatorem, Messorem, Convectorem, Conditorem, Promitorem (also auch zwölf wie bei Varro), und wovon eine andre Reihe aus den Kirchenvätern bei Ambrosch (über die Religionsbücher der Römer S. 20) zusammengestellt ist. Diese letzteren haben nur eine momentane Existenz und werden mehr nach als neben einander verehrt; wogegen die Götter auf unserer Bronze wie die zwölf varronischen wohl als Tempelgenossen zu denken sind.

26) Es scheint nicht, als ob die bequemere Uebersetzung: arae hae stanto sich grammatisch rechtfertigen liesse; s. 'eestínt' im Glossar.

vorgeschrieben, was bei allen Göttern der ersten Reihe geschieht, von Silvanus selbst bis hinab zu dem Genius der Ara, der tutela loci und den zufällig anwesenden Göttern. Den Göttern der Weide kann natürlich kein Altar errichtet werden, da sie ja nicht in, sondern vor dem Hofe auf dem Gemeinland hausen; ihnen also wird bloss ein Festtag zugetheilt, kein Altar errichtet.

Es schliesst endlich die Tafel mit den Worten: 'hùrz dekmanniùfs staft' = Hortus in decimanis stet, wobei Hortus als der Gott zu denken ist, denn dass der Bauernhof selbst auf den decimani „stehen" solle, würde weder einen Sinn noch einen Zweck ergeben. Dagegen wird von einer Aedicula, die wir schon darum, weil in ihr den Göttern, die in altero utroque praedio, in dem einen oder in beiden Landgütern hausen, ein Altar gesetzt ist, als auf der Grenze zweier Grundstücke befindlich annehmen mussten, sehr passend gesagt, dass sie auf dem limes decimanus stehen solle. Warum der Plural steht, weiss ich nicht; vielleicht weil der decimanus beiden Anwohnern als Weg diente oder weil man den decimanus als bestehend aus so vielen decimani als er Centurien trennte selbst im Plural setzte. So viel aber ist klar, dass diese Aedicula des Hortus oder Silvanus, in der sowohl den ackerbauenden Göttern an ihren Altären, als den Göttern der Weide an beliebigem Orte geopfert ward, auf dem Raine stand, der von Westen nach Osten die Flur durchschnitt und die Grundstücke der beiden Nachbarn, welche die Aedicula errichtet, trennte. Damit vergleiche man, was der Feldmesser Dolabella p. 302 Lachm. berichtet: Omnis possessio quare Silvanum colit? quia primus in terra lapidem finalem posuit. nam omnis possessio tres Silvanos habet. unus dicitur domesticus, possessioni consecratus. alter dicitur agrestis, pastoribus consecratus. tertius dicitur orientalis, cui est in confinio lucus positus, a quo inter duo pluresve fines oriuntur. ideoque inter duo pluresve est et lucus finis. Ganz ähnlich sagt Virgil Aen. VIII, 600:

Silvano fama est veteres sacrasse Pelasgos
Arvorum pecorisque deo lucumque diemque

wozu Servius: publica ceremoniarum opinio hoc habet, pecorum et agrorum deum esse Silvanum. Der Silvanus arvorum ist der Silvanus domesticus, possessioni consecratus, der deus pecoris ist der agrestis, und gewiss wird man nicht irren, wenn man den Hain zugleich als Grenzhain (lucus in confinio positus) auffasst. Genau wie Dolabella es fordert und Virgil es andeutet, stellt unsre samnitische Bronze diesen Cult dar, nur dass was Dolabella drei Silvane nennt, hier als drei Qualitäten des Hortus-Heiligthums erscheint — was wohl kaum eine Differenz heissen kann. Ackerbau, Weide und Grenzrecht (man denke an die Interstita) sind die drei Beziehungen, denen alle einzeln aufgeführte Gottheiten sich unterordnen, und deren Vereinigung das vollständige Heiligthum des Landmanns ausmacht. — Wir dürfen uns demnach auch das Heiligthum des Hortus in der Weise vorstellen, wie Dolabella in dem unmittelbar folgenden Abschnitt über die fines templares das Grenzheiligthum beschreibt: ein Tempel, bei dem die Aecker

Mehrerer zusammenstossen, habe so viele Eingänge als Anlieger, damit ein Jeder von seinem Boden aus zum Opfern dasselbe betreten könne. Vor jedem Eingange stehe 15 Schritt davon entfernt ein Altar zum Opfern (wohl damit Jeder dies auf seinem Grunde thun könne). So zeigt auch die Zeichnung (fig. 226) einen viereckigen Tempel mit so vielen Eingängen als Seiten und davor einen bekränzten Altar; offenbar (worauf mich Jahn aufmerksam macht) die pertusa compita des Persius 4, 28. — Um dieses Compitum, das die Grenze bezeichnete und auf neutralem Boden stand, wurde nicht gepflügt (daher Grat. Cyneg. 20: inculto Silvanus termite gaudens), sondern Bäume gepflanzt (ib. 483: aeriis molimur compita lucis — in den luftigen Hainen). So erklärt sich die Natur des Silvanus sehr gut (vgl. Schwenck Mythol. 2, 278); er ist der Gott des Gehöftes und der Weide, aber auch der Grenzgott (Silvane tutor finium Hor. Ep. 2, 22. Silvanus termite gaudens Grat. l. c.), der den ersten Grenzstein gesetzt hat (Dolab.) und hat darum sein Heiligthum auf der Markscheide. Da aber dort zugleich ein Hain zu sein pflegt oder vielmehr das Ritual es fordert, dass der lucus (von lucre, der geweihte Platz Poll. 1, 209) mit einigen Bäumen bepflanzt sei (daher lucus selbst s. v. a. Baumplatz, nicht Waldfleck, was nemus ist), so führt er uneigentlich bei den Römern den Namen des Haingottes, während er richtiger bei den Samnitern der Hofgott heisst. Der eigentliche Gartengott ist dagegen der Priapus.

Passend schliesst sich an die Erklärung der Bronzetafel von Agnone die Verzeichnung der zerstreuten Notizen an, welche sich sonst namentlich aus Inschriften mit Sicherheit auf samnitischen Nationalcult beziehen lassen.

Dass die Vorstellung von zwölf Göttern, welche bekanntlich den Etruskern und den Römern gemeinschaftlich war und auch griechisch ist, die ferner auch bei den Sabinern sich findet (s. unten über die Altäre des Tatius), ebenfalls den Oskern nicht fremd war, beweist die Erzählung bei Festus v. Mamertini p. 158 (aus Alfius l. I. belli Carthaginiensis): wie die Samniter Messana erobert hätten, hätten sie, um dem dort sich ansiedelnden Stamme den Namen zu schöpfen, aus den zwölf Göttern einen ausgeloost und das Loos habe den Mamers getroffen, von dem sich dann die messanischen Samniter Mamertiner nannten. Sehr möglich ist es, dass die Bruttier, welche in ganz ähnlicher Weise wie die Mamertiner griechische Distrikte besetzten, ihrer Hauptstadt den Namen Consentia von allen XII dii consentes gaben. Aehnlich mag Aisernia, eine der Hauptstädte der Samniter, von dem tuskischen (italischen?) Worte Aesares = die Götter benannt sein. — Welches diese zwölf Götter waren, ist natürlich nicht auszumachen; obwohl nicht ohne Wahrscheinlichkeit an die römischen sechs Götterpaare Jovis Juno, Neptunus Minerva, Mars Venus, Apollo Diana, Vulcanus Vesta, Mercurius Ceres (Liv. 22, 10. cet.) gedacht werden kann. Einer von ihnen war Mamers, welche reduplicirte Form (die einfache Mavors scheint den Samnitern fremd gewesen zu sein) den Sabinern und Samnitern gemeinschaftlich war und wovon diese die bruttische Stadt Mamertium und die sicilischen Mamertiner benannten.

Er war es, dem der heilige Lenz geweiht war, aus dem das Volk der Samniter hervorging, und dem sie als ihrem Archegeten den Stier, den er ihnen zum Führer gegeben, opferten (Strabo V, 4, 12). Einen Tempel des Mars gab es in Capua (Liv. 27, 23). — Ein zweiter war ohne Zweifel Apollo, der oskisch Appellunis hiess (s. das Glossar); er war es, der dem Stenius Mettius im Traumgesicht die Ausführung des heiligen Lenzes geboten hatte, aus dem später die Mamertiner hervorgingen, und der darum gleichsam als Archeget von diesen verehrt ward (Fest. p. 158. und unten XXXIX). — Wo Apollo verehrt ward, wird Diana nicht gefehlt haben, doch findet sich dafür kein Beleg in Inschriften. Gewiss aber ist der Tempel der Diana auf dem Berge Tifata altnational; wenn auf diesem nach der tab. Peut. gegen Osten ein Tempel des Jovis Tifatinus, gegen Westen ein andrer der Diana lag (s. Cluver. p. 1179), so sieht man recht deutlich wie Jovis und Diana hier als Tag und Nacht gefasst sind, denen es ja so natürlich war, auf dem hohen Berge Heiligthümer zu errichten. — Die Venus findet sich, wie es scheint, unter dem Namen Herentatis, dessen Bedeutung im Glossar als voluntas, Volupia nachgewiesen ist und dessen Geltung dadurch fixirt wird, dass der Göttin das Beiwort 'Herukinaí' = Erycinae gegeben wird. Es ist auffallend, wie früh dieser Cult sich über ganz Italien verbreitet hat. 'mi veneruf vinucenaf' fanden wir schon oben S. 18 auf einer altetruskischen Inschrift, ähnlich dem 'Herentateis sum' der oskischen. Nach Rom (vgl. überhaupt Klausen Aen. 1, 503) soll schon Aeneas sie gebracht haben (Serv. zu Virg. Aen. 1, 724); dort ward im J. 539 ihr ein Tempel auf dem Capitol geweiht (Liv. 23, 31) und im J. 573 ein anderer bedeutenderer vor der Porta Collina (Liv. 40, 34. Ovid. fast. 4, 871. remed. am. 549. Strab. VI, 2, 6. Steph. Byz. v. Ἔρυξ. Becker Top. S. 582.[27]); wie denn auch die Fürsorge der Römer sowohl in der Zeit der Republik als unter Tiber und Claudius für den Aphroditetempel der stammverwandten Eryciner bekannt ist (die Stellen bei Klausen Aen. 1, 485. u. 731). Aus dem Museum des Duca di Noia, also aus Campanien stammt der Ziegel Marini Atti p. 418 mit VENERVS. HERVC, und bis in das innerste Lucanien ist der Kult gedrungen, da eine Inschrift von Potenza, freilich erst vom J. 210 n. Chr., diese Gottheit nennt[28]). — VOLCANOM ist häufig auf Münzen von

---

[27] Wenn Livius 30, 38 schon beim J. 552 von ludi extra portam Collinam ad aedem Erycinae Veneris parati spricht, so ist wohl die Localität gemeint, wo später dieser Tempel erbaut ward.

[28] Viggiano memorie di Potenza p. 198. Gutta Lucania p. 327:
VENERI. ERyCINAE
SACR
OPPIA. M. LIBERTA
RESTITVTA. D. D
FAVSTINO. Et. RVfINO

Aesernia mit lateinischer Aufschrift. — Einen Tempel der Fortuna gab es in Capua Liv. 27, 33, s. oben S. 126. Was Jovis und Juno betrifft, so sind der Jovis verehasius = ἐργάσιμος und der Jovis rector schon vorgekommen; ausserdem finde ich den Jupiter Vicilinus oder Visilinus in der Stadt der Hirpiner Compsa (Liv. 24, 44., wenn die Lesart richtig ist) und den Jovis Versor (Gegensatz des stator) = Τροπαῖος (wie Orioli richtig erklärt hat) in der Inschrift von Monteleone n. 37: 'διουϜει Ϝερσορει ταυρομ'. Ferner kann der Jupiterkopf mit der Aufschrift 'iúveís iúvfreís' 2. wohl nur dem Jupiter liber gehören, dem Ζεὺς ἐλευθέριος der Griechen, von dessen Cult in verhältnissmässig alten Inschriften aus Capua, der Sabina und Rom auch sonst Beispiele sich finden[29]. Endlich muss der Jupiter Lucetius (richtiger wohl Lucesius) bei den Samnitern eine sehr ausgebreitete Verehrung gefunden haben, da nach Servius der Jupiter in oskischer Sprache Lucetius hiess (was übrigens nicht genau richtig ist); womit auch die Namen Luceria Lucani in Verbindung stehen (s. das Glossar). Als höchster Gott der Samniter erscheint Jovis auch Liv. 10, 28. Das Jupiterthor in Capua nennt Liv. 26, 14. — Eine Jovia oder Juno findet sich bis jetzt zwar in den oskischen Sprachresten nicht; doch wird man wohl nicht mit Unrecht die Juno Populona den Samnitern zusprechen dürfen. Die dürftige Kunde, welche uns die Schriftsteller über sie gegeben haben (Mart. Cap. 2. p. 38: Populonam plebes, Curitim debent memorare bellantes; sonst kommt der Name vor bei Arnob. 3, 30; Macrob. Sat. 3, 11. wird sie aus dem Kommentar zum ius Papirianum angeführt), wird jetzt ergänzt durch vier Inschriften, die ich in Teanum Sidicinum abgeschrieben und im Bull. Napol. a. IV. n. LXI. p. 65 bekannt gemacht habe. Drei davon sind Grabsteine, von ähnlicher Form und zugleich gefunden, sämmtlich Priesterinnen dieser Göttin gesetzt und l. d. d. d., wahrscheinlich also von dem gemeinsamen Grabe, welches der Senat von Teanum dieser Priesterschaft zugewiesen hatte. Zwei sind Grabinschriften blosser Priesterinnen: der Flavia Cölia Annia Argiva SACERD. IVNONIS. POPVLONAE (nicht —IAE) und der Nonia Prisca SACERD. IVNON. POPVLON; die dritte der Vitellia Virgilia Felsia (?) mINISTRAE. SACRORVM. PVbl. pRAESIDIS. IVnONIS. POPVLOn, also der Vorsteherin der Priesterschaft.

---

29) Von Capua Inschrift bei Gud. 11, 4. = Daniele numism. Capuana p. 73 (jetzt im Mus. Borb.), welche sechs magistri im J. 15 n. Chr. IOVI. LIBER setzen. — Die lex des Tempels des Jovis liber in Furfo bei Aquila vom J. 696 d. St. Orell. 2488; eine Inschrift, die auch sonst Spuren nationaler Gebräuche zeigt. — In Rom auf dem Aventin drei vereinigte Tempel der Minerva, Juno Regina und Jovis Libertas, welchen letztern der griechische Text des mon. Ancyr. durch Διὸς Ἐλευθερίου wiedergiebt. Becker Top. S. 457. 721. August selbst heisst Ζεὺς Ἐλευθέριος in einer ägyptischen Inschrift Letronne inscr. de l'Egypte II p. 143. — IOVI. LIBERTATI in Tusculum Orell. 1282., auch von mir gesehen. — IOVI. LIBERTATI in Bagnacavallo Orell. 1249.

Eine vierte bedeutend ältere, die zu den vorigen nicht gehört und auch anderswo sich findet, ist etwa folgendermassen zu ergänzen:

c. MESSi c FSTICiNus
ceNSOR ABAVOS
PATRIS MEI
iuNONI POPVLONAe
SACRVM [30]).

Diese Inschrift scheint ursprünglich von dem Censor Messius gesetzt und alsdann von dessen Ururenkel erneuert, der bei der Restitution — wobei er vielleicht seinen Namen anderswo anbrachte — die Worte „mein Ururgrossvater" einschaltete. Da nun der Stein selbst gewiss nicht jünger ist als August, so muss die ursprüngliche Inschrift spätestens kurz nach dem Socialkrieg gesetzt sein und finden wir demnach, dass dieser Cult in Campanien sehr alt war. — Es kommt hinzu, dass auch eine Inschrift von Aesernia Orell. 1306 IVNONI. REGinae POPulonae gesetzt ist. — Erinnert man sich nun, dass der römische populus samnitisch eine tota ist und also nicht einen Genius, sondern eine Juno fordert, so wird man es sehr natürlich finden, dass der genius populi Romani in Campanien und Samnium durch eine Juno populi oder populona (wie annona, bellona etc.) vertreten wird [31]), wenn gleich der oskische Name anders gelautet haben mag. Eine ähnliche Juno populona der Päligner scheint die dea Pelina zu sein (Murat. 367, 1; Orelli 1855 ist falsch).

---

30) Messi für Messius ist bekannt; das cognomen Stichnus könnte στυγνός sein. Censores heissen die Quinquennalen auf den älteren Municipalinschriften. Der mehr juristische Ausdruck atavus ist absichtlich vermieden und abavus patris dafür gesetzt. — Uebrigens können zu Anfang Zeilen fehlen, etwa .. Messius.... restitui quod fecit.

31) Uebrigens war die Juno Moneta, die neben dem Jupiter die andere Spitze des Kapitols bewohnte, wohl auch nichts andres als die Juno plebis; man erinnere sich an den Schild im Kapitol mit der Inschrift: Genio urbis Romae sive mas sive femina (Serv. ad Virg. Aen. 2, 351).

1. ṠVAE·E....VS. SENOM·SVṠT·IZICŴ
2. ....VS. Q. MOLTAM. ANGIT. V . ḤAṆNVR
3. . . . . DEIVAST. MAIMAS. CARNEIS. SENATEIS. TANGINVDAM
4. Ẋ. J. OSIṮ̣ EIQṾỊOCEGMO. COM. FARASCVSTER. SVAE. PIS. PERTE MVST. PṚ TER. PAN
5. DEIVATVD. SIPVS. COMONEI. PERVM. DOLOM. MALLOM. SIOM. IOC. COMONO. MAIS. EGN.
6. CAS..ȨMNVD. PANPIEISVMBRATEIS. AVTI. CADEIS. AMNVD. INIM. IDIC. SIOM. DAT. SENAI.
7. TANGINVD. MAIMAS. CARNEIS. PERTVMVM. PIEL EX. COMONO. PERTEMEST. IZIC. EIZEIC. ZICELE
8. COMONONI. HIPID. PIS. POCAPI. T. POST. POST. EXAC. COMONO. HAFIERT. MEDDIS. ḌAT. CASTRID. LOVFIR
9. EN. EITVAS. FACTVD. POVS. TOVTO. DEIVATVNS. TANGINOM. DEICANS. SIOM. DAT. EIZASC. IDIC. TANGINEIS
10. DEICVM. POD. VALAEMOM. TOVTICOM. TAḌAIT. EZVMNEP. FEPACID. POD. PIS. DAT. EIZAC. EGMAD. MIN
11. DEIVAID. DOCVD. MALVD. SVAEPIS. CONTRVD. EXEIC. FEFACVST. AVTI. COMONO. HIPVST. MOLTO. ETAṂ
12. TO. ESTVD. N. ⦵ ⦵. IN. SVAEPIS. IONC. FCRTIS. MEDDIS. MOLTAVM. HEREST. AMPERT. MIṆSTREIS. AETEIS
13. EITVAS. MOLTAS. MOLTAVM. LICITVD SVAE. PIS. PRVMEDDIXVD ALTREI. CASTROVS AVTI. EITVAS
14. ZICOLOM. DICVST. IZIC. COMONONI. HIPID. NE. PON. OP. TOVTAD. PETIRVPERT. VRVST SIPVS. PERVAL. DOLOM
15. MALLOM. IN. TRVTVM. ZICO. TOVTO. PEREMUST. PETIROPERT. NEIP. MAIS. POMTIS. COM. PREIVATVD. ACTVD
16. PRVTER. PAM. MEDICAT. INOM. DIDEST. IM. PONPOSMOM. CONPREIVATVD. VRVST. EISVCEN. ZICVLVD
17. ZICOLOM. XXX. NESIMVM. COMONOM. NIHIPID. SVAE. PIS. CONTRVD. EXEIC. FEFACVST. IONC. SVAEPIS
18. HEREST. MEDDIS. MOLTAVM. LICITVD. AMPERT. MISTREIS. AETEIS. EITVAS. LICITVD. PON. CENSTVR
19. SANSAE. TAVTAM. CENSAZET. PIS. CEVS. BĀNTINS. FVST. CENSAMVR. ESVF. IN. EITVAM. POIZAD. LIGVD
20. A·SE. CENSTVR. CENSAVM. ANGET. VZET. AVT. SVAEPIS. CENSTOMEN. NEI. CEBNVST. DOLVD. MALLVD
21. IN. EIZEIC. VINCTER. ESVF. COMENEI. LAMATIR. PR. MEDDIXD. TOVTAD. PRAESENTID. PERVM. DOLVM
22. MALLOM. IN. AMIRICATVD. ALLO. FAMELO. IN. EI. SIVOM. PABI EIZE IS. FVST. PAEANCENSTO. FVST
23. TOVTICO. ESTVD. PR. SVAE. PRAEFVCVS. POD. POST. EXAC. BANSAE. FVST. SVAE. PIS. OP. EIZOIS. COM

Bronze. — PEFACVS. TAVTI. Mar., PEFACVS. T. AVTI Leps.
Z. 12. MII. . . . EITVS. . . Marini am Ende. Leps.; p exisirt incnt, nochstens vielleicht F. — DI. Mar.
Z. 13. L. ICITVD Mar. Leps.; der Punkt scheint zufällig. — Nach Leps. und so wohl die Tafel, vielleicht auch ·M. — In ra.
 PRVMEDDIXVD Punkt bei Mar. Leps. — CASTRE ˀSAVTI Mar.: ist T aus P corrigirt.
 CASTROˀSAVCI Leps. Z. 30. ..ST Mar., .. IST Leps, —
 Z. 31. ...ZICVLVM. VI. NESIMUM Mar., ... M. VI. NESIMVM Leps.
 Z. 32. ... VM. LICID Mar., .. VM. POD Leps.

Das römische Gesetz für Bantia.

(s. die nebenstehende Tafel.)

Kap. I.

1 || (c. 30.)   s * nom [f]ust, izic ru   (c. 18.)
— — — — — — erit   is — — — — — —

2 || (c. 19.)   suae l(e)*l(e)p(t, i, f)us q. moltam angit,
— — — — — — si — — — — Q. multam agat

3 ug(c,o)**amnur . (c. 10.)   . || (c. 18.)   deiuast
— causa — — — — — — — — — — attribuet

4 maimas carneis senateis tanginud am . (c. 9.) . || XL osii*****ioc
de maximo cardine senatus iussu[32]) — — — — — XL — — ea
egmo comparascuster
res? comparata erit.

5 suae pis pertemust pruter pan   (c. 6.) . || deiuatud sipus comonei
Si quis secuerit praeter quam   [populi][33]) attributione sciens in agro

6 perum dolom mallom siom ioc comono mais egm[as ***] || cas amnud pan
per dolum malum suum eum agrum magis rei? — — causa quam

7 pieis umbrateis auti cadeis amnud inim idic siom dat senate[is] || tanginud
cuius — aut — causa atque id suum dat[34]) senatus iussu
maimas carneis pertumum piei ex comono pertemest izic eizeic zicel[ei]
de maximo cardine agendo[35]), cui cum agrum secabit, in ea? parte

8 || comono ni hipid
agrum ne habeat.

Kap. 2.

pis pocapit post post exac comono hafiert meddis dat castrid loufi[rud
Qui quandoque post[36]) hac agrum habebit, magistratus det praedio libé[ro

9 auti] || en eituas factud pous touto deiuatms tanginom deicans siom dat
vel[37])] in pecunias facito[38]); quibus? populus attribuit legem dixit, adsignet

---

32) 'maimas carneis' scheint abhängig von 'senateis tanginud', nach Z. 7.

33) 'toutas' scheint zu ergänzen aus Z. 9.

34) d. i. attribuat; der oskischen Sprache fehlten die technischen Ausdrücke und sie half sich daher mit der Umschreibung suum dare.

35) wörtlich maximi cardinis (= de maximo cardine, Genitiv mit causaler Bedeutung) secare oder sectum, d. i. wohl ut cardo secet agrum.

36) das eine 'post' des Originals ist wohl zu tilgen.

37) ergänzt aus Z. 13.

38) d. h. qui posthac agrum possidebit, facito magistratus, qui agris dividendis praeest, sibi det agrum vel immunem vel vectigalem. Zu 'factud' ist 'pis', nicht 'meddis' Subject.

1.   SENONI AVST IZICV
2.   STAB LICIVS. Q. MOLTAM. ANGIT. V   IANNVR
3.   DEIVAST. MAIMAS. CARNEIS. SENATEIS. TANGINVDAM
4.   X L. OSII P IQV·IOCEGMO. COM. PARASCVSTER. SVAE. PIS. PERTEMVST. PRVTER. PAN
5.   DEIVATVD. SIPVS. COMONEI. PERVM. DOLOM. MALLOM. SIOM. IOC. COMONO. MAIS. EGN
6.   CAS MNVD. PANPIEISVMBRATEIS. AVTI. CADEIS. AMNVD. INIM. IDIC. SIOM. DAT. SENAEI
7.   TANGINVD. MAIMAS. CARNEIS. PERTVMVM. PIEI. EX. COMONO. PERTEMEST. IZIC. EIZEIC. ZICELE
8.   COMONONI. HIPID.   PIS. POCAPI. T. POST. POST. EXAC. COMONO. HAFIEST. MEDDIS. DAT. CASTRID. LOVFIR
9.   EN. EITVAS. FACTVD. POVS. TOVTO. DEIVATVNS. TANGINOM. DEICANS. SIOM. DAT. EIZASC. IDIC. TANGINEIS
10. DEICVM. POD. VALAEMOM. TOVTICOM. TADAIT. EZVMNEP. FEPACID. POD. PIS. DAT. EIZAC. EGMAD. MIN
11. DEIVAID. DOCVD. MALVD. SVAEPIS. CONTRVD. EXEIC. FEFACVST. AVTI. COMONO. HIPVST. MOLTO. ETAN
12. TO. ESTVD. N. ꝒꝒ. IN. SVAEPIS. IONC. FORTIS. MEDDIS. MOLTAVM. HEREST. AMPERT. MISTREIS. AETEIS
13. EITVAS. MOLTAS. MOLTAVM. LICITVD   SVAE. PIS. PRVMEDDIXVD ALTREI. CASTROVS · AVTI. EITVAS
14. ZICOLOM. DICVST. IZIC. COMONONI. HIPID. NE. PON. OP. TOVTAD. PETIRVPERT. VRVST SIPVS. PERVM. DOLOM
15. MALLOM. IN. TRVTVM. ZICO. TOVTO. PEREMVST. PETIROPERT. NEIP. MAIS. POMTIS.   COM. PREIVATVD. ACTVD
16. PRVTER. PAM. MEDICAT. INOM. DIDEST. IN. PONPOSMOM. CONPREIVATVD. VRVST. EISVCEN. ZICVLVD
17. ZICOLOM. XXX. NESIMVM. COMONOM. NIHIPID. SVAE. PIS. CONTRVD. EXEIC. FEFACVST. IONC. SVAEPIS
18. HEREST. MEDDIS. MOLTAVM. LICITVD. AMPERT. MISTREIS. AETEIS. EITVAS. LICITVD.   PON. CENSTVR
19. SANSAE. TAVTAM. CENSAZET. PIS. CEVS. BANTINS. FVST. CENSAMVR. ESVF. IN. EITVAM. POIZAD. LIGVD
20. A SC. CENSTVR. CENSAVM. ANGET. VZET. AVT. SVAEPIS. CENSTOMEN. NEI. CEBNVST. DOLVD. MALLVD
21. IN. EIZEIC. VINCTER. ESVF. COMENEI. LAMATIR. PR. MEDDIXVD. TOVTAD. PRAESENTID. PERVM. DOLVM
22. MALLOM. IN. AMIRICATVD. ALLO. FAMELO. IN. EI. SIVOM. PAEI EIZE IS. FVST. PAEANCENSTO. FVST
23. TOVTICO. ESTVD.   PR. SVAE. PIIAEFVCVS. POD. POST. EXAC. BANSAE. FVST. SVAE. PIS. OP. EIZOIS. COM
24. ATRVD. LIGVD. ACVM. HEREST. AVTI. PRVMEDICATVD. MANIMASERVM. EIZAZVNC. EGMAZVM
25. PAS. EX. AISCEN. LIGIS. SCRIFTAS. SET. NE. PHIM. PRVHIPID. MAIS. ZICOLOIS. X. NESIMOIS. SVAE. PIS. CONTRVD
26. EXEIC. PRVHIPVST. MOLTO. ETANTO. ESTVD. N. ꝒꝒ. IN. SVAEPIS. IONC. MEDDIS. MOLTAVM. HEREST. LICITVD
27.   MINSTREIS. AETEIS. EITVAS. MOLTAS. MOLTAVM. LICITVD.   PR. CENSTVR. BANSAE.
28.   ID. NEI. SVAE. Q. FVST. NEP. CENSTVR. FVID. NEI. SVAE PIS. FVST. INSVAEPIS. PR. IN. SVAE
29.   VEL Q. P s. tacust IM. NERVM. FVST. IZIC. POST. EIZVC. TR. PL. NI. FVID. SVAEPIS
30.   //// ocmpid. hansa /// VST. IZIC. AMPRVFID. FACVS. ESTVD. IDIC. MEDICIM. EIZVC
31.   ./// m. z... m. nerum /////   MEDICIM CESINVM. VI. NESIMVM
32.   ./// om., udex. iicfeh ////   M VNPOD
33.   ./// mluii. suae. eizs. s. ////   MEDICIM
34.   // nistreis. acteis. i ///
35.   // est. licitud. tr. ///
36.   .(// comipid. irucla ///
37.   // trii. estud ///
38.   // timom //

Ein fehlender Buchstabe ist durch ☰, zwei durch ☰ ☰ und so fort bezeichnet.

Z. 1. Vor vst fehlt ein breiter Buchstab oder zwei schmale oder ein Buchstab nebst einem Punkt. — .. ST. IZIC. IV.. Marini; ..VD ..... LICITV.. Lepsius.

Z. 2. VDF LIVS fehlen ein oder zwei Buchstaben, ebenso am Schluss VDF AM. — Zu Anfang ... IIVS Mar.; ...MVS. Leps. — Am Schluss ANGITV. Mar. Leps. — Das kleine Fragment, welches die letzten Buchstaben von Z. 3. 4. 5 giebt, ist jetzt verloren und nur aus Rosini's Stich bekannt.

Z. 3. DEIV. AST Leps.; der Punkt scheint zufällig, ebenso in MA. IMAS. — TANGIT Mar.

Z. 4. Die ersten Buchstaben sind wenig sicher; statt .IOC steht vielleicht VOC. Hinter NC ist kein Punkt. — . . NDCEOMO Mar.; AMOSI..... C .. NIDC. Leps. — COMPAR – Mar. — PRETEMVS TR Mar.; PERTENVST P Leps. Man sieht aber auch eine deutliche Spur des folgenden n. — Am Schluss ist PAN, nicht PAM deutlich erhalten.

Z. 5. ....VO Mar. für DEIVATVD. — STOM. IDCICOMO... Mar.

Z. 6. Der Punkt nach CAS und A in AMNVD sind unsicher. CAS fehlt bei Marini; CASAMNVD Leps.; PANPIEI. SVM. BRATEIS Mar. PAN. PIEI. SVM. BRATEIS Leps.; aber sichere Punkte fehlen hier gänzlich. — SENA... Avell.

Z. 7. ...NGINVD Mar. — PERTEMEM Leps. — ZICEI ... Avell.

Z. 8. ... OMONONI Mar. — HAFTEAT Mar. — CASTRIDLOVFII Avell.

Z. 9. ENEITVAS Mar. — STOM Mar. Leps.; die Tafel hat S IOM, was zufällig scheint. — EIZ am Schluss Mar. — TANOD.... Avell.

Z. 10. PEPACID Mar.; die Tafel hat p, wie immer für p — EGMADML... Avell.

Z. 11. SVAE. PIS Mar. Leps.; der Punkt ist nicht sicher. — EXEIC Leps., getäuscht durch eine kleine Beschädigung der Bronze. — FEFACVS. TAVTI. Mar., FEFACVS. T. AVTI Leps.

Z. 12. MII.... EITVS... Marini am Ende.

Z. 13. L. ICITVD Mar. Leps.; der Punkt scheint zufällig. — Nach PRVMEDDIXVD Punkt bei Mar. Leps. — CASTRE SAVTI Mar.; CASTRID SAVCI Leps.

Z. 14. COMONON. Leps. für -ONI. — DON für PON Leps., wo auch der Punkt nachher fehlt, wie bei Marini nach DP. — SINVS Mar.

Z. 15. COMPN – Leps.

Z. 16. DIDIST. IN. PONOOSMOXX. Leps. Marini hat die richtige Lesart.

Z. 17. Der Punkt vor CONTRVD ist ruinirt. — SVAE. PIS am Ende Leps.

Z. 18. CENSTVRVST am Ende Mar.

Z. 19. SANSAE hat Mar. und die Tafel, BANSAE Leps. — LICV Mar., LIGVD Leps.

Z. 20. Das zweite Wort ist sehr unsicher; es ist deutlich, der Strich darüber vielleicht zufällig. Der dritte Buchstab eher c als s. Mar. liest IVSB, Leps. AISC. — SVAE. PIS Leps. — MALLO Mar., MALLVD Leps.

Z. 21. TNE. TZEIC Mar. IN. B. IZEIC Leps. Aber die Punkte vor und nach T sind zufällig. — FOMENEI Mar. — PR. MED. DIXVD Mar., PR MRD. DIXVD Leps.

Z. 22. PAEI. EIZEIS. Mar. Leps. — CENSTORVST Mar., CENSTO VST Leps.

Z. 23. ESTVD. C... PR. Mar. — OPRIZOIS Leps. — COMDN statt CDM Mar.

Z. 24. LIGVD scheint mir sicher; die beschädigten Stellen der Bronze nach L und G sind älter als die Schrift und übersprungen. IZIC. PID. liest dafür Mar., I IC VD Leps. — MANIMASEPVM Leps. Nach SER ein zweifelhafter Punkt.

Z. 25. Der Punkt nach AISCEN zweifelhaft.

Z. 26. EXEIG fehlt Mar.

Z. 28. IN für ID Mar. — NEI Mar. und so scheint die Bronze zu haben; NI. I. Leps. — Q. scheint die Bronze zu haben, obwohl nur das Loch und der Schwanz erhalten sind; Mar. PR, Leps. bezeichnet eine Lücke. — SVAE. PII Leps. — IN. SVAE Mar. Leps.

Z. 29. Unter N von NEI bemerkt Lepsius Spuren von M, die ich nicht erkennen konnte. — ..VTI. Q... Mar., ..ISIQ. D... Leps.; D existirt nicht, höchstens vielleicht r. — IM. Mar. Leps. und so wohl die Tafel, vielleicht auch VM. — IN TR. ist T aus P corrigirt.

Z. 30. ..ST Mar., ...IST Leps. —

Z. 31. ...ZICVLVM. VI. NESIMVM Mar., ... VM. VI. NESIMVM Leps.

Z. 32. ... VM. LICID Mar., ... VM. POD Leps.

10 *cizasc idic tangineis* || *deicum pod ualaemom touticom   tadait   czum   nep*
     câ   cum[39]*) lego*[40]*)* ut dicat quem reditum? publicum   — ex iis; neque
11 *fe*[*f*]*acid pod pis dat cizac egmad min*٭ || *deinaid do*[*l*]*ud malud*
     fecerit quod quis dat   ca   re?   minus attribuat dolo   malo.
12   *suaepis contrud exeic fefacust auti comono hipust molto etan* || *to estud*
     Si quis contra   id   fecerit aut agrum habuerit, multa   tanta   esto
n. ⊙Φ *in suaepis ionc fortis meddis moltaum herest ampert ministreis*
n. **MM** et siquis cum forte magistratus multare   volet, usque ad minorem
13 *aeteis* || *eituas moltas moltaum licitud*
     partem pecuniae multam multare liceto.

Kap. 3.

14   *snae pis prumeddixud altrei castrous auti eituas* || *zicolom   dicust izic*
     Si quis promagistratu alteri praedia   vel pecunias pro iugeribus dixerit[41]), is
     comono ni hipid ne pon op toutad   petirupert   urust   sipus perum
     agrum ne habeat, cum a populo ad quatuor usque occupaverit[42]) sciens per
15 *dolom* || *mallom in trutum zico   touto   peremust   petiropert   neip*
     dolum   malum et   —   — populus sumserit ad quatuor usque neque
mais pomtis
plus quinque[43]).

Kap. 4.

16   *com preivatud   actud* || *pruter pam medicat. inom didest in pon*
     Comprivatum agrum habens (practer quam magistratus —   dabit et cum
17 *posmom conpreivatud urust eisncen ziculud* || *zicolom XXX nesimum comonom*
     pomum in comprivato severit   eo   iugero) iugerum XXX utilium?, agrum
ni hipid
ne habeat.
18   *suae pis contrud exeic fefacust, ionc suaepis* || *herest   meddis   moltaum*
     Si quis contra   hoc   fecerit, eum siquis   volet magistratus multare
licitud ampert mistreis aeteis   eituas   licitud
liceto usque ad minorem partem pecuniae liceto.

Kap. 5.

19   *pon   censtur* || [*b*]*ansae   tautam   censazet   pis   ceus   Bantins   fust*
     Quum censor   Bantiae populum censebit, qui civis Bantinus erit

---

39) sc. 'comono', agrum.
40) Vielleicht fehlt hier ein kurzes Wort im Original.
41) d. i. wohl agrum immunem vectigalemve attribuerit.
42) eigentlich coluerit.
43) vielleicht neque plus quam quattuor, i. e. quinque.

20 *censamur   esuf   in eituam poizad ligud* || *asc?   censtur censaum anget uzet*
   censum[44]) apud eum et pecuniam quoia lege   hic? censor censum agit, oret.
21 *aut suaepis censtomen nei cebnust dolud mallud* || *in eizeic   vincter   esuf*
   At siquis in censum non venerit   dolo   malo   et id? convincitur, de co-
22 *comenci   lamatir   pr. meddixud toutad praesentid perum dolum* || *mallom*
   in vico?[45]) queratur? pro magistratu populo praesente propter dolum malum,
   in *amiricatud   allo famelo in*[.]*ei siuom paci eizcis fust pae anccusto fust*
   et sine emptione illa familia   et?   suum quae eius erit quae incensa erit
23 || *toutico estud*
   publica esto.

Kap. 6.

   pr. suae praefucus   pod   post exac bansae fust suae pis   op eizois
   Praetor si   praefectus quandoque posthac Bantiae erit[46]), si quis[47]) de his
24 *com* || *a*[*f*]*trud ligud acum herest auti prumedicatud manimaserum eizazunc*
   cum   altero lege agere volet aut pro magistratu manum iniicere propter eas
25 *egmazum* || *pas   ex aiscen ligis scriftas set   ne phim pruhipid mais*
   res quarum aliqua[48]) id, hac lege scripta, liceat, ne quem prohibeat plus
   zicolois X nesimois
   iugeribus X utilibus?
26   *suae pis contrud* || *exeic pruhipust molto etanto estud n.* ⊕ *in suaepis ionc*
   Si quis contra   id prohibuerit, multa tanta esto n. Ⅿ et siquis eum
27 *meddis   moltaum herest licitud* || [*ampert*] *miustreis aeteis   eituas moltas*
   magistratus multare volet, liceto; [usque ad] minorem partem pecuniae multam
   moltaum licitud
   multare liceto.

Kap. 7.

28 *pr. censtur bansae* || [*ni pis fu*]*id nei suae   q.   fust   nep   censtur*
   Praetor Censor Bantiae [ne quis] sit   si Quaestor erit. Neque Censor
29 *fuid nei suae pr. fust in suaepis pr.   in suae* || . .(c. 12.). . . *uii*
   sit , si Praetor erit. Et siquis Praetor et si   [quis censor erit, si]
   q. pis tacusim nerum fust izic post eizuc tr. pl. ni fuid suaepis
   Q. quis —   —   erit,   post ea tr. pl. ne sit. Si quis

---

44) eigentlich censeri, inf. pass.; zu verbinden mit 'uzet' = censeri dicat d. i. censum dicat. Bergk in dem Progr. über die carm. Sal. verbessert CENSANTVR = censentor.
45) 'comenei' dürfte hier dem *in poplico* der lat. Seite Z. 4 entsprechen.
46) praefectus erit = praeerit.
47) Man verbinde praetor si quis; der Prätor oder der Promagistrat sind die Kläger.
48) eigentlich cuius sit, s. o. S. 120 Anm. b.

30 || (c. 13.)   [p]ocapid bansa[e f]ust izic amprufid
  [censor   erit, si practor] quandoque Bantiae erit, is   improbe
  focus estud
  factus esto.
31 *idic medicim eiznc* || .   (c. 15.)   . *m nerum* . . (c. 17.) .
   id magistratum eo
32 *medicim ... sinum* VI *nesimum* || — — *om*. [i]*udex iicfch* — — —
   magistratum   VI utilium?   iudex
33 *mum pod* || — — — — *mluii suae   eizs. s.* — — — — *medicim*
   quod   si   magistratum
34 || — — — — *nistreis a*[e]*teis i* — — — — — — — — —
            minoris partis
35 || — — — — *est licitud tr.* — — — — — — — — — —
            liceto tr. [pl.]
36 || — — — — *comipid irucis* — — — — — — — — — —

37 || — — — — *tr.* [p]*l. estud* — — — — — — — — —
            tr. pl. esto
38 || — — — — *timom* — — — — — — — — — — —

Lateinische Seite[49]).

Kap. 1.

1 || .   64   [n]eque prov[inciam][50]) . .   45   .
2 || .   . 42   *in sena*[tu seiv]*e in poplico ioudicio ne sen*[tentiam
3 *rogato tabellamve nei dato*]   . 32 || . . . 42 .   *ium
   dcicito, neive quis mag. testumonium poplice eide*[m *deferri neive den*]*ontiari
4* || [*sinito, neive ioudicem eum neive arbitrum neive recipe*]*ratorem dato, neive
5 is in poplico luuci praetextam neiv*[e] *soleas habeto neive quis* || .   . . 40
 .   to. Mag. queiquomque comitia conciliumve habebit eum sufragium
6 ferre nei sinito* || [*neive eum censor in senatum legito neive in senatu*]
   relinquito.

---

49) nach meiner Abschrift; nur die Fragmente, welche die Anfänge von Z. 2. 3..4. und Theile von Z. 24—32 enthalten, sind theils nach Rosini's Stich, theils nach Avellino's Druck gegeben und darum cursiv. Die beigefügten Ergänzungen ausführlich zu rechtfertigen ist hier nicht der Ort. In die Zahl der fehlenden Buchstaben sind die etwa ergänzten mit eingerechnet.

50) Die Buchstaben sind halbirt und nicht ganz sicher.

Kap. 2.

7 ‖ [Sei tr. pl. q. III vir cap. III vir a. d. a. ioudex] quei ex hace lege plebeive
8 scito factus erit senatorve fecerit gesseritve quo ex hace lege ‖ [quae oportuerit minus fiant; scive quae e]x h. l. facere oportuerit oportebitve non fecerit
9 sciens d. m.; seive advorsus hance legem fecerit ‖ [sciens d. m.: ei multa tanta esto IIS . ., et] eam pequniam quei volet magistratus exsigito. Sei
10 postulabit quei petet, pr. recuperatores ‖ [.   31   quos quotque dari opo]rteat dato iubetoque eum sei ita pariat condumnari popul(o), facitoque
11 ioudicetur. Sei condemnatus ‖ [erit, quanti condemnatus erit, praedes] ad q. urb. det aut bona eius poplice possideantur facito. Sei quis mag. multam
12 inrogare volet, ‖ [ei multam inrogare liceto dum minoris] partus familias taxsat
13 liceto; eiq. omnium rerum siremps lex esto, quasei sei is haace lege ‖ [multam HS   excgisset]

Kap. 3.

14 ‖ [Cos. pr. aid. tr. pl. q. III vir cap. III vir a. d. a. qu]ei nunc est, is in diebus V proxsumeis, quibus queique eorum sciet h. l. popolum plebemve
15 ‖ [iousisse iouranto utei i(nfra) s(criptum) est. Item] dic. cos. pr. mag. eq. cens. aid. tr. pl. q. III vir cap. III vir a. d. a. ioudex ex h. l. plebive scito
16 ‖ [factus .   30   quei p]osthac factus erit, eis in diebus V prox-
17 sumeis, quibus quisque eorum mag. inperiumve inierit iouranto ‖ [utei i(nfra) s(criptum) est. Eidem consistunto in ae]de Castorus palam luci in forum vor-
18 sus, et eidem in diebus V apud Q. iouranto per Iovem deosque ‖ [Penateis sese quae ex h. l. facere oport]ebit facturum, neque sese advorsum h. l.
19 facturum scientem d. m., neque seese facturum neque intercesurum ‖ [quo quae ex h. l. oportet minus fiant. Qu]ei ex h. l. non iouraverit is magistratum
20 inperiumve nei petito neive gerito neive habeto, neive in senatu ‖ [sententiam deicito deicereve] ni quis sinito, neive eum censor in senatum legito. Quei ex
21 h. l. ioudicaverit, is facito apud Q. urb ‖ [eius quei iourarit nomen persc]riptum siet, quaestorque ea nomina accipito et eos quei ex h. l. apud sed iourarint
22 facito in taboleis ‖ [popliceis scriptos habeat.]

Kap. 4.

23 ‖ [Quei senator est inve senatu sententi]am deixerit post hance legem rogatam,
24 eis in diebus X proxsumeis, quibus quisqu[e eorum sciet] ‖ [hance legem popolum plebemve iousisse, i]ouranto apud quaestorem ad aerarium palam
25 luci per Iovem deosque Penate[is sese quae ex h. l.] ‖ [facere oportebit, facturum, neque se]ese advorsum hance legem facturum esse neque seese .
26 *quo minus sei*   ‖ .   . 32 . . . . se hoice leegei . . .
27 . . *anodni* . . *uraver*   ‖ . .

Kap. 5.

28 ‖   *e quis magistratus p.* .
29 ‖

Kap. 6.

30 ‖   . [u]*ti in tabóleis popl*[*iceis*] .
31 ‖ .   [tr]*inum nondin*[um] .
32 ‖   *is eritu* .

Die unter dem Namen der tabula Bantina bekannte auf beiden Seiten beschriebene Bronzetafel wurde nach Rosini's Angabe (diss. isag. p. 38. n. 13) im J. 1793 in dem Städtchen Oppido in Lucanien gefunden und um 400 Scudi für das Museo Borbonico erworben. Eine genauere, wenn gleich zum Theil fabelhafte Fundnotiz giebt Andrea Lombardi in den antichità di Basilicata (memorie dell' Instituto Arch. I. p. 118). „Oppido, sagt er, liegt 4 Miglien südlich von Acerenza, 12 nördlich von Potenza. In dem Gebiet dieser Stadt finden sich antike Gräber, und man hat einige geöffnet, welche werthvolle Gegenstände geliefert haben: griechische Vasen, Waffen, Bronzen und Münzen. Jedoch bemerkt man an diesem Orte keine Spur alter Gebäude oder andrer antiker Ueberreste. Dennoch hat Oppido einen gewissen Namen bekommen durch die Bronzetafel, welche in seinem Gebiet im J. 1790 entdeckt ward. Dies merkwürdige Denkmal fand sich an dem Orte, welcher Lago della Noce heisst, in geringer Entfernung von der Stadt; die Finder waren die Landleute Canio und Francesco Grieco, worauf es in die Hände von Domenico Lancellotti kam und später von der Regierung gekauft ward. Die Auffindung geschah rein zufällig, indem die Landleute beim Aufhacken des bezeichneten Ackers auf ein altes Grab stiessen, das aus grossen Steinmassen zusammengefügt und an den vier Seiten mit starken eisernen Klammern zusammengehalten war. Diese Klammern, welche über den obersten Stein hinausragten, hielten die bezeichnete Tafel, welche in der Mitte lag, gleichsam umfasst; auf der Tafel lag noch ein Vogel von Bronze, wie es schien ein Hahn. Da die Landleute die Tafel nicht mit den Händen losmachen konnten, zerbrachen sie sie mit den Hacken, und desshalb ist sie jetzt mangelhaft, indem eines der fehlenden Stücke an einen reisenden Händler aus Bari verkauft ward, das andre vor wenigen Jahren in die Hände des Major Larocca kam." So weit Lombardi. Es mag dahingestellt bleiben, wie viel von dieser Tradition mythisch sei; so viel ist gewiss richtig, dass die Tafel beim Auffinden zerbrach und zunächst nur das grösste Stück ins Museo Borbonico kam. Ich habe zwar vergeblich in der Sammlung des vor wenigen Jahren in Neapel verstorbenen Majors Larocca einem Fragment dieser Tafel nachgeforscht, so wie auch das Gerede, dass ein solches im

Museum de Giorgio in Lanciano sich befinde, sich nicht bestätigt hat; letzteres beruht gewiss auf einer Verwechselung mit der Inschrift No. 1. unter den kleineren. Allein in der neuesten Zeit sind in Neapel man weiss nicht woher zwei Fragmente der bantinischen Tafel aufgetaucht, welche vermuthlich eben die von Lombardi bezeichneten sind. Beide hat Avellino im Bullett. Napol. n. LVI. a. 4. p. 27 sg. bekannt gemacht. Das erste, das an das Ende der Z. 4—13 anschliesst, befindet sich im Museo Borbonico und mag vielleicht in den Magazinen verborgen gewesen sein; einen Stich davon giebt Avellino a. a. O. tav. 1. n. 8. 9. Ich gebe dasselbe nach sorgfältiger Vergleichung des Originals. — Das zweite Fragment — vermuthlich dasselbe, das nach Guarini (varii monum. Nap. 1835. p. 15.) ,,kürzlich" an demselben Ort, wo das grosse gefunden sein soll und von dem man Lepsius (p. 80) in Neapel erzählte, dass Jemand ein Fragment der bantinischen Tafel besitze, das er für 30 Ducati nicht habe verkaufen wollen — wurde der herculanensischen Akademie in einer ihrer Sitzungen zu Kauf angeboten, bei welcher Gelegenheit Avellino eine flüchtige Abschrift davon nahm. Man bot eine Summe, allein der Verkäufer erschien nicht wieder und wo das Fragment jetzt sich befindet, ist unbekannt. Dies Fragment gehört zu Z. 29—38; eingepasst scheint es richtig, da auf der lateinischen Seite die erste Zeile des Fragments . . OSQV   genau in die Lücke DE .   . E passt und auch Z. 30 der oskischen Seite ['p]ocapid bansa[e f]ust' deutlich zusammenhängt. Einen Stich haben wir nicht; Avellino giebt nur seine Kopie in Minuskeln, wie wir sie wiedergeben. Dass diese sehr ungenügend ist und offenbar Fehler hat, z. B. Z. 34 acteis für aeteis, Z. 37 tril für tr. pl., ist nach den angeführten Umständen nicht zu verwundern.

Das Hauptfragment der Tafel hat zuerst (1795) Marini herausgegeben (Arvali II, p. 570), jedoch fehlen hier die zwei kleinen Stücke, welche an den Anfang von Z. 4—8 anschliessen, und das dritte, welches ans Ende von Z. 2—4 gehört, so wie auch jede Angabe, wo die Tafel gefunden und von wem sie abgeschrieben sei (vermuthlich von F. Daniele). Alsdann publicirte sie Rosini in der Dissert. isagog. ad Herculanensium voluminum explanat. Neap. 1797. tab. n. VI., wo zuerst die drei angegebenen Stücke hinzugekommen sind. Da das dritte, welches früher im Museum war, jetzt verschwunden ist, so sind wir hiefür auf Rosini's Stich angewiesen, der übrigens nicht erkannt hat, an welche Stelle dies Stückchen anschliesse; dies hat Grotefend rudim. linguae oscae p. 9 sg. zuerst dargethan. Die spätern Wiederholungen von Guarini (comm. V. 1820 und excursus criticus dazu 1841), von Grotefend u. A. sind ohne kritischen Werth; exegetischen Werth hat allein die leider Fragment gebliebene Abhandlung Klenze's über das oskische Gesetz auf der bantinischen Tafel (Philologische Abhandlungen hg. von Lachmann, S. 25—54). Nach dem Original hat zuletzt Lepsius n. 23 tab. XXV die Tafel wiederholt, jedoch nicht mit der gehörigen Sorgfalt. Ich habe in Neapel die Bronze mehrmals sorgfältig geprüft und hoffe mit Ausnahme einiger weniger Stellen, wo die Tafel sehr zerstört ist, das Richtige nicht verfehlt zu haben. Ich gebe die Varianten von Marini und Lepsius.

Die Schrift ist die gewöhnliche der Bronzen aus der ersten Hälfte des VII. Jahrhunderts, vielleicht noch etwas roher und nachlässiger als z. B. das thorische Gesetz (n. c. 643.). Namentlich gilt dies von der oskischen Seite, welche nicht gerade jünger, aber in jeder Beziehung nachlässiger geschrieben ist als die lateinische. Es zeigt sich dies weniger in der Grösse der Buchstaben und der Weitläufigkeit der Zeilen, denn hierin sind in der That beide Seiten nicht wesentlich verschieden; 38 Zeilen zählt die oskische Seite, 36 die römische (nämlich 27 ganz beschriebene, 4 halbbeschriebene, wo uns der beschriebene Theil der Zeilen fehlt, und 5 zwischen den Kapiteln freigelassene) und ähnlich ist das Verhältniss der Buchstaben. Auffallend ist es aber, dass auf der lateinischen Seite nicht bloss die Kapitel abgesetzt, sondern auch noch durch eine leere Zeile von einander getrennt sind, während auf der oskischen bloss ein kleiner Zwischenraum in der Zeile den Anfang eines neuen Kapitels bezeichnet. Ferner ist die lateinische Seite durchaus correct geschrieben, während die oskische nicht wenige offenbare Fehler zeigt, z. B. Z. 8. POCAPI. T, Z. 10. FEPACID, Z. 11. DOCVD, Z. 19. SANSAE und manche andre uns vielleicht noch verborgene; so dass ein des Oskischen unkundiger Graveur diese Seite geschrieben zu haben scheint. Schwerlich ward die Tafel in dem kleinen Orte selbst gravirt; sie wird von Rom aus den Bantinern zugefertigt sein.

Was die äussere Gestalt der Tafel betrifft, so ist sie oben, unten und an der Seite, wo die oskischen Zeilen schliessen, die lateinischen anfangen, beschädigt, dagegen an der Seite, wo die oskischen anfangen, die lateinischen schliessen, hat sich zum grossen Theil der Rand unversehrt erhalten. Auf der oskischen Seite aber standen wenigstens zwei Columnen neben einander, so dass nicht bloss die Zeilen der ersten Columne trotz des Bruches der Tafel dennoch grossentheils vollständig sind, sondern auch von den Anfangsbuchstaben der zweiten einige geringe Reste sich finden. Die Zeilen enthielten 60—70 Buchstaben; da fast nie das Wort abgebrochen wird, sind sie ziemlich ungleich. Auf der lateinischen Seite dagegen ist nur eine Columne erhalten und auch diese zu Anfang defekt; wo die Bronze am breitesten ist, enthält sie etwa 84 Buchstaben, wozu (nach den in Z. 12. 16. ziemlich sichern Supplementen) noch reichlich 30 fehlende gerechnet werden müssen, so dass die vollständige lateinische Zeile etwa 120 Buchstaben gezählt haben wird. Danach ist es wahrscheinlich, dass die 120 lateinischen Buchstaben der einen Columne den 2×60—70 der beiden oskischen Columnen, die etwas kleinere Buchstaben haben, entsprochen haben wird. Es scheint zwar auffallend, dass während in dem erhaltenen Stück den c. 84 lateinischen Buchstaben nur 60—70 oskische entsprechen, in dem fehlenden den c. 36 lateinischen Buchstaben auch 60—70 oskische entsprochen hätten; allein auf dem erhaltenen Theil finden sich nicht bloss die 60—70 oskischen Buchstaben, sondern auch der freie Raum zu Anfang und der zwischen den Zeilen, während in dem fehlenden oskischen Stück bloss Buchstaben, in dem fehlenden lateinischen ausser den c. 36 Buchstaben auch noch der vermuthlich sehr bedeutende Raum zu Anfang unterzubringen war. Demnach nehme ich an, dass die Erztafel in ihrem unverstümmelten Zustande auf der einen Seite eine lateinische nicht in Columnen, sondern in Zeilen von c. 120 Buchstaben geschriebene Inschrift, auf der andern eine in zwei Columnen von je 60—70 Zeilen geschriebene oskische Inschrift trug; wie es denn überhaupt Regel war bei den Römern, eine Bronzetafel in nicht mehr als zwei Columnen zu theilen, ebenso wie die Seite eines Buches. — Eine weitere Frage ist es, ob die Tafel, von der wir ein Fragment haben, das ganze Gesetz enthielt, oder ob sie nur eine von mehreren war; oder, wie man auch sagen kann, ob das lateinische Gesetz auf einer Tafel absolvirt war oder in mehreren als Columnen neben einander gestellten Tafeln. Eine ganz sichere Antwort kann hierauf nicht gegeben werden; doch gehörte es allem Anschein nach zu der ältesten und eigentlich solennen Form der Aufzeichnung eines Gesetzes, dass dasselbe auf einer und derselben Bronzetafel und nicht in Columnen oder auf mehreren Tafeln geschrieben war, was allerdings Fälschungen sehr erschweren musste. Dies gilt von dem SC. de Bacchanalibus und dem de Genuatibus so wie noch von dem de Asclepiade, ferner von der Thoria und der sog. Servilia, bei denen es grosse Mühe gekostet haben muss, eine so ungeheure Bronzetafel zu schreiben oder zu lesen. Ueberhaupt kenne ich, von unserm Gesetz abgesehen, kein entgegenstehendes Beispiel aus der ersten Hälfte des VII. Jahrhunderts; denn die lex parieti faciundo auf dem Marmor von Pozzuoli ist sicher restituirt und kommt überhaupt als Steinschrift hier nicht in Betracht. Erst um Sulla's Zeit scheint das Schreiben in Columnen oder auf mehreren Tafeln aufzukommen, wie z. B. die Cornelia de scribis und die Antonia de Thermensibus, die Rubria, später die obligationes praediorum u. s. f.; doch ist wie zur Erinnerung an die eigentliche solenne Weise das festgehalten, dass die Ueberschrift wenigstens über alle Columnen fortlaufend geschrieben sein muss. — Wenn diese Bemerkung richtig ist, so dürfte das lateinische Gesetz auf der einen Tafel absolvirt gewesen sein; dass das oskische in mehreren Columnen geschrieben war, wäre eine fernerer Beleg dafür, dass dasselbe in minder formeller und solenner Weise aufgezeichnet worden ist als das römische auf der andern Seite. — Wie viel oben und unten fehle, ist gar nicht zu ermessen, da die Formen der Bronzetafel sich wohl nach der Wand richteten, wo sie angeschlagen werden sollten, und daher auch die irregulärsten vorkommen, z. B. die für ihre geringe Breite unverhältnissmässig hohe Tafel der lex Julia municipalis.

Dass die Tafel nach Bansa (lat. Bantia, jetzt Banzi) gehört, sagt sie uns selber. Zwar ist sie nicht dort, sondern etwa 8 Miglien davon in Oppido gefunden; da aber die Lage des alten Bantia bei dem heutigen Banzi zwischen Oppido und Venosa ziemlich gesichert scheint (vgl. Cluver. p. 1225. Lombardi l. c.

p. 212. und hier zahlreiche alte Reste, kürzlich auch die Inschrift eines Quatuorvir gefunden ist[51], während Oppido, wie bemerkt, gar keine alten Reste aufzuweisen hat, so wird Bausa in Banzi, und nicht in Oppido zu erkennen und anzunehmen sein, dass die Tafel verschleppt worden, was ja bei Bronzen nichts seltenes ist. Die Erzählung freilich von dem sogenannten Grabe, wo die Bronze sich befunden, verdient geringen Glauben. — Dass die oskische Urkunde nicht ein Municipal-, sondern ein römisches auf Bantia bezügliches Gesetz (lex nennt sie sich Z. 25) in oskischer Uebersetzung enthält, ergiebt sich daraus, dass alle notae: tr. pl., pr., n., selbst q. = quaestor, der auf den oskischen Inschriften immer kvaísstur heisst, römisch sind, ja sogar der 'iudex' vorkommt, und dass nach Z. 29 dem Quästor mit der Strafe gedroht wird: posthac tr. pl. ne sit; was offenbar in einem Beschluss der bantinischen Kommüne nicht gestanden haben kann. Wenn es nun begreiflich ist, dass ein solches römisches Gesetz in Bantia zum Vorschein gekommen, so wundert man sich, das lateinische Gesetz dort zu finden, wenn es nicht ebenfalls direkt auf Bantia sich bezieht. Man hat zwar bisher auf den Fundort keine Rücksicht genommen; allein es ist nicht richtig, dass römische Urkunden in einem Municipium sich finden, ohne bestimmten Bezug auf dasselbe. Dass das SCtum de Bacchanalibus in Calabrien gefunden ist, ist in der Ordnung; denn nicht bloss heisst es darin Z. 7. *ne quis ceivis Romanus neve nominus Latini neve socium* cet., sondern es ist dies sog. SCtum auch nur zum Theil ein Senatsschluss, nämlich Z. 1—18., der Rest dagegen ein Brief (tabelai) des betreffenden römischen Magistrats (etwa des Quaestors, der in Cales residirte?) an die Teuraner, mit der Einschärfung, was sie ediciren und was sie in tabolam abeneam einhauen sollten und mit der Adresse am Schluss: in agro Teurano. Ebenso hat es seinen guten Grund, dass die lex Julia municipalis im Municipium Heraklea, die lex de Gallia cisalpina in Veleja sich gefunden hat. Allein alle diejenigen römischen Gesetze und Senatsschlüsse, die sich nur oder doch vorwiegend auf Rom beziehen, sind auch nur in Rom

---

51) Die Stadt wird bei Geographen und Historikern einige Male erwähnt, ohne dass ihrer Verfassung dabei gedacht würde; eine Inschrift, die ich in dem lucanischen Atina (in Val di Diano) abgeschrieben: M. Traesio M. f. Pom. Fausto sen. IIII vir. qq. Potent(iae) cur. r. p. Bantinor. cur. r. p. Atinatium ob merita eius dec(uriones) Aug(ustales) et plebs cur(ante) L. Porc(io) Rufo ex a(ere) c(onlato) — erwähnt zwar die respublica Bantinorum, allein respublica wird von Colonien wie von Municipien gesagt. Von Banzi selbst ist bis jetzt nur eine Inschrift bekannt geworden, wovon Giuseppe d'Errico mir eine Abschrift zugesandt: Nussaeus (vielleicht N. Ussaeus) Scx. f. T. Salisius Ti (lies T. f.) III vir. (wohl IIII vir.) i. d. Minervae signum d(e) d(ecurionum) s(ententia) st(atuendum) c(uraverunt). Derselbe hat sie nachher im Bull. Napol. a. V p. 68 drucken lassen mit stillschweigender Aufnahme der ihm von mir mitgetheilten Verbesserungen. Wenn hier wirklich Quatuorvirn vorkommen, so ist dies ein Anzeichen dafür, dass Bantia nicht Kolonie war, sondern Municipium, was auch ohnehin wahrscheinlich ist; in dem verödeten Binnenlande von Lucanien giebt es fast gar keine Kolonien.

gefunden, so weit uns überhaupt der Fundort bekannt ist; die Annahme, dass in jedem Stadtarchiv Copien der römischen Gesetze auf Bronze sich gefunden, ist an sich durchaus unglaublich und wird durch eine aufmerksame Betrachtung der Fundorte der uns erhaltenen römischen Volksbeschlüsse völlig widerlegt. Wir müssten manches Repetundengesetz noch besitzen, wenn jede Stadt oder jede Provinz, die repetundarum zu klagen in den Fall kommen konnte, sich Exemplare der Repetundengesetze hätte anfertigen lassen. Demnach darf man in Bezug auf das lateinische Gesetz der bantinischen Tafel keineswegs in der weiten Möglichkeit der Dinge nach einem Gegenstande dafür suchen, sondern muss davon ausgehen, dass das Gesetz sich nothwendig auf Bantia bezieht. Dann aber liegt gewiss nichts näher, als darin das römische Original der oskischen Seite zu erkennen; wobei freilich gleich von vorn herein erinnert werden muss, dass jedenfalls der oskische Text Uebersetzung einer im Lateinischen verlorenen Partie ist und umgekehrt. Der auf Bantia bezügliche römische Volksschluss muss natürlich ursprünglich lateinisch gewesen sein und der lateinische Text allein konnte Gesetzeskraft haben; eine Copie desselben durfte im bantinischen Archiv nicht fehlen, so wie auch der oskische Text nothwendig war, um das Gesetz zur Kunde aller Bürger zu bringen. Lag es da nicht sehr nahe, beide Texte auf dieselbe Tafel graviren zu lassen, wovon man alsdann je nach den Umständen entweder die oskische Seite aushängte oder die lateinische? Wir haben ferner gesehen, dass die Inschriften beider Seiten in einem gewissen Verhältniss zu einander stehen und keineswegs so zufällig zusammengekommen scheinen wie der griechische und der lateinische Text der Tafeln von Heraklea; wir sahen, dass die lateinische Schrift förmlicher und sorgfältiger geschrieben war, die oskische nachlässiger, dagegen mehr zum bequemen Lesen eingerichtet durch die minder förmliche aber bequeme Columnentheilung. Dies alles scheint darauf zu führen, dass der lateinische und der oskische Text sich verhalten wie Original und Uebersetzung; wie ganz ähnlich in dem SC. de Asclepiade erst der lateinische, dann der griechische Text verzeichnet ist. Dass mit diesen aus dem äusserlichen Habitus der Tafel entnommenen Vermuthungen auch der Inhalt beider Seiten übereinstimme, wäre nun zu beweisen; indess ist dies dadurch sehr erschwert, dass der lateinische Text ein Fragment der generellen sanctio ist, welche das Gesetz beschloss, und deren sehr allgemeiner Inhalt einen sicheren Schluss auf den Inhalt des Gesetzes selbst kaum gestattet. Gesetzt aber, dass die Vermuthung richtig ist und beide Seiten zu einem Gesetze gehören, so ergiebt sich, dass nicht eben sehr viel Zeilen am untern Rande der Tafel ganz fehlen, weil die fast vollständige sanctio das Gesetz beschloss, dagegen sehr viele am obern Rande, und dass das oskisch erhaltene Bruchstück in den Schluss der ersten Hälfte des Gesetzes, das lateinisch erhaltene in den Schluss des ganzen Gesetzes gehört und letzteres nicht viel nach dem Orte anfange, wo das andre abbricht.

Indem nun festgestellt ist, dass der oskische und der lateinische Text der bantinischen Tafel Fragmente desselben römischen Volksschlusses sind, ist zunächst eine sichere Zeitbestimmung gewonnen. Z. 15 der lateinischen Seite finden sich unter den regelmässigen Magistraten die tresviri agris dandis adtribuendis, welche eingesetzt wurden von Ti. Gracchus u. c. 621. als III viri agris dandis adtribuendis iudicandis, im J. 625 die Judication verloren (App. b. c. 1, 19.) und kurz vor oder um 636 wieder aufgehoben wurden[52]). Danach fällt unser Volksschluss zwischen die Jahre 625—636. — Aber nicht bloss die Zeit, auch der Inhalt unsers Volksschlusses ist wenigstens bis zu einem gewissen Grade hiemit bestimmt: er kann nur von solchen Gegenständen handeln, worüber das römische Volk mit Bezug auf die bantinische Kommüne eine Verfügung treffen konnte; er muss die Rechte und die Obliegenheiten der Bantiner, welche aus dem Bundesvertrag mit Rom herrührten, feststellen.

Hier liegt nun nichts näher als das Recht der Bantiner auf den Mitgenuss des römischen ager publicus. Dass die Bundesgenossen daran Antheil hatten, und sowohl bei Ackervertheilungen wie bei andern Spenden aus der Beute mit berücksichtigt (s. z. B. Liv. 42, 4) als zur Nutzung des unvertheilt gebliebenen Laudes zugelassen wurden, ist nicht unbekannt (vgl. Rudorff, das thorische Gesetz S. 69—71). Am schärfsten stellt Appian b. c. 1, 18 beide Rechte einander gegenüber; er unterscheidet die verkauften oder den socii zugetheilten Aecker, welche Privateigenthum geworden waren und bei denen nur Rechtfertigung des Besitztitels und Nachmessung nach der forma stattfand, und diejenigen Aecker, welche die socii bebauten in Folge des Proclams, dass wer da wolle den nicht aufgetheilten Acker bebauen könne. Von letzteren spricht das uns erhaltene Ackergesetz vom J. 643 Z. 29 (nach meiner Collation mit Rudorffs Ergänzungen): *Quod quoicique ex h. l. ita utei s. s. est in agreis, quei in Ital*ia *sunt, quei P. Mucio L. Calpurnio cos. publiceis* (d. i. publici) *populi Romanei fuerunt, ceivi Romano facere licebit, item Latino peregrinoque, quibus M. Livio L. Calpurnio cos.* (642 u. c.) *agrum publicum populi Romani possidere ex lege plebeive sc. exve foedere licuit, sed fraude sua facere liceto.* Es war also für jeden einzelnen latinischen oder peregrinischen Bundesstaat das Recht der Mitbenutzung des römischen ager publicus entweder durch den Bundesvertrag oder durch ein römisches Gesetz oder Plebiscit geordnet; unsre lex eben hierauf zu beziehen liegt sehr nahe. Allerdings konnte in einem römischen Volksschluss für Bantia noch manche andre nicht auf den ager publicus bezügliche Bestimmung nicht fehlen, und wir werden sehen, dass dergleichen Kapitel auch in unserm Fragment vorkommen;

---

52) Appian b. c. I, 27 sagt, dass Sp. Borius oder vielmehr Thorius das Gesetz durchbrachte τὴν μὲν γῆν μηκέτι διανέμειν ἀλλ' εἶναι τῶν ἐχόντων; wodurch die IIIviri a. d. a. wegfielen, wie auch Appian andeutet. Dass dies etwa 15 Jahre nach dem Gesetz des Tiberius — nicht des Gaius — Gracchus stattfand, hat Huschke in Richters Jahrb. 1841 S. 584 gegen Rudorff gezeigt.

allein dass der eigentliche Zweck des Gesetzes die agrarischen Bestimmungen waren, dürfte aus dessen Entstehungszeit hervorgehen. In der Zeit des C. Gracchus, in welche unser Gesetz fällt, war der Bund der Bantiner mit Rom, der ins fünfte Jahrhundert der Stadt fallen muss, längst festgestellt; durch die gracchanischen Assignationen wurde dies foedus wie alle ähnlichen verletzt und einer Revision bedürftig. So sagt Cicero von Ti. Gracchus de rep. 3, 29, 41: 'Ti. Gracchus sociorum nominisque Latini iura neglexit ac *foedera*' (vgl. ib. 1, 19, 31: 'concitatis sociis et nomine Latino, foederibus violatis'), und schol. Bob. in Milon. c. 7. p. 283 Orell. giebt ausdrücklich an, dass durch die gracchischen Triumvirn auch der ager Latinorum aufgetheilt worden sei. Als dieselben bei der Revision der agrarischen Verhältnisse in Lucanien (liber colon. I, p. 209 Lachm.) an den bantinischen Acker kamen, bedurfte deren foedus einer Revision, und den römischen Volksschluss, welcher diese sanctionirte, haben wir vor uns. Dass derselbe in den ersten vier Kapiteln die agrarischen Verhältnisse ordnet, wollen wir nun im Einzelnen zeigen; es ist zwar Manches noch sehr unbestimmt, allein namentlich das vierte Kapitel wird jeden Unbefangenen überzeugen, dass der Inhalt dieser Vorschriften agrarisch ist.

Die ersten vier Zeilen des ersten Kap. sind zu fragmentirt, als dass eine Bestimmung des Inhalts möglich wäre. Zunächst ist die Rede von der Eintreibung einer Mult durch den (römischen) Quästor; wobei vermuthlich ein durch den städtischen Quästor einzuleitendes Executionsverfahren gemeint ist, wie es in der lateinischen Seite Z. 3 vorgeschrieben ist. — Alsdann ist die Rede von einem Senatsbeschluss '*maimas carneis*' d. de maximo cardine oder de agro dividendo assignando; die folgende Zahl XL erinnert an die Bestimmung Augusts, dass der decimanus maximus 40, der cardo maximus 20 Fuss breit sein soll, (Hygin. de limit. p. 194 Lachm.), welche auf älterem Gebrauch beruhen muss, da nach der Verordnung der Triumvirn Octavian, Antonius und Lepidus bei den Kolonien in Toscana, Campanien und Apulien dieselben Masse beobachtet wurden (liber colon. p. 212 L.). Dass der cardo, die Linie von S. nach N., statt des decimanus, der Linie von W. nach O., genannt wird, macht keine Schwierigkeit, denn die Ausdrücke schwanken und kardo steht für decimanus und umgekehrt[53]); die Bestimmung scheint eigentlich dahin gegangen zu sein, dass eine Hauptstrasse von 40, eine Nebenstrasse von 20 F. Breite abgesteckt werde. Unser maximus kardo scheint jenen Hauptweg von 40 F. Breite zu bezeichnen, dessen Ziehung der Beginn jeder Assignation war.

Ein zusammenhängender Satz beginnt erst mit Z. 4. '*suae pis*' sq. Es wird

---

53) In Capua ging der decimanus von S. nach N., der kardo von W. nach O. (Frontin. de limit. p. 29. Hygin. de limit. p. 170, vgl. p. 184 kardines loco decimanorum observantur, decimani loco kardinum). Ebenso in Consentia, Vibo, Clampetia, Benevent (liber colon. p. 209. 210).

verfügt, dass, wenn Jemand wissentlich und arglistig auf dem Ackerlande eine Auftheilung des Ackerlandes vornehme anders als auf Beschluss des Volkes, und dies Ackerland assignire auf einen Beschluss des Senats über Landauftheilung, dass dann derjenige, welchem er den Acker zugetheilt habe, in diesem Distrikte kein Land haben solle. Die in dem Satze 'mais — annud' hinzugefügte Modalität ist dunkel. — Das Wesentliche dieser Bestimmung aber ist eine Beschränkung der Rechte des Senats. Nach dem älteren Staatsrechte war die Oberleitung der Finanzen und damit auch die Assignationen und die Gründungen von Kolonien in seine Hand gelegt; es kam zwar öfter vor, dass vor Stiftung einer Kolonie das Volk befragt ward, allein noch im 6. Jahrhundert entschied regelmässig der Senat allein, so über die Kolonien Cremona und Placentia 567, Bononia 568, Pisa 574, Aquileja 585 (vgl. Walter R. R. §. 212). Dass die Gracchen dies Recht dem Senat entrissen und die Assignation von einem Volksbeschluss abhängig machten, wird uns zwar nirgends ausdrücklich gesagt; allein es passt vortrefflich in die gracchanische Gesetzgebung, da die gracchanischen Triumvirn agris dividendis coloniisque deducendis (Vell. 2, 2) in Opposition zu dem Senat ernannt waren und die gracchanischen Kolonien alle durch Volksbeschluss zu Stande kamen.

Das zweite Kapitel ist dunkler, obwohl es jetzt fast vollständig ist. Zunächst scheint bestimmt, dass Niemand Land in Besitz nehmen soll anders, als wenn der Magistrat ihm dasselbe als steuerfreien oder steuerpflichtigen Besitz zugetheilt hat. Es wird also die alte regellose Occupation für die Zukunft ganz aufgehoben, wie wir auch sonst wissen, dass dies durch die gracchische Gesetzgebung geschah. Dieselbe hat, so weit sie sich erstreckte, regelmässig allen ager publicus assignirt, jedoch nicht zu vollfreiem quiritarischem Eigenthum, sondern der Boden blieb, ähnlich den Privatgrundstücken in den Provinzen, gewissermassen publicus und regelmässig vectigalis (ager privatus vectigalisque heisst er in der lex agr. von 643; Rudorff a. a. O. S. 33. 120. Huschke a. a. O. S. 587). Die vectigalia schaffte das livische Gesetz zwar ab, allein ein Gesetz von 636 erneuerte sie und erst das uns noch erhaltene Ackergesetz von 643 verwandelte allen Besitz, den die gracchanischen IIIviri a. d. a. sortito civi Romano dederant (l. agr. v. 3. Rudorff S. 53) in freien ager privatus. So erklärt es sich, wenn es in unserm Gesetz heisst, dass die Aecker — nämlich jene agri privati vectigalesque — entweder als vectigales oder (ausnahmsweise) als immunes von den Magistraten den Bürgern und sociis zugetheilt werden. — In dem folgenden Satze 'pous — siom dat' wird noch einmal eingeschärft, dass eine jede solche Assignation auf Grund eines Volksschlusses erfolgen muss. In jedem dieser Volksschlüsse wird über das Vectigal etwas bestimmt worden sein, worauf das legem dixit sich beziehen mag. — Der Satz 'eizasc — ezum' ist in Construction und Erklärung dunkel; vielleicht bezieht er sich auf die förmliche Auflage des Vectigal durch den Magistrat bei der Uebergabe eines jeden Ackerlooses. — Der folgende Negativsatz 'nep — malud' scheint bloss zu verordnen, dass der Datio die Attributio entsprechen müsse und was gültig an Landloosen ausgewiesen worden ist, auch in demselben Masse zugewiesen werden soll. — Die Strafdrohung trifft diejenigen, welche Land occupiren ohne obrigkeitliche Anweisung; sie sollen entweder eine feste Buse zahlen von 2000 Sesterzen oder nach Wahl eines jeden Magistrats eine arbiträre, jedoch darf diese nach bekannter römischer Satzung (Cato ap. Gell. VII, 3. Fest. v. publica pondera p. 246 Müll.) die Hälfte des Vermögens nicht übersteigen. Genau dieselbe Sanction findet sich im zweiten Kap. des lateinischen Fragments, woraus man ferner sieht, dass in beiden Fällen die Sache vor Recuperatoren kam und diese nach Massgabe der Formel auf die feste oder die arbiträre Mult erkannten. Eine fernere Strafdrohung für denselben Fall scheint das dritte sehr dunkle Kapitel aufzustellen. Wer (ohne obrigkeitliche Anweisung) bis zu vier Jugera öffentlichen Landes occupirt wissentlicher und betrüglicher Weise, der soll (nicht bloss mit der Mult des Kap. 2 belegt werden können, sondern auch) es sollen alle Anweisungen von Grundstücken oder Grundlasten, die ihm nach Kap. 2 zu Theil werden, ungültig sein. Was die Schlussbestimmung enthält 'in trutum — pomtis', weiss ich nicht.

Das vierte Kapitel endlich untersagt die Assignationen an diejenigen, welche einen actus comprivatus von 30 Jugera schon besitzen. Diese Bestimmung ist nicht unbekannt; wir wissen, dass nach späterem römischen (wahrscheinlich eben durch die Gracchen festgestellten) Recht Niemand über 30 Jugera vom Gemeinland occupiren durfte (lex agr. v. 14. Huschke a. a. O. S. 590). Ein solcher ager publicus occupatus ist ohne Zweifel auch hier unter dem ager comprivatus zu verstehen, insofern er et communis et privatus ist. — Die 30 iugera sollen nesima sein, was ein etymologisch dunkler Superlativ ist; sachlich läge am nächsten die Bestimmung, dass diese 30 Jugera Nutzland sein müssen, ager utilis (Hygin. de limit. p. 203) oder wie es in-der lex D. Augusti hiess: qua falx et arater ierit (Hygin. l. c., womit zu vgl. die capuanischen Grenzpfeiler: iussu Imp. Caesaris qua aratrum ductum est. Orelli 3683). Nicht eingerechnet werden soll in die 30 Jugera dasjenige was der Magistrat geben wird (die nähere Bestimmung fehlt, da das Wort 'inom' dunkel ist) und der mit Fruchtbäumen bepflanzte Theil, was wohl den Zweck hatte, zur Anlage von Oel- und Weinpflanzungen auf dem doch immer nicht im vollen Eigenthum stehenden ager publicus occupatus zu veranlassen. — Die Strafe, wenn Jemand mehr als 30 Jugera vom Gemeinland nutzt, spricht der Magistrat nach Gutdünken bis zum halben Betrag des Vermögens aus.

Fassen wir die Bestimmungen dieser vier Kapitel noch einmal kurz zusammen, so findet sich hier verordnet:
> dass die Assignation des Gemeinlandes künftig nur durch Volks- nicht durch Senatsbeschluss erfolgen solle;
> dass die regellose Besitzergreifung von Gemeindelande in Zukunft aufhören und der Magistrat allein ermächtigt sein soll, das nicht im Besitz stehende

Land gegen Auflegung eines Vectigal oder ohne ein solches zu assigniren. Die Besitzergreifung, die hiemit im Widerspruch geschieht, wird mit einer Mult, unter Umständen auch mit dem Ausschluss von der Assignation bestraft;

dass von den älteren Occupanten Niemand mehr als 30 Jugera besitzen und keinem Besitzer dieses Ackermasses ferner eine Assignation zu Theil werden dürfe.

Das fünfte Kapitel handelt von dem Fall „wenn der Censor in Bantia das Volk schätzen wird." Natürlich ist der römische Censor nicht gemeint, sondern ein Municipalbeamter. Wie kommt es aber, dass ein römisches Gesetz den Census in Bantia verfügt und ordnet, und dass die Habe des bantinischen Bürgers, wenn er incensus ist, gerade wie die des römischen ins Eigenthum des (römischen) Staates fällt? — Der Census in Rom erstreckte sich nur auf die römischen Bürger, mit Einschluss natürlich der in Italien wohnenden Bürger, welche sich zum Census nach Rom persönlich begeben mussten (Cic. in Verr. Act. I. c. 18. vgl. Liv. 29, 27.); es muss aber daneben ein von Rom aus dirigirter Census aller mit Rom föderirten italischen Kommünen bestanden haben, dessen Resultat, wie des römischen Census die römische Musterrolle, so von diesem die italische Musterrolle, die formula togatorum war, nach der Soldaten und Soldgelder über ganz Italien ausgeschrieben wurden. Wir sehen dies am deutlichsten aus dem Verfahren gegen die 12 widerspenstigen latinischen Colonien im zweiten punischen Kriege (Liv. 29, 15. 37.). Dass dieser Census sich nicht auf die latinischen Colonien beschränkte, sondern auf alle civitates foederatae ausgedehnt war, ergiebt sich weniger aus der gelegentlichen Erwähnung der tabulae publicae censoriae von Larinum (Cic. pro Cluent. 14) als daraus, dass diese Latinen, qui proprios populos propriasque civitates habebant et erant peregrinorum numero (Gai. I, 79. cf. l. agr. Z. 29 Latino peregrinoque), den übrigen föderirten Kommünen rechtlich gleichstanden und das Resultat des italischen Census, die formula togatorum, die socii und Latini in gleicher Weise umfasste. Es erhellt dies besonders deutlich aus der lex agraria, welche alle die socium nominisve Latini quibus ex formula togatorum *milites in terra Italia imperari solent* Z. 21. als zum Mitgenuss des ager publicus populi R. berufen darstellt (Rudorff a. a. O. S. 69). — Bei Livius heisst es nun 29, 15. aus einem Senatsbeschluss: censumque in iis coloniis agi ex formula ab Romanis censoribus data, dari autem placere eandem quam populo Romano, deferrique Romam ab iuratis censoribus coloniarum priusquam magistratu abirent. c. 37. von den römischen Censoren: Duodecim deinde coloniarum — quod nunquam antea factum erat deferentibus ipsarum coloniarum censoribus — censum acceperunt, ut quantum numero militum quantum pecunia valerent in tabulis publicis monumenta extarent. Aus diesem geschärften Verfahren ist abzunehmen, dass in jeder föderirten Stadt Italiens ein Beamter, welcher censor hiess, nach einer formula, die er selbst aufstellte (dass der römische Censor sie bestimmt, ist Schärfung), die Muster und Steuerrolle aufnahm und das Resumé derselben unter eidlicher Versicherung wahrscheinlich durch Legaten (arg. l. Jul. municip. v. 148 sq.) nach Rom sandte. Dass diese Municipalcensoren wie die römischen jedes fünfte Jahr und gleichzeitig mit den römischen ernannt wurden, ist nicht ausdrücklich überliefert, aber sehr wahrscheinlich. Vermuthlich sind auch die Quinquennalen censoria potestate (Orelli 3703), welche später fast in jeder italischen Kommune als die vornehmsten Beamten erscheinen, aus diesen Municipalcensoren hervorgegangen, welche seit der erlangten Civität den stolzen Namen der Censoren vermieden, wie die offenbar den Consuln nachgebildeten Duumvirn iure dicundo sich mit dem bescheidneren Namen begnügten und schon wenn sie sich Prätoren nannten wegen ihrer Anmasslichkeit getadelt wurden: „bald würden sie sich auch Consuln nennen!" (Cic. in Rull. II, 34). — Von wem die Municipalcensoren bestellt wurden, wird uns nicht gesagt, doch möchte nach einem später zu erörternden Kapitel des bantinischen Gesetzes auch dabei Rom sich eine Mitwirkung vorbehalten haben. Aus dem fünften Kapitel sehen wir, dass der bantinische Censor selbst die lex oder formula census (vgl. zur Veranschaulichung l. 4 D. de cens. L. 15.) zu bestimmen hat — ganz wie dies argumento a contrario aus Livius abgenommen ward —; dass jeder bantinische Bürger sich bei ihm zu melden und sein ganzes Gewese (*eituam*, vielleicht familiam pecuniamque) ihm anzugeben habe. Wer absichtlich ausbleibt und dessen überführt wird, über den soll der Beamte (wohl der Censor, so lange er im Amte ist; eventuell ein andrer Magistrat, etwa der Präfect, wovon nachher) öffentlich vor dem Volk Beschwerde führen und das ganze Vermögen und Eigenthum des incensus, so weit es nicht beim Census angegeben ist, dem römischen Staate zufallen (denn publicum esto kann in einem römischen Gesetz nur von der Confiscation zum Besten des römischen Aerars verstanden werden). Der nicht censirte Bantiner selbst fiel also nicht wie der nicht censirte römische Bürger in die Gewalt des römischen Volkes, offenbar weil die Selbstständigkeit der civitas Bantina (Z. 19.) ihn vor dieser äussersten Strenge schützte.

Weniger klar ist das sechste Kapitel. Es handelt von den Contraventionsfällen der bantinischen Bürger gegen dies Gesetz, z. B. von dem in Kap. 4., wenn einer mehr als 30 Jugera Gemeinland occupirt, wo ihm der Magistrat eine Mult bis zur Hälfte des Vermögens auflegen konnte. Bekanntlich war aber eine irrogirte Mult so wie auch die gesetzlich fixirte nicht sofort exequibel, sondern sie musste nun erst gerichtlich eingeklagt und ein Urtheilsspruch auf ihren Belauf erwirkt werden. Dass die Einklagung von einem Magistrat geschah, sehen wir z. B. aus Z. 8. der lateinischen Seite, wo eine feste Mult gegen einen römischen Bürger verfolgt wird: eam pequniam quei volet magistratus exsigito, indem er sich vom römischen Prätor Recuperatoren erbittet. Feste oder irrogirte Multen bantinischer Bürger mussten auch die römischen Magistrate, wenn ihnen dies

Gesetz das Recht gab sie zu verfolgen, gewiss vor den bantinischen Gerichten einklagen und darauf geht es wohl, wenn der praetor qui Bantiae praeerit oder wer an seiner Stelle seine Geschäfte verwaltet (pro magistratu) eine legis actio und manus iniectio vornehmen. Bei letzterer ist gewiss nicht die eigentliche legis actio per manus iniectionem gemeint, sondern manum iniicere steht hier in dem weiteren Sinn, den es z. B. auch in den XII. Tab. hat (manum iniicito in ius ducito), zur Bezeichnung der in ius vocatio, so dass der Sache nach lege agere = den Prozess beginnen und manum iniicere = vor Gericht führen gleichbedeutend sind. Wenn nun der Prätor von Bantia oder wer ihn vertritt beabsichtigen, gegen einen bantinischen Contravenienten das gerichtliche Verfahren einzuleiten auf Grund einer der Sanctionen unseres Gesetzes, so soll er dem Contravenienten daneben nicht mehr als höchstens 10 Jugera entziehen können, was ohne Zweifel vom Gemeinland zu verstehen ist, denn nur von der Nutzung des Gemeinlandes, nicht von der des Privatbesitzes kann durch den Spruch des Magistrats der Einzelne ausgeschlossen werden. Es scheint demnach der Prätor qui Bantiae praeest gegen den bantinischen Contravenienten ein doppeltes Recht gehabt zu haben: theils ihn gerichtlich zu verfolgen wegen der im Gesetze angeordneten Brüche, theils ihm nach Gutdünken den Genuss des ager publicus entziehen zu können. Damit er nicht mit dem ersten das zweite allzusehr cumulire und der vom Gesetz vorgesehenen Strafe noch eine arbiträre ganz unbegrenzt hinzufüge, wurde vorgeschrieben, dass letztere 10 Jugera nicht übersteigen dürfe, bei Strafe entweder einer festen Mult von 1000 Sesterzen oder einer beliebig irrogirten gegen den Prätor.

Wer ist nun aber dieser Prätor qui Bantiae praeest? Mit dieser Frage gehen wir sofort über zum siebenten Kapitel, welches ihn abermals nennt, zugleich mit dem Censor und dem Quaestor. Von diesen drei Beamten ist der Censor, wie oben gezeigt ward, ein Municipalbeamter; der Praetor qui Bantiae praeest, was er auch immer sein mag, doch ganz gewiss nicht einer der römischen Prätoren, welche mit der Verwaltung Italiens überhaupt nichts zu thun hatten[54]), am

---

54) Appian b. c. I, 38 erzählt von Q. Servilius, welcher u. c. 664 in Asculum Picenum ermordet ward, er sei Proconsul dieses Districts gewesen. Es habe nämlich, wie es scheine (ὡς ἔοικε) schon damals eine ähnliche Einrichtung bestanden wie die von Hadrian, der ganz Italien unter vier Consulare vertheilte. — Es fragt sich, was mit dieser räthselhaften Angabe anzufangen und ob sie nicht etwa auf die Prätoren zu beziehen sei, da Servilius bei Vell. 2, 15. Diodor. XXXVII, p. 155. Dind. Oros. V, 18 praetor heisst. Allein proconsul nennt ihn auch Liv. epit. 72. Vergleicht man mit diesem Falle einen zweiten, der aus der Inschrift Orell. 570 hervorgeht, dass in der Gegend von Pesaro kurz vor 681 ein Proprätor die Grenzsteine wiederherstellte, so drängt sich die Frage auf, ob Picenum, auf das beide Beispiele sich beziehen, nicht bis in diese Zeit hinab zum cisalpinischen Gallien gehört habe. Heisst doch Sinigaglia

wenigsten aber als Vorsteher einer einzelnen Stadt bezeichnet werden könnten. Dagegen muss der Quaestor einer der römischen sein, weil ihm gedroht wird, dass wenn er das Gesetz überschreite er unfähig sein solle, das in der römischen Aemterstaffel nächstfolgende Amt, das Volkstribunat, zu erhalten und somit überhaupt seine politische Carriere fortzusetzen. Der tr. pl. des Gesetzes ist unzweifelhaft kein andrer als der römische [55]). Es wäre also zu untersuchen, ob nicht ein römischer Quaestor sich ermitteln lässt, der in regelmässiger amtlicher Beziehung zu der Stadt Bantia gestanden haben könne. Zu der Zeit, wo dies Gesetz gegeben ward, gab es acht Quästoren in Rom, wovon die vier von älterer Einsetzung theils mit der Staats-, theils mit der Kriegskasse zu thun hatten und schwerlich mit der bantinischen Kommüne in direkten Geschäftsbeziehungen standen. Anders steht es mit den vier Quästoren, welche im J. 487 u. c. (das Jahr bestimmen Liv. epit. 15 und Lyd. de mag. I, 27) zuerst ernannt wurden (Tac. Ann. XI, 22), zunächst für den wegen des beabsichtigten Krieges gegen die Bundesgenossen des Königs Pyrrhus nothwendig gewordenen Flottenbau, wesshalb sie classici hiessen (Lyd. l. c.) und ihre Provinzen aquariae (Cic. in Vatin. 5).

---

auch nicht ohne Grund das gallische Sena im Gegensatz des italischen in Etrurien! Auf keinen Fall darf mit Appian aus diesen Stellen auf eine proconsularische Verwaltung Italiens in der Art der von Hadrian eingeführten ein Schluss gezogen werden.

55) A. M. ist Klenze, der es S. 38 gewagt hat, municipale Volkstribunen anzunehmen. Ohne ihm hierin beizustimmen, will ich doch zwei Inschriften anführen, die ich beide selbst gesehen habe und welche zur Unterstützung dieser Ansicht gebraucht werden könnten. Die eine sehr alte (sie zeigt das eckige Γ) befindet sich in Venosa und lautet: Q. Ovius Ov(ii) f(ilius) tr. pl. viam stravit (Mur. 507, 6); die zweite in Teanum Sidicinum: Cn. Vesiculanus M. f. M. Vesiculano V(ibii) f. patri trib. pl. IIviro i(ure) d(icundo) praef(ecto) rebus divinis. An römische Volkstribunen ist hier schwerlich zu denken; eher kann man annehmen, dass in einigen Colonien auch dieser Magistrat dem römischen nachgeahmt war. Bei einer so alten Kolonie, wie Venosa ist, hat dies wenig Bedenken; Teanum freilich war erst Kolonie seit Augustus. — Eine Schwierigkeit andrer Art weiss ich nicht zu lösen. Wenn dem Quästor gedroht wird, dass er nicht solle Volkstribun werden können, so war es freilich im Anfang des siebenten Jahrhunderts wohl üblich, diese Reihenfolge zu beobachten, allein wenigstens noch im J. 555 d. St. wurde T. Quinctius Flamininus ex quaestura Consul (Liv. 32, 7). Wollte man aber auch annehmen, was kaum angeht, dass im siebenten Jahrhundert jeder Quästor, um höhere Aemter bekleiden zu können, nothwendig zunächst das Tribunat bekleiden müsse, und die entgegenstehenden Beispiele bei Cic. pro Planc. 21 auf eine repulsa beziehen, so dass diese Männer später doch noch Tribunen geworden wären: so wird man doch dies immer nur von den Plebejern gelten lassen können, während der patricische Quästor durch das Verbot Volkstribun zu werden gar nicht getroffen ward. Es bleibt wohl nichts andres übrig, als entweder die Uebersetzung oder die Redaction des Gesetzes hier für ungenau zu erklären; denn der etwa noch mögliche Ausweg, dass die vier quaestores classici nicht hätten Patricier sein dürfen, ist sicher unzulässig.

Die angesehenste Provinz war die Ostiensis, welche die Sorge für die Verproviantirung Roms in sich schloss (Cic. pro Mur. 8. pro Sext. 17). Ein zweiter dieser Quästoren hatte seinen Sitz noch unter Tiberius veteri ex more in Cales in Campanien (Tac. Ann. IV, 27), ohne Zweifel desshalb, weil in Unteritalien südlich vom Garigliano dies die älteste römische Kolonie war. Sein Amtsbezirk erstreckte sich bis nach Brundisium, wo ihm die Flotte gehorchte (Tac. l. c.), und wahrscheinlich auch nach Puteoli, denn der vom Consul nach Puteoli abgeordnete Quästor (Cic. in Vatin. 5) scheint eben dieser von Cales; ihm gehorchten also die beiden wichtigen Häfen von Misenum und Brundisium und wahrscheinlich ganz Unteritalien. Der dritte jener vier Quästoren ist vermuthlich der, den wir im cispadanischen Gallien finden (Plutarch. Sertor. 4. Suet. Claud. 24); er residirte vermuthlich in Ariminum, dahin wohl eben desshalb 486 eine Colonie geführt war, ein Jahr vor Ernennung der Quästoren, und wird die Flotten in den Häfen von Ariminum und Ravenna unter sich gehabt haben. Wo der vierte seinen Sitz hatte, wissen wir nicht, vielleicht in einer tuskischen Stadt. — Aber nicht bloss den Häfen standen diese Quästoren vor; wenn Tacitus angiebt, dass sie ernannt seien stipendiaria iam Italia et accedentibus provinciarum vectigalibus, so wird das heissen, dass sie das Geschäft hatten, die Leistung des damals nach vollendeter Eroberung Italiens schon allgemein den Italikern auferlegten Soldgeldes, so wie der entsprechenden Kontingente der socii und Latini zu überwachen, so wie die Steuern der Provinzen, welche damals schon begannen (insofern nämlich damals die römische Besetzung des gallischen Gebiets begann; die erste Provinz Sicilien wurde erst 513 eingerichtet), zu erheben. Aehnlich sagt Lydus, dessen Quellen hier besser waren als gewöhnlich, dass diese vier Quästoren ταμίαι καὶ συναγωγεῖς χρημάτων waren, wie sie denn von der Erhebung der Gefälle auch den Namen hatten. Endlich finden wir den Quästor Sertorius beschäftigt, die Kontingente der gallischen Städte herstellig zu machen und auszurüsten (Plutarch. l. c.). Die bantinische Kommüne wird also namentlich in Bezug auf den Census dem Quästor von Cales untergeordnet gewesen sein. Dieser reiste umher in seiner Provinz, wie aus Tac. Ann. IV, 27. erhellt, wo der Quästor von Cales gerade in der Gegend von Brundisium sich aufhält, als dort ein Aufstand ausbricht. So konnte er auch nach Bantia kommen, und es hat daher einen guten Sinn, wenn das Gesetz verordnet: falls der Quästor in Bantia verweilt, soll dort kein Prätor oder Censor sein, d. h. falls ein römischer Oberbeamter dort sich aufhält, sollen die Unterbeamten, mögen sie nun römische oder nur im römischen Interesse ernannte Municipalbeamte sein, dort nicht sein. Natürlich weicht der Magistrat mit schwächerem Imperium, und es ist dies ein Beweis mehr, dass römische Prätoren und Censoren hier nicht gemeint sein können, da diese hier offenbar dem Quästor nachgesetzt werden. Man begreift es ferner, warum das Gesetz sich so vorzugsweise an den Quästor wendet und soviel wir sehen ihn allein in Strafe nimmt, wenn er in Bantia neben einem Prätor oder

Censor verweilt. Während es in Bantia Prätoren oder Censoren giebt, darf der Quästor sich nicht dorthin begeben; vermuthlich weil Ein römischer oder doch im römischen Interesse ernannter Beamter innerhalb ihrer Stadt den Bantinern vollkommen ausreichend schien. Daraus folgt einmal, dass jene beiden Aemter nicht stehend sind; was von den Censoren an sich wahrscheinlich ist und von den Prätoren auch durch die Worte Z. 23: si Bantiae praeerit indicirt wird. Zweitens scheint aber auch aus dieser Bestimmung abgenommen werden zu können, dass dem Quästor auf die Ernennung dieser Beamten ein gewisser Einfluss zustand; hätte es nicht von ihm abgehangen, ob Prätoren und Censoren in Bantia sein sollten oder nicht, so wäre er durch diese Vorschrift in der Verwaltung seiner Provinz ungebührlich beschränkt werden. Was den Censor betrifft, so war dieser Municipalbeamter und wurde also vermuthlich vom Senat oder Volke von Bantia ernannt; schwerlich wird der Quästor ihn direkt bestellt haben. Wohl aber konnte bestimmt sein, dass die bantinische Kommüne nicht anders zur Ernennung eines Censors schreiten solle, als wenn der Quästor sie dazu anweise; durch welche Vorschrift es auch möglich ward, den italischen Census zu gleicher Zeit und in gleichmässiger Weise mit dem römischen vornehmen zu lassen. — Den Prätor anbelangend, so wäre zunächst zu ermitteln, ob er ein Municipalbeamter gewesen oder ein römischer niederen Ranges. Dass der Censor von Bantia dem Range nach allen andern Municipalmagistraten vorging, ist desswegen wahrscheinlich, weil die den Censoren nachgebildeten Quinquennalen die obersten Municipalbeamten sind, und weil in dem julischen Municipalgesetz der Municipalcensus dem Beamten übertragen wird quei in ieis municipieis coloneis praefectureis maximum mag. maximamve potestatem ibei habebit (v. 142.). Der bantinische Censor aber steht im Range dem Prätor nach; es heisst Z. 28 praetor censor, nicht censor praetor und Z. 28 wird vorgeschrieben, dass der Censor dem Prätor weichen soll, nicht der Prätor dem Censor. Dadurch wird es wahrscheinlich, dass der Prätor, als im Range über dem höchsten Municipalbeamten stehend, nicht ein Municipal-, sondern vielmehr ein niedrigerer römischer Beamter war, welcher wo nicht vom Quästor ernannt ward, doch jedenfalls abhängig von ihm war. Als Geschäfte des Prätors qui Bantiae praefectus est lernten wir oben kennen, theils die Jurisdiction über den ager publicus und das Recht, denselben unter Umständen dem bantinischen Bürger zu entziehen, theils die Einklagung der von bantinischen Bürgern durch Contraventionen gegen dies Gesetz verwirkten Multen. Es war derselbe also gewissermassen ein römischer Commissar in Bantia, den man im Allgemeinen wohl vergleichen kann mit den Präfecten, die seit dem J. 436 von Rom aus nach Capua gesandt wurden, während das capuanische Gemeinwesen bis zum J. 543 mit seinem Meddix an der Spitze fortbestand, wenn gleich sicher unter faktischer Bevormundung durch den römischen Aufseher, welcher vermuthlich unter dem Vorwand die Aufrechthaltung der vom Prätor Furius für den capuanischen Staat erlassenen Gesetze zu überwachen, in allen

Streitigkeiten der Stände seine Hand gehabt haben wird[56]). Allein der Prätor des bantinischen Gesetzes hat allem Anschein nach eine bestimmte Beziehung auf den ager publicus, welchen die Bantiner nutzten; er scheint vielmehr mit dem curator qui ex hac lege erit der lex Mamilia, welchem die Jurisdiction wegen Grenzverrückungen zusteht, verglichen werden zu müssen und in den Kreis der gracchischen Agrargesetzgebung zu gehören. Die Judication, welcher Acker Privat- und welcher öffentliches Eigenthum sei, war bekanntlich Hauptgeschäft der von Ti. Gracchus eingesetzten IIIviri agris dandis attribuendis iudicandis, wie sie sich nennen auf der ältesten Inschrift Orell. 570: P. Licinius Ap. Claudius C. Graccus IIIvir. A. D. A. I. (an deren Aechtheit kein Zweifel ist); vgl. Liv. epit. 38 das Gesetz des Ti. Gracchus: ut iidem IIIviri iudicarent qua publicus ager esset. Seit dem J. 625, wo die Jurisdiction ihnen entzogen und den Consuln übertragen ward (App. b. c. I, 19), heissen sie schlechtweg IIIviri agris dandis attribuendis, bis sie um 636 ganz abgeschafft wurden. In der lex agraria vom J. 643 steht die Jurisdiction si quid de agro publico ambigetur dem Consul, Prätor oder Censor zu (Z. 33 fg.). Von dieser Jurisdiction kann indess hier nicht die Rede sein, da es sich nicht um Feststellung der Grenzen des Gemeinlandes handelt; allein wäre es nicht sehr denkbar, dass da, wo die Triumvirn das Gemeinland festgestellt und die Besitzverhältnisse geregelt hatten, sie eine Behörde einsetzten, um darüber zu wachen, dass sie nicht abermals verrückt würden, und diese Behörde damit beauftragten, theils über den Besitz am ager publicus selber zu entscheiden, theils die verwirkten Multen klagend beizutreiben? Ein solcher Beamter, der vielleicht für ganz Lucanien bestellt war und im regelmässigen Turnus auch nach Bantia kam, der ähnlich wie ein grosser Theil der Präfecten in den Präfecturen vom Prätor urbanus, so vielleicht von dem Quästor in Cales ernannt ward, jedenfalls aber von ihm abhing, mag dieser römische Prätor von Bantia gewesen sein. Dass dessen sonst nirgends gedacht wird, kann nicht befremden; wie die Agrargesetzgebung der Gracchen überhaupt nur unvollkommen zur Ausführung kam, so werden auch diese Prätoren schwerlich lange bestanden haben. Das Agrargesetz von 643 gedenkt ihrer nirgends.

In den nun folgenden geringen Fragmenten ist nur das zu erkennen, dass Z. 35 und 37 wieder vom tr. pl. die Rede ist und dass Z. 34 die gewöhnliche Multformel wiederkehrt. Merkwürdig ist die Erwähnung des iudex Z. 32 mit dem lateinischen Namen, um so mehr als der iudex ex h. l. factus auf der lateinischen Seite vorkommt. Es ist dies wieder eine Spur des Zusammenhangs beider Seiten,

---

56) Liv. 9, 20. Vgl. dazu Rubino Ztschr. für Alterth. 1844 S. 981, der aber unrichtig annimmt, dass dieser Präfect nicht neben dem Meddix bestanden haben könne. Der im zweiten punischen Kriege nach Neapel berufene römische praefectus Liv. 23, 15 hätte nicht mit dem nach Capua ernannten verglichen werden sollen; er ist nichts als ein römischer Officier, der die socii commandirte.

wie wir das schon bei der Multformel hervorgehoben und in der Einleitung aus äusseren Gründen vermuthet haben. Wir gehen jetzt zu dieser über, nicht um sie im Einzelnen zu erörtern, was hier nicht an seinem Platz wäre, sondern um zu versuchen, ob sich der Inhalt derselben mit dem der oskischen Seite in Zusammenhang bringen lasse. Dass ein solcher Zusammenhang wirklich stattgefunden habe, wird sich zwar nicht zur Evidenz bringen lassen; denn von speciellen Bestimmungen, die auf den besondern Inhalt des Gesetzes einen Schluss gestatteten, findet sich nur eine einzige: die Erwähnung des durch dies Gesetz ernannten richterlichen Beamten, des iudex qui ex h. l. factus erit (Z. 7. 15.) oder dessen qui ex h. l. iudicaverit (Z. 20), welcher nach Z. 15 magistratum imperiumve hat, aber nach Z. 7 nicht Senator und der niederste der nicht senatorischen Beamten ist. Dass ein iudex auch gegen den Schluss der oskischen Seite vorkommt, ist schon bemerkt; wäre er derselbe mit dem praetor qui Bantiae praeest, was nicht unmöglich scheint, da auch auf der lateinischen Seite er verschieden bezeichnet wird, so würde dies vortrefflich passen. Denn auch der praetor ist wie wir sahen ein praefectus iure dicundo und zwar ein römischer, aber ein subalterner Beamter. — Auch das mag noch erwähnt werden, dass unsre Annahme, der oskische Text breche kurz vor der Stelle ab, bei der der lateinische beginne, in dem Inhalt einige Unterstützung findet; denn das letzte auf der oskischen Seite Erkennbare ist die Vorschrift, dass der Quästor zur Strafe nicht Tribun werden solle; in ähnlicher Weise entzieht Kap. 1. des lateinischen Textes gewissen Personen — jedenfalls Magistraten oder Senatoren — für eine nicht mehr erhaltene Contravention die politischen Rechte: Stimme im Senat und Volksgericht und in den Comitien, die Fähigkeit Richter zu sein und die senatorischen Insignien. — Die allgemeine Sanction verfügt in Kap. 2. für alle Senatoren und Beamten mit Einschluss des iudex eine Mult, wenn sie dies Gesetz verletzen sollten; ferner schreibt sie einen Eid vor in Kap. 3. für die Magistrate und in Kap. 4. für die Senatoren, wodurch sie dies Gesetz zu beobachten geloben, mit der Androhung, dass wenn der Beamte nicht schwöre er sein Amt so wie seinen Platz im Senat verlieren solle; ähnlich wird die Drohung für den Senator gelautet haben. Es kann auffallend scheinen, dass ein Gesetz wie das bantinische ist von allen Senatoren und Beamten in Rom beschworen werden soll; allein abgesehen davon, dass dasselbe gewissermassen ein Zusatz zu dem Födus zwischen Rom und Bantia und insofern zu einer Beeidigung wohl geeignet ist, so sehen wir auch aus der lex agr. Z. 40 fg., dass dergleichen Gesetze stets beschworen zu werden pflegten (vgl. Rudorff S. 82 fg.). Es wird dort der Schwur auf alle die Gesetze abgeschafft, welche einen Theil des ager publicus der Benutzung entzogen oder die Benutzung bestimmt normirten, so dass desswegen Niemand gehalten sein solle, weil er diese Gesetze nicht beschworen, magistratum minus petere capere gerere habereque, was fast wörtlich auf Z. 19. unseres Gesetzes sich beziehen lässt: quei non iouraverit, is magistratum nei petito neive gerito neive habeto. Auch die Multen werden dort zugleich, wenigstens nach Rudorff's Restitution, aufgehoben. — Wenn demnach auch von dieser Sanction sich nachweisen lässt, dass dieselbe zwar zu sehr vielen Gesetzen passe, aber besonders wohl zu dem bantinischen, welches die oskische Seite uns zeigt, so wird es um so wahrscheinlicher, dass beide Seiten einem Gesetze angehören.

Die kleineren Inschriften.

I. (Taf. VIII.)

vereias: lùvkanateís.   =   reipublicae Lucanatis
aapas: kaías: palanu   Pallanorum?

Bronzeplatte, rechts mit einem Loch zum Aufhängen, links mit einem diesem entsprechenden, jedoch nur der Symmetrie wegen hinzugefügten Zeichen O. — Der Fundort ist unbekannt; die Platte wurde zuerst bekannt gemacht aus dem Museum des de Giorgio in Lanciano, der indess in einem ziemlich weiten Rayon kaufte. Jetzt befindet sie sich im Museum Santangelo in Neapel.

Guarini comm. XIII p. 21; lexicon osco-lat. p. 10. Lepsius fals. n. 4. tab. XXVIII nach Tuzi's Abschrift. Auf meiner Tafel ist sie lithographirt nach einem Stanniolabdruck, den der Minister Santangelo mir zu nehmen gestattet hat.

An der Aechtheit der Inschrift, die Lepsius bestritt, ist kein Zweifel. Sie ist nicht ohne Interesse für die Topographie des frentanischen Gebietes. Zwischen Lanciano und Vasto, nur 7 Miglien entfernt von dem Orte, wo diese Inschrift zuerst zum Vorschein gekommen ist, nennt die peutingersche Tafel einen Ort Pallanum (Anxano XI. annum — schr. amnem — III. Pallanum IIII. Istonium XII.), worauf das letzte Wort der Inschrift sich zu beziehen scheint, obgleich die vorhergehenden 'aapas (etwa aquae?) kaías' nicht klar sind. Dieses selbe Pallanum wird als Pallonia in Lucania in einer Heiligenlegende bezeichnet, welche die Bollandisten beim 1. Juni (Jun. T. I. inter praetermissos p. 4.) mittheilen: Stephanus, ein Deutscher, sei mit seinen Gefährten bei Pallonia in Lucania gemartert und nachher bei Atissa ebenfalls in Lucania hingerichtet worden; zu ihrem Grabe sei die Gattin des Stephanus Lya aus der provincia Firmana gekommen und daselbst gestorben. Dies sei geschehen unter Ludwig dem Frommen; ihrer aller Gebeine habe man unter Heinrich II. im J. 1039 zusammen gefunden. Diese Legende, welche die Bollandisten ausführlich in einem römischen Codex fanden, verdient nicht die Verachtung, womit sie dieselbe behandelten, da für die unsinnige Angabe „tempore Iustini et Ludovici Pii Imp." ihrer Handschrift ein pervetustus codex Longobardicus im Archiv der Kirche von S. Lucio in Atissa liest: tempore iusti et pii imp. Ludovici Augusti. Letztere Handschrift, die übrigens eine kürzere Fassung enthalten und weder Pallonia noch Lucania erwähnt zu haben scheint, benutzten Camarra (Teate sacrum cap. 3. §. 2, das ich jetzt nicht vergleichen kann) und Pollidoro in seinem Ms. de antiquitt. Frent. fol. 374 (daraus schöpft Romanelli topografia III p. 54), welcher hier ausnahmsweise glaubwürdig scheint; jedenfalls ist es Camarra. Pollidoro führt noch ferner ein Diplom Kaiser Heinrich IV. vom J. 1084 aus dem Chronicon Farfense (Murat. rer. Ital. scr. T. II, 2. p. 607. 670. 671.) an, wo es heisst: in comitatu Teatino monasterium S. Stephani quod ponitur in Lucania, et Faram filiorum Guarnerii, et Podium Hortonellae S. Clementis sicut Attus comes per concambium pro portione de Atissa dedit. — Demnach steht es wohl fest, dass die Gegend zwischen Lanciano und Vasto, wo Atissa, S. Stefano und Pallanum liegen, im Mittelalter Lucania hiess, was die respublica Lucanatis oder Lucanas unsrer oskischen Inschrift erklärt. Es scheint überhaupt mehr Lucani gegeben zu haben, als wir jetzt meinen. Eine unbefangene Erklärung von Liv. 8, 19 (legati ex Volscis Fabraterni et Lucani Romam venerunt) nöthigt uns ein Luca im Volskerlande anzunehmen, besonders wenn man Liv. 8, 25 vergleicht. Wenn dies Luca etwa an der Grenze des volskischen und campanischen Gebietes lag, so könnte sich die räthselhafte auch von mir gesehene capuaner Inschrift bei Grut. 1099, 1. darauf beziehen: P. Pescennio P. f. Secundo, IIIIvir. i. d., quod agrum Lucan. receperavit sine impensa reipublicae, sen. con.

II. (Taf. VII.)

iúvois   *Jovis*
lúvfreſs = *liberi*.

Auf der Sohle eines bronzenen Gewichts (wie es scheint), oben mit einer Oese zum Anhängen, in der Form eines archaischen bärtigen Jupiterkopfs mit zwölf Locken und der Hauptbinde. — Als Fundort wird angegeben punta di Penna bei Vasto (wohin man wegen zweier falscher Steine das alte Buca zu setzen pflegt), darauf in der Sammlung des Barons Genova in Vasto, jetzt im Mus. Borbonico unter den piccoli bronzi.

Herausgegeben von Avellino congh. sopra una iscr. sannitica 1841, p. 2. (danach Lepsius app. n. 2.) und Guarini comm. XVIII. 1843. Hier lithographirt nach meiner Abschrift und einer mir von Rom aus durch Henzens freundliche Vermittlung zugekommenen Zeichnung. Ueber den Jupiter liber s. S. 143.

III. (Taf. VIII.)

hefrenem //// = *Herenn*.

Auf den Rand eines grossen roh gearbeiteten Gefässes eingekratzt, gefunden in Fresa 6 Miglien von Montenero della Bisaccia bei Vasto, von mir gesehen bei Ambrogio Caraba in Montenero.

Herausgeg. von mir im Bull. Nap. a. IV. n. 68. p. 116. (tav. V. fig. 4.)

IV. (Taf. VIII.)

pk. de. pk. suvad = *Pacius Decius Pacii filius sua*
eítiv. upsed· *pecunia fecit.*

Gefunden nach Guarini in Castel di Sangro; nach der Notiz, die Avellino später erhielt, ohne ihr selbst viel Glauben zu schenken, zwischen Forli und Rionero in Samnium. Die erste Angabe scheint vorzuziehen, theils weil sie der Zeit der Entdeckung näher liegt, theils weil auch sonst von einer oskischen Inschrift in Alfidena (dicht bei Castel di Sangro) die Rede ist (Corcia storie delle due Sicilie I, p. 290), theils weil man bei Forli keine alte Stadt kennt. — Dass Guarini später in den epigr. quaed. Osca von 1840 den Stein nach Aesernia setzt, scheint blosse Confusion. — Jetzt im mus. Borbonico.

Herausg. von Guarini comm. XIII. 1831. p. 26.; epigr. quaed. osca 1840. p. 10. und Avellino conghietture sopra una iscrizione sannitica Nap. 1841 (danach Lepsius n. 44. tab. XXVII. und app. n. 1.). Avellinos Stich stimmt mit meiner Abschrift; ob pg oder pk zu lesen, lässt der Stein zweifelhaft; jetzt ist es entschieden durch n. IX.

V. (Taf. VIII.)

nv. vesullia   *Novius Vesullia-*
ís. tr. m. t   *us Trebii filius meddix tuticus.*
ekík. sakara = *hoc sacel-*
klùm. bùva   *lum Bovi-*
ianùd   *ani*
aíkdafed   *aedificavit.*

Auf dem obern Theile des viereckigen Steins scheint eine ältere Inschrift von 5—6 Zeilen absichtlich ausgetilgt zu sein. — Gefunden von Francesco Saverio Cremonese in Pietrabbòndante bei Agnone, in einem Felde vor der Scena des dortigen antiken Theaters. Jetzt im Museo Borbonico.

Lepsius n. 35. tab. XXVII nach einer durch Abeken mitgetheilten Copie; Guarini comm. XX. schlecht nach Caraba's (Cremonese's?) guter Abschrift; Avellino Bull. Napol. a. III tav. 5 (im Text ist nirgends davon die Rede).

Diese Inschrift ist topographisch sehr wichtig, weil sie uns den alten Namen des heutigen Pietrabbondante angiebt, wo nach den bedeutenden antiken Resten und namentlich den zahlreichen oskischen Inschriften eine der wichtigsten Städte der Samniter gelegen haben muss. Man könnte hiegegen einwenden, dass die Inschrift ja den Namen der Stadt im Ablativ und nicht im Locativ giebt, und etwa auch blos besagen könne, dass Novius in Bovianum zu Hause gewesen. Allein das verbietet die Stellung, da Boviano alsdann unmittelbar nach meddix tuticus, nicht vor aedificavit stehen dürfte; und wenn man erwägt, dass die Römer, welche doch auch wenigstens bei Eigennamen den Locativ conservirt hatten, ungemein häufig dafür den Ablativ setzen (so auf Inschriften DECVRIO. NOLA, IIVIR. VENAFRO etc.), so wird man jene Interpretation wohl verwerfen. — Sehen wir nun, wie es mit der topographischen Ueberlieferung steht. Dass das heutige Bojano in römischer Zeit Bovianum hiess, steht fest; es käme also darauf an, eine zweite Stadt dieses Namens nachzuweisen. Nun lesen wir bei Plinius H. N. 3, 12: Samnitium colonia (wohl coloniae) Bovianum vetus et alterum cognomine Undecimanorum, wo also ausdrücklich zwei Städte dieses Namens unterschieden. Dass das heutige Bojano das Bovianum Undecimanorum ist, ergiebt sich aus folgender Inschrift, die ich in Bojano abgeschrieben und schon früher im Bull. Napol. n. LXVII a. IV p. 114 herausgegeben habe:

```
/////R I.   V E S P A S I A//////
/////MAX. TRIB. POTES//////
// / /ᵗ. VII. IMP. XIIII. P. P. C//////
//////////////////////XTESTAM//////
//////C. MARCELLI. D. LEG. XI. CL//////
//////NE. F. CIVITATIS. MAEZE//////
//////PATIVM. PRAEF. CHOR. III. ALI//////
//////IANORVM. II. VIR. I. D. QVINQV//////
//////ONI            COLONIAE//////
```

Aus dieser Inschrift vom J. 75 n. Chr. erhellt, dass kurz vorher Vespasian die legio XI Claudia (über deren Mitwirken im Kriege gegen die Vitellianer Borghesi in den Annali dell' Inst. XI p. 154 zu vergleichen ist) nach Bojano deducirt hatte, wovon dies den Namen Bovianum Undecimanorum erhielt. Dazu passt es sehr gut, dass diese Stadt in einer dem Dictator Cäsar gesetzten Inschrift sich noch als Municipium bezeichnet:

```
///IO. CAESARI. IM////
///DICTAT. ITERV////
      sic
///NFICI     MAX////
///)S. PATRONO. MV////
       D. C
```

Es fragt sich nun, wo Plinius Bovianum vetus zu suchen sei. Italienische Topographen haben an Città di Bojano gedacht, ein kleines Dorf auf der Spitze des Berges, an dessen Fuss Bojano liegt, eine Miglie von diesem entfernt; allein hier sieht man keine einzige Spur einer alten Stadt, die angeblichen cyclopischen Mauern gehören den feudalen Zeiten an und der ganze Ort scheint nichts zu sein als ein im Mittelalter zum Schutz von Bojano angelegtes Kastell. Ueberdies ist es ganz unglaublich, dass zwei Oerter, die eine Miglie von einander liegen, zwei verschiedene Colonien gewesen seien. Demnach vermuthe ich, dass an Pietrabbondante zu denken sei, und beziehe hierauf den Passus aus dem commentarius Claudii Caesaris p. 231 Lachm. (vgl. p. 259): Bovianum oppidum. Lege Julia milites deduxerunt sine colonis, weil Bovianum Undecumanorum bis auf Vespasian Municipium war. Dass auch Bovianum vetus Colonie war, sagt Plinius ausdrücklich, und wird bestätigt durch die Inschrift von Pietrabbondante Bull. Nap. n. LXI. a. IV. p. 71: P. Agrio M. f. Clementi II. viro quinq.; denn Duumvirn pflegen nur in Colonien vorzukommen.

So gab es also in Samnium zwei Städte des Namens Bovianum: eine, Alt-Bovianum genannt, im Distrikt der Caracener, die andre im Gebiet der Pentrer und deren Hauptstadt (Liv. 9, 31. caput Pentrorum Samnitium). Sollte nicht jenes, welches in ganz Samnium die meisten oskischen Reste aufzuweisen hat, auch die Hauptstadt der Caracener und Mutterstadt des pentrischen Bovianum gewesen sein? Es ist wohl nicht daran zu zweifeln, dass die Legende von dem Stier, welcher die Sabiner nach Samnium geführt (Strabo V, 4, 12, p. 396 Kram.), mit dem Namen der Hauptstadt zusammenhängt; wo dieser sich lagerte (so erzählt Strabo), da bauten sie sich an und opferten den Stier dem Mars, der ihn ihnen zum Führer gegeben. Wahrscheinlich haben die Sabiner, wie sie aus den Abruzzen herabstiegen, zuerst die rauhen Gegenden um Castel di Sangro und Agnone besetzt und dort die Völkerschaft der Caracener, die Hauptstadt Bovianum gegründet. Erst später, vielleicht lange nachher, besetzten sie die schöne Ebene, welche das Gebirg des Matese von der campanischen scheidet, und gründeten dort, als Pentrer, an den Quellen des Biferno eine neue der alten gleichnamige Hauptstadt.

VI. (Taf. VIII.)

1.	2.
. d. staatiis. l. klar .	d. pestlúm. úpsan
.. *Decius Statius Lucii fil. Clarus*	*Decii fil. — facien[dum dedit]*

Zwei grosse Steinblöcke, eingemauert in der Kirche von Pietrabbondante, von demselben Material, von gleicher Höhe und gleicher Schrift.

Zuerst herausgegeben von Caraba Bull. Nap. a. III n. 37 p. 11 (die erste gestochen das. a. IV tav. 1.), alsdann nach den Originalen von mir berichtigt das. a. IV n. 67 p. 115. — In der ersten ist der erste Buchstab wahrscheinlicher *d* als *g*; Caraba hat ihn übersehen. In der zweiten las derselbe 'pestluni' und gab die Buchstaben 'san' nicht, welche von späterem Mauerwerk verdeckt waren.

Der zweite Stein ist zwar zu Anfang unbeschädigt, allein da diese Inschrift über mehrere Steine vertheilt war, braucht dieser Stein keineswegs den Anfang der Inschrift enthalten zu haben. Vielmehr scheint 'd' ein Vatername = Decii filius, wovor C. Titius oder dergl. fehlt; 'pestlúm' ist entweder abgekürztes

Cognomen oder wahrscheinlicher die Bezeichnung des Gebäudes, etwa portam oder dgl.

VII. (Taf. VIII.)

z. hůrtiis. km. her. dúnimum = Z... *Hortius Cominii fil. Veneri donaria.*

Unter dem Capitell einer auf der obern Fläche etwas ausgehöhlten und in der Höhlung zwei kleine Löcher zeigenden Colonnette, hoch 1 Palm 2 Zoll neap., wovon 2½ Z. aufs Capitell kommen, im Durchmesser oben 5 Zoll, die ein Weihgeschenk getragen zu haben scheint; gefunden Ende 1845 alle Macchie eine Miglie von Agnone in den Trümmern eines antiken rechtwinkligen Gebäudes. Jetzt im Museo Borbonico.

Herausg. von F. S. Cremonese Bull. Nap. a. IV. no. LXI. p. 70 (tav. III. fig. 6.), berichtigt nach Autopsie von Avellino ebendas. no. LXIII. p. 81. und von mir a. V. n. LXXVI. p. 44. Da die Schrift kreisförmig ist, war man zweifelhaft wo anzufangen sei; Avellino meinte, dass der kleine wie mir scheint zufällige Strich über 'her' den Anfang bezeichne, aber dafür giebt es keine Analogien. Vielmehr ist, da die Worte in oskischer Schrift durch Punkte getrennt zu sein, aber am Ende der Zeile kein Punkt zu stehen pflegt, der Anfang da anzunehmen, wo ein Wort beginnt, ohne dass ein Punkt vorhergeht; was vor z stattfindet, wo ein auffallend grosser Zwischenraum vorhergeht, und sich auch dadurch bestätigt, dass die Schrift, von hier anfangend, zuerst weitläufig, dann gedrängter erscheint. Die Ligatur am Schluss, die nach genauer und wiederholter Untersuchung des Originals auf der Tafel dargestellt ist, scheint ma, nicht na, wie ich früher mit Avellino annahm, denn in diesem Fall müsste der Querstrich in andrer Richtung laufen.

Der Ziegel von Pietrabbondante Bull. Nap. a. VI. p. 90. ist nicht oskisch, sondern lateinisch.

VIII. (Taf. IX.)

tanas: niumeriis: =   *Tana Numerius*
frunter   *Frunterus.*

Gefunden um 1777 bei Rocca Aspromonte 9 Miglien von Bojano. Landleute entdeckten auf einer hohen die ganze Gegend beherrschenden Spitze die Trümmer eines Heiligthums der Minerva: eine Statue, die sich in einer Nische unter Ziegeln und Bauschutt fand, mit langem bis auf die Füsse herabfallenden Gewande, worüber ein kürzeres geworfen ist, mit der Aegis, die unten ausgezackt und mit dem Gorgonenhaupt geschmückt ist, mit langem lockigen Haar und dem Helm auf dem Haupte, der oben auf der Crista sieben Löcher zeigt, und ausserdem zwei an den Seiten. Die Statue ist von gebrannter Erde und etwa 6 Palmen hoch; die Büste lässt sich von dem untern Theil abheben. Beim Aufgraben ward sie mitten durch den Leib gebrochen; die Arme fehlten. Die Finder brachten sie dem Besitzer des Feudo Duca Leto, welcher sie dem Monsignor Gürtler, Bischof von Tiene, damals Beichtvater der Königin von Neapel, schenkte. Unzweifelhaft ist dies die Pallas von Thon, 5 F. hoch, die jetzt im K. K. Antikenkabinet zu Wien sich befindet; die Beschreibung, welche ich Cerulli entnehme, so wie dessen Stich stimmen völlig mit dieser archaischen Statue. Die Angabe in Arneths Katalog (p. 21. no. 172), dass der Untertheil, die Arme und der Schild ergänzt seien, ist auf die beiden letzteren Stücke zu beschränken, so wie die Notiz, dass die Statue 1815 vom Grafen Lamberg, † 1822, früher österreichischer Gesandter in Neapel, gekauft und bei S. Maria di Capua gefunden sei, ebenfalls nicht ganz richtig ist. Herr Custos Jos. Bergmann, dessen ausgezeichneter Gefälligkeit ich die Zeichnung verdanke, wonach diese Statue hier gestochen ist, macht mich zugleich darauf aufmerksam, dass früher bei dieser Statue ein Postament mit einer restituirten oskischen Inschrift sich befunden habe, welche genau die cerullische und offenbar danach copirt ist. Meine Vermuthung in Betreff der Identität beider Statuen wird hierdurch zur Gewissheit. — Mit der Statue fand sich zugleich ein Stein in Form einer Ara, der mit jener nach Rocc' Aspromonte gebracht wurde; da aber die Leute sich eifrig hinzudrängten, um die fremdartigen Zeichen zu sehen, wurde dem guten Ortspfarrer bange vor dem Hereinbrechen eines neuen Heidenthums und liess er darum den Stein von einem hohen Felsen hinunterstürzen. Eine genaue Zeichnung kam indess Cerulli zu, der die unsrige nachgestochen ist.

Im Stich publicirt auf p. 18 des Schriftchens: A Mons. Gürtler vescovo di Tiene confessore di S. M. la Regina delle due Sicilie sopra un' antica statua etrusca lettera di Domenico Cerulli. Napoli stamp. Simoniana 1777. pp. 32, wobei auch ein Stich der Statue. Hiernach wiederholt bei Lanzi T. III. ed. 1. p. 611., ed. 2. p. 525. tav. IV. n. 6., und nach Lanzi bei Lepsius n. 36. tab. XXVII. Ich gebe die Ara nach Cerulli, die Statue nach dem Original.

Seit der Vorname 'μαρας' bekannt geworden ist, kann wohl nicht gezweifelt werden, dass diese Inschrift, in der man die Athene oder die Diana gesucht hat, nichts enthält als einen Namen: Tana Numerius Frunterus oder wie das Cognomen sonst lauten mochte. Mit Tana weiss ich indess nichts zu vergleichen; denn Tanaquil, der bekannte etruskische Frauenvorname, liegt weit ab. — 'niumeriis' für 'niumsis' ist eine romanisirende Form, welche diese Inschrift trotz der alterthümlichen Interpunction unter die jüngsten oskischen verweist.

IX. (Taf. VIII.)

/////it. pk. laf. pk = ... *tuticus* (oder *T*.... *filius?*) *Pacius Laesius* (?) *Pacii fil*.

Marke eines Ziegelfragments von 1½ Palm Länge, gefunden in Castellone eine gute Miglie von Bojano in einem Grundstück des Arztes Bonifazio Chiovitti, bei dem ich dasselbe sah.

Herausgegeben von mir im Bull. Nap. a. IV. n. 68. p. 116 (tav. V. fig. 3.).

X. (Taf. VIII.)

pis: tiú : //////
ſív: kúru: /////
púüu: baítefs: //
nadiiefs: aifinefs:

Auf einem etwa faustgrossen rundlichen plattgedrückten Stein von gelblicher Farbe, um den die Schrift, welche mühsam im Relief herausgearbeitet, nicht eingegraben erscheint, zu beiden Seiten herumläuft; die eine Seite ist indess stark verrieben. Wozu der Stein gedient haben mag, weiss ich nicht zu bestimmen. Gefunden 1823 in Altilia, dem alten Säpinum; jetzt im Museum Santangelo in Neapel.

Herausg. von Lepsius fals. 3, der ohne allen erdenkbaren Grund den Stein für falsch erklärt hat. Ich habe davon nur einen Gipsabguss genau untersuchen können, welcher den Punkt über u in tiú und die letzten Buchstaben in Z. 3., so wie die zweite Hälfte von Z. 4. nicht hatte, weil der Stein hier zu sehr gelitten hat, um im Gips die Buchstaben zu zeigen. Lücken giebt Lepsius nicht an, doch darf man wohl annehmen, dass die zweite Hälfte von Z. 1. 2. und die letzten Buchstaben in Z. 3. ganz abgerieben sind.

XI. (Taf. VIII.)

mitl. mc   *Metellus (?) Me-*
tíís mh (oder nth) = *tius Magii (?) fil.*
ſiml. ups   *Famulus (?) fecit*

Tischfuss von Marmor, 2 F. 3 Z. hoch, 4 Z. breit, 1 Fuss 6 Z. lang. Früher im Besitz des Ministers Zurlo, der denselben aus Samnium erworben haben soll, 1832 von dem Fürsten S. Giorgio Spinelli gekauft, jetzt im Museo Borbonico. Mit dem herculanischen Opfertisch gehört derselbe gewiss nicht zusammen.

Herausgegeben von Guarini comm. XII p. 34, dessen Varianten ich übergehe, Lepsius n. 19. tab. 24. (der ohne Grund an der Aechtheit zweifelt, die enge Schrift gebot der sparsame Raum) und Avellino Bull. nap. n. XXX. a. II. p. 98. — Die Lesung ist schwierig; die von mir gegebene habe ich nach wiederholter Prüfung vorgezogen. Lepsius liest 'mitametiis. nihfimlups', Avellino 'mitlmetiismhfmups'.

XII. (Taf. VIII.)

lum maatreís   *matris*
ras futre//e =   *. physicae?*

Gefunden um 1750 in Macchiain der Diöcese von Benevent (es muss dies Macchia di Valfortore sein, nordöstlich von Benevent bei Celenza) in einem Grundstück der Johanniter und um als Aktenstück in einem Prozess wegen desselben zu figuriren, nach Neapel gebracht. Jetzt verloren.

de Vita antiquit. Benev. T. I. app. p. LXI., auf den Kopf gestellt und nicht zum besten copirt. lum und ras scheinen fragmentirte Wörter, zumal da vor lum noch ein Rest eines Buchstabens (vielleicht k, von sakaraklum?) erscheint. Ueber die futris oben S. 133; da futre[i]e keine oskische Genitivendung ist und überhaupt oskische Wörter nicht auf e ausgehen, ist es wahrscheinlich verlesen für futreís.

XIII. (Taf. VIII.)

km. b[a]bbiis. km. = *Cominius Babbius Babbii filius.*

Stein 2 neap. Palmen hoch, 6½ lang, mit Buchstaben von 2 Zoll Höhe; früher in Castello della Baronia bei Grottaminarda in Casa Andreotti, wo ich ihn vergeblich gesucht habe. Der Besitzer hat, wie er mir selber sagte, den Stein zerschlagen und in sein Haus verbauen lassen; ich sah nur ein Stück desselben ohne Schrift.

Herausg. von Guarini comm. XI. p. 38. nach Federigo Cassitto's Abschrift (nach Guarini Lepsius n. 43. tab. XXVII.); dieselbe Abschrift fand auch ich in Bonito unter Castillo's Papieren. Sie ist genau, nur dass einige Punkte falsch angenommen sind und für *a* ein *n* steht; wie aber Guarini diese Abschrift publicirt hat, ist als Massstab für den Werth seiner sonstigen Copien charakteristisch: KΛN. BN. BN. B. BIIZ. KΛN.

XIV. (Taf. VIII.)

eka: trisiii   *haec testa*[*mento?*]
med kapva   *meddix Capua*[*nus*]
sakra :///usc = *sacra*
e///a :///miia :   *haec?*
n///ssimas :

Gefunden 1723 im Gebiet von Capua, und vom Arciprete Francesco Zarrilli an A. S. Mazochi geschenkt. Scheint verloren.

Gestochen von Mazochi saggj dell' Acc. di Cortona T. III. cf. p. 39., und danach öfters wiederholt, zuletzt vonLepsius n. 37. tab. XXVII., aber nicht genau. — Z. 1. ist vielleicht zu lesen 'trista(mentud)' = *testamento;* jedenfalls ist der Stein links defekt. Es ist wohl eine der ältesten unsrer oskischen Inschriften, jedenfalls früher als der hannibalische Krieg und die Auflösung des capuanischen Gemeinwesens (S. 113).

XV. (Taf. VIII.)

nnmsis. hefrennis. nimusieis ka////	*Numisius Herennius Numisii fil. Ca[rus.*
perkens. gaaviis. perkedne////	= *Percennus Gavius Percenni [fil. . . . .*
meddiss. degetasiús. araget////	*magistri dictarii (aediles)arge[nto multae]*

Travertin von 7 Z. Höhe, 2 F. 9 Z. Länge, gefunden (nach Guarini) 4. Mai 1792 zu Nola im Garten Vivenzj, angeblich unter den Trümmern eines alten Tempels, jetzt im Museo Borbonico. Die Schrift ist flacher und nachlässiger als die der übrigen oskischen Steine, ähnlich der der samnitischen Inschrift n. IV.

Herausg. von Guarini (comm. XI. p. 30.) Raoul-Rochette monum. inédits pl. LXIII. Lepsius n. 18. tab. XXIV., der mit Recht bemerkt, dass dieser Stein mit dem archaischen Basrelief aus der Sammlung Borgia, dem er früher als Piedestal diente, nichts zu thun hat. — Lepsius liest Z. 1. '..umifs'; vor *u* bemerkt man einen Rest von *i*, und der dritte Buchstab ist gewiss nicht *i*, sondern wie es scheint *s*. Der fünfte war vielleicht ⊢, doch sieht man nur l. Das zweite *i* in 'hefrennis' hat den diakritischen Strich nicht, den Lepsius ihm giebt. Der Strich, den *i* in 'niu' zu haben scheint, ist wohl zufällig. Vor 'ka' setzt Lepsius einen Punkt.

Die mag. dictarii entsprechen den römischen Aedilen (s. das Glossar). — argentum multaticium ist in Campanien ebenso richtig, wie aes multaticium in Rom, denn hier war Kupfer Courant, dort aber von den ältesten Zeiten an Silber. Später ist auch in Rom von argentum multaticium die Rede, Liv. 27, 6. 30, 39.

XVI. (Taf. VIII.)

paakul. mulukiis. marai. meddís	*Paculus Mulcius Marae fil. magister*
degetasis aragetud multas	= *dictarius argento multae.*

Viereckiger Stein, 3 neapol. Palmen lang, reichlich 2½ breit, 1 P. hoch, auf der Oberfläche geglättet, auf der unteren nicht bearbeitet (also nicht Architrav, wie Passeri meinte, sondern Ara). Die Inschrift steht auf der schmaleren Seitenfläche. — Gefunden in Nola (dies sagt ausdrücklich Remondini p. 18.), alsdann im bischöflichen Seminar daselbst, jetzt verloren.

Zuerst publicirt in Passeri's Antikritik (oben S. 122) in Umschrift, gestochen bei Remondini diss. n. I. der Tafel (vgl. daselbst p. 3. 18. 51. sg.), nach diesem wiederholt bei Lanzi T. III. ed. 1. p. 609. ed. 2. p. 523, nach Lanzi bei Lepsius n. 38. tab. XXVII. — Remondini scheint mehrere Accente überschen zu haben; es muss 'mulukiís' und, da stets '*molt —*' auf der tab. Bant. geschrieben ist, 'mùltas' heissen.

XVII. (Taf. VIII.)

maîs vesi
main trem

Cippus (ceppo sepolcrale nach Remondini, man sieht nicht warum), gefunden in Abella (dies sagt ausdrücklich Remondini diss. p. 3. 45. u. 108.), darauf im Seminar zu Nola, jetzt verloren.

Zuerst edirt von Passeri in der ersten Ausg. des Cippus Abell. 1752 Taf. 3., ohne Angabe woher die Inschrift stamme und in folgender Umschrift:

```
§  MANSIESIM   §
§  MALKETREM   §
```

alsdann in dessen Antikritik (oben S. 122) ebenfalls in Umschrift, folgendermassen:

MAIS. VESI
MAPE TEREM

endlich von Remondini diss. im Stich n. 2. der Tafel (vgl. p. 3. 51. 53.); danach bei Lanzi T. III. ed. 1. p. 607., ed. 2. p. 521. und Lepsius n. 41. tab. XXVII.

Die Inschrift ist corrupt und daher nicht mit Sicherheit zu erklären, etwa Magius Vesius Magii filius terminavit oder dgl. Der Stein scheint eher terminal als sepulcral.

XVIII. (Taf. X.)

A. herentateîs. sum   *Veneris sum.*
B. l. slabiis. l. aukil. meddíss. tùvtìks. = *L. Slabius L. f. Occelus meddix tuticus*
   herentatei. herukinaí. prúffed   *Veneri Erycinae [adquisivit?]*

Opfertisch (vgl. darüber Macrob. Sat. 3, 11.) 3 F. 10½ Z. lang, 2 F. ½ Z. breit, mit einer Oeffnung an der einen Seite zum Ablaufen des Wassers oder des Blutes; die Inschrift *A* steht mitten auf der obern Fläche, die zweite *B* in einer Zeile auf dem Rande der Langseite. — Gefunden in Herculanum schon bei den ersten Ausgrabungen; genauere Angaben über die Art der Auffindung hatte schon Passeri nicht (p. 198: dubiis semper et variis nunciis modo circa templum Herculis modo aliunde esse erutam narratum est). Die besten Notizen sind noch die der Briefe in Gori's symbolae T. I. (auch in den nov. Fiorentine 1740), besonders des Briefes von Rodolfo Venuti vom 31. Nov. 1739. Es ergiebt sich aus ihnen, dass die Nachgrabungen damals besonders, obwohl nicht ausschliesslich, im Theater stattfanden. Vermuthlich dort fanden sich der Herkules von Bronze, die Opferinstrumente und der in Rede stehende Opfertisch, deren Auffindung (so wie die einer Freske mit Thesens und dem Minotaur) in demselben Briefe berichtet wird. Dass der Stein im Tempel des Herkules gefunden sei, beruht wohl nur auf der gleichzeitigen Entdeckung der Herkulesstatue. Zu dem Opfertisch gehörte vielleicht die kleine marmorne Venus, in der Stellung der mediceischen, gestützt auf einen bärtigen Priap, welche nach dem Briefe vom 8. Aug. 1739 im Theater gefunden ward. — Jetzt im Museo Borbonico.

Herausgegeben nov. Fiorentine 1740 p. 42 (nur *A.*); von Passeri in Gori's symb. litt. vol. 1. Flor. 1748 p. 193 sq. und danach oft, z. B. bei Remondini diss. p. 51. tav. n. VII., bei Lanzi T. III. ed. 1. p. 608., ed. 2. p. 522.; nach dem Original bei Rosini diss. isag. p. 38. 39., Gell Pompeiana 1821 p. 243. und bei Lepsius n. 17. tab. XXIV. Dessen Abschrift ist richtig, nur fehlt der Punkt nach túvtíks. — Mazochi in addit. ad Vossii etymolog. v. tuticus und Finati catalogo del Museo Borbonico T. 3. p. 1. konnte ich nicht vergleichen.

XIX. (Taf. X.)

fluusaí = *Florae*.

Kleine viereckige 1 Palm hohe Ara von Travertin, gefunden (nach den officiellen Berichten über die Ausgrabungen in Pompeji) im ersten Semester des J. 1831 im Atrium der casa del Fauno. Zugleich fand sich, wie die Rapporte angeben, 'una statuetta di bronzo della Speranza o della Flora'. Jetzt im Museo Borbonico, jedoch ohne die Statuette.

Herausg. und richtig erklärt von Avellino mus. Borb. vol. VII. p. 16 sg. Lepsius n. 21. tab. XXIV., dessen Stich ich richtig fand.

XX. (Taf. X.)

v. pupidiis. v. med. tüv   *Vibius Popidius Vibii filius meddix tuticus*
passtata. ekak. úpsan   = *porticum hanc faciendam*
deded. isídu. prúfattr   *dedit, idem probavit.*

in Pompeji neuerdings gefunden. Wo die Inschrift geblieben sei, weiss ich nicht.

Avellino congh. sopra una iscr. sannit. p. 24. und danach Lepsius app. 3.

Da höchst wahrscheinlich 'pas-stata' = αἱ παραστάδες, porticus ist (s. das Glossar), so gehört vielleicht diese Inschrift mit der folgenden auf dem Forum von Pompeji gefundenen zusammen, welche der Schrift nach gewiss älter ist als Sulla:

V. POPIDIVS
EP. F. Q.
PORTICVS
FACIENDAS
COERAVIT

XXI. (Taf. X.)

v. pùpidiis. v   *Vibius Popidius Vibii fil.*
med. tùv   *meddix tuticus*
aamanaffed   =   *fieri iussit*
ìsìdu   *idem*
prùfatted   *probavit*

Ueber die Auffindung sagt der officielle Bericht über die pompejanischen Ausgrabungen vom 5. Juni 1813, den ich in Neapel zu Gesicht bekommen: 'Si è faticato ancora alla porta della città che resta dalla parte di settentrione (die sog. porta d'Iside oder di Nola), ed a questa, all' arco che guarda dalla parte interna, alla chiave dell' arco si è trovata situata una testa di tufo molto degradata, ed alla parte sinistra di questa vi è un marmo lungo palmi 2 alto palmi 1¼ colla seg. iscrizione' etc., und vom 12. Juni 1813: 'Si è fatto assicurare con fabbrica l'iscrizione osca come anche rinzaffare la volta della detta porta perchè corrosa'. Ebenso berichtet Clarac: 'L'inscription vient d'être trouvée à côté de la clef de la voûte d'une porte de la ville nouvellement excavée a Pompeji. Quoique la pierre soit cassée, l'inscription est entière, comme le prouvent les lignes qui l'encadrent. On ne voit pas bien pourquoi une pierre ainsi mutilée a été placée dans un endroit, où elle est très en vue et l'on serait porté à croire qu'elle n'a pas été faite pour cette place là'. Ferner von dem angeblichen Isiskopf: 'Sur la clef de la voûte à côté de l'inscription il y a en relief et presque en ronde bosse travaillée dans le tuf une grande tête de femme mutilée mais d'un beau caractère et qu'il est aisé de reconnaître pour une Isis Romaine aux longues tresses qui tombent sur ses épaules et viennent sur le devant de sa poitrine. On retrouve dans cette tête le même stile que dans celles qui sont placées de la même manière au dessus de la porte de l'Amphithéatre de Capoue. Celles-ci cependant avec moins de relief ont quelque chose de plus sévère; on a voulu donner de la grace à celle de Pompeji en la tournant un peu et en mettant du mouvement dans la ligne du col' — Auch Mazois ist der Meinung, dass die Inschrift nur zufällig hier eingemauert worden, während der Kopf gewiss für diesen Platz bestimmt war. — Der Stein ist jetzt verschwunden; Gell sah ihn noch.

Nach dem Stein gegeben bei Clarac Pompéi (1813) p. 81 sq. (woraus Lepsius Stich n. 20. tab. XXIV. und der unsrige wiederholt sind), bei Mazois ruines de Pomp. p. l. pl. 36. 37., bei Gell Pompeiana 1821 p. 138 cf. p. 131. und in den angeführten officiellen Rapporten; die übrigen Texte sind hieraus geflossen. Die vier Abschriften stimmen überein, nur dass der Rapport Z. 1. für is in 'pùpidiis' ᴂ giebt.

XXII. (Taf. X.)

trebiis. tr. med. túv.
aamanaffed.
= Numerius Trebius Trebii (filius) meddix tuticus
ficri iussit

Peperino mit vernachlässigter Schrift, gefunden 14. Mai 1796 (nach den officiellen Berichten) in Pompeji in dem kleinen dorischen achtsäuligen Rundtempel, den man wegen der einer Brunnenmündung ähnlichen Ara in der Mitte Puteal oder Bidental nennt; offenbar der Form nach ein Theil des runden Epistyls dieser Säulen. Das Gebäude hat Rosini für ein Bidental erklärt, Gell für ein Puteal, vielleicht ist es bloss eine Ara, da es innen rauh ist und keine Spur von Seiten zeigt. Abgebildet restaurirt bei Gell Pompeiana 1821 pref. p. VII. Vgl. über das Bidental Clarac Pompéi p. 82. Gell l. c. p. 242. — Jetzt im Museo Borbonico.

Herausgegeben von Rosini Diss. Isag. p. 88. tab. XIX. und seitdem oft, z. B. von de Jorio gnida di Pompei 1836 tav. IV. n. 4. p. 81. Lepsius n. 12. tab. XXIII., dessen Abbildung mit dem Original übereinstimmt.

XXIII. (Taf. X.)

p. mat//////
a f d i /////////
teremnaì //////
//mens vfu. paì/////
=
P. Mat.....
aedi[lis? oder aedific....? usque ad eum locum, quo
termin[i......
[stant?] via pa[tet?

Drei Fragmente des Museo Borbonico, die Lepsius als zusammengehörend erkannt hat und Avellino kürzlich hat wieder vereinigen lassen. Von dem mittleren, worauf 'vfu pat ...', findet sich in den officiellen Berichten angegeben, dass es in Pompeji beim Aufräumen des Schutts in dem Porticus an der linken Seite des Forums, wenn man vom Theater kommt, zum Vorschein kam; von den beiden andern bemerkt Lepsius, dass sie 1836 in Pompeji gefunden wurden.

Herausgeg. von Lepsius n. 16. tab. XXIII., mit dem meine Abschrift stimmt; den diakritischen Strich des *i* in Z. 3. habe ich indess nicht gesehen und am Schluss von Z. 4. ist das *t* wenig sicher.

Es braucht wohl kaum bemerkt zu werden, dass die Uebersetzung nur zeigen soll, was diese Fragmente etwa heissen könnten. '. . mens' scheint 3 ps. pl.

XXIV. (Taf. X.)

v. aadirans. v. eítiuvam. paam vereiiaí. pùmpaiianaí. trístaa mentud. deded. eísak. eítiuvad v. viínikiís. mr. kvaísstur. pùmp aiians. trííbùm. ekak. kùmben nieís. tanginud. úpsannam deded. ísídum. prúfatted	Vibius Adiranus Vibii (filius) quam pecuniam reipublicae Pompeianae testamento dedit, (ex) ea pecunia Vibius Vinicius Marac (filius) quaestor Pompcianus partem? hic conventus (d. i. senatus) iussu faciendam dedit, idem probavit.

Platte von sehr weichem Kalkstein, 2 F. 5 Z. lang, 1 F. 3½ Z. breit. Gefunden (nach Avellino) 3. Juni 1797 in Pompeji in der sog. curia Isiaca (n. 83. auf Bonucci's Plan 1845.), einem offenen Hof, 88 Palmen lang, 64 breit, der 8 durch Architrave verbundene Säulen zu beiden Seiten, 5 in der Fronte hat und an der Hinterseite durch eine Zwischenwand vom Isistempel getrennt ist. Zwischen der 5. und 6. Säule der linken Seite befindet sich ein Piedestal von Travertin, woneben sich eine jugendliche männliche unbekleidete Statue und die Inschrift M. LVCRETIVS. DECID fand, und dahinter eine etwas höhere Treppe, die gedient zu haben scheint, um von hinten die Statue zu bekränzen. Die oskische Inschrift fand sich nach de Jorio und Bonucci auf der Mauer, die dies Gebäude vom Isistempel trennt. In den Kammern vor der Fronte des Gebäudes fanden sich mehrere Amulete. Vgl. über dieses Gebäude de Jorio guida di Pompei (1836) p. 83. Bonucci Pompéi 1830 p. 198. u. a. m. — Jetzt im Museo Borbonico.

Herausgegeben u. A. von de Jorio guida (tav. IV. n. 5.); Gell Pompeiana 1835. II. p. 199.; Lepsius n. 13. tab. XXIII., dessen Abschrift richtig ist. Der Punkt zwischen 'prù' und 'fatted' scheint indess zufällig. — Zu vergleichen sind besonders die erklärenden Bemerkungen Avellino's congh. sopra una iscr. sannitica Nap. 1841 p. 20 sg.

XXV. (Taf. X.)

////puriís. ma ////vaísstur ////mparakkieís ////ngin. aamanaffed	...purius Magii (?) fil. q]uaestor conventus? iussu perfecit.

Von den zwei Fragmenten, woraus diese Inschrift besteht (s. die Tafel), fand sich das eine 12. April 1831 in den Zimmern beim Atrium der casa del Fauno (oder des Alexandermosaiks), das zweite 14. Sept. 1841 beim Ausräumen eines Zimmers zur Rechten des Mosaiks. Das erste ist im Museo Borbonico, vermuthlich auch das zweite.

Das erste Fragment publicirt von Avellino mus. Borb. vol. VII. 1831. p. 19. (und danach von Andern wiederholt), ferner von Lepsius n. 14. tab. XXIII., dessen

Stich ich collationirt habe, ohne Varianten zu bemerken. Das zweite Fragment kenne ich aus Amicone's officiellen Berichten über die Ausgrabungen, und habe es danach im Bull. nap. 1. Marzo 1847 n. LXXVI. publicirt; dass es mit jenem zusammengehöre und noch existire, hat mir Avellino nachher bestätigt. Die Abschrift ist nicht ganz genau, doch meine ich in dem ersten Zeichen von Z. 3. richtig einen Rest von *k*, in den beiden wohl etwas beschädigten Endbuchstaben von Z. 3. und 4. richtig *s* und *d* erkannt zu haben. Der Punkt in Z. 3. scheint mir falsch oder Rest des diakritischen Striches von *i*.

XXVI. (Taf. X.)

////vaísstur .   *q*]*uaestor*
////anginud   *i*]*ussu*
////u. deded = *faciendum*] *dedit.*
////ekhad   *idem*] *hic*
////atted   *prob*]*avit*

Platte von Kalkstein, in deren Buchstaben Lepsius noch Spuren der rothen Farbe fand. Gefunden mit dem Fragment einer Inschrift der bekannten pompejanischen ministri im Tempel der Venus zu Pompeji am 1. Aug. 1818 (nach den Berichten des Aufsehers Amicone). Jetzt im Museo Borbonico.
Herausgegeben von Lepsius n. 15. tab. XXIII., dessen Stich treu ist.

XXVII. (Taf. X.)

sfr
verna
helvi
helvi .

Der Fundort unbekannt, von Avellino aus dem Mus. Borb. bekannt gemacht; vermuthlich pompejanisch.
Publicirt im Bull. Napol. a. IV. tav. 1. n. 7.; a. VI. p. 90.

XXVIII. (Taf. X.)

A. ni pupie = *Numerius Popid*[*ius*

Grosser Ziegel, gefunden in Pompeji.
Aus einem älteren Anhang zu den Berichten des Aufsehers der pompejanischen Ausgrabungen Amicone von mir herausgeg. Bull. Nap. a. IV. n. LXVII. p. 117. Es wird wohl zu lesen sein 'Ni. Pupid[iis . . . .'

B. mr. p/// = *Mara P*
C. dek. tre = *Decius Trebius*

Zwei andre Ziegel von Pompeji.
Avellino Bull. Nap. a. IV. n. LXVII. p. 117 not.

XXIX. (Taf. XI.)
Pompejanische roth auf den Tuff gemalte Inschriften.

a. eksuk. amvfanud. cituns   *hac via euut*
   anter. tiurrf. XII. inf. ver   *inter turrim XII et dever-*
   sarinu. puf. faamat   = *sorium? ubi habitat?*
   mr. aadiriis. v   *Mara Adirius Vibii fil.*

In der casa di Sallustio (oder d'Atteone, n. 48 bei Bonucci), an der Frontseite gegen die via consolare, auf dem zweiten Tuffpfeiler, wenn man von der Gräberstrasse kommt, auf dem nackten Tuff.

Rosini diss. isag. p. 57. tab. III., der gleich nach der Auffindung die Inschrift von glänzend rother Farbe sah; de Jorio guida di Pompei 1836, p. 47. tav. V. n. 1.; Gell Pompeiana 1835 vol. II. app. p. 206. nach Jorio; Lepsius n. 2. tab. XXII. Auch ich habe sie gesehen, jedoch waren die drei letzten Buchstaben von Z. 1., die fünf letzten von Z. 2. verschwunden. Sonst fand ich Lepsius Abschrift exact.

    b. eksuk. amvfanud. eit
       anter. tiurrf. XII. inf.
       verusarinu. puf.
       faamat. mr. aadiriis. v

In der casa di Pansa an der Frontseite gegen die strada delle Terme (nicht della Fontana, wie Lepsius sagt), auf dem zweiten Pfeiler rechts, ebenfalls auf dem nackten Tuff.

Lepsius n. 4. tab. XXII.; ich sah sie nicht, erhielt aber eine gleich nach der Auffindung von Carlo Bonucci genommene Abschrift. Diese setzt nach 'amv' einen Punkt, giebt dem *n* in 'fanud' die reguläre Form И, lässt die diakritischen Striche des *i* in 'eit', 'tiurri' und dem zweiten *i* in 'ini' weg, giebt IIX für XII, lässt Raum nach 'veru' und liest 'sarig. nu.' Nur И für N empfiehlt sich von diesen Abweichungen; ich folge daher Lepsius. Anfangs stand 'verusaru', was der Schreiber corrigirte.

Die Uebersetzung ist nicht sicher; es scheinen Inschriften gewesen zu sein, die durch die Stadt vertheilt nach einem Hause, vielleicht Wirthshaus, wiesen: In dieser Richtung ('amvianud', von inviare) kommt man zwischen den zwölften Thurm und das Haus des Adirius, d. h. kommt man zu dem zwölften Thurm, dem das Haus des Adirius gegenüber liegt.

l. üc   n
idn. ca   erk

In der casa di Sallustio auf dem dritten Tuffpfeiler neben *a*.
Lepsius n. 3. tab. XXII., auch von mir gesehen. Ich fand in Z. 2. die ersten beiden Buchstaben, wie die Tafel sie giebt, Lepsius hat ɑı. Das *a* ist verschwunden, am Schluss kann man für *k* auch *n* lesen.

d. p. kifpiís = *P. Cipius*.

In der casa di Pansa auf dem Eckpfeiler neben *b*.
Guarini comm. IX. p. 17. fasti duumv. p. 22. Gell Pompeiana 1835 p. 144. Lepsius n. 5. tab. XXII. Ich fand die Inschrift fast verschwunden. Das grössere oskische *m*, das bei Lepsius und Gell davor steht, hat jedenfalls nichts mit der Inschrift zu thun; es steht zwar auf demselben Pfeiler, aber an der dem vico della Fullonica zugewandten Seite, während die andere Inschrift gegen die strada delle terme gewandt ist.

mr. perkhen = *Mara Percennius*
///////////
///////////
////labiku. niel//
////seis. aphinis
altínùm

In der casa detta Scuola delle Verne in der strada della Fontana d'Abbondanza, auf dem zweiten Tuffpfeiler.
Gell Pompeiana 1835 p. 3. 4., ganz schlecht. Guarini comm. IX. p. 17. ed. 2. 1840. p. 10. (wo die Inschrift nach dem Amphitheater versetzt wird). Fasti duumv. p. 22. n. 7. Lepsius n. 6. tab. XXII. Auch ich sah die Inschrift; in Z. 1. fand ich *r, p, r* verschwunden, in Z. 4. schien mir für K auch ᴙ gelesen werden zu können, die letzten Buchstaben aber zweifelhaft. Nach Lepsius.

f. mr. hereni = *Mara Herennius*.
////endeiù

In der casa dell' Imperatore Francesco Secondo an der Ecke der strada della Fontana d'Abbondanza und der strada de' teatri, an der Fronte gegen die letztere, auf dem zweiten Tuffpfeiler von der Ecke an.
Guarini comm. IX. p. 28. Fasti duumv. p. 22. n. 8. Micali fol. CXX. n. 5. Lepsius n. 7. tab. XXII. (dies ist dieselbe Inschrift, welche derselbe zu n. 10.

als unlesbar bezeichnet). Die Tafel giebt die lateinischen und oskischen Inschriften, die auf den Tuffpfeilern dieses Hauses — und zwar auf dem 4. und 5. gegen die Theaterstrasse, auf dem 1. und 2. gegen die strada della Fontana sich finden. — Die unsichere, aber jedenfalls lateinische Zeile über 'mr. hereni' hat man mit Unrecht bisher für oskisch genommen. Vor 'eudeiú' in Z. 2. ist vielleicht zu lesen 'ní'.

l. ú . píkúf
nie

Zwei Fragmente, das letzte sehr unsicherer Lesung, von den erwähnten Tuffpfeilern der casa dell' Imp. Francesco II.

Die erste Inschrift giebt Lepsius n. 10. tab. XXII., ohne sie von der lateinischen zwischengeschriebenen zu scheiden. Er liest den dritten Buchstaben der ersten Zeile ⊐, und in Z. 2. 'me' für 'nie'. — Das zweite Fragment ist bisher übersehen.

XXX. (Taf. XI.)
Pompejanische roth auf den Kalkbewurf gemalte Inschriften.

emens. melíssaii   igipaarigtís

In der casa di Pomponio in der strada di Mercurio. — Dass beide auf den Gips in derselben Höhe vom Boden gemalte Inschriften zusammen gehören, vermuthet Lepsius. Unter der ersten las man früher C.... MELISSAEVM. Melissaei finden sich öfter in Pompeji.

Nach Lepsius n. 8. 9. tab. XXII. Ich habe diese nicht gesehen. — Die erste geben auch Gell Pomp. 1835 I. p. 187. Guarini de' consoli voluti municipali p. 39. Micali tab. CXX. n. 5.

b. maamiieise. mefítaiiaís
//////ilkín//////

In der casa della Medusa, in No. 4. links, wenn man vom Forum kommt, der strada di Mercurio. Vielleicht ging noch eine oskische Zeile vorher. — Die zweite Zeile zeigt viel kleinere Buchstaben und scheint nicht mit der ersten zusammenzugehören. — In Herculanum war das Geschlecht der Mammii Maximi sehr angesehen. Die Endung —e ist nicht oskisch und wie es scheint stammt die Inschrift aus einer Zeit, wo schon das Oskische stark corrumpirt war. 'maamíís mefítaiaís', wenn so etwa die reine Form gelautet hätte, würde heissen: *Mammius Meditia(n)us*, vgl. 'vesulliaís'.

Lepsius n. 11. tab. XXII. giebt ein kleines Fragment davon; seitdem ist die obere Kalklage abgefallen und mehr von der Inschrift sichtbar geworden. Später wird man noch mehr lesen können. In Z. 2. liest Lepsius '... lim ....'

ahvdiuni. aknm. CXII =   fund.? CXII.

Mit grossen Buchstaben und rother Farbe auf dem Mauerbewurf gemalt, gefunden (nach Finati) im J. 1823 in Pompeji, jetzt im Musco Borbonico.

Herausg. von Lepsius n. 22. tab. XXIV., und von mir mit dem Original verglichen. Auch bei Finati catal. del Museo Borb. vol. 3. p. 83.

XXXI. (Taf. XI.)
Pompejanische Griffelinschriften.

a. g. ivdaīieosii

An der Aussenwand des Hauses del poeta tragico (n. 92 auf Bonucci's Plan); die Zeichen, die dann folgen, scheinen nicht mehr Buchstaben sein zu sollen und vielleicht sind auch *ii* am Ende schon müssige Striche.

Gell Pomp. 1835 p. 144. (danach Lepsius n. 42. tab. XXVII.); ich fand sie wieder und gebe sie nach meiner Abschrift. Bei Gell fehlt der erste Buchstab und für *a* liest er *it*. Wie man sieht, zeigt die Inschrift nicht mehr das rein oskische Alphabet, sondern mischt das griechische oder lateinische *o* ein.

b. p. kuīrinis

Für *k* kann man auch *d* lesen; *u* ist sehr unsicher, vielleicht *i* oder *e* oder für *in* kann auch *m* gelesen werden.

a(?) dīupi(?)b(?)ii(?)s

Diese beiden Inschriften finden sich auf der Aussenwand der casa del Fauno (o del gran musaico) in dem Gässchen, das der strada di Mercurio parallel geht; neben sehr wenigen lateinischen Kritzeleien bemerkt man dort eine nicht unbeträchtliche Anzahl einzelner oskischer Buchstaben, e, f, n, as; zwei zerstörte Inschriften 'a......' und '.... af' (Taf. XI d.), und den Anfang eines oskischen Alphabets, das leider durch den abgefallenen Kalkbewurf meist zerstört ist (Taf. XI c.):

a b g .

Es ist beachtenswerth, dass im Innern desselben Hauses (wo übrigens nur lateinische Wandinschriften vorkommen) ausser der wahrscheinlich verschleppten Inschrift XXV die Flora-Inschrift n. XIX nebst einer bronzenen Statuette derselben sich gefunden hat, welche wahrscheinlich in der Hauskapelle stand. Sollte dies

Haus, das glänzendste und reichste aller in Pompeji entdeckten, etwa einer alten Familie oskischer Abkunft angehört haben, die den nationalen Cult und sogar die nationale Sprache länger als die übrigen Bewohner bewahrt hätte?

XXXII. (Taf. XII.)
Gemalte Inschriften von campanischen Vasen.

a. santia = *Xanthias.*

Auf einer grossgriechischen wahrscheinlich aus Nola[57]) stammenden Vase der Sammlung Pourtalès, bei Panofka antiques du cabinet Pourtalès, Paris 1834, pl. IX. — Der Name steht über einem Kahlkopf mit Bart und komischer Maske, der zwei Finger der rechten Hand emporstreckt und in der linken einen Knotenstock hält. Rechts von ihm steht eine zweigehenkelte Schale, links auf einem Altar der jugendliche Herakles mit der Keule. — Die wunderliche Aetna-Herakleskomödie, welche der Herausgeber zuerst daraus gemacht hat, weil er sich nicht erinnerte, dass oskische Schrift von rechts nach links zu gehen pflegte, gehört zu den Curiosen, an denen die oskische Literatur so reich ist. Unzweifelhaft richtig hat dagegen Welcker rhein. Mus. III, 489. und nach ihm Raoul-Rochette in den Annali dell' Inst. 1834 p. 280. in dem 'santia' den Xanthias der griechischen Komödie erkannt, obwohl es bisher noch nicht gelungen ist, zu ermitteln, in welcher Situation er hier erscheint.

b. pupdiis = *Popidius (Publius?)*
stenis   *Stenius*

Gemalt unter dem Henkel einer grossen campanischen Vase von sehr mittelmässiger Arbeit, so dass die erste Zeile ganz unter den Henkel eingeklemmt und fast davon verdeckt ist. Die Vase besitzt Braun in Rom, der sie mir mitgetheilt hat.

niifnl*us*

Kreisförmig gemalt im Innern einer kleinen Schale, welche Prof. Gerhard in Berlin besitzt. Der Fundort ist unbekannt, die Schrift rein oskisch, zweifelhaft aber wo anzufangen sei. Zwei Buchstaben sind verschwunden, vielleicht auch der Strich über dem *n*; etwa 'ni(umeriis) ifaltusi(is)' oder dgl.

---

57) So Kramer griech. Thongef. S. 174. Denselben Fundort hat Braun mir angegeben.

XXXIII. (Taf. XII.)

pakis tintiriis — *Paquius Tintirius*.

Bronzeplatte, gefunden „in Abruzzo a Castell' a mare della Buca". Buca war Stadt der Frentaner und wird gewöhnlich von den neapolitanischen Geographen nach Punta della Penna bei Vasto gesetzt; hier giebt es aber kein Castell' a mare und auch sonst nirgends, wo man Buca angenommen hat. Sollte vielleicht Castell' a mare della Bruca gemeint sein, das alte Velia bei Pisciotta in Principato citra? Dies liegt freilich in Lucanien; aber da Lanzi die Inschrift von dem Abruzzesen Giovenazzi erhielt, so könnte er angenommen haben, dass der ihm unbekannte Ort in den Abruzzen zu suchen sei. Indess wie wäre Giovenazzi zu einer lucanischen Inschrift gekommen? Auch findet sich in Lucanien sonst kein Denkmal mit nationaler oskischer Schrift (S. 108), wogegen deren mehrere bei den Fretanern vorkommen. Demnach möchte die Inschrift doch aus der Gegend von Vasto herrühren.

Lanzi T. III. ed. 1. p. 611. ed. 2. p. 525. nach einem Calco von Giovenazzi, danach Lepsius n. 39. tab. XXVII.

XXXIV.

ᄂIPINEIƧ = *Virini*.

Auf einem in Sorrent gefundenen Grabstein.

Avellino opusc. III, 113., der Surrentini erklärt. Allein es kann doch auf dem Grabe nicht wohl etwas andres gestanden haben, als der Name des Verstorbenen. Die Sprache scheint oskisch; doch zeigt theils die Schrift (S. 106), theils der Gebrauch selbst den Namen auf das Grab zu schreiben (es ist der einzige Grabstein mit oskischer Inschrift), theils auch die Einnamigkeit des Mannes den Einfluss griechischer Sitte.

XXXV. (Taf. XII.)

$$\begin{array}{c}\vdash ερικλεισκ \\ \lambda(?)αβεκις \\ \text{II}\end{array} = \begin{array}{c}Herculis\,. \\ \\ II\end{array}$$

Auf einer runden nach innen ausgeschweiften Basis von gebranntem Thon findet sich in drei um die Base herumlaufenden Zeilen diese Inschrift eingekratzt. Auf der Base ruht ein kugelförmiger Aufsatz (keine Spindel) ebenfalls von Terra cotta, auf dessen beiden Seiten eine Keule mit schwarzer Farbe gemalt ist. — Das Denkmal befindet sich in der Sammlung von de Minicis in Fermo, der es in Neapel erwarb; der Fundort ist unbekannt, wahrscheinlich lucanisch. Guarini's Angabe, dass de Minicis dasselbe aus Lanciano erhalten habe, ist nach de Minicis brieflicher Mittheilung irrig.

Eine Zeichnung und zwei Abschriften verdanke ich de Minicis; der Druck bei Guarini lex. osco-lat. Neap. 1842 p. 82. ist ungenau. Der achte Buchstabe in der ersten Zeile ist unsicher, in der einen Abschrift I, in der zweiten ᘛ; ebenso der erste der zweiten, in dem de Minicis bei genauer Untersuchung Δ und nicht Λ zu erkennen meinte; dass nicht BENΣ, sondern BEKIΣ zu lesen sei, ist ebenfalls de Minicis Meinung.

XXXVI. (Taf. XII.)

πωτ Ϝολ
λοⱶωμ. σορο
Ϝωμ ειν καπιδιτ
ωμ. καⱶας λεικειτ κω
∗αχερηι λιοκακειτ σϜα
∗∗∗λ εσοτ βρατωμ μειαιανλ∗

Dreieckiger Stein, rechts 1 Palm, links 1½ Palm, unten 2 Palm 2 Zoll lang, mit ungemein tiefer schöner Schrift von ziemlich altem Charakter; am untern Rande ist der oberste Theil eines jugendlichen, wie es scheint männlichen lockigen Kopfes in hohem Relief noch erhalten. Es scheint ein Fragment einer Aedicula in der Art vieler capuanischer Grabsteine, welche oben im Dreieck die Inschrift und auf der Hauptfläche zwischen Säulen die Figur des Verstorbenen zeigen, gewöhnlich in ganzer Gestalt, wie es auch hier der Fall gewesen sein muss; doch mag dieser Stein, da die Inschrift mit *quod* anfängt und sonst keine samnitischen Grabschriften vorkommen, eher zu einem Tempel oder einer Kapelle gehört haben. — Der Stein ist gefunden in Anzi in Basilicata am Abhange des Hügels ½ Miglie vor der Stadt in südöstlicher Richtung, in einem Grundstück von Gaetano Pomarici, bei dessen Erben ich ihn noch gesehen habe.

Herausgegeben von Andrea Lombardi mem. dell' Instituto arch. 1, 231; in seinen Briefen an das Institut sagt er, dass dies der zweite Stein mit Inschrift sei, der in Anzi gefunden worden, der erste sei verloren gegangen. Z. 6. ist der erste Buchstab λ oder μ, der letzte λ,α oder μ. — Die Inschrift ist bis auf einzelne Wörter, wie ειν = *et*, λεικειτ = *licet*, εσοτ wohl = *eo* mir unverständlich.

XXXVII. (Taf. XII.)

διουϜει Ϝερσορει ταυρομ = *Jovi versori taurum.*

Nachlässig geschriebene Bronzeplatte, lang 8½, hoch 1½ neapol. oncie, in Monteleone, wo sie auch gefunden ist, im Museum Capialbi.

Herausgeg. im Stich von Capialbi memorie dell' Instituto II, 187., dann gedruckt inscript. Vibonens. spec. Neap. 1846 p. 38., wo aus CEPƧOPEI gemacht ist CEPƧODEI.

Die Erklärung ist von Orioli; *versor* — τροπαῖος ist wohl sicher; gegen die des dritten Worts könnte man einwenden, dass dem Jupiter keine Stiere geopfert werden durften (Atei. Capito apud Macrob. III, 10.); allein das Bild eines Stiers konnte ihm gewiss geweiht werden, und zu einem Bronzestier mag diese Platte gehört haben. Vgl. auch Sil. Pun. VI, 647: ingentem taurum dona Jovi.

XXXVIII.

KOTTEIHIC

Mem. p. 186., die Buchstaben nicht in Relief, sondern vertieft.

KOTTEI

Rückläufig. Mem. p. 188. inscr. Vib. p. 44.

KOTTI

Rückläufig. Vib. p. 44.

ΠEPKENOƧ

Vib. p. 44.

MAPAI. YCONTION

Vib. p. 44.

MAPAI. VC. R

Mem. p. 186.

Ziegel von Monteleone im Museum Capialbi's, incorrect publicirt vom Besitzer theils in den memorie dell' Instituto archeologico T. II., theils in dem inscript. Vibonens. spec. Neap. 1846. — Die erste zeigt entschieden die oskische Genitivendung (C für Ƨ befremdet ebenso wenig wie z. B. auf den apulischen Münzen, die gewiss älter sind als diese Ziegel); ebenso sind *Percenus* und *Marius* wenigstens oskische Namen, obgleich die Flexion vielleicht griechisch ist. Andre Figlinen von Vibo sind theils entschieden griechisch, theils zweifelhaft: CΠEΛΛOΛ inscr. Vib. p. 44; OBOYΛO ib.; MEMNoNoƧ memorie p. 186; ƧANNΩN ib.

XXXIX. (Taf. XII.)

στεΝΙΣ ΚΑΛΙΝΙΣ ΣΤΑΤΤΙΗΙΣ	*Stenius Calinius Statii fil.*
μαρΑΣ ΠΟΜΠΤΙΕΣ ΝΙΥΜΣΔΙΗΙΣ	*Mara Pomptius Numerii f.*
ΜΕΔΔΕΙΣ ΟΥΠΣΕΝΣ =	*meddices fecerunt*
εινεΙΜ ΤΩΣ ΤΟ ΜΑΜΕΡΤΙΝΟ	*et populus Mamertinus.*
αΠΠΕΛΛΟΥΝΗΙ ΣΑΚΟΡΟ	*Apollini sacra.*

Als im Jahre 1611 Giuseppe Buonfiglio Costanzo seine historia Siciliana schloss (erste Aufl. in Venetia 1604 — in welchem Jahre der Druck wohl anfing—; zweite Aufl. Messina 1739.), konnte er noch auf dem letzten Blatte die eben in Messina auf dem Platze della Giudecca (sul cantonale della torre vecchia detta di Beviaceto) beim Aufgraben der Fundamente eines neuen Hauses gefundene Inschrift mittheilen, die bei ihm folgendermassen lautet:

ΣΤΕΝΟΙΣ ΚΑΛΕΙΝΙΣ
ΣΤΑΤΤΙΗΗΣ
ΜΑΡΑΣ ΓΟΜΓΤΟΙΕΣ
ΝΙΗΜΣ ΔΙΕΙΙΣ
ΜΕΔΔΕΙ ΤΟΤ ΓΣΕΝΣ
ΗΝΟΙΜ ΤΩΕ
ΤΟ ΜΑΜΕΡΤΙΝΟ ΑΓΓΕΛΛΟ
ΥΝΗΙ ΣΑΚΟΡΟ

Nicht lange nachher kam der Deutsche Georgius Gualterus, der Italien und Sicilien in der Absicht die sämmtlichen Inschriften dieser Länder zu sammeln von Ort zu Ort durchreiste, auch nach Messina und sah dieselbe, freilich seit Buonfiglio sie abgeschrieben am Anfang der Zeilen verstümmelte, Inschrift an dem von Buonfiglio angegebenen Orte 'ad angulum veteris turris Vivicito in foro Giudeca'. Seine Abschrift, die von der unsrigen sich abgesehen von einigen fälschlich angenommenen Lücken nur an zwei Stellen unterscheidet (v. 2. *ΠΟΜΠΠΙΕΣ*, v. 5. *ΣΑΚΟΡι*. .), publicirte er in seinem werthvollen Werke über die sicilischen Inschriften (Messina 1624), fast dem einzigen Ueberrest seiner unschätzbaren epigraphischen Sammlungen, welches Buch aber auch seiner Seltenheit wegen (die meisten Exemplare gingen bei dem unglücklichen Schiffbruch in der Meerenge von Messina mit ihm und seinen übrigen Sammlungen zu Grunde) ein Raub der Compilatoren, namentlich des Fürsten Torremuzza geworden ist. — Gualterus Abschrift wiederholte Placido Rejna in den notizie istoriche della città di Messina (Messina 1658. 4. 3 vol.) T. 1. p. 229., indem er ein Fragment eines andern Exemplars derselben Inschrift hinzufügte, 'che si vidde i giorni addietro nella torre ottangolare rovinata da' RR. PP. Gesuiti per la fabbrica del nuovo collegio':

ΣΤΕ Ω ΑΝ..
ΜΑ..Σ. .Μ.
ΜΕ....
ΕΙΝΕΙΜ ΤΩΕΤ
ΑΜΜΕΛΑ.

Nicht lange nachher kam ein gewisser Pater Maria Mazara in einem (mir zu Gesicht gekommenen) Tractat sulla eternità delle conversioni felici S. 93 wunderlicher Weise auch auf diese Inschrift zu sprechen und gab von derselben folgende „verbesserte Lesart":

ΣΤΕΝΙΣ ΚΑΛΙΝΙΣ ΣΤΑΤΤΙ Η ΙΣΑ
ΜΑΡΑΣ ΠΟΜΠΙΛΑ ΤΙ ΕΣ ΙΥΜΩ ΖΙΙΙ ΚΕ
ΜΕΛΛΕΙΞ ΟΥΦΕΝΣ
ΕΙΝΕ ΙΜΑ ΤΩΣ ΤΟ ΜΑΜΕΡΤΙΝΟΝ
ΑΜΜΕΛΛΟΥΝ Η ΙΣΑ ΚΟΡΟΝ

mit einer lächerlichen Uebersetzung, die dem Leser erlassen sein soll. Diese 'glückliche Verwandlung', wie sie dem Urheber gedünkt haben mag, schien in der That auch verewigt werden zu sollen; denn bis auf den heutigen Tag ist die Interpolation des Pater Mazara in Italien und Deutschland current geblieben, und zwar, so unglaublich es klingen mag, trotz zweimaliger Wiederentdeckung des Originals. Zur Zeit des Domenico Gallo (apparato agli Annali di Messina. Napoli 1705 fol. vol. 1. p. 16.) kam die verbaute Inschrift abermals zum Vorschein; er sah sie auf der Piazza Giudeca und fand Buonfiglio's und Gualterus Abschriften ungenau, giebt sie aber nach der „verbesserten Lesart" des Padre Mazara! Den Gallo ausgeschrieben hat Fürst Torremuzza 1784 in seiner Sammlung der sicilischen Inschriften cl. V. n. 46; den Torremuzza copirten Grotefend rudim. L. O. p. 21. und Lepsius fals. 7. tab. XXVIII. p. 92., der auffallender Weise die Inschrift für falsch und zwar für eine pia fraus des XVIII. Jahrhunderts erklärte, während Gualterus, den er selbst anführt und dessen Glaubwürdigkeit ausser allem Zweifel ist, sie schon 1624 hat drucken lassen. Diese dreiste und das Andenken eines trefflichen Mannes leichtsinnig schmähende Behauptung wird durch den Machtspruch, dass Messana überhaupt durch die Mamertiner nicht oskisch geworden sei, nicht eben wahrscheinlicher. — Während nun in Deutschland man theils die interpolirte Abschrift übersetzte, theils die Aechtheit des Steines verwarf, waren in Messina von zwei Exemplaren der Inschrift zwei Stücke wieder aufgetaucht. Das eine (Taf. XII, 39b.), welches die Enden der fünf Zeilen enthält, hat im Jahre 1815 der um die Alterthümer seiner Vaterstadt wohlverdiente Professor Carmelo la Farina ins Museum der Stadt bringen lassen, nachdem man den Stein schon zersägt hatte, um ihn als Thürschwelle für den neuen erzbischöflichen Palast zu verwenden — daher die Beschädigung der dritten Zeile. Mir hat der Advocat Grosso Cacopardi in Messina versichert, dass er diese Inschrift noch vollständiger gesehen habe, und es wäre somit nicht unmöglich, dass dereinst aus dem erzbischöflichen Palast noch andre Fragmente dieses Exemplars zum Vorschein kämen. Vielleicht ist das rejnasche Fragment, welches die Zeilenanfänge enthält, von demselben Exemplar. — Das zweite grössere Bruchstück (Taf. XII, 39a) wurde an dem alten Orte auf der Piazza della Giudecca vor wenigen Jahren zum dritten Male entdeckt; der Transport ins Museum hat noch nicht durchgesetzt werden können, es ist der Stein aber wenigstens durch einen Rahmen vor der Unbill der Witterung und hoffentlich auch vor abermaliger Entdeckung geschützt. Die letzte hat einem gewissen Luigi Marzachi Stoff geliefert zu einer 'illustrazione istorico-monumentale su d'una antica lapida mamertina'[58]), aber nur damit das wundersame Phänomen sich wiederhole, dass die Wiederentdecker des Steins ihn nicht lasen, sondern die „verbesserte Lesart" des Padre Mazara abermals abdrucken liessen.

So weit die Geschichte der Inschrift. Die beiden jetzt noch existirenden Fragmente ergänzen sich gegenseitig; nur am Anfang fehlen noch einige Buchstaben, welche aus Buonfiglio's und Rejna's Abschriften supplirt werden müssen. Dieselben stimmen überein mit Ausnahme von Z. 4., wo Buonfiglio *HNOIM*, Rejna, der überhaupt genauer ist, offenbar richtig *EINEIM* liest. — Die Schrift ist die grosse, tiefe und schöne nicht der archaischen, aber der guten Periode; *ΠΣ* für *Ψ* ist der Unkunde des oskischen Concipienten zuzuschreiben. — Wegen der Worterklärung genügt es auf das Glossar zu verweisen. 'σακορο' nehme ich für fem., nicht für neutr., da in oskischen Inschriften guter Zeit diesem niemals *m* fehlt.

Die Geschichte der Mamertiner ist bekannt. Samnium — so erzählt Alfius im ersten Buch des ersten punischen Krieges bei Festus Mamertini p. 158 — Samnium ward heimgesucht von schwerer Pestilenz; nach langen Leiden des ganzen Volkes erschien endlich Apollo einem der Vornehmsten, dem Stenius Mettius im Traume und verkündigte ihm, dass ein heiliger Lenz gelobt werden müsse, um die zürnenden Götter zu versöhnen. Dieses geschah und die Opfer von Heerden und Feldern wurden dargebracht, worauf die Seuche wich. Allein sie kehrte wieder zwanzig Jahre darauf, und wie abermals Apollos Orakel um Rath gefragt ward, war die Antwort, dass auch die Kinder, die in jenem Lenz geboren, dem Gotte geweiht seien und dass das Gelübde nicht erfüllt sei, bis auch diese wenigstens das Land verlassen hätten. Dies geschah. Die junge Mannschaft wanderte aus und liess sich zunächst in der Gegend von Taormina nieder, bis die Messaneser sie zu sich einluden, um ihnen in einem Kriege beizustehen. Aus Dankbarkeit für die geleisteten Dienste theilten sie alsdann mit

---

58) Messina stamperia Fiumara 1844. pp. 32, 8. Estratto dal Giornale del Gabinetto letterario di Messina fasc. XXX Giugno 1844.

den Söldnern ihre Aecker und gründeten ein neues Gemeinwesen, das benannt ward nach dem Mamers, welchen das Loos unter den zwölf Göttern dazu bezeichnet hatte. — So Alfius, dessen Erzählung ganz den Charakter einer städtischen Tradition der Mamertiner selber trägt. Bei vielen charakteristischen und nationalen Zügen im Detail ist anderes offenbar verfälscht; so namentlich die gutmüthige Ackertheilung der Messaneser. Aus Polybius 1, 7. und Diodor XXI. p. 493. Wess. (vgl. Strab. VI, 2, 3.) wissen wir, dass die Söldner der Messanesen durch Verrath und Gewalt ihrer Wirthe sich entledigten und aus Gästen sich zu Herren machten, gerade wie die campanische Schaar des Decius Vibellius in Regium; ja die Erzählung bei Alfius selbst zeigt das deutlich, indem sie das Gemeinwesen nach dem oskischen Gotte benennen lässt. Statt zum heiligen Lenz der Samniter macht der prosaische Polybius die Eroberer Messina's zu den früheren campanischen Söldnern des Agathokles, die er mit den Campanern des Decius zusammenstellt; Campaner heissen sie auch bei Diodor und Strabo. Wie sich die späteren Mamertiner ihrer Eroberung schämten, mögen sie auch ihres Ursprungs sich geschämt und sich aus dem zusammengelaufenen Schwarm eines Condottiere in einen heiligen Lenz der Samniter verwandelt haben, nachdichtend die alte Nationalsage, welche die Samniter aus einem heiligen Lenz der Sabiner hervorgehen liess, und die mit ganz ähnlichen Zügen, ja mit dem merkwürdigen Zusatz, dass die Samniter „Söhne des Mars" genannt seien, Strabo V, 4, 12. erzählt. Wie diese 'Mamertini' den Sabinern, so wollten die Mamertini von Messana den Samnitern entsprosst sein. Nicht gerne verwerfen möchte ich dagegen die Erzählung von der Benennung des Volkes nach dem erloosten Gotte, und ebenso ist die Erwähnung des Apollo, der in der sabinischen Sage nicht vorkommt, gewiss nicht zufällig; er mag neben dem Mamers als specieller Patron der Mamertiner gegolten haben. Damit stimmt nun unsre Inschrift vortrefflich, worin die beiden Medices und die Gemeinde der Mamertiner dem Appellunes etwas weihen. Was dies gewesen ist, wissen wir nicht; vielleicht ein Tempel, doch könnte es auch die Inschrift der Ringmauern gewesen sein, welche natürlich an verschiedenen Punkten derselben in gleicher Weise wiederholt sein musste. Sollten die beiden Thürme, an denen man die Inschrift fand, zu der Mauer gehört haben? — In diesem Falle dürfte man die Entstehung der Inschrift nicht viel später setzen als die Entstehung der mamertinischen Gemeinde selbst, welche letztere kurz nach Agathokles Tode ums J. d. St. 470 fällt. Jedenfalls darf man sich nicht zu weit von dieser Epoche entfernen, da die Mamertiner, angewiesen auf den Verkehr mit Grossgriechenland und Sicilien und daher gleich von vorn herein auf ihren Münzen fast ohne Ausnahme griechischer Schrift sich bedienend, wahrscheinlich ziemlich früh sich hellenisirt haben. Von ihrer Verfassung erfahren wir jetzt, dass sie zwei medices an ihrer Spitze hatten; womit es nicht im Widerspruch steht, dass wir sie im Kriege gegen Hieron von einem Feldherrn (στρατηγός) Kios angeführt finden (Diod. XXII. p. 499 Wess.). Es ist damit zu vergleichen, was Strabo VI, 2, 3. von den Lucanern sagt: ihre Verfassung sei sonst demokratisch gewesen, im Kriege aber sei von den Magistraten (*ὑπὸ τῶν νεμομένων ἀρχάς*) ein König ernannt worden — ähnlich wie bei gefährlichen Kriegen die Consuln in Rom einen Dictator creirten.

Mit der Mamertinerinschrift zu vergleichen ist eine griechische von Ischia. Sie befindet sich auf einem gewaltigen unregelmässigen Lavablock von dreizehn neapolitanischen Palmen ins Geviert, der auf der halben Höhe des monte di Vico jenseit Lacco nach der Meerseite zu liegt, wohin auch die Schrift gerichtet ist; die Stelle ist steil und nur auf einem Bergpfade zugänglich, dessen mühsame und gefährliche Ersteigung Ignarra mit ächt philologischem Schauder berichtet, welchen man aber in der That auch ohne durch den geringsten epigraphischen Enthusiasmus gehoben zu sein recht wohl betreten kann. Die Inschrift lautet:

ΠΑΚΙΟϹΝΥΜΨΙΟΥ
ΜΑΙΟϹΠΑΚΥΛΛΟΥ
ΑΡΞΑΝΤΕϹ
ΑΝΕΘΗΚΑΝ
ΤΟΤΟΙΧΙΟΝ
ΚΑΙΟΙϹΤΡΑ
ΤΙΩΤΑΙ

Die 4—5 Zoll hohen Buchstaben sind, wie das harte Material es nicht wohl anders gestattet, mehr eingeritzt als eingehauen. Die Lesart ist durchaus sicher. Nur Z. 1. könnte man zweifeln, ob Ψ, wie der Stein entschieden hat, nicht nachlässig für Φ gesetzt sei; doch ist im Glossar die Lesart *Νυμψίου* hinreichend gerechtfertigt. — Herausgegeben ist der Stein von Martorelli delle ant. colonie 1, 262 (nicht von mir gesehen); von Ignarra de palaestra p. 301; von Chevalley de Rivas eaux miner. d'Ischia. p. 35. und ebenso in dem tableau topogr. et hist. des iles d'Ischia, de Ponza etc. Naples 1822 p. 86.; zuletzt von Raoul-Rochette mém. de numism. et d'antiq. p. 114. Eine Angabe der Varianten wird jetzt, wo ich den Stein nach meiner eigenen Abschrift gebe, nicht mehr erforderlich sein. — Offenbar gehört dieser Stein — der sowohl in den Solöcismen *ἄρξαντες* für *ἄρχοντες* und *ἀνέθηκαν* für *ἀνέστησαν* als noch mehr in den rein oskischen Namen Pakius, Pakullus, Numpsius, Maius sich als barbarisch und speciell als campanisch ankündigt, in der Sprache aber wie in der Einnamigkeit der beiden Archonten wieder griechischen Einfluss zeigt — einem jener Söldnertrupps an, wie die waren, welche Messana und Regium besetzten und unter ihren Condottieri Gemeinden und Staaten gründeten wie Fra Morreale im vierzehnten Jahrhundert; diese „Soldaten" errichteten auf einem der höchsten Punkte der Insel ein Kastell, das sie mit griechischer Inschrift bezeichneten. Ueber die Geschichte Ischias erfahren wir nun aus Strabo V, 4, 9., dass die Eretrier und Chalkidenser die Insel colonisirten, aber theils durch innere Unruhen, theils durch Erdbeben von dort vertrieben wurden. Alsdann liess Hieron von Syrakus die Insel besetzen und ein Kastell (τεῖχος) dort errichten; allein Erdbeben zwangen dessen Besatzung, das Kastell und die Insel zu verlassen. Darauf besetzten die Neapolitaner Ischia, bis sie es im Kriege verloren; August endlich tauschte ihnen die Insel ab gegen den Besitz von Capreä, den sie ihm überliessen (Suet. Aug. 93. Dio 52, 43.). — Hieron kann nur der erstesein, der in Folge seines grossen Seesiegs über die Etrusker bei Kumä uns J. d. St. 280 diesen Waffenplatz occupirt haben wird; dass der zweite Hieron im ersten punischen Kriege Ischia besetzt hätte und durch Erdbeben gezwungen wäre, die Insel zu verlassen, ist durchaus nicht wahrscheinlich. Danach hätten die Neapolitaner dieselbe nicht vor, aber auch wohl nicht lange nach 280 der St. besetzt. Verloren haben sie sie wohl an die Römer, weil nachher die Insel als römisches Staatseigenthum erscheint; wahrscheinlich durch den Frieden zwischen Rom und Neapel im J. d. St. 428 (Liv. 8, 26.), da seitdem Neapel stets mit den Römern verbündet geblieben ist und keine Veranlassung gegeben hat, ihm seine Besitzungen zu schmälern. Es fragt sich, wie in diese historischen Daten die campanische Besatzung auf Lacco passe. Wäre der zweite Hieron von Strabo gemeint, so könnte er die Insel durch campanische Söldner haben besetzen lassen und unser τοιχίον eben das τεῖχος sein, wovon Strabon spricht; wenn aber, wie es wahrscheinlich ist, Strabo den ersten Hieron meint, so können diesem natürlich weder campanische Söldner noch eine so wenig archaische Inschrift beigelegt werden. Nach 428 aber, wo Ischia römisch ward, kann wohl in keiner Weise die Besetzung durch campanische Söldner stattgefunden haben. Wahrscheinlich fällt also die Inschrift in die Periode, wo die Insel neapolitanisch war, etwa ins vierte Jahrhundert der Stadt; die Samniter drangen damals in Campanien ein, erstürmten Kumä und zwangen die Neapolitaner eine Anzahl Campaner als Mitbürger aufzunehmen, wesshalb in dem Katalog der neapolitanischen Demarchen die ältesten rein griechische Namen führten, die späteren abwechselnd griechische und campanische (Strabo V, 4, 7.) und Neapel im Kriege mit Rom 4000 Mann Hülfstruppen von den Samnitern empfing (Liv. 8, 23.). — Dazu passt es sehr wohl, dass die Griechen von Neapel auch die Insel Ischia mit den Campanern haben theilen oder gar sie ihnen ganz abtreten müssen, und um so natürlicher war es, dass sie gerade diese, wo ein samnitischer Söldnerschwarm sich als ständige Besatzung niedergelassen haben mochte, im Frieden den Römern überliessen. Die Inschrift von Ischia wäre danach etwa funfzig bis hundert Jahre älter als die mamertinische. Dass auch dieser campanischen Schaar zwei medices vorstanden wie der mamertinischen, berechtigt uns vielleicht dies als Regel bei allen derartigen Kriegerstaaten anzusehen. — Die Inschrift ist auch paläographisch merkwürdig, weil zwei Formen der spätesten Schrift, das halbmondförmige Sigma und das eckige Omikron hier auf einer Steinschrift vorkommen, die älter ist als 428 d. St. Dies kann indess nicht irre machen an dem Alter der Inschrift, da einestheils die älteren Formen Κ Ξ Γ daneben erscheinen, anderntheils die

Spuren des C zurückgehen bis auf die Zeit Alexanders des Grossen (Franz elem. p. 231. Letronne inscr. de l'Egypte II. p. 11.) und dasselbe vor 485 auf den Münzen von Tarent erscheint. C ist wie II = E im Lateinischen keineswegs jung, sondern gehört der Cursivschrift an und geht aus dieser allmählig in die Steinschrift über; bei einem Stein wie der unsrige von hartem Material und flüchtigen sehr oberflächlichen ans Cursive streifenden Buchstaben ist das Erscheinen desselben selbst in sehr früher Zeit durchaus nicht befremdend.

XL.

MAMEPTINOYM   Λ. ΠΑΛ://////

Von dem ersten Ziegel sah ich zwei Exemplare im städtischen Museum, zwei andre bei dem Pater Pogwisch daselbst; publicirt ist er bei Avolio antiche fatture d'argilla della Sicilia p. 59. tav. II. n. 5. und jetzt in Böckhs C. I. Gr. n. 5622. Vgl. die Ziegel ebendaselbst n. 5614 mit MAMEPTINΩN und die von Reggio bei Torremuzza cl. XVI. sig. fig. 10, besser bei Capialbi mem. dell' Inst. p. 188. mit PHΓINΩN und PHΓINΩN OPOΩN. — Ueber die Münze mit MAMEPTINOYM s. die gleich anzuführende Schrift von Jul. Friedländer.

Der zweite Ziegel lautet nach Müllers Abschrift im C. I. G. 5622...ΛΟꓶΛΛ = ααπολ.... Es scheint derselbe, den ich im städtischen Museum zu Messina sah und λ. πααι... las; ΛΟꓶΛΛ und Λ. ΠΑΛΙ.... sind leicht zu verwechseln. Wer sich geirrt hat, muss dahingestellt bleiben; für meine Lesart ist geltend zu machen, dass âpollo doch wohl kaum denkbar ist.

Die Münzaufschriften[59]).

Teanum Sidicinum.
'tianud sidikinud' 1. 3. 4.
'tianud' 2. 5. 6. 7.
Jüngere Münzen haben lateinisch (s. oben S. 108) TIANO: 8.

Compulteria.
'kupelternum', daneben IΣ und griechische Münzbuchstaben.

Telesia.
'te[l]is'

Capua.
'kapv'.

Atella.
'aderl' 1. 2. 3.
'ade' 4.

Calatia.
'kalati' 1. 3.
'kalat' 4.
'kala' (rechtläufig) 2.

Nuceria Alfaterna.
'nuvkrinum alafaternum' auf allen; daneben:
'⁎arasne⁎' 1a.
'degvinumra.... [a]n[m]..' 2.

Allifae.
'alifa' (rechtläufig) 2.
Die übrigen Münzen dieser Stadt haben entweder griechische Aufschrift ΙΒΛΛΑ — ΑΛΛΙΒΑΝΟΝ — oder hybride aus griechischen und oskischen Buchstaben gemischte (S. 105).

---

59) Da die oskischen Münzen und die diesen zunächst verwandten lateinischen von Larinum, Teate, Teanum in der zugleich mit gegenwärtiger Abhandlung erscheinenden Schrift von Jul. Friedländer über die oskischen Münzen gestochen und ausführlich behandelt sind, gebe ich hier nur eine kurze Uebersicht derjenigen Münzaufschriften, welche sicher oskisch und hinreichend beglaubigt sind. Wo nicht das Gegentheil angegeben ist, ist die Schrift rückläufig. — Die Zahlen verweisen auf die Nummern der friedländerschen Platten.

Fistelia.
'fistlus' (rechtläufig) 1.
'fistluis' 2. 6.
'fistluis' 3. 5., einmal 'fistlúis'; daneben ΦΙΣΤΕΛΙΑ 4.
'fistel..' 7.

Uria.
'úrina' oder 'urina' oder 'urinai', auch 'urena'; meistens ist die Aufschrift aus griechischen und oskischen Buchstaben gemischt oder der Form nach griechisch, wie VDIETEϟ; rein griechisch ist ΥΡΙΑΝΟΣ (S. 105).

Frentrum.
'frentref'.

Teate.
'tiiatium' 1.
Die jüngeren Münzen haben lateinische Aufschrift TIATI.

Aquilonia.
'akudunniad'

Ausculum.
'aviᛣvσκλι' 1.
Die jüngeren Münzen haben griechische Aufschriften ΑΥCΚΛΙΝ.. oder ΑΥCΚΛΑ.

Lucani.
'λουκανομ' 1. 2. 3. 4.
Eine andre Serie hat die griechische Aufschrift ΛΥΚΙΑΝΩΝ.

Vibo.
'Fει'.

Mamertini.
'μαμερτινουμ'.

Unsichere campanische Stadtmünze:
'makdiis' neben 'maakdiis'; darüber eine zerstörte Inschrift, vielleicht 'akkri' oder 'akura'.

Bundesgenossenkrieg:
'víteliú', daneben das römische Denarzeichen X und oskische Münzbuchstaben 'a b g d (v) z h i m n p'; ferner Ψ und Ⱬ (nicht Y, wie es S. 26 angegeben ward).
'safinim' 3., daneben 'g. mutíl' und oskische Münzbuchstaben 'a b'.

Ferner die Namen von Führern:
'mi. iefis. mi' auf der Goldmünze ohne Aufschrift daneben.
'ni. lúvkl. mr' 2., daneben 'vítelíú' und der oskische Münzbuchstab 'a'.
'g. paapii g. mutíl' 4. neben 'vítelíú'; auch 'paapi' für 'paapii' und ohne 'vítelíú' 8.
'g. paapi. g. mutíl. embratur' 4., auch ohne das zweite 'g.' 6.
'g. paapíí. g.' 10. neben 'vítelíú'.

Andere Münzen sind ohne Aufschrift und haben bloss oskische Zahlen:
IIV. IIIV. XI (5).
II. IIII. IΛ. X. IX. IIX. IΛX. IIΛX. IIIΛX. IIIIΛX (12).
II. III. Λ. X (13).

Die Attribution der einzelnen Münzen ist theils in der friedländerschen Schrift, theils im Glossar gerechtfertigt; es bleibt hier nur die Bezeichnungsart zu erörtern, welche die Osker bei ihren Münzaufschriften zu gebrauchen pflegten. Zur Vergleichung schicken wir die bei den italischen Griechen üblichen Münzaufschriften voraus. Wir finden hier

a. selten und meistens auf sehr alten Münzen den Namen der Stadt im Nominativ: αγκων; κυμε (? Eckhel 1, 111); φιστελια; ρεγιον δανκλε μεσσανα. Vgl. Ϝιμερα, σελινοες und **ROMA. COPIA. VALENTIA.**
Andre von Eckhel I. prol. p. XLV. angeführte Beispiele sind weniger sicher; so ist πυξοες vielleicht Adjektiv, da σιρινος dabei steht, ταρας wohl der Name des Heros.

b. häufig besonders in älterer Zeit das Ethnikon im Nom. Sing. Masc., wobei νούμμος zu ergänzen:
νωλαιος καππανος υριανος νεοπολιτες νεοπολιτας νεοπολιτης σιρινος λαινος ρεγινος u. a. m.

häufig, besonders in späterer Zeit, das Ethnikon im Gen. Pl.:
κυμαιον νωλαιων νεοπολιτων λυκιανων βρεττιων ρεγινον u. a. m.

d. selten Formen auf *νο*, deren Bestimmung schwierig ist (S. 104 Anm. 3.):
καμπανο καππανο ρεγινο μεσσανο.

e. häufig nicht voll ausgeschriebene Formen:
κυ πος ποσε ποστι ποσειδα συβα μετα ρε u. a. m.

Diese bei den Griechen gebräuchlichen Bezeichnungsweisen finden sich auf oskischen Münzen besonders in der ältesten Klasse, den campanischen oskisch-griechischen des vierten Jahrhunderts[60]); daneben kommen auf den nach 400

---

60) S. 112. 113. Es hätte dort auch angeführt werden sollen, dass auf diesen Münzen noch nicht die Richtung der Schrift von der Rechten zur Linken entschieden ist, sondern rechtläufige Aufschriften ('fistlus' 'alifa') mit rückläufigen wechseln, während später (mit einziger Ausnahme von 'kala') die Schrift beständig von rechts nach links geht. Auch dies ist ein Kriterium des höheren Alters jener Klasse.

geschlagenen Münzen mehrere den Oskern eigenthümliche Bezeichnungsweisen vor. Ueberhaupt finden wir auf oskischen Münzen
1. den Stadtnamen im Nom. wie im Griechischen, jedoch nur auf den ältesten Didrachmen von Phistelia mit der Aufschrift 'fistlus', welche in jeder Hinsicht alterthümlich mit Grund als das älteste Denkmal oskischer Sprache betrachtet werden kann. — Aehnlich ist auf den jüngsten Münzen 'víteliú' (gleich dem ITALIA der lateinischen Münzen des Bundesgenossenkrieges) der Landesname im Nom., nachgebildet der römischen Münzinschrift ROMA. den Stadtnamen im Ablativ mit locativer Bedeutung, ähnlich wie in der Inschrift V 'búvaianúd' = Boviani steht; 'tíanud' heisst also *nummus qui Teani cusus est* oder *qui venit Teano*.

    'akudunniad'
    'tíanud sidikinud' oder 'tíanud'
    'fistluis' oder 'fistlúis'

Dass die Formen auf *d* nom. sing. neutr. seien, wie Avellino (opusc. II, 157; iscriz. Sann. p. 9 sg.) und Lepsius (tab. Eug. p. 52 n.; inscr. p. 108 sq.) meinten, ist eine Behauptung, die jetzt wohl keiner Widerlegung mehr bedarf. — Die Bezeichnungsweise mit dem Ablativ ist den Griechen fremd; wesshalb es nicht befremden darf, neben dem oskischen 'fistluis' das griechische ΦΙΣΤΕΛΙΑ zu finden. Wenn man die oskische Form griechisch ausdrücken wollte, so konnte, da den Griechen der Locativ fehlte und die einzige ihnen bekannte Weise den Stadtnamen auf die Münze zu setzen die im Nomin. war, nur ΦΙΣΤΕΛΙΑ gesetzt werden. Die üblichere Bezeichnung durch den Volksnamen vermied man, weil 'fistluis' übersetzt werden sollte. Auch die Römer kennen diese Bezeichnungsweise nicht; die lateinischen Inschriften
    BENVENTOD
    LADINOD
sind augenscheinlich unter oskischem Einfluss entstanden. — Bemerkenswerth ist noch, dass diese nationale Form der Münzaufschrift auf den jüngsten Didrachmen und den Obolen von Phistelia zuerst erscheint, während die ältesten Didrachmen den Nom. dafür zeigen; ihr Aufkommen scheint mit der Emancipation der oskischen Sprache von der griechischen zusammenzuhängen, wovon oben S. 106 gesprochen ist.
3. den Stadtnamen im Locativ:
    'frentref'
eine der vorigen sehr verwandte ebenfalls national oskische Bezeichnungsweise. Sie findet sich auch auf lateinischen Münzen von Larinum:
    LADINEI.
4. das Ethnikon im Nom. Sing. Masc. findet sich nur auf den mehr griechischen als oskischen Münzen mit der Aufschrift VDIETEF.

5. Das Ethnikon im Gen. Pl., auf Volksmünzen immer:
'λουκανομ'
'μαμερτινουμ'
'safinim'
und zuweilen auch auf Stadtmünzen:
'nuvkrinum alafaternum', daneben 'degrinum ra....[a]n[m]..' und
'. arasuc.', vielleicht beides auch gen. pl.
'kupelternum'
'tiiatium'
Diese Aufschrift ist die gewöhnliche auf den jüngeren süditalischen Münzen, namentlich auf denen mit lateinischer Aufschrift: AISERNINO (selten AISERNINOM, Avellino opusc. II, 159.) und AISERNIM, AQVINO, CAIATINO, CALENO, CORANO, COZANO, LADINOM (neben ΛΑΠΙΝΩΝ), PAISTANO, ROMANO, SVESANO, TIANO, TIATI (vielleicht = Tiatim oder Tiatium)[61]).
6. abgekürzte Aufschriften:
'urinai' oder 'ürina' ('urina' 'urena'), scheint Abkürzung des Ethnikon.
'alifa'
'kapv'
'aderl' oder 'ade'
'kalati', 'kalat', 'kala'.
'Fει'
'αυϝυσκλι'
'te[l]is'
'makdiis' oder 'maakdiis' dürfte eher Personen- als Stadtname sein.

---

61) Dass dies gen. pl. des Ethnikon sind, zeigt die Form ΛΑΠΙΝΩΝ und das am Schluss einzeln erscheinende M; sonst könnte man auch an den nom. sing. des Ethnikon mit abgeworfenem S denken. AQVINO LADINOM TIANO und TIATI sind Ethnika von Grundformen wie Aquia, Laria, Tia, welche später selbst an die Stelle der Stadtnamen getreten sind. — Bemerkenswerth ist das constante Fehlen des schliessenden m im lateinischen gen. pl.; die höchst seltenen Fälle, wo es steht (AISERNIM AISERNINO MLADINOM), scheinen unter oskischem Einfluss zu stehen. Es ist dies um so auffallender, als auf denselben Münzen, die AISERNINO im gen. pl. geben, stets VOLKANOM im acc. sing. steht (sc. vides, vgl. Alixentrom auf der bekannten Patera, PROPOM auf Münzen von Benevent und ähnliche Aufschriften der Münzen von Suessa). Im 5. 6. Jahrh. der St. war es also im Lateinischen Regel, den gen. pl. der 2. auf o, den Acc. Sing. auf om ausgehen zu lassen.

Die Lautgesetze der oskischen Sprache.

Zur Enträthselung der oskischen Inschriften mangelt es uns an allen direkten Hülfsmitteln; die wenigen Glossen des Festus, die allerdings oskische Wörter in reiner Gestalt und zum Theil mit unzerstörter Endung überliefern und wahrscheinlich irgend einem von einem römischen Grammatiker mit lateinischer Uebersetzung mitgetheilten oskischen Texte entnommen sind, gewähren nur geringe Hülfe. Es würde also auf die Deutung der Inschriften überall zu verzichten sein, wenn nicht unter den bekannten Sprachen eine der oskischen nahe genug verwandte existirte, von welcher ausgehend wir hoffen dürften, einen Theil der oskischen Inschriften zu erforschen; denn aus dem ganzen indogermanischen Sprachschatz heraus nicht bloss die Endungen, sondern auch die Wurzeln eines einzelnen unbekannten Dialekts ermitteln zu wollen, wäre ein thörichtes und sicher vergebliches Unternehmen. An welche Sprache wir uns hier zu wenden haben, sagen uns schon die Alten; so Polybius, wenn er die Mamertiner als den Römern stammverwandt (ὁμοφύλους 1, 10), den Griechen aber fremd (βαρβάρους 1, 9) bezeichnet; so Strabo, wenn er meint, die Samniter hätten nicht viel anders als lateinisch gesprochen (ἐπὶ πολὺ χρήσασθαι τῇ λατίνῃ διαλέκτῳ VI, 1, 6, p. 258 Casaub.). Dies Gefühl der Griechen, dass ihnen gegenüber alle Italiker wie eine Nation seien, bestätigen die Ueberreste der oskischen Sprache, welche in den wesentlichsten Beziehungen mit der lateinischen zusammentreffen. So werden wir finden, dass die Vokale, die Diphthonge, die Consonanten der Osker genau den lateinischen entsprechen; die Doppelconsonanten σβ σδ σγ, das Aspirationssystem der Griechen, das Gesetz nur mutae einer Klasse zusammentreffen zu lassen, das Gesetz kein Wort anders als mit einem Vokal oder mit ν ρ σ zu schliessen sind allen italischen Stämmen etwa mit Ausnahme des messapischen ganz fremd. kv und sv ist häufig in allen italischen Sprachen, dem Griechen aber unerträglich; das lateinische Supinum und Passivum haben auch die Samniter, den Griechen ist beides fremd; der griechische Dual, der Optativ, die Medialformen, der Artikel sind den Samnitern so unbekannt wie den Römern. Von den Wurzeln endlich finden wir auf den ersten Blick ganze Reihen den Römern und Samnitern gemeinsam. Wenn uns diese Wahrnehmung gestattet, einen Versuch der Entzifferung des Oskischen zu unternehmen, so fordert sie uns zugleich auf, überall uns möglichst streng an die Analogie des Lateinischen zu halten und andre indogermanische Sprachen nur insofern und insoweit herbeizuziehen, als sie die Erscheinungen der lateinischen erläutern und durchsichtiger darstellen. Die Fälle sind sehr selten, wo Analogien des Oskischen mit dem Griechischen nicht abzuweisen sind; so scheint κώμη in oskischen Wörtern sich wiederzufinden, ὅλος in 'sollo', πόκα in 'púkkapid'; auch das paragogische ν kommt im Oskischen vor und die Bildung des Futurs hat mehr Aehnlichkeit mit der griechischen als mit der römischen. Es ist natürlich, dass auch entfernter verwandte Sprachen zuweilen sich in dem begegnen, worin näher verwandte dissentiren; im Allgemeinen aber ist für das Oskische die Analogie des Lateinischen ausschliesslich massgebend. Hierauf und auf die unvergleichlich reine Erhaltung der ursprünglichen Formen und die wunderbar schöne und folgerichtige Durchführung der Sprachgesetze gestützt, wollen wir versuchen, die oskische Sprache soweit uns möglich ist wieder verständlich zu machen. — Wenn es gelingen sollte, die umbrische Sprache uns zur Kunde zu bringen, so wird aus dieser, die nach den Stammverhältnissen wie nach den Sprachdenkmalen zu urtheilen der oskischen noch näher steht als die römische [62]), noch Vieles klar werden, was jetzt unauflöslich bleibt. Da es nicht meine Absicht war, eine eigene Untersuchung über das Umbrische anzustellen, hätte ich gewünscht, die neue gründliche Arbeit von Aufrecht und Kirchhoff (die umbrischen Sprachdenkmäler, Berlin 1849) vollständig benutzen zu können; indess lag mir beim Beginn des Drucks dieser Abtheilung nur das erste Heft dieser Schrift vor.

Die Bestimmung des Werthes, welchen die einzelnen Lautzeichen der Samniter hatten, so wie die Combination und Umlautung derselben in der Sprache selbst und den verwandten gegenüber bildet zwar die Grundlage jedes Versuchs, die Sprache aus sich selbst und aus verwandten Mundarten zu enträthseln; doch wird es zweckmässig sein, auf formelle Vollständigkeit zu verzichten und im Wesentlichen die Lautgeltungen und Lautgesetze des Lateinischen als der unter den bekannten Sprachen der oskischen am nächsten verwandten vorauszusetzen. Es dürfte sonst leicht die Anhäufung massenhafter Unwesentlichkeiten den Ueberblick über das dem Oskischen Eigenthümliche erschweren, jedenfalls aber das Resultat mit dem dafür in Anspruch genommenen Raum ausser allem Verhältniss stehen. Wie uns das Oskische nur begreiflich ist im Anschluss an das Lateinische, wird es auch zweckmässig sein, für jetzt aus den wenigen oskischen Inschriften nicht eine eigene oskische Lautlehre zu construiren, sondern die Abweichungen von der lateinischen darzustellen.

---

62) Man beachte in dieser Beziehung auch die Gleichheit der oskischen und umbrischen Flächenmasse; s. 'vorsus' im Glossar. Ob die umbrische Sitte den Tag von Mittag zu Mittag zu rechnen (Varro ap. Gell. 3, 2) auch oskisch war?

1. Die Vocale.

Das Alphabet, welches die Osker empfingen, war das etruskisch-umbrische mit vier Vokalen *a e i u* (S. 25) und vielleicht kommen auf den ältesten uns erhaltenen oskischen Denkmälern nur diese vier Vokale vor (S. 113). Früh aber erfanden die Osker, vielleicht in Campanien, angeregt durch das vollkommnere griechische Alphabet, zwei neue Zeichen, indem sie I und ⊣, V und Ⅴ oder, wie wir sie bezeichnen, i und í, u und ú unterschieden. Während nun der Werth von *a* und *e* im Ganzen aus dem Lateinischen sich bestimmt, bedarf die Geltung dieser von den Samnitern differenzirten Zeichen einer eigenen Untersuchung.

Der Werth der Zeichen u und ú so wie i und í lässt sich bestimmen theils durch Vergleichung der Denkmäler mit oskischer Schrift mit denen lateinischer und griechischer, theils durch Vergleichung oskischer Formen mit verwandten lateinischen oder griechischen. Wir geben zunächst über u und ú folgende Zusammenstellung [63]):

u in oskischer Schrift.	Osk. lat. Schrift.	Osk. gr. Schrift.	Verwandte lat. Formen.
3 pl. indic. praes. –uns			–*unt*
3 sg. indic. fut. 2. –usel	–*ust*		
imper. act. –tud	–*tud*		–*tôd*
infinit. act. –um	–*um*		–*um*
abl. sg. 2. decl. –ud u. úd; uf	–*ud*; –*uf*	–ογ	–*ôd*
gen. pl. 2. decl. –um	–*um*, selt. –*om*	–ομ -ουμ	–*ôm* –*um*
–ur –urel	–*ur*		–*ôr* –*ôri*
('kvaísstur', 'kvaísturef', 'regaturef')	('*censtur*')		
'diumpaís'			*lumphis.*
'herukinaí'			*Herucinae,* Ἐρυκίνη
'mutíl'			*Mutilus, Μότυλος*
'niumsis'		'νιυμσδιης'	*Numerius*
'nuvkrinum'			*Nuceria*
	pru		*pró*
'suveís'			*sov–* od. *su–*
'sum'			*sum*
'tiurrí'			*turrim*
'uruvú'			*urv–*
	'uzel'		*ôs*
'fluusaí'			*flôrae*
'fruktatiuf'			*fruct–*
'fu–'	*fu–*		*fu–*

---

63) Vgl. die Anmerkung von Aufrecht S. 21 fg., der zu ähnlichen Resultaten kommt. Da meine Arbeit im Wesentlichen beendigt war, als dessen Schrift mir zuging, habe ich auf dieselbe hier und anderswo nur beiläufig Rücksicht genommen.

u in oskischer Schrift.	Osk. lat. Schrift.	Osk. gr. Schrift.	Verwandte lat. Formen.
nom. sing. 1. decl. –ú	–o	–o	
nom. sing. 2. decl. –ús	–us	–ος	–os, –us, griech. ος
acc. – – –úm, selt. –um	–om, selt. –um	–ομ (ωμ?)	–om, –um, griech. ον
dat. – –úí			–oe, –ui, griech. οι
pl. – –úís			
		ʼαππελλουνηιʼ	Apolones
ʼbúvaianúdʼ			Bovianum
ʼdiúv-ʼ, ʼiúv-ʼ		ʼδιουϜʼ	Jov–
ʼdúnúmmaʼ			don–
ʼhúrt-ʼ			hortus
ʼkúmʼ			com und cum
ʼlúvkan-ʼ		ʼλουκαν-ʼ	Lucan–
	ʼmolt-ʼ		multa
ʼnúvl-ʼ			Nola
ʼprúfʼ	ʼamprufidʼ		probe
ʼprúfattedʼ			probavit
ʼpúdʼ	ʼpodʼ	ʼπωτʼ	quod
ʼpúkkapidʼ	ʼpocapidʼ		
ʼpúmpai-ʼ			Pompeianus
ʼpúnʼ	ʼponʼ		quom, cum
ʼpústʼ	ʼpostʼ		post
ʼpúturúsʼ			πότερος
ʼtúvt-ʼ	ʼtout-ʼ	ʼτωϜτ-ʼ	tót–
ʼúpʼ	ʼopʼ		ob
ʼúps-ʼ und ʼups-ʼ		ʼουπσ-ʼʼΟψι-ʼ	operari.

Hiernach entspricht u in lateinischer Schrift dem *u*, in griechischer dem *v*, *ov* oder *o*, in lateinischer Sprache dem *u* oder *ó*; dagegen ú in lateinischer Schrift regelmässig dem *o*, eben so in lateinischer Sprache, in griechischer Schrift dagegen dem *o ω* oder *ov*. Man wird wohl annehmen dürfen, dass u im griechischen Alphabet regulär durch *v* oder *ov* wie *u* im Lateinischen (*Ῥωμύλος Νουμᾶς*): ú regulär durch *o* oder *ω* wie *o* im Lateinischen ausgedrückt ward, und dass, wenn *o* für *u* und *ov* für ú steht, dabei eine Lautverschiebung stattfindet, wie ja denn überhaupt bei dem beständigen Schwanken des altlateinischen Dialekts zwischen *o* und *u* eine völlig feste Regel auch fürs Oskische nicht erwartet werden kann. — Lang konnte auch ú sein, wie ʼτωϜτ-ʼ zeigt; indess scheint u öfter lang gebraucht zu sein als ú, weshalb auch wohl u, aber nie ú geminirt vorkommt.

i wird in griechischer Schrift constant ausgedrückt durch *ι* (–*νις* –*κις* und *εις* in nom. sg. 2. decl. neben –nis, –kis und ús; –*ιηις* gen. sg. 2. decl.

= ieĩs⁶⁴); 'διουF-' = 'diŭv-'; 'νινμσδ-' = 'niums-', vgl. 'μαμερτινουμ'; ĩ dagegen durch ει ('εινειμ' 'ειν' = 'ĩnim' 'ĩn', 'λεικειτ' neben 'lĩkĩtud', 'μεδδειξ' = 'meddĩss') und ε ('πομπτιες' = -ĩis, 'σκλαβ-εκ-ις' neben 'lúvt-ĩk-s'), wobei die diphthongischen Beispiele (S. 213) für jetzt noch übergangen werden. Auf diese Beispiele aus griechischer Schrift hin war schon in meinen Nachträgen dem i der gewöhnliche Laut des *i*, dem ĩ ein breiterer dem Diphthong *ei* nahe stehender Laut vindicirt worden, und es werden immer die im griechischen Alphabet i und ĩ vertretenden Zeichen für die Bestimmung des Werthes derselben massgebend sein, da das lateinische *i* theils selbst eine doppelte Geltung hat, theils im Gebrauche mit *e* sehr häufig wechselt. Lucilius unterschied im Lateinischen ein doppeltes *i*, ein *tenue* und *pingue*, und wollte jenes I, dieses EI geschrieben wissen, wobei EI wohl nicht eigentlich einen Diphthong, sondern ein mit *e* verschmolzenes *i*, einen Mittellaut zwischen *e* und *i*, breiter als *i*, spitzer als *e* bezeichnete (s. Schneider 1, 1, p. 63 fg.). „*Hoc illI factum est unI*" — sagt der Dichter p. 28 Gerlach — *tenue hoc facies I; „haec illEI fecere*" *adde E ut pinguiu' fiat.* Das I pingue ist gewöhnlich, aber nicht nothwendig lang (*posedeit, sibei, seine, queibus* Schneider a. a. O. p. 68.). Bekanntlich wird dieser Unterschied zwischen *i* und *ei* auf den meisten älteren Inschriften mehr oder minder vollständig durchgeführt. Sehr möglich ist es, dass der suessanische Dichter, der ohne Zweifel oskisch sprach und schrieb (s. '*sotto*' im Glossar), zu dieser Differenzirung des römischen *i* in *i* und *ei* angeregt ward eben durch das vollkommnere oskische Alphabet, das i und ĩ streng unterschied. Indess bezeichnete die gewöhnliche lateinische Schrift mit *i* sowohl den Laut des oskischen i als des ĩ; und diese nicht lucilische Schreibweise ist auf der oskischen Seite der bantinischen Tafel um so mehr zu erwarten, als auch die römische Seite uns sehr geringe Spuren der lucilischen Orthographie zeigt. So ist es begreiflich, wenn die lateinische Schrift der bantinischen Tafel i und ĩ regelmässig beide durch *i* ausdrückt; so z. B. 'ĩdĩk' = '*idic*' = id, 'lĩkĩtud' = '*licitud*' = liceto, 'meddĩss' = '*meddix*' = meddix, 'pĩd' = '*pit*' = quid, und ebenso vertritt in der lateinischen Sprache *i* zuweilen das oskische ĩ, vgl. z. B. 'vĩteliú' = *Italia*, 'vĩú' = *via*, 'ĩnĩm' = *enim*. Im Ganzen finden wir, dass in lateinischer Schrift und lateinischer Sprache i constant durch *i* ausgedrückt wird (so im abl. sing. 3. decl. -id neben -ĩm, zu vergleichen mit maiori und maiorem; in den Adjectivsuffixen ius und inus), ĩ dagegen einzeln nach lucilischer Orthographie durch *ei* (so am sichersten in '*veia*' = 'vĩú', vgl. '*paei*' = '*pae*', '*inei*', '*exeic*'), häufig durch e (so das eben angeführte -ĩm; ferner in der Endung der 3. sing. coni. praes. -ĩt -et -*it* -et -*ετ* und der 3. sing. fut. indic. -sĩd -set -*zet*, die wie man sieht schon in oskischer Schrift schwanken zwischen ĩ und e; in den Diphthongen aĩ = *ae* eĩ = e úĩ = lat. *oe*, s. u.; im Adjektivsuffix ĩl oder el, in lat. Schrift

---

64) Nur '*κοττειηις*' würde auf kottĩeĩs führen, zu vgl. mit 'pĩtstĩaf'

el⁰); in einer Reihe einzelner Wörter, wie 'inim' = *enim*, 'lĭg-' = '*lig*-' = *ler*, 'lĭgatiĭs' — *legatis*, 'likĭtud' - *liceto*, 'trĭstaamentud' = *testamento* u. a. m.). Auch hier sehen wir, dass ĭ ein Mittellaut war zwischen *i* und *e* und bald in dies bald in jenes überging. Regelmässig war ĭ wohl lang, i kurz (wenigstens wo es vor Vokalen steht, denn in dem Suffix *inus*, wie z. B. 'herukinaĭ' ist es sicher lang) und daher kommt jenes auch geminirt wohl bloss zur Bezeichnung der Länge vor; wogegen wo *ii* sich findet, nicht *ĭ*, sondern *i-i* gemeint zu sein scheint.

Von Diphthongen, geminirten Vokalen und sonstigen Verbindungen zweier vokalischer Zeichen geben wir folgende Uebersicht.

aa: 'aadiieĭs' 'aadirans' 'aadĭriis' 'aamanaffed' 'aapas' 'aas-' 'gaaviis' 'maakdiis' (neben 'makdiis') 'maamiicise' 'maatreis' 'maatŭĭs' 'paaknĭ' (neben 'pak-') 'paam' (neben 'pam') 'paapi' 'saalĭtŭm' 'slaagid' (neben 'slagĭm') 'staatiis' (neben '*σταττιης*') 'trĭstaamentud' 'faamat'.

ac kommt nicht vor; *ae* s. aĭ.

aĭ: -aĭ (loc. dat. sing. 1. decl.) -aĭs (dat. pl. 1. decl.) -aĭct -aĭt -*aid* (cj. praes. 3. sg. der verba pura) 'aĭdi..' 'aĭkdafed' 'baĭteĭs' 'vesulliaĭs' 'kaĭas' 'kvaĭsstur' 'laĭ' 'maĭs' 'mefĭtaiiaĭs' 'svaĭ' = '*suae*'.

ai: 'aiscen' 'maimas' 'mais' '*μειαιανα*'; s. aĭ.

ae: 'aeteis' 'ualaemom' '*Maesius*' 'paci' = '*pae*' '*prae*'; s. aĭ.

-ai (in 'marai' gen. sing. masc. 1. decl.) 'aiĭsneĭs' 'bŭvaianŭd' 'maiiŭĭ' 'melĭssaii[s]' 'mefĭtaiiaĭs' 'pŭmpaiian-'.

aù kommt nicht vor.

au: -*aum* (infin. praes. act. der verba pura) '*αυ+υσκλι*' 'aukĭĭ' '*Taurea*' '*ταυρομ*'.

ca kommt nicht vor.

ee: 'eestĭnt' 'teer-' (neben 'ter-').

eĭ: -eĭs -*eis* -*ης* -*εις* (gen. sing. 2. et 3. decl.) -eĭ (loc. sing. 2. decl.) -eĭ -ei -*ηι* -*ει* (dat. sing. 3. decl.) 'deĭvaĭ' 'eĭs-' = '*eis-*' und '*eiz-*' (pron. demonstr.) 'eĭtiuv-' 'eĭtuns' 'heĭrenn-' 'ieĭis' 'feĭh-'.

ei: 'deiua-' 'deio-' 'inei' 'nei' '*preivat-*'.

'vereias' 'vereiiaĭ'. Zuweilen im gen. sing. 2. 3. decl., wohl durch Schreibfehler oder Nachlässigkeit.

eù }
eu } kommen nicht vor.

ia: 'via-' (auch in 'amvĭanud') 'kaĭas' '*μειαιανα*' (= miaiana ?) 'piĭstĭaĭ'.

ie: '*κοττειης*' (= -tieĭs?) 'staĭet'.

ĭi: 'fiv' 'trĭĭbarak-' (neben 'trĭbarak-') 'trĭĭbum' 'fĭĭsn-' (neben 'fĭsn-').

ĭi: 'ieĭis' 'kerrĭi-'.

---

65) Vgl. 'auk-ĭĭ' 'mut-ĭĭ' mit 'vĭt-eliú' '*fam-eĭ*' '*fam-elo*' 'fĭst-el...'

iū: 'vestirikiiúí' 'víú' 'iúvkiíúí' 'íúk' 'úíttíúm'.
iu kommt nicht vor.
    -ias -iaí -iad -iaís (gen. sg. dat. sg. abl. sg. dat. pl. 1. decl.) 'búvaianúd' 'vesulliaís' 'μειαιανα' 'mefítaiiaís' 'pùmpaiian-' 'santia' 'tiiatium'.
    -ieís (gen. sg. 2. decl.) 'ieíís'.
    ie: 'hafiert' 'piei'.
    ιε s. ií.
ií: -iís = -ιες (nom. sing. 2. decl.) 'vestirikiíúí' 'víínikits' 'iúvkiíúí' 'kiípiís' 'líímítú' 'melissaii[s]' 'pííhiúí' 'piístíaí'.
    -iis (nom. sing. 2. decl., vielleicht bloss nachlässig geschrieben statt -iís) 'aadiieis' 'vereiiaí' 'maiiúí' 'maamiieísc' 'mefítaiiaís' 'púiiu' 'pùmpaiian-' 'tiiatium'.
iú = io: -iú (nom. sing. fem. 1. decl.) -iúí -iúís (dat. sing. pl. 2. decl.) 'diúv-' und 'iúv-' 'Κιως' 'λιοκακειτ' 'siom' 'tiù'.
    -iuf (abl. sg. 2. decl.) -ium (gen. pl. 2. 3. decl.) 'ahvdiuni' 'diumpaís' 'eítiuv-' 'niums-' 'púiiu' 'tiurrí'.
úa} kommen nicht vor.
úe}
úí: -úí -úís (dat. sing. pl. 2. decl.) 'múínik-' 'úítti-'.
    oi: 'poizad'.
úi: 'púiiu'.
úù}
úu} kommen nicht vor.
    In ou scheint u stets consonantische Geltung zu haben: 'castrous' 'louftr-' 'pous' 'tout-' (S. 217).
ua} kommen nicht vor.
ue}
uí: 'kuírinis'.
ui } kommen nicht vor.
uù}
uu: 'fluus-' 'fuutreí' neben 'futr-'.

Hieraus ergiebt sich zunächst, dass auch von den Oskern gilt, was Quintilian (I. O. 1, 4, 10) von den Römern sagt: *veteres geminatione vocalium velut apice utebantur* — wo er, beiläufig bemerkt, mit dem Apex die sogenannten epigraphischen Accente meint, wie MAGNÓ. Vgl. über diese bloss graphischen Geminationen der Lateiner Schneider 1, 1, p. 96. Franz elem. epigr. p. 248. So findet sich bei den Oskern aa (dies am häufigsten, eben wie bei den Römern auch), ee, íí (womit wohl zu vergleichen PAGEIEI lex pagi Hercul. p. 80 Spang.), uu; niemals ùù, und ii, wie schon bemerkt, wohl nur zur Bezeichnung von i-i, nicht von í — wie ich denn auch im Lateinischen weder OO noch II mit Sicherheit nachzuweisen wüsste. Auch darin stimmt diese oskische Schreibweise mit der lateinischen überein, dass sie nur in sehr beschränktem Umfang zur Anwendung kam; auf dem Stein von Abella wird wenig, auf der Tafel von Bantia gar nicht geminirt. Dass sie wirklich bloss graphisch ist, beweist am besten der Wechsel der Vokalgemination mit der des Konsonanten, 'staatiis' neben 'σταττιης'.

Ferner sehen wir, dass mit Ausnahme des einen und nicht eben häufigen Diphthongen au niemals zwei Vokale zusammentreten, wovon nicht der eine i oder í ist. Auch diese beiden Zeichen werden nicht ohne Unterschied verwendet, sondern es gilt die allgemeine Regel, dass i vor, í nach einem Vokal auftritt, am Ende des Wortes nicht i, sondern í steht. Wo i zwischen zwei Vokalen steht, kommt diese Regel ins Schwanken und wird bald i bald í gesetzt. Daher sind aí eí ií úí uí häufig, ía íe íi íú íu sind selten und meistentheils dadurch entschuldigt, dass vor í wieder ein Vokal erscheint (nur 'víú' und die davon abgeleiteten Formen, 'píístíaí' 'kerrí-' 'úíttíum' und vielleicht 'μειαιανα' und 'κοττειης' machen Ausnahme); umgekehrt sind ia ie ií ii iú iu häufig, ai ei úi ui selten und meistens dadurch gerechtfertigt, dass nach i wieder ein Vocal folgt (nur 'aífineís' 'púiiu' und 'marai' machen Ausnahme und können leicht Versehen des Steinmetz oder Copisten sein). Die mit i oder í anfangenden Vokalverbindungen scheinen nicht diphthongischer, sondern zweisilbiger Natur zu sein; indem nun i, wie oben bemerkt, regelmässig kurz ist, í regelmässig lang, ist es begreiflich, da der folgende Vokal den vorhergehenden verkürzt, dass gewöhnlich nicht í, sondern i an erster Stelle steht. — Dagegen scheinen aí eí úí und das seltne uí entsprechend dem lateinischen *ae ei oe ui*, wo nicht wirkliche Diphthongen gewesen zu sein, so doch den Diphthongen näher gestanden zu haben. Das fast ausschliessliche Auftreten des í in diesen Verbindungen wenigstens vor Consonanten passt sehr gut dazu, dass auch im Lateinischen später nur *ae* und *oe* geschrieben ward, nicht *ai* und *oi*; und auch in dieser letzteren älteren Schreibweise wird i in der Geltung des oskischen í zu fassen sein.

Somit finden wir als gewöhnliche oskische Diphthonge au aí eí úí, ganz ähnlich wie im Lateinischen *au ae ei oe*.

Wandlung der Vokale und Diphthongen.

a sinkt herab zu o oder selten u: -ú (nom. sing. 1. decl. statt lat. *a*) 'allo' = lat. *olla* 'kapv-' neben 'kupelternum' und Compsa 'petora' = 'petíro' und 'petiru' 'σακορο' = 'sakar-' 'taut-' = 'túvt-' (von skr. tawât) 'ungulus' = *angulus* 'urust' von *arare* '*facus*' und '*praefucus*'. Vgl. gnarus — ignorare, catus — acutus. — Selten geht a über in e oder i: 'an' = 'en' lat. *in*, wobei eine Mittelform un vorauszusetzen, vgl. 'umbrateís'; 'häf-' neben 'hip-' (vgl. *cohibere*), 'sipus' neben *sapere*.

o und u gehen über in e, besonders im Auslaut und Inlaut: -ius = íís oder ιες (nom. sing. 2. decl.); lat. -tur, osk. ter 3 ps. pass.; das Diminutivsuffix ulus osk. gewöhnlich íl oder el, z. B. 'zicol-' neben 'zicel-';

'akudunniad' neben *Acheroutia* (?), 'αππελλουνηι' neben Apollini, 'akun' neben 'akeneī', Bruttii = Brettii, *'vorsus'* = versus 'comonei' = 'comenei' *'pertumum'* und *'pertemest'* 'pùtùrùs' neben 'pùterel'; seltner in i: 'akudunniad' neben *Aquilonia* (?), 'lùvfr-' = liber 'petora' = 'petiru' 'suv-' = 'siv-'. Nach·i fällt u nicht selten ganz aus; so im nom. sing. 2. decl. -is statt ius, im gen. pl. 3. decl. -im neben -ium, 'eïtiuv-' neben 'eïtiv-'. Dagegen erzeugt sich vor v leicht o oder u; so wird aus skr. svê, griech. σφός, lat. svus (noch bei Ennius einsilbig) in der neuern lat. Sprache sovus, aus Vesbius oder Vesvius Vesuvius. Aehnlich ist im Oskischen 'suvad' und daraus 'sivom' 'siom' gebildet; auch 'eïtiv-' könnte sonach älter als 'eïtiuv-' sein.

ï geht über in e, s. S. 209, vgl. noch 'amiricatud' = merc-.

aï geht über in i, seltner e, wie im Lat. *quaerere conquirere*: aïs (dat. pl. 1. decl.) = lat. îs aït = êt (cj. praes. 3. sg.) 'aeteis' = *itus, idus* 'bùvaianùd' = *Boviano* 'pùmpaiian-' = *pompeian-* 'svaï' = *si*.

eï (im Griechischen oft ηι, weil in dem ï noch ein zweites e steckt, welches das vorhergehende verlängert) geht über in e: 'eïs-' (pron. demonstr. neben 'es-') 'eïtuns' (neben 'et' in 'amfret') 'vereï- iaï' neben 'vere- ias' und 'verehasiùï' 'herenn-' neben 'berenn-' *'nei'* neben 'ne'; oder in i: 'ligis', 'deic-' neben 'dic-' 'dîk-', vgl. 'preivat-' u. a. m.

ùï geht über in o und u: -ùï (dat. sing. 2. decl.) = lat. o; 'mùïnïk-' neben 'comon-' 'ùïtti-' = uti.

Zusatz und Abfall von Vokalen.

Wie noch heute im neapolitanischen Volksdialekt vor *e* ein *i* eingeschoben wird: *lamiento — miezo — pienzà — puveriello — tiene* u. dgl., so wurde ähnlich im Oskischen i eingeschoben vor ï i ù u; man vergleiche 'vìlnikiïs' mit *Vinicius*, 'kïlpils' mit *Cipius*, 'lïlmîtù' mit *limit-*, 'melïssaii[s]' mit *Melissaeus*, 'pïlhiùï' mit *pio*, 'pïlstïaï' mit πιστ-; 'maiiùï' mit *Maio*, 'diumpaïs' mit *lumphis*, 'niums-' mit *Numerius*, 'tiurrï' mit *turrim*. Auch das ist beachtenswerth, dass dieser Einsatz des i auf der bantinischen Tafel gar nicht, auf dem Stein von Abella fast nur in Namen vorkommt, dagegen in den pompejanischen Stein- und Mauerschriften ungemein häufig erscheint; so dass dieser Einsatz auch schon im Oskischen dialektisch gewesen sein wird. — Ob im Anlaut zuweilen e vorgesetzt wird, darüber vgl. 'etanto' im Glossar.

Im Auslaut werden die Diphthonge ohne Bedenken gesetzt; dagegen liebt das Oskische die einfachen Vokale im Auslaut nicht, und zwar um so weniger, je leichter sie sind. a bleibt im nom. sing. masc. 1. decl. und im nom. pl. neutr. 2. decl.; dagegen schützt im acc. abl. sing. 1. decl. die oskische Sprache die schliessenden Konsonanten m und d und vermeidet dadurch den einfachen Vokal im Auslaut. — Was ù und u betrifft, so wird ù im nom.

sing. fem. 1. decl., wo es für a steht, ertragen; dagegen fällt es ab in der 3. pl. imperat. nt für lat. nto, während in der 3. sing. imperat. wie im abl. sing. 2. decl. d constant (nur ganz einzeln und zwar in Compositis *pru*), im acc. sing. 2. decl. und gen. pl. 2. 3. decl. m regelmässig (nur selten -u für -um, vgl. 'ísídu' für 'ísídum') im Auslaut geschützt wird. Das Oskische steht hierin im entschiedensten Gegensatz zum Lateinischen, wo der einfache Vokal im Auslaut keinen Anstoss giebt und daher theils das o in legunto erhalten bleibt, theils im Imperativ und Ablativ das schliessende d, in der ältern Zeit auch regelmässig (man vgl. die Münzen oben S. 204 Anm. und die Scipioneninschriften) das schliessende m und häufig das schliessende s[66]) abgeworfen ward, ja in den ältesten Inschriften sogar t in der dritten Person Sing., nt in der dritten des Pl. öfter abfiel: so *dede* = *dedit*, *deda* = *dedant*, *dedro* oder *dedrot* = *dederunt* in den Inschriften des heiligen Hains von Pesaro. — Noch weniger als ù u erträgt die oskische Sprache im Auslaut e í i. Das ist den Oskern mit den Lateinern gemein, dass der kurze Vokal im Auslaut der 3. Person Sing. und Pl. beständig abfällt; aber eigenthümlich ist ihnen theils das Festhalten von m und d im acc. abl. sing. 3. decl. (selten Formen wie 'tiurrí', 'ínì'), theils die eigenthümliche Behandlung der lateinischen Adverbien auf e. Diese endigen im Oskischen entweder auf *is* ('az' statt atis 'mais' 'pomptis' 'fortis') oder auf *id* ('amprufid' 'castrid') oder verlieren die Endung ganz ('íp' 'pruf' 'puf'='puv' 'statíf' 'ùp'='op'). Vgl. lat. *volup ceu neu seu cauneas* = *cave ne eas* Schneider 1, 1, 362, auch *Ben-ventod*, was zwar lateinisch ist, aber unter oskischem Einfluss steht, und *advocapit(e)* im Arvalliede. In dieser Hinsicht ist besonders bemerkenswerth, dass das enklitische *quid* oskisch bald 'píd' lautet, bald 'p' ('pùtùrùspid' — 'neip'). Aehnlich lautet das enklitische ce der Lateiner oskisch entweder 'cen' mit dem paragogischen n oder gewöhnlich bloss 'c'; mit einer ähnlichen Paragoge ist in 'pomptis' s an den Vokal um ihn zu schützen hinzugetreten. Nur ganz einzeln und spät findet sich e und i im Auslaut; so in den anomalen Dativen 3. decl. 'kerrí' und 'kerrí' (oder vielmehr mit enklitischem in 'kerríín'), s. d.; in 'ne' = non neben der ächten Form 'nei' und in der wohl unorthographischen 'maamíieise'. Nur in 'ni' = ne und 'auti' = aut wird i ertragen, wahrscheinlich um Verwechselungen mit 'nei' non und 'avt' = at zu verhüten.

Noch ist bemerkenswerth, dass in den wenigen Fällen, wo der kurze Vokal im Auslaut stehen bleibt, die oskische Sprache, wenn ein Vokal und ein zur enklitischen Aussprache passendes Wort folgt, sehr geneigt ist, eine Krasis eintreten zu lassen. So steht A. 33 'pùsstíst' und A. 34 'pùstin' für pùsstù ist und pùsstù in; so sogar für den Diphthong AG a 2 'hùrtin' = hùrtùí ín; doch findet

---

66) Dies fällt auch im Oskischen ab in 'santia' = Xanthias, und constant nach l und r, s. u. nom. sing. 2. 3. decl.

sich auch z. B. A. 56: 'uruvú íst'. Hierdurch werden die wenigen Fälle, wo überhaupt im Oskischen ein Hiatus vorkommen kann, noch vermindert und selbst die Prosa vom Hiatus fast ganz frei.

2. Die Consonanten.

Die consonantischen Lautzeichen der oskischen Sprache sind folgende:

	nationale Schrift:			griechische Schrift:			lateinische Schrift:		
tenues:	k	p	t	Κ	Π	Τ	C	P	T
mediae:	g	b	d	Γ	Β	Δ	G	B	D
spirantes: h	(kh)	(ph)	(th) f	⊢	Χ	*	H	*(PH)*	F
sibilantes:	s	z	(ks)	Σ	*	Ξ	S	Z	X
semivocal.: v	l	m	n r	F	Λ	M N P	V	L M N R	

Die meisten derselben bedürfen keiner besonderen Werthbestimmung; nur der Werth des h und der Sibilanten ist kurz festzustellen. h findet sich theils als Aspirationszeichen neben den tenues k p t (s. u. im Verzeichniss der Doppelconsonanten), jedoch selten und nur in den jüngsten Inschriften, ähnlich wie im Lateinischen z. B. in lumpha neben limpidus; theils als selbstständiges Hauchzeichen am Anfang (s. Gl.), zwischen zwei Vokalen ('αυ⊢υσκλι' 'verehasiút' 'Fολλο⊢ωμ' 'καϊας' 'mh' = Mahius 'piíhiuí' 'sakahíter') und vor t ('ehtrad' 'saahtúm'), endlich in der seltsamen Form 'ahvdiuni'. Es ist nicht zu bezweifeln, dass h überall wo es steht, wirklich gehört ward, vor t (wo es stets k vertritt) wahrscheinlich mit einem dem χ sich nähernden Laute; die von Aufrecht S. 76 für das Umbrische wie es scheint mit Recht angenommene Geltung des h als blossen Dehnungszeichens ist dem Oskischen gänzlich fremd. — Was die Sibilanten betrifft, so wurde schon oben S. 26 bemerkt, dass z ausser im Alphabet und als Nota eines Vornamens nur vorkomme auf der Bronze von Agnone in oskischer und auf der von Bantia in lateinischer Schrift. Dass es überall einen Doppelconsonanten ts oder ds ausdrückt, erweist sich theils dadurch, dass 'az' und 'húrz' sicher Contractionen aus at-s und húrt-s sind, theils dadurch, dass z im Lateinischen vorwiegend die Geltung von ds gehabt hat (Schneider 1. 1, p. 376) und der Werth der Zeichen einer oskischen Urkunde lateinischer Schrift durch den Werth derselben für das Lateinische sich bestimmt. Dass aber z auf der Tafel von Bantia einen weicheren Laut vertritt als s, beweist der Umstand, dass es entweder zu Anfang ('zicol-' und 'zicel-') oder zwischen zwei Vokalen erscheint: -azet (fut. 1. der verba pura, griech. -άσει); -azum (gen. pl. 1. decl., lat. -arum), 'poizad' vielleicht = quoia, 'uzet' vielleicht = oret, und ganz besonders im pron. dem. iz- ez- eiz-, wo constant z steht, wenn ein Vokal folgt (nur '*eisucen*' macht eine Ausnahme), s vor folgendem Konsonanten ('*aisc*' '*aiscen*'). Vgl. das ähnliche Vorkommen des z auf den wahrscheinlich campanischen Münzen mit COZANO, die wohl dem 6. Jahrh. der Stadt angehören und oben S. 33 mit hätten erwähnt werden sollen unter den Daten zur Ermittelung der Zeit der Wiedereinführung dieses Buchstabens. Dagegen findet sich auf der Tafel von Agnone z entweder am Schluss ('az' 'hürz') oder vor k ('vezkef') und es scheinen danach z in oskischer und z in lateinischer Schrift zwar insofern gleichartig zu sein, als beide die Verbindung einer Lingualis mit einem folgenden Sibilanten ausdrücken, indess osk. z den härteren Laut ts, lat. z den weicheren ds zu bezeichnen. Hiermit stimmt es zusammen, dass wo die lateinische Schrift z setzt, in oskischer stets s erscheint, wie namentlich im pron. dem., und dass die oskische Schrift niemals ts hat. Danach würde also in lateinischer Schrift z = ds, in oskischer Schrift z = ts sein, osk. s dagegen unter andern Lauten auch den Laut ds ausdrücken. Dass s in oskischer Schrift nicht bloss auf diesen Laut beschränkt war, versteht sich; wir können nachweisen, dass es nach Konsonanten auch den äolisch-dorischen Laut des griechischen $\zeta = \sigma\delta$ gehabt haben muss, indem '*niumsieis*' in griechischer Schrift durch '*νιυμσδιης*' ausgedrückt wird. Auch das ist bemerkenswerth für den Werth des s, dass es ungemein häufig mit den tenues, aber niemals mit den mediae zusammenstösst.

Durch das griechische Alphabet die oskischen Laute zu bezeichnen, hatte keine Schwierigkeit; für f wurde unzweifelhaft Φ gebraucht. Für kh, ks bediente man sich der einfachen Zeichen Χ Ξ, und so hätte man auch für ps Ψ schreiben sollen. Wenn die Mamertinerinschrift dennoch ΟΥΠΣΕΝΣ zeigt, so ist dies sicher auf die Unkunde des nichtgriechischen Steinmetzen zu schreiben; denn dass ein Alphabet, welches Η und Ω kennt, kein Ψ gehabt haben sollte, ist wenig wahrscheinlich. Zur Bezeichnung von h und v fanden die Osker indess in dem gewöhnlichen euklidischen Alphabet keine Zeichen vor und brauchten desshalb dafür die Zeichen Ͱ und Ϲ, welche aus den voreuklidischen Η und F entstanden sind; jenes war für η von den Attikern verwandt und musste daher anders geformt werden, um h zu bezeichnen[67]). Attischen Inschriften sind beide Zeichen fremd; sonst aber sind sie nicht ganz selten, namentlich in Italien. Ͱ findet sich in griechischen Denkmälern auf den Tafeln von Heraklea; auf den Münzen von Tarent und Heraklea; auf apulischen Vasen (Kramer Thongef. S. 183: ͰΗΡΑ Mazochi tab. Heracl. p. 188 — ͰΥΨΙΠΥΛΗ Gerhard Archemoros Berlin 1838 Taf. 1. — ͰΗΡΑΚΛΗ Gerhard König Atlas im Hesperidenmythus Berl. Abhandl. 1841. Taf. 1. Vgl. ͰΗΡΑΚΛΗΣ auf einer nicht mit Bildern versehenen Vase Gerhard Neapels ant. Bildw. 1, S. 350 Taf. II); auf einer Vase

---

67) Vielleicht schrieb man anfangs noch Η auch in euklidischer Schrift, und dieser Zeit möchten die Münzen mit ΗΑΜΠΑΝΟ angehören. Aehnlich ist Η auf einer hybriden Münze von Allifä ΑLIϷHA, etwa αλιφ-ͱα?

von Pästum (ⱶEPMHΣA ⱶEPAKΛHΣ ⱶϟϟΠEPIΔΣ Gerhard a. a. O. S. 353 Taf. 11); auf einer ionischen Inschrift von Tralles (C. I. G. 2919.). Auch in lateinischen Inschriften finden sich ⱶ und ⱶ häufig für H (Fabretti p. 195.). — Ϲ finden wir auf Münzen und Inschriften von Kreta (ϹΑΞΙΩΝ ϹΕΛΧΑΝΟΣ Böckh C. I. G. t. II. p. 401.); auf den Tafeln von Heraklea; auf Münzen von Tarent (Carelli descr. Tarent. n. 146. 547—549. Fiorelli mon. rare p. 33 n. 70); auf Münzen von Rubi (ΓΡΟϹΕΟΕ, s. S. 94), auf Münzen von Laos (ϹΙΒΙ, s. Vibius im Glossar); auf der eingekratzten Inschrift eines lucanischen Gefässes (ΚΛΟϹΑΤΩΙ, s. Clovatus im Glossar); auf einer Vase des Mus. Borb. (ϹΙΤΤΩΣΗΟΚΑΙΛΥΜΑ Gerhard Neap. ant. Bildw. Taf. 2. Z. 6.); auf den campan. Münzen mit der Aufschrift ϹΕΛΕΧΑ (Friedländer Annali dell' Inst. vol. XVIII p. 147); auf einem in Neapel für das berliner Museum erworbenen Ziegel:

ΔΕΙ
ϹΙΝ

Man sieht, dass beide Zeichen vorzugsweise, obwohl nicht ausschliesslich in Italien vorkommen. Selten sind sie ausserhalb desselben wohl mehr desshalb, weil den Griechen die Laute h und besonders v abhanden gekommen waren, als weil die Zeichen nicht allgemein verbreitet gewesen wären; desshalb treten sie auch besonders in italischen Eigennamen auf. Dass man, als die oskischen Laute mit griechischen Buchstaben ausgedrückt werden sollten, beide Zeichen constant anwandte, ist natürlich; dasselbe würde man gethan haben, wenn man damals lateinisch mit griechischer Schrift hätte schreiben wollen.

Noch weniger zu bemerken ist über die Bezeichnung der oskischen Consonanten durch lateinische Buchstaben. Lepsius Meinung (inscr. p. 156), dass X in lateinischer Schrift nicht ks, sondern sch sei, widerlegt sich schon durch die Vergleichung von 'eks-' und 'ex-'. — Nur daran ist zu erinnern, dass V in lateinischer Schrift sowohl u als v repräsentirt, also in jedem einzelnen Fall besonders zu ermitteln ist, ob es consonantisch oder vokalisch zu nehmen sei. Hier nur ein Wort über die Geltung von OV. Für uu steht es gewiss nicht, schon darum, weil diese Vokalverbindung in oskischer Schrift nie vorkommt; dagegen ist es möglich, OV in lat. Schrift entweder wie im griech. 'μαμερτινουμ' = ú, oder mit consonantischer Geltung des V = úv zu nehmen. Da nun aber unter den vorkommenden vier Beispielen: 'castrous' 'loufir-' 'pous' 'tout-' das zweite und vierte, wie die Vergleichung mit 'lúvfr-' und 'túvt-' zeigt, ou in der Geltung von úv anwenden, wird dasselbe auch für die beiden andern anzunehmen sein, für die bestimmte Analogien sich nicht finden, so dass castrovs und povs zu lesen ist, um so mehr, da die Verbindung vs auch sonst vorkommt ('ceus' d. i. cevs). Es ist wohl möglich, dass auch im Lateinichen OV in älterer Schrift stets = ov und nicht = ú bezeichnet. Formen wie FLOVIO (decr. Genuat.), SOVOM, SOVEIS (Orell. 2623. 4848. lex repet. v. 49) sind evident flovio, sovom, soveis (vgl. osk. 'suvad') zu lesen; vgl. aber auch LOVCANA (Grabschrift des Scipio Barbatus) mit 'lúvkan-'; TOVTIA Orell. 1501, offenbar von tùvt-; *Oufentina* (Fest. s. v. p. 194 und die constante Nota OVF.) neben *Offentina* (gesichert durch die Nota OFF. Kellermann vig. 103a. Z. 4. 16.), wo also vf in ff überging; *nomdinum* (SC. de Bacch.) von novendinum; *ious iousisent ioudex ioudicare iourare* cet., wohl sämmtlich von *iubere*, wobei b in v übergegangen scheint. Vielleicht lässt es sich erweisen, dass in allen lateinischen wirklich alten Inschriften (denn *narebous* der col. rostr. ist wohl nicht zu rechtfertigen) *ou* nicht u, sondern = ov sei.

Im Anlaut finden sich alle Konsonanten; auffallend ist es, dass nur ein oder zwei mit r anfangende Wörter vorkommen. — Am Schlusse des Wortes duldet das Oskische alle Konsonanten (k p t; d; l m n r; s v f) ausser den beiden mediae g b und natürlich der Aspirata h; ferner die Doppelconsonanten ss sk st vs ks ns z (= ts) (nicht rs); vt rt nt; ml tl. Wie die Sprache den einfachen Vokal im Auslaut nicht liebte, war ihr dagegen am Ende nicht leicht ein Konsonant unbequem. In dieser Hinsicht ist das Oskische allen seinen italischen griechischen und indischen Schwestersprachen an Strenge und Ursprünglichkeit überlegen.

Was das Zusammentreffen zweier Konsonanten betrifft, so möge auch davon die Uebersicht hier Platz finden:

bb: 'babbiis'.
bl: '*Blossius*' '*Oblacus*'.
bn: 'cebnust'.
br: im Anfang (s. das Glossar); 'embratur' '*umbrateis*'
gv: 'degvinum'.
gm: 'egm-'.
gn: '*Gnaeius*' '*Egnatius*'.
dd: 'medd-' neben 'med-', jenes in zwei-, dieses in drei- oder mehrsilbigen Wörtern (s. im Glossar).
dk sind unverträglich, daher wird aus iodc '*ioc*', aus eksudk 'eksuk' u. s. f., aus eksadk '*exac*'.
dn : 'perkednc[ís]'.
vd : 'ahvdiuni'.
vk : 'evklúí' 'iúvkilúí' 'lúvkanateis' 'lúvkl' 'nuvkrinum'.
vl : 'núvl-'.
vr : 'thesavr-'.
vs : '*castrous*' '*ceus*' '*pous*'.
vt : 'avt' '*auti*' 'tùvt-'.
vf: 'lùvfr-'.
zk : 'vezkeí'; eigentlich ein dreifacher Konsonant = vetskeí.
hv: 'ahvdiuni'.
ht : 'ehtrad' 'saahtúm'.

kd : 'aîkdafed' 'lĩganakdĩkeî' 'maakdiis'.
kv : 'kvaîsstur'
kh : 'ekhad' 'perkhen...', vgl. 'κω•αχεργι'.
kk : 'ekkum' 'pùkkapid' neben 'pocapid' 'trĩbarakkiuf' '...mparakkieîs'.
kl : im Anfang; 'αυϝυσκλι' 'evklúî' 'herekl–' 'lùvkl' 'sakarakl–' 'σκλαβεκις
    Mit Vokalwiederholung vielleicht 'puk(a)latúî'.
km : 'dekmanniúĩs', vgl. 'Δεκμος'.
kr : 'nuvkrinum' 'sakra' 'scriftas'. Mit Vokalwiederholung 'suk(a)rakl–'
ks : 'eks–' = 'ex–' 'μεδδειξ' 'prumeddixud' 'túvtĩks'.
kt : 'actud' 'factud' 'fruktatiuf'.
lv : 'helvi ', vgl. '*Calavius*'.
lk —. Mit Vokalwiederholung 'mul(u)kiis'
ll : 'abellan–' 'allo' 'αππελλουνηι' '*Gellius*' 'vesulliaîs' 'Fολλοϝωμ'
    '*Jubellius*' 'mallud' neben 'malud' '[p]ùllad' 'sollo' '*Ofillius*'.
ls : '*Olsinius*'. Vgl. '*Vul(n)sci*' aus '*Vulsci*'. Dass diese Lautverbindung
    den Oskern sehr hart schien, beweist der Abfall des Casuszeichens
    im nom. sing. 2. decl. nach l; aus famelus ward nicht famels, son-
    dern famel.
lt : 'alt–' 'molt–'. Vokalwiederholung scheint 'kalati' nicht zu enthalten.
lf —. Mit Vokalwiederholung 'al(a)faternum', vgl. '*Alfaterna*' '*Alfius*'.
mb : 'embratur' 'kùmben–' '*Lambonius*' '*umbrateis*'.
mv : 'amvîanud'.
mk vertragen sich nicht; iomc wird 'ionc'.
ml : 'fiml'.
mm : 'ammaî' 'dùnùmma'
mn : 'amnud' 'teremnal..' 'teremniss'. Mit Vokalwiederholung : 'aam(a)naffed'.
mp : 'ampert' 'amprufid' 'diumpaîs' '*com. parascuster*' '*com. preivatud*
    '*Lamponius*' 'pùmpaiian–' 'πομπτιες' '...mparakkieîs'.
ms : 'niumsis'.
mt : '*pomtis*', vielleicht nachlässig geschrieben für *pomptis*.
mf : 'amfret'.
ng : '*angit*' 'tangin–' '*nugulus*'.
nd : '*Bandius*'. Assimilirt sich in nn, s.
nk : '*ancensto*' 'ionc'.
nn : 'akudunniad' '*Annia*' 'dekmanniúîs' 'heîrennis' 'kùmbenniefs' '*Nin-
    nius?*' 'teremenniù' 'ùpsannam'.
np : '*conpreivatud*'. (S. 224.)
ns : –ns (nom. sing. 2. decl.) –ns (3. pl. indic. coni.) '*bansae*'
    '*minstreis*' 'patensĩns'.
nt : –nt (3. pl. imperat.) 'anter' '*bantins*' '*Bantius*' 'entraî' '*etanto*'
    'herental–' '*Juventius*' '*contrud*' '*praesentid*' 'santia' 'tintiriis'

28*

'tristaamentud' 'ϝσοντιον' 'frunter' 'frentreï'. Vgl. 'lùvkanateïs'. Assimilirt sich zu nn, s. u.

nf —. Mit Vokalwiederholung: 'au(a)friss'.
pd: 'pupdiis' neben 'pupid–'.
pv: 'kapva–'.
ph: 'aphinis' '*phim*'
pp: '*απελλουνηι*' '*Seppius*' '*supparus*' '*Oppia*'.
pr: im Anfang; '*amprufid*' '*conpreivatud*' 'sir∗prupukid'
ps: '*Mupsius*' '*ουπσενς*' '*Opsidius*'
pt: '*πομπτιες*'.
rg —. Mit Vokalwiederholung: 'ar(a)getud'.
rv —. Mit Vokalwiederholung: 'σορ(ο)ϝωμ' 'ur(u)vù'.
rk: 'perken–'. Mit Vokalwiederholung: '*amir(i)catud*' 'her(e)kl–', vgl. 'trïbarakavum' ... mparakkieïs'.
rl: 'aderl–'.
rm —. Mit Vokalwiederholung: 'ter(e)m–'.
rn: 'alafaternum' '*carneis*' 'pernaï'
rp: '*hirpus*'.
rr: 'kerr–' 'sverruneï' 'tiurrî' '..errîns'.
rs: 'ver. sarînu?' 'ϝερσορει' '*vorsus*'. Mit Vokalwiederholung vielleicht '[s]arasne[m]'. Dass die Osker wie die Griechen und Römer diese Verbindung wenigstens im Auslaut nicht ertragen konnten, beweist der nom. sing. 3. decl., indem aus *censturis* nicht censturs, sondern censtur ward; ähnlich verfuhr man vielleicht im nom. sing. 2. decl. bei Wörtern wie puer.
rt: –ert (fut. 3. ps. neben –est) 'hùrt–' '*μαμερτιν–*' '*pert*' '*pertum–*' '*fortis*'
sd: '*νινμσδιηις*'. Kann nicht als Doppelkonsonant gelten, sondern σδ vertritt das oskische s. (S. 216.)
sv: zu Anfang.
sk: '*asc*' '*aiscen*' '*αν–νσκλι*' '*eizasc*' 'ekask' '*comparascuster*' '*σκλαβεκις*' '*scriftas*'. Vgl. zk.
sl: zu Anfang. Vgl. lateinisch slis (Orelli 894; lex repet. v. 7) und Foslius (cos. 436).
sm: '*posmom*'.
sn: '*casnar*' '[s]arasne[m]' 'flïsn–'.
sp: '*Spendius*'.
ss: –ss (acc. pl. 2. 3. decl.) '*Bassus*' '*Blossius*' 'ekss' 'kvaïsstur' neben 'kvaïst–' 'meddïss' neben 'meddïs' 'melïssaii[s]' '*Messius*' 'passtata' 'pùsst–' neben 'pùst–'
st: –est und –*ust* (3. sing. fut. 1. 2.); oft zu Anfang; '*asta*' 'eestînt'

'estud' 'vesti-' 'castr-' 'censt-' 'kvaísstur' '*minstreis*' 'passtata'
'pestlúm' 'piístiaí' 'pússt-' = 'púst-' 'púst' = '*post*' 'fistluis'
tv könnte man in 'eitua-' suchen, da aber tv unlateinisch ist, ist u hier wohl Vokal.

th : 'thesavr-'; dagegen 'santia' aus Xanthias.

tl : 'mitl' 'pestlúm' 'fistluis'.

tr : zu Anfang; 'alttr-' 'ehtrad' 'entraí' '*castr-*' '*contrud*' 'maatreís' '*minstreis*' 'frentreí' 'fuutr-'. Mit Vokalwiederholung : 'vest(i)rikiíuí'

ts wird vertreten durch z, s. S. 216.

tt : '-atted (3. ps. perf. act. der verba pura) 'alttr-' neben 'altr-' '*Brettii*' '*Gutta*' '*κοττειης*' '*Pettius*' '*σταττι-*' (neben 'staati-') 'úítti-'

fl : im Anfang.

fr : im Anfang; 'amfret' 'anafríss' 'lúvfr-'

ft : '*scriftas*'

ff : -affed oder -úffed (3. sing. perf. indic. der verba pura).

Die Verdoppelung der Konsonanten war wie im Lateinischen wenig beschränkt, es finden sich alle tenues doppelt: kk pp tt, die mediae bb dd (gg fehlt), die Aspirata ff, der Sibilant ss, alle liquidae ll mm nn rr; nur h und v liessen ihrer Natur nach keine Verdoppelung zu. Regelmässig geht ein kurzer Vokal vorher; doch findet sich ein Doppelkonsonant auch nach langen Vokalen ('kvaísstur', 'úítti-') und nach Konsonanten ('ekss' 'alttr-'); am Ende findet sich nur ss, dies aber oft. Häufig scheint die Verdoppelung der Konsonanten nur zur schärferen Accentuirung der betonten Silbe zu stehen, wie in Juppiter für Jupiter, Appulus für Apulus, τόσσον; so '*ἀππελλουνηι*'; '*mallud*' '*sollo*'; 'dekmánniúís' (vielleicht auch 'akúdúnniad'); 'kerr-' (vgl. Ceres); 'pússt-'; '*στάττιης*' (wo das Alterniren mit der Vokalverdoppelung zu bemerken ist) und besonders 'meddíss', wo nur in den zweisilbigen Formen dd, sonst einfaches d erscheint — wahrscheinlich weil die Paroxytonirung nothwendig schärfer ist als die Proparoxytonirung; so sagt man mille, aber milia. — Anderswo beruht die Verdoppelung des Konsonanten auf einer Ausgleichung. So ist kk aus kt oder kd entstanden ('ekkum' aus ekdum, -akkiuf -akkieís aus -aktiuf -aktieís); mm aus mn ('ammaí' aus amnaí, 'dúnúmma' aus dúnúmna); nn aus nt oder nd ('kúmbennieís' aus kumbentieís, 'teremenniú' aus terementiú, 'úpsannam' aus operandam, vielleicht auch 'akudunniad' aus Acherontia); ss aus rs ('passtata' aus parstata) oder ks ('meddíss'), ff vielleicht aus vf (-affed vielleicht -av + fuit, vgl. Ovfentina = Offentina S. 218). Anderswo hat die oskische Sprache nicht assimilirt wo die lateinische es thut; so 'aderl-' neben Atella.

Das Zusammentreffen ungleicher Konsonanten wird im Oskischen in sehr weitem Umfange zugelassen; diese scharfgefügte Sprache ist sowohl mit Assimilation als mit Vokaleinsatz sparsam. Dass der Hauch zu den tenues hinzutritt, ist schon bemerkt; ausserdem findet er sich nur vor v (wo dies fast wie u gesprochen sein muss) und t (wo h wohl wie χ gesprochen ward). — Die schärfere Aspirata f verbindet sich mit dem Halbvokal v (vf, wofür zuweilen ff eintritt S. 218. 221), mit liquidis (mf fl fr; lf und nf werden durch Vokaleinschiebung erweicht, u.) und mit t (ft); im Ganzen berührt sie sich ungern mit andern Konsonanten. — Der Halbvokal v erscheint sehr häufig neben Konsonanten, so neben Aspiraten (hv vf), neben Sibilanten (vs sv), neben liquidis (vl lv mv vr; rv erhält den Vokaleinsatz), neben mediae (vd gv) und besonders gern bei tenues (vk kv pv vt). — Der Sibilant s paart sich mit dem Halbvokal v (sv vs); mit den liquidis l m n (sl sm ms sn ns); niemals mit r wie im Griechischen und Lateinischen (s. oben rs = ss); mit den mediae niemals, aber um so häufiger mit den tenues (sk ks sp ps st; für ts wird z geschrieben). — Was die liquidae betrifft, so ist hier ein eigenthümlich oskischer Vokaleinsatz zu bemerken: indem nämlich ein Doppelkonsonant dadurch erweicht wird, dass wenn er mit einer liquida anfängt, der zunächst vorhergehende, wenn er mit einer liquida schliesst, der zunächst folgende Vokal zwischen die zwei zusammenstossenden Konsonanten eingeschoben wird. So wird aus Alf- alaf-, aus Vestric- vestirik-. Die Belege hiezu sind oben mit verzeichnet für lv (?) lk ls lf mn nt (?) nf rg rv rk rm rs (?); ferner für kl kr tr; übrigens ist diese Milderung nicht nothwendig, sondern nur zulässig, da wo das Zusammenstossen der Konsonanten besonders hart schien; sie wird am häufigsten bei r zur Anwendung gebracht. Hiemit verwandt ist der Einsatz von I oder *ei* bei den einsilbigen Formen des pron. dem., wenn k oder dum an dieselbe sich anhängt: so 'Is-idum', 'Id-ik'. Für mt und wohl auch für ms wird auf eine andere Art Hülfe geschafft durch Zwischensatz von p wie lat. sumpsi sumptus; s. desswegen 'niumsis' neben Numpsius, ebenso Compsa von $κώμη$ (oder von campus?) und dem Suffix tia = sa, und '$πομπτιες$' neben '*pomtis*'. — Sonst begegnen die liquidae sich mit der Aspirata f (l∗f fl — mf — n∗f — fr), mit dem Halbvokal v (vl lv — mv — vr r∗v), mit dem Sibilanten (ls l∗s sl — ms sm — ns sn — rs r∗s), mit andern liquidis (l: ml rl — m: ml mn [geht über in mm S. 221] m∗n r∗m — n: mn m∗n rn — r: rl r∗m rn), mit mediae (bl — gm mb — bn ng gn nd dn — br r∗g) und mit tenues (l∗k kl k∗l lt tl — km mp mt — nk np nt — rk r∗k kr k∗r rp pr rt tr t∗r). — Am wenigsten geneigt sind die mediae sich mit andern Konsonanten zu vertragen; wir finden sie nie neben Aspiraten und Sibilanten, selten neben v (vd gv) und neben tenues (kd, verwandelt in kk S. 221; pd), am häufigsten noch neben den liquidae (bl mb bn br — dn, wo d oft ausfällt, s. u.; nd geht über in nn S. 221 — gm gn ng r∗g). — Die tenues endlich finden sich neben h (ht), neben f (ft), sehr häufig neben v (vk kv — pv — vt) und neben s (ks sk zk — ps sp — z = ts st) wie auch neben den liquidae (kl k∗l l∗k km nk kr k∗r rk r∗k — mp np pr rp — tl lt mt nt tr t∗r rt), selten neben mediae (kd pd) und neben andern tenues (kt verwandelt in kk S. 221, pt). — Man sieht, dass die Samniter das Zusammenstossen der Konsonanten nicht scheuten und ihre Sprache rein und unentstellt sich bewahrten, soweit nicht absolut unverträgliche Lautverbindungen zu einer Aenderung zwangen. Auch jenes Gesetz der Vokalwiederholung ist ein sinnreicheres Mittel Missklänge zu vermeiden als Assimilation oder Ekthlipse, welche den Organismus zerstören, oder Einsatz eines kurzen e i u, welche ausser allem organischen Zusammenhang mit dem Worte bloss lautlich ihm eingefügt werden.

Was endlich den Lautwechsel betrifft, so finde ich folgende Beobachtungen der Mittheilung werth, während Anderes als weniger sicher oder weniger allgemein oder auch als ohne weitere Erläuterung klar hier übergangen wird.

Die tenues k p t sind geneigt in die correspondirenden mediae sich zu verwandeln, also

k in g: 'acum' neben 'ang-', 'deketas-' neben 'degetas-'; vgl. 'κοττειης' mit 'Gutta' (Cotta?)

p in b, 'abellan-' wohl von 'αππελλουν-', 'embratur' lat. imperator, Compulteria und Cubulterini, 'Lamponius' = 'Lambonius', 'Oplacus' = 'Oblacus', 'Opsidius' = 'Obsidius'; auch die Namen Vibo (Fει....) und Buxentum scheinen oskisirte, nicht latinisirte Formen von Hippon und Pyxus. Dagegen 'hip-' neben 'haf-', habere, 'ip' neben ibi.

t in d: regelmässig im Auslaut, so in der 3. sing. praes. coni., perf. indic., perf. coni., fut. 1.; ebenso in der pronominalen Neutralform 'púd' 'píd' neben 'πωτ' 'pit'. Ebenso, obwohl seltner im Inlaut: 'aderl-' neben Atella, vgl. 'Bandius' = 'Bantius'. Dagegen hält 'aeteis' t fest gegen lat. idus.

k und g gehen im Anlaut und Inlaut in h über (im Anlaut: ⱶαμπανο = καμπανο; zwischen zwei Vokalen: 'mh' = Mahius, Magius, vgl. Pahius auf einer römischen Inschrift = Pacius, s. d.; vor t: 'ehtrad' = ectra, extra, 'saahtúm' = sactum, sanctum) oder fallen ganz aus ('ieïis' vielleicht = Iegius; 'maiiúi' 'mais' 'maimas' = Magio, magis, maximae; 'lamatir' vgl. clamatur; 'santia' aus Xanthias), wobei eine Vokal - ('eks-' = 'eís-', seltener 'es-'; 'seís' = sex) oder Konsonantenverstärkung (meddíss, daneben meddís) öfters einigen Ersatz bietet für den ausgefallenen Gutturalbuchstab.

p wird euphonisch eingeschoben zwischen ms und mt, s. S. 222. Im Lateinischen ist es bekanntlich im pron. relat. öfters abgefallen, z. B. ubi aus quobi, uter aus quoter u. s. f. (Bopp vgl. Gr. §. 389); die oskische Sprache ahmt hierin der lateinischen nicht nach und schreibt 'puf' 'pútúr-'. — Verwandt ist p mit t (vgl. Schneider 1, 1, 321.): 'pomtis' πέντε πέμπε quinque; 'petora' τέτταρα quattuor; Attus sabin., Accus, Accius, Appius. Ferner steht bekanntlich im Oskischen nicht immer (denn vgl. 'kvaísstur' und quaestor, 'pakis' = Paquius oder Paccius) aber häufig p für lat. qu (vgl. Niebuhr Röm. Geschichte 1, 73. Müller Etr. 1, p. 30); so ausser den angef. 'petora' und 'pomtis' constant im pron. relat. und in 'hirpus' = hircus. Eine interessante Spur dieses Umlauts sind die von Niebuhr (rhein. Mus. 1, 116) aus den Scholien des Tzetzes zum Lykophron v. 1446 nachgewiesenen griechischen unzweifelhaft durch oskische

Vermittlung überlieferten Namenformen der Könige Ancus und Tarquinius: Ampys und Tarpinios. Nur selten zeigt das Lateinische selbst einen ähnlichen Umlaut; so in popina neben coquere, das auch im Suffix mit dem oskischen 'tanginud' verglichen werden kann und vielleicht aus der oskischen Sprache oder doch aus der lingua rustica in die lateinische recipirt ist.

Wenn auf t (oder d) ein i folgt, setzt die lingua rustica ein s für beide (s. Schneider 1, 1, 385); so *Clausus* für *Claudius*, *zabolus* für *diabolus*, *mezzo* für *medius*. Daher geht im Oskischen die Endung der 3. plur. -nti constant in ns und das Suffix tius häufig in sus über: 'bansae' (neben 'bantins') aus Bantiae, Compsa = Comptia, Anxa Anxanum = Auc-tia, Anc-tianum (jetzt Lanciano); 'Messus' = 'metiis', 'Bassus' vielleicht aus 'Badius', 'meddixud' aus meddictiud.

d conservirt sich am Ende, fällt dagegen im Anfang ab in 'diúv-' neben 'iúv-' wie im Lateinischen; ob dv auch wie im spätern Lateinischen in v oder b überging, ist aus Mangel an Beispielen nicht zu bestimmen. Ferner fällt es aus vor n: 'perkens' 'περκενος' neben 'porkedne...', 'carneis' neben cardinis. An der römischen Verwandlung des d in l (dacruma = lacrima, dingua = lingua) betheiligen die Osker sich nicht, wie 'diumpaís' = lump(h)is, auch 'akudunniad' = Aquilonia, l'Acedogna (wenn dies richtig ist) beweisen. Ebenso ist die Verwandlung von d in r (die wohl mit der von s in r zusammenhängt) wie meridies statt medidies, im Oskischen nicht nachzuweisen; ja die frentanische Stadt Larinum nennt sich auf ihren zwar lateinischen, aber in der Form des Namens sicher nationalen Münzen *Ladinum*.

Ueber l und r ist wenig zu bemerken. Einmal scheint r ausgefallen und durch h ersetzt zu sein ('sakahíter' = sakaraíter). — m fällt am Schluss zuweilen, obwohl sehr viel seltener als im Lateinischen, ab (S. 214) und geht in Partikeln zuweilen am Schluss in n über, so 'ín' (= eum und et) 'ion-c' 'con' 'pon' 'pan' Con ist auch im Lat. nicht selten; QVAN findet sich l. Thor. v. 27 (auf dem Original). Vgl. auch 'kapv' mit καμπανο, 'kupelternum' und Computeria. — n erscheint in ähnlicher schwankender Weise wie im Lateinischen, so in der Endung ntum 'aragetud' neben 'trístaamentud' und in der Nasalirung der Verbalstämme 'ang-' neben 'acum', 'tanginud' von √ tag, dagegen ist √ sac so viel wir sehen nicht nasalirt worden. Vgl. auch 'a' = 'an', 'mistreis' = 'minstreis', wenn ersteres nicht bloss Schreibfehler ist. Vor p b v f geht n regelmässig in m über (wesshalb 'conpreivatud' sehr auffallend ist); ähnlich geht im Griechischen νπ νφ νβ νμ leicht über in μπ μφ μβ μμ (Giese äol. Dial. S. 84). — Ein paragogisches n finden wir in cen (S. 214).

s fällt zuweilen im Nominativ am Ende des Wortes ab, s. o. S. 214 Anm. Es ist im Oskischen niemals durch r ersetzt worden, wie dies bekanntlich im Römischen und Umbrischen im weitesten Umfange geschehen ist. Es genügt dafür zu erinnern an die fut. 1. auf -síd und -est, an die fut. 2. auf -uset, an den gen. pl. 1. decl. auf -azum, an das Adjektivsuffix -asius, an 'aasas' = aras, Tel-esia (vgl. S. 73) u. a. m. Ausnahmen sind äusserst selten und meistens nur scheinbar: so sind Compulteria und Nuceria nicht mit dem Suffix -esius gebildet, sondern von den Suffixen tri und kri; 'thesavr-' = thesaurus hat mit aurum = ausum nichts zu schaffen, ebenso wenig 'περκενος' mit Pescennius; 'passtata' scheint zwar allerdings = parstata zu sein, aber durch Assimilation, nicht durch Rhotacismus. Das Passivsuffix -r, das im Oskischen dem Lateinischen gleicht, wird zwar gewöhnlich aus dem pron. reflex. *se* abgeleitet, aber es zeigt eben das oskische r in diesem Suffix, dass diese Ableitung falsch ist. Wirkliche Ausnahmen sind nur 'niumeriis' neben 'niumsis' und '*hafiert*' neben zahlreichen Futurformen auf -est, vielleicht auch '*nerum*' neben '*nesimum*'; wahrscheinlich sind diese Ausnahmen durch römischen Einfluss veranlasst worden.

v entsteht im Oskischen zuweilen aus einem vorhergehenden ù, ähnlich wie aus fui fuvi wird; so wohl in 'lùvkanateis' und 'lùvfreis', deren Wurzel kein v zu enthalten scheint. Dagegen sind 'nùvl-' 'nuvkrin-' entstanden aus novus (vgl. Novius) und √ la √ kri; 'tùvt-' ist skr. tawat; auch in 'tribarakavum' scheint v nicht aus dem folgenden u entstanden, sondern zum Stamm zu gehören. — Zu bemerken ist noch, dass osk. v im Lateinischen zuweilen in u überging ('*auti*' = aut 'kapva-' 'thesavr-') oder ganz ausfiel (vgl. ausser den oben angeführten Beispielen 'avt' 'gaaviis' 'deival' 'sval'); selten hat das Lateinische v conservirt gegenüber dem Oskischen ('*petora*' = quatuor, skr. catvår). — Dass v mit h verwandt ist, lässt sich nicht behaupten; '*herest*' = volet genügt hiezu noch nicht. Verwandt ist v dagegen unleugbar mit f, obwohl Aufrecht 1, 101 dies nicht gelten lassen will; so ist 'statif' sicher = stative, und es ist bemerkenswerth, dass, da das Suffix ivus unzweifelhaft nicht auf ifus, sondern eher auf uus zurückgeht (Pott 2, 505), hier nicht f zu v herabgesunken ist, sondern der Halbvokal v sich im Auslaut zu f verdichtet hat. So möchte auch -affed (3. sing. perf. der verba pura) aus avit entstanden sein; während umgekehrt in 'puf' = 'puv' ubi (vgl. 'iiv' neben 'ip'), auch wohl in '*pous*' d. i. povs = quobus wohl 'puf' die ältere Form ist und hier f zu v herabsank wie so oft im Auslaut t zu d.

Wie im Altlateinischen f öfters für neulat. b steht (af = ab, ama + fuo = amabo) und ebenso umbrisch f für lat. b steht, so erkennen wir auch im Oskischen dasselbe Gesetz: -uf (abl. sing. 2. decl.) = obus; 'alifa' neben ΑΛΛΙΒΑΝΩΝ; '*Alfius*', 'alafaternum' neben alpus sab., albus lat.; '*amprufid*' 'prúf' = improbe probe; 'amfr-' (neben ambre umbr., amb- lat.); Venafrum vgl. Velabrum; '*hafiert*' = habebit; 'lùvfr-' liber; Rufrani Bewohner eines Dorfs bei Nola neben rubr-; 'safinim' neben Sabini; 'tefúr-' neben Tiber-. Da f mit b, b mit p verwandt ist, kann es nicht überraschen, wenn auch f und p alterniren; so in 'hafiert' neben 'hipust'. — Seltener wechselt osk. f mit lat. d, und nur da, wo f aus dh entstanden ist. Aus ϑ entwickelt sich im Lateinischen und im Italischen überhaupt bald d oder t bald f oder b, wovon Pott 1, 103—106 die Beispiele gesammelt hat (z. B. ἐρυϑ- giebt rut-ilus, ruf-us, rub-er, osk.

Rufrae; οὐθαρ giebt über; skr. dhūma fumus. S. auch Bopp vgl. Gr. p. 393). So 'mefiaí' skr. madhja mediae; 'faamat' vielleicht durch skr. dhāman verwandt mit domus.

Die Interpunction der Osker ist wie die lateinische und griechische eine blosse Worttrennung, seltner und älter mit zwei über einander gestellten Punkten, gewöhnlich mit einem einzigen (S. 113). Darin ist die oskische Interpunction genauer, dass sie häufig auch am Ende der Zeilen das Wortende bezeichnet; so constant in der Bronze von Agnone, einzeln auch auf dem Stein von Abella (S. 123). Auf der Tafel von Bantia wird zwar am Ende der Zeilen nicht interpungirt, aber dafür auch sehr selten mitten im Worte die Zeile geschlossen. Auf den Münzen von Phistelia 2. 6. findet sich am Schluss der Inschrift ein Punkt. Die Interpunction fehlt nie auf den Inschriften nationaler Schrift; dagegen wird sie bei griechischer Schrift in griechischer Weise inconstant angewandt und öfters ganz weggelassen. Bemerkenswerth ist es, dass nicht selten ein Punkt zwischen die Präposition und das damit vereinigte Wort tritt: so 'anter. statal' 'com. preivatud' 'com. paruscuster' Es ist das nicht unrichtig, denn in der That ist conventus fast ebensogut ein Doppelwort wie cum filio; wie denn umgekehrt die lateinischen Inschriften der besten Zeit zwischen Präposition und dem davon regierten Wort nicht interpungiren: afilio u. dgl. — Bei eintretender Krasis wird natürlich nicht interpungirt. — Auf dem abellanischen Stein findet sich auch eine Satzinterpunction vermittelst kleiner Zwischenräume oder auch besonders stark hervorgehobener Zwischenpunkte (S. 123). Aehnlich sind horizontale Striche zwischen den Zeilen auf der Tafel von Agnone einige Male gebraucht.

Die Declinationen.

	Erste Decl.		Zweite Decl.			Dritte Decl.
SINGULAR.	masc.	fem.	masc.	fem.	neutr.	
Nomin.	as, a	ú o	ùs *os us*; ìs *is*; s;		ùm *om* od. ohne Casuszeichen.	s oder ohne Casuszeichen.
Genit.	ai	as	eîs			eîs
Locat.	aî *ae*		eî			—
Dativ.	aî		uî			eî
Accus.	am		ùm *om*			îm
Ablat.	ad		1. ùd ud *ud* 2. uf			id
PLURAL.						
Nomin.	[as]		ùs			ss oder ohne Casuszeichen.
Genit.	*azum*		um *um*			ium im
Dativ. Abl.	aîs		1. uîs *ois* 2. *ovs?*			îss
Accus.			ùss			ìss, s?

Erste Declination.

Nom. sing. masc.: as und a.

ʽμαρας' ʽtanas', vielleicht auch ʽas–c' = hic, wo indess die Lesart nicht sicher ist. — ʽsantia'; vgl. ʽ*Gutta*' ʽ*Taurea*'. — Diese Masculina der ersten Declination sind, ganz ähnlich wie die gleichartigen römischen, entweder italische vorsamnitische Wörter wie ʽμαρας', vgl. Numa Cotta, oder spät den Griechen entlehnte wie ʽ*santia*' = Xanthias. — a ist lang (vgl. *Μάρης*) und bleibt daher unverändert, wogegen ă der Feminina in o übergeht.

Genit. sing. masc.: ai.

ʽmarai' = ʽμαραι'. Es ist wohl nicht Schreibfehler, dass hier ai steht, nicht das gewöhnliche aî; ā duldete nicht e, sondern nur das kürzere i nach sich.

Nom. sing. fem.: ú o.

ʽallo' ʽ*ancensto*' ʽ*egmo*' ʽ*etanto*' ʽvíteliù' ʽviù' ʽlúk?' = ʽioc' ʽlìmìtù?' ʽμαμερτινο' ʽmuiniku' (mit zerstörten Accenten) ʽ*molto*' ʽσακορο' ʽteremennia' 'toutico' 'τωFτo' = 'touto' 'uruvu' 'famelo' 'fīisnu (?)' — acc. und nom. neutr. sing. 2. decl. schen diesem Casus gleich, wenn das schliessende m wegfällt. — Irregulär ist 'paí' = 'pae' oder 'paei' = quae.

Genit. sing. fem..

'*eizasc*' '*eituas*' 'vereias' '*maimas*' 'multas' = '*mollas*' '*pas*' '*scriftas*'. Unsicher: 'aapas' 'χαϮας' 'kaîas'. Irregulär: '*ais-cen*' = huius. — Dieselbe Endung im nom. sing. masc., im nom. acc. pl. der ersten Decl.

Local. sing.: aí *ae*.

'*bansae*' 'eîsaí' 'víaí' 'mefîaí'.

Dat. sing.: aí.

'aasaí' 'ammaí' 'genetaí' 'delvaí' 'entraí' 'vereiiaí' 'herukinaí' 'kerríiaí' 'patanaí' 'pernaí' 'pîistîaí' 'pumpaiianaí' 'purasiaí' 'stataí' 'fluusaí'.

Acc. sing.: am, auch aam.

'abellanam' 'alttram' 'eítiuvam' = '*cituam*' 'víam' '*moltam*' 'nuvlanam' 'pam' = 'paam' '*tautam*' 'úpsannam' 'fîisnam' = 'fîsnam'. — Das finale m fehlt niemals. In Partikeln, wo man den Accusativ nicht mehr fühlte, geht'm über in n (S. 224).

Ablat. sing.: ad.

'akudunniad' '*egmad*' 'ehtrad' 'ekhad' 'eítiuvad' 'muínikad' '*poizad*' '[p]ullad' 'suvad' '*toutad*'. — d fällt nicht anders ab als vor k in 'ekak' '*exac*' 'eîsak' '*cizac*', weil d k sich nicht vertragen (S. 218).

Nom. plur.: [as].

Ein sicheres Beispiel fehlt noch; indess ist nicht zu zweifeln, dass dieser Casus wie gen. sing., acc. pl. auf as endigte, da er im Umbrischen auf ar ausgeht. Es scheint im Oskischen (und wohl ursprünglich überhaupt in den indogermanischen Sprachen) Regel zu sein, dass der nom. sing. durch blosse Verstärkung zum nom. pl. wird, dieser durch Verstärkung zum acc. pl. Die Grundformen des Nominativs sind je nach den drei Declinationen, welche durch die drei Vokale a o i charakterisirt werden, as (Bopp vgl. Gr. §. 137) os is; daraus wird im Oskischen im nom. sing. durch Abschwächung o, os oder s, s, im nom. pl. as, os, ss, im acc. pl. as, oss, iss.

Genit. plur.: *azum*.

'*egmazum*' '*eizazunc*'.

Dat. Abl. plur.: aís.

'diumpaís' 'kerríiais' 'fluusasiaís'. Vielleicht auch im Lat. erhalten in dem ... BRAIS einer unten mitzutheilenden Inschrift.

Acc. plur.: as.

'aasas' '*eituas*' 'ekask'. — Wegen einiger zweifelhafter Formen s. den gen. sing., der wie auch der nom. pl. dieselbe Endung hat.

Zweite Declination.

Die Substantive dieser Decl. sind keineswegs regelmässig männlich wie im Lateinischen, sondern eben so oft weiblich.

Nom. sing. masc. fem.: ùs os (us) îs is s oder ohne Casuszeichen.

1. ùs os (us): 'abellanùs' 'nùvlanùs' 'περκενος' 'praefucus' 'pùs' 'sipus' 'statùs' 'facus'. Dies ist die ächte und ursprüngliche, indess nur nach Konsonanten und besonders in kürzeren Wörtern erhaltene Form. Aufrecht S. 163 fg. scheint dieselbe ganz leugnen zu wollen, was gewiss Niemand billigen wird. Oskisch lautet sie os; dass die bantinische Tafel beständig us schreibt, scheint aus römischem Einfluss herzurühren.

2. îs ες oder is: 'aadíri-is' 'gaavi-is' 'dìupibi-is?' 'vìtniki-îs' 'hùrti-is' 'kitpi-îs' 'maakdi-is' oder 'makdi-is' 'melitssai-i[s]' 'meti-is' 'muluki-is' 'niumeri-is' 'paapi-ì[s]' oder 'paapi-i[s]' 'πομπτι-ες' 'pùpidi-is' 'pupdi-is' 'slabi-is' 'staati-is' 'tintiri-is' 'trebi-is' '.. puri-is'. — Nach i (nicht nach î) verwandelt sich also ùs regelmässig in îs oder ες, auf andern meistens indess minder correcten und jüngern Inschriften auch in is (S. 212)[68].

3. s; nach Vokalen: 'degetasi-s' 'vesulliaí-s' 'heírenni-s' 'ieli-s' 'καλινι-ς' 'kuírini-s' 'maí-s?' 'niumsi-s' 'paki-s' 'σκλαβεκι-ς' 'steni-s' = 'στενι-ς'. — nach Konsonanten: 'aadiran-s' 'bantin-s' 'hùrz' (aus hùrt-s) 'perken-s' 'pùmpaiian-s' 'tùvtik-s'. — Diese Unterdrückung des Charaktervokals der 2. Decl. findet sich im Lat. nicht, wohl aber in griechischen Dialekten, so Δημῆτρις für Δημήτριος u. dgl. (Franz elem. p. 248. Letronne inscr. de l'Egypte I. p. 111; II. p. 99).

4. ohne Casuszeichen nach l: 'aukíl' 'mitl' 'mutíl' 'paakul' 'famel' 'fiml'. Vielleicht fand dasselbe nach r statt, wie lat. puer = puerus, und wie in der dritten Decl. 'censtur' u. dgl. aus -ris entsteht; doch fehlt bis jetzt ein sicheres Beispiel, denn 'tedur' ist unklar, vielleicht Partikel; 'frunter' kann auch nom. sing. 3. decl. sein.

Nom. sing. neutr.: }
Acc. sing. masc.: } ùm om (um o u).

'dolom' = 'dolum' 'ualaemom' 'versarínu' = 'verusarinu' 'hùrtùm' 'ion-c' 'censtom' 'comonom', öfter 'comono' 'mallom' 'pestlùm' 'pùn'

---

[68] Irrig zieht Aufrecht S. 21 in all diesen Beispielen beide i zum Stamm. Gegen seine Beispiele 'vestirikií-ùí' und 'íuvkií-ùí', in denen allerdings ií zum Stamm gehört, wie im lat. Modiei-us, stehen andre wie 'niumeri-is' neben '-si-eis', 'staati-is' neben 'σταττι-ηις', wofür nach Aufrecht rii-eis, τιι-ηις erfordert würde. Auch könnte aus ius wohl is und daraus allenfalls iis, aber niemals ìís sich entwickeln, denn nicht î, sondern nur i wird eingeschoben (S. 213).

'pun' (Partikel) 'pusmom' 'saahtúm' 'sakaraklúm' '*sivom*' = '*siom*' 'zicolom' '*sollo*' '*tanginom*' '*ταυροµ*' 'terúm' 'tefurúm' 'thesavrúm' 'trífbum' '*trutum*' '*touticom*' 'úíttíúm'. — Unsicher sind: 'altfuúm' '*βρατωµ*' '*Foλλo⊦ωµ*' '*καπιδιτωµ*' '*inom*' '*σορoFωµ*'. — Die correcte Enduug ist úm *om*; u *u* für ú *o* findet sich viermal, in 'versarínu' auf einer Mauerinschrift von Pompeji, in '*dolum*' und '*trutum*' der Tafel von Bantia und (was auffallend ist) in der Adiranusinschrift 'trífbum'. Das finale m fehlt in guter Zeit nie, sondern nur einmal auf einer pompejanischen Mauerinschrift und sehr oft auf der bantinischen Tafel, gewiss unter römischem Einfluss, so wie in der Glosse des Festus, wo übrigens diese verkürzte Form mit kurzer Endsilbe im Vers vorkommt: *non sollo dupundi*. — Die prouominale Neutralform auf d findet sich in 'íd-ík', 'ioc' (aus *iodc*), 'púd' '*pod*' '*πωτ*', 'pid' '*pid*' '*pit*'. Wegen 'ekss' s. das Glossar.

Genit. sing.: eís (einmal *is*).

'eíseís' = '*eizeis*' '*Fιρινεις*' 'herekleís' = '⊦ερεκλεις' 'kúmbennieís' '*κοττειηις*' '*ligis*' 'lúvfreís' 'niumsicis' = '*νιυμσδιηις*' 'perkedne[ís]' 'sakarakleís' '*σταττιηις*' 'suveís' '*tangineis*' 'tereís' '..mparakkieís'. — Ungewiss ob nach der zweiten oder nach der dritten: 'aadiieís' '*aeteis*' 'baíteís' '*cadeis*' '*minstreis*' = '*mistreis*' 'senateís' = '*senateis*' '*umbrateis*'. — Auf Ollen der Vigna Somaschi (s. S. 45 A. 4) las man **P. CLODIS. C. L. PAMPINI** (Baldini 55); **L. RAGONIS** (ib. 47); **C. REMIS** (ib. 68 = Remmius); **L. ANAVIS. L. F** (ib. 104); sollten dies derartige oskische Genitive sein, die sich auch in der lingua rustica der Römer gefunden hätten?

Locat. sing.: eí.

'akeneí' 'alttreí' 'eíseí' = 'eseí' = '*cizeic*' '*comonei*' = '*comenei*' 'muinikeí' 'pútereí' 'tereí' 'thesavreí' 'frentreí'. — Dieselbe Endung hat der dat. sing. 3. decl.

Dat. sing.: úí.

'abellanúí' 'deketasiui' (mit zerstörten Accenten) 'evklúí' 'verchasiúí' 'vestirikiíúí' 'hereklúí' 'húrtúí' 'iúvkiíúí' 'kerríiúí' 'maiiúí' 'núvlanúí' 'piíhiúí' 'pukalatúí'. — Diese Endung ist bekanntlich auch altgriechisch und altlateinisch; vgl. ausser den bei Schneider, 2, 1, p. 61 angeführten Beispielen noch *Janui Quirino* in einem Gesetz des Numa (Fest. v. opima p. 187 Müll.) und *pilumnoe poploe* im saliarischen Liede (Fest. v. pilumnoe p. 205).

Abl. sing. 1.: úd ud *ud*.

'*actud*' '*a*[*l*]*trud*' 'amvíanud' '*amiricatud*' 'amnúd' = '*amnud*' 'aragetud' 'búvaianúd' '*contrud*' '*deiuatud*' '*dolud*' 'eísúd' = '*εσοτ*' '*compreivatud*' = '*conpreivatud*' '*ligud*' '*mallud*' = '*malud*' '*meddixud*' '*medicatud*' '*pod*' (Partikel) 'sakaraklúd' '*sidikinud*' '*ziculud*' 'tanginúd' = '*tanginud*'

= ʻ*tanginud*ʼ ʻtïanudʼ ʻtrïstaamentudʼ. — d fällt nur vor k ab: ʻeksukʼ ʻ*eizuc*ʼ ʻ*cisucen*ʼ. Vgl. ʻpruʼ. — ùd hat der Stein von Abella constant, eine Inschrift von Bovianum vetus und der Stein von Anzi; alle andern Inschriften und die Münzen von Teanum haben ud. Dieselbe Endung hat die 3. sing. imperat. Im älteren Lat. ist die Endung -tod; im neueren Latein hat nur apud (= apto) sie gerettet.

Abl. sing. 2.: uf.
ʻesufʼ ʻpuvʼ ʻtrïbarakkiufʼ ʻuïttiufʼ ʻfruktatiufʼ. — In diesen Formen scheint ein Instrumentalis erhalten, gebildet mit dem Suffix φιν bi, das regulär in f überging (S. 225) und auch wohl zu v sich abschwächte (S. 225); im Lateinischen ist es im Plural (equabus duobus navibus) und im Singular in tibi sibi ubi utrubi erhalten. Doch ist bei der Seltenheit dieser Formen und dem nicht ganz klaren Zusammenhang über den Werth derselben noch nicht mit Sicherheit zu entscheiden. Peter A. L. Z. 1842, 2, Sp. 49 nimmt diese Formen für nom. sing. 4. decl., so dass f lautliche Erweiterung des schliessenden v sei. Aufrecht 2, 166 sieht ebenfalls nom. sing. darin, gestützt auf die vorgefasste Meinung, dass ʻfùkʼ und ʻtrïbarakkiufʼ nothwendig zusammengehört und jenes nothwendig nom. sing. fem. ist. Freilich gesteht der Vf. selbst, dass er diese Formen auf uf als nom. sing. fem. zu erklären nicht im Stande sei.

Nom. plur. masc. fem.: ùs.
ʻdegetasiùsʼ ʻpùsʼ ʻpùtùrùsʼ ʻfistlusʼ (nach der richtigen Bemerkung Aufrechts 2, S. 169). — Das deutlichste Beispiel ist ʻdegetasiùsʼ, da zwei Namen vorhergehen und die Inschrift sonst im nom. sing. kontrahirte Formen zeigt; umbrisch ist die Endung *or* oder *ur* (Aufrecht S. 51). — Peter Hall. A. L. Z. 1842, 2, Sp. 49. 51 hat das Verdienst diese Endung zuerst richtig erkannt zu haben; ausführlich hat neuerdings Aufrecht 2, 163 fg. ihm beigestimmt, nur freilich mit Einmischung einer Anzahl ungehöriger Beispiele.

Nom. plur. neutr.: a.
ʻdùnùmmaʼ ʻekaʼ?ʼ ʻekak?ʼ ʻpasstataʼ *petora* ʻsakraʼ Falsch nimmt Aufrecht 2, S. 167 die Endung -ù an.

Gen. plur.: um (*om*).
ʻabellanumʼ ʻalafaternumʼ ʻdegvinumʼ *ezum* ʻkupelternumʼ λουκανομ ʻμαμερτινουμʼ ʻnerum?ʼ ʻnesimumʼ ʻnuvkrinumʼ ʻnùvlanumʼ ʻpalanu?ʼ ʻpùturu[m]ʼ *zicolom*. — Wegen ΝΩΛΑΙΩΙΝ s. oben S. 105; ʻsafinimʼ scheint eher gen. pl. 3. decl. — Dass m hier abfällt, davon findet sich kein sicheres Beispiel; om haben die lucanischen Münzen und die bantinische Tafel ein einziges Mal.

Dat. Abl. plur.: ùïs *ois*.
ʻabellanùïsʼ ʻdekmanniùïsʼ *eizois* ʻkerrïiùïsʼ ʻligatùïsʼ ʻmaatùïsʼ *nesimois*

'nuvlanuis' 'zicolois' 'feíhúís' 'fistluis' 'fistluis'. Vgl. in einer vielleicht lateinischen Inschrift, die unten mitgetheilt werden soll, **SVOIS. CNATOIS**. — Dass diese Form auch den Locativ vertrat wie im Lateinischen, zeigt 'fistluis'.

Abl. plur. 2.: *ovs?*
'*pons*', d. i. povs (S. 217). Die Statthaftigkeit dieser Deutung bedarf noch weiterer Beweise.

Acc. plur.: ûss.
'feíhúss'.

Dritte Declination.

Nom. sing.: s oder ohne Casuszeichen.
1. ís is s: 'ís-ídum' '*iz-ic*' '*ccus*' d. i. cev-s 'meddís' = '*meddís*' 'pis' = '*pis*'. — Vgl. '*Κίως*'. — '*iudex*' ist Lehnwort.
2. ohne Casuszeichen nach r: 'embratur' '*casnar*' '*censtur*' 'kvaísstur', vielleicht auch 'frunter'.

Genit. sing.: eís.
'herentateís' 'iúveís' '*carneis*' 'lúvkanateís' 'maatreís' '*picis*' 'futre[ís]' Vgl. gen. sing. 2. decl.

Locat. sing. existirt nicht; A. 11. 12 steht der Abl. dafür, vielleicht in Verbindung mit einer Präposition.

Dat sing.: eí.
'*altrei?*' '*αππελλουνηι*' 'diúveí' = $διουFει$ 'vezkeí' '$Fερσορει$' 'herentateí' 'kerrí' = 'kerríí' 'kvaíst[u]reí' '$κω*αχερηι?$' 'líganakdíkeí' 'medíkeí' 'patereí' '*piei*' 'regatureí' 'sverruneí' 'futreí' = 'fuutreí'. — Die abweichenden Formen 'kerrí' und 'kerríí' beruhen darauf, dass dies Wort nach Ausweis des Adjektivs 'kerrí-iúí' ein stammhaftes í hat; es ist daher diese Form dem Dativ der sog. fünften lat. Decl. verwandt die-i, die, dii — genau wie im Osk. cerre-i, cerre.

Accus. sing.: ím.
'in' '*manim*' '*medicim*' '*plim*' 'slagím' '*tacusim?*' 'tiurrí'. Nur eine pompejanische Wandinschrift lässt einmal m weg; vgl. 'íní' = 'iním'.

Abl. sing.: id.
'*castrid?*' '*praesentid*' 'slaagid', vielleicht auch 'sir*prupukid'. Vgl. *coventionid* (SC. de Bacch. v. 22) und *airid* in einer ungedruckten Inschrift von Cività Lavigna. Adverbien mit ähnlicher Endung oben S. 214.

Nom. pl.: ss.
'meddí-ss' = '$μεδδεις$'.

Gen. pl.: ium im.
'tiiatium' und mit unterdrücktem u wie im nom. sing. 2. decl. (S. 229) 'safinim'. Wenn von der lateinischen Kolonie Aesernia sich Münzen finden mit den Aufschriften AESERNIVM — AISERNIO — AISERNIM, so sind dies gen. pl. 3. decl. von einem Nominativ Aesernes; in der Unterdrückung des o oder u in der letzten wohl beglaubigten Form darf man wohl den Einfluss der oskischen Nachbarschaft erkennen. Beide Formen mit unterdrücktem u, 'safinim' und AISERNIM, gehören der Corruption der oskischen Sprache an. — Ebenso kann man TIATI erklären = TIATIM oder TIATIVM. — Vgl. '[s]arasne[m]'.

Dat. Abl. pl.: íss.
'anafríss'.

Acc. pl.:
'teremníss', vielleicht auch 'aphinis' und 'castrous' d. i. castrov-s.

Die Conjugationen.

		Dritte lat. Conjugation.	Erste lat. Conjugation.
1. sing. indic. praes. act.		's-um'	
3.		'ïs-t' 'amfre-t' 'ang-et'	'da-t' 'faama-t'
plur.		'cït-ons'	
sing.	pass.	'uinc-t-er'	'sakara-t-er'
	act.	's-et' = 's-et' 'fu-id' 'ang-it' 'hip-id' 'pruhip-id' 'λειχ-ειτ' 'λιοχαχ-ειτ(?)' 'uz-et'	'sta-ïet' = 'sta-ït' 'deiua-id' 'tada-it' 'dat?'
plur.		'patens-ïns' '..err-ïns'	
sing.	pass.		'sakah-ït-er' 'lama-t-ir?'
indic. fut.	act.	'fu-sïd' = 'fu-st' 'did-est' 'her-est' 'pertem-est' 'tu-set' 'haf-iert'	'censa-zet' 'dciua-st'
perf.		'ded-ed' 'kumben-ed'	'ups-ed' 'pru-ffed' 'aamana-ffed' 'aïkda-fed' 'prufa-tted'
plur.		'fuf-ans' 'deic-ans'	'ουπσ-ενς' 'deiua-tuns'
– sing. coni.		'fe[f]ac-id'	
plur.			'trïbaraka-ttïns'
– sing. indic. fut. 2. –		'dic-ust' 'hip-ust' 'pruhip-ust' 'cebn-ust' 'perem-ust' 'pertem-ust' 'ur-ust' 'fefac-ust'	'trïbaraka-ttuset'
	pass.	'comparasc-ust-er'	
imperat.	act.	'es-tud' = 'es-tud' 'lïkï-tud' = 'licitud' 'fac-tud'	
– plur.			'cest-ïnt'
infinit.		'ac-um' 'aser-um' 'deic-um' 'pertum-um'	'trïbarakav-um' 'censa-um' 'molta-um'
	pass.		'censa-m-ur'
particip. praes. act.		'praesentid'	
perf. pass.		'cens-tom' 'cens-to' 'lïlmï-tu?' 'puss-t.' 'saah-tùm' 'scrif-tas' 'fac-us' 'praefuc-us'	'amirica-tud' 'deiua-tud' 'liga-tuïs' 'sta-tùs' 'sta-taï'
fut.			'upsa-nnam'.

Von Personalendungen finden sich mit Ausnahme des einzigen 'sum' = *sum* der Natur dieser Inschriften gemäss nur die der dritten Person. Die Endung derselben im Singular Indic. und Conj. ist t, das gemäss der Gewohnheit der Osker für die tenuis die media eintreten zu lassen (oben S. 223) häufig und gerade in den besten oskischen Denkmälern zu d abgeschwächt erscheint; jedoch nur da, wo es im Auslaut steht, nicht im Passiv und Imperativ, wo es durch die Endungen er und ud geschützt ward. Auch im Auslaut ist die Abschwächung nicht allgemein und wir können noch die Regel erkennen, dass im Präsens Indic. und Futurum 1. und 2. regelmässig t (nur 'fusíd' zeigt auch hier d), im Perfect Indic. und Conj. ohne Ausnahme d, im Präsens Conj. abwechselnd t ('*angit*' 'λεικειτ' 'λιοκακειτ?' '*set*' 'staíet' = 'staít' '*tadait*' '*uzet*') und d ('*deiuaid*' '*hipid*' '*pruhipid* '*fuid*') gebraucht ward. Im Lateinischen ist mir kein Beispiel bekannt wo d in der Endung anstatt t eintritt, mit Ausnahme der Cista des Novios Plautios Orelli 2497, wo *fecid*, also ebenfalls eine Perfektform vorkommt; es ist dies ein Grund mehr den Urheber der Inschrift für einen Campaner zu halten (s. im Glossar '*Novius*').

Die Endung 3. pl. ind. und conj. ist im Oskischen constant ns, wovon die bis jetzt bekannten Beispiele sind: 'eítuns' — '*deicans*' 'ουπσενς' 'fufans' '*deiuatuns*' — 'patensíns' '..errins' — 'tribarakattíns' (vielleicht auch '...mens' XXIII). Sie schliesst sich den in den verwandten Sprachen üblichen Formen mit Leichtigkeit an: *nti* sanskr. und dorisch, *nt* lateinisch, νσι und dafür σι mit Verlängerung des vorhergehenden Vokals griechisch, ns oskisch, mit dem Uebergang von t in s, wovon oben S. 224. Ganz unbegründet ist die Annahme Aufrechts S. 113. 165, dass die 3. pl. auch gelegentlich statt auf *ns* auf t habe ausgehen können (so '*set*', '*amfret*').

Die 3. sing. des Imperativs geht aus auf tud (niemals túd oder *tod*) und gleicht also äusserlich dem abl. sing. 2. decl. Die Endung vergleicht sich der sanskritischen tât (Bopp vgl. G. §. 470), tôd oder to lateinisch, τω griechisch.

Die 3. pl. des Imperativs endigt auf nt in dem einzigen bis jetzt bekannten Beispiel 'eest-int'; zu vergleichen ist sanskr. vermuthlich ntu (Curtius Temp. und Modi S. 269 fg.), griechisch ντω und daraus ντων; lateinisch nto. Das Oskische wie das Griechische haben, während sie das t in der 3. pl. indic. coni. in s verwandelten, in der schwereren Endung des Imperativs das t conservirt. Dagegen liess das Oskische den Schlussvokal fallen, analog der Abwerfung des i im Präsens und andern oben S. 213. 214 zusammengestellten Erscheinungen.

Das Kennzeichen des Passivs ist dem lateinischen ähnlich; in der 3. ps. sing. finden wir er, selten ir: 'sakarat-er' 'sakahít-er' '*comparascust-er*' '*uinct-er*' '*lamat-ir*'; im infin. praes. ur: '*censam-ur*', und zwar wird diese Endung einfach an die correspondirende Form des Activs angehängt, die dabei zuweilen etwas verstümmelt wird, wie '*uincter*' statt '*uinciter*', '*censamur*' statt '*censaumur*' Die ursprüngliche Form des Suffixes wird ur sein, welches zu er und ir herabsinkt (S. 212). Bemerkenswerth ist, dass dasselbe constant das r festhält und kein s dafür eintreten lässt, was man erwarten müsste, wenn lege-re wirklich aus lege-se entstanden ist; denn der Rhotacismus ist dem Oskischen vollkommen fremd (S. 225). Was die Tempora und Modi anbelangt, so können wir zwei namentlich in der Bildung des Perfekts abweichende Conjugationen unterscheiden, wovon die eine die consonantischen Stämme und die Stämme auf u, die andere die abgeleiteten Verba auf a enthält, so dass jene der dritten, diese der ersten lateinischen eng sich anschliesst. Es findet sich nichts, was der zweiten und vierten Conjugation der Römer entspräche; die oskischen Formen von habere, licere, convenire und venire werden ähnlich flectirt wie die von dicere und facere, censere nach Analogie von amare. Dagegen scheint 'prü-ffed' von einem verbum purum auf o gebildet, ähnlich wie μισθόω. Von der Conjugation ohne Bindevocal sind ähnlich wie im Lateinischen (Curtius Temp. und Modi S. 73) nur geringe Spuren wie 'is-t' = est 'et' = it erhalten.

Ueber den Indicativ des Präsens ist wenig zu bemerken; die wenigen uns vorliegenden Beispiele ergeben als gewöhnliche Endung bei consonantischen Stämmen et und uns, bei den Verben mit a at. — Wichtiger ist der Conjunctiv; wir finden bei consonantischen Stämmen id (it, eir), seltener et (et), im Plural ius, bei den Verben auf a a-iet auf dem Stein von Abella, auf jüngeren Inschriften a-it (a-it, a-id) und passivisch ebenfalls bei einem Verbum purum it-er. Hier ist zunächst bemerkenswerth das charakteristische, auch im Conjunctiv des Perfekts wiederkehrende i des Conjunctivs, das im Sanskrit und Griechischen bewahrt (Bopp §. 673), im Lateinischen nur in sim edim velim duim (Bopp §. 674) erhalten ist; im Oskischen war es i und wechselt daher gewöhnlicher mit i als mit e (oben S. 209). Am vollständigsten erhalten hat sich der ursprüngliche Moduscharakter sanskr. yâ, griechisch ιη bei den Zeitwörtern auf a, wo er gerade im Lateinischen sehr verstümmelt ist: 'sta-iet' auf dem Stein von Abella entspricht genau dem „grammatischen Kleinod" (Bopp a. a. O.) s-iet, skr. s-yât. Es liegt hier urkundlich die ganze Formenreihe vor, wie sie endlich zu dem lateinischen Conjunctiv der ersten Conj. geführt hat, wodurch Bopp's Vermuthung (§. 690), dass amet aus amait contrahirt sei, zur völligen Evidenz erhoben wird: 'st-afe-t' 'st-al-t' 'sakah-î-t-er', das ist sacr-e-t-ur. — Ob daneben noch irregulär eine Contraction von ait in ât anzunehmen sei, bleibe dahingestellt; 'dat' scheint allerdings an mehreren Stellen det oder dato, nicht dat übersetzt werden zu müssen, eben so scheint 'lamatir' Conjunctiv.

Das Perfekt wird in der consonantischen Conjugation nach Analogie des griechischen und lateinischen Perfekts gebildet; die Endungen sind ed (im Conjunctiv id) und ans, vergleichbar dem griechischen τέτυφε, τετύφαντι = τετύφᾶσι, jene auch dem lateinischen tetulit (in älteren Inschriften häufig et e, so dede zweimal auf den Inschr. von Pesaro, fuet dedet in der Grabschrift des filios Barbati neben cepit, so beständig in der col. rostr.; dagegen it stets in der Grabschrift des Barbatus und auf der pränestinischen Cista), während die dazu gehörige

Pluralform, die etwa tetulant lauten müsste, durch die mit sunt componirte tetulerunt verdrängt ist. Nur ein einziges Beispiel giebt es, wo die alte nicht componirte Form im Lateinischen erhalten ist, ich meine das merkwürdige deda in der Inschrift von Pesaro Orell. 1500, welche ich mit einem Papierabdruck des Originals collationirt habe. deda ist dedant, wie dedro in derselben Inschrift dederunt, und entspricht genau dem oskischen 'fufans'; offenbar ist es die ursprüngliche später durch ded-sunt ded-ront dederunt verdrängte 3. Plural. des Perf. — Der Stamm bleibt regelmässig unverändert wie in coepi, tribui u. s. f. (Curtius S. 216); so weit unsre Beispiele reichen, finden sich nur drei Perfecte mit einem vom Präsens verschiedenen Stamme, und zwar alle mit Reduplication: ded- fefac- und fuf-. — Ganz anders hat sich das Perfect gestaltet in der ersten Conjugation. Zwar finden sich auch hier ähnliche Endungen wie in der consonantischen Conjugation: ed (in 'ups-ed')[69]) und $ενς$ (in 'ουπσ-ενς'), entstanden wohl aus upsa-ed und upsa-ans; wofern durch die Form 'upsa-nnam' wirklich genügend bewiesen wird, dass auch jene Formen der ersten Conjug. angehören. Zwei Endungen aber herrschen vor: -affed (-afed) und bei der Conjugation auf o -üffed; und -atted, pl. -atuns, cj. -attins, fut. 2. -attuset. Erstere entspricht der lateinischen -avit mit Verhärtung des v in f (oben S. 225); dagegen ist die zweite Endung sehr auffallend und kann ich mich hier zunächst nur auf den empirischen Beweis berufen, dass die att oder at enthaltenden Wörter dem Zusammenhang nach schlechthin die bezeichnete Bedeutung haben müssen. So steht von 'deiuatuns' der Stamm 'deiua-' fest und dem Zusammenhang nach ist dasselbe Tempus, welches in 'deicans' angenommen wird, auch auf 'deiuatuns' zu beziehen; so ist 'prufatted' sicher dasselbe Tempus mit 'aamanaffed', und auch bei den andern Wörtern lässt der Zusammenhang kein andres Tempus zu als das von uns angenommene. Nicht zur Erklärung, sondern zur Vergleichung erinnere ich daran, dass die Griechen ihr Perfekt durch die Einschiebung eines wie es scheint unorganischen k bildeten, die Römer und Griechen den Stamm im Präsens durch t verstärkten (necto $κρύπτω$); eine ähnliche Erscheinung mag hier ans Licht kommen.

Das erste Futurum folgt im Oskischen nicht der Analogie des Lateinischen, welche dasselbe theils aus dem Conjunctiv, theils durch Zusammensetzung mit √ fu entwickelt, sondern der Analogie des Sanskrit und der hellenischen Dialekte, welche dasselbe mit √ es bilden. Dasselbe wird gebildet bei vokalischen Stämmen durch Anhängung von -síd (-sed -zet -st), bei consonantischen durch Anhängung von -est, mit Einschiebung des Bindevokals e, wozu es auch im Sanskrit (tan-i-shjâmi) und im Griechischen ($τενεσω$ $τενέω$) an Analogien nicht fehlt (vgl. Curtius a. a. O. S. 315). Etwas abweichend ist 'haf-iert' wofür man

---

[69]) 'pruffed' ist unsicher; es kann der consonantischen Conjugation angehören, aber auch der vokalischen, entweder wie 'ups-ed', oder als Contraction aus prufafed = *probavit.*

haf-est erwartet; der Rhotacismus ist wohl aus lateinischem Einfluss zu erklären (S. 225), die Einschiebung des i aus dem oben S. 213 erwähnten Lautgesetz. — Das Futurum 2. dagegen entsteht durch Zusammensetzung des Perfekts mit dem Futurum 1. der √ fu, welche in der Endung als uset oder *ust* erscheint. Wo also das Perfekt den Stamm des Präsens beibehält, wird das fut. 2. durch Anhängung von ust an diesen gebildet; wo das Perfekt abweicht, richtet das fut. 2. sich nach diesem, wie in 'fefac-ust' 'tribarakatt-uset'[70]). Das fut. 2. wird also im Oskischen genau gebildet wie im Lateinischen, wo das Perfekt des Stammes componirt wird mit dem fut. 1. von √ es: leg-ero, pepend-ero, amav-ero; nur wählten die Samniter √ fu statt √ es.

Der Imperativ wird im Allgemeinen, so weit wir ihn kennen, ebenso einfach wie das Präsens gebildet, vermittelst der Endung tud. Die plurale Form eestint ist wohl nicht von √ sta, da es kaum anzunehmen ist, dass eine dem Imperativ τιμαόντων analoge Form ao in t verwandeln könnte; eher von sistere oder einem ähnlichen Worte und 'eest-Int' zu vergleichen mit legunto, so dass oskisch î für römisch u steht.

Der Infinitiv des Präsens im Activ, der mehrmals syntaktisch deutlich als Verbalsubstantiv auftritt, ist bezeichnet durch die vom Accusativ nur durch u statt û verschiedene Endung um; den inf. praes. pass. erkenne ich in 'censa-m-ur' statt *censa-um-ur*. Beachtenswerth ist die Form des Cippus Abellanus 'tríbarak-avum', welche nach dem Zusammenhang sowohl wie nach der Perfektform dieses Wortes 'tribarakatt-' zu schliessen, nicht als infin. perf., sondern nur als inf. praes. angesehen werden kann [71]).

---

70) Curtius hat in seiner öfter angeführten werthvollen Schrift über die Tempora und Modi S. 321 Anm. dieser Ansicht widersprochen und alle die Formen auf ust, die nicht ein besondres Perfectzeichen tragen, wie fefacust, für fut. simplicia erklärt. Eine Prüfung der einzelnen Beispiele im Zusammenhang würde dies jedenfalls widerlegen; 'cebnust' z. B., 'hipust', 'pruhipust' sind ganz sicher als fut. 2. Ueberdiess findet sich 'pertem-est' neben 'pertem-ust', welche Formen man doch nicht wohl für Doppelformen erklären kann. Aber Curtius hat mich missverstanden, wenn er sagt, ich nähme *ust* für *fust* und dies für fuerit; wo dann freilich das fut. exact. nicht zugleich durch die Reduplication und durch das Anhängen von fuerit als Form der Vergangenheit bezeichnet werden könnte. Ich nehme vielmehr *fust* als fut. 1. von √ fu = fuet oder erit, und hiermit kann natürlich ebenso richtig componirt werden als mit dem Futur der √ es; fefac-ust ist also nicht fecuerit, sondern vielmehr fecerit, wie z. B. spopond-erit, nur mit andrer Wurzel des Hülfswortes gebildet.

71) Ich habe früher hierauf die Vermuthung gegründet, dass die lateinische erste Conjugation, welche der sanskritischen 10. mit der Bindung aya, den griechischen Verben auf α und αζ entspricht (Bopp §. 502), im Lateinischen ursprünglich auf av und nicht auf a auslautete. Dabei ist es mir natürlich nicht eingefallen, wie man wohl gesagt hat (Curtius Temp. und Modi S. 296), ein eingeschobenes Digamma zu statuiren; vielmehr vermuthe ich in dieser Klasse den Ausfall eines radicalen Digamma, eine Grundform am-av-o, woraus amao, amo. Meine Gründe sind, dass Composita mit √ fu zwar in dem

Um endlich noch der Participien zu gedenken, so ist im part. perf. pass. die regelmässige Endung tus wie im Lateinischen; vgl. noch Substantive wie ʻfrukta-tiufʼ, ʻúltiufʼ, ʻkúmbenniefsʼ, ʻteremenniúʼ, ʻtribarakkiufʼ, ʻ. mparakkiefsʼ, in welchen letztern nn und kk wohl aus nt, kt assimilirt sind. Zuweilen findet sich ein gleichbedeutendes Particip auf -us, wie sancus neben sanctus; so ʻfucusʼ ʻpraefucusʼ, vgl. ʻentrafʼ. — Das part. fut. pass. zeigt die Endung ann— assimilirt aus and—.

Imperfect Indic. und Futur Indic. in allen lateinischen Conjugationen nachgewiesen sind (legebit war früher ebenso gebräuchlich wie legebat), dass aber ausser diesen in der dritten Conjugation entschieden keine Composition mit ϝ fu vorkommt, sondern die Tempora entweder originär durchflectirt (so legi) oder mit ϝ es componirt werden, wie leg-erem, leg-issem, leg-ero, leg-erunt, vielleicht auch leg-isti. Wenn nun der Stamm in der ersten Conj. nicht ama—, sondern amav- ist, so kann man einfach annehmen, dass auch hier ganz ebenso flectirt ward wie in der dritten; man bildete amav-i, amav-isti, amave-rem, amav-issem, amav-ero u. s. f., aus welchen Formen dann später das Digamma zum Theil ausfiel und die dadurch entstehenden Contractionen die Aehnlichkeit der ursprünglich gleich flectirten Formen verdunkelten. Dies hat Curtius a. a. O. S. 296 wie mir scheint nicht widerlegt; denn dass einzelne in der dritten Conjugation Perfekte auf ui vorkommen (wahrscheinlich sehr später Entstehung an der Stelle älterer reduplicirter), wie potui, colui, gemui, serui, welche allerdings unzweifelhaft aus fui entstanden sind, beweist gar nichts, da diese ebenso constant ui festhalten, als die erste Conjugation das vi. Ueberhaupt erwäge man noch Folgendes. Regulär wird f zu b, und so entsteht ganz richtig amabam amabo aus amafuam amafui; wäre nun amavi auch entstanden aus amafui, so würde auch amabi entstanden sein, nicht amavi. Ueber den so constanten und so weitgreifenden Unterschied der Tempora mit b und derer mit v scheint man zu leicht hinwegzugehen. Alles kommt an auf den Nachweis, dass der ursprüngliche Stamm nicht auf a—, sondern auf av— ausgeht, und dafür ist ʻtribarakavumʼ allerdings eine bedeutsame Spur. — Uebrigens können diejenigen, welche -avit auf -afuit zurückführen wollen, allerdings sich berufen auf das oskische Perfekt -affed, obgleich auch dies nicht entscheidend ist, indem, wie oben gezeigt ward (S. 225), v zuweilen in f überging.

Die Eigennamen.

Das System der samnitischen Namen ist nicht überall gleich. In den Gegenden, wo der griechische Einfluss vorwaltet und die griechische Schrift vorherrscht, sind auch die Namen nach griechischer Sitte gestaltet; so die bruttischen Namen Vibius, Cottius, Maras, Paccius, Percenus, Statius, Opsidius; die lucanischen Flavus, Statius, Clovatus, Σκλαβεκις; die Namen von Sorrentinern und Ischianern Virinus, Πακιος Νυμψιου, Μαιος Πακυλλου — sämmtlich Namen oskischen Ursprungs und zwar meistentheils oskische Pränomina, aber in griechischer Weise behandelt. — Dagegen finden wir in den rein samnitischen Gegenden und ebenfalls in Messana eine Formirung der Namen, welche der römischen sich mehr nähert als der griechischen und im Wesentlichen in der Zweinamigkeit besteht. Der Vorname beginnt, dann folgt der Name, alsdann gewöhnlich der Vorname des Vaters im Genitiv (jedoch fehlt beständig filius), endlich zuweilen das Cognomen, welches wie bei den Lateinern bald sich findet bald nicht, so z. B.

'g. paopií[s] g. mutíl' = C. Papius C. fil. Mutilus.
'l. slabiis l. aukíl' = L. Labius L. fil. Occelus.
'στενις καλινις σταττιης' = Stenius Calinius Statii fil.
Stenius et Pacuvius Ninnii Celeres. (Liv.)

Selten findet sich bloss Prä- und Cognomen mit Auslassung des Nomen; so 'g. mutíl' auf der Münze 3 der Italiker. Ob noch zuweilen zwischen dem Vaternamen und dem Cognomen die Angabe der Tribus im Ablativ sich finde, wie man 'sir.prupukid' A. 1. fassen könnte, lässt sich nicht entscheiden. — Dies Schema wird mit grosser Strenge beobachtet; in eigentlich samnitischen Gegenden findet sich kein Beispiel weder der Einnamigkeit, noch einer Inversion, noch des Zusatzes von filius. Römische und griechische Schriftsteller nehmen es natürlich so genau nicht; die griechischen setzen häufig nur einen Namen — so Κλως, Σπένδιος, Decius (s. Jubellius), Lollius, die römischen lassen den Vornamen öfters weg, namentlich wenn er nicht auch römisches Pränomen ist und wenn sie das Cognomen setzen — so Jubellius Taurea, Herennius Bassus, Pontius Telesinus, kehren auch wohl die Ordnung um — so Taurea Jubellius (Liv. 26, 15) und so wohl auch Brutulus Papius.

1. Vorname.

Für folgende Vornamen finden sich notae:

'g.'	'gaaviis'	*Gaius.*
'd.' = 'dck.'		*Decius.*
'v.'		*Vibius.*
'z.'		?
'km.'		*Comius.*
'l.'		*Lucius.*
'mai. ma. mh.'	'maiiúí'	*Magius.*
'mr.'	'maras'	*Marius (Marcus?).*
'mi.'		*Minius* oder *Minatius.*
'ni.'	'niumsis'	*Numerius.*
'nv.'		*Novius.*
'pk.'	'pakis' 'paakul'	*Pacius, Paculus.*
'p.'	'pupdiis' 'pupidiis'	*Publius.* Doch ist nicht ganz sicher, ob die Nota 'p.' diesen Vornamen bezeichnet.
'tr.'	'trebiis'	*Trebius.*

wobei die eigenthümliche Art der Abkürzung durch Setzung der beiden ersten Consonanten mit Weglassung des dazwischen stehenden Vokals zu beachten ist, so 'km. mh. mr. nv. pk.' Die Abkürzung der Vornamen ist zwar auch bei den Oskern Regel, doch wird öfter als im Lateinischen der Vorname voll ausgeschrieben. Von andern Vornamen sind uns die Abkürzungen entweder nicht bekannt oder sie wurden nicht abgekürzt, entweder weil sie seltener waren oder keine recht passende Nota sich darbot.

	Gellius.
	Gnae(v)ius.
	Epidius?
'helrennis'	*Herennius.*
	Herius.
	Jovius.
	Cerrinus (Cerrinius?).
'mitl'	?
'perke(d)n(ú)s'	*Percennius.*
	Seppius.
'staatiis'	*Statius.*
'stenis'	*Stenius.*

'Tanas' ?
Ovius.
Oplacus.
Opsidius?
Ofillius?

Ganz unsicher sind 'a' = Aulus, Mamercus, Tiberius.

Die wenigen Frauennamen, welche bei Schriftstellern vorkommen, bestehen gleichfalls aus Vornamen und Namen:

Pacula Annia.
Pacula Cluvia.
Vestia Oppia.

womit zu vergleichen ist die *Dindia Macolnia* der praenestinischen Cista, welche vielleicht auch Campanerin war. Auch die ältesten römischen Inschriften geben den Frauen constant Vornamen, so z. B. die des heiligen Haines von Pesaro Cesula[72]) Atilia, M' (= Mania) Curia, Pola (= Paulla) Livia; die älteste Scipioneninschrift Orelli 551: (P)aulla Cornelia Gn. filia; eine alte coraner Inschrift Orelli 1501: Paul. Toutia M. f.

Bemerkenswerth ist es, dass die samnitischen Vornamen fast sämmtlich auf ius endigen; eine Ausnahme machen nur die Vornamen Maras und Tanas (mit ähnlicher Endung wie die altlateinischen Vornamen Agrippa und Numa), ferner Paculus (neben Pacius), Mutilus ('mitl'), Percednus und die schlecht beglaubigten Vornamen Cerrinus und Oplacus. Damit hängt es zusammen, dass, während von den auf ius endigenden Namen mehrere Gemeingut der Römer und Samniter sind (Gaius Vibius Lucius Numerius Publius Statius, wovon Vibius und Numerius nachweislich von den Samnitern nach Rom übertragen wurden), die nicht auf ius endigenden römischen Vornamen wie Aulus Kaeso Marcus Quintus Sextus Titus und viele ältere, wie Ancus Faustus Gracchus Hostus Opiter Paullus Pompus Postumus Septimus Sertor Tullus Tutor Volero Volesus Vopiscus, den Samnitern gänzlich unbekannt geblieben sind. So dürfte der römische Name Gnaevus (Gnaivus auf den Scipioneninschriften) oder Gnaeus, oskisch Gnaevius (daher Naevius), Gneius gelautet haben.

2. Geschlechtsname.

Der zweite Name endigt bei den Samnitern wie bei den Römern constant auf ius und hat stets gentilicische Formation; 'vesulliais' scheint contrahirt aus

---

[72]) Cesula von caesius, γλαυκός: Antiquarum mulierum — praenomina — Rutilla Caesella Rodocella Murcula Burra a colore dicta (epit. de nomin.). Ob Kaeso der männliche Name dazu ist?

vesulliaiís = vesulliaeus, vgl. ʽmeliíssaiï[s]ʼ = Melissaeus. Eine abweichende Form ist ʽaadirans' (neben ʽaadíriis'), welche vergleichbar ist den römischen Formen auf anus, wie Norbanus u. a. m. Es scheint, dass während die Formen auf ius das Geschlecht bezeichnen (Marcius = Sohn oder Nachkomme eines Marcus), die auf anus den Ort der Herkunft angeben — so Norbanus ein Bürger von Norba, Vesiculanus in einer Inschrift von Teanum Sidicinum etwa von dem alten Vescia, Tebanus in Inschriften von Amiternum von sabin. teba = collis, Satanus in Asculum Picenum, Carfanus in Benevent u. a. m. So könnte ʽaadirans' = Atellanus sein, wenn man neben der Form ʽaderl' eine kürzere = Atra voraussetzen darf.

Da sonach die oskischen Pränomina und Nomina regelmässig dieselbe Endung haben, ist es begreiflich, dass der Unterschied zwischen beiden minder scharf hervortritt als bei den Römern; obgleich die Erblichkeit und die gentilicische Bedeutung des Nomen nach dem was wir über die Geschlechter der Blossier, Jubellier, Calavier, Magier, Minier, Pontier erfahren, keineswegs in Zweifel gezogen werden kann. Viele Pränomina sind zugleich auch Nomina, so Decius, Gellius, Magius, Numerius, Popidius, Statius, Stenius, Cerrinius, Herennius, Gavius, Trebius, Percennius, auch wohl Lucius und Ovius. Es kommt sogar vor, dass solche einem Vornamen gleichlautende Namen wie Vornamen abgekürzt werden (so Decius ʽde.' oder ʽdek').

3. Vatername und Cognomen.

Der Name des Vaters kann fehlen, so VIII. XXVIII. XXXII b. XXXIII. Münze 6 der Italiker; in förmlicheren Inschriften aber wird er nicht leicht vermisst. Dagegen ist das Erscheinen des Cognomen zufällig und ganz dem Vorkommen auf älteren römischen Inschriften analog; man vergleiche ʽaukil' ʽmutíl' ʽfiml' Brutulus — ʽklar..' ʽfrunter' Celer — ʽsverrunei' = Serroni? Taurea Atellanus Bassus. Die wenigen uns bekannten Sklavennamen sind ebenfalls blosse Cognomina: Manus — ʽsantia'.

Glossar[73].

'a' XXXI c., männlicher Vorname?
Sehr unsicherer Lesung und Deutung. Auli finden sich viele in Pompeji.

'aadiiefs' X. —?—

'aadirans' XXIV. }
'aadfriis' XXIX a. } nom. sg. 2. decl., männliches Nomen.

Gewiss von åter, ader s. unten 'aderl' und S. 223; = Atranus (Atellanus? S. 243) und Atrius. Vgl. die nolanische Inschrift (nach meiner Abschrift): *Atria V. f.* (wohl Vibii filia) *C. Trebio C. f. viro.*

'aamanaffed' XXI. XXII. XXV. 3. ps. sg. ind. perf. act.
Wechselt mit 'upsannam deded' XX. XXIV. XXVI. = faciendam dedit, locavit; es folgt 'prufatted' XX. XXI. XXIV. XXVI. Die etymologisch ermittelte Bedeutung ist vollenden machen, s. unten 'amnud', woraus 'aamanaffed' = âmnaffed entstanden ist. Peter S. 63 denkt an ad-probare (von manus = bonus), was nicht richtig sein kann, da ja 'prufatted' folgt; Avellino congh. sopra una iscr. Sann. p. 25 an am + annare, was eher amfannare geben würde und eine keineswegs natürliche Composition ist; Aufrecht S. 17 gar an aa umbr. aha und $\sqrt{MNA}$ = zudenken, dediciren. Ward denn das Gebäude erst dedicirt und dann approbirt?

'aapas' I. subst. fem. 1. decl. acc. pl.?
Die Bedeutung ist unsicher; vielleicht = aquas.

'aasaí' AG. a. 16. b. 19. } subst. fem. 1. decl. dat. sg.
'aasas' AG. b. 1. } acc. pl.

= ara. Varro rer. div. l. V. apud Macrob. Sat. 3, 2: aras primum asas dictas, quod esset necessarium a sacrificantibus eas teneri. ansis autem teneri solere vasa quis dubitet?

'abellanùs' A. 41. 46. }
'abellanùí' A. 3. } masc. 2. decl. nom. sg.
'abellanum' A. 44. } adi. dat. sg.
'[a]bellanam' A. 55. } gen. pl.
'abellan....' A. 6. } fem. 1. decl. acc. sg.

Eine andere Derivation von demselben Stamm ist Abellinum, Stadt der Hirpiner und auch wohl der Lucaner. Die Wurzel ist nicht klar, gewiss nicht

---

73) Wegen der Folge der Buchstaben und der Bedeutung der Abkürzungen und Schriftarten s. die Vorerinnerung S. 100.

mit Pott 1, 124. alb-; vielleicht ist das Diminutivsuffix la darin enthalten und der Stamm etwa aber oder aper, doch würde man dann nach Analogie von aderl das Unterlassen der Assimilation erwarten. Wahrscheinlicher ist mir die Ableitung von Apollo, der einer der gefeiertsten Götter der Samniter gewesen zu sein scheint (oben S. 142) und auf oskischen Inschriften 'αππελλουνηι' heisst (s. d.). Für die Erweichung von p in b liesse die Venus Bombeiana von Wandinschriften in Pompeji und viele ähnliche Beispiele bei Schneider lat. Gr. 1, 1, 224 sich anführen. Ein ferner Beleg ist der Apollokult in Abella, wovon die ungedruckte Inschrift zeugt, die ich dort abgeschrieben: AP. IVNIO. SILANO. P. SILIO. NERVA. COS. K. IANVAR. (d. i. 1. Jan. 28 n. Chr.) L. POPPAEVS. VRBANVS. APOLLINI. SIGNVM. SACR. SEDEMQ. DIKAVIT (Gud. 26, 5 ist falsch).

'aderl' oder 'ade' Münzen S. 200, nicht voll ausgeschriebener Stadtname.
Römisch Atella, mit dem Suffix lus la, das in Localnamen sich in einer dichten Gruppe in Campanien zwischen Capua und Salerno (Nov-la, Suessula, Fistli = Puteoli, Trebula, Saticula, Callicula, Compul-teria, Hercula-num mit zweitem Suffix, wohl auch Fulsulae) einzeln auch bei den Hirpinern (Aeclanum, Romulea, Furculae Caudinae) sich findet, sonst nicht in rein samnitischen Provinzen. — Dies Suffix hat sich das vorhergehende r in der lat. Form assimilirt wie puellus für puerlus, patella für paterla von patera. — Der Stamm ist ader = âter, schwarz (vgl. umbrisch adrir -alfir), also Schwarzstadt, wie Aternus (mit verkürztem Vokal) Schwarzbach, Atria am Po und in den Abruzzen Schwarzstadt, Atria das dunkle Meer. Vgl. 'aadfriis'.

'aeteis' B. 12. 18. 27. 34 (wo corrupt 'acteis' steht) subst. 2. (3.?) decl. gen. sg. = partis, in einer bekannten Formel. Es ist das tuskische itus, sabinisch und römisch îdus (Varro L. L. VI, 28), worin î aus ae entstanden wie in Achivi aus Ἀχαιοί, in occido, inquiro, existimo; so dass also dies aetus = Hälfte mit √ vid = trennen (vidua, di-videre) gar nichts gemein hat. Eher ist es mit aetas und aevum verwandt.

'avt' A. 23. 44. 54.⎫
'aut' B. 20.   ⎭, Partikel.

= at; vom Demonstrativstamm ava (Bopp vgl. Gr. §. 377), wovon auch 'auti' s. d.

'auti' B. 6. 11. 13. 24., Partikel.
= aut, welches Bopp §. 378 schon durch ein vorausgesetztes auti erklärt und auf den Demonstrativstamm ava zurückgeführt hat. Umbrisch lautet es ute oder ote. Die Vergleichung von 'avt' = at zeigt einmal, dass die oskische Sprache hier gegen ihre Gewohnheit (S. 213) den kurzen Schluss-

vokal festgehalten hat um zu differenziren, zweitens dass in 'auti' v wahrscheinlich consonantische Geltung hat.

'az' AG. a. 20., Präpos. mit dem Accusativ.

ante. Die Adverbialendung is, welche auch im lat. magis, potis, alis (in der altsabinischen Inschrift Orell. 2488. = aliter) neben den Neutralformen auf e wie que, forte, mage, pote, quinque, ante und den ablativischen auf d wie contrad antid erscheint, ist im Oskischen noch häufiger; so finden wir 'fortis', 'mais', 'pomtis' und hier in 'az' wahrscheinlich eine contrahirte Form von atis (wie 'hürz' aus hürteis, 'Mamers' aus Mamertis, Tiburs aus Tiburtis) vom skr. ati = ultra, das Pott 2, 315 sehr gut in āt-avus nachgewiesen hat und das wohl auch in at, und selbst mit Einsatz des n in ἄντι, ante zu Grunde liegt (vgl. Pott 2, 148 und umbrisch ate'ra = andersa, atentu = antentu). — Aehnliche Doppelformen auf is und e hat die alte Sprache noch mehr, so ἀμφίς neben ἀμφί, ambe (Pott 2, 14); (apis) abs neben (ape) ab, vielleicht obs, subs neben ob sub (Schneider lat. Gr. 2, 1, 498). Auch ἐξ ex neben ἐκ mag sich so erklären.

'ahvdiuni' XXX c. — ? —

'aîdi....' XXIII.
vielleicht aedilis oder aedific...

'aîkdafed' V. 3. ps. sg. ind. perf.
= aedificavit, aber wohl nicht Metathese für aîdfaked, sondern eher für aîdkafed = aedicavit, wenn man das Wort gestatten will.

'aiscen', s. 'asc'.

'aifineîs' X. — ? —

'akeneî' s. 'akun'.

'actud' B. 15. subst. 2. decl. abl. sg.
Dem Zusammenhang nach nicht = agito, sondern = actu, von einer Ackerfläche; an den actus im technischen Sinn ist indess nicht zu denken.

'akudunniad' Münzen von Aquilonia S. 201. subst. 1. decl. abl. sg.
Auf Münzen der Stadt Aquilonia, jetzt Lacedogna im Lande der Hirpiner; dass es nur eine Stadt dieses Namens gab, hat Giovenazzi Aveja p. XLIX sg. gezeigt. Die römische Form des Namens ist latinisirt; treuer als das gleichzeitige Nachbarvolk hat zweitausendjährige einheimische Ueberlieferung den Namen bewahrt. — Uebrigens wäre es auch möglich, dass die Münze nach Acherontia, jetzt Acerenza im nördlichen Lucanien gehört, in dessen Nähe ein Exemplar gefunden ist (Eckhel 1, 140); wegen osk. d = röm. r. vgl. LADINOD; wegen osk. nn aus nd nt S. 221.

'acum' s. 'aug-'.

'akun' XXX c. ⎫ subst. 2. decl. (?) abgekürzt.
'akenei' AG. a. 18. b. 21. ⎭ loc. sing.
acnua ist bei den Römern ein Flächenmass = 14400 □Fuss oder ein halbes Jugerum (Varro de r. r. I, 10. Columella 5, 1. Liber colon. p. 246 Lachm., wo agnua steht; ebenso durch sichere Conjectur bei Frontin. de limit. p. 30 L.); im liber colon. p. 245 scheint es auch als Längenmass von 4 Fuss vorzukommen, wenn die Lesart richtig ist. Dies oder jenes möchte ich in dem oskischen akunum (akunus), worin das inlautende u zu e abgeschwächt erscheint (S. 213), vermuthen, da in der Inschrift von Agnone die Bedeutung fundus zu passen scheint und in der pompejanischen ein Zahlwort folgt.

'alafaternum' Münzen von Nuceria S. 200, adi. masc. 2. decl. gen. pl.
Beiname der campanischen Nuceriner, Liv. 9, 41. ad Nuceriam Alfaternam (so der Med.; falaternam Par.), ebenso Diod. 19, 65 τὴν Νουκερίαν τὴν Ἀλφατέρναν καλουμένην und Plin. 3, 5 Alfaterni; alle mit Beseitigung der Dehnung. alf- ist ohne Zweifel das lat. albus, sab. alpus mit dem Wandel von f in b (vgl. auch Alfius); in aterna mögen drei Suffixe at-er-nus enthalten sein, wie in Amiternum etc.

'alifa' (nicht 'allifa', wie S. 105 Z. 4 v. u. steht) Münze 2 von Allifä S. 200, vermuthlich nicht voll ausgeschriebenes Ethnikon.

'allo' B. 22. adi. fem. 1. decl. nom. sg.
= olla (illa), das stammverwandt mit al-ter, al-ius scheint.

'altinům' XXIX e. subst. oder adi. 2. decl. nom. neutr.? (acc. masc.?). — ? —

'alttref' AG. a. 17. b. 21. ⎫ masc. 2. decl. loc. sg.
'altrei' B. 13. ⎪ 3.? - dat. -
'alttram' A. 53. ⎬ adi. fem. 1. acc.
'atrud' B. 24, schr. 'altrud' ⎪ masc. 2. abl.
'alttr...' A. 53. ⎭ —

= alter, mit dem Comparativsuffix tr-, das im Oskischen niemals in seiner jüngern Gestalt ter- erscheint (vgl. 'minstreis'). — 'alttreí püterepíd' auf der Tafel von Agnone ist vermuthlich Locativ; dagegen scheint B. 13. 'altrei' Dativ zu sein.

'*Alfius*', Nomen.
Marius Alfius, Meddix von Capua Liv. 23, 35, wo der Put. einmal Alfius, das andre Mal Alpius hat. Jene Lesart ist die richtige, da auf fünf Inschriften von Capua Alfii vorkommen. Der Stamm ist sab. alpus, lat. albus, osk. alfus, griech. ἀλφός; vgl. 'alafaternum'.

'amvianud' XXIX a. b. subst. masc. 2. decl. abl. sg.
etwa = ingressu, vgl. inviare und wegen des Suffixes 'tanginúd'.

'*amiricatud*' B. 22. adi. 2. decl. abl. sg.
non mercato, ohne Kauf. Vom a negat. und mercari mit der Dehnung (S. 222).

'*ammaf*' AG. a. 6. 23. b. 8. subst. fem. 1. decl. dat. sg.
= amnis (s. wegen der Etymologie '*amnúd*').

'*amnúd*' A. 17.
'*amnud*' B. 6. zweimal } subst. masc. oder neutr. 2. decl. abl. sg.
vgl. '...*amnur*...' B. 2.

Peter übersetzt *anno*, was aber durchaus in die Verbindung nicht passt, wenn gleich der etymologische Zusammenhang nicht geleugnet werden soll. Um wenigstens einigermassen die Bedeutung dieses Wortes, so wie der wie es scheint stammverwandten '*ammaf*' und '*aamanaffed*' zu erkennen, müssen wir die lateinischen Wörter annus, amna (Interamnae), amnis, omnis, sollemnis, anna perenna, perennis hinzuziehen, welche alle derselben Wurzel entsprossen scheinen. (Andre Ableitungen von amnis: Klausen Aeneas II, 721. A. 1327 von $\dot{\alpha}\mu\varphi\iota$; Pott 1, 109. 207. 2, 58 von skr. ap + ni = wasserführend.) Die einfachste Form scheint amnus, welches offenbar eine Participialbildung ist wie da-mnum = quod datur, vert-umnus = qui vertitur, von einem Stamme a-, den ich wiederfinde in dem griechischen $\ddot{\alpha}\sigma\alpha\iota$, $\ddot{\alpha}\alpha\tau\alpha\iota$ = sättigen. a-mnus ist also = gesättigt, voll, und davon kommen theils die konkreten Bedeutungen: = der volle (Fluss, im Gegensatz zum torrens, der zuweilen trocken liegt), römisch amnis oder amna (erkennbar in Inter-amna, Ant-emnae), oskisch gemildert zu '*ammaf*' (ähnlich wie '*dúnúmma*'= donamina, s. S. 221 und Pott 2, 54 über ähnliche Ausgleichungen in andern Sprachen). Ferner = das volle (Jahr, im Gegensatz der wechselnden Jahreszeiten, des vertumnus), römisch annus (nn aus mn, vgl. Pott 2, 54; ob etwa auch sannire von Samnis? und ob in amosio = annuo Paul. ep. p. 26 Müll. eine Spur des ursprünglichen m sich erhalten, etwa ammosius = amnosius?) Dagegen transenna und antenna möchte ich nicht hierherziehen, sondern an-tenna von $\dot{\alpha}\nu\dot{\alpha}$ (vgl. an-testari) und tendere (nd = nn wie '*úpsannam*'), trans-enna aus trans-tenna (mit unterdrücktem t wie pusula = pustula) als in der Höhe ausgespannt, quergespannt erklären. Neben diesen concreten Bedeutungen findet sich der ursprüngliche abstracte Gebrauch = plenus, am deutlichsten vielleicht in soll-emnis = totus plenus, allganz; ferner in omnis (mit dem Umlaut wie ollus aus dem oskischen '*allo*' entstanden ist) und auch wohl in in-ânis das doch besser erklärt wird durch nicht voll, als mit Pott 1, 273 von $\sqrt{}$ as = nicht seiend. Ein Zeitwort amnere würde also heissen = vollenden; das Causativ davon amnare = vollenden machen ist das oskische '*aamanaffed*'. Hieher gehört auch die Anna Perenna, d. h. eigentlich die Volle, ganz Volle (vgl. dea dia u. dgl.), zu der man betet ut annare perennareque liceat (Macrob. Sat. 1, 12), welche aber auch die Göttin des vollen ganz vollen Flusses ist, die verehrt wird in der Mitte des März zur Zeit der Hochwasser (Ovid. fast. 3, 652: Placidi sum nympha Numici; Amne perenne latens Anna Perenna vocor. Klausen Aen. II, 719). Peremnis oder perennis selbst hat diesen weniger abstrakten als in verschiedener Beziehung konkreten Begriff. — Kehren wir nun zu 'amnůd' zurück, so muss es Substantiv sein und dürfte, so schwierig es auch ist die Bedeutung dieses vielgefügigen Wortes zu fixiren, die Bedeutung causa (die Fülle als Grund, Ursache gedacht) der Ableitung und dem Zusammenhang angemessen sein in B. 6: 'mais egm[as ..]cas amnud pan pieis umbrateis auti cadeis amnud' = magis huius rei causa quam alicuius causa; und A. 17. 'pai teremenniù mù[iníkad] tanginùd prúf tuset r..... amnůd puv' = quae terminatio communi iussu recte obtinebit ex [iusta] causa aliqua.

'ampert' B. 12. 18, Partikel.
in einer bekannten römischen Formel an der Stelle von dumtaxat; vermuthlich von 'am' = in und 'pert' = usque, tenus, also eigentlich *in usque, eo tenus*.

'amprufid' B. 30, Adverb.
= improbe. Vgl. 'prúf'

'amfret' A. 32. 45. 3. ps. sg. praes. ind.
Die umbrischen Formen apr-etu oder ampr-ehtu, *ambr-etuto*, ampr-efuus (für ampr-efust), *ambr-efurent*, verglichen mit den einfachen Formen etu, etutu, *ifont* lassen keinen Zweifel, dass in diesen ito, itoto (verstärkt, wie ambite zu ambitote), ibunt, in jenen amb-ito, amb-itoto, amb-ibit, amb-ierint enthalten sind. Es scheint amfr- sich zu $\dot{\alpha}\mu\varphi\dot{\iota}$ zu verhalten wie $\dot{\upsilon}\pi\dot{\varepsilon}\varrho$, super zu $\dot{\upsilon}\pi\acute{o}$, sub; gern möchte ich eine comparativische Bildung hierin erkennen (so dass oben bezeichnet würde durch höher als unten) und die freilich mit anderm Suffix gebildeten Comparative extra, intra, contra, propter, praeter vergleichen. — Danach wäre 'amfr-et' = ambit, et regelmässig gebildet aus eo, vgl. umbr. etu und osk. 'eituns'. Der Zusammenhang bestätigt diese Uebersetzung durchaus.

'an' — Negativpartikel, in 'an-censto' (vgl. umbr. *hostatu, anhostatu*),
'am' —   in 'am-prufid',
' ' —   in 'a-miricatud',
'en' —   in 'en-traf'.
genau wie an- in Skr. und im Griechischen; lat. in-, deutsch *un-*.

'an', Präposition, erkennbar in 'anter' = inter (s. d.) und 'ampert'; vielleicht auch in 'am-vīanud' und '*manim-a-serum*'.

'en', Präposition B. 9. und postpositiv in 'censtom-en' B. 20.
'censtom-en' ist so erklärt nach einer feinen Vermuthung Schömanns de voc. medd. tut. not. 43.
'em' in 'embratur'
Dass die Präposition in dem Oskischen fast gänzlich fehlt (im Sanskrit fehlt sie völlig), erklärt sich aus der Existenz des Locativs. Dieser fehlt nur in der dritten, und so könnte möglicherweise A. 11. fin. vor 'slaagid' ein *in* gestanden haben.

'anafriss' AG. a. 10. b. 12. subst. masc. 3. decl. dat. pl.
Mit Beseitigung früherer Vermuthungen erkenne ich jetzt in 'anafriss' eine Dehnung aus anfriss und führe dies zurück auf 'amfret' = ambit, abgeschwächt zu anfret, von 'amfr' = ambi und 'et' = it. Dies Substantiv scheint ähnlich gebildet wie par-iet = die an der Seite gehende (Mauer) und scheint die um den Acker herumgehenden Grenzen zu bezeichnen.

'anget' B. 20. 3. ps. sg. ind. praes.
'angit' B. 2. 3. ps. sg. cj. praes.
'acum' B. 24. infin. praes.
= agit, aget. Angere verhält sich zu agere wie frangere, tangere, pangere zu den Wurzeln frag, tag, pag. Das lateinische ancus, ancilla stammt davon ab; auch angi ist nichts anderes, eigentlich = sich zu thun machen, ebenso vermuthlich axare, anxare. Die Städte Anxia in Lucanien (jetzt Anzi), Anxanum (die Einwohner Anxates, Stadt der Frentaner und gleichnamige der Marser, Bullett. dell' Inst. 1846 p. 180), der Jupiter Anxurus oder Axur in Terracina, das auch Anxur(um) hiess, vielleicht auch die römische Ageronia oder Angeronia (welche Namen allerdings identisch scheinen, von Ang-sa, Angesa, Angera, Angeronia) und die Angitia (oder Angitiae, auch deae Ancites auf drei abruzzesischen Inschriften Orell. 115. 1846. Mur. 114, 2, deren Aechtheit nicht zu bezweifeln), die angebliche marsische Medea, welche mit den Schlangen wohl nur durch etymologisches Spiel zusammengebracht ist, werden wahrscheinlich alle diesem reichen Stamme angehören.

'ancensto' B. 22 adi. fem. 1. decl. nom. sg.
= incensa; s. 'an' und 'censt-'.

'*Annia*', weibliches Nomen, s. 'pakis'.

'anter' A. 14. 54. AG. a. 5. b. 6. XXIX a. b. Präpos. mit dem Acc.
= inter, skr. antar; AG. a. 5. b. 6. in dem Compositum 'anter. statal', s. 'statal'.

'aphinis' XXIX e. — ? —

'*appellunei*' XXXIX. dat. sg. 3. decl.
= Apollini. Römisch Apellinem Paul. p. 22; Apolones (wohl acc. pl.) in der alten Inschrift Orell. 1433. — Vgl. Abella S. 245.

'*aragetud*' XV. XVI. subst. 2. decl. abl. sg.
= argento, mit Beseitigung der Dehnung (S. 222). Das Fehlen des n rechtfertigt sich durch die von Pott 2, 245 verglichene Form $\dot{\alpha}\varrho\gamma\eta\varsigma$, $\dot{\alpha}\varrho\gamma\tilde{\eta}\tau o\varsigma$, = $\dot{\alpha}\varrho\gamma o\varsigma$.

'*asc*' B. 20 (unsichere Lesart).

'*aiscen*' B. 25.
Der Zusammenhang fordert an beiden Stellen das pron. dem., an der ersten nom. sg. masc., an der zweiten gen. sg. fem. Doch ist die Lesart so ungewiss bei der ersten, dass ich nicht darauf zu bauen wage.

'*aserum*', s. '*manimaserum*'.

'*asta*'.
Varro de L. L. VII, 54.   . quae in Romulo Naevius appellat *asta* ab Oscis. So die Handschrift; die Ausg. quam für quae, allein mit Unrecht. Der vorhergehende Artikel über carēre schliesst mit quod in ea haeret neque est lana; worauf eine neue vielleicht plautinische Glosse folgte, die ausgefallen ist und bei deren Erklärung Varro dies oskische Wort mit anführte.

'*Atellanus*', Cognomen, s. Gnaevius.

'*αυϝυσκλι*', Münze 1 von Ausculum oder Asculum Apulum S. 201, abgekürzte Form des Ethnikon.
Wenn diese Lesung, wie es scheint, die richtige ist, so ist das Wort nicht griechisch, sondern epichorisch, da eine Aspiration in der Mitte des Worts im Griechischen kaum Analogien findet, wogegen das oskische '*καϝας*', 'ϝολλοϝωμ' ähnlich gebildet ist. Das Wort enthält eine Dehnung, wie cohors aus cors, vehemens aus vemens, Nahartes aus Nartes gebildet ist. Die einfache Form ist Ausclum oder Ausculum, eine bekannte Stadt an der Grenze der Apuler und Hirpiner (ager Ausculinus, liber colon. p. 210. 260 Lachm., sonst auch Asculum), von der es auch andere griechische Münzen giebt mit der Aufschrift AYCKΛIN.. oder AYCKΛA.

'*aukil*' XVIII, nom. sg. 2. decl., männliches Cognomen.
So viel ich mich erinnere, verglich schon Bergk passend den Namen des lucanischen Pythagoräers Ocellus, der in den Handschriften (s. Mullach Aristotelis de Melisso Xenophane et Gorgia dissertationes p. 177) sehr verschieden lautet: Ὤκελος, Ὤκελλος, Ὄκκελος, Ὄκελος Occejus d. i. Occelus. Die richtige dem oskischen Aucelus entsprechende Form wird Ὤκελος oder die davon kaum verschiedene Ὄκκελος sein. Mit

öculus hängt der Name nicht zusammen, theils wegen der Kürze des Vokals, theils weil die Diminutivendung lus im Oskischen meist ohne Bindevokal an den Stamm tritt. Die Formation ist ähnlich in 'mutîl'; vielleicht ist das Wort mit ὠκυς verwandt. Unzweifelhaft derselbe Name ist das seltene Pränomen der römischen Publilier Occius; s. Occius Publilius Eutycius Murat. 1326, 7. und zwei in den Magazinen des Vaticans von mir und Henzen gesehene Inschriften guter Schrift: DIS MANIB || OCCIO. PVBLILIO || HERACLAE || VIXIT ANNIS. XXXX und D M || OCCIO PVBLILIOTH || (so Henzens Abschrift) VIX ANN. LXXXX || DVLCISSIMAE MEMORIAE || EIVS LIBERTI FECER ET || PVBLILIAE IRENE CONIVGI.

'babbiis' XIII., nom. sg. 2. decl., männlicher Name.

'*Badius*' Name.

Badius Campanus Liv. 25, 18. Daraus konnte Bassus werden, wie Messus aus 'metiis'; s. S. 224.

'baíteís' X. —?—

'*Baudius*' oder '*Bantius*', Nomen, s. Lucius.

'*Bansae*' B. 19. (wo *sansae* steht) 23. 27. 30. subst. 1. decl. loc. sg.
'*bantins*' B. 19.   adi. 2. decl. nom. sg.
= Bantiae, Bantinus. Wegen der Bildung bau-sa statt Ban-tia s. S. 224.

'*Bassus*', Cognomen, s. Herennius. Vgl. Badius.

'*Blossius*' Nomen.

Cic. de lege agr. 2, 34. erwähnt die Blossier und Jubellier als capuanische adlige Geschlechter; Marius Blossius, Prätor von Capua kommt bei Liv. 23, 7. vor, die Blossier bei Liv. 27, 3. Dass nicht Blosius, wie die Hdschr. bei Liv. haben, sondern Blossius zu schreiben ist, beweisen die sehr alten capuanischen Inschriften Orell. 3793. und Daniele mon. Cap. p. 72 (M. Blossius M. l. Agato), beide auch von mir gesehen.

'βρατωμ' XXXVI. —?—

Vgl. 'embratur' und '*umbrateis*'.

'*Brettii*'.

Strabo VI, 2, 4: ὠνόμασται δὲ τὸ ἔθνος ὑπὸ Λευκανῶν· βρεττίους γὰρ καλοῦσι τοὺς ἀποστάτας· ἀπέστησαν δ', ὥς φασι, ποιμαίνοντες αὐτοῖς πρότερον, εἶθ' ὑπὸ ἀνέσεως ἐλευθεριάσαντες, ἡνίκα ἐπεστράτευσε Δίων Διονυσίῳ καὶ ἐξετάραξεν ἅπαντας πρὸς ἅπαντας. — Diod. XVI, 15. ἠθροίσθη περὶ τὴν Λευκανίαν πλῆθος ἀνθρώπων πανταχόθεν μιγάδων, πλείστων δὲ δούλων δραπετῶν — — κοινὴν πολιτείαν συνέθεντο καὶ προςαγορεύθησαν Βρέττιοι διὰ τὸ πλείστους εἶναι δούλους· κατὰ γὰρ τὴν τῶν ἐγχωρίων διάλεκτον οἱ δραπέται βρέττιοι προςηγορεύοντο. —

Dass Brettii die richtige Form ist, bestätigen die Volksmünzen dieser Nation; die römischen (sämmtlich nicht sehr alten) Inschriften haben meistens Brittii, die Schriftsteller Bruttii, so dass die Römer in diesem Worte den eigenthümlichen zwischen i und u schwankenden Laut gehabt zu haben scheinen.

'*Brutulus*', Cognomen.
Brutulus Papius Liv. 8, 39 (*Ρούτουλος* bei Zon. II, p. 39 Wolf).

'bùvaianúd' V., subst. 2. decl. abl. sg.
= Boviano (ai = i, vgl. 'pùmpaiians' = pompeianus). Ueber die Ableitung dieses Namens von dem Stier, der die Samniter führte, s. S. 173.

'gaaviis' XV. nom. sg. ⎫ männliches Präno-
'g.' XXXI a., Münzen der Italiker 3. 4. 6. 8. 9. 10. S. 202 ⎭ men und Nomen.
Vorname: C. Pontius Herennii filius (Liv. IX, 1. etc.) und 'g. paapi.
g. mutil', die berühmten samnitischen Anführer im caudinischen und im Socialkriege. Vgl. den Führer der Italiker C. Pontilius App. B. C. 1, 40. — Nomen in XV., vgl. die bei Trebius angeführte altlateinische Inschrift und die zu Statius angeführte Stelle aus Diodor. — Gàvius ist die ursprüngliche Form dieses Namens (wohl von gaudere, vgl. Juvius von iuvare), wozu Gà-i-us (Schneider lat. Gr. 2, 1, 63. Lachmann Ztschr. für gesch. Rechtsw. Bd. IX. S. 194) sich verhält wie Gnaeus zu Gnaevus.

γέλα.
Γέλα πόλις Σικελίας —.— καλεῖται δὲ ἀπὸ ποταμοῦ Γέλα· ὁ δὲ ποταμός, ὅτι πολλὴν πάχνην γεννᾷ· ταύτην γὰρ τῇ Ὀπικῶν φωνῇ καὶ Σικελῶν γέλαν λέγεσθαι Steph. Byz. s. v.

'*Gellius*', Pränomen und Nomen.
Nomen: *Statius Gellius* Liv. 9, 44 (die Hdschr. cellius); Pränomen: *Gellius Egnatius* Liv. 10, 18. 19. 21. 29. — beides Samniter, und so nennt Diodor auch jenen St. G. vielmehr *Gellius Gaius*. S. Statius.

'genetai' AG. a. 15. b. 18. subst. fem. 1. decl. dat. sg.
= Genètae (gebildet wie Monèta, Nodòtus, Matùta), Genitrici. Oben S. 137.

'*Gnaevius*', männlicher Vorname.
Cn. Magius Atellanus, Meddix von Capua im J. d. St. 540. Liv. 24, 19. Die ursprüngliche oskische Form ist wohl Gnaevius (vgl. 'gaaviis' = Gaius), woraus Naevius entstanden ist; die römische Form wird Gnaivus sein, wie die Scipioneninschriften haben. Die Ableitung von naevus = Muttermal ist klar.

'*Gutta*', Name.
Gutta von Capua, Anführer im Socialkrieg. App. B. C. 1, 90. Vgl. 'κοττειης'.

'*dalivum*'
supinum ait esse Aurelius, Aelius stultum. Oscorum quoque lingua significat insanum. Santra vero dici putat ipsum quem Graeci δείλαιον, id est propter cuius fatuitatem quis misereri debeat. Paul cp. p. 68 und dazu Müller: *dalivum* Mon. ut in ed. vet. et vg.; *dalivium* Lind. e cett. codd. ut videtur. Glossar. Labb.: *daunum, ἄφρονα*, ubi Scal. *dalivum* reposuit. Hesych. *δαλίς, μωρός*.

'*dat*' B. 6. 8. 9. 10. } 3. ps. sg. ind. (cj. ?) praes.
'*deded*' XX. XXIV zweimal. XXVI. } 3. ps. sg. ind. perf.
jenes = dat oder det (? S. 236), dieses = dedit.

'*degetasis*' XVI. } nom. sg.
'*deketasiùí*' A. 5. } adi. masc. 2. decl. dat. sg.
'*degetasiùs*' XV. } nom. pl.
zusammengesetzt aus der Endung asius ('vereh-asiùí', 'pur-asiaí' 'fluus-asiaís'; Taur-asia, Stadt der Hirpiner; Leb-asius sabinisch; lat. -arius) und dem Stamme deket — d. i. dicitare oder dictare. Es findet sich als Bezeichnung eines nolanischen Magistrats, der ex argento multaticio Weihgeschenke setzt und der dem Quästor von Abella gegenüber steht; es scheint dies also nicht der summus mag. gewesen zu sein, sondern eher etwa ein Aedil, qui multam dictat. Dictator ist der Ableitung nach dasselbe, aber verschieden bezogen. Vgl. auch S. 178.

'*degvinum*' Münze 2 von Nuceria S. 200, wahrscheinlich adi. masc. 2. decl. gen. pl.
Appositiv zu 'nuvkrinum', vgl. '[s]arasne[m]' Bedeutung und Ableitung sind gleich unklar; man sieht nicht einmal, ob damit das Volk (ἔθνος Polyb. 3, 91) der Nuceriner überhaupt oder etwa nur eine Tribus derselben gemeint ist. Wenn Iguvium (iiovina = ikuvina) mit Recht, wie ich glaube, von Pott 2, 200 auf Jovis zurückgeführt ist = Διὸς πόλις (vgl. über den Tempel des apenninischen Jovis in der Nähe Cluver. p. 626 und wegen der Formation Mamertium, Abellinum), so könnte Degvium oder Diguvium dasselbe Wort sein, das hier d am Anfang conservirt hätte.

'ded-' s. '*dat*'.

'*deivaí*' AG. a. 15. b. 18. subst. fem. 1. decl. dat. sg.
= divae, deae.

'*deiuaid*' B. 11. } cj. praes. 3. ps. sg.
'*deiuast*' B. 3. } ind. fut. 3. ps. sg.
'*deiuatuns*' B. 9. } ind. perf. 3. ps. pl.
'*deiuatud*' B. 5. } part. perf. pass. masc. abl. sing.
Die Bedeutung ist keineswegs klar, an dividere etymologisch gewiss nicht zu

denken. Etymologisch liegt am nächsten entweder divus (s. 'deivaí'), also = deum oder allenfalls divinum facere, sacrare, was durchaus nicht in den Zusammenhang passt; oder dives, welches selbst gewiss ebenso wie iuvare von divus abstammt (ursprünglich wohl dioves und diovare, nachher verschieden gestaltet); so dass divare wäre = iuvare, locupletare. Dies kann richtig sein; doch ist der Zusammenhang viel zu unklar, als dass eine sichere Entscheidung möglich wäre. B. 9 scheint es construirt zu werden mit dem Dativ: divare alicui.

'deicans' B. 9. } 3. ps. pl. ind. perf.
'dicust' B. 14. } 3. ps. sg. ind. fut. exact.
'deicum' B. 10. } infin. praes.
= dixerunt, dixerit, dicere.

'deketas-' s. 'degetas-'.

'dek.' XXVIII c. }
'de.' IV.   } männlicher Vorname und Name.
'd.' VI. (zweimal) }

Als Vorname XXVIII. VI. (wo indess bei dem ersten d. nicht sicher ist, ob es zu einem Namen gehört, für das zweite auch allenfalls g. gelesen werden kann); der Campaner *Decius Magius* Liv. 23, 7. Vell. II, 16.; *Decius Jubellius* aus Capua (s. *Jubellius*). — Als Geschlechtsname IV, obwohl es auch hier abgekürzt ist. — Cäsars orat. pro Decio Samnite: Tacit. dial. de orat. 21.

'*Decimius*', Nomen.
s. 'niumsis' und vgl. den $\Delta έκμος$ $Είος$ $Παπίου$ bei 'pakis', wo $\Delta έκμος$ Pränomen zu sein scheint.

'dekmanniúís' AG. b. 23. subst. masc. 2. decl. abl. pl.
= decimanis mit verdoppeltem n in Folge des Accents wie Porsenna aus Porsena (S. 221).

'didest' B. 16. 3. ps. sing. ind. fut. 1.
= dedet, von dedere, nicht von dare.

'dicust' s. 'deic-'.

'iúveis' II.   } gen. sg.
'diúvei' AG. a. 11. 12. b. 14. 15. } subst. masc. 3. decl. dat.
'διουϜει' XXXVII.   }

= Iovis, Iovi. Auch eine altlateinische Inschrift Bullett. dell' Inst. 1846. p. 90 hat **DIOVE** für Jovi.

'diumpaís' AG. a. 7. b. 9. subst. fem. 1. decl. dat. pl.

= Iumphis, mit der den Lateinern so gewöhnlichen Verwandlung von d in l: Ὀδυσσεύς = Ulixes, δακρυ, dacruma (Liv. Andron., Paul. p. 68 Müll.) = lacrima u. s. f. (Schneider lat. Gr. 1, 1, S. 255). Auf einer Inschrift vom J. 5 v. Chr. Murat. 298, 1. haben die guten Abschriften LVMPHEIS. DIANae REDVCIS. SACRum, und so sollte man jedenfalls dies nicht aus dem Griechischen recipirte Wort schreiben. Es hängt gewiss mit limpidus (von luo, wie rumpo von ruo?) zusammen und hat, wie nun auch die oskische Form zeigt, die Aspiration ursprünglich nicht gehabt; nur der Anklang an Nymphae mag diese veranlasst haben.

'diupibús' XXXIc., nom. sg., männliches Nomen, sehr unsicherer Lesung.

'dolom' B. 5. 14.
'dolum' B. 21.
'dolud' B. 11. (wo irrig 'docud') 20.   } subst. 2. decl.   abl.
= dolum, dolo.

'dunúmma' subst. neutr. 2. decl. acc. pl.

= donaria, eigentlich donamina mit dem Participialsuffix mnum, gemildert in mmum, s. oben S. 221.

'egmo' B. 4.   nom. sg.
'egmad' B. 10.   } subst. fem. 1. decl.   abl. sg.
'egmazum' B. 24.   gen. pl.
'egm....' B. 5.   —

eg-mo enthält das Suffix ma, wie flam-ma von φλεγ-, spù-ma von spuere, strūma von struere, vgl. Pott 2, 593; und den Stamm, der in egēre im Lateinischen erscheint, welches Wort wie patēre offen sein ein patēre offen machen, so ein Wort egēre = bedürftig machen voraussetzt. Hienach wäre egmo das Bedürfniss; in den Zusammenhang scheint res zu passen.

'Egnatius', männliches Nomen, s. 'Gellius', 'Marius', 'Stenius'.

'eestínt' s. 'sta-'.

'evklúí' AG. a. 3. 25. b. 4. subst. masc. 2. decl. dat. sg.
= Heboni, Libero (S. 133).

'ehtrad' A. 14. 31. 52. Präpos. mit dem Acc. (31. adverbial).
= extra oder eigentlich ectra, mit Verwandlung des Gutturalen in die Aspirata. Vgl. exstrad SC. de Bacch. 16.

'eís-'
'eiz-'   } s. 'iz-ic'.

'cituas' B. 13. 18. 27. gen. sg.
'eītiuvam' XXIV. acc.
'cituam' B. 19. } subst. fem. 1. decl.
'eītiuvad' XXIV. abl.
'cituas' B. 9. 13. acc. pl.
'eītiv.' IV. abgekürzt.

Der Zusammenhang lässt nicht zweifeln an der Bedeutung = pecunia, die schon Avellino richtig erkannt hat; das ganze Vermögen bezeichnet es in der tab. Bantina, ähnlich wie pecunia im Lateinischen. Die vollste Form ist 'eītiuv-', wofür mit ausgestossenem u auch 'eītiv-' vorkommt; ob 'eitu-' zu lesen ist eitv- und also verkürzt ist aus 'eītiv-' oder eitu und aus 'eītiuv-' durch Ausstossen des v entstanden, ist ungewiss. Doch ist letzteres wahrscheinlicher, weil die Consonanten tv sonst nicht neben einander vorkommen. — Das Etymon des Wortes ist bis jetzt noch nicht gefunden. Eine Ableitung von dem Pronominalstamm ta tva = die so viele, die Summe, versucht Peter A. L. Z. 1842. 2. Sp. 58.

'eītuns' XXIX a. } verb. 3. ps. pl. ind. praes.
'eīt.' XXIX b. abgekürzt.

wahrscheinlich = eunt, nicht von ire (wovon 'et' = it, s. 'amfret'), sondern von einer verstärkten Form, etwa itere, itunt (wovon itare, iter cet.)

'ek-' s. 'iz-ic'.

'ekkum' A. 27. 41. Partikel.
= item. Die Bedeutung ist ziemlich gesichert theils durch die Stellung des Worts zu Anfang der Paragraphen, theils durch die Ableitung von dem Demonstrativpronomen ek und dem assimilirten Suffix dum, welches auch in 'is-í-dum' erscheint. — Peter Sp. 61 vergleicht ecce, was indess mit ekkum wohl nicht näher zusammenhängt als mit jeder aus dem Pron. demonstr. ek- abgeleiteten Form.

'embratur' Münze 6. 9. der Italiker, S. 202, subst. nom. sing. 3. decl.
= imperator.

'en' s. an-.

'entraí' AG. a. 8. b. 10. adi. fem. 1. decl. dat. sg.
wohl = immotae, von 'en' = in und dem altlateinischen truare = movere (Paul. p. 9. Müll., davon andruare, antroare, redantruare Fest. s. v. p. 270, trua, trulla; tra in intra intrare, extra, contra gehört nicht dazu, sondern ist das Comparativsuffix), als Particip. Perf. Pass. ohne t, s. oben S. 239. Der Stellung und der Natur des vorhergehenden Wortes nach kann 'entraí' nicht wohl Substantiv sein.

'Epidius', der Flussgott des Sarnus. Suet. de clar. rhet. 4. Hic Epidius ortum se ab Epidio Nucerino praedicabat, quem ferunt olim praecipitatum in fontem fluminis Sarni paullo post cum cornibus extitisse ac statim non comparuisse in numeroque deorum habitum. Für Nucerino hat die vulg. Nunciono (ed. Gronov. Nuncione), Vossius Codex vgl. über diesen Burm. zu Suet. de cl. rh. 2) Nuncino, woraus Vossius mit Recht Nucerino gemacht hat. Die Lesart der pontanischen Handschrift a C. Epidio Mancino (nach Tross und Ritschl parerga 1. p. 6. 11) ist offenbar interpolirt aus ab epidio nuncino, wie Vossius las; wie könnte ein Flussgott C. Epidius Mancinus heissen! Als Geschlechtsname ist Epidius in Campanien häufig; als Vorname scheint er vorzukommen auf der alten pompejanischen Inschrift, die S. 180 angeführt ist: V. POPIDIVS. EP. F Vgl. auch 'touto'.

s. 'izic'

'estud', s. 'sum'

'etanto' B. 11. 26. adi. fem. 1. decl. nom. sg.
— tanta, was schon Klenze aufgestellt hat. Das Bedenken wegen des vorgeschlagenen e erledigt sich durch eine Bemerkung, die Hr. Dr. Kirchhoff mir mitgetheilt hat, dass nämlich Ig. V. b. 3 sq. 'panta-etantu' als Correlata stehen; und in der That ist die Bedeutung sehr angemessen, da auf die Worte 'molto etanto estud' = multa tanta esto stets die Angabe einer bestimmten Strafsumme folgt. Es scheint dies demnach ein sicheres Beispiel dafür, dass im Anlaut e vorgeschlagen ward; wonach denn auch über die streitigen Formen enos, ecastor u. dgl. zu bestimmen sein dürfte (Pott 2, 169).

'ualaemom' B. 10. wahrscheinlich subst. 2. decl. acc. sg. oder neutr. nom.
Vielleicht = Gülte, von valere oder valare, mit dem Suffix ιμος, wie γνώριμος.

'vezkeí' AG. a. 2. b. 3. subst. 3. decl. dat. sg.
Name einer unbekannten Gottheit. Oben S. 132.

'Fει' Münzen von Vibo S. 201, abgekürzte wahrscheinlich oskische Form.

'veia' s. 'viu'

'vereias' I.   } subst. fem. 1. decl. gen. sg.
'vereiiaí' XXIV. }   dat. sg.

'verehasiúí' AG. a. 11. b. 14. (hier irrig -siú). adi. masc. 2. decl. dat. sg.
Die Bedeutung des Substantivs verei- oder vereh- = Gemeinwesen ist gesichert durch den Zusammenhang; in I. steht es von dem lucanatischen, in XXIV. von dem pompejanischen, und damit man nicht etwa an ein Collegium denke (was ohnehin sich nicht schlechtweg als pompejanisches etc.

bezeichnen würde), sehen wir dass der Quästor von Pompeji das der Vereia legirte nach dem Beschluss der Bürgerversammlung (conventus) verwendet. — Der Stamm ist viri, wovon viria, die Männerschaft, auch im Lat. in cent-ŭria, dec-ŭria, cŭria = co-viria (Pott 2, 493) erscheint. Das Adjektiv verhält sich zum Substantiv wie colonarius (von colonus) zu colonia: 'vere-ias' 'verei-iaí' neben 'verch-asiúí'. — Dass von diesem Worte das Epitheton des Jovis hergenommen wird, ist sehr natürlich, es ist der Jovis ja der höchste Gott der Stadt und der Bürger, eigentlich ihr Genius, und wenn Jovis publicus nicht gesagt wird, so ist doch die Vorstellung vom Jupiter optimus maximus eben diese.

'verna. 'XXVII.
Dass verna auch sabinisch war, kann man aus Fest. s. v. p. 372 schliessen.

'ver‖sarînu' XXIX a.
'verusarinu' XXIX b.   } subst. 2. decl. acc. sg. ?

'verusa-' scheint eine vocalisirte Form von versa-. 'versarînu' muss eine Localität in Pompeji sein, wobei wohl nicht an den Sarnus zu denken, sondern vielleicht = deversorium, Wirthshaus.

'Fεϱσοϱει' XXXVII. subst. masc. 3. decl. dat. sg.
= versori, τϱοπαίῳ.

'vesi' XVII. Mannsname, vielleicht defekt.

'Vestia', weibliches Pränomen.
Vestia Oppia Atellana Capuae habitans Liv. 26, 33; Vestia Opidia Val. Max. 5, 2, 1 (die Hdschr. oppida; oppidia und oppia scheinen Correcturen).

'vestirikiíuí' A. 1. dat. sg. 2. decl., Mannsname.
= Vestricicius, verlängert aus Vestius (s. d.) mit doppeltem Suffix, vgl. z. B. Fabricius aus Fabrius, Aurunculeius aus Auruncus.

'vesullials' V, nom. sg. 2. decl., männliches Nomen.
etwa Vesulliaus oder Vesulliacus (S. 229).

'v.' XX zweimal. XXI zweimal. XXIV dreimal. XXIX a. b. } männlicher Vor-
'Vibius'   } name.
Vibius Accuaeus, Päligner (Liv. 25, 14; vgl. den Päligner L. Accaus Mur. 631, 1. C. Accavus Mur. 665, 2. Acca L. f. Prima Don. 1, 23.); Vibius, Bruttier, Liv. 27, 15. (*Put.* vivius, s. Alschefski zu 10, 38); ⊏IBI auf einer Münze von Laos (Bull. Nap. 1. p. 131. tav. VIII, 14) beweisen, dass dieser Vorname auch in Süditalien gebräuchlich war, vgl. auch die alte pompejanische Inschrift, die S. 180 angeführt ist: V. Popidius Ep. f. Doch mangelt bis jetzt ein ganz sicheres Beispiel eines Samniters dieses Namens; denn pälignische und bruttische Namen genügen nicht völlig. Vgl. Jubius.

Zahlreiche Beispiele dieses übrigens durch ganz Italien häufigen Vornamens sind gesammelt von Borghesi nuovi framm. de' fasti cons. 1, 81. und von Henzen im Bull. dell' Inst. 1844. p. 162. Auch die Münze mit Vibius Norbanus Borghesi oss. num. X, 10. gehört hieher; Vibius ist nicht mit Borghesi als Geschlechtsname zu fassen. — Als Familienname ist derselbe Name ungemein häufig, vor allem in samnitischen Gegenden, z. B. in Pompeji, wovon Guarini comm. XVI. die Vibii zusammengestellt hat. — Wie der Name in oskischer Sprache lautete, wissen wir nicht; vielleicht Vifius, vgl. die kleine Inschrift aus Teramo bei Delfico Interamnia Pretuzia p. 137: L. Vifius C. f. Ocella.

'vifnikiís' XXIV, nom. sg., männliches Nomen.
= Vinicius.

'uincter' B. 21. verb. 3. ps. sg. ind. praes. pass.
= vincitur.

'*Virius*', Nomen, s. '*Jubius*'
Die Form wird bestätigt durch den folgenden Namen.

'Fιρινεις' XXXIV., 2. decl. gen. sg.?, Name.
Name eines einnamigen Mannes, etwa Virinus.

'víteliú' Münzen aus dem Bundesgenossenkriege, S. 201, nom. sing. 1. decl.
= ITALIA, was die lateinischen Münzen der Bundesgenossen haben; Name der Hauptstadt und zugleich der Schutzgottheit der Italiker, wie ROMA auf den römischen Münzen. Corfinium wurde im Socialkriege Italia (so Diod. L. XXXVII. exc. Phot. p. 539.) oder Italica (Strab. V, 4, 2. p. 383. Kram. Vell. II, 16.) umgenannt.

'*veia*'
apud Oscos dicebatur plaustrum, unde *veiari* stipites in plaustro et vectura veiatura. Paul. p. 368 Müll.

'víú' A. 56. XXIII.⎫   nom. sg.
'víaí' A. 57.   ⎬ subst. fem. 1. decl. loc. -
'víam' A. 33.   ⎭   acc.

= via. Vgl. noch 'amvíanud'. Hier sieht man recht deutlich, dass í wie ei gesprochen ward, denn dass Paulus dasselbe Wort wenn gleich in andrer Bedeutung anführt (eigentlich = Fuhre, von vehere, bald als Fuhrwerk, bald als Fuhrweg), ist wohl klar.

·Foλλοϝωμ' XXXVI. —?—

'*vorsus*'
das nationale Ackermass der Osker und Umbrer, von 100 Fuss ins Geviert, entsprechend dem griechischen Plethron; entgegengesetzt dem römischen

und tuskischen actus von 120 Fuss ins Geviert. — Frontin. de limit. p. 30 Lachm.: Primum agri modum fecerunt quattuor limitibus clausum, plerumque centenum pedum in utraque parte (quod Graeci plethron appellant, Osci et Umbri vorsum), nostri centenum et vicenum in utraque parte. — Hygin. de condic. agr. p. 121 (nach dem Gud.): Hoc quoque non praetermittam, quod plerisque locis inveni, ut modum agri non iugerum, sed aliquo (alio quo?) nomine appellarent, ut puta in Campania (Dalmatia *cod. B.*) versus appellant (vgl. Varro de r. r. 1, 10: in Campania metiuntur versibus); idem versus habet p. $\overline{VIII}$DCXL, ita iugero sunt versus numero III??. Ego autem quotiens egeram mensuram, ita renuntiabam: IVGERA TOT, VERSVS TOT, ut si forte controversia esset versum habere pedes $\overline{VIII}$DCXL, in iugeribus tamen fides constaret. Ein Jugerum ist also = $3\frac{1}{5}$ Vorsus, der Vorsus selbst = 8640 römische Quadratfuss, so dass die Seite fast 93 röm. Fuss lang war ($93 \times 93 = 8649$). Entsprächen diese wirklich 100 oskischen Fuss — und auch nach Varro a. a. O. hat der Versus 100 Fuss im Quadrat — so wäre der oskische Fuss um $\frac{7}{100}$ kleiner gewesen als der römische; was um so weniger wahrscheinlich ist, als auch der griechische Fuss nicht kleiner, sondern grösser war als der römische (25 röm. Fuss = 24 griech.). Wahrscheinlich ist daher der Vorsus von 8640 röm. $\square$F. nicht der ursprüngliche, sondern dem römischen Jugerum angepasst.

' VII. Nota eines männlichen Pränomen.
vielleicht von '*Seppius*' (s. d.) oder '*Salvius*', vgl. die beneventaner Inschrift bei Garrucci mon. Lig. Baeb. p. 26: Sal. Curtio L. f. Stel. leg. XXX. et Curtiae uxori. Curtia Sal. f. Polla vixit ann. XII.

'helrennis' XV.
'hereni' XXIX f. (unsicher) } männlicher Vor- und Geschlechtsname.
'helrenem' III. (unsicher)

Vorname: Herennius Pontius, Vater des Gaius Pontius, Samniter Liv. IX, 3. (C. Pontius heisst er bei Cic. Cato mai. 12); Minius et Herennius Cerrinii Liv. 39, 13. — Geschlechtsname auf den angeführten Inschriften und vielleicht in Herennius Bassus aus Nola Liv. 23, 43. — Wahrscheinlich von herest = volet, etwa exoptatus, Volero.

'helvi . . . .' XXVII. zweimal, Name?

'hereklels' A. 11. 24. 30. 32. } gen. sg.
'Ϝερεκλεις' XXXV. } subst. masc. 2. decl. -
'hereklúí' AG. a. 13. b. 16. } dat. sg.

Vgl. Herculanum in Campanien. — Der Herakles hiess also bei den Samnitern nicht Hercles, sondern Hereclus oder nach Beseitigung der Dehnung

Herclus, mit der meist diminutiven Endung lus, die eigenthümlich italisch ist und wie S. 245 bemerkt namentlich in campanischen Städtenamen ungemein häufig erscheint. — Wenn nun schon die directe Entlehnung des römischen Hercules, des nationalsten aller italischen Götter, von dem griechischen Heroen Herakles befremdlich ist, so ist diese für den samnitischen Herclus noch weit bedenklicher. Dies Wort lässt sich vollständig erklären aus dem alten hercere == ἔρκειν, ausschliessen, separiren; der Herclus ist der Ausschliesser des Fremden und Störenden aus unserem Eigen, also ein custos domesticus, eine Art Ζεὺς ἑρκεῖος. Von diesem Ausgangspunkt wird sich der mythologische Begriff des italischen Herclus besser entwickeln lassen als wenn man von dem griechischen Heroen ausgeht. So könnte auch Herculanum nicht von Hercules, sondern direkt von hercere herkommen, wie Saepinum doch gewiss == septum ist.

'herentateís' XVIII.
'herentateí' XVIII.   } subst. fem. 3. decl. dat. sg.
'her.' VII.

gen. sg.

Die Bedeutung dieses Götternamens wird fixirt durch das Epitheton 'herukinaí', offenbar Erycinae; also ist die Herentatis die oskische Venus. 'herentateís' stammt vermuthlich von 'herest' = volet (s. d.) und ist also Uebersetzung des lateinischen Volupia, mit derselben Endung wie voluntas. Herius und Herennius, zwei bei den Samnitern sehr beliebte Namen, stammen davon her. Ob die etruskische Venus, die turan (davon benannt die Toranii), auch zu diesem Stamme gehöre — wofür man turms = Hermes und allenfalls Serv. ad Aen. 8, 330 (amabant maiores ubi aspiratio erat ☉ ponere) anführen kann — weiss ich nicht. Dass die sabinische Era, die Heries Junonis und Heres Martea (s. darüber nachher) hieher gehöre, ist mehr als zweifelhaft; mag auch die Wurzel dieselbe sein, so ist doch die Anwendung und Bedeutung wesentlich verschieden von der Voluntas oder Volupia.

'herest' B. 12. 18. 24. 26. 3. ps. sg. indic. fut.
== volet. Vgl. umbrisch heris — heris oder heriei — heriei (das mit ute wechselt; vgl. Ig. Ib. 24. mit VII a. 3.) = vel — vel. Vielleicht ist das Wort dasselbe, da die Uebergänge h — v, r — l nicht unmöglich sind.

'Herius', männlicher Vorname.
Herius Pettius aus Nola, Liv. 23, 43., auch bei den Marrucinern üblich (Herius Asinius Liv. ep. LXXIII. Vell. II, 16. App. B. C. 1, 40.) und in Latium (Orell. 2417 = Fabrett. 27, LV.)

'herukinaí' XVIII. adi. fem. 1. decl. dat. sg.
== Erycinae. Das h vertritt bekanntlich im Lateinischen, namentlich in der Vulgärsprache, nicht selten den Spiritus lenis, s. Schneider lat. Gr. 1, 1,

191 und was dies Wort anbetrifft, den alten campanischen Ziegel (oben S. 142) **VENERVS. HERVC.** — Dass die etruskische Inschrift von Orvieto Lanzi n. 199 (vgl. oben S. 18): mi veneluf vinucenaſ (vgl. n. 190 mi veneluf p) gleichbedeutend sei mit unsrem oskischen 'herentateís sum' (wo denn vinucenas eine ganz irreguläre Corruption wäre wie Catamita = Ganymedes), wird dadurch zweifelhaft, dass nach Amaduzzi (alph. vet. Etrusc. in Passeri's pict. Etr. T. III. p. LXXXIII) diese Inschrift 1772 in einem Grabgewölbe gefunden ward.

'hipid' B. 8. 14. 17.⎫   3. ps. sing. cj. praes.
'hafiert' B. 8. ⎬ verb. 3. ps. sing. ind. fut. 1.
'hipust' B. 11. ⎭   3. ps. sing. ind. fut. exact.
= habeat, habebit, habuerit.

'hirpus' oder 'irpus'.
    Paul. p. 106. Irpini appellati nomine lupi, quem irpum dicunt Samnites; eum enim ducem secuti agros occupavere. — Strabo V, 4, 12: ἑξῆς δ' εἰσὶν Ἱρπῖνοι καὐτοὶ Σαυνῖται· τοὔνομα δ' ἔσχον ἀπὸ τοῦ ἡγησαμένου λύκου τῆς ἀποικίας· ἵρπον γὰρ καλοῦσιν οἱ Σαυνῖται τὸν λύκον. — Wenn Serv. ad Aen. XI, 785 bei Erklärung der (faliskischen?) Hirpi Sorani sagt: nam lupi Sabinorum lingua hirpi vocantur — so dürfte er hier die generelle Bezeichnung an die Stelle der speciellen gesetzt haben, ähnlich wie bei 'herna' — hirpus = hircus s. S. 223.

'hùrz' subst. 2. decl. nom. sg. AG. b. 23.
'hùrtùl' subst. 2. decl. dat. sg. AG. b. 2. und daraus durch Krasis mit
  'hùrtín' AG. a. 1.
'hùrtùm' subst. 2. decl. acc. sg. AG. a. 20.
  = villa, als Gott = Silvanus (S. 131).
'hùrtiis' VII., nom. sg. 2. decl., männliches Nomen.
  = Hortius, von 'hùrz' = 'Silvanus'. Vgl. Hortionius auf der alten capuaner Inschrift Gud. 73, 9 (nach meiner Abschrift).
'Id-' — s. 'iz-'.
'ieĩs' Goldmünze der Italiker S. 202, nom. sg. 2. decl., männliches Nomen.
  etwa = Iegius, welcher Name auf einer Inschrift von Amiternum (Giovenazzi Aveja p. CXXIV richtiger als Murat. 80, 7) und einigen römischen vorkommt, oder Heius, vgl. ΔΕΚΜΟΣ ΕΙΟΣ ΠΑΚΙΟΥ (s. Pacius) und den L. Heioleius auf der alten campanischen Inschrift Grut. 59, 8.
'ivdalleosii' XXXIa., männliches Nomen.
  Die Form ist corrupt, die Lesung zweifelhaft.
'Ilv' X. —?—

'íním' A. 3. 6. 7. 12. 18. 20. 37. 39. 43. 51. 55.
'εινειμ' XXXIX.
'inim' B. 6.
'in. ei'? B. 22.
'ínt' XXIX b.
'iní' XXIX a.
'ín': AG. a. 1. 'húrtín'; AG. a. 2. 'kerríín', beide Male in der Krasis.
'in' B. 12. 15. 16. 19. 21. 22. 26. 28. zweimal.
'ειν' XXXVI.
} Partikel.

Die Bedeutung ist et; für den Gebrauch ist bemerkenswerth, dass der C. A. 'ín' nicht kennt, dies dagegen auf den übrigen Inschriften vorwaltet. 'ínim' und 'ín' scheinen sich zu verhalten wie atque und que, jenes ist nicht die ältere, sondern die stärkere Form, dieses die schwächere und daher allein der Enklisis fähige. Da die Copula gern durch ein Doppelwort bezeichnet wird wie τὲ καὶ, at -que, so könnte auch 'ínim' eine reduplicirte Form sein, entstanden etwa aus dem Acc. Sing. von is *im* (vgl. inter-im), wogegen 'ín' die einfache wäre, mit abgeschwächtem m wie in 'pon' und 'pan'. Jedenfalls ist das lat. enim dasselbe Wort, worüber zu vgl. Pott 2, 151. 247.

'inom' B. 16., wohl acc. sg. 2. decl. oder Partikel. —?—

'íp' s. *iz-*.

'irpus' s. 'hirpus'

'ísídum' XXIV.
'ísídu' XXI.
'ísídu' XX.
} nom. sg. masc.

= idem. Dass man lange Zeit hierin die Isis gesucht hat und sogar die porta d'Iside in Pompeji von einer dieser Inschriften den Namen trägt, bedarf nur der Erwähnung, obwohl noch Peter S. 44 diese Erklärung angenommen und zu rechtfertigen versucht hat. Offenbar richtig hat Guarini (Fasti p. 23. 29.) 'ísídum prufatted' übersetzt = idem probavit; es ist gebildet von 'ís' und 'dum' (vgl. 'ekkum', 'pídum').

'ízíc' B. 1. 7. 14. 29. 30. nom. sing. masc.
= is.

'íúk' A. 37. 42.
'ioc' B. 4. (unsichere Lesung)
} nom. sing. fem.

= ea. Dieselbe Form auch wohl nom. acc. sing. neutr.

'ídík' A. 17. 18.
'idic' B. 6. 9. 30.
'ioc' B. 5.
} nom. acc. sing. neutr.

= id. In der Verbindung 'ioc comono' kann 'ioc' wohl nur als acc. sing. neutr. gefasst werden, entstanden aus iode; dc vertragen sich nicht (S. 218).

'in' A. 34.
'*ionc*' B. 12. 17. 26.} acc. sing. masc.

= eum. "in' in 'pùstin' A. 34 scheint nicht = et, sondern = em oder eum mit abgeschwächtem m (oben S. 224).

'Ip' A. 26. 34., Partikel.

= ibi. — Diese Formen von 'Isidum' bis 'Ip' sind sämmtlich theils mit, theils ohne Anhängung der enklitischen Partikeln dum und k(e) gebildet von dem Pronominalstamm i-, der wie im Lateinischen bald rein auftritt und der dritten Declination folgt ('Is' ,'*iz*', 'Id' '*id*', 'in' vgl. 'Iuĭm' 'In' = et, 'Ip', genau wie lat. is id em ibi) bald ein u hinzunimmt und der zweiten, resp. ersten folgt ('Iù' '*io-c*', *io[m]c*, '*ion-c*', wie lat. ea eum). — Von diesem Stamm wird indess ausser Partikeln nur der Nominativ und Accusativ Masc. entlehnt; die übrigen Casus entnimmt man dem folgenden Stamm.

'ekîk' V
'ekss' A. 10.
'*ex*' B. 7. 25. } nom. acc. sing. neutr.
'*exeic*' B. 11. 17. 26.
'*eizeic*' B. 21.

Ueber die Vertretung des Bindevokals î durch ei s. S. 209; '*exeic*', das stets in der Formel '*contrud exeic*' vorkommt, kann nicht wohl anders erklärt werden. — '*eizeic*' ist unsicher; s. unten loc. masc.

'eiseis' A. 20.
'*eizeis*' B. 22. } gen. sing. masc. neutr.

'*eizasc*' B. 9. gen. sing. fem.

'eisei' A. 46.
'esei' A. 49. 51. } loc. sing. masc. neutr.
'*eizeic*' B. 7.

'[e]isai' A. 57. loc. sing. fem.

'eksuk' XXIX. a. b.
'eisùd' A. 13.
'*εσοτ*' XXXVI. } abl. 1. sing. masc. neutr.
'*eizuc*' B. 29. 31.
'*eisucen*' B. 16.

'*esuf*' B. 19. 21. abl. 2. sing. masc. neutr. (?)

'.ekhad' XXVI.
'ekak' XX. XXIV.
'*exac*' B. 8. 23. } abl. sing. fem.
'eisak' XXIV.
'*eizac*' B. 10.

Mehrfach in lokaler Bedeutung = hac, hic.

'eka' XIV. (Z. 1. 4.), vielleicht nom. plur. neutr. Auch 'ekak' XX. kann so gefasst werden.
'ezum' B. 10. gen. pl. masc. neutr. (?)
'eizazune' B. 24. gen. pl. fem.
'eizois' B. 23. dat. abl. pl. masc. neutr.
'ekask' AG. b. 1. acc. pl. fem.

Diese Formen setzen theils einen Nominativ ekus voraus ('ekhad' 'ekík' 'ekak' 'eka' 'ekask'), theils einen Nominativ eksus ('eksud' 'exac'), wofür mit Ausstossung des Gutturals und Verlängerung des Vokals (oben S. 223.) eîsus (eizus) oder (da ei = e S. 209) esus (ezus) eintritt. Von diesen letzten Nominativen werden die meisten Casus, namentlich die mit volleren Endungen abgeleitet; auch 'poizad' = quoia (s. d.) ist davon gebildet. Auffallend ist, dass der Nom. Neutr. ohne alle Endung auftritt als ek (in 'ekkum' aus ekdum) oder 'ekss', vielleicht mit abgeworfener Endung, wie perum sedum necum zu per sed nec geworden sind (Peter II. A. L. Z. 1842. Bd. 2. Sp. 55.); das doppelte s in 'ekss' scheint jedenfalls auf Verstümmelung hinzudeuten. Peter a. a. O. Sp. 61. nimmt es = sic, als eine Bildung wie ci-s ul-s. Der Stamm des Wortes scheint das skr. êkas = unus (wozu ἑκάτερος gehört), um so sicherer, da die Bezeichnungen des Begriffes e i n regelmässig aus Formen des Demonstrativpronomens entstehen (Bopp vgl. Gr. §. 308); ec- in ecce ecquis, der griechische Locativ ἐκεῖ sind andre Ueberreste dieses Stammes. Ob eksus eine bloss lautliche Verstärkung von ekus ist, wie Aehnliches wenigstens in der Verbalformation vorkommt (Curtius Tempora und Modi S. 228) oder ob eksus, wie Peter meint, componirt ist aus ek- und sus (altlateinisch = is) ähnlich wie ec-quis, ecc-am aus ecce eam, kann dahingestellt bleiben. Was die Anhängung von k oder dum betrifft, so findet sie bei zwei- und mehrsilbigen Formen ohne weitere Vermittlung statt; wobei d im Auslaut unterdrückt wird, da die Sprache dk nicht erträgt (S. 218), bei einsilbigen consonantisch endigenden Formen wird dagegen das stammhafte i nach dem Lautgesetz oben S. 222 wiederholt: 'iz(i)c' 'id(i)k', 'ek(i)k', 'ex(ei)c' 'eiz(ei)c', 'is(i)dum'

'ist' s. 'sum'

'*Iubellius*' (Vibellius?) Nomen.
Diesen Namen führen zwei bekannte Capuaner: Decius Iubellius, der im Kriege mit Pyrrhus Rhegion occupirte und Cerrinus Iubellius Taurea, bekannt aus dem hannibalischen Kriege. Decius Iubellius Liv. ep. 12. XXVIII, 28 (hier mit der Variante Vibellius); Iubellius Val. Max. 2, 7, 15, aber durch Correctur, die Hdschr. haben Bibillio, Bubellio u. dgl., was auf Vibellio führt. Bei den Griechen immer Decius Campanus (Polyb. 1, 7. Diod. XXI. exc. Hoesch. p. 491. exc. Vales. p. 562. Dio Cass. fr. 40.

App. Samn. fr. 9.) — Cerrinus Vibellius Taurea Liv. 23, 8. 46. 26, 15, wo der Put. und Flor. Vibellius haben, die schlechteren Hdschr. Iubellius. T. Iubellius Taurea Val. Max. 3, 2, 1 ohne dass Varianten bemerkt sind. — Als altadelige capuanische Familien nennt Cicero de lege agr. 2, 34 die Blossii und Iubellii. — Da meines Wissens der Name Vibellius oder Iubellius weder auf capuanischen Inschriften noch bei griechischen Schriftstellern vorkommt und die Autorität der lateinischen Handschriften hier wenig entscheidet, so muss es dahingestellt bleiben welche Lesart die richtige ist. Die Vibellii könnte man mit dem Vornamen Vibius vergleichen, die Iubellii mit den Namen Iovicius und Iubius (s. d.).

'*Iubius*', Nomen.

Derselbe Campaner heisst bei Zonaras IX, 6 'Ιούβιός τις Ουΐριος, den bei Livius die Handschriften Vibius Virrius oder ähnlich nennen (Liv. 23, 6 ubius uirrius *Put.*, iubius *al.*; 26,13. 14. uiuius uirrius *Put. rel.*; uirrius Sil. Ital. XI, 65.). Man wird sich wohl an Zonaras zu halten haben, obwohl Vibius (s. d.) als Vorname häufig ist; der Name mag Iuvius gelautet haben von iuvare wie Gavius von gaudere. Vgl. Iubellius und Iovicius.

'[*i*]*udex*' B. 32, der römische Judex.

'iùv-' s. 'diùv-'.

'*Iuventius*', Name.

Führer der Italiker gegen Sulla, wahrscheinlich Samniter. Oros. 5, 18.

'iúvkiíúí' A. 4., dat. sg. 2. decl., Nomen.

von 'iùv-' = Iov-, also Iovicio oder iuvanti. Vgl. '*Iubius*', '*Iubellius*'. Die Endung würde lat. -cieus oder -cieius lauten.

'ka....' XV. Cognomen.

'*cadeis*' B. 6. subst. 2. (3.?) decl. gen. sg. —?—

'καϊας XXXVI. —?—

'kaías' I. fem. 1. decl. acc. pl.? —?—

'*Calavius*', Name.

vornehmes Geschlecht zu Capua: Ofillius Calavius Ovi filius clarus genere Liv. 9, 7; Calavii Ovius Noviusque Liv. 9, 26; Pacuvius Calavius Liv. 23, 2 und dessen Sohn Calavius filius ib. 8, dessen angebliches Cognomen Perolla handschriftlich sehr schlecht beglaubigt ist. Mannus, Calaviorum servus Liv. 26, 27.

'kalati' 'kalat' 'kala', Münzen von Calatia S. 200, nicht voll ausgeschriebener Stadtname.

'καλινις' XXXIX., nom. sing. 2. decl., männlicher Name.

Als Vorname auf einem Gefäss von Cerveteri (Kramer griech. Thongef. S. 143): CAVENVS. CANOVEIVS. FECIT Die campanischen

Städte Cales und Calatia, das Gebirge daselbst Callicula, auch wohl der Fluss Clanius sind von demselben Stamme, doch wohl dem griechischen καλός, vgl. die lucanische Stadt Calasarna.

'kapv' Münzen von Capua S. 200.) Stadtname, nicht voll ausgeschrieben oder
'kapva....' XIV.   } fragmentirt.

'καπιδιτωμ' XXXVI. —?—

'carneis' B. 3. 7. subst. fem. 3. (2.?) decl. gen. sg.
'maimas carneis' wohl sicher == cardo maximus (altlateinisch maxima); wegen des ausgestossenen d vgl. 'perkens' aus perkednus. 'maimas' kann gen. sg. und acc. pl. sein; 'carneis' ist eher gen. sg. als acc. pl., der auf iss ausgeht. Auch ist es natürlicher von einem cardo maximus als von cardines maximi zu sprechen.

'casnar'.

Varro L. L. VII, 29. Item significat (cod. significant) — nämlich cascum vetus esse —, in Atellanis aliquot Pappum senem quod Osce (cod. Osci) Casnar appellant (vgl. wegen der Lesart casinum im sabinischen Glossar). Non. p. 86 Merc.: Carnales sedules (man verbessert casnares seniles) Varro Sexagesi: vix etfatus erat, cum more maiorum ultro carnales (scr. casnares) arripiunt et de fonte (scr. ponte) in Tiberim deturbant. Varro sagt an der ersten Stelle nicht, dass casnar in oskischer Sprache vetus heisse, sondern dass die stehende Figur des Pappus in einigen Atellanen den Namen Casnar führe, und schliesst, dass dies von cascus herkomme und der Pappus als senex so heisse; ferner sagt er, dass diese Benennung oskisch sei. Da Varro kein Oskisch verstand, und Quintilian 1, 5, 8 sagt: in oratione Labieni sive illa Cornelii Galli est in Pollionem casnar assectator e Gallia ductum est, könnte es wohl sein, dass der Pappus nicht als senex, sondern als assectator casnar hiess. Dass das Wort nicht oskisch, sondern gallisch ist (Meyer orat. Rom. fr. ed. 2. p. 530 vergleicht das romanische casnard == flatteur, adulateur, casnarder == flatter), kann man indess Quintilian gegen Varro nicht wohl glauben. Dagegen spricht auch das häufige Vorkommen der Casnasii auf abruzzesischen Inschriften. — Jedenfalls haben sowohl Varro bei dem senex, als Quintilian bei dem assectator an die Atellanenfigur gedacht. — Pott 1, 106, 2, 109. leitet casnar ab von cas-cus, alt (== cad-ucus, von cadere) und nar, Mann, vgl. sab. nero.

'castrid' B. 8. abl. sing.) subst. masc. 3. decl.
'castrous' B. 13. acc. pl. }

Es ist nicht leicht zu ermitteln, von welchem gemeinschaftlichen Nominativ castrid und castrovs (nicht castrús, s. S. 217) abstammen; vergleiche noch die umbrischen Formen kastruvuf und *castruo*. Ist der Stamm castro- nach der zweiten, so kann *castrid* nicht abl. sing. sein, eher castro-vs dat. abl. pl.; ist der Stamm castro- oder castrov- nach der dritten (wie senatu-s senatu-is), so ist castrov-s als acc. pl. regelrecht, castr-id müsste freilich aus castrov-id oder castro-id entstanden sein. Wir nehmen vorläufig letzteres an, da 'castrid' einem Präpositionalsatz 'en eituas' = in pecunia koordinirt ist, 'castrous' aber neben 'eituas' und abhängig von 'dicust' erscheint, also jenes sehr wohl abl., dieses acc. sein kann. — Die Bedeutung scheint castrum (eigentlich wohl = Lagerstatt von cadere, wie rastrum rostrum claustrum lustrum von radere rodere claudere ludere Pott 2, 556) im Sinne von praedium, vgl. besonders den Namen des Archegeten der Samniter Comius Castronius = der Dorf- und Feldmann. So haben es auch die neuesten Erklärer der iguvinischen Tafeln genommen, die indess p. 124 Anm. die Form 'castrid' übersahen und die consonantische Geltung des *u* in 'castrous' verkannten.

'*Castronius*', Nomen.
 Name des samnitischen Archegeten = der Feldmann. S. Cominius und '*castrid*'.

'*cebnust*' B. 20. verb. 3. ps. sg. ind. fut. exact.
 = venerit. venire, umbrisch ben- (vgl. 'kùmbenniels' osk.), hat vorn einen Gutturalbuchstaben verloren (Pott 1, 260, vgl. goth. quiman), der hier durch Metathese erhalten ist: '*cebnust*' statt *cbenust*.

'*ceus*' B. 19. subst. masc. 3. decl. nom. sg.
 = civis.

'*Celer*', Cognomen, s. '*pakis*'.

-cen in '*eisu-cen*' B. 16 und '*ais-cen*' B. 25.
-k} = ce, wird an sehr viele Formen des pron. demonstr. angehängt, bald un-
-c} mittelbar an den Stamm, bald mit dem Bindevokal 1, i, auch ei ('*iz-i-c*', '*ìd-1-k*', '*ek-ì-k*', '*ex-ei-c*', vgl. '*ìs-ì-dum*').

Dass ce dem lat. que entspreche, wie Bopp vgl. Gr. §. 395 annimmt, ist wohl irrig, da es dann im Oskischen pe lauten würde. Von dem paragogischen n und der Abwerfung des Endvokals war oben S. 214 die Rede.

'*censazet*' B. 19.	von censa-	3. ps. sg. ind. fut. = censebit.
'*censaum*' B. 20.		infin. praes. act. = censere.
'*censamur*' B. 19.		infin. praes. pass. = censeri.
'*censtom-en*' B. 20.	von cens-	part. perf. pass., neutr. nom. sg. = in censum.
'*an-censto*' B. 22.		part. perf. pass., fem. nom. sg. = incensa.
'*censtur*' B. 18. 20. 27. 28.		subst. masc. 3. decl. nom. sg. = censor.

'kerrí' AG. a. 3. b. 7. ⎫ subst. masc. 3. decl. dat. sg.
'kerrfi' AG. a. 2. (in der Krasis 'kerrfitu') ⎭
'kerrfiúí' AG.   13. b. 16. (hier -iúí) ⎫ adi. masc. dat. sg.
'kerrfíaí' AG. a. 4. 6. 22. 23. 24. b. 11. ⎬ fem.
'kerrfiúís' AG. a. 9. 10.   ⎪ masc.   pl.
'kerrfíaís' AG. a. 7.   ⎭ fem.   -

  = genio und geniali -libus (S. 133.)

'*Cerrinus*', männlicher Vorname.

  Cerrinus Iubellius Taurea Liv. 23, 46. Vielleicht ist Cerrinius zu ändern, obwohl der Put. -nus hat. S. '*Iubellius*'.

'*Cerrinius*', Name.

  Minius et Herennius Cerrinii Liv. 39, 13. Minius Cerrinius Campanus Liv. 39, 17. Vgl. den Siegelring Fabrett. 427, 2. **ERENN. CERIN** (**CERIAN**? s. Drakenborch zu Liv. 39, 13), der vermuthlich falsch ist. — Die Ableitung von kerrís = genius ist evident.

'kvaísstur' XXIV. XXV. XXVI. ⎫ subst. masc. 3. decl. nom. sg.
'kvaíst[u]reí' A. 2.   ⎭   dat. sg.

  = quaestor. Auf der tab. Bantina steht dafür die römische nota Q., weil die Bantina Uebersetzung eines lateinischen Textes ist (S. 154).

'kíípíís' XXIXd., nom. sg. 2. decl., männlicher Name.

  = Cipius, auch auf lat. Inschriften nicht selten.

'*Κίως*', Name.

  Feldherr der Mamertiner gegen Hiero Diod. XXI. exc. Hoeschel p. 499.

'klar.....' VI, Cognomen.

'*Κλεπίτιος*', Nomen.

  Τιβέριος Κλεπίτιος (oder *Κλέπτιος*), Feldherr der Lucaner. Diod. XXXVII. exc. Phot. p. 540, v. 88. 5. Vgl. Trebius.

'*ΚλοFατος*', Name.

  Dieser unzweifelhaft epichorische Name ist eingekratzt auf einem schwarzen in Basilicata gefundenen Gefäss, das Minervini Bull. Napol. a. IV. n. 65. p. 104. tav. IV. n. 6. herausgegeben und das auch ich bei Raff. Barone gesehen habe: *Στατί[ου] ἔργον ΚλοFάτωι δῶρον*. — Clovatii finden sich in Pompeji, z. B. las ich auf einer Säule der Casa del Labirinto die Griffelinschrift: **N. CLOVATIVS**, wo V ebenso wie in den S. 217 angeführten Beispielen Consonant ist.

'*Cluvia*', oskisches Nomen, s. Pacula. Vgl. die frentanische Stadt Cluviae.

'kuírinis' XXXIb., nom. sing. 2. decl., männliches Nomen, sehr unsicherer Lesung.

'com' B. 23. Präpos. mit dem Abl.

'kúmbened' A. 10. 3. ps. sg. perf. act.
'kúmbennieís' XXIV. subst. gen. sg. 2. vel 3. decl.
= convenit, conventus. Vgl. 'cebnust'.

'km.' VII. XIII. zweimal.⎫
'Cominius, Comius'   ⎬ männlicher Vorname.

vgl. den volskischen Namen *cumnios* = Cominius; ferner die Münze von Laos mit Κομο.... (Bull. Nap. 1, 132. tav. VIII, 17.). Als Gentilname auf den römischen Inschriften von Samnium ist Cominius häufig; auch finden sich mehrere Städte Namens Cominium (vgl. Giovenazzi Aveja p. LII.), z. B. eine mit dem Beinamen Ocritum (wohl von ocris, Berg) Liv. 25, 14, wo die Ausg. gegen die Handschriften Ceritum geben. Der Archeget der Samniter heisst Comius Castronius (Fest. v. Samnitibus p. 326 Müll.), was wohl dasselbe Wort ist; dieser Name scheint übrigens symbolisch = Gründer der Dörfer und Marken.

'com. paracuster' B. 4., 3. ps. sg. indic. fut. exact. pass.?

Der Zusammenhang ist unklar; doch scheint 'com' jedenfalls zum Verbum zu gehören, wie denn im Oskischen die Präposition, die einem Worte vorgesetzt wird, öfter durch einen Punkt getrennt erscheint, z. B. in 'anter. statat', 'com. preivatud'. — Es scheint eine Inchoativform von comparare, 'com-para-sc-ust-er': = comparata erit. ust ist die Endung des fut. exact., er das Passivzeichen.

'com. preivatud' B. 15.⎫
'conpreivatud' B. 16.   ⎬ adj. 2. decl. abl. sg.

= comprivatus, wie ich glaube das Correlat zu compascuus; der Theil des ager publicus, welcher von den Einzelnen bebaut wird und nicht zur gemeinen Weide ausliegt.

'comonom' B. 17.   ⎫ nom. acc. sg.
'comono' B. 5. 7. 8. zweimal. 11. 14.⎬ subst. neutr. 2. decl.
'comonei' B. 5.   ⎪ loc.
'comenei' B. 21.   ⎭

Der Anklang an communis befriedigt um so weniger, als die jetzt zum Vorschein gekommene Form comenei beweist, dass das zweite o kurz war (S. 212). Vergleicht man das griechische κώμη, den samnitischen Archegeten Comius Castronius, die Personennamen Comius Cominius (s. d.), die Lokalnamen Κώμψα Com-p-sa, Com-inium (vielleicht auch Cumae), so wird es gerechtfertigt sein, com-, comōnus = ager zu nehmen; der Zusammenhang fordert = ager publicus. B. 21. heisst 'comenei' wie es scheint = in publico.

'*contrud*' B. 11. 17. 25., Präposition, vermuthlich c. acc. (s. '*excic*')
= contra oder contrad, Ablativ des Neutrums wie contrad Abl. Fem.

'*kupelternum*', Münzen von Compulteria, S. 200, gen. pl. 2. decl.
= Cubulterinorum oder Compulterinorum. Der Name Compulteria scheint abgeleitet von Compula und dies (vgl. Compsa für Comptia) etwa von campus wie Capua, oder von κάμπτω.

'*kuru*' X. —?—

'*κοττειης*' XXXVII. (wovon '*κοττει*' und '*κοττι*' wohl Abkürzungen oder Fragmente sind) gen. sing. 2. decl., männliches Nomen oder Pränomen,
= Cottius. Vgl. '*Gutta*'.

'*κω.αχερηι*' XXXVI. —?—
Die Wortlheilung ist sehr ungewiss.

'*laí*' IX. } männliches Nomen.
'*Lesius*'

'laí' scheint abgekürzt und könnte Laesius sein, vgl. Seppius Lesius, Meddix von Capua, Liv. 26, 6.

'*lamatir*' B. 21. verb. 3. ps. sg. cj. (?) praes. pass.
wohl = queratur, von lamentum (vielleicht aus clamare) mit medialer Bedeutung.

'Λαμπώνιος', Nomen,
des Lucanerfeldherrn Λαμπώνιος (Diod. XXXVII. exc. Vat. p. 133. Dind. exc. Phot. p. 540, 88.); Μάρκος Ἀπώνιος (Diod. XXXVII, exc. Phot. p. 540, 5.); Μάρκος Λαμπώνιος App. 1, 40. — Lamponius Plut. Sull. 29. Flor. 3, 21. Oros. 5, 20. (die Hdschr. Camponius); Lambonius Eutrop. 5, 8.

'*Lesius*' s. 'laí'.

'*líganakdíkeí*' AG. a. 8. b. 10. subst. fem. 3. decl. dat. sg.
= lege tutae possessioni, zusammengesetzt aus 'líg-' = lege, 'an' = in, 'ak' = ex, 'díkeí' = dictioni. Die ersten beiden Wörter machen keine Schwierigkeit; 'ak' für ex lässt sich rechtfertigen entweder durch die Vergleichung von 'an' 'anter' = in, inter, und — wenn diese Ableitung richtig ist — durch die Abstammung von ἐκ ex aus dem skr. wahis (Pott 1, 200). 'ehtrad' stände dann neben 'ak' wie 'embratur', 'entrai' neben 'an'. Oder auch aus an-ek würde durch Contraction ank, und später durch Erweichung des Doppelconsonanten vermittelst Wiederholung des vorhergehenden Vocals anak. 'díkeí' ist offenbar von díkîs, dem lat. dix, wovon dicis geblieben ist. Dies Wort kann der Endung nach nur Substantiv sein (Pott 2, 480, wie

nex lux daps etc.), nicht Adjectiv; was sich durch die Stellung bestätigt. 'entraí' muss also Adjectiv sein.

'lïgatúís' A. 6. 7.
'lïgat....' A. 9. } part. pf. pass. masc. 2. decl. dat. pl.
= legatis.

'lïgis' B. 25.
'lïgud' B. 19. 24. } subst. fem. 2. decl. gen. sg. abl.
= legis, lege.

'lïmïtú' A. 29., wenn nicht am Ende defect, etwa part. perf. pass. fem. 1. decl. nom. sg.
= limitata, von einem Verbum limere (vgl. limes), wovon limitare die verstärkte Form ist. Der fragmentirte Zustand dieser Stelle erlaubt kein sicheres Urtheil.

'λεικειτ' XXXVI.
'lïkïtud' A. 36.
'licitud' B. 13. 18. zweimal. 26. 27. 35. } 3. sg. cj. (?) praes. act. - imperat.
= licet und liceto.

'λιοκακειτ' XXXVI. 3. sg. cj. praes. act. ?
Vermuthlich dieselbe Verbalform, wie das vorhergehende λεικειτ.

'lúvkanateís' I. gen. sing. 3. decl.
Adjectiv zu einem weiblichen Substantiv vom Nominativ lúvkantis (röm. Lucantis Lucans oder Lucatis Lucas), luvkanteís mit dem oskischen Vokaleinsatz S. 222, bezeichnet eine Kommüne.

'λουκανομ', Münzen der Lucaner, S. 201, gen. pl. 2. decl.

'lúvkl', Münze 2 der Italiker, S. 202.
Name eines samnitischen Magistrats. Vgl. Avellino Bull. Nap. VI. p. 78. — Wahrscheinlich lúvkliís = Lucilius.

'lúvfreís' II.
'loufir ' B. 8. } adj. masc. 2. (3.?) decl. gen. sg.
Epitheton des Jovis, wahrscheinlich = liberi (S. 143) mit der gewöhnlichen Verwandlung von osk. f in lat. b. Auffallender wäre die Verwandlung von ú in í, wenn wir nicht wüssten, dass lib ursprünglich loeb- lautete (Paul. p. 121 Loebesum et loebertatem antiqui dicebant liberum et libertatem), woraus regulär lúb- wie moerus murus, coirare curare, oino unum, poena impune etc. gebildet ist; für oe = í wie ploiruma plisima, οἶκος vicus sind die Beispiele viel seltener (Schneider lat. Gr. 1, 1, 81 fg.). Das v scheint euphonisch eingeschoben (S. 225). Die Wurzel ist trotz der verschiedenen Quantität doch wohl lúbere, liber wer nach seinem Willen handelt.

'*Lucetius*' == Jupiter.

Serv. ad Aen. IX, 570: Solum hoc nomen est quod dictum a Virgilio a nullo alio reperitur (repetitur?) auctore. Sane lingua Osca Lucetius est Iupiter, dictus a luce quam praestare dicitur hominibus. Ipse est nostra lingua diespiter, id est diei pater. — Gell. V, 10: Iovis diespiter appellatus, id est diei et lucis pater; idcircoque simili nomine Diiovis (oder Diovis) dictus est et Lucetius, quod nos die et luce quasi vita ipsa afficeret et iuvaret. Lucetium autem Iovem Cn. Naevius in libris belli Punici appellat. Loucetius führt Mar. Victor. p. 2459 wegen der Schreibung mit ou an. — Dass Jovis als lucis auctor im saliarischen Liede als Lucetius angerufen ward, sagt Macrob. Sat. 1, 15. (vgl. Paul. p. 114 s. v.) und so heisst es in dem Fragment daraus bei Terent. Scaur. p. 2261. Putsch. (coll. Fest. v. prae tet tremonti p. 205 u. das. Müller): cume ponas Leucesiae praetexere monti (schr. prae tet tremonti aus Festus) quotibet cunei de his cum oramen, worüber Corssen orig. poes. p. 59 sq. und Bergk in der Diss. de carm. Sal. reliq. (Programm von 1847) zu vgl. Es ist etwa: cume tonas, Leucesie, prae tet tremonti quo tiboi cunei dehiscunt ...... = wenn du donnerst, o Lichtgott, so zittern sie vor dir, wohin deine Blitze sich spalten. — Da Leucesius in späterer Sprache Lucerius giebt (vgl. gloss. Labb. Lucerius, Ζεύς), so erklärt sich hieraus der Stadtname Luceria, der wohl der ursprünglich samnitische von der römischen Kolonie (u. c. 440) beibehaltene ist. Auch den Namen der Lucaner, Lucates, Lucani, 'lúvkanateís' (s. d.) mag man hiermit in Verbindung bringen. Vgl. S. 143.

'l.' VI. XVIII zweimal. XXIX c. f. XL.⎫
'*Lucius*'   ⎬ männliches Pränomen.

Lucius (so Plin. H. N. III, 5. Eustath. in Dion. Perieg. 362. p. 158 ed. Bernh.; Lucilius bei Paul. p. 119 Müll., wohl verschrieben), Archeget der Lucaner; Lucius Bantius, vornehmer Nolaner (Liv. 23, 15) = Λεύκιος Βάντιος bei Plutarch. Marcell. 10. Als Geschlechtsname häufig im frentanischen Gebiet, wo es ja auch ein Lucanien gab (S. 169).

Λόλιος', Mannsname.

Λόλιός τις ἀνὴρ Σαμνίτης, Geissel in Rom u. c. 485. Zonar. II, p. 51 Wolf.

'maakdiis'⎫
'makdiis' ⎬ campanische Stadtmünze, S. 201, nom. sing. 2. decl.?

unter einer andern noch nicht sicher gelesenen Aufschrift, etwa 'akkri' oder 'akura' Vielleicht Magistratsname.

'maamiieise' XXX b. — ? —
s. S. 214.

'maatreís' XII. subst. fem. gen. sg. 3. decl.
= matris.
'maatúís' AG. a. 9. b. 11. subst. masc. 2. decl. dat. pl.
= diis matutinis, von dem Stamm mât, der hier am reinsten, aber auch (vgl. Pott, 2, 246) im Lateinischen erscheint in mâ-ne — wohl zusammengezogen aus matine — mât-ût-înus, und in dem Namen der mater Matuta, deren sehr bestrittene Natur (Klausen Aeneas 2, 873—879. Merkel in praef. ad Ovid. fast. p. CCXVI sq.) jedenfalls mit dem Morgen zusammenhangen muss, nach Lucrez V, 654: roseam Matuta per oras aetheris Auroram defert et lumina pandit. Auch die Pales Matuta, cuius templum Atilius Regulus (*cod.* Romulus) vovit (u. c. 487, Flor. 1, 20), schol. Veron. ad Virg. Georg. 3, 1. wird wohl die Göttin der mit dem ersten Morgenstrahl austreibenden Hirten sein; pastoria Pales heisst sie bei Florus a. a. O.

'*Macsius*' = Maius.
Maesius lingua Osca mensis Maius. Paul. p. 136 Müll. — S. 'maiiúí'.

'maiiúí' A. 1. 3. dat. sg. 2. decl.
'maís' XVII. nom. -
'main' XVII.
'mai.' A. 1. 4.
'ma.' XXV.
'mh.' XI.
} männlicher Vorname.

Als einziges Nomen MAIOC auf einer Inschrift von Ischia (S. 197); als Agnomen auf einer pompejanischen Wandinschrift Mus. Borb. T. II. rel. degli scavi p. 6: Cn. Alleius Nigidius Maius, welche auch noch in der Composition mehrerer Namen auf ius einen Rest der epichorischen Sprache zeigt, der sich im Dialekt erhielt. — Als Geschlechtsname findet sich Maius von Römern auf der alten capuaner Inschrift Fabretti 635, 298; auf einer amiternischen Giovenazzi Aveja p. LXI; von Campanern in der romanisirten Form Magius (vgl. nachher '*mais*' = magis) in der äclanensischen Familie der Magii (s. unter Minius) und in den Namen des Cn. Magius Atellanus, Decius Magius (s. Gnaevius und Decius). — Von 'mh' ist weder die Lesung noch die Auflösung ganz sicher, vgl. indess oben S. 241. — Was die Ableitung betrifft, so ist Maius als Pränomen gewiss Korrelat zu Minius = magnus und minor; die Wurzel mai- oder mag- ist unendlich reich, s. in diesem Glossar '*Macsius*' '*maimas*', und vgl. maius = trächtig und den deus Maius = Jupiter der Tusculaner (Macrob. Sat. 1, 12).

'*maimas*' B. 3. 7. superlat. adi. fem. 1. decl. gen. sg.
'*mais*' B. 5. 15. 25. adverb.
= magimae oder maximae, magis mit ausgefallenem Guttural (S. 223). S. '*carneis*'

'makdus' s. 'maakdus

'mollom' B. 5. 15. 22.
'mallud' B. 20.   adj. decl. abl. acc. sg.
'malud' B. 11.
    malum, malo.

'μαμερτινο' XXXIX.   adj. fem. 1. decl. nom. sg.
'μαμερτινουμ' XL. und Münze S. 201.   masc. 2. decl. gen. pl.
'Mamers' = Mars.

Mamers Mamertis facit, id est lingua Osca Mars Martis, unde et Mamertini in Sicilia dicti qui Messanae habitant. Paul. p. 131. Müll. Ἐκάλεσαν δὲ ταύτην (τὴν πόλιν) Μαμερτίνην ἀπὸ τοῦ Ἄρεως· διὰ τὸ τοῦτον κατὰ τὴν ἐκείνων διάλεκτον Μάμερτον καλεῖσθαι. Diod. L. XXI. p. 493 Wess. — Ebenso Fest. p. 158 (aus Alfius l. I. belli Carthaginiensis) von den Samnitern und Messanensern: nomen acceperunt unum ut dicerentur Mamertini, quod coniectis in sortem XII deorum nominibus, Mamers forte exierat, qui (quo?) lingua Oscorum Mars significatur. — Daher auch die bruttische Stadt Μαμέρτιον im Silawalde Strabo VI, 1, 9. — Dass dagegen Mamercus schwerlich richtig bei Paul. ep. p. 131 praenomen Oscum heisst, wird im letzten Abschnitt bemerkt werden, wo vom sabinischen Mamers die Rede ist. — Grammatisch erklärt sich das sabinische und samnitische Mamers aus dem Marmar des arvalischen Liedes, was offenbar reduplicirt ist wie dea diva, anna perenna, aius locutius, sali subsali, fors fortuna, aus Mars oder Mavors, einer Form, die von ächten Inschriften sich wohl nur auf der sehr alten (aber restituirten) tusculanischen

    M. FOVRIO. C. F. TRIBVNOS
  MILITARE. DE. PRAIDAD. MAVRTE. DEDET

findet. Dass in Mavors avortere zu Grunde liegt, halte ich für sicher, obwohl ich nicht weiss, womit es componirt ist; im Abwenden und Abwehren besteht alle Thätigkeit des Mars, nicht bloss in seiner kriegerischen Thätigkeit und als Mars forensis, sondern auch als Feldgott, wie namentlich Cato de r. r. 141 zeigt: Mars pater te precor — ut tu morbos visos invisosque, viduertatem vastitudinemque, calamitates intemperiasque prohibessis defendas averruncesque; vgl. c. 83, wo, um von den Rindern, die im Walde weiden, Unheil abzuwehren, dem Mars silvanus ein Opfer gebracht wird. Daher ist er auch gradivus, der schützend die Stadt umschreitende, und darum wird er im Arvalliede angerufen: ne velueerve Marmar sins incurrere in pleores = ne malam luem sinas incurrere in plures.

'manim' = manum, s. 'manimaserum'.

'*manimascrum*' B. 24. infin. praes. act.
componirt aus '*manim*' = manum acc. sg. 3. decl., '*a*' = in und '*scrum*' = serere, also manum inserere oder iniicere.

'*Manus*', Sklavenname,
Manus servus Calaviorum Liv. 26, 7 (wenn die Lesart richtig ist). Ob = bonus?

'μαρας' XXXIX. nom. sing. 1. decl.
'marai' XVI. gen.
'μαραι' XXXVIII.
'mr.' XXIV. XXVIII b. XXIX a. b. e. f. Münze 2 der Italiker S. 202

} männlicher Vorname.

Sehr häufig wird der Vorname Marius erwähnt: Marius Statilius, Lucaner (Liv. 22, 42. 43.); Marius Blossius, Prätor von Capua (s. Blossius); Marius Alfius, Meddix von Capua (s. Alfius); Marius Egnatius, Samniter (App. 1, 40. Vell. II, 16.). Denselben bezeichnen auf vielen Inschriften die Nota Mr. und XVI. XXXIX. die ausgeschriebenen Formen Maras und Marai; ob auf den schlecht abgeschriebenen Ziegeln XXXVIII. Marai Vorname sei oder einziger Name, was in bruttischen Inschriften Regel ist, lässt sich nicht entscheiden. — Geschlechtsname: Marcus Marius, Magistrat von Teanum Sidicinum (C. Gracchus ap. Gell. X, 3.). — Auf zwei nolanischen Pateren liest man marahieis und marhies, jedesmal zu Anfang, so dass hier vielleicht derselbe Vorname gemeint ist; nur dass freilich alles was auf diesen Pateren sich findet, nicht als rein oskisch gelten kann. — Mit dem Nominativ 'μαρας' ist zu vergleichen der Name des Centauren Μάρης bei Aelian V. H. IX, 16., welcher Name in italischer Sprache den Rossmann bezeichnen soll (οὗ τὰ μὲν ἔμπροσθεν λέγουσιν ἀνθρώπῳ ὅμοια, τὰ κατόπισθεν δὲ ἵππου καὶ αὐτὸ δὲ τοὔνομα εἰς τὴν Ἑλλάδα φράσιν ἱππομιγὴς δύναται) und von dem die Fabel berichtet, dass die Ausoner zuerst Italien bewohnt hätten, der erste Ausoner aber der Centaur Mares gewesen; dieser sei dreimal gestorben, dreimal wieder aufgelebt und 123 Jahre alt geworden (ἐμοὶ δὲ οὐ πιστὰ δοκοῦσιν, setzt Aelian diesem Mährchen hinzu.) Ob er auch auf etruskischen Münzen (die freilich keinenfalls dem volskischen Minturnä gehören können) dargestellt sei, was Cavedoni Bull. dell' Inst. 1841 p. 26 vermuthet hat, und ob der Name mit der Marica, mit Marsus etc. zusammenhänge, wie Klausen meint Aeneas 2, S. 841 (gewiss nicht mit Mavors), muss dahingestellt bleiben. Die Römer haben aus Maras Marius gemacht, welche Form auch in marhies (etwa Nom.) und marahieis (wohl Genitiv) auf den nolanischen Pateren zu erkennen sein mag.

'*Marcus*'? männliches Pränomen.
M. Lamponius, Feldherr der Lucaner im Socialkriege (s. Lamponius), wenn dieser nicht römischer Bürger war; M. Marius, Magistrat von Teanum Sidi-

cinum (C. Gracch. ap. Gell. X, 3.). Vielleicht ist Marcus ebenso wie Marius nichts als eine latinisirte Form des oskischen Maras.

'mat. ...' XXIII., männliches Nomen.

'*meddix*'
apud Oscos nomen magistratus est. Ennius: Summus ibi capitur meddix, occiditur alter. Paul. p. 123. Dagegen

'*medix*'
Livius 23, 35: medix tuticus (die Hdschr. edixituticui) summus magistratus erat Campanis. Dieselben Handschriften geben 24, 19 macdix tuticus; 26, 6 mediatuticus, qui summus magistratus apud Campanos est.

'meddíss' XVIII. nom. sing.
'meddís' XVI. nom. sing.
'*meddis*' B. 8. 12. 18. 26. nom. sing.
'medíkeí' A. 5. dat. sing.
'*medicim*' B. 30, 31, 33. cher acc. sing. als gen. pl. } subst. masc. 3. decl.
'meddíss' XV. nom. pl.
'μεδδεις' XXXIX. nom. pl.
'med.' XIV. XX. XXI. XXII.
'm.' V. cf. IX.

'meddixud' B. 13. 21. subst. fem.? 2. decl. abl. sing.
'medicatud' B. 24. subst. masc. 2. decl. abl. sing.
'medicat.' B. 16. subst. masc. 2. decl.

Vgl. medis, medix volskisch. — Die Bedeutung ist bekannt. Was Ennius andeutet, dass es allgemein für magistratus steht, bestätigt die Bantina, die magistratus immer durch *meddix* wiedergiebt und die griechische Inschrift von Ischia, wo die beiden Campaner, ohne Zweifel Medices, sich $ἄρξαντες$ nennen (S. 197). Daher auch die Epitheta zu näherer Bestimmung: der tuticus in Capua (Liv.), in Herculanum (XVIII.), in Pompeji (XX. XXI. XXII), in Bovianum vetus (V.), vgl. IX.; die zwei decetasii (d. i. Aedilen, S. 254) in Nola A. 5. XV. XVI. Doch bezeichnet meddis auch den oder die höchsten Magistrate schlechthin da wo es ohne Beisatz steht, wie in Capua XIV, in Messana die beiden Meddices XXXIX. — Was die Orthographie und die Ableitung des Wortes betrifft, so ist aus XXXIX gewiss, dass das e in der ersten Silbe kurz ist, da diese Inschrift stets ε und η unterscheidet. Die Formen mit einfachem und doppeltem d verhalten sich wie mille und milia, indem die mehrsilbigen Formen nur d, die zweisilbige 'meddís' etc. (und im Anschluss an diese auch 'meddixud') dd haben (S. 221); so dass also (wie in appulus für apulus) die kurze Anfangssilbe durch Verdoppelung des Konsonanten verlängert wird. Die Grundform ist also medix, das ist med-ix von měderi mit dem Verbalsuffix ix (so vertex appendix). — Vgl. das Programm der greifswalder Universität vom Sommer 1840, wo Schömann über dies Wort sehr gut gehandelt hat; mit Recht entscheidet er sich für die Schreibung mit einem d und vergleicht medicus.

'μεσαιανα (oder ανλ oder ανμ) ....' XXXVI. —?—

'melifssaii.' XXXa., männliches Nomen.

= Melissaeus, häufig auf pompejanischen Inschriften und unter dieser oskischen lateinisch wiederholt.

'*Messius*', männliches Nomen.

Horat. Sat. 1, 5, 54 vom Messius Cicirrus: Messi clarum genus Osci und dazu Munk de fab. Atell. p. 28. n. 79. Vgl. damit folgende sehr alte von mir in Bojano copirte Inschrift:

HELVIAE
MESI.F
SACERDOT. \ENER
FILIEI. DESVO

und den ... Messius ..., f. Stichnus der Inschrift von Tiano S. 144. — Vielleicht identisch mit 'metiis', vgl. 'Bansae' = Bantiae.

'metiis' XI., nom. sg. 2. decl., männliches Nomen.

Ebenso Statius Metius, Samniter (Liv. 24, 19); Sthennius Mettius, Samniter (Fest. v. Mamertini p. 158 Müll.).

'mefial' A. 57. ⎱ adi. fem. 1. decl. loc. sg.
'mefe...' A. 30. ⎰

= medius, von skr. madhja (S. 226).

'mefſtaiiaſs' XXXb. —?—

'mi.' Goldmünze der Italiker S. 202, zweimal. ⎫
'*Minius*' ⎬ männlicher Vorname und Name.
'*Minatius*' ⎭

Die Nota '*mi*' kommt als MIN. auf zwei römischen Inschriften aus Samnium vor; einer aus Alfidena bei Torcia itinerario Peligno p. 152: L. VETTIO. MIN. F. VOL. VRSVLO und einer aus Aeclanum, die ich selbst gesehen Orell. 566: M. MAGI MIN F. SVRVS. Die letztere gehört wahrscheinlich einem Sohne des Minatius Magius aus Aeclanum (nicht aus Asculum, s. Pellegrini Camp. fel. 1, 53), von dem Vell. II, 16 spricht, und dessen Grossvater Decius Magius bei Liv. 23, 7 vorkommt; hier scheint also MINatii Filius aufgelöst werden zu müssen. Als Geschlechtsname: Staius (?) Minatius, Samniter Liv. 10, 20. — Ob auch Minius — correlat zu Magius — daneben vorkomme, ist zweifelhaft. Cato de re rust. 151 erwähnt einen Nolaner Minius (so alle guten Hdschr. nach Keils Mittheilung;

Manius ist Conjectur von Victorius) Percennius. Ebenso ist Liv. 39, 13. 17 die Lesart Minius et Herennius Cerrinii besser beglaubigt als Ninnius; während dagegen Liv. 23, 8 die guten Hdschr., auch der Put., Stenius Pacuvinsque Ninnii haben.

'min...' B. 10.
'miustreis' B. 12. 27.
'mistreis' B. 18. 34. (wo 'nistreis' falsch ist) } comparat. 2. vel 3. decl. gen. sg.

' scheint minus; 'mins-treis' = minoris ist genau das römische minis-tri, das man längst als Comparativform erkannt hat.

'mitl' XI., nom. sing. 2. decl., männlicher Vorname. etwa Mutilus oder Metellus.

'muiniku' A. 22.   fem. 1. decl. nom. sg.
'múíní[kúm]' A. 18.   adi. neutr. 2. decl. nom. sg.
'múíníkeí' A. 19.   neutr. 2. decl. loc. sg.
'múíníkad' A. 15. 50.   fem. 1. decl. abl. sg.

Peter S. 71 nimmt moenicus für publicus, sich berufend auf pro moene bei Festus v. moene p. 145, was bedeutet vor der Stadt; allein es kann recht wohl auch heissen vor der Mauer und jedenfalls könnte eine einzelne metaphorische Anwendung des Wortes nichts entscheiden. Ich habe es schon früher auf communis gedeutet und halte dies noch für richtig, denn was würde das heissen, wenn in einem Vertrage zwischen Nola und Abella der Grenztempel für publicum erklärt wird? Vgl. auch Z. 22: 'muiniku pùturu[mpíd]' = publica utrorumque! Ohne Zweifel haben co-moinem (SC. de Bacch.), moinia (= Mauern und Pflichten), moinicipium dieselbe Wurzel; wahrscheinlich ist ge-mein damit zu vergleichen (s. Pott 2, 562), so dass moina sowohl die Gemeinpflichten bezeichnet als die gemeinen Mauern, im Gegensatz zu dem Privathause eines Jeden gedacht; moinire wäre also eigentlich Frohndienste thun bei den Staatsbauten und die allgemeine Bedeutung des Schanzens die spätere.

'molto' B. 11. 26.   nom. sg.
'multas' (schr. 'múltas') XVI. } subst. fem. 1. decl. gen.
'moltas' B. 13. 27.
'moltam' B. 2.   acc.
'moltaum' B. 12. 13. 18. 26. 27. verb. infin. praes. act.

Varro ap. Gell. XI, 1: Vocabulum multae M. Varro in undevicesimo rerum humanarum non Latinum, sed Sabinum esse dicit, idque ad suam memoriam mansisse ait in lingua Samnitium, qui sunt a Sabinis orti. — Fest. p. 142 Müll.: Multam Osce dici putant poenam quidam. M. Varro ait poenam esse, sed pecuniariam, de qua subtiliter in l. l. quaestionum epist. refert. — Dass dies lateinische Wort aus dem Oskischen abgeleitet ward, geschah zur

Widerlegung der absurden Ableitung κατ' ἀντίφρασιν a non multo, deren Gellius gedenkt; hiegegen erinnerte Varro, dass das Wort nicht aus einer lateinischen Wurzel stamme, sondern eher Lehnwort aus dem Oskischen sei, wo es auch vorkomme. Mit multus (verwandt mit μάλα, μᾶλλον) könnte übrigens multa sehr wohl zusammenhängen, wenn man annimmt, dass multus nicht bloss viel, sondern auch so viel bezeichnet (vgl. den ähnlichen Gebrauch von tantus); es wäre dann das bestimmte Strafquantum, die so und so viel Thaler, und dazu passt der ausschliesslich auf Geldstrafen beschränkte Gebrauch gar wohl.

'mulukiis' XVI., nom. sg. 2. decl., Mannsname,
scheint eine Dehnung zu enthalten, etwa Mulcius von mulgere oder mulcere.

'*Mopsii*', ein compsanisches Geschlecht, Liv. 23, 1.

'mutil' (niemals 'mutíl'), Münze der Italiker 3. 4. 6. 8. 9. S. 202, nom. sing. 2. decl., männliches Cognomen.
Μότυλος bei Diod. XXXVII. exc. Phot. p. 539; Mutilus Oros. V, 18 u. a.

'n.' B. 12. 26, römische Nota für nummi.

'*nerum*' B. 29. 31.

'*nesimum*' B. 17. 31. adi. superlat. masc. 2. decl. gen. pl.

'*nesimois*' B. 25. adi. superlat. masc. 2. decl. dat. pl.

'*nerum*' ist seiner Verbindung und Bedeutung nach ganz unsicher; '*nesimum*' erscheint als Adjectiv zu '*zicolom*', '*zicolois*' und kann dem Zusammenhang nach sehr wohl optimus bedeuten, vgl. *porsei nesimei* auf den iguvin Tafeln. Es scheint Superlativ von ner- = fortis, strenuus (s. nerio, nero im sabinischen Glossar), worin nach dem griechischen νεῦρον zu schliessen, das r ursprünglich und nicht für s eingetreten ist; wahrscheinlich ist zu theilen *ne-simus* (statt ner-simus) und simus als Superlativendung zu nehmen wie in mac-simus, vgl. Bopp vgl. Gr. §. 291. Freilich zeigt '*ma-imas*' eine andere Endung; doch dürfte hier x ausgefallen sein.

'*ni*' B. 8. 14. 17. 29. (gewöhnlich enklitisch, entweder mit dem vorhergehenden Worte '*comononi*' B. 8. 14, oder mit dem folgenden '*nihipid*' B. 17. Partikel. = ne, niemals = non, was oskisch '*nei*' oder '*ne*' ist. '*ni*' steht stets unmittelbar vor dem Verbum.

'*nei*' B. 20. 28 zweimal.
'*ne*' B. 14. 25.
'*nei-p*' B. 15.
'*ne-p*' A. 46. 47. B. 10. 28.
} Partikel, nicht leicht enklitisch (B. 10).

'*nei*' oder '*ne*' ist lat. non, wie im älteren Latein; am deutlichsten steht '*nei*' = non B. 20; für lat. ne steht immer '*ni*'. Die einzige Stelle, wo '*ne*' die Bedeutung des lat. ne zu haben scheint ist B. 26, wo aber ne phim auch zusammengezogen werden kann = nullum, neminem. — Zuweilen wird im Oskischen nach einem negativen Satze mit 'ni' hinter dem Verbum noch einmal 'nei' oder 'ne' = non angehängt, wie es scheint bloss zur Verstärkung der Negation: B. 14 'ni hipid ne' = ne habeat (non); 29: 'nep fuid nei' neque sit (non).

'*Niunius*', männliches Nomen,
wofern nicht Minius zu lesen ist, s. d.

'[n]iumsis' XV. nom. sing. 2. decl.
'niumeriis' VIII. nom. sing. 2. decl.
'niumsieis' XV. gen. sing. 2. decl.
'νινμσδιης' XXXIX. gen. sing. 2. decl.
'ni.' Münze 2 der Italiker. XXII. XXVIII a. XXXII c.
} männliches Pränomen und Nomen.

Numerius Otacilius aus Maleventum, dessen Tochter der einzige nach der Schlacht an der Cremera (u. c. 277) überlebende Fabier heirathete, unter der Bedingung, dass der erste Sohn den Namen Numerius führe; woher in Rom das fabische allein von allen patricischen Geschlechtern diesen Vornamen führte (so fast mit denselben Worten, offenbar beide aus Varro, der auct. de nom. und Fest. v. Numerius p. 171). — Numerius Decimius aus Bovianum Liv. 22, 24. — Als Geschlechtsname nur VIII. — Als einziger Name: Νύμψιος auf der Inschrift von Ischia S. 197. Die ächte Gestalt dieses Namens scheint Niumsius oder Numsius zu sein, wie ich auf einer recht alten Inschrift in Cajazzo las: **C. NVMSI. C. L. ERONIS**, woraus theils Niumsdius wurde, wahrscheinlich weil s in Niumsius den Laut von sd hatte (S. 216, Schneider lat. Gr. 1, 1, 377), theils Niumpsius oder Numpsius, mit Einschiebung des p (S. 222); einen Beleg hiefür giebt ausser dem Νυμψιου des Steins von Ischia auch die alte capuaner Inschrift Gud. 281, 12, welche nach Pellegrino's Originalabschrift so lautet:

Q. NVMPSI. Q.   L   CARANIA. C.   L
NICEPORI O. H. S. S   PILVMINA. VXOR

Ferner ward aus Niumsius Numisius, was als Familienname auf samnitischen Steinen sehr häufig ist, z. B. in Aufidena und Capua. — Endlich machte der römische Rhotacismus hieraus Numerius, welche Form Befremden erregt auf einer oskischen Inschrift (S. 225); wahrscheinlich ist dieselbe sehr jung.

'nv.' V.
'*Novius*'
} männlicher Vorname.

Calavii Ovius Noviusque, Campaner Liv. 9, 26. — Richtig erklärt die Nota 'nv' Avellino Bull. Nap. a. VI. p. 51. — Als römisch dürfte sich dieser Vorname schwerlich nachweisen lassen, denn in der Inschrift aus dem Columbarium von S. Cesario (oben S. 45 A. 4) Baldini n. 16: **NOVI**.

GRAECI||A. D. IX (?) **DECE** war vermuthlich, besonders wenn man n. 28 vergleicht (**C. NOVIVS. A. D. XI K N** d. i. kal. Nov.), der Vorname verblasst, so dass nicht ein Novius Graecius, sondern ein (C.) Novius Graecus zu verstehen ist. Dagegen muss er in Campanien und Samnium häufig gewesen sein, weil sich eine eigene Nota dafür findet. Sonach dürfte der Verfertiger der pränestinischen Cista oder doch ihres Deckels vielleicht ein Campaner und nicht ein etruskisch gebildeter Römer (so Abeken Mittelitalien S. 322) gewesen sein; die Inschrift lautet (Lanzi Saggio I. tav. II. n. 11): **NOVIOS. PLAVTIOS. MED. ROMAI. FECID || DINDIA. MACOLNIA. FILEA. DEDIT.** Vgl. S. 235. Dass Novios Plautios kein geborener Römer war, sondern sich nur seiner Kunst wegen dort aufhielt, scheint dadurch angedeutet, dass er nicht seine Heimath, sondern den Ort wo er die Cista fertigte in der Inschrift hervorhebt.

'nuvkrinum' Münzen von Nuceria Alfaterna S. 200, gen. pl. des Ethnikon.

Man sollte nùv- erwarten, da vor v stets ù steht; vielleicht fehlt der Punkt nur graphisch wegen der kleinen undeutlichen Schrift dieser Münzen. Vgl. indess *Nuceria* (aber jetzt *Nocera*) mit *Nola*. Die Etymologie ist klar: von nuv = novus und dem Suffix cr, ähnlich wie lava-crum, sepul-crum, ludi-crum, pul-crum (von polire) Pott 2, 556, also ist es Neustadt. Es ist daher auch natürlich, dass drei Städte dieses Namens bekannt sind: N. Camellaria in Umbrien, Nuceria Alfaterna in Campanien und das nur aus Münzen bekannte Nuceria bei Terina im Lande der Bruttier. — Aehnliche Bildungen mit andern Endungen sind Nov-la = Nôla (s. u.), Nov-aria in Piemont, Nov-ana in Picenum, No-rba (novo+urbs Pott 1, 124), Nursia in der Sabina = nov-sia mit Verwandlung von s in rs nach umbrischem Lautgesetz.

'nùvlanùs' A. 38. 47.⎫   masc. 2. decl. nom. sg.
'nùvlanum' A. 40.   gen. pl.
'nùvlanùís' A. 7.   dat.
'nùvlanam' A. 55. ⎬ adi. fem.   acc. sg.
'nùvlanu...' A. 23.
'nùvlan...' A. 25.
'nùvla...' A. 5. ⎭

Name der Stadt Nola, von novus mit dem Diminutivsuffix la (wie schon Pott 1, 134 novella verglich), das meistens im Oskischen ohne Bindevokal an den Stamm tritt, so 'herekl-', 'aderl' etc. Es ist also Neustadt, und danach wird man viel eher geneigt sein diese Stadt mit Hekatäus (bei Steph. Byz. s. v.) für ausonisch, als mit Sil. Ital. XII, 161. Justin. XX, 1. sie für eine chalkidische Kolonie oder mit Vell. 1, 7 für eine Gründung der Etrusker zu nehmen (s. S. 124).

ʼpaak   ʼpak-ʼ

ʼpaapiiʼ Münze 10.
ʼpaapiiʼ Münze 4.   } der Italiker S. 202; abgekürzter nom. sing. 2. decl.,
ʼpaapiʼ Münze 6. 8. 9. } Mannsname.
Ausser C. Papius C. f. Mutilus noch Brutulus Papius, vornehmer Samniter; Brutulus.

ʼpaeʼ s. ʼpüsʼ.

ʼpakisʼ XXXIII. nom. sg. 2. decl.
ʼpkʼ IV zweimal. IX zweimal.
ʼpaakulʼ XVI. nom. sg. 2. decl.   } männlicher Vorname und Geschlechtsname.
ʼπαακ...ʼ? XL.

Als Vorname findet sich ʼpakisʼ oder ʼpaakulʼ, d. i. Pacius oder Paculus in den angeführten Inschriften ausser XL., ferner auf der altlateinischen aus Diano in Lucanien Murat. 488, 1 (nach meiner Abschrift): M. AESQVLLI. PAQ. F. RVF. Bei Jorio guida a Pozzuoli tav. II. n. 20 findet sich folgende Inschrift:

ΞΔΕΚΜΟΣ ΕΙΟΣ ΠΑΚΙΟΥ   ΙΣΙΔΩΡΟΣ ΝΟΥΜ
                         ΠΑΡΙΟΣ ΕΠΟΕΕΝ

wo der Name des Erbauers, etwa Decimus Heius Pacii fil. wohl campanisch ist. Bei Schriftstellern kommen vor der Capuaner Pacuvius Calavius Liv. 23, 2. 8, welcher bei Diodor. XXVI. exc. Vatic. p. 66 Dind. *Πάγκυλος Παῦκος*, bei Sil. Ital. XI, 58. 313 — der aus Livius schöpft — in den bessern Handschriften Paculus oder Pacullus heisst. Ferner die Capuaner Stenius Pacuviusque Ninnii Celeres Liv. 23, 8; die Capuanerin Paculla Annia Liv. 39, 13 (so der Mog.). Ebenso ist wohl in dem Namen der Capuanerin Facula (oder Faucula) Cluvia (Liv. 26, 33. Cluvia Facula Val. Max. 5, 2, 1) Pacula wieder herzustellen. — ΠΑΚΙΟΥ allein las ich auf einem runden und dicken Ziegel des Mus. Borbonico; ebenso ΠΑΚΙΟΣ und ΠΑΚΥΛΛΟΣ auf dem Stein von Ischia (S. 197), der Bruttier Paccius Liv. 27, 15 (so der Put., nicht Pactius) und der Samniter Ovius Paccius (so *Par.*, pactio *Med.*) Liv. 10, 38. — Als Geschlechtsname vielleicht XL. Wenige Geschlechtsnamen sind so häufig auf römischen Inschriften in Campanien, Samnium und dem Frentanerland wie der der Paquii oder Pacuvii. — Was die Form betrifft, so finden wir auf oskischen und griechischen Inschriften immer Pâcius (woraus durch Uebergang der Gutturalis in die Aspirata Pahius entstanden ist Gud. 75, 2) oder Pâculus (Pacullus) und zwar beides sowohl als Vor- wie als Geschlechtsnamen, ja sogar heisst dieselbe Person bei einigen Schriftstellern Pacius, bei andern Paculus. Bei den Volskern (s. unten *pacuies*) und Römern verwandelte sich Pacius in Paquius (wie cum in quom etc.) und dies in Pacuvius (wie fuit in fuvit); den Oskern scheinen diese beiden Formen fremd zu sein.

'palanu' I. subst. 2. decl. gen. pl.?
    vgl. die frentanische Stadt Pallanum. S. 169.

'pam'⎫
'pan'⎬ s. 'pùs'.
'pas'⎭

'passtata', XX. acc. pl. neutr. 2. (?) decl.
    Vermuthlich 'pas-stata' (vgl. anti-stes, super-stes), von stata = posita (s. d.) und par, das zu pas assimilirt ist; ähnlich wie par-ies = was neben, zur Seite geht (etwas anders Pott 1, 108. 201) und ἡ παρα-στάς = was nebensteht, Thürpfosten; αἱ παραστάδες = Säulengang, was auch Grotefend G. G. Anz. 1846, 1, p. 517 verglich. S. auch S. 180.

'patanaî' AG. a. 14. b. 17. subst. fem. 1. decl. dat. sg.
    Ueber den Stamm s. 'patensîns'; wir finden Patăna darin, nicht Patāna; und nehmen, wie Panda von pandere die Oeffnende bezeichnet, so Patăna von patĕre in derselben Bedeutung. Als die offene (Schüssel) findet sich dasselbe Wort wieder im sikelischen πατάνα, lat. patina.

'patensîns' A. 50. 51. 3. ps. pl. cj. praes.
'pai......,' XXIII.
    Dem Zusammenhang nach = aperiant, pandant. Der Stamm ist patĕre = öffnen (erhalten in passus, Struve lat. Decl. und Conj. S. 272, patera, patina, sikelisch πατάνα, eigentlich die offene), nasalirt pantĕre (davon Pantica bei Arnob. IV, 3, das der neueste Herausg. nicht hätte ändern sollen) oder pandĕre, intransitiv patĕre, causativ patare (Paul. v. expatare p. 80 und dazu Müller). Die oskische Form 'patens-îns' scheint eine Desiderativ- oder Inchoativform, ähnlich den lat. auf essere, deren Ursprung noch nicht klar ist und die vielleicht aus ensere assimilirt sind (vgl. über diese Curtius Temp. und Modi S. 113 fg.).

'pateref' AG. a. 25. subst. masc. 3. decl. dat. sg.
    = patri.

'peremust' B. 15. 3. ps. sg. ind. fut. 2.
    wahrscheinlich nicht = emerit, sondern = sumserit; emere ist altlateinisch bekanntlich nicht kaufen, sondern nehmen (davon demere u. a.).

'περκενος' XXXVIII. nom. sg. 2. decl.⎫
'perkens' XV. nom. sg. 2. decl.   ⎬ männlicher Vorname und Name.
'perkedne[îs]' XV. gen. sg. 2. decl. ⎪
'perkhen....' XXIXe.   ⎭
    Vorname XV; Name XXIXe. und Cato de re rust. 151: Minius Percennius

Nolanus; einziger Name XXXVIII. Der Stamm ist pereed-, im Nominativ ist
du = m gesetzt, wie 'úpsannam' = operandam.

'pernaf' AG. a. 23. subst. fem. 1. decl. dat. sg.
= Pali deae. Pal-es ist bekanntlich Par-es, wie der Name ihres Festes
Parilia = Palilia zeigt, d. i. eigentlich das Fest der Erzeugung der Lämmer
— nicht der Kälber wie Klausen Aen. 2, S. 880 sagt —: pro partu pecoris,
Fest. p. 222 Müll. Etwas anders Mar. Victor. p. 2470 Putsch: quod eo
tempore sata arboresque et herbae parturiant pariantque. Vgl. Pallad. de re
rust. V, 7. Klausen a. a. O. S. 882. Zu Pales oder richtiger Par-es verhält
sich Per-na wie veter-nus zu veter-es, heri-ne zu heri-es, dia-na zu di-es,
luci-na zu luc-is, iu-no zu iov-is u. s. f.; übrigens ist auch per-na dem
Lat. nicht fremd als Derivatum von parere, nur dass es im Lat. in der Bedeutung Hüfte vorkommt.

'pert' A. 33., Präposition mit dem Accusativ.

'-pert' postpositiv in 'am-pert' und 'petiro-pert'.
Die Bedeutung ist stets usque ad, tenus ('pert viam' A. 33 = usque ad
viam, wo per viam keinen Sinn giebt; 'am-pert' = in usque; 'petiro-pert'
usque ad quattuor), ähnlich wie die des enklitischen per der Lateiner (tan-
tisper, quantisper, paulisper, auch nach Grotefends richtiger Bemerkung
Gött. gel. Anz. 1847 I. p. 536 sem-per = ad unum, nu-per = ad novum),
das mit der Präposition per aus perum nur zufällig zusammenzufallen scheint.
'pert' dürfte mit dem griechischen $\pi\acute{\epsilon}\varrho\alpha\varsigma$ $\pi\acute{\epsilon}\varrho\alpha\tau o\varsigma$ zusammengehören und
scheint wesentlich verschieden von 'perum', wenn gleich beide Wörter von
derselben Wurzel stammen mögen.

'pertumum' B. 7. infin. praes. act.
'pertemest' B. 7. 3. sg. ind. fut. 1. act.
'pertemust' B. 4. 3. sg. ind. fut. 2. act.

Von $\sqrt{\tau\epsilon\mu}$- = schneiden (wovon auch ohne Zweifel contemno, wie wir
von schneidender Verachtung sprechen; anders Curtius Temp. und Modi
S. 79). Agrum secare für a. dividere ist zwar wenig gebräuchlich, aber
dass man so sagen kann, beweist der ager subsicivus.

'perum' B. 5. 14. 21. Präpos. mit dem Acc.
in der bekannten Phrase 'perum dolom mallom' welche mit Klenze per
dolum malum zu übersetzen ist; das danebenstehende 'sipus' = sciens hebt
alle Zweifel hieran. 'perum' ist etymologisch, wie schon Pott 1, 96. 108.
2, 328 gezeigt hat, = skr. param, Singularaccusativ von skr. para =
alius, also = nach der andern Seite, und 'perum dolom' eigentlich trans
dolum. Das abgekürzte per- kommt im Oskischen nur in Compositis vor.

'pestlûm' VI., acc. sing. masc. oder neutr. 2. decl.?
bezeichnet wohl irgend ein Bauwerk.

'*Pettius*', oskisches Nomen, s. '*Herius*'.

'*petora*' nom. pl. neutr. 2. decl.

'*petiru-pert*' B. 14.
'*petiro-pert*' B. 15. } Partikel.

Petoritum et Gallicum vehiculum esse et nomen eius dictum existimant a numero IIII rotarum (vom wälschen pedwar = quatuor, Müller Etr. 1, 32). Alii Osce, quod hi quoque petora quattuor vocent, alii Graece, sed αἰολικῶς dictum. Fest. p. 206. — Von '*petora*' kommt das Cognomen auf dem grossen herculanensischen Namenverzeichniss im Museo Borbonico (gestochen in Rosini's Diss. Isag.): M. NONIVS. PETORVS = Quartus, Quartio, vielleicht auch die Namen der Petronii und Petreii. — Allem Anschein nach ist das Wort '*petora*' = quattuor im Oskischen noch flectirt worden und petŭra oder petira etwa nom. pl. neutr. Wegen der Abschwächung non petora in petira s. S. 213.

'*phim*'
'*pid-*' } s. '*pùs*'.
'*pieis*'

'*piihiúl*' AG. b. 15. adi. masc. 2. decl. dat. sg.

wohl = pio, das im volskischen *pihom*, in den umbrischen Formen pihaklu, pihafei oder -fi, pihaz, *pihatu* oder pehatu zu erkennen ist. Dass pius oskisch PIHIVS lautet, befremdet um so weniger, als auch Cicero nach Quintilian I. O. 1, 4 med. die Schreibung PIIVS vorzog (vgl. die Inschrift bei Visconti monum. degli Scip. tab. 6. n. 1.). Doch ist freilich pius als Epitheton einer Gottheit befremdend.

'*piistiaí*' AG. a. 14. b. 17. adi. fem. 1. decl. dat. sg.

wie es scheint = πιστός, fidus.

'*pipatio*'

clamor plorantis lingua Oscorum Paul. ep. p. 212.

'*pis*' s. '*pùs*'

**'*pl.*' s. '*tr.*'

**'*pr.*' B. 23. 27. 28 zweimal, römische Nola des Prätors. Dagegen B. 21. steht '*pr.*' für '*pru.*'

'*praesentid*' B. 21. adi. masc. fem. 3. decl. abl. sg.
= praesente.

'*praefucus*' B. 23. subst. masc. 2. decl. nom. sg.
= praefectus. Romanisirende Form (S. 229).

'pru-'
 = pro iu Compositis: 'pru-' oder 'pr. meddixud' oder 'prumedicatud' (s. meddix), pruhip- (s. d.), pruter (s. d.).

'pruhipid' B. 25. ⎫ 3. ps. sg. cj. praes.
'pruhipust' B. 26. ⎭ - ind. fut. exact.
 = prohibeat, prohibuerit.

'prupukid' s. 'sir* prupukid'.

'pruter' B. 4. 16. adverb.
 in der Verbindung 'pruter pam (pan)' = praeterquam, nicht von prae, sondern von pro mit dem Comparativsuffix.

'prüf' A. 16. adverb.
 = probe; vgl. 'amprufid' = improbe.

'prüfatted' XXI. XXIV. XXVI. 3. ps. sg. ind. perf.
'prüfattr' XX.
 = probavit, was nach dem Zusammenhang unzweifelhaft ist. 'prüfattr' scheint verschrieben oder verlesen.

'prüffed' XVIII. 3. ps. sg. perf. ind.
 Wenn diese Form, wie es den Anschein hat, Perfekt eines verbum purum auf o ist = prü-ffed wie aamana-ffed, so ist der Anklang an 'prüf', 'amprufid', 'prüfatted' = probe, improbe, probavit wohl zufällig, und das um so mehr, als für probavit wir schon 'prüfatted' haben und probavit in XVIII dem Zusammenhang nicht entsprechen würde, der vielmehr dedit oder dedicavit fordert. Am nächsten liegt πι-πρά-σκω, πρί-αμαι, prě-tium, inter-prě-tis (Pott 1, 206) von √ πρα = tauschen, kaufen (wahrscheinlich radical verschieden von parare und dessen Derivaten Pott 2, 329), so dass 'prüffed' etwa durch adquisivit übersetzt werden kann.

'pùd'⎫
'puv'⎭ s. 'pùs'.

'pùiiu' X. —?—

'poizad' B. 19. adi. fem. 1. decl. abl. sg.
 = quoia von quo- und ea als correlate Form von 'eizak'.

'pukalatùl' A. 4. dat. sg. 2. decl., männliches Cognomen.

'pùkkapid' A. 52. ⎫
'. ocapid' B. 30. ⎬ Partikel.
'pocapit' B. 8. ⎭
 = quandoque. Ueber 'pId' = que s. 'pùs'; pùkka oder poca scheint allerdings das dorische πόκα = πότε, quando, obwohl im Lateinischen von

dieser Form sich wohl keine Spur erhalten hat; denn quoque ist vermuthlich anders zu erklären.

'[p]úllad' A. 56. adi. fem. 1. decl. abl. sg.
Der Zusammenhang fordert die Bedeutung ubi oder quacunque. Der Relativstamm 'pùs' scheint zu pùllus erweitert, ähnlich wie is sich zu illus (illa, illum) verstärkt; vgl. argilla von ἀργός, ancilla von ancus und die Diminutivendung ύλλιον. Dies pùllus musste lateinisch quollus oder cullus lauten, und daraus scheint mit Abwerfung des c wie ubi aus cubi etc. (Bopp vgl. Gr. §. 389.) ullus entstanden = qui, dessen vorwiegender Gebrauch in Negativsätzen wohl zufällig ist.

'pùmpaiians' XXIV. } adi. masc. 2. decl. nom. sg.
'pùmpaiianaí' XXIV. }   fem. 1. decl. dat. sg.
= Pompeianus, Pompeianae. Da die Popidii das zahlreichste und bedeutendste Geschlecht in Pompeji gewesen zu sein scheinen, so dürfte Pompeii hiemit gleichstammig sein, etwa von derselben Wurzel, wovon pŏpulus, die vielleicht zusammenhängt mit πέμπω, die Ausgesandten, die Kolonisten.

'πομπτιες' XXXIX. nom. sing. 2. decl., männliches Nomen.
Bekannt ist der Held der Samniter C. Pontius, der Sieger bei Caudium, 462 von den Römern gefangen und hingerichtet (Niebuhr 3, 250. 468.) und dessen Vater Herennius Pontius oder C. Pontius (s. Herennius). Im Socialkrieg zeichnete sich ein andrer Pontius aus, Pontius Telesinus (Πομπήϊος bei Diod. exc. Phot. p. 540, schr. Πόμπτιος). Auffallend ist es, dass der Römer, welcher nach der Einnahme Roms durch die Gallier vom Capitol die Botschaft an Camillus bringt, Pontius Cominius, einen eben so unrömischen als gut oskischen Namen hat. — Pontius = Quintius, von 'pomtis' = fünf. m vor s oder t wird entweder gemildert durch Verflachung des m in n, oder durch Zwischenschieben eines p (S. 222) oder durch Einschiebung eines Vokals. So wird aus Pomtius theils Pontius, theils Pometius (Suessa Pometia), theils Pomptius, so aus der Grundform Temsa bald Temesa, bald Tempsa.

'pomtis' B. 15. Zahlwort,
= quinque, mit der Endung wie magis (S. 246).

'pùn' s. 'pùs'.

'pupdiis' XXXII b. nom. sing. 2. decl.
'p.' XXIII. XXVIII b. ? XXIX d. XXXI b.
'pùpidiis' XXI. nom. sg. 2. decl.   } männliches Pränomen und Nomen.
'pupidiis XX. nom. sg. 2. decl.
'pupi(d)...' XXVIII a.

Pränomen ist 'pupdiis' XXXII b., worauf die Nota 'p' bezogen werden kann, obgleich freilich auch Percennius u. a. m. damit gemeint sein könnten. In den übrigen Beispielen ist es Nomen; das Geschlecht der Popidii ist besonders in Pompeji ungemein häufig (s. 'pùmpaiians'). Auch Publius und Popilius könnte dasselbe Wort sein, entweder d = l (S. 224) oder mit anderm Suffix. Doch kenne ich keine sicheren Beispiele von samnitischen Publii bei den Alten; denn von den Führern der Italiker P. Praesenteius (App. 1, 41) und P. Ventidius (App. 1, 47) wissen wir nicht, ob sie Samniter gewesen sind.

'purasiaí' AG. a. 16. b. 19. adi. fem. 1. decl. dat. sg.
= purae; über die Endung asius s. S. 254.

'pùs' A. 31. 45. AG. a. 1. nom. sg. masc.
= qui; am sichersten AG. a. 1.

'pis' X. = 'pis', allein B. 8. 10. 19. 29?; in der Verbindung 'suae. pis' B. 4. 13. 17. 23. 25. oder 'suaepis' B. 11. 12. 17. 20. 26. 28. 29.; nom. sing. masc.
= quis. Einige Male steht es so, dass man lateinisch entweder qui oder quisquis übersetzen muss: B. 8. 19.

'pai' A. 15. 34.
'paei' B. 22. ⎱ nom. sg. fem.
'pae' B. 22.
= quae. In paei scheint ei = 'l', vgl. oben S. 209.

'pùd' A. 12. 13. 14. 49.
'pod' B. 10. zweimal. 32. ⎱ nom. sg. neutr.
'πωτ' XXXVI.
= quod. Davon verschieden 'pod' = quo, s. unten.

'pid' A. 41. 51. nom. sg. neutr.
= quid; vielleicht A. 51. = quidquid.

'pitpit'
(cod. Guelf.; pippit Monac.; pirpit vulg.) Osce quidquid. Paul. ep. p. 212 Müll.

'pidum' A. 47.
von 'pid' und 'dum' (s. 'isidum'), vielleicht = quiddam.

'-pid' enklitisch
= que; s. 'pùkkapid' A. 52., '. ocapid' B. 30., 'pocapit' B. 8. = quandoque; 'pùtùrùspid' A. 9. = utrique; '....iispid' A. 25. — Vgl. 'nep' aus 'nepid' (S. 214).

'pieis' B. 6. gen. sg. masc.
= cuius. Es ist nicht von 'pùs', sondern von 'pi-s' nach der dritten gebildet, 'pi-eis', ähnlich wie in quoi-us, quoi-ei (l. Thor. v. 3. etc.), Formen der 3. Decl., auch das i zum Stamm gehört, während quus queis und quoi bilden würde, wie quom und quam.

'pas' B. 25. gen. sg. fem.
= cuius.

'piei' B. 7. dat. sg. masc.
= cui, ein von 'pi-s' regelmässig nach der dritten Decl. gebildeter Dativ 'pi-ei' (s. 'pi-eis').

'pún' A. 50.
'pon' B. 14. 16. 18.} Partikel.
= quum. Abgeschwächte Form aus pùm (S. 224), was sich nicht findet.

'phim' B. 25. acc. sg. masc.
= quem. Die Aspiration ist auffallend (S. 221).

'pam' A. 38.
'paam' XXIV.} acc. sg. fem.
= quam.

'pam' B. 16.
'pan' B. 4. 6.} Partikel.
= quam, worin m in n übergeht, wie sich auch im Lat. *quan* findet (S. 224). 'pruter pam (pan)' = praeterquam B. 4. 16., 'mais — pan' = magis quam B. 6.

'pod' B. 23.
kann dem Zusammenhang nach ('suae praefucus pod post exac Bansae fust' — si praefectus aliquando posthac Bantiae erit) nicht wohl acc. sg. neutr. sein; ich nehme es mit Klenze (Anm. 119) für quando und erkenne darin eine aus dem abl. sg. masc. neutr. = quo (tempore) entstandene Partikel.

'puv' A. 17. abl. sing. masc. neutr.
mit Abschwächung des f in v (S. 225) = quo.

'puf' XXIX a. b.
dem vorigen Worte gleich, aber als Partikel gebraucht = quo, ubi.

'pùs' A. 8. nom. pl. masc.
= qui.

'pous' B. 9. (d. i. povs) abl. pl. masc. neutr.?
= quibus, s. S. 232.

'posmom' B. 16. subst. 2. decl. acc. sg.
= pōmum, dessen langes o auf Wegfall eines Consonanten deutet; Pott 1, 271 leitet es ab von skr. push = nutrire. Das oskische Wort scheint überhaupt Frucht- und Oelbäume zu bezeichnen.

'preivatud' s. 'compreivatud'.

'pùsst-' A. 33.
'pùst-' A. 34.} Particip
von ponere. Es ist sehr schwierig zu bestimmen, ob in der Phrase 'pert vìam pùsstìst, pal ìp ist pùstìn slagìm' etc. die Präposition post oder das

Particip positus enthalten ist; doch ist 'das letztere dem Zusammenhang angemessener und der beide Male fehlende Punkt am Schluss ein Anzeichen, dass hier eine Krasis stattgefunden. Darum vermuthe ich darin pússtú = posita.

'púst' A. 45.
'post' B. 8. 23. 29. } Präpos. mit dem Ablativ.
= post. 'post post' B. 8. wohl Schreibfehler.

'púterelpíd' AG. a. 18. b. 21.
'pútúrúspíd' A. 9.   } loc. sing.
'púturn[mpíd]' A. 22.   adi. masc. 2. decl. nom. pl.
                                    gen. -

= uter (mit abgeworfenem qu, oben S. 289) und 'píd' = que (s. d.), also = uterque. Ueber die Abschwächung von o zu e im Inlaut s. S. 212. 'puterelpíd' könnte auch dat. sg. 3. decl. sein, wenn das Wort im Oskischen wie im Lat. heteroklitisch war; doch ist der Zusammenhang für den Locativ.

'puf' s. 'pùs'.

'·q.' B. 2. 28. 29., römische Nota des Quästors.

'ra.... [a]n[m]..', Münze 2 von Nuceria, S. 200, s. 'degvinum'.

'regaturei' AG. a. 12. b. 15. subst. masc. 3. decl. dat. sg.
= rectori, wohl von einer verstärkten Form regare, wie imperare verstärkt ist aus parere.

'r[ehtúd]' A. 16.
Die Ergänzung ist natürlich ganz unsicher.

'saahtúm' AG. a. 17. b. 20. nom. sg. neutr. part. perf. pass.
von sacere, wovon mit Einschiebung des n das in sanctum erhaltene römische sancere und daraus sancire gebildet ist. Ueber die Erweichung des Gutturals in die Aspirata s. S. 223; die Dehnung des a ist ein Ersatz dafür. Vgl. auch sahta oder sahata in den iguv. Tafeln.

'sakaraklúm' A. 11. 17. V.   nom. sg.
'sakarakleís' A. 20.   } subst. neutr. 2. decl. gen.
'sakaraklúd' A. 13.   abl. -

von sakara- = sakra- und dem Diminutivsuffix klúm, = sacraculum, sacellum.

'sakarater' AG. a. 21. 3. sg. praes. ind. pass.
'sakahíter' AG. a. 19.   conj.

= sacratur, sacretur. sakara-ter erklärt sich sehr einfach; dagegen macht 'sakahíter' Schwierigkeit. Es könnte aus einer verstärkten Form von sacere = sacare abgeleitet sein, wie 'deiua-id' aus deiua- und der Conjunctivendung besteht; die Aspiration wäre dann zur Aufhebung des Hiatus eingetreten. Doch steht 'sakahlter' so unmittelbar neben 'sakarater', dass man vielleicht doch eine anomalische Ausstossung des r und Ersetzung desselben durch h anzunehmen hat.

'σακορο' XXXIX.} adi. fem. nom. sg.
'sakra' XIV. } neutr. nom. pl.
von săc- mit dem gewöhnlichen Suffix rus, welches in der sehr alten Inschrift XIV. unmittelbar an den Stamm tritt, dagegen in den gewöhnlichen Inschriften durch Wiederholung des vorhergehenden a angeknüpft wird, das in XXXIX in o abgeschwächt erscheint.

'santia' XXXII a. subst. 1. decl. masc. nom. sing.
= Xanthias.

'[s]arasne[m]', Münze 1 a. von Nuceria S. 200, adi. masc. 3. decl. gen. pl.?
Appositiv zu 'nuvkrinum', vgl. 'degvinum' Es ist zu bedauern, dass die Aufschrift noch nicht ganz bekannt ist; man möchte 'sarasnem' vermuthen und an den bei Nuceria vorbeifliessenden Sarnus und die populi Sarrastes denken, die Nuceria gründeten (Virg. Aen. VII, 738 und dazu Serv. — Sil. Ital. VIII, 538).

'safinim', Münze 3 der Italiker S. 201, subst. 3. (2.?) decl. gen. pl.
Safines oder Safini (dann allenfalls lässt sich die Form auch als gen. pl. 2. decl. fassen) nannten sich also die Samniter selbst, d. i. Sabini, mit Vertauschung von f und b (S. 225). Σαυνῖται ist entstanden durch Uebergang des den Griechen unbekannten f in den entsprechenden Vocal; Samnites ist, wie Pott 2, 58 richtig bemerkt, aus Sabnites entstanden wie somnus aus sop(or), σεμνός aus √ σεβ, und die Ableitung von dem genus hastae quod σαύνια appellant Graeci (Fest. u. Paul. v. Samnitibus p. 326. 327 Müll.) unzweifelhaft falsch. Die richtige Ableitung der Safines oder Săbini, deren Wurzel ich auch in den zahlreichen Gewässern dieses Namens (so der Fluss Sapis in Umbrien, wovon die umbrische tribus Sappinia, der lacus Sabbatinus, jetzt lago di Bracciano, wovon die römische tribus Sabbatina, der Fluss Sabbato bei Benevent und ein gleichnamiger im Bruttierlande, die vada Sabatia bei Savona, der Fluss Safo oder Savo in Campanien) erkenne, scheint von săpinus = πεύκη, so dass die Sabini eigentlich die Peuketier wären, die Bewohner der Fichtenwälder. Es ist oben S. 95 A. schon bemerkt, dass Skylax mit den Πευκετιεῖς, die er als einen der fünf samnitischen Stämme aufführt, wahrscheinlich die Bewohner der Abruzzen, die eigentlichen Sabini gemeint hat. Der Wechsel der Quantität darf nicht auffallen; er entsteht nicht durch Verlängerung des Vocals, sondern durch Verdoppelung des Consonanten, wie Appulus aus Apulus, Porsenna aus Porsēna etc. Daher Sappinius, Sabbatinus neben Sabinus.

'senateís' A. 8. 35. B. 3. 6. subst. 2. vel 3. decl. gen. sg.
= senatus.

'*Seppius*', männliches Pränomen, s. '*Lesius*'.

'set' s. 'sum'.

'sval' A. 41.
'suae' B. 2. 4. 11. 12. 13. 17. zweimal. 20. 23. zweimal. 25. 26. } Partikel.
28. viermal. 29. 33.
= si oder sei mit ausgestossenem v (S. 225); vgl. skr. avê = wie. Bopp vgl. Gr. §. 159. 341.

σFα...μ(λ) XXXVI. —?—

'sverruneí' A. 2. dat. sg. 3. decl., vielleicht männliches Cognomen,
= Serroni? In einer ungedruckten vestinischen Inschrift kommt ein L. Fuficius L. f. Sverra vor. Adjectiv zu dem folgenden 'kvaísturei' kann es der Stellung nach nicht wohl sein.

'sidikinud' Münzen von Teanum 1. 3. 4. S. 200; Adjektiv abl. sing. 2. decl. Es ist bemerkenswerth, dass im Oskischen die Völkernamen entweder mit dem Suffix cinus (cnus, cînus, cênus) gebildet werden: Sid-icini, Marr-ucini, Car-aceni, Pael-igni (statt Pael-icini; nicht Pel-, nach den Inschriften und den Spuren der Handschriften z. B. bei Ptolemäus 3, 1. Liv. 9, 41. Diod. XX, 90. 101.), worin -genus zu liegen scheint (vgl. die umbrische bilinguis, wo trutiknos = Druti filius; ceicne = Caecina), so dass z. B. die Marruciner die von dem italischen Adam Maras abstammenden sein könnten (s. 'μαρας'). Oder sie sind gebildet mit dem Comparativsuffix tr-, wie die Frentrer und Pentrer, welches bekanntlich besonders gern mit Präpositionen sich vereinigt, vgl. intra, contra, subter etc.; sollten die Pen-tri (von penitus) die im Binnenlande Wohnenden, die Fren-tri (etwa von skr. *param* = ultra, erhalten im lat. perendie Pott 1, 96. mit dem gewöhnlichen Uebergang von b p in f?) die aussen am Meere Wohnenden sein? Der geographischen Lage wenigstens entspricht dies vollkommen.

'siuom' s. suv-.

'*ziculud*' B. 16. }   abl. sing.
'*zicolom*' B. 14. 17. } subst. masc. oder neutr. 2. decl.   gen. pl.
'*zicolois*' B. 25. }   dat. pl.
'*zicel..*' B. 7. }
'*zico*' B. 15. ?

In dem oskischen siculus hat Klenze phil. Abh. S. 28 mit Recht den römischen sicilicus erkannt; es ist ein räumlicher Abschnitt, von secare. An sich scheint das Wort indifferent für jeden Abschnitt gebraucht, so sicilicus im

Römischen für $\tfrac{1}{8}$ (des Asses, Fusses oder Jugerum), siculus im Oskischen bald allgemein für Abschnitt, etwa = pertica B. 7. 16., bald für einen bestimmten B. 17. 25, wo 10, 30 siculi vorkommen. In einem römischen agrarischen Gesetz kann dies Wort, wenn es ein Flächenmass bezeichnet, nur das Jugerum bedeuten. Da es den Samnitern, die nach Vorsus massen (s. d.), an einem technischen Ausdruck für iugerum fehlen musste, war es nicht unnatürlich, dass sie die allgemeine Bezeichnung pars dafür brauchten. 'zico'. scheint die einfache Form ohne das Diminutivsuffix ist aber im Zusammenhang nicht klar. — Peter (Hall. A. L. Z. 1842, 1. Sp. 511) und später Aufrecht (S. 107) suchen in dem Worte dies oder gar dieculus, was ich für irrig halte.

'sipus' B. 5. 14. nom. sg. 2. decl.
= sciens. Eine vortreffliche durch Fest. p. 217 v. persibus = peracutus (mit Beispielen aus Nävius und Plautus, vgl. Varro VII, 107) und ep. p. 336 v. sibus = callidus sive acutus genügend gerechtfertigte Deutung von Grotefend (Gött. gel. Anz. 1847, 1, p. 536).

'sir∗prupukid' A. 1. abl. sing. 3. decl.?
Mehr als ein Buchstabe scheint nicht zu fehlen und das Ganze ein Wort zu sein. Es steht im Namen des Quästors von Abella zwischen dem Vornamen des Vaters und dem Cognomen, also da, wo die römische Tribus steht, und hat auch wie diese ablativische Endung.

'siom' s. 'suv-'.

'σχλαβεχις' XXXV. vielleicht nom. sing. 2. decl., Name?
nicht ganz sicherer Lesung, vermuthlich Mannsname aus einer Gegend, wo Einnamigkeit herrschte, vielleicht mit 'slabiis' verwandt. Vgl. scensa = coena.

'scriftas' B. 25. part. perf. pass. fem. gen. sg. 1. decl.
= scriptae.

'slaag-' s. 'slag-'.

'slabiis' XVIII., nom. sing. 2. decl., Mannsname.
etwa Labius oder Laberius.

'slagím' A. 34. 54.} subst. fem. 3. decl. acc. sg.
'slaagid' A. 12.   }   abl. sg.

Dies Wort muss dem Zusammenhang nach *finis* oder *regio* bedeuten. Peter's Ableitung von lŏcus = stlocus (auch lăcus, lăcuna hätten angeführt werden können, da sie offenbar zu demselben Stamme gehören wie auch unser Loch) scheitert an der verschiedenen Quantität. Ich vergleiche jetzt longus, lang, languere, laxare vom Stamme lag, mag dieser nun vorne ein s verloren haben oder in der oskischen Form eines hinzunehmen; slågis wäre also eigentlich die Länge, die Strecke; der Bedeutung nach passt am besten Flur, ager. / Vom Tempel des Hercules heisst es danach gleich zu Anfang A. 12: 'slaagid púd íst' = der (nicht in der Stadt, sondern) in der Flur belegen ist; wogegen Peter's Uebersetzung: quod in loco est nicht angemessen ist.

'*Spendius*', Name.

Polyb. 1, 69.; ein Campaner, der in Rom Sklave gewesen und sich von da nach Karthago gerettet hatte.

'staíet' A. 58. 3. ps. sg. cj. praes.
'staít' AG. b. 23. 3. ps. sg. cj. praes.

= stet mit intransitiver Bedeutung; vgl. umbrisch *sacre stahu* (Leps. Umbr. - min. 2.). In transitiver Bedeutung finden wir dagegen ähnlich wie im Lat. das Particip:

'anter statai' AG. a. 5. b. 6., subst. fem. 1. decl. dat. sg.

= Statae, Interstitae, deae quae sistit.

'statùs' AG. a. 1. subst. masc. 2. decl. nom. sg.

= statio, actus sistendi. Vgl. 'pas-stata' iuxta posita und volskisch (s. u.) *statom* = statum, collocatum.

'statíf' AG. a. 2—15. 22—25. adverb.

= stative, mit abgeworfenem Endvokal (S. 214). Adjectiv kann es nicht sein, da die Casusendung nach f nicht verloren geht.

'eestínt' AG. b. 1. 3. ps. pl. imper.

= sistunto. Vgl. volskisch *sistiatiens* = stiterunt. Das Wort hat die Neigung wo es transitive Bedeutung annimmt sich zu redupliciren; so skr. ti-shthâmi aus sthâ, griechisch ἵ-στημι, lat. lieber si-sto als sto (transitiv in insto, obsto, status dies etc.) und es scheint eine solche verstümmelte Reduplication zu sein, ähnlich wie ῖ in ἵστημι (Pott 1, 50. 197). Im Arvalliede liest Corssen orig. poes. Rom. p. 96 *limen sal esta berber*, während gewöhnlich *sali sta* gelesen wird und wohl mit Recht, obwohl die Tafel Zweifel lässt; wäre *esta* richtig, so würde es mit unserm 'eestínt' zu vergleichen sein. — Uebrigens ist bemerkenswerth, dass √ sta sehr häufig in sacralen Beziehungen vorkommt, so dass es an consecrare sich annähert.

'staatiis' VI. nom. sg. 2. decl. } männlicher Vorname und Name.
'στατtιης' XXXIX. gen. sg. 2. decl. }

Vorname: XXXIX.; ferner der Samniterfeldherr Statius Gellius Liv. 9, 44, der aber bei Diod. 20, 90. Γέλλιος Γάϊος heisst; ein andrer Führer der Samniter Statius (die Hdschr. haben staiam oder staium) Minatius Liv. 10, 20; der Compsaner Statius Trebius oder Trebius Statius Liv. 23, 1 (wo die Hdschr. a Statio pollicente —— Compsanus erat Trebius); der Capuaner

Statius Metius Liv. 24, 19. — Statius ist überhaupt (namentlich in Norditalien, so der Insubrer Statius Caecilius der Komiker und in vielen Inschriften von Piemont) kein seltener Vorname; aus samnitischen Distrikten erwähne ich noch die nolanische auch von mir gesehene Inschrift Grut. 468, 9: Aufidiae St. f. Maximae, die venusinische Lupoli Iter Ven. p. 314: Q. Raius Sta. fe[il.] Broccus (nach meiner Abschrift); und die fregellanische Cayro Fregelli p. 94: M. Vibius St. f. Ouf. Marcellus sibi et St. Vibio St. f. Ouf. patri suo ex testamento; was freilich auch Stenii filius heissen könnte. — Geschlechtsname VI.; vgl. App. B. C. IV, 25: Στάτιος Σαυνίτης. Einen Lucaner Statius s. unter Clovatus, einen Bruttier dieses Namens unter Opsidius.

'*Statilius*', Mannsname, s. Marius und Stenius.

'στενις' XXXIX.
'stenis' XXXII b. } nom. sing. 2. decl., männlicher Vorname und Name.

Vorname: XXXIX; ferner die Campaner Stenius Pacuviusque Ninnii Celeres Liv. 23, 8., der Samniter Sthennius Mettius (Fest. v. Mamertini p. 158 Müll.), der Lucaner Stennius Statilius (Plin. H. N. 34, 6.), wahrscheinlich derselbe, der Statius Statilius bei Val. Max. 1, 8, 6 heisst. — Geschlechtsname XXXIIb. Die acerraner Inschrift im Mus. Borb. (gedruckt bei Antonini Lucania II, 316 und sonst) des Cn. Stennius Egnatius Primus, Sohn des Cn. St. E. Rufus, zeigt auch noch campanische Namen.

'suveís' A. 9. 35.   masc. 2. decl. gen. sg.
'suvad' IV.   } pron. poss. fem. 1.   abl.
'siuom' B. 22.   neutr. 2.   nom. acc. sg.
'siom' B. 5. 6. 9.

Das skr. svas, dorisch σφός, bei Ennius svus ist im Lateinischen gemildert durch Uebergang von v in den entsprechenden Vocal, im Oskischen durch die diesem gewöhnliche Vokalwiederholung. Aus suvus ist dann sivus und sius geworden.

'*sollo*'

Osce dicitur id quod nos totum vocamus. Lucilius: suasa (*schr.* vasa) quoque omnino dirimit (?) non sollo dupundi — id est non tota. Fest. p. 298. Der Sinn des Verses ist nicht klar; doch scheint sollo nom. sing. neutr. zu sein. — Fest. p. 293 v. Solitaurilia: sollum Osce totum et solidum significat.

'sum' XVIII. 1. sg. praes. ind.
= sum.

'ist' A. 12. 15. (26.?) 31. 33. (in der Krasis und daher enklitisch 'pússtíst') 34. 49. 56. 3. sg. praes. ind.
= est.

'set' AG. a. 1. B.   3. sg. praes. cj.
= sit. Dass es nicht = esset ist (vgl. Curtius Tempora und Modi S. 350 Anm.), ist jetzt aufs Neue bestätigt durch die Tafel von Agnone; siet ward wie im Latein. zu sit, so im Oskischen zu set zusammengezogen.

'estud' A. 40. 44.   ⎫
'estud' B. 12. 23. 26. 30. 37. ⎬ 3. sg. imperat.
                            ⎭
= esto.

'fuid' B. 28. zweimal. 29. 3. sg. praes. cj.
= fuat, sit.

'fusíd' A. 19. cf, 23.   ⎫
'fust' B. 1.(?) 19. 22. zweimal. 23. 28. zweimal. 29. 30. ⎬ 3. sg. fut. ind.
                                                          ⎭
= erit.

'fufans' A. 10. 3. pl. perf. indic.
= fu-f-ans mit der Perfektendung ans und der Reduplication, welche in dieser Wurzel fu sonst im Perfekt nicht erscheint, wohl aber im verstärkten Präsens fufere des Arvalliedes, welches auch zu vergleichen ist wegen der Abschwächung des wurzelhaften u in dieser verstärkten Form. Ganz ähnlich wird aus dare dedi und dedo.

'supparus'
Varro L. L. V, 131. indutui (est) alterum quod subtus a quo subucula; alterum quod supra, a quo supparus; nisi id quod item dicunt Osce.

'σοροFωμ' XXXVI. —?—
Die oskische Vocalisirung — sorovus für sorvus S. 222 — ist deutlich.

'tadait' B. 10. 3. ps. sg. cj. praes. act.
von einem unbekannten Stamme tad-. Es kann nicht cj. perf. sein, da dieser auf d endigt.

'tacusim?' B. 29. acc. sing. 3. decl.?

'tanas' VIII. subst. masc. 1. decl. nom. sg., Vorname.
Vgl. Maras.

'tangineis' B. 9.   ⎫   gen. sg.
'tanginom' B. 9.   ⎪   acc.
'tanginùd' A. 8. 16. 35. 50. ⎬ subst. fem. 2. decl. abl.
'tanginud' XXIV. XXVI.   ⎪
'tanginud' B. 3. 7.   ⎪
'[ta]ngin.' XXV.   ⎭

Das Geschlecht erhellt aus A. 50, vgl. B. 9. — Die Bedeutung ist dem Zusammenhang nach (in der Regel geht 'senateis' vorher, aber auch 'kùmbennieís', '..mparakkieís') entweder = consulto oder = iussu, so dass das griechische τάσσω von √ ταγ zu Grunde zu liegen scheint. Das lateinische taugere ist wohl dasselbe Wort, da aus der Bedeutung berühren sich die andere befehlen entwickeln konnte; ähnlich wie in nutus Wink und Befehl liegt. Tongere = noscere, dominari, vincere (Fest. p. 356 Müll.) hat Peter S. 70 verglichen; doch ist es zweifelhaft, ob dies zu demselben Stamm gehört. — Das Suffix ĭnus (oder înus?) ist auffallend; am nächsten liegen noch Neutralformen wie facinus von √ fac, pignus von √ pag.

'*Taurea*', männliches Cognomen, s. Iubellius.

'ταυρομ' XXXVII. subst. masc. 2. decl. acc. sg.
= taurum.

'*taut-*' s. '*tůvt-*'.

'tedur' A. 56.
ist ganz dunkel, selbst grammatisch; es könnte ein verkürzter Nom. Sing. der zweiten sein wie puer, so dass 'tedur [e]isaí víaí mefíaí tereme[nn]iú staíet' zu übersetzen wäre etwa lapis in ea via media terminus (= pro termino) stet. — Aufrecht S. 22 vergleicht skr. tatra = dort, was dem Sinne nach passt.

'teer-' s. 'ter-'

'telis' Münze von Telesia S. 200, nicht voll ausgeschriebenes Ethnikon.

'teremniss' A. 14. subst. 3. decl. acc. pl.

'teremenniú' A. 15. 57. subst. fem. 1. decl. nom. sg.

'teremnaí....' XXIII.

vgl. '..ierm..' A. 29. und 'trem' XVII.

Die Wurzel ist ter = transgredi (Pott 1, 228), woraus vermittelst des Participialsuffixes mn verschiedene Formen entspringen. 'teremniss' stammt von ter-minis (dem Masculinum zu der Neutralform der Lateiner termen, d. i. ter-mine) oder ter-mnis, woraus durch Vocalisirung teremnis, hieraus teremniss im acc. pl. geworden ist. Doch wäre es auch möglich auf dem Stein teremmss zu lesen. — 'teremenniú' scheint sich zu 'teremniss' zu verhalten, wie terminatio zu terminus, jenes ist abstrakt die Grenze, dieses konkret der Grenzpfahl.

'terům' A. 18.		nom. sg.
'tereís' A. 21.	subst. neutr. 2. decl.	gen.
'tereí' A. 19. 46. 49.		loc.
'teer..' A. 12.		

= terra, das Pott 1, 270 von torrere als die Trockne im Gegensatz der Feuchte erklärt. Die Samniter brauchten das Abstractum neutral.

'tefúrům' AG. a. 17. b. 20. adi. neutr. 2. decl. nom. sg.
neben 'saahtům' = sanctum, womit es ähnliche Bedeutung haben muss. In der sechsten iguvinischen Tafel wird geopfert erst dem *Juve Grabovei* und

den *Trebo Jovie*, dann dem *Marte Grabovei* und dem *Fiso Sansie*, dann dem *Vofione Grabovie* und dem *Tefrei (Tefro) Jovie*, welches letztere einen Jovialgott bezeichnen muss, dem *tefrali pihaklu* ein Opfer dargebracht wird. In allgemeinerer sacraler Bedeutung scheint es in der Verbindung tuva tefra und triia tefra in Beziehung auf den Kult der Puemunis, und in der Form tefruto in Beziehung auf den Kult der Tursa vorzukommen. Auf diese sacrale Bedeutung beziehen sich auch unzweifelhaft (denn osk. f ist lat. b) Tifernus und Tibris, Tiberis, Tiberius, Tibur so wie der etruskische Name der Venus Tifanati (neben dem gewöhnlicheren Turan: Gerhard etrusk. Spiegel A. 88). Jene Formen gehen alle wohl auf ein Suffix urus oder erus (wie pŭtŭrŭs neben puteref, sat-ura, lib-eri) zurück und einen Stamm tib (teb, tif, tef), welcher mit anderm Suffix in den Lokalnamen Tebae (Hügel bei Reate und Ort in Lucanien) und Tifata (Berg bei Capua, und Name einer Curie in Rom Paul. p. 366. Müll., vgl. Mancini tifata ib. p. 131) erscheint. Tebae war nach Varro de re rust. III, 1, 6 in der lingua prisca = colles, und tifata erklärt Paulus a. a. O. durch iliceta, worin man wohl ebenfalls, namentlich wenn man den Tifata mons (jetzt S. Angelo in formis) vergleicht, den bewaldeten Berggipfel zu erkennen hat. Endlich mag diese Wurzel teb auch in tescus stecken, welches bei Varro de l. l. VII, 11 und Festus p. 356 (wie man aus der Reihenfolge der Artikel sieht, s. Müller praef. p. XXVIII. n. 2.) tuescus geschrieben ist und also aus teb-escus contrahirt sein kann. Die ursprüngliche Bedeutung dieses Wortes, das auch sabinisch gewesen sein soll (schol. Horat. Sat. 1, 1, 53), scheint die rauhe steile Höhe zu sein (κατάκρημνοι καὶ ῥάχεις καὶ ἔρημοι τόποι Gloss. Labb.; loca aspera saxea tesca Cic. ap. Fest. l. c.), und von dieser konnte auch die augurale Bedeutung von tescum = templum und überhaupt = sanctum (Varr. VII, 10) herstammen, da der Augur, um ein templum abzugrenzen, ja doch auf einen erhöhten Platz treten musste. Aehnlich scheint 'tefŭrŭm' den Grundbegriff des Hohen zu enthalten, und von diesem aus in den des Heiligen überzugehen, wie superi im Lat.

'thesavref' A. 52. } subst. neutr. 2. decl. loc. sg.
'thesavrům' A. 48. } acc.

= thesaurus, jedoch nicht als Schatz, sondern als Schatzhaus oder Schatzkammer. Theils die genaue Uebereinstimmung der oskischen und der griechischen Form, theils die Aspiration, welche im Oskischen höchst selten und vermuthlich wie im Lateinischen überall unter griechischem Einfluss entstanden ist, bezeichnen das Wort als aus dem Griechischen direct entlehnt. Auch in Latium war thesaurus (thesaurum bei Petron., so dass die Volkssprache mit der oskischen übereinstimmt) ein Lehnwort ältester Reception, das schon bei Nävius und sehr oft bei Plautus vorkommt. Die

schwierige Etymologie kann hier unerörtert bleiben ; nur das bemerke ich,
dass schwerlich aurum darin enthalten 'ist, weil dies noch altlat. ausum
lautete (s. *ausil* im sabinischen Glossar) und gewiss weder im Oskischen
noch im Griechischen sein ursprüngliches s verleugnet haben würde. Dass
griechisch *αυ* oskisch av geschrieben wird, ist ein Beweis mehr für die halb
consonantische Aussprache des griechischen *v.*

'tíanud' Münzen von Teanum Sidicinum, S. 200, subst. 2. decl. abl. sing.
'tiiatium' Münzen von Teate (Teanum) Apulum, S. 201, subst. 3. decl. gen. pl.
Teanum und Teate sind zwei Neutralformen, die sich verhalten wie Nequinum
und Nepete, Lucani und Lucates, und nur durch den Gebrauch zufällig sich
unterscheiden ; eigentlich sind es Adjective, und so kommen sie noch auf
den lateinischen Münzen mit **TIANO** und **TIATI** vor. Die Sidicinerstadt
heisst stets Teanum, die Marrucinerstadt beständig Teate ; in Apulien kommen beide Formen vor, es fragt sich ob für zwei Städte oder für dieselbe
Stadt. Dass Teanum Apulum am Fortore beim lago di Lesina lag, ist durch
Strabo VI, 3, 11 und die Inschrift Orell. 139 (civitas Theanensis) ausser
Zweifel. Wo Teate Apulum zu suchen sei, sagt keine Stelle ; Giovenazzi's
Meinung (Aveja p. XXX sg.), dass es in Chieuti in Capitanata wiederzuer-
kennen sei, stützt sich einzig auf die Aehnlichkeit des Namens und wird
dadurch widerlegt, dass in Chieuti nicht der geringste antike Rest sich
findet (de Ambrosio im Bullett. dell' Inst. 1836 p. 110). Dagegen finden
sich in Teanum Apulum die Münzen mit der Aufschrift **TIATI** ungemein
häufig und mehr als an jedem andern Orte (de Ambrosio l. c.); welche
Angabe, da sie auch sonst noch unterstützt wird, mit Recht als ein starkes
und fast entscheidendes Indicium für die Identität beider Städte von de Ambrosio geltend gemacht ward. Die sonstigen Erwähnungen des apulischen
Teate sind dem nicht entgegen. Im ersten liber colon. p. 210 heisst der
Acker der apulischen Stadt in der besten Handschrift theatinus apulus, in
der schlechteren wohl durch Schreibfehler theanus, im zweiten liber colon.
p. 261 heisst die Stadt teate ; dass von dem bekannten apulischen Teanum
hier gar nicht die Rede ist, erklärt sich sehr gut durch die Annahme der
Identität beider Städte. Bedenklich erscheint es zwar, dass Liv. IX, 20
erzählt: im J. 436 hätten die Teanenser sich ergeben, im J. 437 die Teates
Apuli einen Bundesvertrag abgeschlossen ; allein hierauf hat Niebuhr III.
S. 264 schon geantwortet, dass Livius, selber getäuscht durch die schwan-
kende Namensform, aus verschiedenen Annalen ungleichartig zusammengestellt hat. — Sonach ist Teanum und Teate Apulum dieselbe Stadt, an
der Grenze Apuliens und der Frentaner belegen, und der Ort, wo die Münzen mit **TIATI** geschlagen sind, die man vor Avellino dem marrucinischen
Teate beilegte. — Die Münzen mit der oskischen Aufschrift 'tiiatium' (die

man früher Murgantia zutheilte), gehören schwerlich, wie Avellino meint, der Stadt der Marruciner, wo oskische Schrift höchst befremdend wäre; eher dem apulischen Teate = Teanum, das als Grenzstadt gegen Samnium gar wohl mitunter oskische Münzen geschlagen haben kann gerade wie Ausculum, und das, wie die angeführte Inschrift Orell. 119 zeigt, in der späteren Provinzeneintheilung sogar zu Samnium gehörte. — Die Aufschrift TIATI halte ich nicht für oskisch, sondern für griechisch oder lateinisch. Auf den ältesten Münzen der Stadt, den silbernen Didrachmen und Drachmen, soll sie vermuthlich griechisch sein, da am Ende des V. Jahrhunderts in dieser Gegend wohl griechische Aufschriften vorkommen (z. B. ΛΑΡΙΝΩΝ auf der ältesten Münze von Larinum), aber keine lateinische. Auf diese Silbermünzen und die etwa dazu gehörigen Kupfermünzen folgt dann die oskische Periode, welche durch die Münze mit 'tiiatium' bezeichnet wird, und hierauf endlich die lateinische, wo römische Unzenzeichen eintreten. Die Aufschrift TIATI könnte auch hier noch griechisch sein; doch wird man sie nach Analogie von LADINOD richtiger als lateinische betrachten.

'tintiriis' XXXIII. nom. sing. 2. decl., männliches Nomen.

Lanzi verglich die aquinatische Familie der Dentrii; Tintirii kommen mehrere in Pompeji vor.

'tiú' X. nom. sg. fem. 1. decl.?

'tiurrí' XXIX a. b. subst. 3. decl. acc. sg.

= turrim.

**'tr. pl.' B. 29. 35. ('tr. ////') 37. (wo 'tril' in tr. pl. zu ändern), römische Nota des Tribunus plebis.

'tr.' V. XXII.
'trebiis' XXII. nom. sg. } männlicher Vorname und Name.
'tre' XXVIII c.

Die Nota bezeichnet den Vornamen; sie findet sich auf dem grossen herculanensischen Namensverzeichniss in Rosini's diss. isag.: TREB. STATORIVS. TR. L. TERMINALIS (wodurch die Auflösung gesichert ist) und auf der sehr alten Inschrift in Diano (Tegianum) in Lucanien Murat. 488, 1 (nach meiner Abschrift) L. CAI. TR. F. — Vielleicht ist auch in dem wahrscheinlich verdorbenen Namen des Lucaners Tiberius Clepitius (s. Clepitius) Trebius wieder herzustellen. — Als Geschlechtsname XXII. XXVIII c. und Liv. 23, 1: Statius Trebius (die Hdschr. nennen ihn erst Statius, dann Trebius; Statius Trebius ist Correctur). Der häufige Stadtname Trêbia, die Gentilnamen Trêbonius, Trêbatius, Trêbellius sind von demselben Etymon (tribus?); Trêbula dagegen wohl von tribulare.

'trem' s. 'teremniss'

'tribarakavum' A. 36. verb. infin. praes. act.
'tribarakattins' A. 48. 3. ps. pl. cj. perf. act.
'tribarakattuset' A. 39. 42. 3. ps. sg. ind. fut. 2.
'tribarakkiuf' A. 37. 42. subst. fem.? 2. decl. abl. sg.
'tribaraka....' A. 28.
Peter nimmt 'tribarakavum' in der Bedeutung arare, was weder etymologisch
angeht (s. 'tribum'), noch einen passenden Sinn giebt, da man nicht nach
einem Senatsbeschluss pflügt. Dagegen ist die Bedeutung tribuere, dividere
dem Zusammenhang angemessen, und lässt sich auch wohl etymologisch
rechtfertigen. Das Wort ist ein Compositum von trib- = pars und araka-
oder nach Beseitigung der Dehnung arka-, welches auf den lat. Stamm arc-
führt = servare, tueri, wovon arx, arcere, arca, arcanus (Pott 1, 271) und
ganz besonders unserm tribarc- angemessen in ager arcifinius, d. ager, qui
finibus arcetur, non limitibus, der durch natürliche Grenzen von den umliegenden Grundstücken getrennt ist. So konnte man auch sagen partem
arcere = partiri. Also dürfte tribarakavum zu übersetzen sein = partem
servare, partem habere, partiri. — 'tribarakkiuf' ist = partitu, partitione;
es wird verbunden mit 'uittiuf' = usu. Wie man auf *triplicare* hat fallen
können (Aufrecht S. 53), ist schwer zu begreifen.

'tribum' XXIV. subst. fem. 2. decl. acc. sg.
Man hat hierin = tribunal gesucht, allein theils ist das Piedestal, das man
für ein Tribunal angesehen hat, eher alles andre als dies, theils fand sich
die Inschrift nicht bei diesem Piedestal, sondern auf der Scheidemauer,
welche die sog. curia Isiaca vom Isistempel trennt. Vorausgesetzt, dass dies
der ursprüngliche Platz der Inschrift war (die meisten oskischen Steine in
Pompeji finden sich bekanntlich nicht an diesem, sondern als Bausteine
irgendwie verwandt), so könnte man in dem Worte etwa = partitio suchen,
und sie bezöge sich dann auf die von Vinicius erbaute Scheide. Dabei ist
indess vorausgesetzt, dass das oskische trib- (denn ī bezeichnet die Länge,
S. 211) dem römischen trib entspreche, was allerdings zweifelhaft ist. Vgl.
die Inschrift Murat. 969, 9, die nach der richtigen Lesart lautet: T. Peticius
L. f. chirurgus. Labore et cura vivos perfeci hanc domum; sed filio ante,
huic homini iucundissimo, Paravi tribus ubc (sic) ossa nostra adquiescerent.
Peter S. 75 nimmt tribus in der Bedeutung ager, von terum und skr. bhû; womit man aber nach allen Seiten ins Gedränge kommt, sowohl der Bedeutung als
der Ableitung nach. Wenn man auch die sonderbare Composition aus terra und
fuo sich gefallen lassen will, so kann doch das lange e nicht so ohne Weiteres
ausgestossen werden. tripudium, worauf Peter sich beruft, heisst nicht die Erde
treten, sondern dreimal treten, vgl. triremis etc. Richtig dagegen hat Pott 1, 217
tri-bus von tres und skr. bhû abgeleitet, = Dreitheil, daher allgemein = Theil.

'trīstaamentud' XXIV. subst. 2. decl. abl. sg.
'trisiii . . . . . .' XIV.

— testamento, was sehr gut in den Zusammenhang von XXIV passt. Die Einschiebung des r weiss ich indess nur so zu entschuldigen, dass das Wort aus der lateinischen Sprache entlehnt und dabei — wie trésor franz. aus thesaurus — corrumpirt sein könnte (vgl. Pott 2, 92. 100. 104).

'trutum' B. 15. subst. 2. decl. acc. sg. oder gen. pl. —? —

'τωϜτο' XXXIX. nom. sg.
'touto' B. 9. 15.
'tautam' B. 19. acc. sg.
'toutad' B. 14. 21. abl. sg.
} subst. fem. 1. decl.

'tùvtīks' XVIII. nom. sg.
'tūv.' XX. XXI. XXII.
't.' V. cf. IX.
'toutico' B. 23. fem. 1. decl. nom. sg.
'touticom' B. 10. neutr. 2. decl. nom. sg.
} adi.

Die Stellen, wo der meddix tuticus bei Livius vorkommt, s. bei meddix. Lepsius inscr. Umbr. p. 6 sq. hat gezeigt, dass auf den iguvinischen Tafeln 'tuta' Substantiv ist, welches den Namen einer Kommüne im Adjektiv zu sich nimmt (tuta Tarinate, tutaper Ikuvina) und mit ager (ukriper Fisiu tutaper Ikuvina), populus (pupluper tutas Iiuvinas, tutaper Iiuvina), besonders aber mit tribus (totam Tarsinatem, trifo Tarsinatem tutaper Iiuvina) zusammengestellt wird. Da nun tribus = pars ist, so ist tuta gewiss = tota, also τὸ κοινόν, die Gemeinde (vgl. lettisch tauta = Volk Pott 2, 563), und es kann nicht auffallen, dass die iguvinische Gemeinde bald als Theil des umbrischen Gemeinwesens tribus, bald als selbstständige Corporation tota genannt wird. — Dies Wort nun findet sich im Oskischen als 'tùvt-' (was eine Form tovtus voraussetzt und Potts Ableitung 2, 304 von tôtus aus skr. tâwat bestätigt) und in lateinischer Schrift 'tout-', einmal auch 'taut-', wo u consonantische Geltung hat. Das Substantiv 'touto' ist also = populus oder = oppidum (jenes sicher B. 21., dieses sicher B. 14.), das Adjectiv 'tùvtiks' = publicus, populi. Meddix tuticus, der summus magistratus nach Livius, ist also eigentlich der Curator für die Gemeinde. Dasselbe Adjectiv findet sich in dem Namen des hirpinischen Ortes Equus (nicht Aequ-; die Inschrift Orell. 1113 ist von Romanelli interpolirt) tuticus[74]), der im itin. Hierosol. Equus magnus heisst; was wohl nicht

---

[74]) Ptolemäus 3, 1 hat Τούτικον ohne Variante; bei lat. Schriftstellern kommt wohl nur der Acc. oder Abl. vor. Doch hiess die Stadt schwerlich Aequum, denn sie lag im Gebirge, auch passen dann die Epitheta nicht. S. Cluver. p. 1202.

eine ungenaue Uebersetzung ist, sondern so zu erklären, dass dort ein grosses Ross stand, welches ein Wahrzeichen der Stadt war und also sowohl magnus als publicus heissen konnte. Vgl. die von Pellicano Nap. 1826 bekannt gemachte Inschrift von Nuceria in Campanien: M. VIRTIO. M. F. MEN. CERAVNO. AEDILI. IIVIR. IVRE. DICVNDO. PRAEFECTO. FABRVM. V. VIR. CVI. DECVRIONES. OB. MVNIFICENTIAM. EIVS. QVOD. EQVOM. MAGNVM. POSVERAT. ET. DENARIOS. POPVLO. DEDICATIONE. EIVS. DEDERAT. DVVMVIRATVM. GRATVITVM. DEDE-RVNT. NVCERIAE [75]). — Am schärfsten hat Schömann in dem bei Meddix citirten Programm den Begriff der tovta und des tuticus bestimmt und alle einschlagenden Stellen einer genauen Interpretation unterworfen. Peter (Hall. A. L. Z. 1842 Bd. 1. Sp. 506) vergleicht noch Varro VII, 44, wo die arx als „tutissimum" bezeichnet wird.

'tuset' A. 16. 3. sg. ind. fut.

Den Zusammenhang fordert ein Wort sehr allgemeiner Bedeutung, etwa = tenere, die Form scheint 'tu-set' zu theilen, so dass set die Futurendung, tu der Stamm ist. Vermuthlich gehört diese Form zum Stamme skr. dhâ, griech. $\vartheta\eta$ = ponere, tenere (Pott 1, 186), wovon $\tau i\vartheta\eta\mu\iota$ eine Reduplication ist wie sie bei den kürzesten Stämmen üblich ist, crê-do nach Potts scharfsinniger Erklärung ein Compositum = fidem pono. Die Aspiration ist unterdrückt im Oskischen wie im Lateinischen. Danach übersetze ich A. 16 'teremenniù tuset' durch terminatio obtinebit.

'*Oblacus*', Cognomen?

$\mathring{\alpha}\nu\mathring{\eta}\rho$ $\tau\iota\varsigma$ ῎Οβλακος ὄνομα, Οὐλσίνιος ἐπίκλησιν Dion. XVIII, 2. ῎Οπλακος oder ῎Οπλακος Plutarch. Pyrrh. 16. Obsidius Flor. 1, 18; Präfekt einer frentanischen Schwadron im Kriege mit Pyrrhus. Wegen der Namensform vgl. die Aeclanenser A. Patlacius Q. f. (Orell. 566.) M. Patulacius M. f. Maximus (Guarini ric. Ecl. p. 111.); die Endung (u)lacus oder (u)lacius scheint dem römischen pat-ulcius, rem-ulcus etc. zu entsprechen und beide Wörter von op- und pat- herzukommen. Der zweite Name ist wohl eher Opsidius s. d. als Ulsinius. Ob dieser Oplacus auf Münzen von Larinum dargestellt ist, wie Cavedoni meint (Bull. Napol. n. XIII. a. 1. p. 97), muss dahingestellt bleiben.

'*Ovius*', Vorname.

Ofillius Calavius Ovi filius, Capuaner Liv. 9, 7; Calavii Ovius Noviusque,

---

[75]) Den nucerinischen Flussgott Epidius (s. d.) möchte ich nicht mit diesem equus von Nuceria zusammenstellen, da equus oskisch wohl nicht epus, sondern veifus oder veibus hiess, nach dem oskischen '*Feu....*', römisch Vibo = Hipponium zu schliessen.

Capuaner Liv. 9, 26; Ovius Paccius, Samniter Liv. 10, 38 (ouio pactio *Med.*, nulo paccio *Par.*).. — Vgl. die sehr alte venusiner Inschrift Mur. 507, 6: Q. Ovius Ov. f. tr. pl. viam stravit (nach dem von mir gesehenen Original) und die Aufschrift eines Bronzekopfs mit langen Haaren und Flügeln im kircherschen Museum in Rom (Brunati mus. Kirch. inscr. n. CIV):
C. OVIO. OVF. FIICT

'[ù]ittium' A. 53. subst. fem. 2. decl. acc. sg.
'úittiuf' A. 40. 43. subst. fem. 2. decl. abl. sg.
    vom lat. octi (oitile, oetantur, oetier = utile, utantur, uti Schneider lat. Gr. 1, 1, 83) = usus, mit ähnlichem Suffix wie in 'kùmbenniefs', 'teremenniù'

'*umbrateis*' B. 6. subst. 2. vel 3. decl. gen. sg.
    Vielleicht imperati, vgl. wegen *un* S. 249 und 'embratur'.

'*ungulus*'
    Oscorum lingua anulus Fest. p. 375; wo auch Beispiele aus alten römischen Dichtern dafür angeführt werden. Plin. H. N. 33, 1. legt dasselbe Wort den prisci bei. — Es hängt mit angulus, enge zusammen.

'úp' A. 13. } Präposition mit dem Ablativ.
'op' B. 14. 23.}
    Das Lautgesetz führt auf ap (S. 212), der Zusammenhang auf apud. Der gemeinschaftliche Stamm scheint apere, apisci (vielleicht identisch mit opere, operari) = fügen, wovon mit bekannten Adverbialendungen herstammen apud (= aptô), apis oder abs (wie magis), ape oder ab (wie mage necesse), wofern letztere Form nicht direkt von skr. apa gr. ἀπό stammt. Es ist nicht wahrscheinlich dass von dieser im Lat. so reichen Präpositionalwurzel im Oskischen gar keine Präposition gebildet sein sollte. Das lat. ob ist wahrscheinlich dasselbe Wort und steht in der alten Sprache für apud und ad (ob viam = ad viam Paul. p. 147; ob Troiam, ob Romam, Enn. ap. Fest. p. 178. 201), hat aber später im Gebrauch eine etwas andre Beziehung erhalten, welche dem Oskischen fremd scheint.

'***Oplacus***' s. '***Oblacus***'.
'***Oppia***', Nomen, s. Vestia.
'upsed' IV. perf. ind. 3. ps. sg.
'ups.' XI.
'ουπσενς' XXXIX. perf. ind. 3. ps. pl.
'úpsannam' XXIV. part. fut. pass. acc. sg.
'úpsan…' VI.
'úpsan.' XX. Vgl. XXVI.
    Dem Zusammenhang nach ist 'upsed' = fecit, 'úpsannam deded' = faciendam dedit. Die Ableitung von opus liegt nahe; es scheint ein verbum

purum zu sein, etwa opsare (vgl. lat. operari, worin wie ops, opus beweist r für s steht) und davon ῾ups-annam᾿ = oper-andam, ῾ups-ed᾿ = oper-atus est, s. oben S. 237. — Von diesem Worte kommt nicht bloss eine ganze Reihe oskischer Namen, wie die Opsii (z. B. auf dem öfter erwähnten Namensverzeichniss von Herculanum), Opsidii, Oplaci, sondern auch der Name der Osker selbst, der bekanntlich eigentlich Opscus lautete (Fest. v. Oscos p. 198., vgl. Obscum p. 189.). Wie bellicus von bellum, wird ops-cus von ops- entweder **wirksam** bedeuten (daher vielleicht die leges obscatae Fest. s. v.), oder **thätig, arbeitsam**, und so wären die Opsci eigentlich die Werkleute, was uns an die Burgenbauer, d. i. die Tyrrhener und an die gewaltigen pelasgischen Werke erinnert, von denen nicht die späteren Sitze dieses Volkes, aber wohl die sabinische Heimath so viele Spuren bewahrt hat.

῾*Opsidius*᾿, Nomen.

Obsidius Oblacus (oder Ulsinius, s. Oblacus), Frentaner. — Obsidius, Feldherr der Italiker Oros. V, 18. — Auch die Aufschrift der vielleicht nach Laos gehörenden Münzen ΣΤΑΟΨΙ (Eckhel 1, 116. Bull. Napol. 1, 131 tav. VIII. f. 15) bedeutet wohl Στάτιος Ὀψιδίου oder Ὀψίδιος, in welchem letztern Falle zwei Magistrate genannt sind. Vielleicht ist auch der Opsidius, wovon der lapis Obsidianus den Namen hat, ein Samniter gewesen, da derselbe sich nach Plin. H. N. 36, 26. auch in Samnium findet.

῾urinai᾿ \
῾urina᾿ \
῾urina᾿ \
῾urena᾿ } Münzen von Uria oder Oria in Campanien S. 201, nicht voll ausgeschriebenes Ethnikon.

῾uruvù᾿ A. 56. adj. fem. 1. decl. nom. sg.

= curva. Der Stamm ist erhalten in urbs = die vom Mauerring eingeschlossene Stadt, nur zufällig verschieden von orbis, gewiss nicht = die umpflügte, wie auch Pott 2, 117 bemerkt. Wahrscheinlich sind diese Bildungen aus curvus, Korb, durch die gewöhnliche Aphärese eines Gutturalbuchstabens entstanden.

῾*urust*᾿ B. 14. 16. 3. ps. sg. ind. fut. exact.

An orare mit Schömann zu denken ist sowohl dem Zusammenhang entgegen als der Etymologie; denn orare, worin r für s steht, würde im Oskischen osare lauten. Eher passt arare, dessen a in u übergeht auch in urvum, urvare (vgl. Pott 2, 117). Es hat das Wort wohl einen allgemeinen Sinn = colere, serere, wie er ja auch in ar-bos (bos von √ φυ, das Gewachsene Pott 1, 26) und ar-ista = was auf dem Felde wächst und steht, zu Tage liegt. So kann der oskische Ausdruck pomum arare auch nicht befremden.

῾*uzet*᾿ B. 20. 3. ps. sg. cj. praes. ?

῾*uz-et*᾿ scheint von orare, eigentlich osare (vgl. os) oder vielmehr von orĕre.

'ιδοντιον' XXXVIII.
wohl verlesen; ein andrer Ziegel giebt dafür V C. R.
'*Otacilius*', Nomen, s. 'Niumsis'.
'*Ofillius*', Pränomen, s. Ovius.
'faamat' XXIX. a. b.; verb. 3. ps. sg. ind. praes.
= habitat; Aufrecht S. 76 vergleicht passend skr. dhâman = domicilium; ob auch lat. dŏmus dazugehört, ist zweifelhaft.
'*fac-*' s. '*fefac-*'
'*famel*'
Paul. p. 87.: Famuli origo ab Oscis dependet, apud quos servus *famel* nominabatur, unde et familia vocata. Vgl. 'fiml'.
'*famelo*' B. 22. subst. fem. 1. decl. nom. sg.
= familia.

'feíhúís' A. 45. ⎫ subst. masc. 2. decl. dat. pl.
'feíhúss' A. 31. ⎭   acc. pl.

Peter S. 77 sucht hierin ficus, ich habe früher an vicus gedacht, allein hiegegen spricht, dass f nicht leicht in v, sondern eher in b übergeht, und gegen beides der Zusammenhang, welcher eine allgemeinere Bezeichnung der Grenze fordert. Vielleicht ist an figere zu denken, und figus = res fixa, wie postis von ponere, also = Grenzpfahl.

'*fepacid*' B. 10. (schr. *fefacid*)⎫ 3. ps. sg. cj. perf. = fecisse velit.
'*fefacust*' B. 11. 17.   ⎪ -   - ind. fut. exact. = fecerit.
'*factud*' B. 9.   ⎬ imperat. = facito.
'*facus*' B. 30.   ⎭ particip. perf. pass. nom. sg. = factus.
vgl. '*prae-fucus*' B. 23.

'fíísnú' A. 30. ⎫   nom. sg.
'fíísnam' A. 32. ⎪ subst. fem. 1. decl.   acc.   -
'físnam' A. 45. ⎬
'fí....' A. 24. ⎭

Peter S. 78 vergleicht fanum, das allerdings nach fari, fas, fastus zu schliessen, früher fasnum gelautet haben muss, und beruft sich wegen des Umlauts auf fes-tus, vgl. noch fēriae, φημί und besonders fescemnoe Paul. p. 86 (f. vocabantur qui depellere fascinum credebantur), ebenfalls von fari, wovon fescennini versus (ib. p. 85) gewiss eher abgeleitet ist als von der Stadt Fescennia. Der Umlaut in íí = eiei oder eî ist zwar nicht ohne Bedenken, doch ziehe ich diese Erklärung der meinigen aus fînis (von findere = fisnis?) desswegen vor, weil sie besser in den Zusammenhang passt. Das Geschlecht ist verschieden, es heisst oskisch fana fanae.

'liml' XI., nom. sing. 2. decl., Cognomen.
vgl. 'famel'.

'fistlus' Münze von Phistelia 1. S. 201. nom pl. masc. 2. decl.

'fistluis'}
'fistlüis'} 2—6. S. 201. abl. pl. masc. 2. decl.

'fistel....' - 7. S. 201.

von der Diminutivendung l-, die namentlich in Campanien und dem Hirpinerlande vorkommt (S. 245), und der Wurzel fist-, welche vermuthlich auf findere zurückgeht und den Spalt bezeichnet, bald als das gespaltene Stück: so fustis, festuca, bald als die Spaltung, Oeffnung: so fistula die Oeffnung im Rohr und festra (woraus mit Einsatz von n und späterer Vokalisirung fenestra; festra hat Fest. ep. p. 91 und = ostium minusculum in sacrario Macrob. Sat. 3, 12), die Oeffnung in der Wand. So konnte fist- auch die Brunnenöffnung bezeichnen und pute-olis recht eigentlich Uebersetzung von fist-luis sein. Puteus ist wohl richtig von Pott 1, 252 von putare, reinigen abgeleitet und hat etymologisch mit Fist- nichts zu thun. Dass Puteoli, welches die einzige altcampanische Stadt mit entschieden lateinischem Namen ist, bei den Samnitern anders hiess und doch ebenso wenig den griechischen Namen Δικαιαρχία führte, versteht sich wohl von selbst; passend ist die Benennung Brunnenstadt sehr, da bei Pozzuoli viele kalte und warme Quellen sich finden.

'*Flavius*'.
Prätor der Lucaner Liv. 25, 16, wo der Put. constant Flavus hat; Val. Max. 1, 6, 8 haben wenigstens manche Handschriften ebenfalls Flavus; Φλάβιος heisst er bei App. de bello Annib. 35. Vgl. Oros. 4, 16. Sil. XII, 475.

'fluusal' AG. a. 24. XIX. subst. fem. 1. decl. dat. sg.
'f[l]uusasiais' AG. a. 20. adi. fem. 1. decl. dat. pl.
= Florae, florariis (deabus). 'fiuusasiais', wie die Bronze hat, ist jedenfalls unrichtig. — Das ursprüngliche s hat auch noch das Lat. bewahrt in flos, so wie die sabinische Form flusare, s. u.

'frentrei' Münzen der Frentaner S. 201, loc. sing. 2. decl. des Stadtnamens. Dass diese Münzen den Frentanern gehören, ist wohl als ausgemacht zu betrachten, theils weil sie in den Abruzzen öfter vorkommen, theils weil die Bezeichnung der Frentaner bei Liv. 9, 45 als Feretrani (was nicht geändert werden darf) und das Cognomen FRENTRANVS (so oder ERENTRANVS hat der Stein Grut. 240 in der Centurie des L. Rubrius Secundus) es bestätigen, dass in der gewöhnlichen römischen Form ein r ausgefallen ist. Auch bei Mela 2, 4 haben die Handschriften (s. Gronovs Noten p. 83) die Spuren dieser Form erhalten, indem sie für das Frentani iam der Ausgaben lesen: frentra villa-frentia villa-stentra cula-strenta villa. — Die Endung, kehrt wieder auf dem LADINEI gewisser ziemlich alter Münzen des benachbarten Lavinum. Dies kann nichts anderes sein als loc. sing. 2. decl. Sollte es auch eine Stadt Frentrum gegeben haben? Darauf führt Liv. 9, 16: Aulius cum Frentanis (so ist jetzt mit Recht aus den Hdschr. hergestellt) uno secundo praelio debellavit urbemque ipsam quo se fusa contulerat acies — in deditionem accepit —, und Steph. Byz.: Φρέντανον πόλις Ἰταλίας. τὸ ἐθνικὸν Φρεντανοί· Στράβων πέμπτῃ. — Auch später noch werden die Frentaner sehr häufig den Larinaten entgegengesetzt (Cluver. p. 1205), eine Stadt der andern, nicht ein Volk einer Stadt.

'fruktatiuf' A. 21.
'fr....' A. 21. } subst. fem. 2. decl. abl. sg.

Von √ frug, wovon lat. fructare = ernten und davon fructatio = Ernte gebildet werden könnte und im Oskischen wirklich gebildet zu sein scheint. Das Suffix tiùs findet sich im Oskischen auch sonst, so 'ùlt-tíùm' von octi = usus, und scheint auch den Bildungen zu Grunde zu liegen, welche auf iùs ausgehen und davor den Schlussconsonanten des Stammes verdoppeln, so dass also 'kúmben-niefs', 'tríbarak-kiuf' assimilirt wären aus kúmben-tiùs, tríbarak-tiùs. Vgl. '...mparakkiefs'. Die Endung ist weiblich in 'fruktatiuf' und 'ùlttíùm', vielleicht auch in 'tríbarakkiuf'. Dem Gebrauche nach entsprechen diese Bildungen den römischen auf tio: (fructatio), (utio), conventio, divisio.

'frunter' VIII., nom. sing. 3. (2.?) decl., Cognomen.

'fortis' B. 12. Adverbium.
= forte, wie magis u. dgl.

'fuid', 'fusid', 'fust', s. 'sum'.

'futre[is]' XII.
'futref (fuutref)' AG. a. 4. b. 5.} subst. fem. 3. decl. gen. sg. dat.

scheint abgeleitet von φύω (skr. √ bhû Pott 1, 208), das im Lateinischen mit verkürztem Vokal fúo giebt, wovon ein Causativum φυτεύω, futuo sich bildet und hievon futris; ähnlich wie pus πύον giebt puteo und dies putris. Danach wäre es die Gottheit der Geburt, und es passt dazu, dass ihr einmal das Beiwort mater, ein andermal cerealis, genialis gegeben wird. Welcher römischen Gottheit sie am nächsten stehe, ist zweifelhafter. Die Venus als Göttin der verlangenden Liebe ist oskisch die Herentatis d. i. Volupia; dagegen kann man wohl an die mütterliche Venus genitrix denken, und sehr nahe liegt die räthselhafte pompejanische Venus fisica, die sowohl auf Steinen von dort Orell. 1373 als auf Wandinschriften (rhein. Mus. N. F. Bd. V, S. 457 scripsit Venus fisica Pompeiana) vorkommt und deren Epithet vielleicht absichtlich gewählt ist um an die nationale futris zu erinnern. —

Die Venus Frutis (vgl. über diese Klausen Virg. Aen. 1, 503), die allerdings bei Cass. Hem. ap. Solin. 2, 14 mater heisst (Veneri matri quae Frutis dicitur; vgl. Paul. v. Frutinal p. 90: Frutinal templum Veneris Fruti, wo Festus wohl geschrieben hatte: cui nomen est Fruti) gehört wohl nicht hieher; man müsste sonst annehmen, dass die lat. Benennung auf einer Metathese beruhe. Allein das ist um so bedenklicher, als die Venus Murtea offenbar zeigt, dass diese Gottheit in Stauden und Gebüsch waltet.

'fufans' s. 'sum'.

Fragmentirte und unsichere Wörter.

'a' S. 188.
'akkri' oder 'akura' Münze S. 201.
'am....' B. 3.
'af' S. 188.

'eizs.s' B. 33.
'e(l?)..e(l?)i(t,p?)us' B. 2.
'..emens' XXXa., Name?
'...endeiü' XXIX f.

'.errins' A. 53. 3. pl. conj. praes.
  Da das Wort sonst nicht vorkommt, ist der fehlende Anfangsbuchstabe nicht zu ergänzen; vielleicht 'kerrins' = creent, faciant oder 'ferrins' = ferant.

'...est' B. 35.
'i....' B. 34.
'..igui..' XXVII.
'idn.e.a....erk' XXIX c.
'..ierm..' A. 29., vgl. 'teremniss'.
'..ii..igipaarigtis' XXX a.
'..ilkin...' XXX b.
'iicfeh..' B. 32.
'...iispid' A. 25. s. 'pús'.
'irucis' B. 36.

'ifnl.us.' XXXII c.
'....cas' B. 6.
'comipid' B. 36.
'....labiku' XXIX e.
'....lum' XII.
'....m' B. 31.
'..mens' XXIII, wohl 3. ps. pl.
'...miia' XIV.
'..mluii' B. 33.

'...mparakkieis' XXV. subst. 2. (3.?) decl. gen. sg.
  Es muss dies eine Collectivbezeichnung für dasjenige Collegium sein, nach dessen Geheiss der Quästor zu Pompeji Bauten vornahm; welches nach XXIV. der conventus ist, d. h. wohl die Versammlung der Senatoren, nicht der Bürger. Ich habe mich aber vergeblich bemüht ein Wort zu finden, welches mit dem unsrigen leider verstümmelten und unsicheren Analogie hätte. Formell analog ist 'tribarakkiuf', s. d.

'...mum' B. 32.
'nie....' XXIX f.
'niel...seis' XXIX e.

...ssimas' XIV.
'pikúf....' XXIX f.

'...puriis' XXV., nom. sg. 2. decl., männliches Nomen, vielleicht unvollständig.

'...ras' XII.
'r(?)u...' B. 1.
'...sinum' B. 31.
'z....m' B. 31.
'...s.nom' B. 1.
.sfr..' XXVII.
'...timom' B. 38.
....u' XXVI.

'ü....' XXIX f.
'üe...n' XXIX c.
'...ui(?)i' B. 29.
'uc(g, o?)..amnur...' B. 2. S. 'amnüd'.
'....om' B. 32.
'...usc...' XIV.
'osii....iqu(?)' B. 4.

Alphabet.

'a b g' S. 188. — Vgl. 'a b g d v z h i m n p' S. 201.

Zahlen.

in oskischer Schrift: II. III. IIII. Λ. ΛI. VII. VIII. IX. X. XI. XII. XΛI.
XΛII. XΛIII. XΛIIII auf den Münzen der Italiker S. 202.
XII Inschr. XXIX a. b.
CXII Inschr. XXX c.
in griech. Schrift: II Inschr. XXXV.
in lateinischer Schrift: V I B. 31.
X B. 25.
XXX B. 17.
X↓ B. 4.
Φ B. 26.
ΦΦ B. 12.

Etruskische Inschriften im oskischen Sprachgebiet.

Man hat es längst bemerkt, dass auf einer gewissen Sorte von zweigehenkelten Schalen mit sehr niedrigem Fuss ohne Bilder und mit mehr oder weniger feinem schwarzem Firniss, die in der Gegend von Nola und besonders von S. Agata de' Goti (2. 4. 6) sich finden, eingekratzte Inschriften vorkommen, welche in der Schrift von den übrigen campanischen Monumenten wesentlich abweichen. Alle aufgemalten Inschriften campanischer Gefässe sind, so weit sie nicht griechische Aufschrift haben, keineswegs in dieser besondren Schrift, sondern in gewöhnlicher oskischer geschrieben. Dass das Alphabet jener Pateren das etruskische ist, wird ausser Zweifel gesetzt durch die Entdeckung, dass zwei dieser Pateren ein vollständiges etruskisches Alphabet zeigen (oben S. 6. 7.). Mit dem Alphabet dieser Pateren stimmen die übrigen (mit Ausnahme von n. 2, die mehr auf die oskische Schrift passt) vollständig überein, b und d, Ï und ú fehlen, dagegen findet sich vielleicht ϑ und das doppelte f s der Etrusker. Die dem Oskischen fremden Endungen es und e sind hier häufig, ebenso die im Oskischen seltene Endung sim. Dass diese Pateren aus Etrurien in Campanien eingeführt seien, ist durchaus unwahrscheinlich, da dergleichen Pateren sich in Etrurien selbst nicht finden, auch in einigen Buchstaben (namentlich in a und m) die Schrift von der gemeinen etruskischen etwas abweicht und der oskischen sich nähert, da ferner das bei den Etruskern so gewöhnliche s M hier sehr selten und für das etruskische χ hier (Taf. XIII, 4.) ch vorkommt. Diese Pateren stehen auch in Campanien nicht ganz allein; die campanischen Kupfermünzen des sog. Irnum schliessen sich ihnen an mit einer im Schrift- und Lautsystem dem oskischen durchaus incongruenten, aber genau auf die Alphabete jener Pateren passenden Aufschrift irnϑ∗, deren barbarischer Klang zu dem rohen, von dem aller übrigen campanischen Münzen höchst abweichenden Stil vollkommen passt. Der Ort, wo diese Münzen geschlagen wurden, ist unbekannt[76]; wahrscheinlich ist er in derselben Gegend zu suchen, aus der die Pateren stammen, bei Nola oder S. Agata. Wenn man erwägt, dass die oskischen Münzen von Oria wahrscheinlich aus derselben Gegend herrühren (Friedländer osk. Münzen S. 36) und dass die Typen der silbernen Münzen von Uria (Pallaskopf — Stier mit Menschenantlitz) und der kupfernen des sog. Irnum (Apollokopf — Stier mit Menschenantlitz) ähnlich sind, so wäre es nicht unmöglich die Münzen beider Art einer und derselben in der Gegend von Nola belegenen Stadt beizulegen. Man würde dann zu unterscheiden haben eine ältere oskisch-griechische Periode, wo die Stadt wohlgearbeitete Silbermünzen mit griechischer oder oskischer Aufschrift schlug und Vasen mit Bildern und meistens griechischen Aufschriften dort entstanden, und eine jüngere etruskische, die rohe Kupfermünzen und rohe bilderlose Schalen, beide mit

---

[76] Avellino opusc. III. p. 110 hat auf Sorrent gerathen, wo diese Münzen sich in grosser Anzahl finden sollen.

etruskischer Schrift lieferte. — Doch dem sei wie ihm wolle, die Hauptschwierigkeit, das Auftreten der etruskischen Sprache im Herzen von Campanien im 5. oder 6. Jahrhundert der Stadt, lässt sich ebenso wenig wegläugnen als erklären. An die alte Sage von dem campanischen Etrurien ist schwerlich zu denken; eher möchte eine Uebersiedelung eines etruskischen Haufens durch die Römer stattgefunden haben, in der Art wie die Picenter nach Lucanien, die Ligurer in die Gegend von Benevent, die Capuaner nach Etrurien und Latium (Liv. 26, 34) durch Senatsbeschluss übersiedelt wurden.

Die Inschriften sind auf Tafel XIII. zusammengestellt. Ich bedaure die Vergleichung der schon bekannten Inschriften dieser Art und die Nachforschung nach ähnlichen in Italien vernachlässigt zu haben, so dass ich hier fast nur bekanntes zu bieten vermag. Die sprachliche Wichtigkeit dieser unansehnlichen und schwer zu entziffernden Inschriften ist mir zu spät klar geworden. Die Berliner Schalen hat übrigens Friedländer mit den Stichen in Gerhards neuerworbenen Denkmälern verglichen und die vollkommene Treue derselben mir bestätigt. — Auch dafür kann ich nicht bürgen, dass alle hier vereinigten Inschriften zu der von mir behandelten besonderen Klasse gehören; da der Fundort selten bekannt ist und die inneren Kriterien keineswegs immer ausreichen, war hier nicht zum Abschluss zu gelangen.

1. ʻmarahieif puntaiſ pʼ

Schwarze Tazza des Museo Borbonico, auf der innern Fläche mit nolanischen Ornamenten, welche die Inschrift einschliesst. — Gerhard Neapels Antiken Taf. II. Z. IV, 4, n. 182. p. 300. Lepsius tab. XXVI, n. 25.

2. ʻkanutieſſimʼ

In der Mitte einige Ornamente. Gefunden bei S. Agata de' Goti (Rainone storia di S. Agata de' Goti p. VII), später in der Sammlung von Francesco Daniele (Lanzi T. III. p. 610. ed. 1.; p. 524. ed. 2.), alsdann in der von de Jorio (Lepsius tab. XXVI. n. 26). Den Punkt nach ʻkanutieʼ hat Lepsius, aber Lanzi nicht; er dürfte zufällig sein. — Sowohl die Form des a als das k (an dessen Stelle das nolanische Alphabet c wiederholt) sind oskisch und abweichend von dem gewöhnlichen Alphabet dieser Schalen.

3. ʻveltineiſimʼ

Aus der Sammlung von Fr. Daniele Lanzi T. III. p. 610. ed. 1, p. 524. ed. 2.

4. ʼe(?)nteiſ venteiſ culchnaſim
       a
         vueʼ

Patera, gefunden bei S. Agata de' Goti, alsdann im Besitz von de Jorio (Lepsius tab. XXVI. n. 27.).

5. ʻherineʼ

zierliche Patera des Berliner Museums (n. 1619), stammt aus Nola. Annali dell' Instituto vol. IV. p. 279. vol. VII. p. 174. Gerhard neuerworbene Denkm. des berl. Mus. 1836. n. 1619. Lepsius tab. XXVI. n. 28.

6.
Patera, gefunden zugleich mit n. 4 bei S. Agata de' Goti, später bei Antonio Giordano in Neapel (Guarini comm. XI. p. 33. Lepsius tab. XXVI. n. 29.).

7. 'marhiefa✱elemicel'
nolanische Patera des Berliner Museums n. 1613, von vorzüglichem Firniss, auch durch ihre Grösse (3⅜ Zoll Höhe, 10 Z. im Durchmesser und ihren schlanken Fuss vor den übrigen dieser Art ausgezeichnet. Die Inschrift steht auf der inneren Fläche. Das Berliner Museum erwarb diese Schale so wie die n. 1614—1618 vom Prinzen Sangiorgio Spinelli. (Guarini comm. XI. p. 35. Gerhard neuerw. Denkm. n. 1613. Lepsius tab. XXVI. n. 30.)

8. 'mamer.ief. husinief.'
nolanische Patera des berliner Museums, n. 1614 (2 Z. Höhe, 8½ Z. Durchmesser), deren Inschrift mit besonderer Feinheit eingegraben und von altem Firniss gedeckt ist, merkwürdig wegen des doppelten f s, wovon letzteres eine ganz besondere nur auf dem entsprechenden nolanischen Alphabet wiederkehrende Gestalt hat. (Gerhard neuerw. Denkm. n. 1614. Lepsius tab. XXVI. n. 31.).

9. '✱.up.fi✱e'
nolanische Patera des berliner Museums n. 1617 (2⅔ Z. Höhe, 9 Z. Durchmesser). — (Gerhard neuerw. Denkm. n. 1617. Lepsius tab. XXVI. n. 32.).

10. 'marvni' (?)
auf der inneren Fläche einer Tazza des nolanischen Seminars (ob mit Farbe aufgetragen oder mit dem Stempel eingedrückt oder eingekratzt, erfahren wir nicht), die in Nola gefunden ward (Remondini diss. sopra una sing. iscr. osca tav. n. IV. p. 26. n. 33. p. 51. p. 53., und danach Lanzi T. III. p. 607 ed. 1, p. 521 ed. 2.). Remondini vergleicht die Inschrift eines andern nolanischen (p. 26. n. 33) Gefässes ARV (tav. n. V.).

11. 'miaitilnia'
'marco d' officina doliare (?) impresso (?) in fondo di una tazza di terra cotta' früher im Seminar zu Nola (Remondini diss. sopra una sing. iscr. osca tav. n. III. p. 51. 53.; daraus Lanzi T. III. p. 608 ed. 1, p. 522 ed. 2. Lepsius tab. XXVII. n. 40).

12. 'epelatinae'
in rozza patera del Museo Borgia scritta col ferro (Lanzi T. III. p. 608 ed. 1, p. 522 ed. 2). Stammt wahrscheinlich nicht aus Campanien.

13. vurelrunahel✱✱ϑutumleunie XXII   a....'
nolanische Patera des berliner Museums n. 1618 (2½ Z. Höhe, 6½ Z. Durchm.), von schlechtem Firniss. Die sehr zerstörte Aufschrift ist aussen herum eingekratzt; die nach IIXX noch folgenden Züge ... A sind durch einen grösseren Zwischenraum getrennt als die Tafel ihn zeigt, und gehören nicht mit der Hauptinschrift zusammen. Die Abschrift verdanke ich Friedländer; die cursiv gedruckten Buchstaben, darunter auch ϑ, sind unsicher.

Hiezu[77]) kommen noch einige andre Schalen des berliner Museums, die wir hier als n. 15. 16. 17 einschalten.

15. 'venlif.
nolanische Patera des berliner Museums n. 1616 (2 Z. hoch, 8½ Z. Durchm.). Gerhard neuerw. Denkm. I, n. 1616.

16. 'veliicfnipe'
krugförmiges vermuthlich nolanisches Gefäss des berliner Museums n. 1667 (3⅜ Z. hoch, 1½ Z. Durchm.). Die im Kreis geschriebene Inschrift steht am Fuss; der Anfang ist willkürlich. Gerhard neuerw. Denkm. II, n. 1667.

17. 'venilcif'
Schale aus Neapel, jetzt im berliner Museum n. 1747 (2¼ Z. hoch, 7 Z. Durchmesser). Gerhard neuerw. Denkm. III, n. 1747. Vielleicht identisch mit der Aufschrift von n. 15; ja auch n. 16 scheint verwandt.

Ueber die Münzen des sog. Irnum vgl. Hunter p. 354 tab. LXII n. 20. Eckhel sylloge I. p. 2. tab. 1, n. 4. D. N. 1, p. 118. Mionnet I, p. 126. S. I. p. 257. Avellino opuscoli III. p. 109. tav. 7. n. 6. Sie haben eine eigenthümliche länglich runde, in Campanien sonst nicht gewöhnliche Form. Die Typen sind constant der lorbeerbekränzte Apollokopf rechtshin und der Stier mit dem Menschenantlitz, linkshin schreitend. Von der Inschrift sind die ersten vier Buchstaben constatirt: IDN⊕, wobei der letzte verschiedene Formen hat: ⊕ Φ Θ O. Einzeln findet sich durch Stempelfehler ND für DN (Avellino 3, 110). Sie ist bald recht- bald rückläufig[78]). Der oder die letzten Buchstaben der Aufschrift sind unsicher; Hunter las hinter dem Θ noch ein zweifelhaftes N, Eckhel I⊐, Avellino I oder I⊣, Mionnet auf drei Exemplaren ⊢ ⊣ oder ⊢ oder I⊣, und diese letzte Lesart hat auch Friedländer auf der Schwefelpaste eines pariser Exemplars gefunden. IDNOI⊣ scheint also gelesen werden zu müssen; welchen Werth das letzte Zeichen habe, weiss ich nicht zu sagen.

---

77) n. 14 der Taf. XIII — von einer „Kymbe" mit röthlichem Grund, n. 1314 des berliner Museums — gehört nicht zu diesen campanisch-etruskischen Inschriften, sondern stammt aus Castellaccio in Basilicata (Gerhard hyperboreisch-röm. Studien 1, S. 325). Ich habe sie mit abbilden lassen wegen des Interesses, das ihr griechisches Alphabet verdient; es scheint mir das achäische (Taf. I. n. 5), und die Aufschrift so zu lesen:
$\xi o v \tau \iota \kappa \epsilon \mu \delta \iota \pi o \xi \epsilon \rho \iota \mu$
Die Inschrift ΠVPINO auf der Schale des berliner Museums n. 1615 dürfte, wenn sie ächt ist, woran Gerhard (neuerw. Denkm. I, S. 43) zweifelt, gleichfalls griechisch sein; sie ist die einzige rechtläufige unter all diesen Inschriften.

78) Auf vier Exemplaren des berliner Kabinets lautet nach Friedländers Mittheilung die Aufschrift: I⊕И DI — ID⊕NI — ₊DNΘ — ₊ID₊O₊₊.

DER VOLSKISCHE DIALEKT.

Der volskische Dialekt.

Nur ein einziges Mal wird bei den Alten der volskische Dialekt erwähnt; bei dem Komiker Titinius unbestimmten Alters, der vielleicht selbst Volsker war[1]), in einem Fragment seiner togata Quintus: 'Qui obsce et volsce fabulantur, nam latine nesciunt' (Fest. v. Obscum p. 189 Müll. Neukirch de fab. tog. p. 129). Ein volskisches Wort findet sich noch in der fragmentirten und dunklen Stelle des Festus p. 293: Sublicium pon[tem quidam putant] appellatum [esse a sublicis, peculiari vo]cabulo Volsco[rum, quo appellant.....] in latitudinem [....... unde   non ali]ter Formiani [vocant ....] librorum, qu[ae ab aliis ....] sublices voca[ntur]. Wenn wir dazu noch einige volskische Namen fügen, wie den volskischen König Tullus Attius, zu dem Coriolan floh und auf den Cicero sein Geschlecht zurückführte (Drumann R. G. 5, S. 206. A. 77), den Fundaner Vitruvius Vaccus (Liv. 8, 19. Niebuhr 3, S. 200), allenfalls noch Virgils 'Volsca de gente Camilla' (Aen. VII, 803 und dazu Servius: de Priverno Volscorum oppido) und deren Genossin Acca (Aen. XI, 820) so wie den Volusus (Aen. XI, 463); und etwa die Aequiculer Septimus Modius und Sertor Resius (auct. de nomin.) und Gracchus Clölius (Liv. 3, 25. 28), so sind wir mit den bei Schriftstellern erhaltenen Sprachresten am Ende — abgesehen von den Volks-

---

[1]) Ich schliesse dies aus den auffallenden Titeln dreier seiner Stücke: Ferentinas Setina Veliterna (vielleicht auch Harubra statt Ulubrana?), von denen der erste sicher ein zweiter Titel der Psaltria war (s. Bothe P. Sc. VI, p. 60. Neukirch. de fab. tog. p. 121). Ferentinum Setia und Veliträ sind drei Städte der volskischen Landschaft im weitern Sinne. — Das Alter des Dichters ist unbestimmt; Varro de Latino sermone l. V. ap. Charis. II. p. 144 Lind. nennt ihn neben und vor Terenz (559—595); er selbst (fr. inc. 5 Bothe) erwähnt die Schlacht bei Cannä (538). Neukirch de fab. tog. p. 100 setzt seine Blüthezeit um 584.

und Stadtnamen, wovon wir nur anführen Plin. 3, 5, 59: Terracina oppidum *lingua Volscorum* Anxur dictum. — Etwas weiter reichen die freilich auch sehr sparsamen Inschriften, worunter die wichtigste ist die sogenannte tabula Veliterna:

1. (Taf. XIV.)

deue: decluue: statom: sepis: atahus: pis: uelestrom
fa[s]ia: esaristrom: se: bim: asif: uesclis: uinu: arpatitu
sepis: toticu: couehriu: sepu: ferom: pihom: estu
ec: se: cosutics: ma: ca: tafanies: medix: sistiatiens

Diese kleine Bronzetafel fand sich im J. 1784 in Velletri innerhalb der Stadt an dem höchsten Punkte derselben bei dem Graben des Grundes zu einem neuen Oratorium in der Kirche S. Maria della neve; zugleich, wenn auch nicht an demselben Orte entdeckte man die merkwürdigen wahrscheinlich einer alten Töpferwerkstatt angehörigen und daher meistens in mehreren Exemplaren wiederholten Terracotten alterthümlichen und nationalen Stils, welche Leichenspiele und ein Todtenbette mit Flötenbläsern nach etruskischer Sitte darstellen und jetzt im Museo Borbonico sich befinden[2]. Ebendaselbst befindet sich auch die Bronzetafel und ist dort von mir mit dem lepsiusschen Stich verglichen worden. Publicirt ist die Inschrift nach dem Original von Lanzi III. p. 616 ed. 1., p. 530 ed. 2, t. l. tav. 4. u. 5.; von Cardinali iscriz. Veliterne p. 34 (auch in gutem Kupferstich); von Lepsius tab. XXVI. n. 24. p. 81. Die Nachstiche übergehe ich. Die Schrift ist sehr deutlich und nirgends zweifelhaft; nur in 'fasia' Z. 2. zu Anfang fehlt dem s der obere Strich, so dass es das Ansehen eines umgekehrten c bekommt. Nach 'statom' und 'toticu' stehen bei Lepsius irrig nur zwei Punkte. In 'declune' hat u vielleicht einen Punkt, doch kann derselbe zufällig sein.

Die Schrift ist die lateinische, mit den gewöhnlichen Eigenthümlichkeiten der älteren Epoche, dem A mit gelöstem Mittelstrich, dem unten geöffneten O (oben S. 29) u. s. f. Nur die Interpunction mit 2 oder 3 Punkten so wie die Abwesenheit des g sind abweichend und dürften der Tafel ein höheres Alter zuweisen.

---

[2] Publicirt von Becchetti und Carloni Bassirilievi volsci Rom. 1785 fol. und im Museo Borb. vol. X tav. 9—12. — Fundnotizen über die Inschrift bei Becchetti l. c. p. XVI.; Eckhel sylloge num. 1, p. 98; Fea miscell. 2, p. 79, 195; Grossi lettere su' Volsci Nap. 1813—16. T. 1. p. 173. Cardinali iscriz. Velit. p. 34.

2.

```
ΓA. VI. ΓACVIES. MEDIS
o    VESVNE. DVNOM. DED    o
     CA. CVMNIOS. CETVR
```

Bronzetafel 8 napolet. once lang, 2 breit, in welche die Schrift mit dem Grabstichel eingegraben ist, mit zwei Löchern an beiden Seiten, neben denen das Metall eingedrückt erscheint in Folge der Nägel, womit die Tafel befestigt war. Gefunden in der marsischen Stadt Antinum (jetzt Civitá d' Antino) fünf Miglien südwestlich vom Fucinersee (nicht in dem volskischen Antium oder dem volskischen Atina, wie man wohl gesagt hat) unter alten Trümmern. Publicirt von Romanelli topografia III. p. 231 nach einer Abschrift des Eigenthümers Francesco Ferrante, alsdann von Guarini comm. XIII. p. 9, der die Tafel in den Händen Tuzii's sah und selbst abschrieb; sie wird noch jetzt im Besitz der Familie Ferrante sein. Aus Romanelli und Guarini wiederholte sie Lepsius tab. XXVII. n. 45. p. 87. Beide Herausgeber geben sie nur im Druck, nicht im Stich; Guarini, der sie selber sah, bemerkt indess, dass die Buchstaben die gewöhnlichen römischen seien, mit Ausnahme des Γ. Guarini lässt Z. 1. den Punkt nach VI, Z. 3. nach CA, Romanelli Z. 3. den Punkt nach CVMNIOS weg; doch bleiben die Zwischenräume. — Obwohl Antinum von Plinius 3, 12, 106 (wo für Atinates zu schreiben ist Antinates) den Marsen beigelegt wird und in mehreren Inschriften Antinum Marsorum heisst (Q. Novio Q. f. Secundino omnibus honoribus Mars. Antino functo bei de Sanctis trè dissertazioni Ravenna 1784 p. 30.; Montanus populi Antinatium Ma[rso]r. ser. arcarius Murat. 1025, 1. und besser de Sanctis l. c. p. 30), so haben doch schon seit Phoebonius die Topographen darauf die Stelle des Livius IV, 57 bezogen vom J. d. St. 346: Caesi ad Antium hostes; victor exercitus depopulatus Volscorum agrum, castellum *ad lacum Fucinum* vi expugnatum atque in eo tria milia hominum capta, ceteris Volscis intra moenia compulsis nec defendentibus agros. Mag dies Castell Antinum sein oder nicht, so steht es doch hiernach fest, dass noch im vierten Jahrh. der Stadt das volskische Gebiet sich bis zum Fucinersee erstreckte und Antinum erst später zu dem marsischen Gebiet geschlagen worden sein muss. Die vollständige Aehnlichkeit des Dialekts und der Schrift dieser Bronze mit der Bronze von Velletri, während die marsischen Inschriften keineswegs völlig übereinstimmen, bestätigt diese Vermuthung.

Andre volskische Inschriften giebt es nicht; denn IIVƺTλ auf einer halbmondförmigen mit einer Kette um am Halse getragen zu werden versehenen

Goldplatte aus den pontinischen Sümpfen, später im Museum Borgia (Lanzi 3. p. 532 ed. 2), = Iusta, ist vielleicht nicht einmal altlateinisch, geschweige denn volskisch. — Die Seltenheit der Inschriften in nationaler Sprache in diesem Distrikt hat ihren Grund vermuthlich darin, dass die meisten volskischen Städte nicht erst mit dem Socialkrieg, sondern bedeutend früher das römische Bürgerrecht empfingen, so z. B. Fundi Formiae Arpinum im J. 566 (Liv. 38, 36. Cic. pro Balbo 13, 31. de offic. 1, 11, 35; meine Abhandlung über das römische Münzwesen Abschn. I, 1.) und damit natürlich aufhörten der nationalen Sprache sich zu bedienen und nationalen Magistraten zu gehorchen. Antinum, das marsisch geworden war, erhielt dagegen gleich den übrigen Marsern das Bürgerrecht nicht; so kann auf einer wohl nicht lange vor 665 abgefassten Inschrift noch ein Meddix vorkommen. Velitrae war zwar eine sehr alte schon u. c. 260 deducirte (Liv. II, 31. Dion. VI, 43. VII, 13.) und 262 verstärkte (Liv. II, 34. Dion. VII, 13.) wahrscheinlich latinische (Madvig opusc. priora p. 295) Colonie; allein in dem vollständigen Verzeichniss der lateinischen Colonien aus dem J. d. St. 545 (Liv. 27, 9. 10.) fehlt Velitrae und kann also damals das lateinische Recht nicht gehabt haben. Schwerlich hatte sie an dessen Stelle volles oder Halbbürgerrecht bekommen; wenigstens ist mir kein Beispiel bekannt, dass eine lateinische Colonie vor 665 das Bürgerrecht erhalten habe. Eher ist anzunehmen, dass die Stadt, die ihren Bundesvertrag mehrfach brach, bei der Schleifung und harten Bestrafung im J. 416 (Liv. VIII, 14) das lateinische Recht verlor und dafür ein foedus iniquum erhielt; In dieser Verfassung mag sie verblieben sein, während die benachbarten volskischen Städte zuerst das Halb-, dann das volle Bürgerrecht erhielten. Als unsre Bronze angefertigt ward, stand sie noch unter Meddices und hatte die Civität nicht; ob sie dieselbe erst 665 oder früher erhielt, ist nicht auszumachen. Doch spricht gegen die letztere Annahme, dass Velletri keine einzige archaische lateinische Inschrift aufzuweisen hat.

Dass volskische Münzen fehlen, hängt theils ebenfalls zusammen mit der früheren Erwerbung des Bürgerrechts, womit die Autonomie und damit das Münzrecht der Städte aufhörte, theils damit, dass die Volsker sich der schweren gegossenen Asse ohne Aufschrift bedienten. Eine der latinischen Serien könnte wohl nach Velletri gehören. Die Münzen von Aquinum beweisen, dass diese Stadt erst spät das Bürgerrecht erlangte; die Aufschrift aber ist lateinisch, da die Münzen einer Zeit angehören (Mitte VI. Jahrh.), wo die lateinische Sprache schon bis Teanum und Kumae vorgedrungen war. Die angeblichen Münzen von Minturnae verdienen kaum der Erwähnung.

Das Wenige, welches diese beiden Inschriften uns von der volskischen Sprache erkennen lassen, zeigt (wie auch schon Grotefend rudim. linguae Umbr. V. p. 18 und Lepsius inscr. p. 81 bemerkt haben) die auffallendsten Analogien mit dem Umbrischen, welche ebenso viele Verschiedenheiten vom Oskischen sind. Wir bemerken im Einzelnen:

1. Den vollständigen Mangel der Diphthonge ai ei oi (ui in 'pacuies', wenn nicht, wie ich glaube, 'pacvies' zu lesen ist), wovon ai durch e ersetzt wird (-e dat. sing. 1. decl. wie im Umbrischen; 'se' = osk. svaí, umbrisch sve) und ebenso oi (osk. deívaí = volsk. 'deve').
2. Im Auslaut stehen öfters Vocale: 'fasia' — 'deve' 'declune' 'vesune' 'se' — 'arpatitu' 'estu' 'uinu' 'couehriu' 'sepu' 'toticu'; womit zusammenhängt das auch im Umbrischen zur Regel gewordene Abwerfen des schliessenden d in 'estu' = esto und wohl auch in den meisten andern der zuletzt angeführten Formen, welche abl. sing. 2. decl. oder Imperative zu sein scheinen.
3. Die Abkürzungen der Vornamen werden nicht durch die beiden ersten Consonanten gebildet, wie bei den Oskern (S. 241), sondern durch die zwei ersten Buchstaben.
4. Die Ordnung der Namen: 'cc. se. cosuties, ma. ca. tafanies, pa. vi. pacuies' entspricht nicht der oskischen, sondern der umbrischen der Inschrift von Asisi: c. v. vistinie, ner. t. babr. maronnteí, vois. ner. propartie, t. v. voisiener; wobei wahrscheinlich der zweite Vorname als der väterliche im Genitiv zu fassen ist, etwa Paquius Vibii fil. Paquius.
5. Auch die Zerstörung der Verbalendung ust in us, wie im Umbrischen apelus neben apelust, scheint vorzukommen in 'atahus', das wegen des vorausgehenden 'sepis' wohl als Verbalform zu fassen ist. Ebenso dürfte 'fasia' durch Abwerfung von t entstanden sein, wie umbrisch fasia nach Aufrecht S. 82 = faciat, habia = habeat, vielleicht auch 'se' Vel. 2 durch gleiche Abwerfung aus set = sit, und 'dedca' aus dedicat. Beides ist dem Oskischen unbekannt.
6. Eine Anzahl einzelner Wörter kehrt im Umbrischen wieder, so vor allem die Gottheit 'uesune' öfters auf Iguv. tab. IV in der Verbindung vesune puemunes puprikes, ferner 'fasia' (s. 5.), 'uescles' neben veskles uesclir veskla vesklu, 'uinu' neben vinu uinu; auch 'medix sistiatiens' hat Lepsius vielleicht richtig verglichen mit kvestre- sisteteies (Iguv. II. in f. cf. I. in f.).

Geringer scheint die Verwandtschaft mit dem Oskischen; ich wüsste nur das anzuführen, dass der Rhotacismus der Umbrer und das Abwerfen des m im Auslaut dem Volskischen fremd scheint und dass einige der Vornamen übereinstimmen, so Paquius Vibius Marius (?) Gaius, so wie auch die beiden Meddices ähnlich auf oskischen Inschriften vorkommen, während in Umbrien bis jetzt noch kein Meddix zum Vorschein gekommen ist.

Dies merkwürdige Factum der Sprachgeschichte, wonach der volskische Dialekt in der Mitte steht zwischen dem oskischen und umbrischen, jedoch dem letzteren bedeutend näher und frei von einem Theil der jüngeren Corruptionen desselben, lässt sich aus den uns erhaltenen Stammsagen nicht vollständig erklären. Niebuhrs Meinung (I, 66. 70—72), dass die Volsker ein Theil der eingewanderten Samniter seien, ist hiedurch widerlegt; dagegen bestätigt sich Abekens Annahme (Mittelital. S. 46. 83 fg. 93—97), dass die Casker, Aequer und Volsker in den Gebirgen zurückgebliebene Reste der in den Ebenen von den sabellischen Stämmen verdrängten Urbevölkerung seien.

Ich komme zu dem Einzelnen, zunächst zu der Tafel von Velletri, werde indess dabei mich kurz fassen, da das Material zu karg ist, um eindringende Untersuchung zu gestatten.

'*deue declune statom*' = Divae .... Ionae consecratum. Dass diese drei Worte für sich stehen, ist klar und wird vielleicht auch durch die stärkere Interpunction nach '*statom*' angedeutet. '*deue*' und '*statom*' entsprechen genau dem oskischen deívaí und statús in der Bedeutung consecratus oder consecratio; vgl. auch *sacre stahu* der umbrischen Inschrift von Asisi. Um so schwieriger ist '*declune*'; wahrscheinlich mit doppeltem Suffix -l (ohne Bindevokal angehängt wie im Oskischen S. 283) und una (wie Populona, Pomona, Bellona und besonders sab. Vacuna) vom Stamme dec-, sagen oder vielleicht zeigen; sollte es die Juno Moneta sein, die ja auch in Rom auf der Arx verehrt ward wie die Decluna in Velletri?

'*sepis atahus pis uelestrom fasia esaristrom se*' vielleicht: siquis attigerit, quisquis Voliternorum faciat, divinum (d. i. piaculum) sit. — '*a-tah-us*' ist wahr von √ tag, tangere mit Verwandlung von g in h (S. 223) 3. sing. fut. 2. auf ust oder us (S. 238). — '*pis*' wird für quisquis auch im Oskischen gebraucht (S. 290). — '*uelestrom*' scheint gen. pl. 2. decl., der im Volkischen (wie im Altlateinischen auf o und seltner om) wohl auf om, nicht auf um ausging; bemerkenswerth ist dafür der berühmte viereckige Barren mit der Inschrift **ROMANOM**, der in Velletri gefunden und wahrscheinlich dort gegossen ist[3]). Ist die Erklärung richtig, so dürfte die Stadt ursprünglich Velia geheissen haben wie der Hügel in Rom und die Stadt in Lucanien, die Einwohner Velestri. — '*fasia*' ist schon oben dem umbrischen faśia = faciat verglichen worden; ja der dritte Buchstabe könnte das umbrische ś, in lat. Schrift S sein, was, wenn es sich bestätigte, ein weiterer sehr merkwürdiger Beweis der Aehnlichkeit des Volskischen und Umbrischen wäre. — Bei '*esaristrom*' = divinum habe ich gedacht an aesares = dii (angeblich etruskisch, vgl. Aesernia oben S. 141) und an Bildungen wie die des (vols-

---

3) Eckhel 5, 50; die Aechtheit ist erwiesen. Dass das Stück nicht in Rom gegossen ist, steht vollkommen fest, theils durch die Fabrik, theils durch das Erscheinen einer Aufschrift, die auf den in Rom gegossenen Münzen nie vorkommt. Aber es ist auch zu beachten, dass alle campanischen Münzen der Römer die Aufschrift **ROMANO**, niemals **-OM** zeigen. Da nun die Bronze von Velletri die Form auf **OM** giebt; ist es wahrscheinlich, dass der Barren weder in Rom, noch in Campanien, sondern dort gegossen ward, wo er sich gefunden hat.

kischen?) Dichters Titinius: luculentaster, formaster (Fest. v. obstrudunt p. 193 Müll.), selbst Velester.

'*bim asif uesclis uinu arpatitu*' etwa: bovem, ... vasculis vino ...., so dass bestimmt würde, was der Veliterner zu leisten hätte, der durch die Berührung des Heiligthums ein Piaculum begangen.

'*sepis toticu couehriu sepu, ferom pihom estu*' = si quis publico conventu sciente (attigerit), iustum pium esto; d. h. bei Reparaturen etc. sollte das Götterbild mit Erlaubniss des Senats berührt werden dürfen, ohne dass man dadurch ein Piaculum sich auflud. — '*couehriu*' (worin h bloss Dehnungszeichen zu sein scheint wie im Umbrischen öfter, Aufrecht I, S. 77) ist schon öfter mit curia verglichen worden und wohl nicht mit Unrecht, da cùria = co-viria (viria allein = oskisch verei-, oben S. 258). — '*sepu*' fasse ich als Abl. Sing. des lat. sibus, osk. *sipus*. — '*ferom*' ist gerathen; vgl. feriae, $\dot{\epsilon}o\rho\tau\acute{\eta}$ oder februare.

'*ec. se. cosuties*' = Ec...us Se..i fil. Cosutius. Die Vornamen kennen wir nicht; etwa Egnatius, was auf der umbrischen bilinguis von Todi vorkommt und als Geschlechtsname bei den Römern und Oskern häufig ist, und Sextus, Servius, Sertor oder Seppius.

'*ma. ca. tafanies*' = Manius Caii fil. Tafanius. '*ma*' kann Marcus Manius lat. oder Magius Marius oskisch sein; ich ziehe Manius vor, wegen der „multi Manii Ariciae" (Fest. v. Manius Egerius p. 142. Pers. VI, 55 cum schol.). — '*ca*' ist wohl sicher Gaius lat. und osk. — '*tafanies*' mag dem lat. tabanus, Bremse, verwandt sein (f = b oben S. 225).

'*medix*' = medices halte ich für nom. pl. neben dem nom. sing. der Inschrift von Antinum '*medis*', ähnlich wie im Oskischen $\mu\epsilon\delta\delta\epsilon\iota\xi$ Plural, meddis Singular ist.

'*si-stiati-ens*' = statuerunt 3. pl. perf. indic. von statio, entsprechend dem lateinischen statuo oder sisto, wie es scheint mit eingeschaltetem i vor a in ähnlicher Weise wie die Osker i einschalten vor i und e (S. 213). *si* ist Reduplication, *ens* dieselbe Perfektendung wie in dem oskischen $ov\pi\sigma$-$\epsilon v\varsigma$.

Die ganze Inschrift hiesse demnach:

Deae Monetae sacrum. Siquis attigerit, quisquis Veliternorum faciat, piaculum sit. Bovem ..... (cum) vasculis (et) vino (exhibeto). Siquis publica curia sciente (attigerit), iustum pium esto. Eg(natius) Se(rvii) fil. Cossutius Ma(nius) Caii fil. Tabanius magistratus posuerunt.

Von der zweiten Inschrift sind die beiden ersten Worte klar: '*pa. ui. pacuies medis*' = Pacvius Vibii fil. Pacvius medix. Das folgende Wort '*uesune*' enthält einen weiblichen Götternamen im Dativ; besser als meine frühere Vermuthung, dass sie der Feronia entspreche, ist die von Aufrecht S. 102, der Ves-ta (von

√ was = habitare, Pott 1, 279) vergleicht; um so mehr, als die Vesta zu den Gottheiten gehört, die bei den Sabinern unter etwas verschiedenen Namen verehrt wurden (Varro V, 74). Genaueren Aufschluss erwarten wir von einer Interpretation der vierten iguvinischen Tafel. — '*dunom dedca*' (so scheint zu verbinden) ist domum dedicat mit Abwerfung von t, s. o. S. 323. — '*cumnios*' scheint ein acc. pl. 2. decl. und wird irgend ein Tempelgeräth sein. —'*cetur*' ist vielleicht nicht unpassend von Secchi mit quatuor verglichen worden; man sollte zwar im Volskischen, wo quis '*pis*' lautet, auch petur erwarten wie im Oskischen und Umbrischen; indess liegt umbr. petur, osk. petora doch sehr nahe und möglich wäre es, dass das Volskische hier mit dem Lateinischen ging.

DER SABELLISCHE DIALEKT.

Der sabellische Dialekt.

Unter dem allgemeinen Namen der sabellischen fassen wir die nicht lateinischen Inschriften der Marser, Marruciner, Sabiner und Picenter zusammen. Dieser Dialekt erscheint in noch mehr zertrümmerter Gestalt als die unteritalischen; ja es ist nicht einmal ganz gewiss, ob der volskische Dialekt sich von dem sabellischen wesentlich unterscheidet — wogegen Schrift und Sprache all dieser mittelitalischen Dialekte von dem samnitischen scharf abstechen. Es bleibt nichts übrig als die Inschriften für jetzt zusammenzustellen und von künftigen Entdeckungen vollständigeren Aufschluss zu erwarten.

I. Inschriften im sabellischen Alphabet.

Schon in dem ersten Abschnitt dieser Untersuchungen S. 22 fg. war die Rede von dem merkwürdigen marrucinischen Stein, der zu den bekannten beiden Alphabeten des samnitisch-umbrischen Stammes ein drittes bisher gänzlich unbekanntes hinzufügte. Samniter und Umbrer sind bekanntlich Völker eines Stammes und haben von ihren gemeinschaftlichen Ahnen nicht bloss eine Sprache, sondern auch eine Schrift ererbt; dieselbe Sprache und dieselbe Schrift muss auch übergegangen sein auf den dritten Spross desselben Stammes, die Sabiner und Sabeller, welche historisch und geographisch jene beiden vermitteln. Allein das frühe Vordringen der Römer gegen Osten hat in diese Völkerkette frühzeitig eine Lücke gerissen und von der Sprache dieses mittleren Stammes wenige, von der Schrift, wie es schien, gar keine Spur übrig gelassen; bis die Entdeckung des Steines von Crecchio uns endlich an der äussersten südlichen Grenze der sabellischen Districte ein Denkmal jenes verlorenen Alphabets gewährte. — Seit dem Druck jener Bogen ist ein zweites gleichartiges Monument (Taf. XVII) gefunden worden, das jene Annahmen aufs vollkommenste und erfreulichste bestätigt, und dessen rasche Mittheilung die Leser dieser Schrift dem archäologischen Institut in Rom zu verdanken haben. In der Richtung der Zeilen, in der Form der Buchstaben, in der Interpunction ist diese Inschrift der von Crecchio so eng verwandt, dass beide nicht anders als einer und derselben altitalischen Sprachprovinz angehören können.

Da der eine Stein am Sagrus an der Grenze der südlichsten Sabeller, der Marrucinar, gegen den samnitischen Stamm der Frentaner, der zweite am Truentus im südlichen Picenum, also im Norden des sabellischen Landes aufgefunden wurde, so ist durch diese beiden von einander weit entfernten Angelpunkte das Alphabet und der Dialekt der sabellischen, d. h. der zwischen Umbrien und Samnium wohnhaften Volksstämme festgestellt, und zur Gewissheit geworden, was eine zweifelhafte Vermuthung war, als wir noch bloss den Stein von der südlichen sabellischen Grenze kannten. Es ist hierdurch ausgemacht, dass dies Alphabet und dieser Dialekt ursprünglich allen den Völkerschaften zwischen den Gebieten der Frentaner, Volsker, Latiner und Römer, Etrusker, Umbrer und Gallier eigen waren und allmählig, am spätesten offenbar in den von den Römern am weitesten entfernten und nicht mit Colonien von ihnen belegten Küstenstädten, wie Cupra maritima und Ortona waren, anfangs die Schrift mit der römischen Schrift, zuletzt auch die Sprache mit der lateinischen Sprache vertauscht ward. Auf die Epoche, wann dies stattfand, werden wir zurückkommen. — Wie weit nach Norden die sabellische Sprache sich erstreckte und wo das gallische Gebiet begann, ist nicht auszumachen; dass letzteres wenigstens bis Sinigaglia hinabreichte, ward oben S. 162 A. 54 vermuthet.

Wir müssen auf den Charakter der Schrift trotz dem, dass schon S. 22 fg. über das Alphabet des Steins von Crecchio gesprochen ward, wieder zurückkommen, da das dort Gesagte natürlicher Weise jetzt einiger Modificationen bedarf. — Die Schrift ist βουστροφηδόν auf beiden Steinen, und noch dazu in sehr eigenthümlicher Art, indem auch in den Wendungen von einer Zeile zur andern die Buchstaben fortlaufen; eine Schreibweise, welche eine horizontale Lage des Steins voraussetzt, die auch bei dem Stein von Cupra die ursprüngliche gewesen sein wird. Auch darin stimmen beide Steine überein, dass die erste Zeile von links nach rechts geschrieben ist. Dagegen weichen sie ab zuerst darin, dass auf dem Stein von Crecchio die Zeilen oben, auf dem von Cupra dagegen unten beginnen, so dass, wenn man so vor den Stein tritt, dass man die Anfangszeile sich zugekehrt erblickt, auf dem Stein von Crecchio die höchste Zeile beginnt, die tiefste schliesst, auf dem von Cupra aber die tiefste beginnt und die höchste schliesst. Ferner geht die erstere Inschrift bis zu dem Absatz in Z. 4 in steten Wendungen fort, so dass die dritte Zeile wieder die Stellung und Richtung der ersten hat; dagegen sind in der neuentdeckten Inschrift nur je zwei Zeilen durch Wendungen verbunden, während die dritte absetzt und daher wohl die Richtung, aber nicht die Stellung der ersten, sondern die der zuletzt vorhergehenden erhält. Ein Beispiel wird dies veranschaulichen:

Wie man also beim Pflügen die Wendungen beliebig machen und verändern kann, so scheinen auch bei der ältesten furchenartigen Schrift mannigfache Varietäten in Richtung und Stellung der Zeilen, wie Ort und Laune sie veranlassten, stattgefunden zu haben. — Die dreipunktige Worttrennung findet sich auf beiden Steinen in derselben Weise. — Was das Alphabet betrifft, so bleibt dasselbe noch immer in vielem ungewiss; doch ergiebt sich mit einiger Sicherheit das folgende:

	Crecchio.	Cupra.
a	A A	A A
b	B	—
g	—	—
d	—	P
e	E	E
v	C	—
z	—	—
h	—	—
ϑ	◇	◇
i	I	I
ṣ?	I·	—
k	K	—
l	↳	—
m	W	W
n	И	И
x	—	—
o	—	—
p	⌐ ⌐	—
ſ ($\sigma i\gamma\mu\alpha$)	M	M
q	—	—
r	▷ P	△ P
s	⚡	⧣ ⧤
t	T	—
u	V	—
ú	V V	ʌ ʌ
φ	—	—
χ	—	—
f	▣?	⊠??

Zweifelhaft bleibt ausser dem vermuthlich ungenau copirten ⊢ der vierten Zeile des Steins von Cupra das darauf folgende Zeichen ⊠, welches sehr schwer zu bestimmen ist. ϑ ist es nicht, da hiefür ein andres Zeichen sich findet. Die Figur entspricht am genausten der des alten Samech ⊞, woraus ⧣, ⋈ und andre

Zeichen des Lautes x hervorgegangen sind; allenfalls könnte man darin auch eine ältere Form des etruskisch-umbrischen 8 vermuthen, das aus ⊠ durch Weglassung der beiden Seitenstriche leicht hervorgehen konnte. Aber weder ss oder ks noch f passen, wenn die Abschrift genau ist, da zwei Consonanten ns unmittelbar folgen; diese Schwierigkeit bleibt also ungelöst. — Im Uebrigen nehme ich ᖇ für d, ▷ oder ᖷ für r, besonders desswegen, weil jenes Zeichen nur einmal, dieses sehr oft vorkommt und r viel häufiger zu sein pflegt als d. Das doppelte s, San und Sigma, findet sich auf beiden Steinen; der von Cupra zeigt von dem ersteren die ältere vierstrichige Form, wie er auch das o von älterer Figur hat als der von Crecchio. Seltsam ist, dass der Stein von Cupra die Zeichen des u ∨ und ∧ umkehrt; an der Deutung dieser Zeichen ∧ und ∧ ist wohl kein Zweifel, da für a andre sich finden und man doch nicht annehmen wird, dass von den vier italischen Vokalen auf einer Inschrift von vier Zeilen der eine fehle. An die differenzirende Geltung des Striches (wofür einmal ein Punkt steht) in ∧ ist wohl nicht zu denken, da überall (mit Ausnahme der schon durch den Bruch beschädigten Z. 4) ∧, nicht ∧ steht. Dadurch wird es auch zweifelhaft, ob auf dem Stein von Crecchio V und V zwei verschiedene Buchstaben sind oder nach der Laune des Schreibers wechseln; die Spuren des differenzirten I sind auf letzterem noch zweifelhafter[1]) und fehlen auf dem Stein von Cupra ganz. — Prüfen wir das Alphabet im Ganzen, so finden wir es sehr nahe stehend demjenigen Alphabet, aus dem das umbrische wie das oskische geflossen ist und welches als das hypothetische Alphabet der Umbrer-Samniter vor ihrer Trennung angesehen werden kann: die mediae scheinen noch alle vorhanden (g fehlt wohl bloss zufällig), während die Etrusker und Umbrer dieselben früh ganz oder zum Theil einbüssten; von den Aspiraten findet sich wenigstens ϑ, das einzige auch im Umbrischen noch nicht ganz verschwundene Lautzeichen dieser Klasse; die den Oskern eigenthümliche Form des d ist vorhanden; ebenso das noch im Umbrischen nicht ganz verschwundene Doppelzeichen des s. Man kann annehmen, dass das sabellische Alphabet folgendes gewesen:

$a\ b\ [g]\ d\ e\ v\ [z\ h]\ \vartheta\ i\ k\ l\ m\ n\ p\ f\ r\ s\ t\ u\ f$

aus welchem sowohl das umbrische als das oskische Alphabet durch geringe Modificationen abgeleitet zu sein scheint.

Wir gehen über zu den einzelnen Inschriften.

---

[1]) Der Querstrich des I ist im Oskischen stets dem vorhergehenden Buchstaben, nicht dem folgenden zugewandt (ᖇᖷᑎ, nicht ᖇᖷᑎ), wogegen der Punkt hinter dem I auf dem Stein von Crecchio gegen den folgenden Buchstaben gewandt ist. Diese Punkte mögen daher vielmehr zu den zufälligen Löchern gehören, die der Stein von Crecchio auch sonst zeigt. — Uebrigens ist ú wahrscheinlich älter als í, denn nur jenes findet sich einzeln auf den ältesten oskischen Münzen von Phistelia und Uria (S. 113, 201).

1.
Stein von Cupra (Taf. XVII.).

daicimum ⋮ iiiu///
// ⋮ anaium   au
r a ϑ u ſ   e s m
un ⋮ ur୵୵ns ⋮ [a]n

Darüber ist von der Hand des Herrn de Minicis in Fermo geschrieben: „iscrizione trovata nel Piceno non molto lungi dal Tronto e da Cupra marittima nell' anno 1849." — Die Lesung ist keineswegs durchaus sicher: in Z. 2 scheinen mehrere Punkte nichts zu sein als zufällige Löcher in dem Stein. Die Deutung ist bis jetzt völlig unmöglich.

2.
Stein von Crecchio (Taf. II.).

reikpſ ⋮ v[ur]pús ⋮ pim ⋮ irim ⋮ esmenùrsiùems ⋮ upeke////////
/////rm ⋮ irkes ⋮ ie[p]e[i]en ⋮ esmen ⋮ ekasin ⋮ raevim ⋮ ru ⋮ rasim ⋮ piùe[i]u ⋮ [ti]kiperu ⋮ pru ⋮ eſ ⋮ ୵k୵kùm ⋮ enei ⋮ bie ⋮
fùres ⋮ farùm ⋮ ୵el[ſ]ùm ⋮ [r]ei[ɑt]mes ⋮ s[t]a[t]ies ⋮ ϑr[i] ⋮ kru[ſ]u

Bei Crecchio, das zwischen Lanciano und Ortona a mare, 6 Miglien von einer jeden dieser Städte entfernt, in der Provinz von Chieti liegt, und zwar in südlicher Richtung von diesem Orte gegen Canosa zu, wurde dieser Stein im Oktober 1846 entdeckt; er ist 6 neapolitanische Palmen lang und etwa 1½ breit, die Schrift tief, aber roh. Er fand sich in horizontaler Lage auf einer Base von etwa 2 Palmen Höhe, mit der er durch Bleiguss und durch Verzahnungen des Steines selbst (wovon auf der unteren Fläche des Steines die Löcher noch sichtbar sind), ferner durch steinerne Bänder, die eine Art Rahmen um den Stein bildeten, verbunden war. Am selben Orte fand sich ein Rest von pavimentum signinum und eine gewölbte unterirdische Kammer, die man mit Gewalt öffnen musste; auch die in der Nähe befindlichen Mauern der Kirche S. Maria a Cardetora (?) zeigen antike Substructionen. — Ambrogio Carabba, einer der thätigsten Alterthumsforscher in jener Gegend, ist der Entdecker dieser wichtigen Inschrift; im Novbr. 1846 erhielt ich in Rom von ihm eine reducirte Copie des Steines. Nachdem es mir gelungen war von Angelo Mancini in Ortona ein Facsimile in der Grösse des Originals übersandt zu erhalten, legte ich dasselbe in der Institutssitzung vom 21. April 1847 vor. (Bullettino 1847 p. 145). Nach meiner Abreise von Rom empfing das Institut von Carabba den von mir erbetenen sorgfältigen Papierabdruck des Originals (Bullettino 1848 p. 53), wonach der Stein in den Annali T. XX.

p. 429 (mon. ined. vol. IV. tav. LX, 2) in der Grösse von ⅓ des Originals publicirt ward. Unsere Lithographie auf Taf. II. ist nach diesem Stich verkleinert. Da indess auch auf dem genauesten Papierabdruck immer manches undeutlich bleibt, was das geübte Auge auf dem Stein erkennt, schien es passend sowohl die Varianten des Facsimile von Mancini (zwischen den Zeilen des Stiches mit schwärzerer und einfacher Schrift) als auch die der ersten Copie Carabba's (Taf. II. in der zweiten Hälfte unten) beizufügen; im Ganzen stimmen übrigens die drei Copien aufs Genaueste überein. Zur Erleichterung des Citirens sind die Wörter numerirt.

Die Richtung der Schrift ward schon erörtert; dass mit Z. 4 ein neuer Absatz beginnt, lehrt der Augenschein. — Eine Interpretation auch nur zu versuchen wäre vermessen; die Vokale u e im Auslaut sind bemerkenswerth, weil das Oskische u selten, e fast nie in der Endung leidet (S. 213). 'enei' Z. 3 könnte das oskische 'inim', 'staties' Z. 4 der Name Statius sein, in einer dem Oskischen und Volskischen ganz analogen Form ($πομπτιες$, $cosuties$), 'esmen', das Z. 1. 2. vorkommt, ist mit dem 'esmun' des Steins von Cupra zu vergleichen. — Das Weitere wollen wir der Zukunft anheimstellen, da diese beiden merkwürdigen Steine hoffentlich nicht die einzigen in ihrer Art bleiben werden.

II. Inschriften im lateinischen Alphabet.

Es ist eine allgemeine Erfahrung, dass die nationale Schrift früher schwindet als die nationale Sprache und der absterbende Dialekt eine Zeitlang noch mit der Schrift des ihn verdrängenden geschrieben zu werden pflegt. Auch in den sabellischen Ländern, wo der Kampf des Lateinischen mit der einheimischen Sprache früh begann, begegnen wir dieser Erscheinung; es findet sich eine Reihe nicht lateinischer Inschriften in dem lateinischen Alphabet des fünften und sechsten Jahrhunderts. A V O P S sind die gewöhnlichen Formen, ebenso II I' (1.2.3.); nur die ganz einzeln stehende sabinische Inschrift n. 4 hat E F. G XS = x kommen vor, es fehlen Z H K Q. Die Interpunction ist nachlässig; auf der Bronze von Rapino stehen Striche statt der Punkte, und häufig finden sie sich am Ende der Zeile, während sie in der Mitte fehlen. Wir haben uns hier mit den localen und den Zeitverhältnissen dieser Klasse von Inschriften theils zu den älteren mit sabellischer Schrift, theils zu den jüngeren auch der Sprache nach lateinischen zu beschäftigen. — Dass die Steine mit sabellischer Schrift der Zeit nach älter sind als die mit lateinischer, ist da nicht zu bezweifeln, wo Inschriften derselben Heimath verglichen werden[2]); und dies ist hier der Fall bei den Marrucinern. Der Stein von Crecchio ist also älter als die Bronze von Rapino, und da die letztere, wie wir sehen werden, um 500 d. St. geschrieben zu sein scheint, bestimmt sich hiedurch approximativ das Alter der Inschrift von Crecchio und der ihr analogen, im Alphabet noch etwas älteren von Cupra. — Schwierig ist es das allmählige Vordringen des Lateinischen in die sabellischen Districte zu verfolgen. Am frühesten, ohne Zweifel in Folge des 486 empfangenen vollen römischen Bürgerrechtes (s. u.), latinisirte sich die Sabina, weshalb wir auch nur einen einzigen, wie es scheint eine Privatdedication enthaltenden Stein mit epichorischer Aufschrift aus dieser Gegend kennen (n. 4). Etwas Aehnliches gilt von den Marsern und vermuthlich den meisten kleineren benachbarten Völkerschaften (s. u.), wenn gleich die Civität den Marsern, Pälignern, Vestinern u. s. f. erst in Folge des Bundesgenossenkrieges zu Theil ward. Wir kennen aus

---

2) Bei Inschriften verschiedener Provenienz gilt der Schluss nicht; z. B. sind die oskischen Inschriften mit griechischer Schrift von Anzi, Messina u. a. älter als die meisten campanischen mit nationaler.

diesen Districten gleichfalls nur eine einzige Privatinschrift epichorischer Sprache (n. 3). Von den Picentern wissen wir nicht viel; doch muss auch hier, zunächst wohl durch die zahlreichen und blühenden römischen Kolonien, die lateinische Sprache früh Boden gewonnen haben. Wenigstens wird berichtet, dass schon vor dem Socialkrieg ein Redner aus Asculum, welches nicht Kolonie war, T. Betucius Barrus, durch seine lateinischen Reden in Rom Aufsehen machte (Cic. Brut. 46). Auch findet sich hier nur eine einzige sabellische Inschrift, die uralte von Cupra. — Am längsten scheint sich die sabellische Sprache bei dem südöstlichsten sabellischen Stamm, den Marrucinern behauptet zu haben, die durch ihre geographische Lage der Einwirkung Roms am wenigsten ausgesetzt waren. Hier findet sich nicht bloss die jüngste Spur des sabellischen Alphabets, sondern auch die einzige öffentliche, von der tovta Marovca, dem populus Marrucinus herrührende Inschrift in sabellischer Sprache (n. 1) so wie eine andre vielleicht auch öffentliche (n. 2). Indess wird die lateinische Sprache auch hier im sechsten Jahrhundert schon die übliche, wenigstens für schriftliche Aufzeichnungen gewesen sein; denn da dieselbe schon in der ersten Hälfte des 6. Jahrh. nach Ausweis der Münzen in das Gebiet der Frentaner eindrang (S. 108), musste das nördlicher liegende Gebiet der Marruciner damals schon romanisirt sein. Es passt dazu, dass die Bronze von Rapino um oder kurz nach 500 d. St. geschrieben ist. — Wenn die sabellische Sprache so früh verschwand, dürfen wir uns nicht wundern, dass kein Schriftsteller ihrer gedenkt mit Ausnahme des ältesten Periegeten von Italien, des Skylax, der ums J. 400 der Stadt die Sprache der Peuketier oder der Sabiner (S. 95. 293) als eine der fünf samnitischen γλῶσσαι aufführt.

1. (Taf. XIV.)

aisos pacris totai
maroucai lixs
asignas ferenter.
auiatas toutai.
5 *maroucai ioues.*
patres ocres tarin
cris iouias. agine
iafcesucagineasum
bab(?)u٭poleenisferet
10 *regen٭pio(?)icerie. iovia.*
pac(?)rsi. eituamam. aten
suenalinam. nitam(?). nipis. pedi. suam

Z. 3. Carabba A٭٭GNAS. | Z. 6. Carabba TARIM, getäuscht durch einen zufälligen Strich, der nicht zu dem Buchstaben gehört. | Z. 8 statt S in iafces sah Carabba einen Trennstrich. | Z. 9. BAPV IOLI'I'NIS IIIRINT Carabba; aber I'IIRIIT wenigstens ist sicher. | Z. 10. Carabba RIIGIIM PIOIOINII IOVIA; ich glaube jetzt die richtige Lesart zu geben. | Z. 11. CATIIM (C statt des Trennstrichs) Carabba: er verband mit N den oberen Strich des ⚡ in SVAM Z. 12. | Z. 12. SVIINAIINAMNITANII POPII DVAM Carabba.

Kleine viereckige Bronzetafel von der Grösse wie unsre Abbildung; am oberen Rande finden sich zwei Löcher mit einem alten Draht darin zum Aufhängen, ähnlich wie bei der Bronze von Agnone. Die Schrift ist sehr flüchtig und oberflächlich mit einer scharfen Spitze eingeritzt (auch die eckigen Formen aller sonst runden Buchstaben sind aus der Bequemlichkeit und Eilfertigkeit des Schreibers zu erklären) und die Schriftzüge so wenig vertieft, dass im Stanniolabdruck sie kaum zum Vorschein kommen; es kommt noch hinzu, dass die Tafel mit einem scharfen Instrument geglättet erscheint und dass Spuren dieses Instruments mit den Schriftzügen sich vermischen. Uebrigens ist die Bronze unbeschädigt und nur wenig, am meisten in den letzten fünf Zeilen, vom Rost angegriffen; wodurch hier die Schwierigkeiten des Lesens sehr vermehrt werden. — Gefunden wurde die Bronze in der Nähe von Rapino, einem Dorf in den Abruzzen zehn Miglien von Chieti gegen Paleno zu, und zwar an einer Stelle, die etwa eine Miglie von Rapino in südöstlicher Richtung entfernt ist und die jetzt den Namen Citta Danzica führt (so wurde mir in Rapino selbst von einem kundigen Manne der Name geschrieben). Dort muss eine alte uns unbekannte Stadt gelegen haben; die Gegend ist reich an Alterthümern. Man zeigt einen runden Brunnen aus aufrecht gesetzten Mauersteinen gebaut (fabbricato con mattoni a coltello), in den nach einer alten Sage die Einwohner ihre Schätze geworfen haben, um sie ihren römischen Ueberwindern zu entziehen; nicht wenige Münzen, namentlich römische, ein kleiner Kopf von Bronze, Fragmente von steinernen Säulen und andre Anticaglien haben sich dort gefunden. Bemerkenswerth ist eine lateinische Inschrift, der Schrift nach aus bester Zeit, die in der Nähe der civita d'Anzica beim Kloster des h. Andreas gefunden und jetzt in eines der Bauernhäuser bei Rapino eingemauert ist:

N. SEPTVMIVS. N. F
ARN. CAPITO. PATER

Die Gräber dieser Stadt sind in der sogenannten Grotta del colle (1 Miglie von Rapino in südlicher Richtung) zu suchen. Bei den hier angestellten Nachgrabungen entdeckte man eine Anzahl Münzen, welche Riccio, in dessen Hände sie zunächst kamen, mir brieflich also specificirte: „In den verschiedenen Gräbern der Grotte, wo sich die Tafel fand, fanden sich auch gegen hundert Münzen, darunter indess nur eine silberne von Neapel, die übrigen von Kupfer, nämlich ausser einigen zerstörten verschiedenen romane incerte [d. h. römisch-campanische Kupfermünzen, Eckhel V, 46], vier schwere gegossene Astheile: der Quadrans mit Rad und Hund und der Sextans mit Rad und Schildkröte [aes grave del Mus. Kirch. cl. I. tav. 8. n. 5. 6.], zehn sehr schöne Exemplare von Aesernia mit den Aufschriften AISERNINO — AESERNINO — AESERNIVM — AISERNINOM [die beiden letzten Aufschriften höchst selten; AESERNIVM finde ich nirgends sonst, AISERNINOM Avellino opusc. II, 159], ein sehr schönes Exemplar der freutanischen Münze und endlich zwei von Teanum mit dem Hahn und der römischen Aufschrift TIANO." Es ist zur Bestimmung des Alters der Bronze nicht unwichtig zu bemerken, dass diese Münzen, wenn sie gleich nicht vollkommen gleichzeitig sind, wie sie ja auch nicht in einem Grabe, sondern nur auf einem Begräbnissplatz sich fanden, doch sämmtlich aus dem Ende des V. oder dem Anfang des VI. Jahrhunderts der Stadt herrühren. Eigentlich römisches Silber und Kupfer, das etwa um 550 auch in Unteritalien allgemein ward, kommt noch nicht vor, dagegen auch wenig gegossene Münzen, die um 485 aufhörten, obwohl einzelne Stücke gewiss noch länger im Verkehr blieben. Die Münzen von Aesernia sind alle jünger als 491, wo diese Colonie gegründet ward, und da so viele Münzen dieser Stadt sich hier fanden, ist es nicht wahrscheinlich, dass sie alle aus den ersten Jahren des Bestehens der Colonie herrühren. Die Kupfermünzen von Teanum mit dem Hahn gehören in die ersten Decennien des VI. Jahrhunderts. Demnach dürfte die Nekropole, aus der diese Münzen herrühren, um und nach 500 d. St. in regelmässiger Benutzung gestanden haben, und in dieselbe Zeit unsre Bronze zu verlegen ist paläographisch nichts im Wege. Diese fand sich in derselben Grotte unter einem Haufen Steine, vielleicht den Trümmern eines steinernen Sarges, neben einem Skelett und einem vielleicht elfenbeinernen Ringe. Die Tafel kam in den Besitz eines reichen Bauern aus Rapino, Ignazio di Cicco, bei welchem sie der schon erwähnte Ambrogio Carabba sah und abschrieb. Seine Copie wurde von ihm an Avellino geschickt, der die Bronze erwähnte (discorso sopra una iscriz. sannit. p. 22. n. 2), und an Guarini, der sie mit gewöhnlicher Eilfertigkeit und Sorglosigkeit publicirte (comm. XX. nupera quaedam osca Neap. 1841. p. 9 sq.); hiernach wurde sie von Andern wiederholt. Die Varianten der Abschrift Carabba's (nicht des gänzlich corrupten Druckes) habe ich beigefügt. Ich selbst habe im Decbr. 1845 die Bronzetafel in Rapino gesehen und Abdrücke in Stanniol genommen; später erhielt ich von dem Generaldirektor der berliner Museen Hrn. von Olfers den erwünschten Auftrag dieselbe für das berliner Antikenkabinet zu erwerben, was auch gelang. Bei dieser Gelegenheit habe ich meine Platte mit dem Original sorgfältig verglichen und den mit möglichster Genauigkeit hergestellten Text in den Annali dell' Inst. vol. XVIII. veröffentlicht.

2. (Taf. XV.)

v. alies. l
sa. alies. as

Viereckiger Stein gefunden unter den Trümmern eines Gebäudes, das zu der zerstörten Kirche des h. Matthäus bei Chieti gehörte. Die Mittheilung der Inschrift verdanke ich Hrn. Ulrico Valià in Teramo, nach dessen Abschrift ich sie schon im Bullett. 1847. p. 154 herausgegeben habe.

3.

NOVIISIIDII = *novesede*
PIISCO. PACRII *pesco. pacre*

Viereckiger Cippus, vermuthlich Fragment einer Herme, in S. Benedetto (dem alten Marruvium Marsorum) am östlichen Ufer des Fucinersees copirt von dem berühmten Geologen Brocchi zugleich mit der folgenden altlateinischen Inschrift, ebenfalls von einer viereckigen Herme:

TEIDIA. TIT. F
BOCIO
D. D. D. L
M.

Brocchi gab die Abschriften an Borghesi, dem ich sie verdanke.

4. (Taf. XV.)

mesene
flusare
poimuni[e]
atrat
aunom
hiretum

Zuerst bei Lanzi (T. III. ed. 1. p. 618, ed. 2. p. 532; tav. XVI. n. 1), nach einer Abschrift von Vito Giovenazzi, der den Stein bei dem Marchese Benedetti in Aquila sah. Von da kam er in das dortige städtische Museum, wo Brocchi ihn abschrieb und ich einen Papierabdruck davon nahm; nach diesem ist die Lithographie unsrer Tafel verkleinert. Als Fundort bezeichnet Lanzi Scoppito in der Nähe von Amiternum, doch bemerkt Amati in dem Giornale Arcadico T. XII. parte 3 in dem Aufsatz über eine etruskische Statuette p. 5 des Sonderabdrucks: 'ho buone ragioni onde tenere per marsa l'iscrizione di Amiterno'. Leider giebt er seine Gründe nicht an. — Die Schrift der oben defecten

Platte ist flach und nachlässig, doch ist der Stein, dessen Oberfläche stark gelitten hat, desshalb nicht anzuzweifeln. Ich habe dies früher gethan, bewogen durch die allerdings bedenkliche Aehnlichkeit der halb sabinischen Worte *mense flusare* (— Horati' neben *a. d. III. Idus Quinctileis* in der bekannten Inschrift von Furfo aus dem J. 58 vor Chr. (Orell. 2488) mit den Anfangsworten 'mesene flusare'; indess wage ich es nicht bei einem anscheinend ächten und von dem trefflichen Giovenazzi zuerst mitgetheilten Stein, zumal in einer Gegend, wo Fälschungen sonst weder auf dem Papier noch auf dem Stein stattgefunden haben, auf diesem Zweifel zu beharren. — Die Lesung ist sicher. Z. 3 hat der Stein nach *poimunie* noch ⱶ, womit ich nichts anzufangen weiss; Brocchi las desshalb 'poimunien'. Z. 4 las Giovenazzi ATRNO, Brocchi ATRN: ich lese ATRAT, obwohl der Querstrich des A sehr undeutlich ist.

Dies sind, soweit unsre Kunde reicht, sämmtliche Reste der epichorischen Sprache in den marsischen und sabellischen Distrikten. Münzaufschriften fehlen hier fast ganz, was theils in der alten Gauverfassung dieser Völker, theils in den foedera iniqua mit Rom, theils in dem Gebrauch der gegossenen unbeschriebenen Kupfermünzen seinen Grund haben mag. Nur von den Vestinern giebt es Münzen etwa aus dem 5. Jahrh. Roms mit der Aufschrift VEϟ; ob die Aufschrift lateinisch sein soll oder nicht, lässt sich nicht ausmachen.

Zur Erklärung der vorstehenden Inschriften vermag ich nur wenig beizubringen. In der Bronze von Rapino sind von den ersten beiden Zeilen (die, wie der leere Raum am Ende von Z. 2 zeigt, zusammengehören): 'aisos pacris totai maroucai lixs' die letzten drei Worte klar: populo Marruco oder Marrucino lex; und allerdings wurde die Bronze gefunden im südlichen Theil des marrucinischen Distrikts. Von 'lixs' hängen die Worte 'totai maroucai' schwerlich ab, da sie voranstehen. Dass der Gau und nicht die Stadt genannt wird, ist im Einklang mit den samnitischen und marsischen Institutionen. — 'pacris' kehrt wieder in Z. 11. 'pacrsi' und n. 3: 'pesco pacre'; deutlich ist es nirgends, vielleicht verwandt dem umbrischen 'pacrer', welches nach Aufrecht p. 123. nom. pl. 3. vom sing. *pacer* ist, etwa = pacati. Dann könnte auch 'aisos' nom. pl. sein; ob dies mit den Aesares zusammenhängt (S. 141. 324) und 'aisos pacris' die dii pacati, die dii manes des Verstorbenen sind, welche dem populus Marrucinus ein Gebot auferlegen?

'asignas ferenter auiatas'. 'ferenter' scheint 3. pl. coni. praes. = ferantur; die beiden Wörter auf as sind wohl nom. pl. 1. decl. wie im Umbrischen und vermuthlich auch im Oskischen (S. 228); es scheint ein Opfergegenstand zu sein.

'toutai maroucai' = populo Marrucino, nicht populi Marrucini; denn dass gen. sing. 1. auch im Marsischen auf as ausging, beweist nebst der Analogie aller italischen Sprachen ausser der römischen (und messapischen) 'iouias' Z. 7.

neben einer Reihe von Genitiven; der Dativ hängt wohl ab von 'ferenter' oder dem Adjectiv 'auiatas'.

'ioues patres' = Iovis patris; dieser und die folgenden Genitive scheinen von 'asignas' abzuhängen.

'ocres tarincris' das erste Wort ist sicher = montis; denn die alten Lateiner brauchen ocrem = montem confragosum (Fest. p. 181 Müll.), was sich bestätigt durch die umbrische Stadt Ōcriculum, jetzt Otricoli, auf einem steilen Hügel und die sabinische Stadt Interŏcrea, jetzt Antrodoco, in einer Bergschlucht; vgl. Giovenazzi Aveja p. XLII. — Mit dem Worte 'tarincris' hat Carabba den in zwei Urkunden der Abtei S. Clemente di Casauria (bei dem alten Interpromium in der Gegend von Chieti) vorkommenden mons de Tarino verglichen[3]), was richtig sein kann; doch fehlt der Nachweis, dass der mons de Tarino gerade bei Rapino gelegen habe, obwohl er in den Abruzzen jedenfalls zu suchen ist. Ob der Genitiv dem vorigen 'ioues' coordinirt ist oder von ihm abhängt, weiss ich nicht; im letzteren Falle wäre ein Iupiter montis Tarini, ein Iupiter Cacunus gemeint, vgl. das Iovis Larene (templum) im marsischen Lande (tab. Peuting.).

'iouias agineiafcesucagineas umbab(?)u'. Nur das erste Wort = Ioviae, Iunonis ist klar; wenn 'ocres' weiblich war, könnte es Epitheton dazu sein.

'＊poleenis' vielleicht Apollinis?

'feret regen＊pio(?)i cerie iouia pac(?)rsi' vielleicht = feral .... Genio Ioviae pacatis. 'feret' scheint 3. sing. coni. praes. act, vgl. 'ferenter' Z. 3. Das folgende Wort ist unsicher und dunkel; 'cerie' dagegen scheint dem oskischen kerrfi genau zu entsprechen. 'iouia' ist vielleicht dat. sing. 1., wie auch im Lateinischen z. B. den Inschriften von Pesaro ai und a wechselt (S. 365). 'pacrsi', wenn es richtig gelesen ist, könnte dat. pl. 3. decl. sein.

In dem Schluss: 'eituam am aten suenalinam nitam (?) nipis pedi suam' vermag ich nur einzelne Worte zu erkennen. 'eituam' ist bekannt aus dem Oskischen = pecuniam; 'suen' vielleicht = sin, 'nipis pedi suam' etwa = nequis petat suam, nequis sibi vindicet.

Soweit der Inhalt erkennbar ist, scheint der Verstorbene, der nicht genannt wird, sein Vermögen der marrucinischen Gemeinde zu gewissen religiösen Zwecken hinterlassen zu haben, so dass die Manen dem Volke die lex auferlegen, unter der es das Vermachte geniessen soll; die Ceremonien werden bestimmt und schliesslich verordnet, dass Niemand sonst des hinterlassenen Vermögens sich anmassen solle.

---

[3]) Ughelli Ital. sacra X, 410, Urkunde Alexanders III. von 1166, worin die Besitzungen der Abtei bestätigt werden, am Schluss: 'montem de Ursa, monte de Tarini, montem Soti cum rupibus et silvis eorum'; ib. p. 411, ähnlicher Bestätigungsbrief Cölestins vom J. 1191: 'montem de Tarino cum rupibus et silvis eorum'. Die Lage des Berges erhellt aus den Urkunden nicht.

Die zweite Inschrift ist leicht verständlich; sie enthält nichts als zwei Namen, wahrscheinlich die von zwei Magistraten: V(ibius) Allius L(ucii filius), Sa(lvius) Allius As(inii fil.). Alliarii und Allidii in abruzzesischen und marsischen Inschriften sind nicht selten; ein T. Allius Delficus kommt vor in einer Inschrift von Piscina bei Murat. 1294, 8. Von den Vornamen ist Lucius lateinisch und oskisch, Vibius und Salvius werden unten mit Beispielen belegt werden; AS dagegen kommt sonst nicht vor. Da das Geschlecht der Asinii aus Teate herstammt, wo diese Inschrift sich findet (Drumann Gesch. Roms II. S. 2) und im Oskischen nicht selten Nomina auch als Pränomina erscheinen, dürfte diese Nota den Vornamen Asinius bezeichnen.

Die dritte Inschrift ist zu vergleichen mit einer sehr alten und wie ich glaube unedirten, die zu denen des heiligen Hains von Pesaro gehört; ich gebe sie nach einem mir zur Einsicht gestatteten Papierabdruck:

DEIV. [nov]E. ꓭEDE
T. ⌐OꟼAIO. ⌐//////

Die Form novesede oder nove. sede, welche sonst in Inschriften sich nicht findet, ist insofern von Wichtigkeit, als hiedurch die andre Form novensiles, die in alter und in neuer Zeit in Schutz genommen worden ist, als die corrupte und novensides oder vielmehr novem sedes als die ächte sich herausstellt; wie denn auch durch die Inschrift von Pesaro die Ableitung von novem festgestellt wird, welche von den kundigsten Alten angenommen ward: Novensiles Piso deos esse credit novem in Sabinis apud Trebiam (l. Trebulam) constitutos. Hos Granius Musas putat, consensum accommodans Aelio; novenarium numerum tradit Varro, quod in movendis rebus potentissimus semper habeatur et maximus — —; deos novem Manilius, quibus solis Iupiter potestatem iaciendi sui permiserit fulminis (Arnob. 3, 38). — Schwierig ist es die in der marsischen und der lateinischen Inschrift gleichlautende Form grammatisch zu erklären; sie scheint voll ausgeschrieben, da sie zweimal in gleicher Weise vorkommt, und kann wohl nichts andres sein als dat. pl. oder allenfalls acc. pl. wie in der Inschrift bei Orelli 1850: 'deivas corniscas sacrum'; doch ist letzteres darum unwahrscheinlich, weil alle ähnlichen Inschriften von Pesaro im Dativ abgefasst sind. Man wird also sowohl in der marsischen als in der lateinischen Inschrift einen dat. pl. 3. auf e statt es anzunehmen haben, der dem oskischen dat. pl. 3. auf Iss, dem umbrischen auf es oder is entspricht. — Die Wörter 'pesco pacre' sind wohl Adjective zu 'novesede', jenes abl. pl. 2. statt -ois, dieses abl. pl. 3. statt pacresi (S. 341) oder pacres. Das zweite Wort ist schon oben erwähnt, vielleicht = pacatis;. 'pesco' ist dunkel, vgl. das umbrische persklu oder pesklu.

Die vierte Inschrift endlich ist gleich der vorigen eine Dedication; zu Anfang fehlt der Name des Dedicanten und vielleicht mehrere Götternamen. Die ersten Worte 'mesene flusare poimunie' werden erklärt durch das *mense flusare* = mense Florali einer verwandten Inschrift (S. 340); '*flusare*' gehört danach sicher der dritten Decl. an und ist floralis, nicht florarius. Die Flora ist auch unter den Gottheiten, denen Tatius in Rom die Altäre weihte die Sabinam linguam olent (Varro V, 74). '*poimunie*' ist wohl die (oder der?) umbrische Pucmunis (von pomum oder von ποιμήν?). Auch '*mesene*' wird einen Götternamen enthalten, der vielleicht mit messis zusammenhängt; es mag hier das Fragment eines ähnlichen Verzeichnisses vorliegen, wie es die Bronze von Agnone giebt. — '*atrat*' wird ein Zeitwort sein, wie dat, donat, worauf das Objekt folgt im Acc.: '*aunom hiretum*'; ähnlich wie in der Bronze von Antino es heisst: *pa. ui. pacuies — dedca cumnios —*.

Im Verhältniss zu dem Oskischen und Umbrischen nehmen die marsischen Inschriften (und ebenso das ältere marsische Alphabet, oben S. 332) eine ähnliche Mittelstellung ein wie die volskischen. Im Auslaut ist der einfache Vocal sehr häufig, und es beginnt der Uebergang von ai in e, so *sue* Rap. 12; '*poimunie*' und vieles Einzelne scheint mit dem Umbrischen zu stimmen; dagegen finden sich wieder Formen wie '*enei*', '*toutai maroucai*', Namenstellungen wie '*v. alies. l.*', die dem Umbrischen nicht geläufig, aber dagegen ganz oskisch sind. Ebendahin gehört die Abwesenheit des Rhotacismus. Eine Aehnlichkeit zwischen dem Weinbau der Umbrer und dem der Marser bemerkt Plinius H. N. XVII, 22; das Wort dira = mala (S. 351) ist sabinisch und umbrisch. — Genaueres lässt sich nicht ermitteln.

Noch weniger ist das Verhältniss der marsischen Inschriften zu den volskischen zu bestimmen. Es scheinen zwar einzelne Differenzen sich zu ergeben, mie marsisch '*totai maroucai*' neben volsk. *deue declune*, mars. '*sue*' neben volsk. *se*, wie die marsisch-oskische Namenstellung neben der umbrisch-volskischen, allein ebenso wie das Lateinische im dat. sing. 1. zwischen ai a und e schwankte, könnte der marsisch-volskische Dialekt geschwankt haben. Ueberhaupt aber ist es eine unmögliche Aufgabe bei den Resten so unvollkommen bekannter Dialekte festzustellen, ob dieselben einem in sich nicht völlig konstanten oder zwei verschiedenen Dialekten angehören.

Das provinziale Latein der Marser und Sabiner.

Wir sahen S. 335, wie früh von den sabellischen Völkern besonders die Sabiner und Marser sich latinisirten. Für jene hängt dies zusammen mit der Ertheilung des Bürgerrechts an die Sabiner im J. 486 (Vellei. 1, 14. Cic. pro Balbo 13, 31. de offic. 1, 11, 35); wobei nach Cicero's ausdrücklichem Worte die *gens universa*, nicht bloss einzelne Städte zu verstehen sind, und zwar die eigentlich sogenannte sabinische Landschaft mit den Städten Cures, Reate, Amiternum, Nursia bis zu den Grenzen der Marser, Päligner, Vestiner, Prätutianer und Picenter (s. besonders Strabo V, 2, 1. 3, 1). Dass diese Landschaft früh das römische Bürgerrecht erlangte, erkennt man auch deutlich in der Geschichte des Socialkriegs. Alle öffentlichen Inschriften sind hier lateinische; wir haben nur eine und nicht einmal ganz sicher attribuirte Inschrift in der nationalen Sprache von Amiternum, welche übrigens als an der Grenze der Sabiner vorkommend und als Privatinschrift, wie sie allem Anschein nach ist, auch keine Schwierigkeit macht. — Anders verhält es sich mit dem Gebiet der Marser, Marruciner, Päligner, Vestiner und Prätutianer; es ist bekannt, dass dieselben sämmtlich erst in Folge des Socialkriegs die Civität erlangten. Dennoch scheint die lateinische Sprache auch bei ihnen früh die epichorische verdrängt zu haben mit einziger Ausnahme des marrucinischen Stammes, welcher allein öffentliche Inschriften nationaler Sprache und sogar noch eine Inschrift in nationalem Alphabet aufzuweisen hat. In den Abruzzen und am Fucinersee findet sich dagegen eine verhältnissmässig sehr bedeutende Anzahl altlateinischer unzweifelhaft vor Sulla entstandener und grossentheils öffentlicher Inschriften; sie liefern den Beweis, dass in diesen Gegenden die lateinische Sprache früher herrschend ward als die Civität, vielleicht schon vor 500 d. St. Es stimmt damit wohl zusammen, dass nach Ausweis der Münzen und andrer Nachrichten die lateinische Sprache im Laufe des 6. Jahrhunderts schon einerseits in das frentanische Gebiet, andrerseits in das nördliche Campanien eindrang (S. 107—108), während gleichzeitig in Samnium und dem südlichen Campanien die oskische Sprache sich noch behauptete. Ohne Zweifel war diese lebenskräftige und ausgebildete Sprache länger im Stande der römischen Widerstand zu leisten als der weniger entwickelte marsisch-volskische Dialekt. So erklärt es sich auch, wesshalb die Italiker im Bundesgenossenkriege theils lateinische, theils oskische Münzen schlugen, und warum namentlich der marsische Feldherr Q. Pompädius Silo seine Münzen mit ITALIA und Q. SILO bezeichnete. Ganz ähnlich wird der Marser Q. Vettius Vettianus, den Cicero noch gekannt hatte, von ihm (Brut. 46, 169) unter den lateinischen Rednern aufgeführt, obwohl er socius, nicht civis war. Endlich ist es danach kein Wunder, wenn der marsische Dialekt bei den Römern ebenso wie der volskische fast gar nicht erwähnt wird.

Es war indess natürlich, dass auch nach Untergang des nationalen Dialekts mannigfache Ueberreste desselben sich als Provinzialismen in dem Latein der Sabiner und Marser erhielten. Um die Beschaffenheit des ältesten Lateins dieser Gegenden zu veranschaulichen, mögen einige marsische Inschriften, die ältesten und merkwürdigsten dieser Art, welche ich kenne, hier Platz finden.

v. a[t]iediu[s]
ve[s]unc
erinie . et
erine
patre
dono. me[re]
libs

Gefunden nach Lanzi III. p. 620 (ed. 2. p. 533) tav. XVI. n. 2. 3, (danach bei uns Taf. XV) „ne' Marsi vicino a Milionia". Milionia (Miliona, $Μιλωνία$ Liv. X. 3. 34. Steph. Byz. s. v.) ist eine marsische oder samnitische Stadt unbekannter Lage, welche man zu Lanzi's Zeit auf Corsignani's Autorität hin bei dem monte di Vico 3 Miglien östlich von Opi ansetzte (Romanelli 3, 234); in dieser Gegend scheint also der Stein gefunden zu sein. Lanzi erhielt ihn von dem Abbate Marino Tomassetti; mir ist sonst nirgends, nicht einmal in den antinorischen Papieren eine Spur davon vorgekommen. Unter dem Stein fand sich nach Tomassetti's Bericht ein ausgemauerter Platz (un mattonato), auf diesem sieben Münzen verschiedenen Gepräges und auf der einen Seite eine Lanze, auf der andern ein Dolch. Auf dem Steine stand ein viereckiger Aufsatz von etwa 2 Palm Höhe und oben mit einem Ring zum Anfassen (s. Taf. XV); Gebeine oder sonstige Spuren eines Grabes fanden sich nicht. Vermuthlich war der Stein mit der Inschrift in horizontaler Lage ähnlich dem Stein von Crecchio angebracht und die Höhlung unter demselben bestimmt, die Donarien aufzunehmen; da der Stein also nicht wohl eingemauert werden konnte, setzte man einen Beschwerer darauf, der mit einem Ring versehen war, um abgenommen zu werden, wenn Jemand eine Opfergabe darbringen wollte. Vermuthlich wurde die auffallende Kürze einiger Zeilen eben durch den Aufsatz bedingt, für den der Raum freigelassen werden musste. Es wird nicht leicht sein, ähnliche Aufstellungen nachzuweisen; um so bemerkenswerther ist es, dass der Stein von Crecchio und wohl auch der von Cupra in gleicher horizontaler Lage gefunden wurden.

Die Abschrift ist sehr schlecht, namentlich sind die eingeklammerten Buchstaben unsicher, der Unterschied von III = ei und III = ic ist vom Copisten vernachlässigt. — Z. 1 liest Lanzi ATEI. DIVA; ferner nachher VETTVNE, so wie Z. 7 LIBENT, wo der Kopist überall sich in das archaische 𐌚 nicht zu finden gewusst hat. — Z. 3 kann ERINIE oder ERINEI gelesen werden. — Z. 6 schwankte schon Lanzi, ob für MIIILI der Abschrift zu lesen sei MEILItare I oder MERIto Libentes; das letzte halte ich für richtig und lese MIIRII.

Diese Inschrift ist bisher von Andern und auch von mir für marsisch gehalten worden; indess scheint dieselbe eher lateinisch zu sein. Der Dativ auf e statt ai ist nicht ohne Beispiel auf lateinischen Inschriften, so auf den Inschriften S. 365 a. E. und *victorie* auf der folgenden ebenfalls marsischen Inschrift aus Trasacco, wovon ich zwei Abschriften, eine von Brocchi, die andre von einem mir nicht bekannten Avezzanenser besitze[4]):

? VICOS..........	VECOSSVPN Br., VICOS. SVΓM Avezz.
VICTORIE SEINQ	SINQ Brocchi.
DONO. DEDET	
LVBS. MERETO	
QVESTORES	QVEISTORES Avezz.
SA. MACIO. ST F	MAGIO Br.
ΓAC. ANAIEDIO St Γ	SI Br. Avezz.

Beide Inschriften sind in Fassung und Formeln sehr ähnlich, und wie die letztere offenbar lateinisch ist, wird es auch wohl die erste sein; *et* und *dono mere(to) libs* oder *lubs* können schwerlich einem andern italischen Dialekt angehören. Allerdings zeigt sich noch viel Unrömisches, namentlich in den Namen der Götter und der Menschen. Die Vornamen Vibius, Salvius, Paccius, Statius sind mehr den oskischen und volskischen ähnlich als den römischen, und sind mir ein Hauptbeweis, dass die Inschriften nicht von römischen Bürgern herrühren. Vgl. die Herii Asinii, die im zweiten punischen und im Socialkrieg in Teate vorkommen (Drumann Gesch. Roms II, S. 2) und den Päligner. Vibius Accuaeus (oben S. 259). Man beachte auch das Fehlen der Tribus auf diesen und ähnlichen Inschriften. Die Vornamen Vibius und Salvius kommen übrigens auch sonst auf altlateinischen, marsischen und abruzzesischen Inschriften nicht ganz selten vor, so Vibius auf einer unedirten Inschrift von Corfinium Caesia V. f. Magula; auf einer aquilaner (Marini I. Alb. p. 84) C. Allidius V. f. Quir. Sura;

---

4) Mit dieser zusammen gehört folgende an demselben Orte befindliche Inschrift:
    SA. STA. FL.   *Salvius Statius Flavus*
    VIC. D. D. L. = *Victoriae dono dedit lubens*
    M.   *merito.*
wovon bei Gud. 47, 5. Murat. 21, 6 interpolirte Copien sich finden.

ferner P. Atenus V. f. (Mur. 1723, 6.), P. Caesienus Vib. f. (Mur. 684, 2.), O. Staclenus V. f. (Mur. 1748, 5.) und auf folgender Inschrift aus Piscina:

N. VIBIDAIVS. V. F
BARBO
C. PANSA. O. IRTIO
CONS. PRI. NON
FEB

Ferner Salvius: Sal. Caesienus auf einer ungedruckten Inschrift des aquilaner Museum; Sal. Hostilius Sp. f., P. Hostilius Sal. f. (Annali 1834 p. 148); T. Ocratius. Sa. [f.] (Mur. 480, 5. $=$ 1718, 11.); P. Peticius Sa. f., Petronia Sa. f. Petici (incorrect bei Murat. 1724, 2.). — Statius ist in diesen Gegenden selten; ein Statius Tattius Paclinus Stati fil. kommt auf einer Inschrift von Interpromium (bei Chieti) vor. — Ueber einen Vornamen Pet... s. S. 362. —, Die Namen wie Atiedius und Anaiedius gehören ebenfalls zu den Eigenthümlichkeiten der marsischen und abruzzesischen Distrikte, es finden sich auf dortigen Inschriften z. B. Amaredius, Appaedius, Decumedius (vielleicht Vorname: C. Tattio Decumedi fil. Vestino), Musedius, Novelledius, Numiedius, Pappedius, Paquedius, Pescennedius, Peledius und Petiedius, Poppaedius, Staedius, Statedius, Titedius, Veredius, Vetledius und Vettiedius — meistens Verlängerungen bekannter Geschlechtsnamen, wie z. B. neben Anaiedius auch Anaius vorkommt. Dieselbe Endung hat der Name des marsischen Feldherrn Q. Pompaedius (oder Poppaedius) Silo. Die Lesung Atiedius wird gesichert durch den Sex. Attiedius Apollonius Murat. 1573, 14. und den PAAT... AATIEDI L(ucii) S(ervus) Gud. 55, 8. — Auch die Gottheiten, die auf diesen Steinen genannt werden, sind noch epichorisch; so der Gott (?) Bocius S. 339, und die Victoria sinq... (oder seinq...), deren Epitheton ich nicht zu deuten weiss, vielleicht die sabinische Vacuna, die bekanntlich später als Victoria verehrt ward. Was die Vesuna Erinia (wo Erinia unzweifelhaft als Appositiv zu fassen ist) und der Erinius pater sei, ist völlig dunkel; der Name klingt an auf die Heries Junonis (Gell. XIII, 22) und die Heres Martea (Fest. p. 100). Hätte der Dedicant die Civität gehabt, würde er wahrscheinlich diese Gottheiten auch mehr romanisirt haben.

Alles was uns die Alten über Spracheigenthümlichkeiten der Sabiner, Marser und der Sabeller überhaupt berichten, bezieht sich auf Idiotismen ihres Lateins. Mit Ausnahme von Scylax (S. 95. 293) könnten die römischen Berichterstatter, unter denen namentlich der Reatiner Varro hervorzuheben ist, der so oft der Besonderheiten seiner Heimath gedenkt, von der sabinischen Sprache als solcher nichts mehr wissen und in der That spricht Varro von ihr als von einer todten⁵). Dasselbe gilt in noch höherem Grade von der Sprache der Marser und der Herniker, deren kaum ein oder das andere Mal bei späten Schriftstellern und in einer Weise gedacht wird, dass wir bei der lingua Hernica oder Marsorum nur an das provinziale Latein dieser Gegenden denken können⁶). Nur in einer Anzahl Idiotismen des sabinischen und marsischen Latein lebten noch einige Trümmer der alten Nationalsprache fort, und nichts andres ist es, was uns namentlich durch Varro von sabinischen Wörtern aufbehalten ist. Keine einzige sabinische Glosse giebt ein Wort mit unlateinischer Endung, wie deren unter den oskischen Glossen mehrere vorkommen; es sind sämmtlich offenbar latinisirte Formen, die nur in der Wurzel oder in der Lautverschiebung provinziale Eigenthümlichkeit verrathen. So heisst es auch bei Quintil. I. O. I, 5, 56: 'tacco de Tuscis et Sabinis et Praenestinis quoque; nam ut eorum sermone utentem Vectium Lucilius insectatur, quemadmodum Pollio deprehendit in Livio Patavinitatem'. Bemerkenswerth ist es, dass eine grosse Anzahl dieser sabinischen Provinzialismen auf den Cult sich bezieht; es scheint die Tempelsprache manche nationale Besonderheit länger erhalten zu haben. Erhalten sind sie uns, wie gesagt, zumeist direkt oder indirekt durch Varro; nur die bei Festus vorkommenden scheinen

---

5) lingua Sabina ist bei Servius, Isidor u. a. Späteren nicht selten; Varro und Festus vermeiden es und sagen gewöhnlich Sabini dicunt u. dgl., nur von den Altären des Tatius heisst es bei Varro V, 74: Sabinam linguam olent — was auch von einer todten Sprache gesagt werden konnte — und einmal bei einem Citat aus Aelius (V, 66): hunc esse Sancum ab Sabina lingua. Dagegen spricht er gewöhnlich von der lingua Osca (VII, 28) oder der lingua Samnitium (bei Gell. XI, 1). Aus der letzteren Stelle ergiebt sich auch, wie S. 115 gezeigt ward, dass zu Varro's Zeit die Samniter oskisch, die Sabiner lateinisch sprachen. Niebuhr 1, 105. Henop de ling. Sab. p. 45 haben dies richtig bemerkt; Müller Etr. 1, 41 widerspricht ihm, weil Varro (VI, 28) das römische idus erklärt quod Sabini idus dicunt, und (was Müller hätte hinzufügen können) derselbe sagt V, 68: Sol quod ita Sabini. Allein das konnte Varro auch sagen, wenn diese Wörter zu seiner Zeit in der Sabina entweder im allgemeineren Gebrauch waren (z. B. idus für jede Hälfte) oder es sich erkennen liess, dass der Gebrauch sehr alt war, z. B. wenn er an uralte Heiligthümer des Sol vielleicht mit sabinischen Inschriften in seiner Heimath, oder wenn er an die sabinische Form Ausel dachte.

6) Die marsische Sprache erwähnt der Schol. Veron. zu Virg. Aen. VII, 684: *Hernica saxa colunt*): Marsi lingua sua saxa hernas vocant ...... [Ana]gniam habitant Marsorum coloni. Hernica igitur quasi Marsica (was Serv. a. a. O. so corrumpirt hat: Sabinorum lingua saxa hernae vocantur. Quidam dux magnus Sabinos de suis locis secum elicuit et habitare secum fecit saxosis in montibus. Unde dicta sunt Hernica loca et populi Hernici; ähnlich wie er das samnitische hirpus für ein sabinisches Wort ausgiebt). Mit dem schol. Veron. stimmt Fest. epit. p. 100: Hernici dicti a saxis, quae Marsi herna dicunt. — Der hernikischen Sprache gedenkt M. Aurel. bei Fronto ep. IV, 4: Deinde in porta (Anagnina) cum eximus ibi scriptum erat bifariam sic: **FLAMEN. SVME. SAMENTVM.** Rogavi aliquem ex popularibus, quid illud verbum esset; ait lingua Hernica pelliculam de hostia, quam in apicem suum flamen cum in urbem intro eat imponit.

auf eine andre Quelle, wahrscheinlich Aelius Stilo, zurückzugehen (Heuop de ling. Sab. p. 49). Wir lassen hier das Verzeichniss der sabinischen Wörter folgen.

---

alpus] Paul. p. 4. Müll.: album quod nos dicimus a Graeco quod est ἀλφόν est appellatum. Sabini tamen alpum dixerunt, unde credi potest nomen Alpium a candore nivium vocitatum.

ausel, sol] Paul. p. 23: Aureliam familiam ex Sabinis oriundam a Sole dictam putant quod ei publice a populo Romano datus sit locus in quo sacra faceret Soli; qui ex hoc Auseli dicebantur, ut Valesii Papisii pro eo quod est Valerii Papirii. Vielleicht ist Foslius auch nichts andres als Aurelius, s. S. 358. — Varro de l. l. V, 68: Sol (*Fl.* Sola) — quod ita Sabini; auch unter den zwölf Göttern des Tatius, s. Feronia. — Offenbar dasselbe Wort ist das etruskische usil auf bronzenen Spiegeln, bald neben der Figur des Sonnengotts (Bullett. 1840 p. 11) bald neben der Aurora (Gerhard arch. Zeitung 1847 Anh. Nr. 1. p. 9.) und als tyrrhenisch d. h. etruskisch erwähnt das Wort auch Hesychius in der Bedeutung von Aurora: αὐκήλως (schr. αὐσήλως oder αὐσήλ; die Endung ist wohl von dem folgenden Worte zugefügt) ἕως· ὑπὸ Τυῤῥηνῶν. Der Stamm ist aurum 'quod illi (Sabini) ausum dicebant' (Paul. p. 8.), wovon Aur-ora, Aus-elius, us-il, s-ol.

ausum] s. ausel.

casinum] Varro L. L. VII, 28. 29. *Cascum* significat vetus (*ins. cod.* secundo *ex interpol.*): eius origo Sabina quae usque radices in Oscam linguam egit. *Cascum* vetus esse significat Ennius — — — item ostendit, quod oppidum vocatur *Casinum*, hoc enim ab Sabinis orti Samnites tenuerunt. Et (*ins. cod.* nunc, quod del. Spengel recte) nostri etiam nunc *casinum* forum vetus appellant. Item significat, (*cod.* significant) in Atellanis aliquot Pappum senem quod Osce (*cod.* osci) *Casnar* appellant. Müller hält die letzten Worte für lückenhaft; ich denke die leichten Verbesserungen significat und Osce werden genügen. Bei den nostri hat man an Varro's sabinische Landsleute zu denken, die eine alte Stadt noch zu seiner Zeit casinum nannten. Vgl. S. 268.

catus] Varro L. L. VII, 46 cata acuta; hoc enim verbo dicunt Sabini.

crepuscus] Varro de l. l. VI, 5. dicitur *crepusculum* a crepero. Id vocabulum sumpserunt a Sabinis, unde veniunt crepusci nominati Amiterno, qui eo tempore erant nati, ut lucii (*cod.* luci) prima luce. In Reatino (*ita Müll.*; *cod.* in creatione) *crepusculum* significat dubium; ab eo res dictae dubiae creperae, quod crepusculum dies etiam nunc sit an iam nox, multis dubium. — Id. VII, 77: *Crepusculum* dictum ab Sabinis quod (*cod.* et) id dubium tempus noctis an diei sit. — — — Ideo dubiae res *creperae* dictae.

cumba] Paul. ep. p. 64: Cumbam Sabini vocant eam quam militares lecticam (d. i. die Streu, die Lagerstatt mit Gras oder Stroh bereitet Varro l. l. V, 166).

cupencus] Virg. Aen. XII, 539 nec dii texere Cupencum Aenea veniente sui] Serv.: sane sciendum Cupencum Sabinorum lingua sacerdotem vocari et ut apud Romanos flaminem et pontificem sacerdotem. Sunt autem Cupenci Herculis sacerdotes. — Mit Recht vergleicht Giovenazzi Aveja p. XXXIII den Namen Ocupencius (schr. Olus oder Quintus Cupencius) Felix der fabrettischen Inschrift 635, 300 ungewisser Provenienz. — Aus Virgil hat den Namen entlehnt Sil. Ital. IV, 537.

Quirinus] Varro ap. Dionys. II, 48: τὸν Ἐννάλιον οἱ Σαβῖνοι — κυρῖνον ὀνομάζουσιν. Entweder von ihm sei die Stadt Cures benannt, oder von der Lanze: κύρεις γὰρ οἱ Σαβῖνοι τὰς αἰχμὰς καλοῦσιν. — Ovid. fast. II, 473 — Quirino; Qui tenet hoc nomen Romulus ante fuit, Sive quod hasta curis priscis est dicta Sabinis. — Paul. ep. p. 49: Curis est Sabine hasta, unde Romulus Quirinus quia eam ferebat est dictus. — Id. p. 63 v. coelibari: (Juno Curitis) ita appellabatur a ferenda hasta, quae lingua Sabinorum curis dicitur. — Cf. Fest. p. 254 v. Quirinus. Plut. Rom. 29. — Macrob. Sat. 1, 9. Quirinum quasi bellorum potentem, ab hasta, quam Sabini curim vocant. — Serv. ad Aen. I, 292: Romulus autem Quirinus ideo dictus est vel quod hasta utebatur, quae Sabinorum lingua curis dicitur; hasta enim id est curis telum longum est; unde et securis, quasi semicuris. — Isidor. IX, 2, 84: Ili et Quirites dicti quia Quirinus dictus est Romulus, quod semper hasta utebatur, quae Sabinorum lingua quiris dicitur.

cyprus] Varro L. L. V, 159: vicus cyprius a cypro, quod ibi Sabini cives additi consederunt, qui a bono omine id appellarunt; nam cyprum Sabine bonum. — Damit ist zu vergleichen Strabo V, 4, 2, p. 241 Casaub.: ἐφεξῆς δὲ τὸ τῆς Κύπρας ἱερόν, Τυῤῥηνῶν ἵδρυμα καὶ κτίσμα· τὴν δ' Ἥραν ἐκεῖνοι Κύπραν καλοῦσιν. — Silius VIII, 434: et quis littoreae fumant altaria Cuprae. — Grut. 1016, 2, besser Colucci Cupra maritt. p. 130: Imp. Caesar Divi Traiani || Parthici f. Divi Nervae nep. || Traianus Hadrianus Aug. || pontif. maxs. trib. potest. XI || cos. III. munificentia sua || templum Deae Cuprae || restituit. (in der Kirche von S. Martino in Grottamare bei Fermo, dem alten Cupra maritima; in der Nähe das alte Cupra montana). — Amaduzzi theilt in den nov. Fior. 1781 p. 789 zwei Inschriften mit, beide in Gubbio gefunden mit einer Statue des Mars, die eine auf der Basis: L. IAVOLENVS. APVLVS || VOTVM. SOLVIT. L. M; die zweite auf einer Platte: maRTI. CYPRIO || *l. ia*VOLENVS. APVLVS. SIGNVM || MARMOREVM. EX. VOTO. POSVIT. ET || AEDEM. VETVSTATE. CON*lapsam* || REFECIT. ADIECTO. PRONAO. ET. CO*lumnis*. — Wenn man erwägt, dass cyprius nach Varro sabinisch ist, dass die beiden Cuprae in Picenum liegen, dass die dea Cupra ebendaselbst, der Mars cyprius in Umbrien erscheint, dass dagegen auf etruskischen Denkmälern und in Etrurien nicht die mindeste Spur dieser Cupra sich findet, so wird es vielleicht nicht zu verwegen sein, wenn wir Strabo's Angabe bezweifeln und die Cupra für die sabinische Bona Dea erklären. Es ist dies um so eher gestattet, als manches Sacrale den Tuskern (Faliskern?) und Sabinern gemeinsam war; s. *Ausel, Feronia, Minerva, idus, februare.*

[*Diana*, s. Feronia].

dira] Serv. ad Aen. 3, 235: Sabini et Umbri quae nos mala, dira appellant.

eloqui, reloqui] Varro L. L. VI, 57 Loqui ab loco — hinc dicuntur eloqui ac reloqui (eloquium ac reliqui *cod.*) in fanis Sabinis, e cella dei qui eloquuntur.

Falacer] flamen Falacer a divo patre Falacre. Varro V. 84, vgl. VII, 45 (die Inschrift Mur. 100, 6 ist falsch). Diesen sonst unbekannten Gott für sabinisch zu halten bestimmt mich der sabinische Ort Falacrine oder Falacrinum, Vespasians Vaterstadt. Es scheint das Wort identisch mit alacer mit dem sabinischen Vorschlag des f.

fasena] s. S. 358.

februum] Varro L. L. VI, 13: *Februum* Sabini purgamentum et id in sacris nostris verbum. — Lyd. de mens. IV, 20: Ἀνύσιος δὲ ἐν τῷ περὶ μηνῶν Φεβροῦον τὸν καταχθόνιον εἶναι τῇ Θούσκων φωνῇ λέγει καὶ θεραπεύεσθαι πρὸς τῶν Λουπερκῶν ὑπὲρ ἐπιδόσεως τῶν καρπῶν.

fedus] s. S. 358.

Feronia] Varro L. L. V, 74. Feronia Minerva Novensides a Sabinis. Paulo aliter ab eisdem dicimus Herculem Vestam Salutem Fortunam Fortem (*Fl.* fontem) Fidem. Et arae (*ex cj. Müll.; Fl.* ea re) Sabinam linguam olent quae Tati regis voto sunt Romae dedicatae, nam ut Annales dicunt vovit 1) Opi, 2) Florae, 3) Vediovi Saturnoque, (*sic Fl., nisi quod* floraeve diovi saturnoque. *Müll.* Vedio Jovi Saturnoque), 4) Soli, 5) Lunae, 6) Volcano et Summano, itemque 7) Larundae, 8) Termino, 9) Quirino, 10) Vortumno, 11) Laribus, 12) Dianae Lucinaeque. E quis nonnulla nomina in utraque lingua habent radices ut arbores quae in confinio natae in utroque agro serpunt; potest enim Saturnus hic de alia causa esse dictus atque in Sabinis, et sic Diana et (dianae *cod.*) de quibus supra dictum est. — Dionys. II, 50: Τάτιος δὲ Ἡλίῳ τε καὶ Σελήνῃ καὶ Κρόνῳ καὶ Ῥέᾳ (Opi)· πρὸς δὲ τούτοις Ἑστίᾳ (wohl die Larunda, wie Müller meint) καὶ Ἡφαίστῳ καὶ Ἀρτέμιδι καὶ Ἐννναλίῳ (Quirino) καὶ ἄλλοις θεοῖς ὧν χαλεπὸν ἐξειπεῖν Ἑλλάδι γλώττῃ τὰ ὀνόματα. — Gewiss hat Müller Etr. II, 64 hier richtig zwölf Gottheiten erkannt; allein seine (oder vielmehr der Schreiber der schlechtern Handschriften) Vermuthung Vedio Jovi ist unhaltbar und auch von ihm selbst praef. ad Fest. p. XLIV. zurückgenommen, da Jovi Saturnoq. ebenso unnatürlich zusammenstehen, wie Vediovi Saturnoq. natürlich. Man erhält auch zwölf, wenn man nicht Volc. Summ. und Larunda als Einheit zählt, sondern annimmt, dass die zweite Reihe der zweimal sechs Götter mit itemque eingeführt wird. — Was die Feronia oder Feronea speciell betrifft, so ist ihr Cultus nachzuweisen besonders in dem sabinischen Trebula Mutuesca (Fabretti inscr. dom. p. 452 sq.) und Amiternum (Marini iscr. Alb. p. 91), dem picentinischen Septempeda (Grut. 308, 3), bei den Faliskern am Soracte (Forbiger alte Geogr. 3. p. 610) und dem volskischen Anxur (Forbiger a. a. O. S. 710); über ihren wohl erst später recipirten Cult in Rom und die auf sie bezüglichen Sagen s. Schwenck röm. Mythol. S. 313. Es ist bemerkenswerth, dass in dem ganzen Gebiet der oskischen Sprache nicht ein einziger Stein oder sonst eine Notiz der Feronia gedenkt.

Fides] s. Feronia.
fircus] s. S. 358.
Flora] s. Feronia u. *flusare* S. 343.
Fors] s. Feronia.
Fortuna] s. Feronia.
Hercules] s. Feronia. Altlateinische Inschriften, die dem Hercules gesetzt sind, kommen in den Abruzzen mehrfach vor.
[*Herna* s. S. 348 A. 6.]
[*Hirpus* s. S. 263.]
idus] s. im oskischen Glossar *aeteis* S. 245.
[*Lares*, s. Feronia].
[*Larunda*, s. Feronia].
Lebasius] Serv. ad Virg. Georg. 1, 7. Quamvis Sabini Cererem Panem appellent, Liberum Lebasium. Wegen der Endung s. S. 254 und vgl. den sabinischen Ort Vesp-asia.
lepesta] Varro L. L. V, 123. Vas vinarium grandius *sinum* — — — item dictae lepestae (ita Müll.; cod. dicta flepeste) quae etiam nunc in diebus sacris Sabinis vasa vinaria in mensa deorum sunt posita. Apud antiquos scriptores Graecos inveni appellari poculi genus λεπαστάν (ita Müll.; cod. depestam), quare vel inde radices in agrum Sabinum et Romanum sunt profectae. — Varro de vita p. R. l. I. ap. Non. v. lepistae p. 547: lepistae etiam nunc Sabinorum fanis pauperioribus plerisque aut fictiles sunt aut aenae. Id. eod. l. (ap. Prisc. VI, 15. p. 714. Putsch. Non. v. sinum p. 547. Schol. Veron. et Serv. ad Bucol. VII, 33): Lepestam dicebant, ubi erat vinum in mensa positum, aut galeolam aut sinum: tria enim haec similia sunt, pro quibus nunc acratophoron ponitur.
lixula] Varro L. L. V, 106. 107. *circuli* quod mixta farina et caseo et aqua circuitum aequabiliter fundebant. Hoc (*fort.* hos) quidam qui magis incondite faciebant vocabant *lixulas* et *semilixulas* vocabulo Sabino, itaque frequentati (*cod.* frequentia; *em. Speng.*) a Sabinis.
[*Lucina*, s. Feronia].
[*Luna*, s. Feronia].

Mamers] Varro L. L. V, 73. Mars ab eo — quod ab Sabinis acceptus; ibi est Mamers. Ebenso hiess er bei den Samnitern, s. S. 276.

Minerva] s. Feronia. Ist bekanntlich auch etruskisch.

[*multa*, s. S. 115. 280. Varro scheint das Wort nicht als sabinischen Provinzialismus anzuführen, sondern aus seinem Vorkommen in der oskischen Sprache auf das Vorhandensein desselben in der alten sabinischen zu schliessen.]

nar] Virg. Aen. VII, 517 sulfurea Nar albus aqua; dazu Serv.: Sabini lingua sua nar dicunt sulfur. Ergo hunc fluvium ideo dicunt esse Nar appellatum quod odore sulfureo nares contingat.

nerio, nero] Gell. XIII, 22 sagt, dass nēriō oder wie Cato sage nēriēnēs declinirt werde wie Anio, und fügt hinzu: id autem sive nerio sive neriēnēs est Sabinum verbum est eoque significatur virtus et fortitudo. Itaque ex Claudiis, quos a Sabinis oriundos accepimus, qui erat egregia atque praestanti fortitudine Nero appellatus est. Sed id Sabini a Graecis accepisse videntur, qui vincula et firmamenta membrorum νεῦρα dicunt, unde nos quoque Latine nervos appellamus. Nerio igitur Martis vis et potentia et maiestas quaedam esse Martis demonstratur. — Suet. Tib. 1. inter cognomina (Claudia gens) etiam Neronis adsumpsit, quo significatur lingua Sabina fortis ac strenuus; ebenso wohl aus Suet. Lyd. de mag. 1, 23. — Lyd. de mens. 4, 42: τιμαὶ Ἄρεος καὶ Νηρίνης, θεᾶς οὕτω τῇ Σαβίνων γλώσσῃ προςαγορευομένης — νερίκη γὰρ ἡ ἀνδρία ἐστὶ καὶ νέρωνας τοὺς ἀνδρείους οἱ Σαβῖνοι καλοῦσιν.

Novensides] s. Feronia; ausserdem Arnob. 3, 38: Novensiles Piso deos esse credit novem in Sabinis apud Trebiam constitutos. Ein Trebia im sabinischen Lande giebt es nicht; es muss Trebulam heissen und wird Trebula Mutuesca sein. Die marsische und die picentische Inschrift, welche ihrer gedenken, s. S. 339. 342.

[*Ops*, s. Feronia.]

Panis] = Ceres, s. Lebasius und oben S. 136 A. 20.

picus] Strabo V, 4, 2 erzählt die Herkunft der Picentiner und der Sabiner unter Führung eines Spechts, wovon sie auch benannt seien: Πῖκον γὰρ τὸν ὄρνιν τοῦτον ὀνομάζουσι, καὶ νομίζουσιν Ἄρεως ἱερόν. Dionys. 1, 14 setzt den weissagenden Specht des Mars in die Aboriginerstadt Tiora Matiene.

porcus?] Varro L. L. V, 97: porcus quod Sabini dicto aprimoporcoporide porcus nisi si a Graecis, quod Athenis in libris sacrorum scripta est porce porco. So die Handschrift; Müller schreibt: porcus quod Sabinis dictum APRIMO PORCOPOR, inde porcus; nisi — scripta κάπρῳ καὶ πόρκῳ und vermuthet in dem APRIMO PORCOPOR eine alte sabinische Ritualformel ähnlich dem eugubinischen popluper etc. Allein da bei Varro nicht von sabinischer Sprache sondern nur von sabinischem Dialekt die Rede sein kann, ist dies zu verwerfen. Henop p. 29 schreibt: dictum a primo porco porriciendo

porcus, darauf sich stützend, dass Varro de r. r. 1, 29 porcus von porricere ableitet. Vielleicht ist zu lesen: quod Sabini dicunt aprum oporcum, perinde porcus. — Vgl. auch Plin. II. N. 17, 22: Umbri et Marsi ad vicenos (pedes inter binas vites) intermittunt arationis gratia in his quae vocant porculeta, was mit porca = Furche zusammenhängt.
[*Quirinus*, s. Feronia].
regia oliva] Plin. II. N. 15, 3 (olivam Sergiam) Sabini regiam vocant.
Salus] s. Feronia.
Sancus] Varro de L. L. V, 66. Aelius (d. i. Aelius Stilo) Deum Fidium dicebat Diovis filium ut Graeci *Διὸς κόρον* Castorem et putabat (*Fl.* putabant) hunc esse Sancum (Fl. sanctum) ab Sabina lingua et Herculem a Graeca. — Lyd. de mens. 58 (zum 5. Juni, wo Kal. Venus.: DIO. FIDIO. IN. COLLE): *τὸ σάγκος ὄνομα οὐρανὸν σημαίνει τῇ Σαβίνων γλώσσῃ*; wahrscheinlich nach Varro, der a. a. O. divom = caelum hat. — Ueber den Genitiv sanctûs (?) vgl. Alschefski zu Liv. 8, 20; die Inschriften haben stets SANCO. — Die Fabel von Sabinus, dem Sohn des Sancus bei Cato ap. Dion. II, 49.
[*Saturnus*, s. Feronia].
scensa] Paul. ep. p. 338: *scensas* Sabini cenas dicebant: quae autem nunc prandia sunt cenas dicebant, et pro cenis *vespernas* appellabant. Fest. ib. Scensas nunc cenas; quae autem .... habebant et pro cenis ... — *caesna* vergleicht derselbe p. 209 v. pennas mit pesnas; wesshalb Scaliger auch hier cesnas herstellen wollte.
sol] s. ausel.
strena] Lydus de mens. IV, 4: *ὁ δὲ Ἐλπιδιανὸς ἐν τῷ περὶ ἑορτῶν στρήναν τὴν ὑγίειαν τῇ Σαβίνων φωνῇ λέγεσθαί φησι*. Nonius p. 16, 33 bringt strena mit strenuus, Festus s. v. p. 313 mit trinus zusammen: — Symmach. epist. X, 35: Ab exortu paene urbis Martiae strenarum usus adolevit, auctoritate Tatii regis, qui verbenas felicis arboris ex luco Strenuae anni novi auspices primus accepit.
[*Summanus*, s. Feronia].
terenum] Macrob. Sat. II, 14 Nux Terentina dicitur, quae ita mollis est ut vix attrectata frangatur; de qua in libro Favorini sic reperitur: 'Itemque quidam Tarentinas oves vel nuces dicunt quae sunt terentinae a tereno, quod est Sabinorum lingua molle, unde Terentios quoque dictos putat Varro ad Libonem primo'.
[*Terminus*, s. Feronia].
tesqua] Horat. epist. 1, 14. 19: deserta et inhospita tesqua; dazu schol. Acr. ed. Fabric.: loca deserta et difficilia lingua Sabinorum: deserta et repleta sentibus sic nominantur; schol. Porph. bloss: loca aspera et silvestria. Jenes sind zwei Scholien; ed. Ascens. 1519 hat nach Sabinorum noch: dicuntur.

testis] μάρτυς τῇ τῶν Σαβίνων (*Λατ.*?) φωνῇ. Glossae nomicae p. 32 ed. Labb.
trabea] Lydus de mens. 1, 19 berichtet, dass Numa das mit Gold geschmückte königliche Purpurgewand πατρίως τραβαίαν genannt habe. Daher Quirinali trabea Virg. Aen. VII, 612 und daselbst Servius, für den wie für Lydus Sueton die Quelle war.
trimodiae] schol. Acr. Hor. Serm. 1, 1, 53 ed. Fabric.: cumerae dicuntur vasa minora quae capiunt quinque sive sex modios, quae lingua Sabinorum trimodiae dicuntur.
Vacuna] Horat. Epist. 1, 10, 49. post fanum putre Vacunae. Dazu Porphyr. ed. Fabric.: Vacuna apud Sabinos plurimum colitur. Quidam Minervam, alii Dianam putaverunt, nonnulli et Cererem esse dixerunt. Sed Varro in primo rerum divinarum Victoriam ait et ea maxime hi gaudent qui sapientia vincunt. Anders Porphyrio: Vacuna in Sabinis dea, quae sub incerta est specie formata. Hanc quidam Bellonam, alii Minervam, alii Dianam dicunt. Noch anders, und wohl interpolirt, schol. Cruq.: Vacuna apud Sabinos plurimum colitur. Quidam Dianam, nonnulli et Cererem esse dixerunt, alii Venerem, alii Victoriam, deam vacationis quod faciat vacare a curis. Sed Varro primo rerum divinarum Minervam dicit, quod ea maxime hi gaudent, qui sapientiae vacant. — Das fanum putre Vacunae des Horaz scheint später folgende Inschrift erhalten zu haben (Orell. 1868): Imp. Caesar Vespasianus Aug. pontifex maximus trib. potestatis censor aedem Victoriae vetustate dilapsam sua inpensa restituit. Vgl. Orell. 1867, eine Inschrift unbestimmten Ortes und unsicherer Autorität, und Ovid. Fast. VI, 301.
[*Vediovis*, s. Feronia].
Verna] Da mit diesem Worte die Römer in den Gebetsformeln der capitolinischen Sabiner bezeichnet wurden (Fest. v. vernae p. 372), so hat man es nicht mit Unrecht für sabinisch gehalten.
vesperna] s. scensa.
Vesta] s. Feronia.
[*Volcanus*, s. Feronia].
[*Vortumnus*, s. Feronia].

Hiezu kommt eine Reihe von Vornamen und Namen, die indess zum grössten Theil den Stammsagen angehören und wenig verlässlich sind. Die entschieden der lateinischen Epoche angehörigen übergehe ich.

Albus Funnisilaticus, ein vornehmer Sabiner nach dem auct. de nom. Der Name scheint verdorben; vgl. die römische Familie der Funisulani aus der Romagna.
Ancum praenomen Varro a Sabinis translatum putat (auct. de nom.). Ancus Marcius s. Marcii. — *ancus* ist bekanntlich Diener, Gehülfe, s. o. S. 250.
Ἄντρων Κοράτιος, Sabiner zu Servius Zeit. Juba bei Plut. qu. Rom. 4.

Appius Herdonius, Sabiner. Liv. 3, 15 sq. u. a. m. Vgl. den Ariciner Turnus Herdonius Liv. 1, 50. Die ächt sabinische Form von Appius scheint Attus; d.

Attus. 'Appius ab Atto ciusdem (d. i. Sabinae) regionis praenomine'. auct. de nom. — Der Sabiner Attus Clausus oder Appius Claudius ist bekannt; vgl. auch den Namen des Augur Attius Navius. Attus scheint die am besten beglaubigte Form (s. Drakenborch zu Liv. 1, 36, 3. 2, 16, 4.); daneben finden sich Attius und Atta (z. B. Suet. Claud. 1.).

Aurelii d. i. Aurelii, s. S. 349.

Calpus, einer der vier Söhne des Numa (Plut. Num. 21); von ihm die Calpurnii (Paul. epit. p. 47. Horat. ars poet. 292 mit dem Schol. Eckhel V, 160).

Clausus = Claudius s. Attus.

Coratius (Curiatius oder Curtius?) s. Antro.

Curtius s. Metius. Von Cures?

Fabidius s. Modius.

Flavii sabinisch. Suet. Vespas. 12.

Funnisilaticus (?) s. Albus.

Herdonius s. Appius.

Hersilia, Sabinerin, Gattin des Latiners Hostus, Mutter des Hostus Hostilius. Macrob. Sat. 1, 6. Cn. Gellius ap. Gell. XIII, 21.

Lavianius s. Pirtilianus.

Lucretia, Gemahlin des Numa neben der Tatia und wohl auch sabinisch, Plut. Num. 21.

Mamercus heisst bei Festus oder vielmehr bei Paulus p. 130. 131. praenomen Oscum, doch scheint dies eine Verwechselung; es müsste praenomen Sabinum heissen, da die Mamerci Aemilii (die doch gewiss die Notiz im Sinne hat) ihr Geschlecht auf einen Sohn des Königs Numa, Mamercus zurückführten (Plut. Num. 8; vgl. Fest. ep. v. Aemiliam p. 23.).

Marcii, ein sabinisches Geschlecht, das Plutarch Num. 21 von dem Sohne des Numa Mamercus ableitet, wohl irrig (s. Mamercus); vielmehr galt als Stammhaupt Numa's Vetter Marcius (Plut. Num. 15), von dessen Sohn Marcius und Numa's Tochter Pompilia der König Ancus Marcius herstammt; dieser war Stammvater der Marcii (Suet. Caes. 6. Ovid. fast. VI. 803. Eckhel V, 245).

Metius (*Mettus*) Curtius, einer der vornehmen Sabiner, die sich mit Tatius in Rom niederliessen. Liv. 1, 12. Dionys. 2, 46. Auct. de nom. Vgl. den Albaner Mettus Fuffetius und oben S. 279.

Modius Fabidius aus Reate, Gründer von Cures. Varro ap. Dion. II, 48. Vgl. den Aequicoler Septimus Modius beim auct. de nom.

Numa Pompilius.

Pinus, einer der vier Söhne Numa's (Plut. Num. 21): von ihm stammen die Pinarii.

Pirtilianus Lavianius, ein vornehmer Sabiner, beim auct. de nom. Der Name scheint corrupt.

Pompilii s. Numa und Pompus.

Pompo, einer der vier Söhne Numa's (Plut. Num. 21); von ihm stammen die Pomponii. Eckhel V, p. 283. — Die Pompeii scheinen picentischen Ursprungs (Drumann R. G. IV, p. 323).

Pompus Pompilius, Numa's Vater (auct. de nom.).

Sabus, der Sohn des Sancus, Stammvater der Sabiner (Cato bei Dionys. II, 49. Sil. VIII, 421.) Die bei Martelli (antichità de' Sicoli t. II. p. 174) mitgetheilte Inschrift:

SABO. SEMONI. PATRI
SACRVM

welche in der Vigna de' Cerchettani bei Pizzoli in der Gegend von Aquila sich befinden soll, habe ich dort aufsuchen lassen; mein Correspondent berichtet mir, dass sie sich nicht vorfinde. Bei genauerem Studium des martellischen Werkes habe ich gefunden, dass derselbe ein Fälscher ist und also auch diese Inschrift keinen Glauben verdient. — Die Sabini leitet Varro ab ἀπὸ τοῦ σέβεσθαι (ap. Fest. s. v. p. 343. Plin. H. N. 3, 12, 17), dagegen Lydus von sator vini (de mens. 1, 5.)

Talus in Sabinorum nominibus praenominis loco videtur fuisse (Fest. p. 359). — Τάλλος oder Τάλος Τύραννος, vornehmer Sabiner und Genosse des Königs Tatius bei Dionys. II, 46. — Ein Rutuler Tălus bei Virgil Aen. XII, 513.

Tatia, die Gattin des Numa. S. Titius Tatius.

Terentii sabinisch. S. S. 354.

Titius oder *Titus* Tatius, sabinisch-römischer König. Titius hat der auct. de nom., womit übereinstimmt Fest. ep. p. 366: Titiensis tribus a praenomine Tatii regis videtur appellata.

Titurius. Titus e Sabino nomine Titurio fluxit (auct. de nom.). Die Titurii Sabini sind bekannt; auf ihren Münzen findet sich der König Tatius und die Tarpeia. Eckhel V, 326.

Tyrannus s. Talus; ob Turranius?

Valesius s. Volesus.

Vettii. Ihr Cognomen Sabinus und das Bild des Königs Tatius auf den Münzen zeigen, dass das Geschlecht als sabinisch galt. Eckhel V, 336.

Vitellii, sabinisch nach zweifelhafter Familientradition. Suet. Vitell. I.

Volesus oder *Volŭsus* (Eckhel V, 333. 334) Valesius, ein vornehmer Sabiner und Genosse des Königs Tatius (auct. de nom., Dion. II, 46). — Volesus Stammvater der gens Volusuina (Fest. v. optima lex p. 198) oder der Valerii z. B. Ovid. ex Ponto III, 2, 105.

Die nur aus historischer Conjectur von den Neuern für sabinisch gehaltenen Geschlechter übergehe ich, so wie es auch nutzlos wäre, die Namen der sabinischen Inschriften hier zu verzeichnen, zumal da in diesen Namen eine Scheidung des sabinischen Elements von dem römischen nicht durchzuführen ist. Man sieht, dass auch die Sabiner zweinamig waren; als sabinische Vornamen können Albus Ancus Antro Attus Mamercus Mettus Modius Numa Pompus Talus Titus Volesus gelten; beachtenswerth ist es dass dieselben sehr selten auf ius endigen, während dies Regel ist bei den oskischen Vornamen, und bei den lateinischen beides wechselt.

Die Stadt- und Ortnamen findet man überall zusammengestellt; sie haben zum Theil einen sehr alterthümlichen Charakter (Rea-te, Lista, Vesbula, Suna, Mefula, Vatia, Tiora, Eretum, Neminie, eine Quelle bei Reate, Plin. II. 103, 230 cet.); über Nursia = Neustadt s. S. 283, Trebula Mutuesca ist darum bemerkenswerth, weil andere Trebulae in Umbrien, Campanien und Samnium vorkommen; das Wort stammt von tribulare. Ein clivus milliarius an der via Salaria bei Reate hiess *Thebae*, was Varro de re rust. 3, 1, 6 mit dem altlateinischen und äolischböotischen *tebae* = colles vergleicht: Lingua prisca et in Graecia Aeoles Boeotii sine afflatu vocant collis *tebas*, et in Sabinis, quo e Graecia venerunt Pelasgi, etiamnunc ita dicunt; cuius vestigium in agro Sabino via Salaria non longe a Reate milliarius clivus appellatur *Thebae*. Vgl. auch die alte Stadt Thebae Lucanae.

Ausserdem ist noch ebenfalls von Varro als Eigenthümlichkeit des sabinischen Latein bemerkt worden, dass die mit einem Vokal oder einer Aspiration anfangenden Wörter zu Anfang f annehmen, de lingua Lat. V, 98: '*ircus* quod Sabini *fircus*; quod illic *fedus*, in Latio rure *edus*; qui in urbe, ut in multis *a* addito, *aedus*'[7]) und ap. Velium Long. de orth. p. 2230 Putsch.: '(*harena*, non *arena*) propter originem vocis, siquidem, ut testis est Varro, a Sabinis *fasena* dicitur, et sicut *s* familiariter in *r* transit, ita *f* in vicinam aspirationem mutatur. Similiter ergo et *hoedos* dicimus cum aspiratione, quoniam *foedi* dicebantur apud antiquos; item *hircos*, quoniam eosdem aeque *fircos* vocabant. Nam et e contrario, quam antiqui *habam* dicebant, nos *fabam* dicimus'. Aehnlich p. 2238,

---

7) Diese Stelle hat Quintilian I. O. 1, 5, 20 vor Augen gehabt. Der sog. Apuleius de not. asp. p. 94 Osann. und der ebenso späte Apulei. de diphthongis p. 125 haben diese Stelle ebenfalls benutzt, aber nachlässig wie andre varronische Stellen (vgl. p. 107 mit Varro V, 106) und dort zu *fedus* und *fircus* hinzugefügt: 'trahere pro trafere', hier heisst es 'certum est Romanos *f* Sabinorum in *h* convertere. Sabini enim fircus, Romani hircus; illi vefere, Romani vehere protulerunt'. Allein vefere und trafere kennt Varro nicht; diese Beispiele sind von Apuleius gemacht, und schlecht gemacht, denn soweit wir sehen, ward nur die Aspiration im Anfang im Sabinischen durch f vertreten.

wo nur von den antiqui die Rede ist, nicht von den Sabinern, und das Beispiel hordeum = fordeum hinzugefügt wird. Als altlateinisch kommen ähnliche Formen noch öfter vor, so Paul. p. 84: foedus = hoedus; folus olus; fostis = hostis; fostia = hostia; ferner die daselbst citirten Beispiele ebenfalls aus Paulus Formiae = Hormiae, fordus = hordus, fortes = horctes, fanula = hanula, horreum = farreum; fariolus = hariolus Ter. Scaur. p. 2250. 2252; febris = hebris Serv. Aen. 7, 695; vgl. foleum = oleum Orelli 5037. Schneider 1, 1, S. 195. Als sabinisch werden ausdrücklich nur angeführt fasena fedus fircus; mit welchem letztern Henop de lingua Sabina p. 17 gut den Reatiner Fircellius (Varro de r. r. passim) zusammenstellt, ob auch den ziegenreichen (Varro de r. r. II, 1) mons Fiscellus, ist zweifelhafter. Vgl. S. 351 Falacer vielleicht = alacer. Dieser Wechsel von h und f ist auch faliskisch; so quam Falisci *habam* nos *fabam* appellamus (Ter. Scaur. p. 2252. Putsch.) und so leitet Serv. Aen. 7, 695 die Falisker von dem Stadtgründer Halesus ab. — Der Rhotacismus, der im jüngern Umbrischen sehr stark, im jüngern Lateinischen geringer, im Oskischen gar nicht vorhanden war, scheint den Sabinern in ähnlicher Weise fremd geblieben wie den ältern Lateinern; wir finden in manchen sabinischen Formen das s geschützt (ausum Auselii fasena Lebasius Vespasia Volesus, Rosea in agro Reatino a rore Paul. ep. p. 283). — Ob p für qu eintrat, ist nicht bestimmt auszumachen; Bergk hat Pompus mit quinque verglichen und man könnte auch den sabinischen mons Tarpeius und Tarquinius zusammenstellen. Einzeln bemerke man noch sab. t lat. p (Attus = Appius), sab. p = lat. b (alpus), sab. o = lat. a (Volesus neben Valerius), sab. s = lat. di (oben S. 224; Clausus = Claudius), sancus = sanctus wie oskisch *facus*.

Noch ist anhangsweise der Inschrift einer in Staffolo bei Osimo gefundenen bronzenen Statuette zu gedenken, welche aus einem doppelten Grunde bisher keine Berücksichtigung gefunden hat. Einmal sind derartige leicht transportable Bildwerke bei ethnographischen Untersuchungen mit grösster Vorsicht zu benutzen; wer bürgt uns dafür, dass sie gerade am Fundort verfertigt sind? Zweitens ist der Charakter der Schrift selbst schwankend; das Alphabet der Inschrift kann das umbrische sein (da der erste Buchstabe der ersten Zeile ebensowohl v als c gelesen werden kann), aber auch das etruskische, so dass man die Wahl hat die Statuette entweder für eingeführt aus Etrurien zu halten oder für entstanden an dem Fundort und im umbrischen Alphabet geschrieben. Für letzteres scheint das Lautsystem der Inschrift zu sprechen. Obwohl danach die Inschrift streng genommen ausserhalb der Grenzen dieser Untersuchung liegt, ist sie doch auf Taf. XVI. wiederholt worden, da sie jedenfalls bei der noch keineswegs aufgeklärten Ethnographie von Picenum mit in Betracht kommt.

caispaizvaricus
iuvezalscs(?)ure

Bronzene Statuette hoch 10 once römischen Masses (del palmo architettonico romano) gefunden in Staffolo bei Osimo in Picenum, besessen zu Lanzi's Zeit von dem Abbate Santini in Macerata, zu Amati's Zeit von Pacifico Giorgi in Mondavio. Publicirt von Lanzi (saggio T. 2. ed. 1. p. 528, ed. 2. p. 451. tav. IV. n. 3. tav. XV. n. 4.) nach einer Zeichnung von Amaduzzi, dessen Abschrift ich auch unter seinen Papieren in der öffentlichen Bibliothek zu Savignano fand. Besser publicirt von Amati (giornale Arcadico T. XII. parte III.) nach dem Original. Erwähnt wird die Figur auch von Colucci antich. Pic. I. p. 50. Amati beschreibt die Statuette etwa folgendermassen: „Sie stellt dar einen anmuthigen Jüngling, der einen Mantel auf dem nackten Leibe trägt; dieser Mantel, über die linke Schulter geworfen und von dieser über den Rücken herabhängend kommt an der Seite unter dem rechten Arme wieder zum Vorschein, wo er etwas niederfällt und einen kleinen Schoss bildet; er bedeckt alsdann den Leib oben über dem Nabel und hängt mit seinem äussersten Saume in einem wohlverstandenen Wurfe über den linken Arm herab. Der Kopf ist ein wenig rechts geneigt; die grossen Augen sind sehr ausdrucksvoll und das Gesicht hat jenes γοργὸν καὶ σεμνόν, wie es dem speer- und lichtsendenden Gotte eigen ist. Die Haare sind in Locken gesondert, von denen zwei über der Stirn mehr hervortreten und gleichsam der Anfang jenes κρώβυλος oder der Doppellocken sind, wodurch die späteren Künstler den Phöbus charakterisirten. Das Haupt war umgeben von sechs langen und spitzen Strahlen, von denen drei meist ganz abgebrochen, die drei andern jetzt abgestumpft und verbogen sind; wesshalb Lanzi's Zeichner sie für Lorbeerblätter nahm. Am Hinterhaupt bemerkt man ein kreisförmiges Band, gleichsam um das sechsstrahlige Diadem in dasselbe einzufügen und es zu befestigen. Von da fällt das Haar in drei Ringellocken herab, von denen zwei stärker sind; das übrige Haar wird mit einer Menge krummer Linien angedeutet, welche vom Scheitel wie von einem Mittelpunkt ausgehen und mit einem scharfen Instrument in den weichen Thon geritzt zu sein scheinen. Dieser Theil allein ist in der alten trockenen in etruskischen Bildwerken gewöhnlichen Weise behandelt, kommt aber auch nicht zu Gesichte. Der rechte Arm, der ausgestreckt war, ist in der Mitte des Oberarms abgebrochen und zeigt noch die Spur eines schneidenden Instruments; der näher an den Körper angezogene und um etwas zu tragen am Ellenbogen in horizontaler Richtung gebogene Arm ist erst am Handgelenk verstümmelt. Der ganze Körper ruht auf dem rechten Bein und dem rechten Fuss, welcher unbeschädigt ist, jedoch fehlt die alte Plinthe; das linke unter der Mitte abgehauene Bein zeigt die natürlichste und anmuthigste Bewegung, indem der Schenkel sich vorstreckt und das Bein im Zurückziehen sich verkürzt. Unzweifelhaft stellt die Statuette den Apollo als Sonnengott vor; ungefähr wie Maximus Tyrius ihn beschreibt (Diss.

XIV. p. 159): μειράκιον γυμνὸν ἐκ χλαμυδίου, τοξότην, διαβεβηκότα τοῖς ποσὶν ὥσπερ θέοντα; der Strahlen gedenkt Philostratus auch da wo er ihn als Ringer erwähnt (icon. lib. II. 19. p. 842). Unsre Statuette mag Plectrum und Cetra, oder einen Lorbeerzweig und den Bogen gehalten haben, wie die Basreliefs und die Münzen den Apoll gewöhnlich darstellen. Die ganze Ausführung aber zeigt die Lebendigkeit, die Schönheit und das Glück hellenischer Arbeit. Die Erfindung ist geistreich, das Nackte höchst anmuthig und natürlich, die Falten lassen das Fleisch durchscheinen, der Guss ist durchaus gelungen. Das Fleisch ist in andrer Weise und mit andern Werkzeugen nachgeputzt und behandelt als die Gewandung. Die Patina der Statue ist nicht dick noch erdig, und in den der Berührung weniger ausgesetzten Theilen grünlich, sonst schwärzlich. — Die Inschrift befindet sich auf dem Gewande, in zwei etwas schräg laufenden Zeilen, welche so zu lesen sind, dass man sich zur Linken der Statue neben dieselbe stellt; die Schrift geht von rechts nach links in etruskischer Weise. Die Buchstaben sind ziemlich gross und nicht eingeschnitten, sondern mit einem Stempel eingeschlagen."

Soweit der treffliche Amati. Für den Text der Inschrift haben wir zwei Stiche und einen Druck bei Lanzi und eine Abschrift von Amaduzzi, sämmtlich unter sich nicht unbedeutend abweichend (am besten ist der Stich tav. IV. n. 3) und von Amati wegen ihrer Nachlässigkeit getadelt; ferner einen sehr schlechten Stich bei Amati auf dem Kupferstich der Statuette und einen nach Amati's eigener Zeichnung genommenen und von ihm als sehr gut ausgeführt bezeichneten Holzschnitt. Den letzten wiederholt Taf. XVI. Ueber die einzelnen Differenzen bemerke ich Folgendes:

Z. 1. Buchst. 1 kann nach Amati's Holzschnitt allenfalls auch v sein, aber c haben Lanzi und Amaduzzi.

Buchst. 4 fehlt bei Amaduzzi.

Buchst. 4 ↲ bei Amaduzzi.

Buchst. 8. 9 ꓛS bei Amaduzzi.

Buchst. 14 AI bei Amaduzzi.

Z. 2. Buchst. 3 nach Lanzi und Amaduzzi *p*, was Amati tadelt.

Buchst. 5. Amati weiss nicht, ob der kleine Querstrich in der Mitte Zufall sei oder nicht; Lanzi liest T, Amaduzzi Ǝ, der Stich bei Amati Γ. Ist Amati's Holzschnitt richtig, so muss *z* gelesen werden; vielleicht ist *t* aber vorzuziehen.

Buchst. 10 nach Lanzi S, nach Amaduzzi I, nach Amati's Stich Γ, nach seinem Holzschnitt C. Lanzi's Lesung scheint die richtige, da auf Bronzetafeln S leicht durch Vernachlässigung des untern Striches wie C erscheint.

Amaduzzi liest Z. 2: iupeeaiseiure.

Die Deutung anlangend erinnere ich einestheils an die volskische und umbrische Sitte den Namen des Vaters zwischen Vornamen und Namen einzuschalten, anderntheils an die zahlreichen Gentilnamen auf enus der picentischen[8]) und abruzzesischen Inschriften. Danach könnte folgende Theilung die richtige sein:

cais paiz variens
iuve t(z?)alsca(?)ure

etwa Caius P.... filius Varienus Jovi ....ôri. — 'paiz' enthält vielleicht den Vornamen Pet..., den ich auf einem Stein von Amiternum finde (Giovenazzi Aveja p. XXXIV, von mir verglichen im Museum von Aquila):

L. OFDIVS LF
PET. N. DL. M

und einem andern von Asculum Picenum (Colucci Ascoli p. 114): *C. Vibi Pet. f. Fab. Balbi.*

Was sonst von nichtlateinischen picenischen Inschriften vorkommt, ist kaum der Rede werth. Auf sieben 3—4 Zoll breiten Deckeln von Thongefässen, die bei Pesaro gefunden sind, liest man

I   V ·⅂·   L ᴀ
    ᴧ ·M·   ↓ ᴎ   O

(Gori gemmae astrif. III. p. 136); wo der fünfte Deckel vielleicht, aber nicht nothwendig, eine etruskische Ziffer neben der lateinischen zeigt. — Die etruskisch-lateinische bilinguis des haruspex fulguriator der lateinischen Kolonie Pisaurum (Fabretti 696, 171 und sonst) beweist gar nichts, da sie vermuthlich einem eingewanderten Etrusker gehört (oben S. 27 Anm.). — Die bronzene Statue eines Kriegers bei Lanzi tav. XV. n. 2. t. 2. p. 446. ed. 2. mit der Inschrift: 'ϑucerherm. enasturuce' soll nach Amati in der S. 360 angeführten Abhandlung p. 24 in Ravenna gefunden sein; sie stimmt mit andern sicher etruskischen vollkommen überein. — Die wunderlichen Ziegel, die sich bei Hatria am Po finden sollen (Murat. 509, 2. 510, 1. und die Abhandlungen von Silvestri im XVI. Bande der raccolta von Calogerà und im III. Band der Atti von Cortona), sind wohl gefälscht. — Münzen einheimischen Dialekts giebt es hier gar nicht; die lateinischen Kolonien Hatria Firmum und Ariminum münzten entweder ohne Aufschrift oder mit lateinischer Aufschrift; Ancona's Münzen sind griechisch.

---

8) z. B. Alienus, Vicrenus in Ascoli; Babrenus, Calpenus, Camurenus, Mahenus, Mussenus in Septempeda; Cuppienus in Sestinum; Decumenus in Jesi; Sibidienus in Fabriano; Petillenus in San Ginesio; Opidenus in Sassoferrato; Clodienus in Urbino; Iavolenus in Gubbio u. a. m.; namentlich in den Abruzzen finden sich zahlreiche Beispiele.

Wir stehen an der Grenze unsrer Aufgabe. Während die Sprache der italischen Autochthonen, die ein vorhellenischer sogenannter pelasgischer Dialekt zu sein scheint, in ihrer ursprünglichen Gestalt beschränkt ist auf die schmale messapische Halbinsel; während dieselbe in die hellenische verwandelt in Apulien und Theilen des bruttischen Landes erscheint, ist das ganze mittlere Italien bis zu den Lateinern, Umbrern und Galliern eingenommen durch den sabellischen, das ganze südliche durch den samnitischen Volksstamm, der von einem Meere zum andern reicht und in der mannigfaltigsten Weise mit den Griechen sich berührt. Die letzterem Stamme eigenthümliche Sprache finden wir vollkommen entwickelt bei den Samnitern und den samnitischen Völkerschaften von den Mamertinern in Sicilien bis hinauf zu den Sidicinern und Frentanern. — Der erstere Stamm erscheint nur noch verkümmert und verschwindend; zwei sabellische Inschriften urältester Schrift, Reste desselben Dialekts oder nah verwandter bei den Marrucinern, Marsern und Volskern, endlich einige ins Latein als marsische und sabinische Provinzialismen übergegangene Eigenthümlichkeiten des älteren nationalen Dialekts sind die Trümmer dieser Schwestersprache des Oskischen. Ob der volskische Dialekt eine Abart des sabellischen oder dem umbrischen näher verwandt sei, ist nicht ausgemacht. — Als einen dritten gleichartigen Stamm können wir das Umbrische bezeichnen, das ebenfalls zu einer wenn gleich mindern Entwicklung als das Oskische gelangt ist. Diese drei Sprachstämme, oder richtiger, dieser grosse umbrisch-sabellisch-samnitische Sprachstamm steht im Kampf mit den verschiedenen stammfremden Idiomen, die sonst in Italien vorkommen: dem etruskischen, dem gallischen, dem lateinischen und dem griechischen, bis er endlich dem lateinischen überall unterliegt; am frühesten in der Sabina und den marsischen Gegenden, durch deren Latinisirung in die Mitte des umbrisch-sabellischen Sprachgebiets eine grosse Lücke gerissen ward, am spätesten im eigentlichen Samnium. In welcher Weise der Sprachkampf des Umbrischen mit dem Etruskischen und Gallischen geführt worden, ist eine Frage, deren Lösung wir von den Erforschern des umbrischen Dialekts erwarten, welche sich bei der jetzt herrschenden oberflächlichen Abtheilung zwischen Umbrischem und Etruskischem nicht beruhigen können. Die Natur des räthselhaften euganeischen Dialekts hat noch Keiner analysirt; die Sprachgebiete des Etruskischen und Umbrischen sind bis jetzt nur noch sehr oberflächlich abgegrenzt worden und die Frage ist noch keineswegs entschieden, ja wohl nicht einmal ernsthaft aufgeworfen, ob nicht vermischt mit den etruskischen Inschriften andre den umbrischen verwandte vorkommen; obwohl es keinem entgehen kann, dass die sogenannten etruskischen Inschriften in sich nicht gleichartig sind. Hier müsste namentlich auch der eigenthümliche Dialekt von Falerii berücksichtigt werden, welches nach Strabo V, 2, 9 nicht etruskisch, sondern eine πόλις ἰδιόγλωσσος, wahrscheinlich sabinisch oder umbrisch war [9]. — Die schwierige Aufgabe dem umbrisch-sabellischen Sprachstamm gegenüber dem lateinischen seinen richtigen Platz anzuweisen liegt ausserhalb der Grenzen unsres Plans. Geographisch reicht jener an Rom hinan, ja durch die einwandernden Sabiner in Rom hinein; eine Mischung oder vielmehr eine sabinische Einwirkung auf einen nicht zum umbrisch-sabellischen Sprachstamm gehörigen, aber demselben verschwisterten Dialekt hat vermuthlich dem römischen Dialekt seine uns bekannte Gestalt gegeben. Eine Reihe von Eigenthümlichkeiten wird sich indess ergeben, wie qu für p, die Genitive auf ae und i, nt in der 3. pl. für ns, die Futurbildung, der Infinitiv auf ere, durch die das Lateinische sich von allen umbrisch-sabellischen Sprachen unterscheidet, und wo zum Theil die lateinischen Formen die älteren sind. Am nächsten verwandt war dem Lateinischen vielleicht der Dialekt der Siculer.

Es bleibt mir nur noch übrig, die folgende auf Taf. XV lithographirte Inschrift hier vorzulegen, welche in die bisherige Auseinandersetzung nicht eingefügt werden konnte, weil ihr Fundort unbekannt ist und sie auf keine bekannte italische Sprache genau passt.

...CIA PACIA MINERVA
...BRAIS. DATAS. PID. SEI. DD. I
...BRATOM PAMPPERCI
...SEFFI. I. NOM. SVOIS
...CNATOIS

Unter den gudischen Handschriften in Wolfenbüttel findet sich im cod. 197 p. 325—334 eine kleine Inschriftensammlung, nicht von Gudius Hand, vielleicht herrührend von Bellori, dem Freund und Genossen von Sante Bartoli, aus der

---

9) Als faliskisch wird bei den Alten angeführt der Wechsel von h und f (oben S. 359); die Iuno Quiritis (Müll. Etr. II, 45); Feronia (oben S. 352); Soranus und dessen Hirpi (Serv. ad Aen. XI, 785); coenaculum = Speisesaal (in Falerii, Lanuvium, Latium, Corduba Varro V, 162); struppearia = Kranzfest (Fest. v. stroppus p. 313); decimatrus = der zehnte Tag nach den Iden (Fest. v. Quinquatrus p. 257). — Bemerkenswerth ist, dass die letztern beiden Eigenthümlichkeiten auch tusculanisch sind (struppus = Kranz Fest. l. c.; triatrus, sexatrus, septematrus Fest. l. c. Varro VI, 14); mit Recht hält Müller Etr. II, 49 Tusculum für faliskisch. — Pränestinische Eigenthümlichkeiten erwähnt im Allgemeinen Lucilius (S. 348); sonst finden wir conia = ciconia (Plaut. Truc. 3, 2, 23); nefrones = testiculi (Fest. ep. v. nefrendes p. 163); tammodo = modo (Plaut. Trin. 2, 1, 8. Fest. s. v. p. 359); tongitio = notio (Fest. v. tongere p. 356); vgl. Varro de l. l. VI, 4. — Lanuvinisch war mane = bene (Macrob. Sat. 1, 3); nebrundines = testiculi (Fest. ep. v. nefrendes p. 163); s. o. coenaculum.

zweiten Hälfte des XVII. Jahrhunderts, da bei einer Inschrift (Fabrett. 470, 111) bemerkt wird: *Bellorius explicat* cet. Die Inschriften dieser kleinen Sammlung sind meistens nicht mit der Angabe des Fundorts versehen; soweit sich indess derselbe ermitteln liess oder ausnahmsweise bemerkt war, sind sie mit Ausnahme eines Steins von Foligno sämmtlich römisch. Das ist die einzige äussere Spur zur Bestimmung der Heimath der obenstehenden merkwürdigen bis jetzt ungedruckt gebliebenen Inschrift, welche in dem angeführten Manuscript Bl. 334 sich findet. Diese Spur führt nach Rom; und so sehr man auf den ersten Blick versucht sein mag, sie einem der italischen Dialekte beizulegen, so wenig dürfte ein solcher Versuch gelingen. Die vollen Formen auf ais und ois vertragen sich weder mit dem volskischen noch mit dem umbrischen Dialekt; der nom. fem. auf a ist nicht oskisch, und wenn gleich Anderes in der Inschrift auch mit dem Lateinischen nicht übereinstimmt, so ist die Schwierigkeit einestheils mindestens gleich. Andrerseits ist wohl zu beachten, dass wir Kunde haben von zwei Epochen der lateinischen Sprache, von denen die Denkmäler der ersten — die salischen und arvalischen Lieder — obgleich auch diese sicher nicht rein überliefert worden sind, auf uns den Eindruck eines unbekannten Dialekts machen. Es liess sich vorhersagen, dass, wenn ein Denkmal aus der Zeit der Verträge mit Karthago, welche die Antiquare selbst schon zu Polybius Zeit nur mit Mühe verstanden, und der ächten zwölf Tafeln zum Vorschein kommen sollte, dasselbe uns nicht viel weniger dunkel sein würde, als eine oskische Inschrift. Ist die Inschrift aber lateinisch, so gehört sie nothwendig in jene ferne Zeit und ist dann die älteste aller vorhandenen lateinischen Inschriften. Jedenfalls ist sie neben der Cista Praenestina die einzige lateinische Inschrift, worin C für G vorkommt (S. 28) und ist daher sicher älter als die Scipionengrabschrift und die Bronze von Rapino.

Klar ist die Inschrift nicht; sie ist fragmentirt, vielleicht auch, wenigstens in der Interpunction, corrupt.

...cia Pacia ist der Name der Dedicantin, mit einem Vornamen wie in den ältesten römischen Inschriften er auch den Frauen nie fehlt: Mania, Paulla (oben S. 81, wozu noch zu fügen Pola Aponia Mur. 1389, 4; Paulla Lacutu[lena] Mur. 1635, 8), Vibia (Vibia Tetidia L. f. in einer ungedruckten marsischen Inschrift), Acca (Acca Larentia, Acca Tarratia), und nach dem auct. de nomin. Rutilla Caesella Caia Lucia Publia u. a. m.; vermuthlich [Lu]cia Pacia.

Minerva ist der Dativ Singul., wie fast constant auf den älteren lateinischen Inschriften: so Iunone Loucina auf einer sehr alten Bronzeplatte im Mus. Borbon. (Lanzi t. 3. p. 535 ed. 2), Matre Matuta, Feronia, Dei(vae) Marica auf den Inschriften von Pesaro. Viel seltener ist e in volskischer und umbrischer Weise wie Diane auf einer pesareser und Fortune auf einer gleichfalls sehr alten tusculaner Inschrift (s. S. 346). Die älteren Lateiner scheinen in allen drei Declinationen im Dativ Singular das charakteristische i abgeworfen und a für ai, o für oi, e für ei gesetzt zu haben; erst in späterer Zeit hat in der ersten Declination der dritten ei oder i wieder die Oberhand gewonnen.

Z. 2 und 3 sind ganz dunkel: ... brais datas pid sei dd i bratom pampperci: in dem ersten fragmentirten Worte scheint der Name weiblicher (Gottheiten?) im Dat. Pl. enthalten. — datas pid ist vielleicht nicht richtig; wenigstens möchte dat für sich zu lesen sein. aspid ist vielleicht abl. sing. 3., wie airid auf einer alten Inschrift von Civita Lavigna; denn pid für quid zu nehmen hat auch Schwierigkeit, da die ältesten lateinischen Urkunden, namentlich das saliarische Lied quo tibei hat. Ich kann Bergk nicht beistimmen wenn er (carm. Sal. p. IX) annimmt, dass die ältesten Römer auch p für qu gesagt haben, um so weniger als qu dem sanskritischen c näher steht als p (vgl. S. 223). — Bei sei dd i könnte man die Formel vergleichen si deus (si) dea est (Marini Arv. p. 370).

Z. 4. 5: seffi inom (nicht i. nom) suois cnatois (oder acnatois cocnatois) wird heissen: sibi et suis filiis; seffi = sibi ist zu vergleichen dem umbrischen tefe = tibi, wie ja überhaupt b in der ältern Sprache sehr häufig durch f vertreten wird (S. 225).

Zusätze.

zu S. 53. Die pontanische Abschrift des Steins von Vaste hat vor Gruter schon Smetius (1588) fol. XL. publicirt, aus dem sie Gruter entlehnte.

zu S. 65. Die Inschrift des Caduceus steht auch bei Cardinali iscr. ant. ined. Bologna 1819 n. 491.

zu S. 68. Nach Panofka's Beschreibung dieser Gemälde Bullett. 1847 p. 128 ist die der letzten Platte so zu berichtigen: ,,Auf der vierten Seite sieht man auf dem Panzer in der Mitte ein geflügeltes Haupt, das von einem Kranze weisser Federn und einem zweiten grüner Blätter wie von einem Strahlenkranz eingeschlossen ist. Neben dem Panzer erkennt man die Schulterstücke (le spalliere) jedes mit einer Victoria geschmückt.''

zu S. 94. Die Münze mit der Inschrift ΔΟΜΥΛΑΡ ist publicirt in Köhne's Zeitschr. für Münzkunde. 2. Jahrg. Berlin 1842. p. 9. Taf. II. n. 1.

zu S. 279. Messius ist Vorname in der pompejanischen Inschrift Avellino op. 2, p. 197: Messius Arrius Silenus.

Uebersicht des Inhalts.

	Seite
Die italischen Alphabete	1—40
1. etruskisches Alphabet von Bomarzo	3
2. griechisches Alphabet von Cäre	8
3. Syllabarium des Gefässes von Cäre	14
4. das umbrische Alphabet	21
5. das sabellische Alphabet	22. 330
6. das oskische Alphabet	25
7. das lateinische Alphabet	26
8. Uebersicht der altgriechischen Alphabete	34
9. Einfluss der altgriechischen Alphabete auf Italien	38
Der messapische Dialekt	41—98
Quellen	43
Name. Alphabet. Epoche	46
Die einzelnen Inschriften	51
Ueberreste der Sprache (Wörterverzeichniss, Lautsystem)	70
Zur Erklärung der Inschriften	79
Sprach- und Kulturperioden der Südostküste Italiens	84
1. lateinische Epoche	85
2. griechische Epoche	89
3. barbarische Epoche	93
Die oskische Sprache	99—316
Gebiet und Dauer der oskischen Sprache	101
Der Bundesvertrag von Nola und Abella	119
Weihinschrift von Agnone	128
Das römische Gesetz für Bantia	145
Die kleineren Inschriften I—XL	169
Die Münzaufschriften	200
Die Lautgesetze der oskischen Sprache	205
1. Vocale	207
2. Consonanten	215
Die Declinationen	227
Die Conjugationen	234
Die Eigennamen	240
Glossar	244
Etruskische Inschriften im oskischen Sprachgebiet	313
Der volskische Dialekt	317—326
Der sabellische Dialekt	327—362
1. Inschriften im sabellischen Alphabet	329
2. Inschriften im lateinischen Alphabet	335
Das provinziale Latein der Marser und Sabiner	344
Anhang. 1. Inschrift des Apollo von Picenum	359
2. Altlateinische (?) Inschrift	363

Inschrifttafeln.

I. Vergleichende Uebersicht der Alphabete (S. 1—40).
II. Stein von Crecchio (S. 333).
   Messapische Inschriften von Ceglie (S. 62);
III. von Carovigno (S. 63); Oria (S. 64); Ostuni (S. 64);
IV. von Ugento (S. 54); Vaste (S. 52); Lizza (S. 57); Nardò (S. 58); Rugge (S. 58); Lecce (S. 59); Baleso (S. 60); Monopoli (S. 69); Ruvo (S. 94); Canosa (S. 94. 72);
V. von Brindisi (S. 60); Fasano (S. 66); Tarent (S. 65).
   Varianten zum Cippus Abellanus (S. 119).
VI. Cippus Abellanus (S. 119).
VII. Bronze von Agnone (S. 128).
   Jupiterkopf aus Vasto (S. 170).
VIII. kleinere oskische Inschriften I. III—VII. IX—XVII. (S. 169—179).
IX. Pallas von Rocc' Aspromonte (S. 174).
X. oskische Steinschriften aus Herculanum und Pompeji XVIII—XXVIII. (S. 179—185).
XI. oskische Pinsel- und Griffelinschriften von Pompeji XXIX—XXXI. (S. 185—189).
XII. oskische Vaseninschriften und Inschriften unsicher Herkunft XXXII. XXXIII. (S. 189—190).
   oskische Inschriften mit griechischer Schrift XXXV—XXXIX (S. 190—199).
XIII. etruskische Inschriften von nolanischen Pateren (S. 313—316).
XIV. volskische Bronze von Velletri (S. 320).
   marsische Bronze von Rapino (S. 336).
XV. Inschriften von Scoppito (S. 339); Chieti (S. 339); Milionia (S. 345); Rom? (S. 364).
XVI. Apoll aus Picenum (S. 360).
XVII. Stein von Cupra (S. 333).

Karten*).

XVIII. Karte der mittelitalischen Sprachgebiete, hauptsächlich des Gebietes der oskischen Sprache und Schrift. Die alten Namen haben unciale, die neuern gewöhnliche Schrift. Die Oerter, wo oskische Münzen geschlagen wurden, sind durch einen Strich über, die, wo oskische Inschriften gefunden wurden, durch einen Strich unter dem Namen bezeichnet.
XIX. 1) Karte der messapischen Halbinsel; die Oerter, wo Inschriften gefunden wurden, sind unterstrichen.

2) Sprachgrenzen in Italien (ungefähr) um die Mitte des VII. Jahrhunderts der Stadt. Das Gebiet der Etrusker ist braun, das der Umbrer blau, das der lateinischen Sprache (so wie die lateinischen Colonien) gelb, das volskische und sabellische damals schon latinisirte orange und hellgelb, das samnitische grün (und zwar das der samnitischen Schrift dunkler, das der griechischen Schrift heller), das griechische nebst den griechischen Colonien roth, das messapische endlich purpurn bezeichnet; das nordöstliche wahrscheinlich celtische Gebiet ist ohne Bezeichnung geblieben.

---

*) Ich verdanke die gelungene Ausführung derselben wesentlich der geschickten Hand des Hrn. Dr. Kiepert vom geographischen Institut in Weimar. — Die zweite Karte wurde veranlasst durch den Wunsch, die Resultate der Untersuchungen über italische Sprachgeschichte dem Leser anschaulich vorzulegen; es wird hoffentlich nicht stören, dass manches hier räumlich neben einander erscheint, was zeitlich verschiedenen Epochen angehört. Dergleichen Mängel sind in diesem Fall fast unvermeidlich.

Druck von Breitkopf und Härtel in Leipzig.

	a	b	g	d	e	v	z	h	ṭ	i	k	l	m	n	s	ʿ	p	ṣ	q	r	š	t	u	p	x	f	ṣ	ṱ	š	u(ū)
1 phönizisch	⋨	ዓ	⋀	⊲	⋽	𐤅	𐤆	𐤇	⊗	⫿	𐤊	⋏	⋏	⋏	𐤎	○	⊃	𐤑	ዋ	⋖	W	+								
2 thenisisch u. medisch	A	*	⊓	⊿	Ǝ	*	Z	BH	⊕	ⵀ	FE	⋀	⋎	⋎	𐤎	○	ᒋᑊ	⋎	ዋ∆MṢ	T	∀𝒴	T								
3 ionisch	A	*	*	⊿	E	F	*	B	⊕	I	K	⋎	⋎	𝒴	⋎	○	⌈	⋎	○⋀∆M	T	⋏	T	+	⊕	.					
4 korinthisch	A	⌈	⪛	⊿	B	LF	*	B	⊗⊗	I⋕⋕	K	⋏	M	𝒴	⋎	○⋀	⌈	M	P ⋾	SṢ	Tⴱ	T	#	⊕	⋅					
5 der archaischen Dialekte	A	B	I	⊿⋀	B	F	*	B	⊙	⪛	K	⋀	⋀	𝒴	⋎	○⊙	⌈	M	ዋ ⋀⋀	M	T	⋎	#	⊕	⋅	⋁				
6 dor.und.sicil.Dialekte	A	B	Ⅽ	D(⊿)	E	F	*	HⒽ	⊕	I	K	⋀	⋀	𝒴	⋎	○	⌈	Ṁ	ዋ PA	T	⋁	T	+	⊕	⋅	→				
7 dorischer Dialekte	⋀⋀⋀	ⵗ?	Ⅽ	⊿⋀	EE	F	*	HⓁ	⊕⊙	I	K	⋎⋁	Ⅼ(Ⅼ)M(Ⅿ)	𝒴	⋎	○	⌈	𝒴	ዋ P(R)	⋎⋣⋣	T	⋁𝒴	+	⊕Ⅾ	⋁⋁					
8 rhinisch	A	B	Ⅽ	D	E	F		B		I	K	⋀	⋀	𝒴	⋎	○	⌈	ⵉ	ዋ	R	⋎	T	✕							
9 attisch	A⋀	B	⋀	D⋀	₣		*	BH	⊕⊙	I	K	⋀	MW	𝒴	⋎	○	⌈	ⵉ	ዋ	RP	⋎	T	⋎	⊕ +✕						
10 argivisch	A	B	⋀	D	E	F	*	B	⊕⊗	I	K	⋀	⋀	𝒴	⋎	○	⌈	M	ዋ	P₣ M⋎	T	⋎	Ⅲ	⊕ +✕						
11 von Elis u. Tegea	A⋀	*	⋅	⊿⊿⊿	E	F	*	B	⋅	I	K	⋀⋀	M	𝒴	⋎	⋅	⌈	ⵉⵉⵉ	ዋPZ ⵉⵉ	T	⋎	ⅲ								
12 von Theren	A	₿(B)	Ⅽ(Ⅽ)	D	Ⓔ(Ⅽ)	Ⓕ(Ⅽ)	ⵉ(Ⅼ)	B	⊕(⊙)	I	K	⋀(Ⅼ)M(Ⅿ)𝒩(𝒴)		⊞	⊕(○) P(ⵉ)	ⵉ	ⵉ	ዋ	P	⋎	⋎	⋎	⊕	⋎	[○]					
13 Insel von Therm. (Herrenes)	A	ⵉ	⋏	⋁	₣	J	ⵉ	B	○	⋎		⋎	⋎	ⵉ	ⵉ	M	ⵉ	ዋ	⋎	⋎	✕	⊕	⋎	→	⨯					
14 antiru. Ges.fstr. a.	⋎	ⵉ	⋏	⋀	Ⅿ	✝	*	ℳ	⊗	𐠜	⋀	.	ⵉ	⋎	<	⋀	⋀		~~	⋎	⋎	⊕	⋎	→	⊗					
15 antiru. Ges.fstr. b.	⋀	⋁	⋎	⋁	E	ⅎ	ⵉ	Ⓒ	○	Ⅰ		.	Ḧ	𝒩	I	⊂	.		⋎	⋎	⋅	ⅎ	.	→	⊗					
16 umbrisch	⨅	⨅	⋁	⋎	E	ⵕ	ⵉ	𝒪	[○]	I	⋎	⋎	⋎M𝒴	𝒴		⋎	D	⋎M	⋎ⵉⵉ𝒴	⋎	⋎𝒴⋏	⋎	P	⨅						
17 oscisch	𝒩	⨅	⋁	⋁	⨅	⊢	⋎	B	⊕	I	K	⋀	𝒴𝒲	𝒩	⊔	⨅	D	~	⋎	⋎	⋎	⋎	⋎	⊕	⋎	→	⊗	ⵕ		
18 neuver.pierch.	AA	B	⊿	⋎	E	FL	IZ	HX	○	⋎	K	⋀	⋎	𝒴	⋎	⋕	RP	⋎Ṣ	⋎	T	⨯									

Ceglie.

1. ETTIS ARNIϟEϟEϟ ΘEOTORREϟ
   v.l.   A   ΞΞ

2. ΔAXTAMOPΘAΛ'AAΓ
   v.l.   OΛ
   ROΔITAHIΓAΔEϟ
   v.l.

3. ΓΛATºRASFAϯϯΛ'IHI
   v.l.   A

4. ΔATIHIΛΛϟOΘIHI
   v.l. A

5. KIΛAHIAIHIΓAϟETΘIH
   v.l.   A   A
   ΔOAΓAΛΛOA
   A A   A

6. MORKEϟARϯEMĖϟ
   v.l. MORKOϟ APIEΛΛE

7. HoΓ........NoAϟMoKATA
   NoAϟMoΓAMATEϟ
   ....IAIMINKoϟKROϟETI
   ....MoTAIMoΓAMATIϟ ATAINE
   ....TANEΓ oKANANIϟΔEINEN
   ΣIΔΔAMA .... RI
   v.l.v.5. NEΓo, v.6. ΣIΔΛA

8. ΔATTETOϟ
   v.l.   Ε ϟ

9. FAΛΛAIΔIHI
   v.l. A

10. MOΛϑAHIAϟ
    B A

11. ΔAϮOMAϟMHΓONIϟ
    HOIϯAKOAϟϟOI

12. ΛAIIMAϟFEP'TAHETIϟ

13. FAΛATIϟ

14. ΔAϯ TAϟ MOΛΔAHϯAIHI

3. 4.   ⊔ιŵ·;/ ρ·ŵ;
9.   ;:ΕΠΕϟΕŵ·;
12. 13. ⋀ⱴⱠㄓ,ϟ; ⋀Aρ.ⱴⱴ
24. 25. 26. ϟ⍜ⱴŵ;Λϝ·ⳆΠⱳϟ;ϟιΛι'Εϟ;

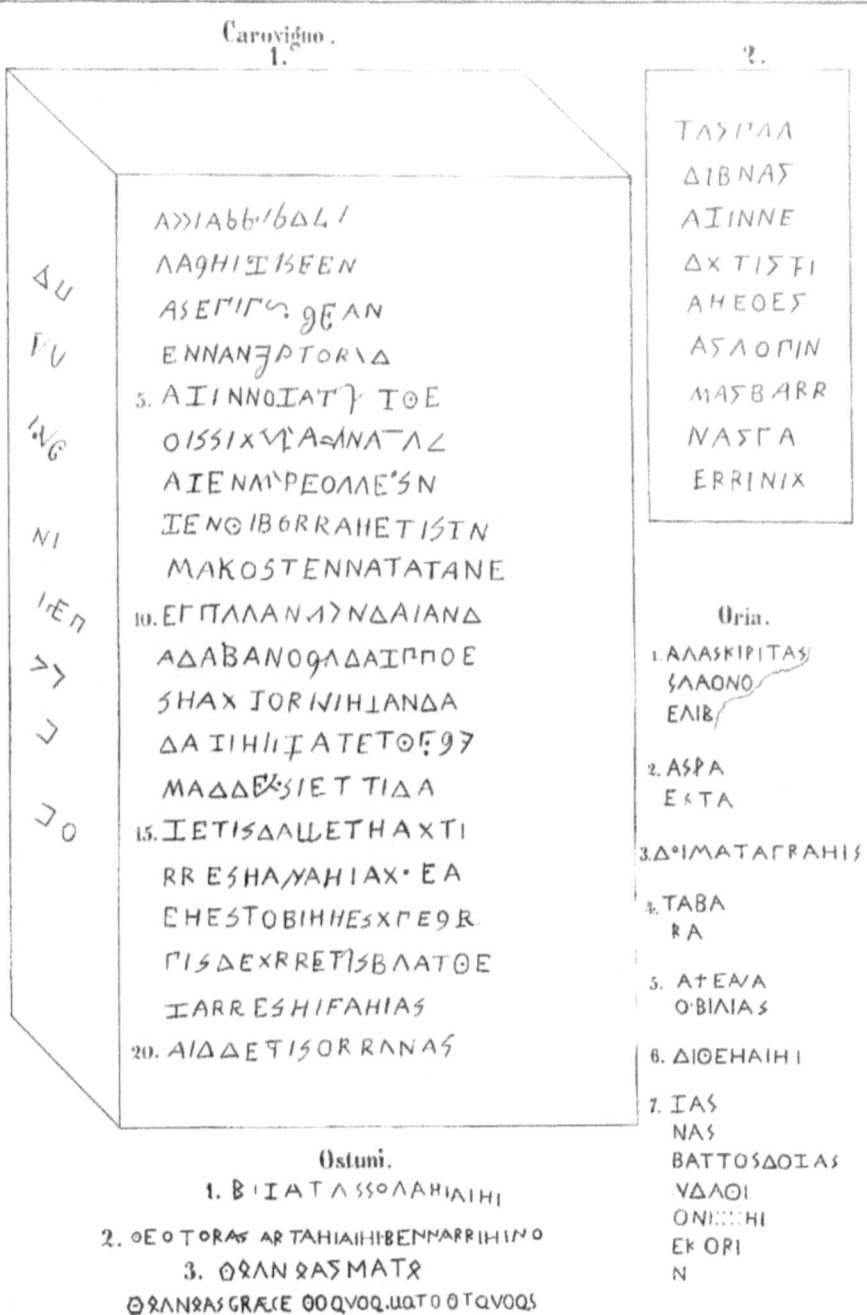

Taf. IV

Uggento.   Nardò.
1. ΓMJVƎ⊲IHTƎSᴧ   3. JOMFSPΛΛᴋᴛ   MORKIHIXͰOΘΛΛIHI
2. ᴇƎꞪIL ⊲ΓΓᴧMV   4. BᴧTOTMᴧISOE   rl.

Vaste.
        ΚΛOHIIISΘ OJOBIA MARTAΓIΔOΓ ΑᴤꞏTEI BAᴤTA   1.   Rugge.
 rl.   T ΠO I R   RI   Δ   ᴋ I   ᴤ I
        ΓEIΛΙΑΙΥ ΑRAΛΙΛΔΑRAΛΘΟΑΓΑᴤ TIᴤ TABOOᴤ   ΓAIHIKAΓAᴤ89
 rl.   W R   Δ R   ᴤ I ᴤ I   ᴤ
        XOHEΔOΛΑᴤꞏΔΑXTAᴤᴤIΓΑΑΛΕΤOᴤI ΛOI TRII ΟΛO XO
 rl.   X Ν Δ   K   I   IΝꞏΟΙ I
        ΑᴤTABOOᴤ XOHETOI HIΔΑII MΛIHI BEIΛIHI
 rl.   IΛ   X Ν IO Ν   T   ΑΝ   ΛIΝI
5.   IΛ ΘI REXXORIXOΑΚΑΤΑREIHI XOHETΘIHI TΟEIHIΘI   2. ET ΘETO AᴤI IΛΛΟΝΑᴤ
 rl.   RXX RX   I R   X I IO ΟI Ν   rl.   Y
        ΔA IO HOΛVΛIHIIΛOIΓΑᴤꞏ TIMA
 rl.   Δ T   HH   H   C I   Lecce.
        ΔΑXTAᴤ KRAOΓHEIHI IΛΘIA RΔAΛΛOΑΓO XXO ΛΛIHIA
 rl. Δ ΠI RR (Ǝ Ǝ)   Η   RΔ   Γ XX   Ν   TAOTINAHIAI
        IMARΛΑIHIꞏ   HIΔAᴤTAᴤ

Lepsius, Taf. XXVIII. 6.Z.1. Buchst. 1: Λ Buchst 6:Δ Buchst.16 Δ   Baleso.
Z.2. Buchst.3: Γ Z. 4. Β:I K Letzte Zeile Buchst. 9. zu tilgen.   TABARA ΔAMATRIA

          Lizza.   Monopoli.
1. ΔΑΙMΑIᴋIΑΛΙΑΝΑΙ ΔIᴋI
  rl.   M ᴤ   C   ΚΛΑᴥ HIΓEꞌ ΝΑᴤ ΔΕΝΘ
2. ΛΑΗ IΑΝΕᴤ ΓΑΛΛΑᴤᴤO   ΑΓΑΝ ΓΑΛΔΕᴤΤΑΙΜΑΚΟᴤ
  rl.   ⊂   C   IΝΓIΝΤΑ ΓΑΛΔꞌΑΝΚΟᴤΙ
3. ᴤΑΝΟΔƎЯΑͳΑΛ   ΝIΝ IΝΓIΤΑΤΙ ΛIXIΔΑR
  rl.   ᴤ Я   Π   ΓΑΗΕXIΤΑΤΟ ΟΙΤIΝΑΙ
                                              HIΔIΤΑ IᴤᴤIΝΟ ΜΑΙᴤᴡΝ
4. ΛΑΓΔΕᴋIΑBAᴤΛΟΓΕΤΙBΑᴤ   ΤᴡΑΤVᴤ ΙꞋΞ ΙΝΑΙ
  rl.   Ε   ΑΑ   Α   ᴤ   Φ
5. ΓΑΛΛΑΜΟΛΔΑᴋIΑᴤ
 rl. FA A   AHᴤ ᴤ   Ruvo.
6. BΑοXΤΑᴤ ᴤΤΙΝΚΑΛΕ ΤΟᴤ BΙΛΙΟ ΓΛᴤΝΟ   ΕΙΡΕΑΙꞏ
 rl.   Λ   ᴤ   ΑΘΗΝΑ
7. ΑΤΙΘΑοᴤ BΑΛΕΔΟ ΝΑᴤ Ψ   Canosa.
8. ΔΙΓΑΝΟΓΑᴤ   RATYR   TITOYR
9. ΔΙΛΜΑⱵᴋIᴤᴤ   RATVR   TITV
10. REΘΜΟVVΤΔᴤ 13. ⊙ ᴤ
                                              2. MEDELLAꞋDAᴤWF
11. ΜLΔIΛHIΑᴤΛ 14. ΚRIΘΟΝΑᴤ   SITAꞏANꞏDꞏIIIꞏKꞏIANV
12. ΟᴤΓΜ)(ΛΛΔ   15. IOEᴤ›ΑΛ˄III   (IꞋOΛE
     16. ΒΛΑΟΙΗΙΚΘRΔΟΜΑΟᴤ   MꞏΑ(ILIᴥ (Ο ᴤ
 rl.   o   Α

Taf. V.

Brindisi.

		Tarent.
ΑΙΕΝΑ	ΚΛΑΘΗΙΙΗ ΔΕΝΘ ΙF ϚΤΙ	
Ε ΖΑΟϚ	ΑΝΔΑΔΕΙΑ ΘΟΑR^Ϛ Ο ΙΛ	
ΑΘΙΝΑΙ	ΗΙΑΙΗΙΤ ΛΑΙΗΑϚϚΙΔ϶ ϚΙΝΝ Ρ ΔΑFΙ	
ΟΛΙΜΕ	ΑΙΗΙΟΙΒΑΛΤΑΗΙΑΙ ΑΝΔΑΘΙFΑϚ	
5.ΕΤΓΑΛ	ΜΑΝΝΑΤΙΔΑΧΤΑϚΕ ΟϚΘΕΛΛΙΗΙ ΘΛ	
ΛΟRΙϚ	ΤΑRΑϚϚΙΒΑΛΑϚΙΙRΙ ΘΛΟΤΟΡΑϚϚΙ	
ΕϚΓΑ	ΕΑΛΛΑΙΔΙΗΙΤΑΙΙΙΙΑΤΔFΕΤΕϚΜΑᴰΓR	
ΤΟΡ/ /	ΑΡΓΟRΙΑΝ ΟΛΑΝΜΑΙΙΕϚΝΑ	
ΑΛΛ	ΤΑΝΟΜΑΝΙΝΙΗΕΑϚΤΙΒΕRΑΔΑΜ	
10. ϚΙ᷄	ΘΕΝΔΟΝΟΜΟR ΟΗΙ ΔΕΗΑΤΑΝΤΑΤ	
RΑΝ Ϛ	ΝΙΝΤΑRΙΗΕΝΕRΙΚΙΔΕΝΑRΤΟRΙΑΝΕ Χ	
ΑΧ	ΟΛΑϚΝΙΝΘΑ ΛΑΝΜΑΒΕΡΑΝΑΙ	
%ΟΛΟ	ΚΟϚΚRΑΑΓΑΤΙΑRΓΟΝΑΝΓRΕΙΧR Ι	
ΟΑΘΕΙ	ΝΕϚΝΑᵦΤΑΙΘΙϚΑΝΔΑΓΕΛΑΘ	
15.ϽΕΝΛΙΖ	ΗΙΒΕRΑΙΝΕΑϚΤΙR ΔΙΑ	
ΑΙ ΙΝ	Γ	

Fasano.

1. ΜΟΡΚΟϚΔΑΖΕΗ
   ΑϚ
2. ΓΡΑΙΣΑΙΗΙ
3. ΒΛΛΟΕϚ ΜΟΡΚΟΗΙΑϚ

6. ΤΑΒΑΡ
   ΛΓ
   Α

Β ΛΛΘΙΗΙ
Κ ΛΛΑΤΟΡΛϚ
Β ΛΛΕ.Τ.ΘΙΗΙ

5. ΣΑΙΗΚΑϚΚΟΝΚΟΛΑϚΤΙϚ

7. ΗϹΕΙΙΝ
   ΔΙ

Varianten zum Cippus Abellanus.

Z. 1. ⵎⵢⵉⵀⵎⵎ Leps.| ᛞⵢⵇ Leps. Z. 2. a. E. ⵢⵟ Leps. Z. 3. ⵎⵢⵉⵀⵎⵎ Leps Z. 4. z. A. ⵢⵟ Lepsius Z. 6. z. A. ⵎⵎⵀⵎⵎⴾⵡⵎ Leps. Z. 8. ϾⵟϾⴲⵟ Leps. Z. 12. ⵟⵥⵢⵢⵡ Leps. Z. 13. ⵀⵡⵥⵟⴲⵡⵢ Leps, doch scheint ein Punkt vorhanden.| a E. ʼⵢ Leps. Z. 14. ⴲⵟⴾⵀⵢⵢⵡ Leps, der Punkt scheint vorhanden. | Z. 15. ⵥⵥⵎⵎⵎⵎϾ ⵟⴲⴲⵎⵎⵎϾ oder ⵥⵥⵎⵎⵎⵎϾ ⵟⴲⴲⵎⵎⵎⵟ; die Lesung ist zweifelhaft Remondini las ⵥⵎⵎⵎ Z. 16. ⴲⵥⵢⵋ Lepsius: ⵟⵥϾⵢⴲ Remond. Z. 21. ⴾⵢⵃ⩒ Leps. Z. 22. ⵋⴷⵢ Lepsius. Z. 23. ⵎⵢⵢⴾ Leps. Z. 24. ⵎⵥⵉⵉ⵰ Leps. Z. 26. ⵏⵞⵟⵣⵢⴲⵞⵀⵉ Leps. Z. Z. ⵞⵢ Z. 28. Remond. Z. 27. ⴾⵎⵢⵢⵢⵉϾ Remond.| Z. 28. ⵎⵢϽⵢⴾ Leps. Die Lesung ist unsicher, das ⵢ jedenfalls nicht zu erkennen.| Z. 29. ⵢⴾⵢʼⵎⵋ Leps, die beiden Buchstaben vor dem Punkt sind gänzlich unlesbar | Z. 30. ⴷⵇ·Ξ·ⵎⵎⵎⵋⵞ Lepsius. \ⵡⴲⵋⵎⵎ·ⵢⵎⵣⴷⵞ Remondini. Z. 31. ⵥⵢⴲⵉⵋⴲ·ⵡⵇⵟⴲⵢ Leps. Z. Ϟⴾⵒⵒ Leps. Z. 33. ⵟⵋⵡⵇ Leps., die richtige Lesart hat schon Remond. Z. 34. ⵎⵉ·Ⴑⵥⵢⵡ Leps. Z. 36. ⵎⵎⵋ oil ⵎⵎⵋ; der mittlere Buchstabe ist zweifelhaft | Z. 39. u. 42. ist der Punkt zwischen Ⴑⵡⵉ und Ⴑⵥⵢⴷ zweifelhaft Z. 44. ·Ⴑⵋⵉⵋ Leps.| Z. 52. ·ⵃⵣⴾⵉⵋⵡ Leps. a E. Β od 3 Z. 53. ⵎⵎⵥⵟⵉⵋ Lepsius. Z. 54. ⵎⵉⵒⵇⵣⵥ Leps. Z. 56. ⵇⵡⵇⵋⵟ Leps. Der Punkt zwischen ⵇ und Ξ zweifelhaft Z. 57. am Ende ⵎⵥⵎⵎ Leps.

Taf. VI.

— Abella —

A

(inscription in Oscan script, lines 1–25)

B

(inscription in Oscan script, lines ~26–56)

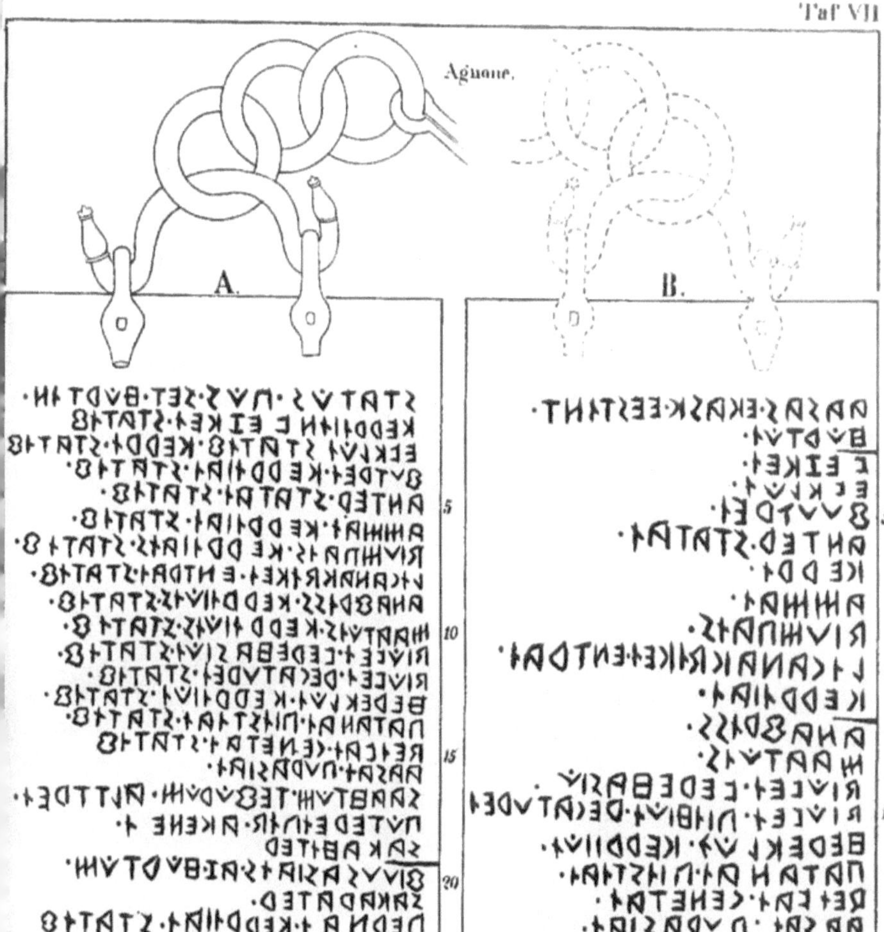

Taf. VII

Aguone.

A.   B.

Taf. VIII.

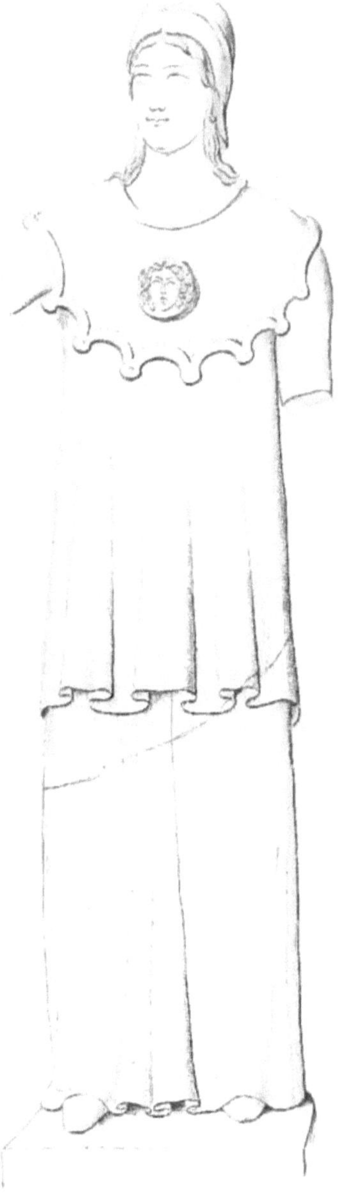

Taf. IX.

8.

ƧIIꟼƎWWVИꙄAИA T
ꝺƎTИVꝺ◊

Taf. X.

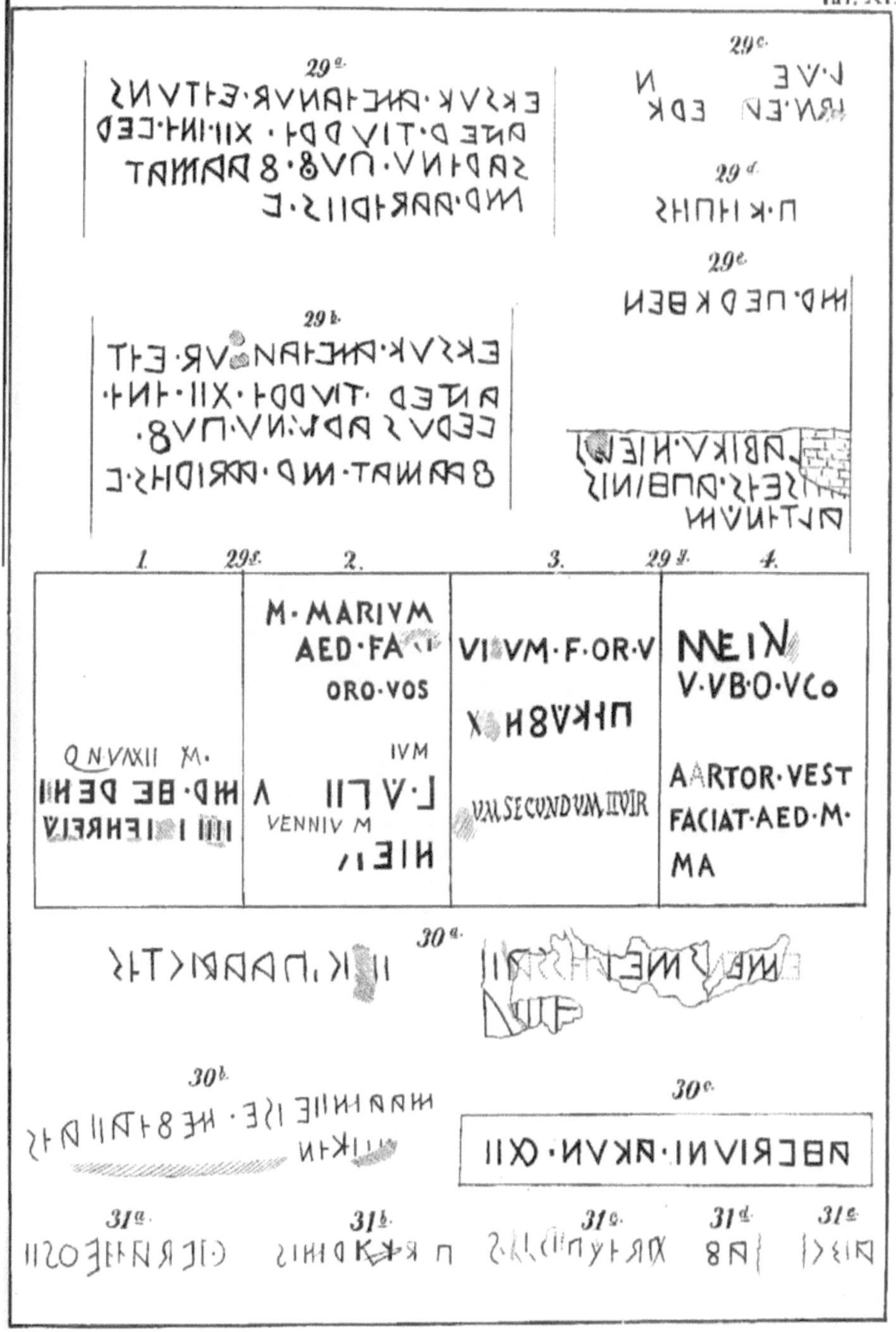

Taf. XI.

29ᵃ.
EKŚUK·ANCIANVR·EITVNS
ANED·TIV·DDI·XII·INI·CED
SADINV·VB·&·BAMAT
IMD·BARIDIIS·C

29ᶜ.
L·VE N
IRNI·EN EDK

29ᵈ.
P·K·HUHS

29ᵉ.
IMD·UED·K·BEN

29ᵇ.
EKŚUK·ANCIANVR·EIT
ANED·TIVDDI·XII·INI·
CEDV·S·ADI·INV·UV·8·
BAMAT·IMD·BARIDIIS·C

29ᶠ.
LABIKV·HIEM
ISEIS·DUB·INIS
BLTINVM

1. 29ᵍ	2.	3.	29ʰ 4.
M·VIIXII·Q IMD·BE·DENI IIII·IEHRELA	M·MARIVM AED·FA ORO·VOS IVM L·VLII V VENNIV M HIEV·	VIVM·F·OR·V IIKV8H·X VM·SECVNDVM·IIIIVIR	NEIN V·VB·O·VCo AARTOR·VEST FACIAT·AED·M· MA

30ᵃ.
SIT·NAARK·TIS

(fragment)

30ᵇ.
HRAM·HIE·ISE·HE8·TAII·D·S
IKIN

30ᶜ.
ABERINI·AKVN·XII

31ᵃ.	31ᵇ.	31ᶜ.	31ᵈ.	31ᵉ.
IISOEHNREIC	SIHIDK·P	SHAM·D·AKVRXX	8A	RIXD

Taf. XII.

32ᵃ.
ΛΙΤΗΛϞ

32ᵇ.
ΛΙΛΠΥΛ
ϞΙΗ϶ΊϞ

32ᶜ.
Λ·Λ
Ο ~
ΝΙ
8
Ν

33.
ϞΠΟΙΤΗΙΤ ϞΙϞΗΠ

35ᵇ.
ⳤΕΡΕΚΛΕ⋎ΣΣΚ
ΔΑΒΕΝΣ
ΙΙ

oder ΚΛΕ·Σ Σ Κ∥ΔΑΒΕΚΝΣ

35ᵃ.

ⳤΕΡΕΚ
ΔΑΒΕΝ
ΙΙ

36.
Λ° ΠΩΤϹΟΓ
ΤΩΜ·ΣΟΡΟ
ΓΩΜΕΙΝΚΛΠΙΔΙΤ
ΩΜ·ΚΛΡΛΣΛΕΙΚΕΙΤΚΩ
ΛΧΕΡΗΙΛΙΟΚΛΚΕΙΤΣΕΛ
ΛΕΣΟΤΒΡΑΤΩΜΜΕΙΛΙΑΝ/

37.
ΔΙΟΥϹΕΙ ϹΕΡ ϟΟΔΕΙ ΤΛΥΡΟΜ

39ᵃ.
ΝΙΣΚΑΛΙΝΙΣΣΤΑΤΤΙⳤ
ΣΠΟΜΠΤΙΕΣΝΙΥΜΣΔ
ΕΔΔΕΙΞΟΥΠΣΕΝΣ
ΜΤΩϹΤΟΜΑΜΕΡΤ
ΠΠΕΛΛΟΥΝΗΙΣΑΚ

39ᵇ.
ΛΤ ΤΙΗΙΣ
ΝΙΥΜϚΔΙΗΙΣ
ΕΝϚ
ΑΜΙϚΡΤΙΝΟ
ΝΗΙΣΑΚΟΡΟ

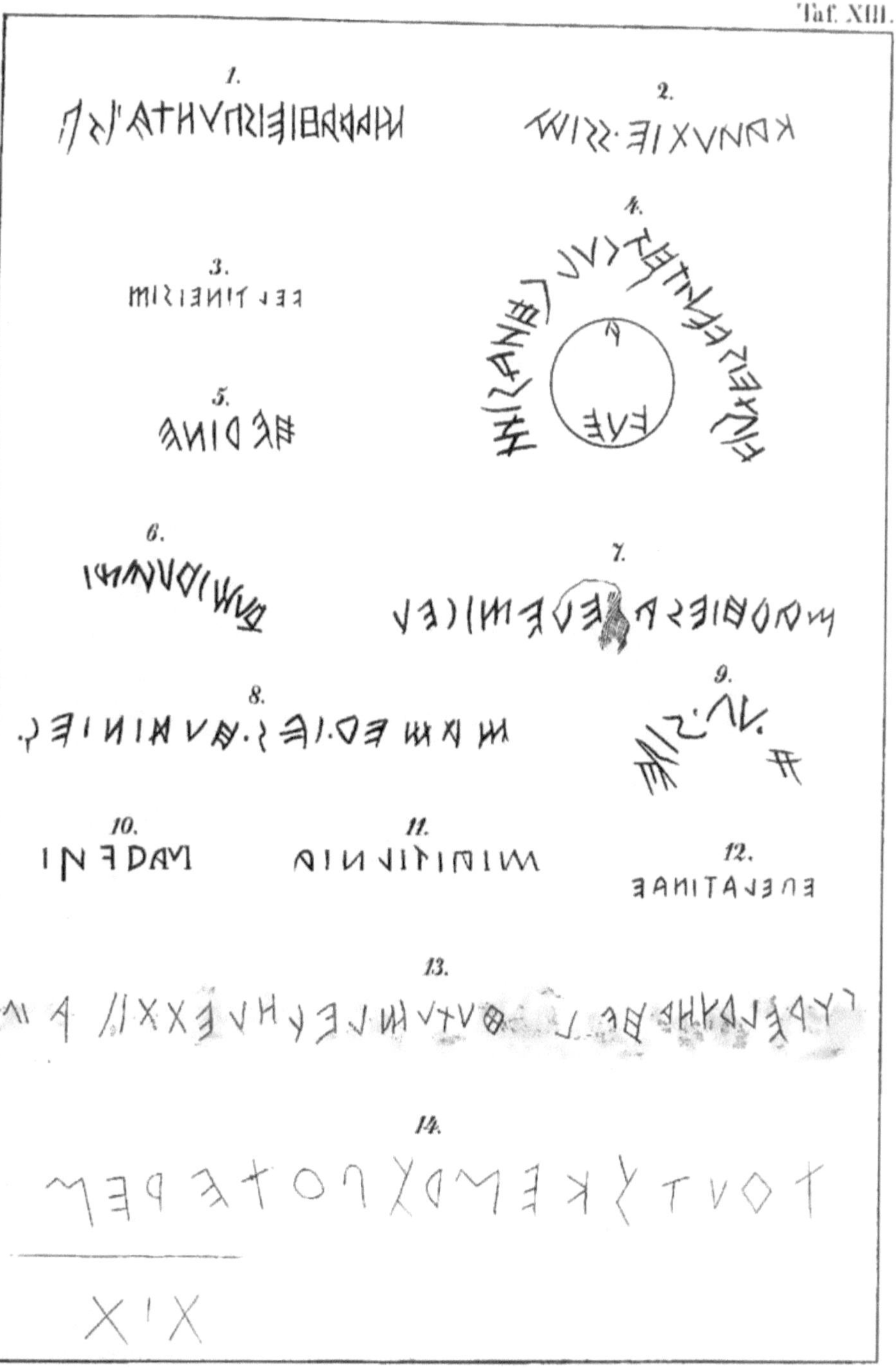

Taf. XIII.

1. ḪḪḪRABIEIΛVHTA'ʼRΓ

2. KΛNVXIE·SIW

3. EEᒋ TIΛEISIM

4. (circular inscription)

5. ⴲꞓ DIΛⴲ

6. ḪVΛIDVWΓḪI

7. MΛOBIESΛⴲVⴲMICEV

8. MXM EᎠ·IEⳞ·ꞀVΛIΛIE⸲

9. ⴲ ⴲΛ·ⵝΛⴲ

10. IΝᎲDΛM

11. MIΛIᎢIΛIƆ

12. EVEΛTIΛΛE

13. ⸲ΓVEΓΛΛHEBE·Γ·ⴲVΛMΛEHVEXX//Γ ⴲ·Λ

14. ʇΟVⵝⴲKEMƆꝀⳐΟⵝEᎠEW

X.IX

Taf. XIV.

Velletri.

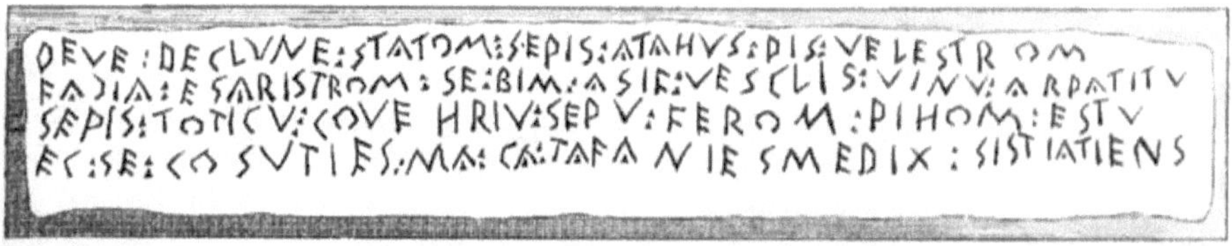

DEVE:DECLVNE:STATOM:SEPIS:ATAHVS:DIS VELESTROM
FADIA:ESARISTROM:SE:BIM:ASIF:VESCLIS:VINV:ARPATITV
SEPIS:TONCV:COVEHRIV:SEPV:FEROM:PIHOM:ESTV
EC:SE:COSVTIES.MA:CATAFA NIE SMEDIX:SISTIATIENS

Rapino.

Scoppito

MESENIE
LISARE
TOIMVINEI
ATRAI
AVNICM
HIRETVIS

Chieti

V·AVIIIS·L
SA·AVIIIS·AS

Milionia

V·AIIIDIVA
VIIAVII
HRINEII·IIT
IIRIVII
FATRII
DONO·MIIILI
VIBS

Rom?

CIA PACIA MINERVA
BRAIS·DATAS·PID·SEI·DD·I
BRATOM PAMPPERCI
SEFFI·I·NOM·SVOIS
CNATOIS

Taf. XVI.

Taf. XVII.

Cupra Maritima.

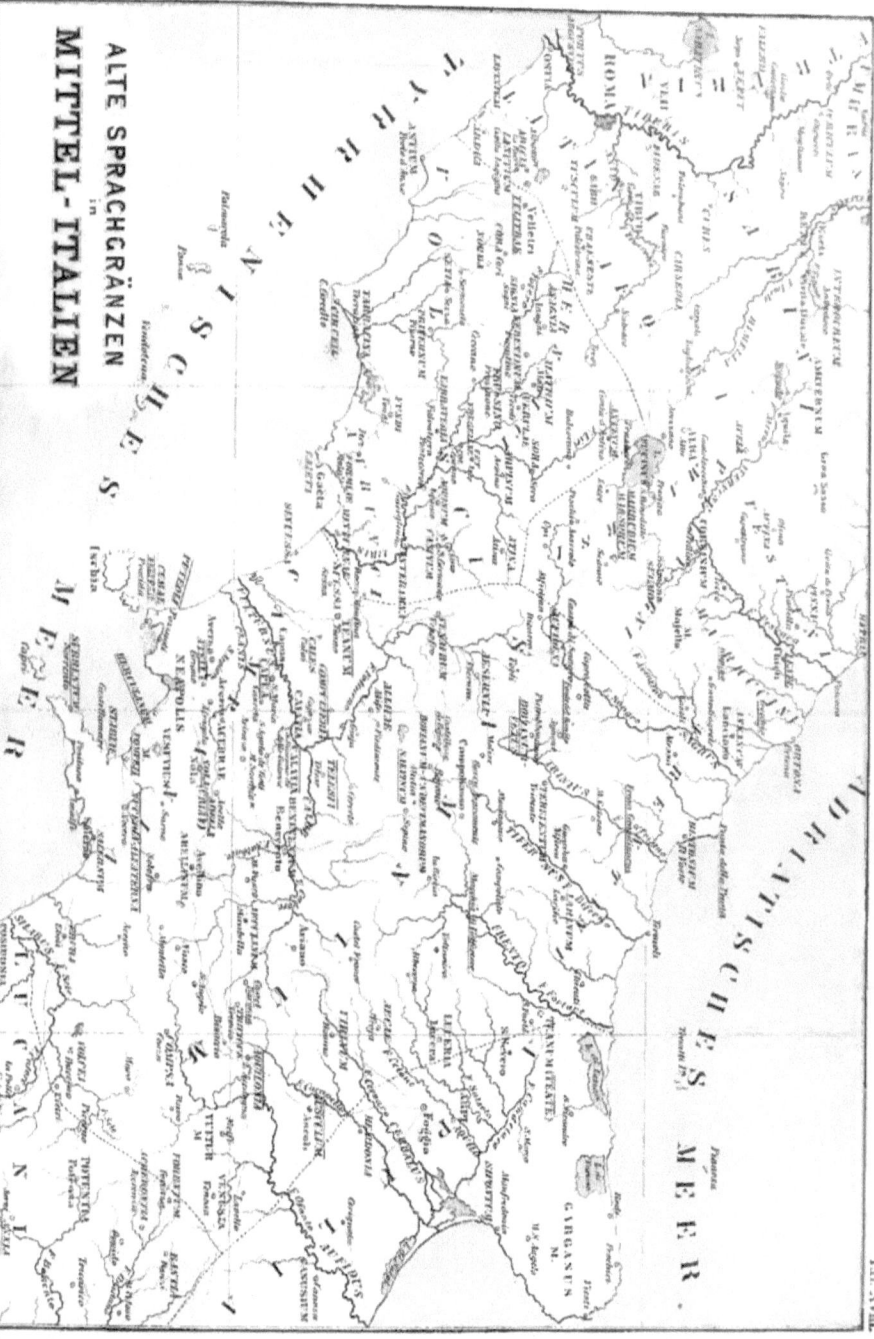

www.ingramcontent.com/pod-product-compliance
Lightning Source LLC
Chambersburg PA
CBHW051741300426
44115CB00007B/657